Sturma • Philosophie der Person

D1698825

Dieter Sturma

Philosophie der Person

Die Selbstverhältnisse von Subjektivität und Moralität

2., unveränderte Auflage

Ausgesondert aus dem Bestand
der Bibliothek der EvH RWL

EVANGELISCHE FACHHOCHSCHULE
RHEINLAND-WESTFALEN-LIPPE
Bibliothek
IMMANUEL-KANT-STRASSE 18-20
44803 BOCHUM
2014. 0058

mentis
PADERBORN

Umschlagabbildung:
Nicholas Poussin: La Danse de la vie humaine (1638/1640) – Vier Frauen, die Abläufe und Bedingungen des menschlichen Lebens repräsentieren, tanzen zur Musik der Zeit. Zu Füßen der Tänzerinnen spielen zwei Kinder mit Symbolen der Vergänglichkeit. Der Tanz findet vor einem janusköpfigen Grenzstein statt, der Vergangenheit und Zukunft trennt. Am Himmel vollziehen Apollo und die Göttin der Morgenröte den Zyklus der Zeit.

Bibliografische Information Der Deutschen Nationalbibliothek

Die Deutsche Nationalbibliothek verzeichnet diese Publikation in der Deutschen Nationalbibliografie; detaillierte bibliografische Daten sind im Internet über http://dnb.d-nb.de abrufbar.

Gedruckt auf umweltfreundlichem, chlorfrei gebleichtem und alterungsbeständigem Papier ISO 9706

Lco
Stur/100

© 2008 mentis Verlag GmbH
Schulze-Delitzsch-Str. 19, D-33100 Paderborn
Internet: www.mentis.de

Alle Rechte vorbehalten. Dieses Werk sowie einzelne Teile desselben sind urheberrechtlich geschützt. Jede Verwertung in anderen als den gesetzlich zugelassenen Fällen ist ohne vorherige Zustimmung des Verlages nicht zulässig.

Printed in Germany
Einbandgestaltung: Anna Braungart, Tübingen
Druck: AZ Druck und Datentechnik GmbH, Kempten
ISBN 978-3-89785-666-0

FÜR
ANTONIA UND FALK

INHALTSVERZEICHNIS

VORWORT

Die vorliegende Arbeit ist im Jahr 1995 vom Fachbereich Kulturwissenschaften der Universität Lüneburg als Habilitationsschrift angenommen worden. Der Universität Lüneburg schulde ich Dank, daß sie mir ermöglicht hat, ein aufwendiges philosophisches Projekt über lange Jahre hinweg zu verfolgen.

Während der Arbeit an diesem Buch habe ich vielfältige Ratschläge und Einwände von Kolleginnen und Kollegen sowohl aus der kontinentaleuropäischen als auch aus der angloamerikanischen Philosophie bedenken können. Auch wenn das im einzelnen nicht immer kenntlich geworden sein mag, bin ich der vielstimmigen Begleitung sehr zu Dank verpflichtet. Für langjährige Ermutigung und Hilfe, die über kollegiale Kooperation weit hinausgegangen ist, möchte ich insbesondere Annemarie Pieper, Karl Ameriks, Manfred Frank, Volker Gerhardt und Hermann Schweppenhäuser danken.

Die Studentinnen und Studenten meiner Vorlesungen und Seminare an den Universitäten Lüneburg, Notre Dame, Hannover, Kiel und der Humboldt-Universität Berlin haben mein Interesse an einem komplizierten Thema nicht nur geteilt, sondern immer wieder neu geformt. Ihren beharrlichen Nachfragen und Einwänden verdanke ich viel.

Bei der Vorbereitung des Manuskripts für die Drucklegung habe ich von vielen Seiten Hilfe in Anspruch nehmen müssen, danken möchte ich vor allem Jan-Hendrik Heinrichs, Hans-Peter Riegel und Ulrich Steckmann. Schließlich gilt mein Dank Michael Kienecker vom Schöningh Verlag, der die Publikation der Arbeit mit viel Enthusiasmus betrieben hat.

Von meiner Frau und meinen Kindern lerne ich tagtäglich, was es bedeutet, das Leben einer Person zu führen. Sie haben mich unabhängig von dem, was philosophisch bewahrt werden kann, nachhaltig zurechtgebracht.

Analytisches Inhaltsverzeichnis

I. Themen und Problemstellungen der Philosophie der Person

Subjektgedanke und Subjektkritik – skeptische und systematische Subjektkritik –
das problematische Selbstverständnis – der Begriff der Philosophie der Person – die
Begriffsgeschichte von ‚Person‘ in der Kultur der Moderne – der disziplinäre Ort
der Philosophie der Person – das Projekt der Philosophie der Person – die philosophiegeschichtliche Tendenz zur Philosophie der Person – der Anteil der angloamerikanischen Philosophie – die polemische Subjektkritik – analytische Philosophie
der Person und Reduktionismusproblematik – die Konstellation von traditioneller
und analytischer Philosophie.

Der disziplinäre Sonderstatus der Philosophic der Person – der Übergang von
theoretischer und praktischer Philosophie – philosophische Theorie und Praxis –
das Problem des Zugangs zur Lebensführung – die Grundlagenprobleme der Philosophie der Neuzeit – Reflexion und Normativität – Deskription und Revision –
das Motiv zur Revision – Faktizität und Idealität – die Unhintergehbarkeit der Individualität – die Einheit in der Vielheit menschlicher Existenz – die Verschränkungen von naturbestimmter und kultureller Entwicklung – die vergleichbaren Auslegungen menschlicher Existenz in verschiedenen Kulturen – die Reduktionismusproblematik und die komplizierte Ontologie der Person – die nicht beruhigte Definitionslage des Begriffs der Person – kontingente Konstitutionsgeschichte und
kulturelle Objektivität – die Anwendungen der Philosophie der Person: ein Ausblick – die Grenzen der Person – die Dualität von Kultur und Natur – die argumentative Ausweglosigkeit – der kulturelle Wandel – der systematische Kernbereich der Philosophie – die Frage nach den Grenzen der Person – Grundsätze der
nicht-reduktionistischen Philosophie der Person – die entwicklungsgeschichtliche
Konstellation von Natur und Kultur – die Möglichkeit des Scheiterns personaler
Existenz – die Differenz von Bedingungen der Personalität und Anerkennungsverhältnissen der Würde und Achtung.

Die Person als letzter Bezugspunkt theoretischer und praktischer Sinnfragen – der
Begriff der Person – semantische und epistemologische Grundlagen – methodische
Leitmotive – der konzeptionelle Rahmen der Philosophie der Person – die syste-

matische Zusammenführung von theoretischer und praktischer Philosophie – die
Vermittlung von traditioneller und neuerer Philosophie – die systematische Rehabilitierung der klassischen Philosophie der Neuzeit – die unvermeidliche Unvollständigkeit der Philosophie der Person – Systematisierung und Revision – Konstruktion und Rekonstruktion von Kontinuitäten in der Kontingenz – Ausblick
auf die einzelnen Kapitel – Kritik der Rhetorik der Kritik.

II. Die Geschichte des Begriffs der Person

Der Begriff der Person und die Kultur der Moderne – die neue Dimension
menschlichen Existenzverständnisses – Deskription und Metaphysik – die Würde
der Person – die begriffliche Vorgeschichte – die Spur des Dramatischen: Rolle und
Maske – die institutionelle Bedeutung – die grammatikalische Bedeutung – der stoische Egalitarismus – Panaitios' Theorie der Person: die Verbindung von Universalität und Eigenheit – die internen Probleme der Trinitätslehre – die Servet-Episo-
de – ,mortal questions' – die metaphysische Individualisierung – ,der Schritt vom
Himmel auf die Erde' – der christliche Unsterblichkeitsgedanke – der Individualitätssinn von ,*persona*' – die Differenz zwischen ,*persona*' und ,*animal rationale*' –
die konstruktive Tendenz – die scholastische Differenz zwischen ,*animal rationale*', ,*substantia*' und ,*persona*' – das Überlagerungsphänomen.

Lockes Theorie personaler Identität – die praktische Perspektive – Selbstbewußtsein und Sorge – Lockes Übergang von ,*animal rationale*' zu ,*persona*' – Lockes
konstruktiver Ansatz – der geschichtslose Begriff – semantische und kulturgeschichtliche Veränderungen – der konstruktive Impetus – der Zusammenhang von
Begriffs- und Kulturgeschichte – die Semantik der reflexiven Setzung – die subjektivitätstheoretischen und moralphilosophischen Präsuppositionen – Kants moralphilosophische Ausdeutung – die unvermeidliche Ambivalenz des Begriffs der Person – ,die praktische Schöpfung aus dem Nichts' – das Problem des ontologischen
Freiraums und die reduktionistische Kritik – der Begriff der Person als nicht-ego-
zentrischer Bezugspunkt von theoretischer und praktischer Philosophie – die kontextuellen Erweiterungen.

III. Reduktionismuskritik

Die Reduktionismusproblematik – die komplizierte methodische Ausgangssituation – der Rückzug auf grundsätzliche Fragestellungen – erste Annäherung an die
Definition von ,Person' – das passivische Bild der Person – die gegenwärtigen Na-
tur- und Sozialwissenschaften – das materialistische Menschenbild – Reduktionis-

mus und Determinismus – die Differenz zwischen Handelndem und Handlungskontexten: die deterministische Gegebenheit – die Differenz zwischen Reduktionismus und Determinismus – physikalischer und psychologischer Determinismus
– die dogmatische Metaphysik des physikalischen Determinismus – der Widerspruch in der Alltagserfahrung: Determinismus und subjektive Urheberschaft –
der neuere Freiheitsbegriff: ‚he could have done otherwise‘ – der interne Zusammenhang von Zurechenbarkeit und Autonomie im Freiheitsbegriff – Freiheit und
Autonomie (Kant) – die fehlende sachliche Grundlage des Titels ‚Freiheit und Determinismus‘ – der systematische Vorrang der Reduktionismusproblematik – das
physikalistische Kausalitätsprinzip – Laplaces Dämon: Determinismus und Vorhersagbarkeit – Vorhersagbarkeit und ethischer Determinismus – die epistemologischen Fehler des Determinismus – die Selbstauslassung – die expositionale Unübersichtlichkeit – die systematische Virulenz des physikalistischen Reduktionismus – der Ausschließlichkeitsanspruch physikalischer Kriterien.

Der Physikalismus – Reduktionismusproblematik und Philosophie der Person –
die physikalistische Programmatik des Logischen Empirismus – die Reduktion
mentaler Bestimmungen – das Buch der Welt – Wittgensteins Zweiweltentheorie –
Ereignisse und Erlebnisse – monistischer Reduktionismus und dualistischer Nicht-
Reduktionismus – die Gegensatzverhältnisse von Ereignismonismus, metaphysischem Parallelismus und dualistischem Nicht-Reduktionismus – das erlebnislose
Universum – die Problematik der Übergänge zwischen Ereignissen und Erlebnissen – der objektive Standpunkt des Ereignismonismus – der methodische Totalitarismus des ‚harten‘ Physikalismus.

Nagels ‚Fledermausargument‘ – die interne Qualität subjektiver Zustände – der
physikalistische Fehlschluß – partikularer und objektiver Standpunkt – die Unhintergehbarkeit des objektiven Standpunkts – die Differenz von ‚Es-ist-zu-sein-
Zuständen‘ und Erlebnissen – das personalitätstheoretische Defizit des Fledermausarguments – ontologisches Unvollständigkeits- und Personalitätsargument –
die Irreduzibilität des personalen Standpunkts – das Problem phänomenaler Unvollständigkeit – Amöben, Fledermäuse und Personen – die Perspektive reflexiver
Zustände – das Faktum der Erlebnisperspektive – die Dimension existentiell bewußter Existenz – Erlebnisperspektive und Selbstbewußtsein – Kritik der noumenalen Deutung – die ontologische Neubewertung der raumzeitlichen Welt – Kritik
des noumenalen Dualismus – die Inkongruenz von Epistemologie und Ontologie
der Person – innerweltliche Transzendenz.

Physikalismus und Reduktionismuskritik – die reduktionismuskritische Aufnahme des Physikalismus – jenseits der Extreme von Physikalismus und Dualismus –
referentieller und nicht-eliminativer Physikalismus – die partielle Konvergenz von
Physikalismus und Ontologie der Person – die Unvermeidbarkeit des Physikalis-

mus – die Endgültigkeit der partiellen Konvergenz von Erlebnissen und Ereignissen – die Unvermeidbarkeit des Dualismus – das Faktum intelligenter Existenz – das Unbestimmtheitsfeld zwischen Ereignissen und Erlebnissen – die reduktionismuskritische Ontologie: nicht-eliminativer Ereignismonismus und epistemischer Dualismus – der mittelbare Zusammenhang von Ereignissen und Erlebnissen – die Objektivität von Erlebnissen und Ereignissen – Logischer Empirismus und ‚mind-body problem‘ – ‚nomological danglers‘ – Feigls ‚double knowledge theory‘ – die internen Schwierigkeiten des Physikalismus und die Unvermeidbarkeit von Unbestimmtheitsfeldern – Davidsons ‚anomalous monism‘ – das komplementäre Theorieverhältnis von nicht-eliminativem Ereignismonismus und epistemischem Dualismus – der Begriff der Supervenienz – innerweltlicher Dualismus und nicht-reduktionistischer Naturalismus.

IV. Selbstbewußtsein

Das Selbstbewußtsein der subjektiven Perspektive – Descartes' begründungstheoretische Suche und die philosophische Entdeckung des Selbstbewußtseins – radikaler Zweifel und *cogito*-Argument – Selbstgewißheit und Irreduzibilitätsargument – die hypothetische Auflösung der referentiellen Bindungen – Wirklichkeit und Fürwirklichhalten: das Traumargument – die Radikalisierung des epistemologischen Unsicherheitsverdachts – Weltverengung und Weltindifferenz: der *genius malignus* – propositionale Fallibilität und existentielle Infallibilität – Selbstgewißheit – die referentielle Leerstelle der Selbstgewißheit – Descartes' substanzegologische Reifizierung – die strukturelle Differenz zwischen Selbstgewißheit und kognitivem Bewußtsein – der kritische Teil des *cogito*-Arguments – die bewußtseinsphilosophische Unabhängigkeit der Selbstgewißheit – die Logik des Selbstbewußtseins – die Eigenschaften des Selbstbewußtseins – die Grundsätze der Philosophie des Selbstbewußtseins – die Strukturprobleme des Selbstbewußtseins – das Zweistufenargument – Selbstvertrautheit und Irreflexivität: die Heidelberger Schule – die Erlebnisperspektive und das Problem der epistemischen Folgenlosigkeit – das Problem der Referenzstruktur des Selbstbewußtseins.

Sprache und die epistemischen Spuren des Selbstbewußtseins – Privatsprache und epistemische Selbstverhältnisse – Wittgensteins Privatsprachenargument – ‚die übergreifenden Fasern des Fadens‘ – der sprachphilosophische Differenzierungsgedanke – die Kritik an der privaten Sprache – Regelfolgen – die These von der Unmöglichkeit der privaten Sprache – Sprachanalyse und die subjektivitätstheoretische Reduktionismusproblematik – der Phänomenbereich des Sprachverhaltens – selbstbezügliches Sprachverhalten – die bewußtseinsphilosophischen Grenzen des Privatsprachenarguments – die ‚eigenartige Grammatik des Ausdrucks ›ich‹': Wittgensteins ‚*cogito*-Argument‘ – Wittgensteins Nicht-Reduktionismus – die Differenz zwischen Privatsprachenargument und Subjektivitätstheorie – die private Sprache – das epistemische Selbstverhältnis des ‚ich denke‘ – ‚die große Kraft, deren Angriffspunkt sich nicht bewegt‘ – die kommunizierbaren Grenzen sprachlicher Ausdrücke – veritative und semantische Symmetrie – die Erlebnisperspektive und die Grenzen sprachlicher Ausdrucksfähigkeit – die bewußtseinsphilosophische Folgenlosigkeit des Privatsprachenarguments – die sprachphilosophische Reduktionismusproblematik – der nicht-reduktionistische Aspekt des Privatsprachenarguments.

Sprachanalytische und klassische Philosophie des Selbstbewußtseins – das unmittelbare Bewußtsein der eigenen Existenz – Privatsprache und der Satz ‚ich denke‘ – Analogie und Asymmetrie – das wechselseitige Implikationsverhältnis von ‚ich denke‘ und ‚ich existiere‘ – das Begründungsgefälle zwischen *cogito* und *sum* – die ‚heimliche Kontinuität‘ bewußter Existenz – Ayers Kritik des *cogito*-Arguments – Punktualitätsthese und performativer Widerspruch – die epistemischen Implikationen des *cogito*-Arguments – Existenz und Bewußtsein als Reflexionsphänomene – die Potenzierung individueller Existenz im reflexiven Bewußtsein der Person – die Reflexivität des Selbstbewußtseins – der existentielle Selbstbezug – ‚Dasein‘ (Heidegger) – ‚das zukünftige Sein‘ – der bewußtseinsphilosophische Vorrang des ‚ich denke‘ und der ontologische Vorrang des ‚ich existiere‘.

Das unmittelbare Sichverhalten zur eigenen Existenz – die Problematik der Referenzstruktur des Selbstbewußtseins – die Kritik an der sogenannten Reflexionstheorie des Selbstbewußtseins (Henrich) – Indifferenz und Differenz des Selbstbewußtseins – der ‚Gegenstand des Verstandes‘ (Kant) – die semantische Perspektive des Existenzbegriffs – Russells Analysen zeitloser Existenzsätze – Deskription und Existenz – temporale Existenzsätze – Existenz und Referenz – temporale Existenz und Selbstbewußtsein – die Referenzstruktur reflexiver temporaler Existenz – der Schein der Einsamkeit des Selbstbewußtseins – die epistemologische Strukturgeschichte des ‚Ich denke, das alle meine Vorstellungen begleiten können muß‘ – Relationalität und Kontextualität des Selbstbewußtseins.

‚Das doppelte Ich im Bewußtsein meiner selbst‘ – die prädikative Abwesenheit des ‚Ich, das denkt‘ (Kant) – das ‚nicht-psychologische Ich‘ (Wittgenstein) – der possessive Sinn des Selbstbewußtseins – die nicht-objektivierbare Selbstvertrautheit des Subjekts des Selbstbewußtseins – Identität und Verschiedenheit des Selbstbewußtseins – die veränderte Form des Bewußtseins – die Spuren des Selbstbewußtseins in der Sprache der Subjektivität – die Resultate der sprachanalytischen Philosophie des Selbstbewußtseins – die Positionalität des Selbstbewußtseins – der Begriff des Selbst – die komplementäre Sprache des Selbstbewußtseins – Indikatoren und Quasi-Indikatoren – die lokale, temporale und prädikative Interpretierbarkeit der Positionalität – die praktische Form des Selbstbewußtseins – die Unvermeid-

barkeit der Verhaltensperspektive – Selbstbewußtsein und praktisches Selbstverhältnis – Positionalität und Reflexion – der praxisverändernde Übergang – die er-
ratische Bewegung des Selbstbewußtseins.

V. Bewußtsein und personale Identität

Zeit und Identität des Selbstbewußtseins – die Differenz zwischen Identität des
Selbstbewußtseins und Identität der Person – die temporale Erweiterung der Identität des Selbstbewußtseins – Kants Kritik des Subjekts – der Abstieg vom ,Ich'
zum ,ich' – deskriptiver und substanzphilosophischer Fehlschluß – die Öffnung in
die raumzeitliche Welt – analytische und synthetische Komponenten personaler
Identität – subjektive Perspektive und ,äußerer Beobachter'.

Bewußtsein und Identität der Person: Locke und Leibniz – die ,unterirdische'
Locke-Leibniz-Kontroverse – die philosophiegeschichtliche Alternative von Rationalismus und Empirismus – Deskription oder Explikation – die neue Antwort
auf die Frage ,Was ist der Mensch?' – die Locke-Leibniz-Kontroverse in der analytischen Philosophie – die Locke-Leibniz-Kontroverse in der Psychologie – Aktivi-
täts- und Passivitätsvorstellungen von Personalität.

Lockes Theorie personaler Identität – die Kritik am traditionellen Substanzbegriff
– Lockes *cogito*-Argument – die Redundanz des Begriffs der Seelensubstanz – der
unkonturierte Subjektbegriff – Lockes substanzphilosophischer Agnostizismus:
der Übergang von der Ontologie zur Epistemologie – der epistemologische Vorrang der Reflexionsbegriffe – die Differenz von innerem und äußerem Sinn – das
principium individuationis – das Kriterium der raumzeitlichen Position – die identitätslogische Relativitätsthese – die epistemologische Kürzung substantialer Bestimmungen – semantische Varianz – Identität, Identifizierung und relative Identität – Lockes Nominalismus – die identitätslogische Differenzierung zwischen
,Seelensubstanz', ,Mensch' und ,Person' – die Frage nach der Bedeutung von ,Per-
son' – die Grundlegung der neuzeitlichen Philosophie der Person – die Setzung des
Personbegriffs – die erste Begründungslücke in Lockes Theorie personaler Identität: die ungeklärte Definitionslage des Personbegriffs – Lockes Bewußtseinsbegriff
– retrospektives Bewußtsein und personale Identität – der Verifikationismus der
ersten Person – das Modell der Selbsttransparenz des Bewußtseins – der bewußtseinsphilosophische Passivitätsgedanke – die Abwesenheit einer konstitutiven Synthesistheorie – die zweite Begründungslücke in Lockes Theorie personaler Identität: die Zirkularität des retrospektiven Bewußtseins – die dritte Begründungslücke
in Lockes Theorie personaler Identität: die Indifferenz von Selbstvertrautheit und
Selbsttransparenz – die erkenntniskritische Programmatik: die Herleitung von
Identität aus Varianz.

Die substanzphilosophische Kritik – das Reflexionsargument (Leibniz, Butler, Reid) – die Differenzierung zwischen Sachverhalt und Bewußtsein personaler Identität – das Qualitätsargument (Butler, Reid) – Identität über die Zeit hinweg und Veränderung in der Zeit – das Selbstreferentialitätsargument (Leibniz, Kant) – das Kontinuitätsargument (Reid) – der methodische Stellenwert der Opposition von Deskription und Präsupposition – der personalitätstheoretische Standpunkt der Substanzphilosophie: die ‚tieferen Sachverhalte und Eigenschaften‘ – die Differenz zwischen ‚Ich‘ und ‚Person‘.

Die neuere Philosophie personaler Identität – Strawsons ontologische Kürzung der Identitätsproblematik: der logisch primitive Begriff der Person – die Unterbestimmtheit von Strawsons Personalitätskonzept – Selbst- und Fremdzuschreibungen – die diskriminatorische Funktion von ‚Person‘ – Personen und Körper – traditioneller Cartesianismus und neuerer Anticartesianismus – die psychologische Kontinuität – die hypothetischen Fälle von Identitätsunsicherheiten – Lockes *principium individuationis* und der materialistische Ansatz – die empirisch identifizierbare Egozentrik des Bewußtseins – Lockes ‚puzzle cases‘ – die ontologische Voraussetzung personaler Identität – die Unbestimmtheitsrelationen der Theorie personaler Identität – gegebene und gemachte Identität der Person – die Doppelstruktur personaler Existenz.

VI. Personale Identität und praktische Selbstverhältnisse

Die Ausweitung des theoretischen Kontexts auf die Bereiche der praktischen Philosophie – die moralphilosophische Perspektive von Lockes Theorie personaler Identität – das zukünftige Leben – ‚concern‘: der Blick auf das spätere Selbst – die forensische Definitionsperspektive – Koextensionalitätsthese und interpersonale Anerkennung – Bewußtsein und Verantwortlichkeit – subjektive Zurechenbarkeit und juridische Verantwortlichkeit – die praktische Gestalt des Verifikationismus der ersten Person – moralische Identität – gegebene und erworbene Identität – die personalitätstheoretische Präsenz von Lockes Theorie personaler Identität – Lockes egologischer Agnostizismus – die Tendenz zur ‚Zweiweltentheorie‘ – die Irreduzibilität personaler Identität – die Konvergenz von Vergangenheit und Zukunft in der Gegenwart: Locke, Kierkegaard und Wollheim – personale Identität und Zurechenbarkeit in der Zeit.

Die Kontexte personaler Identität – ontologische, epistemologische, epistemische und moralische Komponenten – Identität und Veränderung in der Zeit – praktische Identität – die philosophische Sonderstellung des Begriffs personaler Identität – die Kontextblindheit materialistischer und physikalistischer Ansätze – ontologische Festle-

gungen und offene Handlungsperspektiven – die Frage nach dem Subjekt praktischer
Selbstverhältnisse – die praktische Offenheit der Ontologie der Person – die erweiterte Semantik von ‚Identität‘ und ‚Person‘ – Freiheit und Unbestimmtheit der Identitätsprozesse – die Transformation der Identitätsfrage in die Verhaltensfrage – Verhaltensfragen und Verhaltensperspektiven – Sartres Begriff der ‚mauvaise foi‘ und das
Problem der Selbstbefangenheit – Selbstbewertungen (Frankfurt) – die Idealität der
Personalität – reflektierte Verhaltensbewertungen über die Zeit hinweg – die Erhöhung der Anteile selbstbestimmten Lebens – die kulturellen Belastungen der Kontexte des personalen Lebens – die strukturelle Komplexität personaler Existenz – Indexikalität und Idealität – die indexikalische Grenze der Idealität – die Erweiterung der
Indexikalität in Idealität.

Der moralische Standpunkt (Kant) – der kategorische Imperativ – der impersonale Standpunkt – Impersonalität und Interpersonalität – der Schritt vom Selbst zur
Person – der praktische Zusammenhang von Person und Moralität: ‚das unsichtbare Selbst‘ – der gute Wille – der Nicht-Reduktionismus der kantischen Moralphilosophie – der ‚für sich selbst glänzende Juwel‘ – die Verifikationsunsicherheit moralischer Handlungen – die Differenz zwischen Moralität und Legalität – der ‚Restsolipsismus‘ – der Autonomiegedanke – das Faktum der praktischen Vernunft –
subjektive und impersonale Perspektive – die Relationalität der Autonomie – Maximen und kategorischer Imperativ – der maximenethische Autonomiebegriff – die
Autonomieformel – die Vermeidung der vitiösen Zirkularität: die perspektivische
Öffnung – die ‚tiefen‘ Selbstbewertungen des moralischen Bewußtseins – die ‚tieferen‘ Selbstbewertungen des moralischen Bewußtseins – die ‚Höllenfahrt der Selbsterkenntnis‘ – moralische Einsichten wider Willen – die Stimme des Gewissens –
Moralität wider Willen – das Faktum praktischer Vernunft und relative Moralvorstellungen – der quasi-emotive Charakter des Faktums der Vernunft – der Dialog
des moralischen Bewußtseins – ‚der innere Gerichtshof‘ – das ‚doppelte Selbst‘
praktischer Selbstverhältnisse – die ‚zwiefache Persönlichkeit‘ – die Phänomenbasis der praktischen Vernunft – die ‚idealische Person‘ – die Interpersonalität der
‚idealischen Person‘ – der kontextuelle Auflösungsverdacht – der Vorrang der handelnden Person – der moralphilosophische Begriff des Selbst – das Selbst der Anderen – Eigenkontrolle und Ereignis – Moralitätskritik und Selbstbegriff – das mi-
nimale Moralitätskriterium.

VII. Die Kontexte praktischer Selbstverhältnisse: Unbewußtes und Selbsttäuschung

Das ‚doppelte Selbst‘ und moralische Einsichten wider Willen – das ‚doppelte
Selbst‘ in der Philosophie Kants – praktische Selbsterweiterung – Unbewußtes und
Selbsttäuschung – die Phänomenbasis – die ‚Notwendigkeiten des Bewußtseins‘

(Hegel) – der Begriff der Selbsttäuschung – die komplizierte begründungstheoretische Entscheidungssituation – Nachweis und Begrenzung der Selbsttäuschung – die semantischen Schwierigkeiten des Begriffs der Selbsttäuschung – Selbsttäuschung als immanentes Hindernis – die Bedeutungsvarianten von ‚Selbsttäuschung‘ – die Unmöglichkeit der Ausdifferenzierung von Kognitivem und Emotivem in Selbsttäuschungsphänomenen – die eigenartige Täuschung und Selbstbeziehung der Selbsttäuschung – die komplizierten Verschränkungen von Subjekt und Objekt des Selbsttäuschungsprozesses – die Differenz zu anderen Selbstverhältnissen und Täuschungen – Freuds Theorie der Selbsttäuschung – die moralitätskritische Beunruhigung – die Departementalisierung des Subjekts – ‚das Ich ist nicht mehr Herr im eigenen Haus‘ – ‚wo Es war, soll Ich werden‘ – Sartres Freudkritik – die ‚verdinglichende Mythologie der Psychoanalyse‘ – Selbsttäuschung und Unwahrhaftigkeit – die Frage nach der epistemischen und epistemologischen Aufteilung – Selbstdepotenzierung – Selbsttäuschung und moralische Zurechenbarkeit – die sachlich erzwungene Kontexterweiterung – die Abwesenheit einer sicheren Beurteilungsinstanz – die Differenz von epistemischer Unsicherheit und Faktizität des Bewußtseins – ‚Selbsttäuschungen ohne Richter‘ – der Begriff der Selbsttäuschung im Kontext personaler Lebensführung – Selbsterkenntnis und Handeln wider besseres Wissen – praktische Selbstverhältnisse und die epistemischen Grenzen moralischen Bewußtseins – die epistemische und zeitliche Ferne des moralischen Bewußtseins: Unbewußtes und praktische Externalisierung.

Die Grenzen epistemischer und praktischer Selbstverhältnisse – die epistemische Abhängigkeitsthese – die paradoxale Semantik des Begriffs des Unbewußten – Kontextualität, Kontinuität und Kohärenz des Bewußtseins – Schellings naturphilosophische Geschichte des Selbstbewußtseins – die Unbestimmtheitsrelationen von Bewußtem und Unbewußtem – Geschichte und Vorgeschichte des Selbstbewußtseins – ‚dual aspect theory‘ – das Hindernis der Naturbestimmtheit: Selbsterkenntnis als Selbsttäuschung – ‚kein Selbstverhältnis ohne Naturverhältnis‘ – die relationale Relativierung der Subjektivität – Hegels sozialphilosophische Theorie des Unbewußten – Seele und Unbewußtes – Vernunft und Zufall – der komplizierte Zusammenhang von Eigenem und Fremdem – das Verhältnis von Rationalem und Emotivem im Leben von Personen – die ‚entgegenkommende Tendenz‘ – Naturbestimmtheit und die Fluchtlinie der Vernunft – ‚das dumpfe Weben des Geistes‘ – die Seele als Monade – die Selbstverhältnisse des Bewußten und Unbewußten – die naturalistische Sonderstellung von Personen – epistemische Unbestimmtheit und egologischer Agnostizismus.

Die Relativierung des Abstands zwischen Unbewußtem und explizitem Bewußtsein – Unbewußtes und Reflexion – die extensionale Differenz – der entwicklungsgeschichtliche Zusammenhang – die Strukturähnlichkeit – Differenz und Monismus – die Metapher des inneren Dialogs – die Nähe zwischen Reflexion und Unbewußtem – die Abwesenheit eines Prioritätsgefälles – das Selbstverhältnis von

VIII. Kontingenz, Zeit und Moralität

Zentrumslosigkeit der Person – Kritik der skeptizistischen Kontingenzphilosophie – Kritik der Zentrumslosigkeitsthese – die Suche nach der ‚interessanten Philosophie' – die Selbstwidersprüchlichkeit der Kontingenzphilosophie – der zerstreute Mensch – die Zeitvergessenheit der Kontingenzphilosophie – die narrativen Dezentrierungen – Substantialisierungsverdacht und verbindliche Kontinuitäten über die Zeit hinweg – die Indifferenz von Wirklichkeit und Fiktion – die Abwertung zeitlicher Einheitsstrukturen – die semantische Funktion des Begriffs des Selbst – der vitiöse Zirkel des voluntativen Selbstbegriffs – die Unmöglichkeit reiner Indifferenz.

Parfits ‚Reductionist View' – die Ersetzung von Identität durch schwache Kontinuität – die Zeittragödie bewußter Existenz – ‚Timeless' – die Revision der alltäglichen Zeitverhältnisse – ‚Reductionist View' und ‚Non-Reductionist View' – die Kritik an der Voraussetzung eines ‚tiefen' identitätsstiftenden Faktums – ‚Non-Religious Ethics' – die relationale Dezentrierung und der Trost der Philosophie – die Aufhebung des impersonalen Gewichts – Kritik des ‚Reductionist View' – der Vorrang der Neigungen des Augenblicks – das passive Personmodell – das Fehlen einer phänomengerechten Ontologie der Person – das unzureichende Begründungspotential schwacher Kontinuitätsbegriffe – die bedeutungsvollen Kontinuitäten im Alltagsleben – ‚personal identity is not what matters' – die moralische Nähe des Anderen – das harte Faktum der subjektiven Perspektive.

‚Sichtbare und unsichtbare Welten' – die Problemstellung: Selbstentfremdung oder dogmatische Verabsolutierung des Augenblicks – die Entwicklungsgeschichte der Zeit – die Ambivalenz des menschlichen Zeitbewußtseins – Faktum und Begriff der ausgedehnten Gegenwart – nicht-kontingenter Umgang mit Kontingenz – die Satzreihe der ‚dual aspect theory' – der Begriff der Zeitneutralität – Zeitneutralität und Alltagserfahrung – der Vorrang der ausgedehnten Gegenwart vor der unmittelbaren Gegenwart – die Sprache der Zeit – indikatorische Ausdrücke und zeitliche Entfernungen – zeitneutrale Prädikationen – Zeitneutralität und praktische Verhaltensweisen über die Zeit hinweg – praktische Selbstverhältnisse und die Einheit der Person über die Zeit hinweg – das Verständnis des zeitlichen Orts – Identitätsextensionen – die Rolle der ausgedehnten Gegenwart in praktischen Selbstverhältnissen – das praktische Dilemma der Zeitneutralität – Neutralität und Perspektivität – die Grenze der Zeitmetaphorik – der semantische Vorzug der Zeitmetaphorik – die subjektivitätstheoretische Bedeutung der Zeitmetaphorik – die semantische Funktion der Begriffe der Zeitneutralität und der ausgedehnten Gegenwart – die Bedeutungsleere des Begriffs der reinen Gegenwart – Person, Endlichkeit und Kontingenz – die Konvergenz von Kontinuität und Kontingenz – die Kritik an überzogenen Selbstentfremdungs- und Impersonalitätsunterstellungen – Kritik der Tyrannei des Augenblicks – Kritik der Maxime *carpe diem* – der Zeitpfeil und der praktische Vorrang der Zukunft – die Differenz von Kontingenz und blindem Zufall.

IX. Der Schritt des Selbst zum Anderen (1): Lebensplan und Anerkennung

Die traditionellen Kontingenzreflexionen – reflektiertes Endlichkeitsbewußtsein – Kontingenz und Existentialität – die Freisetzung des Individuums – die Grundbegriffe der Philosophie der Moderne: Existentialität, Subjektivität, Moralität – das Problem von Egoismus, Relativismus und Sinnlosigkeitsverdacht – der objektive Standpunkt – das erweiterte Verstehen und die Ambivalenz der Reflexionserweiterungen – ‚der bestirnte Himmel über mir und das moralische Gesetz in mir' – die Perspektive radikaler Kontingenz und das nicht-reduktionistische Verständnis von Moralität – ‚das unsichtbare Selbst' – ‚das Bewußtsein meiner Existenz' – die moralische Selbständigkeit – Kants Doppelperspektive von Objektivität und immanenter Moralität – ‚das Absurde' – das nicht-kontingente Selbstverhältnis – die Irreduzibilität der Existentialität – die Nichteliminierbarkeit der Perspektive des erweiterten Verstehens – das Spektrum des erweiterten Verstehens – die Argumentationsperspektive der traditionellen Kontingenzreflexionen.

Der besondere ontologische Status von Personen – das Spektrum personaler Veränderungsprozesse – vernünftige Verhaltensweisen – das naturalistische Entzweiungsphänomen – die Faktizität der Vernunft – der Standpunkt der Vernunft im personalen Leben – die Verstärkung der Tendenz vernünftiger Selbstbestimmung – ‚abwägendes und wertendes Selbst' (Taylor) – ‚sense of self' und Lebensplan: die selbstbestimmten Spuren – die Vorstellung vom Guten – der formale Rahmen der Selbstbestimmung – der vernünftige Lebensplan – Kontingenz und vernünftiger Lebensplan – ‚reasonable disagreement' – die Frage nach der vereinheitlichenden Funktion – die Hierarchisierungen des vernünftigen Lebensplans – die inhaltliche Variabilität – Lebensplan und die Kenntnis der Existenzkontexte – die selbstbestimmte Strukturierung der Lebensführung – das negative Ausgrenzungsverfahren – der Stellenwert des Lebensplans in der Alltagserfahrung – der mittelbare Zugriff – vernünftiger Lebensplan und die praktische Identität der Person – Ausschluß des Revisionsbedürfnisses – die Bewertungsperspektive.

Die moralische Anerkennung anderer Personen – das Implikationsverhältnis moralischer Selbsterweiterung und moralischer Externalisierung – vernünftiger Lebensplan und Gegenseitigkeitsverhältnisse (Rawls) – die Irreduzibilität der Gegenseitigkeitsverhältnisse (Sartre, Lévinas) – ‚der Blick des Anderen' (Sartre) – Scham – der Andere als existentieller Sündenfall – die unmittelbare Präsenz des Anderen im interpersonalen Raum – die durch den Anderen vermittelten Selbstbeziehungen – ‚die Verhärtung der eigenen Möglichkeiten' – die Asymmetrie interpersonaler Anerkennungsverhältnisse (Lévinas) – das Wechselverhältnis von Selbstverständnis und Verstehen des Anderen – der epistemische und epistemologische Sonderfall der subjektiven Perspektive – die Differenz von äußerer Reflexion und Personenwahrnehmung – die Selbständigkeit der anderen Person – der Kampf um Anerkennung (Hegel) – die Selbständigkeit der Anderen in eigenen Selbstverhältnissen – die Anerkennung der eigenen Selbstbestimmung und die Selbständigkeit der Anderen – die nicht-funktionale Anerkennung der anderen Person – die Depotenzierung des Egozentrismus – die moralpsychologische Präsenz des Anderen – der Schritt vom Selbst zum Anderen – das Faktum praktischer Vernunft – das System irreduzibler Gegenseitigkeitsverhältnisse – die Person als Zweck an sich – die Konstellation von Interpersonalität, Impersonalität, moralischer Selbständigkeit und personaler Teleologie – der Schritt des Selbst zum Anderen.

X. Der Schritt des Selbst zum Anderen (2): Selbstinteresse und Selbstachtung

Die lebenspraktische Vorrangstellung des Eigeninteresses – das Spannungsverhältnis von epistemischer Perspektive und deontologischer Perspektivenindifferenz – der Begriff des Egoismus – das zwiespältige Verhältnis der Alltagserfahrung zum Egoismus – deskriptive und normative Argumentationsperspektive – die unklare Semantik des Egoismusbegriffs – ethischer Egoismus – Kritik des ethischen Egoismus – der Begriff des Eigennutzes – die Korrekturen des Impersonalitätsgedankens – die Unhintergehbarkeit des Integrationsproblems – rationaler Egoismus – die Instrumentalisierung des Vernunftbegriffs – das Gefangenendilemma – das Problem der Kooperationsbereitschaft – die Differenz zwischen Eigennutz und Selbstinteresse – der psychologische Egoismus – die suggestive Wirkung des psychologischen Egoismus – die Altruismuskritik des psychologischen Egoismus – der vitiöse Zirkel der Altruismuskritik – die Konturen altruistischer Verhaltensweisen im sozialen Raum – das Zustandekommen des Schritts des Selbst zum Anderen – die Hume-Kant-Kontroverse – Humes moralpsychologischer Reduktionismus – der Zusammenhang von emotiven Zuständen und rationalen Verhaltensorientierungen – der ‚naturalistische Sprung‘ – der Übergang von ‚I-desires‘ zu ‚Non-I desires‘ (Williams) – der diskontinuierliche Übergang des Selbst zum Anderen – die verschiedenartigen moralpsychologischen Dispositionen – kurzfristiger Eigennutz und Selbstinteresse über die Zeit hinweg – die Kritik des Eigennutzes (Butler) – die semantische Differenz zwischen Eigennutz und Selbstinteresse – die langfristigen Nachteile des vordergründigen Eigennutzes – Selbstinteresse und die Perspektiven praktischer Vernunft – die Differenz zwischen ‚amour de soi‘ und ‚amour propre‘ (Rousseau) – Individualismuskritik und der bedeutungsvolle Begriff individueller Existenz – das Mißverständnis des überzogenen Eigennutzes – das vernünftige Selbstinteresse über die Zeit hinweg und die Kritik der Maxime *carpe diem* – das Selbstverhältnis der Person als *Person* – die Übergänge zwischen kurzfristigem und langfristigem Selbstinteresse – die Position der Gegenwart und Selbstinteresse über die Zeit hinweg – die Diversität und Änderung von Lebenszielen – gute Gründe und ernsthafte Lebensführung – die lebenspraktische Selbsterweiterung des vernünftigen Selbstinteresses – die Formel personaler Selbsterweiterung.

Der Abstand personalen Lebens von den gesellschaftlichen Gegebenheiten – Menschenrechte und soziale Gerechtigkeit – Lebensführung und Lebensform – die Spur des eigenen Selbst – kognitive, modale und zeitliche Differenzierungen – philosophischer Standpunkt und Lebensführung – der modale Überschuß der kulturellen Lebensform – erweitertes Verstehen und Alltagserfahrung – die Einstellung der Ernsthaftigkeit – Tugendhats Skizze der Moral der Ernsthaftigkeit – die Potentiale personalen Lebens – die Moralität des Sichzusichverhaltens – die Kritik am ‚Leben aus zweiter Hand‘ – Heideggers Begriff der Eigentlichkeit – Kritik der Uneigentlichkeit – Ernsthaftigkeit als existentielle Modifikation der kulturellen Lebensform – ‚der Spielraum des Seinkönnens‘ – Ernsthaftigkeit und die Potentiale personaler Existenz – die Reflexionsproblematik – der Vorrang der Verstehens- und Orientierungsperspektive – die Freiräume der moralischen Kritik des eigenen Lebens – der Verlust der Würde – die Unhintergehbarkeit des Subjektgedankens – Kants Konzeption der Selbstachtung – die naturalistischen Grundlagen der Selbstachtung – die Erhabenheit des moralischen Bewußtseins – der Zweck an sich – die Würde der Person – ‚die Idee der Persönlichkeit‘ – Personalität und ‚dual aspect theory‘ – die Grenze der Zumutungen – die Ursprünglichkeit der Selbstachtung – die Mißbilligung des ‚knechtischen Bewußtseins‘ – das menschenwürdige Leben.

XI. Schluß: Die Grundzüge der nicht-reduktionistischen Philosophie der Person

Irreduzibilität und Gegenseitigkeitsverhältnisse der Person – der Personbegriff in der theoretischen und praktischen Philosophie – die Reduktionismusproblematik – die Erlebnisperspektive – die Objektivität des Subjektiven – praktische Selbsterweiterungen – personale Identität über die Zeit hinweg – Kontextualität, Selbstreferenz und Zeit – Faktizität und Idealität – Unbewußtes und Reflexion – emotive und rationale Zustände – die vielfältigen Ausdrucksformen der Einheit des Bewußtseins – praktische Zeitverhältnisse – die Kontinuitäten der Kontingenz – der vernünftige Lebensplan – Egoismus und vernünftiges Selbstinteresse über die Zeit hinweg – moralische Externalisierungen – der Schritt des Selbst zum Anderen – die moralische Anerkennung des Anderen – das Bewußtsein möglicher Welten – moralische Externalisierungen und die Spuren des Selbst – personale Selbsterweiterungsschritte: die Integration epistemischer, praktischer, moralischer und existentieller Ferne – Ernsthaftigkeit und die Kritik des eigenen Lebens – Selbstachtung.

I. THEMEN UND PROBLEMSTELLUNGEN DER PHILOSOPHIE DER PERSON

1

Die philosophische Situation der Gegenwart ist durch umfangreiche Auseinandersetzungen mit dem Subjektgedanken gekennzeichnet, unter dem philosophische Reflexionen und Analysen zu verstehen sind, in denen eine Instanz thematisiert wird, die ihre eigenen Zustände formt. Philosophiegeschichtlich hat sich der Subjektgedanke vor allem mit Begriffen wie ‚Gott‘, ‚Geschichte‘, ‚Gesellschaft‘ und ‚Person‘ verbunden. Im Fall des Begriffs der Person konkretisiert sich die Problematik des Subjektgedankens in der Frage, ob vernünftige Individuen in ihren Bewußtseinszuständen und Handlungsverläufen auf signifikante Weise *selbst* präsent sind.

Jenseits selbstverständlicher Annahmen der Alltagserfahrung gilt in den Diskursen der neueren Natur- und Kulturwissenschaften die Voraussetzung einer Eigenkontrolle der Handelnden als fragwürdig. Vorbehalte gegenüber dem Subjektgedanken werden mittlerweile überaus polemisch zum Ausdruck gebracht. Es ist aber keineswegs so, daß der polemische Ton eine neue Problematik oder grundsätzliche Versäumnisse in der bisherigen philosophischen Arbeit anzeigt. Vor allem sollte nicht erwartet werden, daß die Auseinandersetzungen mit einfachen Gegenpositionen entschieden werden könnten. Das Für und Wider des Subjektbegriffs hat vielmehr aus guten Gründen eine verschlungene und komplexe Geschichte. Wer es unterläßt, sie in ihren systematischen Konsequenzen zu bedenken, bewegt sich nicht mehr auf sachlichem Boden und kann schwerlich einen Beitrag zur Lösung der in der Tat noch nicht bewältigten Subjektproblematik leisten.

Es ist die systematische Philosophie der Neuzeit gewesen, die aufgrund ihrer kulturgeschichtlichen Stellung beträchtliches Potential zu unterschiedlichen Beantwortungen der Frage nach dem Subjekt angehäuft hat. Dabei ist anzumerken, daß die radikalen Verneinungen, die mit dem Schlagwort vom Tod des Subjekts in die Diskussion eintreten, um sie sogleich wieder zu verlassen, sehr wohl ein Merkmal neuerer Zeitgeistströmungen sind und nicht etwa die Folge argumentativer Zwänge, die sich nach und nach aufgebaut hätten. Ernst zu nehmen sind jene Formen der Kritik, die dem Subjektbegriff mit einem systematischen Problembewußtsein begegnen und aufgrund dessen in skeptische Positionen drängen oder gedrängt werden. In diesen Konzeptionen bleibt die sachliche Nähe zur Entfaltung des modernen Subjektgedankens in aller Regel gewahrt. In einer solchen Konstellation von Kritik und systematischer Analyse kann der positive Beitrag der neueren und neuesten Philosophie zum Verständnis des Subjektbegriffs erwartet werden.

Auch wenn in Hochburgen traditioneller Philosophie die vielstimmige Subjektkritik zuweilen als unseriös abgetan wird, muß selbst von einem traditionellen Standpunkt eingestanden werden, daß die Philosophie der Neuzeit wie die Kultur der Moderne insgesamt folgenreich von dem Sachverhalt bestimmt werden, daß der kulturgeschichtlich vergleichsweise neue Subjektgedanke seine Selbstverständlichkeit bereits wieder verloren hat und die möglichen Subjekte – Personen im sozialen Raum – sich selbst nicht auf unproblematische Weise verständlich werden können. Der schleichende Verlust der Verständlichkeit und Selbstverständlichkeit kann unschwer als Indiz dafür genommen werden, daß die Problematik des Subjektgedankens nicht einfach nach Maßgabe einer einfachen Alternative von Affirmation und Negation entschieden werden kann. Auf jeden Fall wird eine systematische Sichtung der Bestände moderner Philosophie und Lebensform vonnöten sein, die theoretisch und praktisch die Rechtfertigungsfähigkeit des Subjektgedankens einer differenzierenden Überprüfung zuführt.

Im Zentrum des modernen Subjektgedankens steht der Begriff der Person, in dem zwei wesentliche Bestimmungen neuzeitlicher Subjektivität, Autonomie und moralische Würde, ineinander verschränkt sind. Seine weit zurückreichende Begriffsgeschichte hat in der Neuzeit theoretische und praktische Ausdeutungen gefunden, die ihn zum Titel für Produktivität, Dignität und Rechte vernünftiger Individuen werden lassen. Im Begriff der Person konvergieren die spezifisch modernen Ausformungen des Subjektgedankens und das Bestimmungspotential der neuzeitlichen Individualität des Abendlandes, und wie die Kultur der Moderne bewegen sich auch die semantischen Veränderungen und Ausformungen des Begriffs der Person über mehr als zwei Jahrtausende von den östlichen bis zu den westlichen Grenzen des atlantischen Kulturraums.

Der Begriff der Person gewinnt in der abendländischen Philosophie nur zögerlich an Bedeutung. Dieser Umstand kann kaum mit dem retrospektiven Zug der Philosophie erklärt werden, für den sinnfällig das Bild der Eule der Minerva, die ihren Flug erst mit der einbrechenden Dämmerung beginnt, geprägt worden ist. Vielmehr hält sich der Begriff der Person lange Zeit im kulturgeschichtlichen Hintergrund auf und entwickelt sein Potential letztlich erst im Rahmen der moralischen und politischen Auseinandersetzungen um die Menschenrechte.

In den philosophischen Kontexten, die sich zumindest einem ermäßigten Subjektgedanken öffnen, ist es zwar unstrittig, daß der Begriff der Person in den Kernbereich der Philosophie gehört, gleichwohl liegen nur wenige historische und so gut wie keine definitorischen oder systematischen Grundlegungsarbeiten vor. ‚Person‘ findet in den üblichen Auflistungen des terminologischen Kanons der Philosophie, dem gemeinhin ‚Wahrheit‘, ‚Vernunft‘, ‚Moral‘, ‚das Gute‘ und ‚das Schöne‘ zugerechnet werden, keine Berücksichtigung. Die Abwesenheit ist nicht ein vordergründiges Versäumnis, sondern nur Ausdruck des Sachverhalts, daß sich bis auf wenige Versuche im Zwischenreich von Bewußtseinsphilosophie, Ethik und Psychologie keine koordinierten Entwicklungen vollzogen haben, die sich eine systematische Ausarbeitung einer Philosophie der Person zum Ziel gesetzt hätten.

Wenngleich die Philosophie der Person aus philosophiegeschichtlichen Gründen noch über kein disziplinäres Profil verfügt, läßt sich ihr Ort im System philosophischer Disziplinen bestimmen. Er liegt in der Verbindung von theoretischer und praktischer Philosophie, also jenen Hauptzweigen der Philosophie, die sich trotz einiger Überbrückungsversuche seitens der philosophischen Ästhetik bis in die Gegenwart schroff gegenüberstehen. Die Identifizierung des disziplinären Orts nimmt dem Umstand, daß von einer Philosophie der Person im Sinne eines fest umrissenen Untersuchungsfeldes noch nicht die Rede sein kann, deutlich an begründungstheoretischem Gewicht. Überdies haben sich Analysen aus den unterschiedlichsten Gebieten der theoretischen und praktischen Philosophie direkt oder indirekt auf den semantischen und systematischen Kernbereich der Philosophie der Person ausgewirkt. Retrospektiv läßt sich in der Geschichte der Philosophie der Neuzeit geradezu von einem Projekt der Philosophie der Person sprechen, an dem oftmals unbemerkt und mit unterschiedlicher Intensität eine Vielzahl von Philosophen mitgewirkt haben: So können Descartes und Leibniz als Innovatoren des modernen Subjektgedankens gelten, während Locke das Verdienst zukommt, den modernen Begriff der Person im Rahmen der ersten ausgeführten Theorie personaler Identität geprägt zu haben. Die mit dem Rationalismus und den frühen empiristischen Theoriestücken eröffneten Perspektiven haben bei Hume, Rousseau, Kant, Fichte, Schelling und Hegel bedeutende Interpretationen und Weiterführungen erfahren. Im 20. Jahrhundert liefern neben Freud, Wittgenstein, Heidegger und Sartre hauptsächlich Vertreter der an den angloamerikanischen Analyseverfahren orientierten Ansätze wichtige Beiträge, die zudem einem bereits eingegrenzten Bereich der Philosophie der Person zugeordnet werden können, wobei insbesondere Peter F. Strawson und John Rawls, aber auch Harry Frankfurt, Thomas Nagel, Derek Parfit und Charles Taylor zu nennen sind.

Die Reihe der am Projekt der Philosophie der Person Beteiligten ist in zweifacher Hinsicht auffällig. Die traditionellen Philosophen verdanken ihre rezeptionsgeschichtliche Berücksichtigung größtenteils Werken, die nur mittelbar als Beiträge zur Philosophie der Person gelten können. Mit der Nähe zur Gegenwart nimmt der Anteil der Werke zu, die sich direkt der Philosophie der Person zuordnen lassen. Während der Begriff der Person bei Descartes nur marginal ist, beherrscht er in Intensität und Umfang die Arbeiten von Philosophen wie Harry Frankfurt und Derek Parfit. Dies kann als Indiz für die sich in der Philosophie der Neuzeit verstärkende Tendenz zur Philosophie der Person aufgefaßt werden. Allerdings wird mit der Reihe auch deutlich, daß diese Tendenz in ihren ausdrücklichen Ausprägungen weitgehend auf die neuere angloamerikanische Philosophie beschränkt ist – sieht man einmal von der theologischen Traditionslinie und einigen wenigen Werken kontinentaleuropäischer Philosophen ab, die in den neueren Diskussionszusammenhängen zudem kaum Berücksichtigung gefunden haben. Schließlich muß noch die weitere Einschränkung gemacht werden, daß die angloamerikanische Philosophie in ihren analytischen Ausrichtungen weder für das Ganze der Philosophie der Gegenwart noch für die eingeschränkteren Belange der Bestimmung des modernen Subjektgedankens repräsentativ ist.

Den systematischen Bemühungen sind neostrukturalistische und neopragmatistische Ansätze entgegengesetzt, die sich in einem Bereich zwischen Skepsis und entschiedener Polemik gegenüber dem Subjektgedanken bewegen. Ein typisches Beispiel für derartige Positionen ist die subjektskeptizistische Kontingenzphilosophie Richard Rortys. Das skeptizistische Theorieszenario wirkt sich zumindest implizit auf den inhaltlichen und methodischen Hintergrund einer jeden Theorie aus, die als Philosophie der Person auftreten will, denn die Argumentationsverfahren müssen sich kriteriell und begründungstheoretisch so gestalten lassen, daß der Reduktionismus der radikalen Subjektkritik, der für personale Bestimmungen im strikten Sinne gar keinen Raum lassen will, rechtfertigungsfähig zurückgewiesen werden kann.

Im Rahmen konzeptioneller Entwicklungen, die weiterhin an die zugegebenermaßen oftmals verworrene Tradition der neuzeitlichen Subjektphilosophie anknüpfen und sie eben nicht von vornherein als kulturellen und theoretischen Irrweg verwerfen, gewinnen diejenigen Ansätze im Umfeld der analytischen Philosophie an Gewicht, in denen thematische

Neuorientierungen hervortreten, die die Perspektiven der klassischen Philosophie der Neuzeit integrieren und nicht ausgrenzen oder unterdrücken. Sie betreffen vor allem das Verhältnis von Subjektivität und Moralität, für das der Begriff der Person als argumentativer Fluchtpunkt fungiert. Allerdings wird die analytische Philosophie in dem Maße, in dem sie sich traditionellen Konstellationen von Individuum, Moralität und Vernunft im Begriff der Person zuwendet, mit der Schwierigkeit konfrontiert, daß ein ursprünglich an sprachanalytischen Argumentationsverfahren ausgerichteter Theoriebereich Lösungen für Probleme bereitstellen muß, die aus gänzlich anders gearteten Konzeptionen hervorgegangen sind. Denn die in der Konsequenz des ‚linguistic turn' akzeptierten begründungstheoretischen Vorgaben lassen sich nicht umstandslos mit Argumentationswegen in Einklang bringen, die ihre Begriffe zwar epistemologisch, aber in aller Regel nicht semantisch überprüfen. Besondere Bedeutung kommt dabei der Auseinandersetzung mit der Reduktionismusproblematik zu, also der Fragestellung, ob die traditionellen Bestimmungen von Subjektivität und Moralität ohne semantischen und epistemologischen Verlust rekonstruiert werden können. Allein unter diesen methodischen Bedingungen werden sich traditionelle Reflexionsmodelle in *systematische* Positionen der Gegenwartsphilosophie verlängern lassen.

Die Spannungen zwischen analytischer und traditioneller kontinentaleuropäischer Philosophie sowie von neuerem Reduktionismus und Nicht-Reduktionismus werden hier als Indiz für ein Problemsyndrom genommen, das im personalitätstheoretischen Grundlagenbereich angesiedelt ist. Deshalb beginnt die hier vorgelegte Philosophie der Person mit dem Versuch, Positionen der analytischen Philosophie und der klassischen Philosophie der Neuzeit im Begriff der Person so aufeinander zu beziehen, daß ein Entscheidungsszenario für die Semantik der Subjekt- und Subjektivitätsbestimmungen wie für die Reduktionismusproblematik zustande kommen kann. Ein solcher Versuch muß naturgemäß immer auch ein Beitrag zur Philosophie der Gegenwart bzw. zum logischen Ort des Begriffs der Person in der Philosophie der Gegenwart sein.

2

Weil die Philosophie der Person nicht zum Kanon der traditionellen philosophischen Disziplinen gehört, muß ihre terminologische und semantische Identifizierung den Eindruck erwecken, als solle ein weiterer philosophischer Disziplintitel eingeführt werden. Ein solcher Eindruck kann nicht willkommen sein. Der Umstand, daß sich die Fluchtlinien philosophischer Aufmerksamkeit verschieben, darf noch kein Vorwand für neue disziplinäre Aufteilungen sein, denn damit würde einer Zersplitterung Vorschub geleistet, die die Wissenschaften insgesamt stark belastet und die für die Philosophie der Person geradezu letal wäre. Die Ausgangssituation der Philosophie der Person ist deshalb schwierig: Einerseits muß sie in irgendeiner Weise einen disziplinären Sonderstatus beanspruchen, andererseits muß sie vom theoretischen Profil her zusätzlichen disziplinären Verästelungen entgegenwirken. Ihre Position läßt sich am ehesten dadurch verbessern, daß von disziplinären Neueinführungen abgesehen wird, um sich auf die sachlichen und systematischen Gründe der Aufmerksamkeit zu konzentrieren, die ihr gegenwärtig zuteil wird.

Trotz der disziplinären Unsicherheiten ist die terminologische Redeweise von der Philosophie der Person berechtigt, denn sie bezieht sich auf einen Sachverhalt, der von traditionellen Einteilungen nicht angemessen berücksichtigt werden kann. Die Philosophie der Person gewinnt Eigensinn durch die Irreduzibilität ihres Gegenstandes und ihren Fluchtpunktcharakter für Epistemologie, Bewußtseins-, Moral-, Sozial- und Kulturphilosophie. Aus dieser Theoriekonstellation heraus ergeben sich schließlich auch Gründe für ihre disziplinäre Unbestimmtheit: Die Philosophie der Person ist vom methodischen Ansatz her bereichsübergreifend angelegt, wodurch sich nicht zuletzt die Möglichkeit der integrativen Verbindung unterschiedlicher methodischer und inhaltlicher Perspektiven eröffnet.

Aufgrund ihres Vermittlungspotentials zwischen theoretischer und praktischer Philosophie kann die Philosophie der Person großen Erwartungen im Hinblick auf konkrete Entscheidungen der alltäglichen Lebensführung kaum entgehen. Derartigen Erwartungen muß mit Sorgfalt begegnet werden, denn die Möglichkeiten vorschneller Beeinflussungen durch Selbstthematisierungen und Sinnzuweisungen im Modus der Philosophie dürften ähnlich groß sein wie die der Selbstfindungsstrategien in den oftmals unübersichtlichen Verquickungen von Psychoanalyse, Psychologie und Therapie, nur fehlen der Philosophie vergleichbare institutionelle Mittel. Man mag in dieser Situation schon aus wissenschaftlicher Seriosität zu Abwehrbewegungen tendieren. Es ist aber zu berücksichtigen, daß die Philosophie der Person entscheidend an Profil und Bedeutung verlöre, wenn ihre Perspektiven für die praktische Lebensführung ausgeklammert blieben.

Das Verhältnis von Theorie und Praxis muß fraglos mit beträchtlicher Zurückhaltung angegangen werden. Es wäre ein schlimmes Beispiel intellektueller Vermessenheit, wenn philosophische Einstellungen und Reflexionen umstandslos für geeignet gehalten würden, die praktischen Lebensverhältnisse *unmittelbar* zu formieren. In dieser Hinsicht wird man heute den großen Erwartungen an die Philosophie von der Antike bis ins 19. Jahrhundert nicht mehr folgen können. Zudem würde die Philosophie gerade in dieser Zeit ein äußerst zerrissenes Bild bieten, ginge es darum, zu entscheiden, welche philosophischen Einflüsse für den Fall der Wirkungsmächtigkeit greifen sollen.

Das philosophische Verhältnis von Theorie und Praxis ist wesentlich komplexer und komplizierter, als daß es sich nach Maßgabe einfacher Beeinflussungsmodelle erklären ließe. Philosophie, Lebenswelt und kulturelle Lebensform sind durch starke Eigengesetzlichkeiten gekennzeichnet, die nur partiell aufeinander abbildbar sind. Die verwickelten Bestimmungsverhältnisse dürfen im Gegenzug aber nicht einfach für die Unmöglichkeit ausgegeben werden, Theorie und Praxis philosophisch aufeinander zu beziehen. Kann nämlich nicht mehr davon ausgegangen werden, daß der philosophische Standpunkt wesentliche Bestimmungen personaler Existenz repräsentiert und zumindest in der ihm eigentümlichen Perspektive seine Zeit in Gedanken faßt, dann steht der Sinn von Philosophie in der modernen Lebenswelt insgesamt auf dem Spiel.

Es gibt eine Reihe von gewichtigen Gründen, skeptischen Mutmaßungen zu den praktischen Möglichkeiten der Philosophie, mit denen sich immerhin der Großteil philosophieexterner Vorurteile gegenüber philosophischen Standpunkten verbindet, zu widersprechen. Diese Gründe werden aber nie ganz den Anschein verlieren, *philosophische* Gründe zu sein und dementsprechend den Nichteingeweihten nicht ohne weiteres einleuchten. Sollte die Philosophie darauf mit einer kritischen oder gar polemischen Wende gegen die Nichteingeweihten reagieren, muß sie zurechtgebracht werden. Das gilt vor allem für ein verbreitetes Argument der Philosophen wider den Laien. Es besagt, daß sich eigentlich jede Form vernünftiger Existenz im philosophischen Medium vollziehe und es in der philosophischen Praxis darum gehe, die alltäglichen Verständigungsformen aus dem Blickwinkel des Experten und unter Aufbietung des über Jahrtausende in der Philosophie angehäuften Struktur- und Orientierungswissens mit Ordnungsperspektiven zu versehen. Selbst wenn von seinem arroganten Zug abgesehen wird, verfängt das Argument nicht, denn das Ausgangsproblem wird lediglich auf eine andere Ebene verschoben. Das Problemsyndrom des Verhältnisses von philosophischer Esoterik und Exoterik bliebe nämlich nach wie vor bestehen und würde sich sogar noch dringlicher stellen, weil die Philosophie nunmehr sich selbst den Nachweis aufgebürdet hätte, Klärung darüber herzustellen, worin denn ihre spezifische Verständigungs- und Orientierungskultur im Unterschied zu den Weisen alltäglicher Verständigungsverhältnisse begründet sei.

Vor dem Hintergrund des ungeschlichteten Verhältnisses von philosophischer Theorie und Praxis mag die Erwartung naheliegen, daß gerade die Philosophie der Person auf unproblematischere Weise Zugang zu den existentiellen und moralischen Aspekten der Lebensführung von Personen finden könne und sogar imstande sei, das zu realisieren, was in der philosophischen Forschung ungeachtet der Nachfrage von philosophieexterner Seite nur selten gelingt, nämlich die umstandslose Etablierung von Beziehungen zur alltäglichen Lebensführung. Doch dieser Anschein trügt. Die Philosophie der Person ist von Streitfragen geprägt, die aus den traditionellen philosophischen Disziplinen hervorgegangen sind und noch immer hervorgehen. Die Erwartung eines systematisch unvermittelten Zugangs zur Alltagserfahrung – was immer im einzelnen auch darunter verstanden werden kann – ist deshalb sachlich unbegründet. Solche Erwartungen fordern verkürzte und insofern falsche Argumentationswege geradezu heraus. Tatsächlich treten grundsätzliche Problemstellungen der theoretischen und praktischen Philosophie unmittelbar im systematischen Kernbereich der Philosophie der Person auf, und sie kann ohne Rücksicht auf diese Problemstellungen konzeptionell nicht entwickelt werden. Der Weg zur Lebensführung ist auch für die Philosophie der Person mit *systematischen* Grundsatzproblemen gepflastert.

Die Philosophie der Person muß den weiten Bogen von systematischen Grundsatzentscheidungen zur alltäglichen Lebensführung spannen. Das führt zu einer Reihe von Verschränkungen, die vor allem mit dem Zwang zur Verbindung von deskriptiven, revisionären – die Tendenz verändernden – und normativen Perspektiven zusammenhängen. Trotz der Vielzahl deskriptiver Anknüpfungen an die Alltagserfahrung wird die Philosophie der Person nicht umhin können, mit hohem Reflexions- und Normativitätspotential umzugehen, und der Reflexionsmodus wird ihren Gegenstand in einer Weise formieren, die über die in den Kulturwissenschaften üblichen Formierungen weit hinausgehen dürfte. Auf diesen revisionären Zug der Philosophie der Person konzentrieren sich insbesondere neuere Ansätze und begeben sich dabei vor allem in Opposition zu den an traditionellen Theoriemodellen orientierten deskriptiven und transzendentalen Positionen. Diese Opposition läßt sich deutlich an dem revisionären Reduktionismus Parfits auf der einen und der deskriptiven Metaphysik Strawsons auf der anderen Seite beobachten.

Der Gegensatz von Deskription und Revision ist jedoch keine einfache Alternative. Es erfordert tiefgehende Analysen, um überhaupt feststellen zu können, was als Gegenstand der jeweiligen deskriptiven oder revisionären Vorhaben auftritt. So zeigt sich im Fall Strawsons, daß entgegen wissenschaftsgeschichtlicher Üblichkeiten ein deskriptiver Ansatz keineswegs

Festlegungen auf empiristische oder gar reduktionistische Verfahrensweisen zur Folge haben muß. Das Projekt der deskriptiven Metaphysik, mit dem Strawson die neuere Philosophie der Person auf den Weg gebracht hat, intendiert nicht so sehr die phänomenologische Beschreibung personalen Lebens, sondern die Rekonstruktion seiner Tiefenstruktur. Dagegen erklärt Parfit im Rahmen seines revisionären Reduktionismus die Voraussetzung von ‚tiefen Fakten' für eine redundante und irreführende Hypothese und versucht in einem direkten, von transzendentalen Strukturbeschreibungen unbelasteten Zugriff nach Möglichkeiten, die Manifestationsformen personalen Daseins einem grundsätzlichen Wandel zu unterziehen.

Das Motiv zur Revision bestimmt in der einen oder anderen Form jeden personalitätstheoretischen Ansatz und ist keineswegs eine Domäne des Reduktionismus. Es geht auf die Annahme zurück, daß Personen im sozialen Raum individuell und gesellschaftlich nicht so leben, wie sie leben könnten, das heißt, es wird zumindest stillschweigend davon ausgegangen, daß im Leben von Personen – aus welchen Gründen auch immer – die persönlichen Entwicklungsmöglichkeiten faktisch nicht ausgeschöpft werden. Diese Diagnose hat negative und positive Aspekte: Das nicht ausgeschöpfte Potential kann zum einen so verstanden werden, daß Personen sich permanent selbst unterbieten, zum anderen aber auch als Ausdruck dafür genommen werden, daß sie vor allem über die Fähigkeit verfügen, sich selbst reflektierend und handelnd zu überschreiten. Diese Konstellation findet in der Kultur- und Philosophiegeschichte in der Hinsicht eine Entsprechung, als auch hier Faktizität und Idealität personaler Bestimmungen wie Selbstbestimmung, Würde und Menschenrechte erkennbar divergieren. Doch ist es gerade die Möglichkeit, die Faktizität vor den Gerichtshof realisierbarer Idealität zerren zu können, von der das normative Potential der Philosophie der Person zehrt.

Mit der Differenz zwischen Faktizität und Idealität eröffnet sich die ideologie- und gesellschaftskritische Perspektive der Philosophie der Person. Sie wirft konturierend Licht auf die vielfältigen Formen offener und versteckter Heteronomie, die autonome Lebensführung gleichsam im Keim ersticken. Deshalb sind Fragen nach der formalen Struktur personalen Lebens – und solche werden im weiteren auf verschiedenste Weise gestellt werden – immer auch Fragen nach der Gerechtigkeit der interpersonalen und sozialen Verhältnisse. Einer Person können niemals rechtfertigungsfähig und insofern nur gewaltsam die Umstände verwehrt werden, unter denen sie wenigstens der Möglichkeit nach ihr Leben als *Person* führen kann. In diesem Anspruch zeigt sich der nicht mehr hintergehbare Individualitätsgedanke der Moderne, der kategorisch auf das Recht des Einzelnen in der Gesellschaft pocht.

Das Spannungsverhältnis von Faktizität und Idealität bestimmt schließlich auch die Antwort auf die Frage, ob die ‚Person' der Philosophie und
die Person im sozialen Raum konvergieren. Die Analysen personaler Bestimmungen haben nur dann einen Gegenstand, wenn der philosophische
Begriff der Person mit der faktischen Person der alltäglichen Lebenswelt
zumindest die konstitutiven Strukturen teilt. Inhaltliche Unterscheidungen können dementsprechend nur im idealtypischen Sinne verstanden
werden, und hinsichtlich des normativen Anspruchs muß ohnehin
Gleichheit herrschen.

Die Philosophie der Person hat Sachverhalte zu thematisieren, die unabhängig von philosophischer Reflexion zum Bestand und Problemfeld
intelligenter Existenz im sozialen und kulturellen Raum gehören. Sie hat
dabei von der Voraussetzung auszugehen, daß die vielen Manifestations-
weisen personaler Existenz bei aller inhaltlichen Verschiedenheit struktur-
gleich sind. Die Plausibilität dieser Voraussetzung dürfte sich dem Umstand verdanken, daß sich menschliches Leben im Unterschied zu anderen
Lebensformen durch einen eigen gearteten Zusammenhang von naturbestimmter und kultureller Entwicklung auszeichnet. Dieser Zusammenhang durchzieht jedes individuelle menschliche Leben zu jeder Zeit und
an jedem Ort. Die Strukturgleichheit äußert sich zudem darin, daß Personen in ihrem Leben mit vergleichbaren Sinnfragen und Entscheidungssituationen umzugehen haben, die sich je nach sozialem Kontext inhaltlich
unterschiedlich ausdrücken und auf die nach Maßgabe des kulturell gegebenen Verstehenspotentials instinktiv, reflektierend, abwägend oder wer-
tend reagiert wird. Der spezifisch menschliche Umgang mit dem eigenen
Leben und dem Leben anderer sowie die damit einhergehenden Auslegungen der jeweiligen Existenzmöglichkeiten gelten zumindest abstrakt
für jede Form menschlicher Existenz. Aus diesem Grunde können der
Cro-Magnon-Mensch und der Mensch der Moderne als Repräsentanten
ein und desselben Lebenspotentials begriffen werden. Die Unterschiede
entstehen mit dem konkreten Ort der Lebensführung, der einige Möglichkeiten der menschlichen Existenzweise realisiert, aber einen Großteil un-
eingelöst läßt und aufgrund spezifischer kultureller Bedingungen auch un-
eingelöst lassen muß.

Wegen der Verschränkungen von Deskriptivem und Revisionärem hat
sich die Philosophie der Person auf komplizierte ontologische Bewegungen einzulassen. Die faktische Vorgabe, d. i. die Existenz von Personen im
kulturellen Raum, erfährt im Rahmen der philosophischen Analyse eine
Reihe von inhaltlichen Brechungen, die entscheidend von den jeweiligen
Theorie- und Explikationsperspektiven abhängen. Die Rekonstruktion
dieser Abhängigkeit ist von äußerster Wichtigkeit für den Umgang mit der

personalitätstheoretisch so bedeutungsvollen Reduktionismusproblematik. Der Blick auf die Person ändert sich mit dem jeweiligen theoretischen Standpunkt nicht nur perspektivisch, sondern vor allem auch inhaltlich. Während Bestimmungen personalen Lebens, die an der gesellschaftlichen Oberfläche mit Hilfe empiristischer, behavioristischer oder funktionalistischer Ansätze gewonnen werden, ein reduktionistisches Bild der Person vermitteln, orientieren sich dezidiert nicht-reduktionistische Argumentationsmodelle an irreduziblen Bestimmungen, die gerade nicht deskriptiv identifiziert werden können. Eine nicht-reduktionistische Philosophie der Person ist insofern eine explizierende Bewegung ‚vom Sichtbaren zum Unsichtbaren‘, von der physischen Erscheinungsweise zur transzendentalen Perspektive, von der Faktizität zur Idealität – und zurück.

Die vielschichtigen methodischen und ontologischen Bewegungen der Philosophie der Person sind ein deutlicher Hinweis auf den Umstand, daß die Definitionslage des Begriffs der Person noch nicht geklärt ist. Aus dem komplizierten Prozeß seiner kulturgeschichtlichen Herausbildung kann zudem entnommen werden, daß seine Bedeutung nicht einfach entdeckt worden ist, sondern sich über komplizierte Begriffstransformationen konstituiert hat. Für die Definitionslage besagt das zweierlei: Der Begriff der Person bezieht sich auf einen Sachverhalt, der zwar eine kontingente Konstitutionsgeschichte hat, in dem sich aber gleichwohl kulturelle Objektivität manifestiert. Daher kann die Definitionsproblematik nicht nur eine Frage des ideologischen oder theoretischen Standpunkts sein. Größere semantische Sicherheit wird sich durch historische und systematische Rekonstruktionen der inhaltlichen Potentiale einstellen, die sich kulturgeschichtlich in den semantischen Zusammenhängen des Begriffs der Person angesammelt haben. Sie werden nicht zuletzt zeigen, daß sich vernünftige Individuen zu sich selbst und zueinander als Personen verhalten haben, obwohl sie über einen Begriff der Person semantisch gar nicht verfügen konnten.

Die Erinnerung an die kulturgeschichtlichen Hintergründe der semantischen und ontologischen Probleme dürfte auf jeden Fall mäßigend auf vorschnelle definitorische Festlegungen wirken, um die der Zeitgeist nachsucht, wenn ihn einmal mehr das Gewissen angesichts ideologischer und technologischer Überforderungen plagt. Die hektische Betriebsamkeit des Zeitgeistes kann jedoch nicht als Untersuchungsvorgabe auftreten. Den ethischen und kulturellen Erfordernissen der Gegenwart kann sich die Philosophie der Person aber genausowenig entziehen. In dieser Situation wird sie darum bemüht sein müssen, einen integrativen Rahmen für Perspektiven der theoretischen und praktischen Philosophie zu entwickeln, die sich philosophiegeschichtlich und systematisch mit dem Begriff der Person verbinden lassen.

Die Philosophie der Person wird sich schließlich auch mit einer Frage konfrontiert sehen, die sie mit ihren Mitteln nicht hinreichend beantworten kann. Es ist dies die Frage nach den Grenzen der Person, die durch neueste wissenschaftliche und technologische Entwicklungen, vor allem in der Medizin und Gentechnik, an Schärfe gewonnen hat. Das zur Aufklärung anstehende Problem ist dabei aber nicht so sehr das der Grenzen der Person, sondern das der Grenzen der Person im menschlichen Leben. Diese Problematik ist deswegen nicht umstandslos als ein Kapitel unter anderen im Kompendium der Philosophie der Person abzuhandeln, weil sich die Grenzen der Person weder analytisch aus systematischen Grundbestimmungen ergeben, noch aus den Naturverhältnissen ohne weiteres entnommen werden können.

Die Differenz zwischen menschlichem und personalem Leben ist die unmittelbare Folge der Konvergenz von naturbestimmter und kultureller Entwicklung. Alle normativen Bestimmungen, die mit personalen Eigenschaften einhergehen, sind in der Kulturgeschichte mühsam, auf teilweise undurchsichtigen und durchgängig komplizierten Wegen hervorgebracht worden. Da die Naturbestimmtheit der Individuen sich in diesem Herausbildungsprozeß verändert hat, ohne aber aufgehoben worden zu sein, verbleibt die kulturell entwickelte Existenz der Menschen in einer eigentümlichen Dualität von Natur und Kultur, durch die sich beträchtliches Spannungspotential in der Lebensführung, Selbsterkenntnis und philosophischen Ausdeutung personalen Lebens aufbaut.

Die Dualität von Natur und Kultur im personalen Leben scheint auf eine ausweglose begründungstheoretische Situation hinauszulaufen: Werden die Grenzen der Person nach Maßgabe der natürlichen Entwicklung bestimmt, geht die kulturelle und soziale Konstitutionsgeschichte nicht mehr in die definitorische Festlegung ein. Erfolgt die Grenzbestimmung dagegen allein in der normativen Perspektive, ist ein Konventionalismus die Folge, der über keine naturbestimmte Basis verfügt. Diese Ausweglosigkeit formiert den argumentativen Hintergrund der gegensätzlichen Positionen zur Bestimmung von Anfang und Ende personalen Lebens. Der jeweilige Vorrang der naturbestimmten vor der sozialen Entwicklung oder der sozialen vor der naturbestimmten Entwicklung wird in aller Regel von einem im Vorwege gewählten ideologischen Standpunkt bezogen. Wie sich im Rahmen der gegenwärtigen technologischen Herausforderungen zeigt, kommt erschwerend noch hinzu, daß sich mit den neuen kulturellen Verlaufsformen auch neue Entscheidungssituationen ergeben, die sich auf bis dahin unbekannte oder unbegriffene Aspekte von Personalität beziehen, das heißt, auch der Blick auf die Grenzen der Person ist formal und inhaltlich einem kulturellen Wandel unterworfen.

An den komplizierten Verschränkungen von Natur und Kultur im menschlichen Leben läßt sich leicht ablesen, daß weder die Philosophie im allgemeinen noch die Philosophie der Person im besonderen von vornherein über ein Bestimmungsmonopol bei der Festlegung der Grenzen der Person verfügen. Philosophische Reflexionen haben sich vielmehr auf eine kulturelle Gratwanderung zwischen den Abgründen gedankenloser Permissivität und ideologischem Dogmatismus vorzubereiten. Allerdings kann unter kulturell günstigen Bedingungen gerade die Philosophie im politischen Raum wichtige Beiträge zum sinnvollen Umgang mit diesem Problemsyndrom liefern.

Die Dramatik der praktischen Frage nach den Grenzen der Person findet keine Entsprechung in den zentralen systematischen Problemstellungen der Philosophie der Person, die sich um den entwickelten Kernbereich personaler Existenz – die entfaltete Subjektivität und Moralität – organisieren und von der Bestimmungsproblematik des Anfangs und Endes personalen Lebens nicht unmittelbar abhängen. Die Problemstellungen beziehen sich auf Abschnitte und Zustände personalen Lebens, die von seiner Entstehung nicht mehr und von seinem Vergehen noch nicht betroffen sind, und das gilt für das natürliche Absterben genauso wie für pathologische Einbrüche. Die Analysen zum systematischen Kern des Begriffs der Person machen gleichwohl theoretische Vorentscheidungen kenntlich, die auf eine mögliche Beantwortung der Frage nach den Grenzen der Person präformierend wirken:

[G–1] Die Grenzen personaler Existenz und die Grenzen menschlichen Lebens fallen nicht zusammen.

[G–2] Die Erfüllung der Kriterien entwickelter Personalität hängt nicht von moralischer Wechselseitigkeit ab: Personen sind auch denjenigen gegenüber zu moralischem Respekt verpflichtet, die über kein Selbstbewußtsein und keinen praktischen Subjektgedanken verfügen.

[G–3] In seiner entwickelten Form impliziert personale Existenz Selbstbewußtsein und einen praktischen Subjektbegriff.

Diese Vorentscheidungen ergeben sich aus der Ausdeutung des Sachverhalts, daß die Formen von Subjektivität und Moralität, die personaler Existenz eigentümlich sind, sich über die Zeit hinweg herausgebildet haben und eben nicht schon mit dem ersten Auftreten der menschlichen Gattung vorgelegen haben können. Ein ähnlicher Entwicklungsprozeß muß auch für die jeweilige Individualgeschichte angenommen werden, nur daß in diesem Fall von Anbeginn gewichtige Gründe für moralische Anerkennungen vorliegen, wie das im Grundsatz [G–2] angezeigt wird, der im übrigen nicht auf menschliche Lebensformen beschränkt sein muß.

Die menschliche Entwicklungsgeschichte ist zumindest aus der Perspektive der Kultur des Abendlandes eine Geschichte der Entwicklung von Subjektivität und Moralität. Dieser Sachverhalt kann retrospektiv nur so gedeutet werden, daß die Naturgeschichte der menschlichen Gattung sich zu einem bestimmten Zeitpunkt der Vergangenheit in einen kulturellen Prozeß transformiert hat, ohne daß sie deswegen schon zu einem Ende gekommen wäre. Es ist die neue Dimension des Kulturellen, die der Bestimmung nach eine Trennung zwischen naturgeschichtlicher und kulturgeschichtlicher Konstitution erzwingt. Subjektivität und Moralität sind ihrer Entstehung nach keine natürlichen Phänomene und können aufgrund der spezifischen entwicklungsgeschichtlichen Konstellation von Natur und Kultur nicht losgelöst von sozialen und kulturellen Prozessen betrachtet werden.

Der Prozeßcharakter der Kultur macht es sehr schwierig, klare definitorische Ausgrenzungen zwischen Mensch und Person vorzunehmen. Obwohl im Normalfall die Extension der Begriffe des Menschen und der Person für den Großteil des individuellen Lebens zusammenfallen, müssen auch individualgeschichtlich beide Begriffe auseinander gehalten werden. Dieses Erfordernis ist schon deshalb unumgänglich, weil personale Existenz auf verschiedene Weise scheitern kann. Sie kann in einer gemäßigten und im Prinzip korrigierbaren Form scheitern, wenn es Personen aus sozialpsychologischen Gründen nicht gelingt, ihr Leben *als* Subjekte im sozialen Raum zu führen. Unkorrigierbar ist dieses Scheitern, wenn es von pathologischen Ursachen hervorgerufen wird. Ein auf diese Weise behindertes Leben wird aller Voraussicht nach nicht zu den definierten Ausprägungen von Subjektivität und Moralität finden, die konsistente und autarke Handlungsabläufe im sozialen Raum ermöglichen. Daraus kann jedoch keineswegs die Verweigerung der Achtung und des Respekts vor diesen Formen individueller Existenz abgeleitet werden, die üblicherweise Personen mit entfalteter Subjektivität und Moralität entgegenbracht werden bzw. entgegengebracht werden sollten. Die Anerkennungsverhältnisse der Würde und Achtung sind hinsichtlich des Adressaten nicht an die Bedingung eines aktiv geführten personalen Lebens gebunden.

Die im folgenden entwickelte Konzeption des internen Zusammenhangs der Selbstverhältnisse von Subjektivität und Moralität wird sich auf den systematischen Kernbereich der Philosophie der Person, also auf die entfaltete und entwickelte Subjektivität mit den in ihr eingeschlossenen moralischen Komponenten, und den sich daraus ergebenden Konsequenzen für praktische Selbstverhältnisse beschränken. Der Blick auf die Grenzen personalen Lebens erfolgt nur mittelbar.

3

Die methodische Engführung auf den systematischen Kernbereich der Philosophie der Person ist einem entschiedenen Nicht-Reduktionismus verpflichtet, der davon ausgeht, daß Personen auf irreduzible Weise letzte Bezugspunkte aller theoretischen und praktischen Sinnfragen sind. Diese Überzeugung wird nicht nur von ausdrücklich nicht-reduktionistischen Positionen geteilt. Vor allem in der theoretisch unbefangenen Alltagserfahrung, deren Semantik den unhintergehbaren Bedeutungshintergrund der Philosophie der Person bildet, dürfte der praktische Vorrang des personalen Standpunkts als überaus plausibel erscheinen. Denn in der Alltagserfahrung werden mit dem Begriff der Person dieselben Vorstellungen verbunden, die auch die Philosophie der Person bestimmen. Danach sind die Bewohner des sozialen Raums Subjekte und Bezugspunkte von Selbstbewußtsein und interpersonalen Erfahrungen, sie sind Kandidaten von Zurechenbarkeit und Verantwortlichkeit und beziehen ethische und ästhetische Wertungen auf sich und andere.

Die Evidenzen und Plausibilitäten der Alltagserfahrung müssen in der Philosophie der Person systematisch ausgedeutet werden. Im Verlauf der Ausdeutungen und Rekonstruktionen werden sich kritische Motive abzeichnen, denen in der neueren Philosophie vor allem mit skeptischen Einstellungen nachgegangen worden ist. Auf diese Weise ist eine eigentümliche Konstellation von Kritik und Nicht-Reduktionismus entstanden, die eine komplizierte Auseinandersetzung um die rechtfertigungsfähigen Bestimmungen von Subjektivität und Moralität unumgänglich macht.

Die semantischen und epistemologischen Grundlagen der nicht-reduktionistischen Philosophie der Person lassen sich in einer ersten Annäherung auf zwei Grundsätze zurückführen:

[G–4]   Es gibt einen philosophisch bedeutungsvollen Begriff der Person, der über einen irreduziblen Eigensinn verfügt.

[G–5]   Die Schwierigkeiten und Gegenläufigkeiten der Semantik des Begriffs der Person sind Ausdruck der epistemologischen Irreduzibilität des personalen Standpunkts.

Der Begriff der Person kann demnach nur dann einer phänomengerechten Bestimmung zugeführt werden, wenn sein Eigensinn und seine Irreduzibilität nicht als Fragen theoretischen Geschmacks, sondern als Ausdruck wesentlicher Eigenschaften intelligenter Existenz im sozialen und kulturellen Raum behandelt werden. Die Grundsätze der Irreduzibilität verdanken sich einem komplexen Argumentations- und Entwicklungspotential, das im weiteren unter verschiedenen thematischen Aspekten der theoretischen und praktischen Philosophie rekonstruiert werden soll.

Die Rekonstruktionen werden im wesentlichen von drei methodischen Leitmotiven bestimmt: Ohne vor der Unvermeidbarkeit inhaltlicher Auslassungen und Verkürzungen zurückzuschrecken, soll erstens der formale Rahmen für eine Philosophie der Person abgesteckt werden. Diese Zielsetzung ist durch den Umstand motiviert, daß die Philosophie der Person zwar thematisch und terminologisch, aber keineswegs disziplinär eingeführt ist, und das dürfte auch mit der Komplexität zu tun haben, die jeder umfassenderen Arbeit zur Philosophie der Person aufgebürdet wird.

In der gegenwärtigen philosophischen Landschaft ist der Begriff der Person keineswegs vernachlässigt worden. Während ihn die angloamerikanische Philosophie im wesentlichen als Bestandteil oder letztlich nicht näher bestimmbaren Aspekt der ,philosophy of mind' behandelt, wird seine Anwendung in der kontinentaleuropäischen Philosophie immer noch stark von psychologischen, theologischen oder rechtsphilosophischen Fragestellungen überlagert. Aufgrund einseitiger Schwerpunktsetzungen geraten in beiden Bereichen bedeutende Potentiale aus dem Blick, die in systematischer und inhaltlicher Hinsicht der Philosophie der Person zur Verfügung stehen. Vor allem ist die Möglichkeit, theoretische und praktische Philosophie konkret aufeinander beziehen zu können, nicht entschieden genug genutzt worden. Erst in neuerer Zeit werden verstärkt Bemühungen unternommen, die Philosophie der Person in diesem Sinne stärker zu nutzen.

Die systematische Zusammenführung von theoretischer und praktischer Philosophie im Begriff der Person ist eine weitere Zielsetzung. Es soll ein konzeptioneller Vorschlag zur Verbindung von Elementen der theoretischen und praktischen Philosophie gemacht werden, die bislang nicht gemeinsam thematisiert worden sind. Vor allem nach den weitgehend negativ ausfallenden Urteilen über das Projekt der spekulativen Philosophie des Deutschen Idealismus, die Einheit von theoretischer und praktischer Philosophie in einem System zu konstruieren, ist die Frage nach einer derartigen Einheit aus dem vordringlichen Fragenkatalog philosophischer Forschung verschwunden. Obwohl sich andere Einheitskonzepte als die eines spekulativen Systems nach wie vor anbieten, ist der Umstand, daß in den spekulativen Systemen die Einheit von theoretischer und praktischer Philosophie allem Anschein nach nicht rechtfertigungsfähig zustande gebracht werden konnte, für die Unmöglichkeit eines derartigen Projekts genommen worden. Solchen gleichermaßen voreiligen wie unbegründeten Einschätzungen wird im folgenden eine integrative Konzeption von theoretischer und praktischer Philosophie gegenübergestellt.

Schließlich soll der Versuch unternommen werden, die Theoriemodelle der klassischen Philosophie der Neuzeit sowie die Ansätze der kontinentaleuropäischen und angloamerikanischen Philosophie der Gegenwart in einen problemorientierten Zusammenhang zu bringen, um so zumindest für die Philosophie der Person Einheit in der Vielfalt herzustellen. Für die Belange der gegenwärtigen Philosophie geht es dabei nicht zuletzt um die Wiedergewinnung des systematischen Potentials des Begriffs der Person, das zu einem Großteil in den Grundlagen der traditionellen kontinentaleuropäischen Philosophie begründet ist und gegenwärtig aufgrund der Wirkung zahlreicher neuerer Ansätze, die philosophiegeschichtliche Indifferenz zu ihren methodischen Eingangsvoraussetzungen zählen, nicht mehr umstandslos verfügbar ist.

Die im Rahmen der Philosophie der Person intendierte *systematische* Rehabilitierung der klassischen Philosophie der Neuzeit wird mit starken Vorbehalten sowohl von ihren Anhängern als auch von ihren Kritikern rechnen müssen. Anhänger halten die kritischen Positionen der analytischen Philosophie in der Regel für maßlos überschätzt und sehen überhaupt keinen Bedarf für eine Rehabilitierung, während die Kritiker sie von vornherein für aussichtslos halten. Wenn hier beiden Positionen zugleich widersprochen wird, dann geschieht das mit dem Eingeständnis, daß in diesen skeptischen Zeiten nicht mehr selbstverständlich von der Überzeugungskraft traditioneller Philosophie ausgegangen werden kann. Dies ist eine Situation, an der die traditionelle Philosophie sicherlich nicht unbeteiligt gewesen ist. Sie hat aber vor allem mit Vorgängen zu tun, auf die die Philosophie mit den ihr zur Verfügung stehenden Mitteln nicht mehr angemessen reagieren konnte. Auf die Durchdringung dieses Sachverhalts hat bekanntlich Hegel große Mühe verwandt. Am Ende sah auch er sich außerstande, den Gehalt der traditionellen Philosophie unbeschadet an die modernen Zeiten weiterzugeben.

Das Potential der klassischen Philosophie muß jenseits affirmativer oder skeptischer Einstellungen immer wieder von neuem gewonnen werden. Traditionsblinden Versuchen, die die abstrakte Gegenwart für den fortgeschrittensten Stand der Erkenntnis ausgeben, ist aber auf jeden Fall zu entgegnen, daß der Sinn der Philosophie nicht durch eine *creatio ex nihilo*, sondern in der Auseinandersetzung mit ihren Gedankenbewegungen über die Zeit hinweg entsteht und allein vor diesem sachlichen Hintergrund verstanden und eingelöst werden kann. Es wird sich im weiteren zeigen, daß selbst in systematischen Kontexten philosophiegeschichtliche Indifferenz zwangsläufig in sachliche Blindheit umschlägt.

Die systematische Rehabilitierung von Positionen der klassischen Philosophie der Neuzeit wird als konkrete Verbindung der traditionellen *mit* der gegenwärtigen Philosophie verstanden. Sie ist weder durch die einfache Fortschreibung traditioneller Perspektiven auf den Weg zu bringen noch durch eine umstandslose Entgegensetzung zu neueren Ansätzen – was allein schon wegen der historischen Entfernung nicht in Betracht kommen kann. Die systematische Wiedergewinnung bringt eine Reihe von Spannungsverhältnissen und Belastungen sowohl für die traditionellen als auch für die gegenwärtigen Positionen mit sich. Traditionelle Positionen müssen Rekonstruktionen unterzogen werden, die sich an den systematischen Erfordernissen gegenwärtiger Problemstellungen orientieren, während den gegenwärtigen Positionen eine Öffnung in Richtung auf traditionelle Themen abverlangt wird, denen sie sich einem verbreiteten Selbstverständnis nach geradezu verschließt.

Von einem konzeptionellen Entwurf der Philosophie der Person kann keine Vollständigkeit erwartet werden, und das gilt keineswegs nur für das Problemsyndrom der Grenzen personalen Lebens. Die Bereiche, die der Sache nach in die Philosophie der Person hineinragen, sind zu umfangreich, als daß sie vollständig in einen systematischen Entwurf integriert werden könnten. Im Fortgang der Argumentationen stößt man zudem immer wieder auf Gabelungen, Kreuzwege und zuweilen auch Sackgassen. Während die Sackgassen schlicht vermieden werden sollten, sind die Gabelungen und Kreuzwege mit Entscheidungssituationen verbunden, die die Divergenz des eigenen theoretischen Wegs von möglichen anderen Wegen kenntlich machen. Es sind diese Entscheidungssituationen, die den Leser zuweilen oder des öfteren andere Wege wählen lassen werden. Er wird das mit anders gewichteten Gründen tun, und im günstigsten Fall wird sich ein ‚reasonable disagreement‘ einstellen. Gleichwohl kann eine integrative Konstellation von Argumentationen und Theoriestücken erwartet werden, die auf rekonstruierbare Weise die Umrisse einer Theorie des personalen Standpunkts hervortreten läßt.

Die Philosophie der Person muß den Großteil ihrer Grundbegriffe aus der theoretischen und praktischen Philosophie übernehmen – wie etwa die Begriffe des Selbstbewußtseins, der Vernunft und der Moralität. Deshalb kann es auch nicht ihre Aufgabe sein, diese Grundbegriffe in jedem Fall auseinander herzuleiten. Sie müssen vielmehr so in ein Verhältnis zueinander gesetzt werden, daß sie in der Perspektive des personalen Standpunkts möglichst nahe zusammenkommen. Die Philosophie der Person erzeugt weder theoretisch noch praktisch eine neue Wirklichkeit, sie gibt ihr lediglich eine modifizierte Interpretation. Diese Modifikation kann aber theoretisch und praktisch durchaus die Gestalt einer tiefgreifenden Revision annehmen.

In der gegenwärtigen philosophischen Diskussionslandschaft muß die vordringliche Aufgabe der nicht-reduktionistischen Philosophie der Person in der Rekonstruktion der Kontinuitäten in der Kontingenz liegen. Die Kontingenz des jeweiligen personalen Daseins ist ein hartes Faktum der Existenz, daraus darf aber nicht der Schluß gezogen werden, daß alles im Leben einer Person kontingent sei. Eine derartige Schlußfolgerung gehört in den unterschiedlichsten Spielarten zum Repertoire reduktionistischer Ansätze, die einen großen Teil gegenwärtiger Positionen repräsentieren, und muß von der Philosophie der Person entschieden zurückgewiesen werden. Das hat allerdings so zu geschehen, daß auf die Herausforderungen des Reduktionismus nicht mit einem neuen Dogmatismus reagiert wird.

Die folgenden Untersuchungen nähern sich unter verschiedenen Gesichtspunkten den irreduziblen Strukturen und Komponenten des Subjektiven, um in einem weiteren Argumentationsschritt seine Übergänge zum Praktischen offenzulegen. Bei der reduktionismuskritischen Analyse des personalen Standpunkts geht es durchgängig um die Rekonstruktion von reflektierten und praktischen Kontinuitäten über die Zeit hinweg. Der begriffliche Rahmen der nicht-reduktionistischen Philosophie der Person wird nach einer begriffs- und kulturgeschichtlichen Annäherung (Kapitel II) anhand der Bestimmungen des Selbstbewußtseins (Kapitel IV), der personalen Identität (Kapitel V und VI), der praktischen Selbstverhältnisse (Kapitel VI, VII und VIII) sowie des Schritts des Selbst zum Anderen (Kapitel IX und X) herausgearbeitet. Die Auseinandersetzungen mit den reduktionistischen Positionen finden vor allem in den Kapiteln III, VII und VIII statt. Besonderes Gewicht erhalten dabei die Begriffe des Unbewußten und der Zeit. Sie werden gemeinhin von reduktionistischer Seite besetzt, um die Grenzen der praktischen Entfaltungsmöglichkeiten einzelner Personen vorzuführen. Die nicht-reduktionistische Philosophie der Person hat sich deshalb gerade im Kontext dieser Begriffe zu behaupten. Die Widerlegung reduktionistischer Ansätze konzentriert sich auf den Nachweis, daß sich rechtfertigungsfähige Kritik nur mit nicht-reduktionistischen Einstellungen verbindet, das heißt, Kritik wird gegen bloße Rhetorik der Kritik verteidigt. Den Abschluß bilden eine Analyse der moralischen Kritik des eigenen Lebens, die den personalen Standpunkt, Selbstachtung und ernsthafte Lebensführung zueinander in Beziehung setzt (Kapitel X), sowie ein zusammenfassender Rückblick auf die Grundzüge der nicht-reduktionistischen Philosophie der Person (Kapitel XI).

II. Die Geschichte des Begriffs der Person

1

Der moderne Begriff der Person baut sich aus einem gegenüber vorhergehenden kulturgeschichtlichen Epochen gänzlich anders gearteten Bestimmungsverhältnis von subjektivem und gesellschaftlichem Standpunkt auf, durch das sich schließlich eine neue Dimension menschlichen Existenzverständnisses öffnet. Das veränderte Verständnis individuellen Lebens äußert sich in semantischen Perspektiven, mit denen sich eigentümliche Komplikationen und Problemstellungen verbinden. Die Neuartigkeit des Begriffs der Person ist durch die kulturellen Prozesse vermittelt, an deren Ende der sich vom östlichen Mittelmeer bis zur Westküste Nordamerikas erstreckende atlantische Kulturraum der Moderne steht, und in vielen anderen kulturgeographischen Bereichen nehmen seine kulturellen Auswirkungen bereits wie selbstverständlich globale Züge an. Doch die Selbstverständlichkeit überdeckt eine kulturelle Entwicklung, die in dieser Form einzigartig in der Geschichte der Menschheit ist. Das gilt sowohl für das, was Hegel den Fortschritt im Bewußtsein der Freiheit genannt hat, als auch für ihre Schattenseiten. Die einzigartige kulturelle Entwicklung der Moderne hat deutliche begriffliche Spuren hinterlassen. In seiner spezifisch neuzeitlichen Ausprägung ist der Begriff der Person gleichermaßen ein Kennzeichen für die Kontingenz und die ideelle Leistungsfähigkeit der Moderne, was bereits durch einen kurzen Rückblick auf seine Entwicklungsgeschichte kenntlich wird. Die vielfältigen Ausdeutungen moderner Personalität haben eine begriffliche Vorgeschichte, der zwar der systematische Ausgangspunkt und Zusammenhang fehlt, die aber dennoch die Aufmerksamkeit der Philosophie verdient, weil sich in ihr wichtige Struktureigenschaften von Personalität andeuten, die in der Moderne schließlich ihre systematische Bestimmung und praktische Umsetzung erfahren.

Bedeutungsgeschichtlich hat die Philosophie den Personbegriff ‚vom Himmel' zurückgeholt. Die personalen Bestimmungen sind in der Neuzeit zwar mit explizit metaphysikkritischen Intentionen weiterentwickelt worden, die Spur der Metaphysik – der spekulativen Konstruktion der Grundlagen der Wirklichkeit – hat sich im Begriff der Person gleichwohl nicht mehr verloren. Dieser metaphysische Hintergrund läuft dem skeptischen Grundzug der Moderne zuwider und hält an Argumentationswegen fest, die mit den semantischen ‚Kürzungen' des Seelebegriffs schon verschlossen schienen. Denn im Unterschied zu den Anwendungen des Begriffs der Seele soll mit dem modernen Begriff der Person zumindest der Intention nach ein wie auch immer deskriptiv identifizierbares Subjekt im sozialen Raum bezeichnet werden, das auf rekonstruierbare Weise in das Zentrum von Zurechenbarkeitsverhältnissen gestellt werden kann. In dieser Tendenz stimmen die ersten durchgearbeiteten Analysen des 17. Jahrhunderts mit den Hauptströmungen der Sozialpsychologie des 20. Jahrhunderts überein. Doch die methodischen Hoffnungen und Erwartungen empiristischer Ansätze sind deskriptiv nicht zu erfüllen gewesen. Selbst in den nüchternen Verwendungsweisen des Personbegriffs in der Alltagserfahrung ist die Spur des Metaphysischen – von der Verantwortung und Zurechenbarkeit bis zu den Menschenrechten – immer gegenwärtig geblieben.

Nach deskriptiven Anfängen wird in der Philosophie der Neuzeit von Leibniz und besonders von Kant die metaphysische Komponente des Begriffs der Person ausdrücklich zur Darstellung gebracht. Im zweiten Abschnitt der ‚Grundlegung zur Metaphysik der Sitten' stellt Kant kategorisch die metaphysische Dignität der Person fest: Im Reich der Zwecke habe alles entweder einen Preis oder eine Würde, die durch nichts anderes ersetzt werden könne. Der Person komme Würde zu, weil sie als vernünftiges Wesen unter dem Gesetz stehe, daß sie sich selbst und alle anderen vernünftigen Wesen niemals ausschließlich als Mittel, sondern jederzeit zugleich als Zweck an sich selbst behandeln solle.[1] In dieser kantischen Definition zeichnet sich der moralphilosophische Hintergrund deutlich ab, durch den der Begriff der Person in der Vielzahl und Vielfarbigkeit der Bedeutungsvariationen personaler Bestimmungen den philosophischen Eigensinn gewinnt. Die moralphilosophische Komponente ist jedoch begriffsgeschichtlich eine späte Gestalt und zudem nur *ein* Aspekt des philosophischen Personbegriffs.

Die semantische Situation des Begriffs der Person ist sowohl philosophisch als auch alltagssprachlich überaus kompliziert. Dies scheint eine Folge des Umstands zu sein, daß ‚persona' nach vergleichsweise übersichtlichen und vermutlich an dem griechischen Ausdruck πρόσωπον angelehnten Einführungen in der römischen Antike[2] einer Vielzahl von Bedeutungsvariationen, semantischen Aufsplitterungen und Neuschöpfungen

---

[1] Siehe Kant IV, S. 433 f. sowie die Abschnitte IX. 3 und X. 2.
[2] Die etymologische Herkunft von ‚Person' bzw. ‚persona' gilt als nicht endgültig geklärt.

unterworfen gewesen ist. ‚Persona' tritt als Rollenbegriff vor allem in den
sprachlichen Kontexten des Theaters, des Gerichts[3], aber auch als Funktionsbestimmung in Grammatik und Rhetorik auf. Entsprechend seiner
Herkunft aus der Bühnenwelt ist für den römischen Begriff der Person
der dramatische Charakter und die Abwesenheit metaphysischer Konnotationen kennzeichnend. In der römischen Antike ist darüber hinaus auch
die übertragene Bedeutung von ‚Person' im Sinne einer Rolle bzw. Stellung im Leben oder in Institutionen zu finden[4] – und genau in diesem Sinne zeigt er sich auch in seiner neueren, sozialpsychologischen Gestalt.[5]
Seinen frühen Verwendungsweisen fehlt ersichtlich die philosophische Bedeutung, die die Oberflächenstruktur gesellschaftlicher Existenz konstruktiv übersteigt. Der eher beiläufige Anlaß seiner Einführungssituation
ist für den sachlichen Gehalt des Personbegriffs gleichwohl bedeutungsvoll. Denn der dramatische bzw. narrative Ursprung von ‚persona' ist keine Episode geblieben und hat sich – wie die metaphysische Spur – bis in
die Gegenwart erhalten.

Ein wichtiger Umbruch in der Geschichte des Personbegriffs ist grammatikalisch vermittelt. Die ursprüngliche Funktion, mit ‚Person' verschiedene Sprecherrollen zu kennzeichnen, ist auf die Grammatik personaler
Sprachperspektiven ausgeweitet worden: „persona est substantia nominis
ad propriam significationem dicendi relata; personarum notitia est triplex,
primae secundae tertiae."[6] Die grammatikalischen Veränderungen fallen

---

[3] Im römischen Recht wird – anders als in der heutigen Rechtsprechung – mit ‚persona' noch
    kein Rechtssubjekt spezifiziert, sondern in einem allgemeinen Sinne ein menschliches Indi-
    viduum bezeichnet; siehe Fuhrmann 1979, S. 96. Zum folgenden vergleiche Fuhrmann
    1989.

[4] Siehe Fuhrmann 1979, S. 88: „Die übertragene Verwendung, also die Bedeutung persona =
    Rolle, Charakter im Leben (...) läßt einige typische Bereiche erkennen. Hierbei handelt es
    sich hauptsächlich um ‚Systeme', die dem Theater darin ähneln, daß auch in ihnen ein be-
    stimmtes ‚Ensemble' mit je spezifischen Rollen agiert". Fuhrmann nennt in diesem Zusam-
    menhang das Gerichtswesen, die Beamtenhierarchie des Staates sowie die differenzierten
    Institutionen der Gesellschaft und der Familie.

[5] Diese inhaltliche Nähe darf jedoch nicht zu kurzschlüssigen Identifizierungen führen.
    Fuhrmann hat zu Recht darauf hingewiesen, daß viele Deutungen von ‚persona' auf ‚Rück-
    projektionen' beruhen, die inhaltlich bereits durch den nachrömischen Personbegriff for-
    miert sind; siehe Fuhrmann 1979, S. 84 f.; vgl. Rheinfelder 1928.

[6] Charisius 1964, S. 214. Die grammatikalische Vermittlung führt schnell zu Anwendungser-
    weiterungen, wie etwa auf juristische Kontexte; vgl. Trendelenburg 1908, S. 11 f.: „M. Te-
    rent. Varro, ein um zehn Jahre älterer Zeitgenosse des Cicero, kennt schon den grammati-
    schen Gebrauch der aus πρόσωπον übersetzten persona; und Cicero beginnt jenen juristi-
    schen, welcher in persona den Träger einer besonderen Rechtsbeziehung sieht. Bei Varro
    heisst es z. B. quom ita personarum natura triplex esset, qui loqueretur, ad quem, de quo.
    So mögen sich der grammatische und juristische Gebrauch der persona auf dem Wege zur
    Verallgemeinerung, auf welchem zuletzt persona und homo gleichbedeutend sind, einander
    unterstützt haben."

philosophiegeschichtlich in eine Zeit, in der sich die Konturen von moralischer Subjektivität und Individualität bereits abzeichnen. Vor allem in
der Stoa ist eine Gleichheitsidee entwickelt worden, die sich unmittelbar
auf den Menschen als Menschen bezieht. Dieser Idee zufolge reichen die
Unterschiede in der Stellung und Lebensart der Menschen nicht an ihre
ethische Präsenz heran.

Die weitreichendste Konzeption findet sich in diesem Zusammenhang
bei Panaitios von Rhodos. Er vertritt einen Egalitarismus, in dessen Zentrum vier Bedeutungen des Personbegriffs stehen: 1. ‚Person‘ als Wesen aller Menschen, 2. ‚Person‘ als Eigenart des Individuums, 3. ‚Person‘ als
kontingente Gestalt in der Welt und 4. ‚Person‘ als Lebensplan.[7] Ihre besondere Ausprägung erhält diese Konzeption durch die in eine umfassende Lehre ethischer Lebensführung mündende Verbindung von Universalität und Eigenheit des einzelnen Menschen.[8] Auch wenn diese Konstellation von Universalität und Eigenheit eine Episode der mittleren Stoa geblieben ist, stellen die hellenistischen Gleichheitsvorstellungen einen
deutlichen Umbruch gegenüber den Positionen der klassischen Antike
dar. Die Saat des egalitären Potentials der Stoa wird allerdings erst in der
philosophischen und politischen Entfaltung der Menschenrechte aufgehen. Der stoischen Ethik fehlen noch die bewußtseinsphilosophischen
Ausprägungen und der revisionäre Ansatz zur Umgestaltung der politischen Wirklichkeit.

Der stoische Egalitarismus wird schließlich von einer bedeutsamen kulturgeschichtlichen Entwicklung überlagert, die den Begriff der Person mit
einer eigenen Dignität versehen wird. Es ist die Trinitätslehre, die die
grammatikalische Verwendungsweise des Personbegriffs aufgreift und ihn
in einer systematischen Perspektive verwendet, die beträchtliches philosophisches Spannungspotential erzeugt.

Vor allem Tertullians Formel ‚tres personae – una substantia‘ verbindet
mit ‚persona‘ den Sinn metaphysischer Dignität. Obwohl sie unter theologischen Vorzeichen konzipiert worden ist, löst sie grundsätzliche identitätstheoretische Probleme aus, die für die Geschichte des Personbegriffs –
in unterschiedlichen Ausformungen – bis heute kennzeichnend geblieben
sind. Tertullians Formel liegt der Versuch zugrunde, den Tritheismus zu
bannen und den Zusammenhang von Monotheismus und Trinität begrifflich zu erzwingen. Der Sache nach ist sie aber nichts anderes als das offene
Eingeständnis einer nicht zu lösenden Problematik. Der auf dem Konzil

---

[7]   Siehe Cicero 1994, S. 90 ff. Die Schriften von Panaitios sind nicht überliefert und im wesentlichen durch die Schriften Ciceros bekannt.

[8]   Vgl. Forschner 1993, S. 78: „Panaitios‘ Insistieren auf der moralischen Relevanz der naturalen Eigenart jedes Menschen ist ohne klare Parallele in der antiken Ethik.“

von Alexandria unternommene Versuch, den Konflikt um den numerischen Status der göttlichen Substanz zu einem Wortstreit zu erklären,[9] macht das identitätstheoretische Dilemma nur offenkundig. Dieses Dilemma findet jenseits theologischer Kontexte seine Fortsetzung in der systematischen Fragestellung, ob ‚Person' einen numerischen Unterschied oder eine qualitative Eigenschaft ausdrückt.

Das ungeklärte Verhältnis von theologischer Orthodoxie und begriffsgeschichtlicher Herkunft von ‚persona' ist an der fast zwölfhundert Jahre nach dem Konzil zu Alexandrien erschienen Schrift ‚De trinitatis erroribus' und dem daraus resultierenden Schicksal des Verfassers Michael Servet ablesbar.[10] Servet erinnert ausdrücklich an die römische Herkunft von ‚persona' und überträgt auf folgenreiche Weise die ursprüngliche Bedeutung auf die Trinitätslehre: Wird ‚persona' auch im Fall des Gottesbegriffs als Rollen- bzw. Funktionsbestimmung aufgefaßt, dann könne die göttliche Person nicht durch sich selbst bestehen, wie das kirchliche Dogma unterstellt. Für seinen Rückgriff auf die ursprüngliche Bedeutung von ‚persona' und die sich daraus ergebenden theoretischen Konsequenzen wird Servet von Calvin angeklagt und schließlich als Ketzer verbrannt.

In personalitätstheoretischer Hinsicht ist Servets begriffliche Anstrengung und sein unglückliches Schicksal ein weitgehend unbemerktes Ereignis geblieben. Gleichwohl zeigt es, daß bei der definitorischen Festlegung des Personbegriffs ‚mortal questions' gestellt werden. Diese Fragen betreffen allerdings weniger, *wer* ‚Person' definiert, sondern zunehmend, *was* ‚Person' definiert. Unabhängig von willkürlichen Verletzungen der Menschenrechte bzw. des Personenstatus durch andere Individuen oder durch wirtschaftliche, religiöse und staatliche Institutionen ist insbesondere in der Gegenwart schmerzhaft deutlich geworden, daß in den Grenzbereichen entstehenden oder vergehenden menschlichen Lebens moralisch schwerwiegende und sozial weitreichende Entscheidungen getroffen werden müssen, die eine sichere Verfügung über den Begriff der Person zur Voraussetzung haben. Von einer sicheren Verfügung sind wir jedoch zumindest im Hinblick auf den gesellschaftlichen Konsens noch weit entfernt.

Servets ‚persönliche' Tragödie gehört in eine Zeit, in der sich die neue Bedeutung von ‚persona' kulturgeschichtlich bereits herausgebildet hat. Wichtige begriffsgeschichtliche Entscheidungen und Umdeutungen sind dabei schon sehr viel früher vollzogen worden. Insbesondere Boethius hat Voraussetzungen dafür geschaffen, ‚persona' vom göttlichen Ideenhimmel

---

[9]   Das Grundsatzproblem, ob im Gottesbegriff eine dreifache Hypostasis anzusetzen sei, wurde so ‚gelöst', daß ‚persona' und ‚ὑπόστασισ' als gleichbedeutend angesehen wurden.

[10] Siehe Trendelenburg 1908, S. 13 f.; Fuhrmann 1979, S. 83; Konersmann 1993, S. 216 f.

in säkulare Zusammenhänge zurückzuholen. In einer differenzierten Analyse möglicher Bezugspunkte von ‚*persona*‘ stellt Boethius zunächst fest, daß der Begriff der Person rechtfertigungsfähig nur auf Gott, Engel und Menschen angewandt werden könne, und formuliert dann die bündige These: ‚Persona est naturae rationabilis individua substantia.‘[11] Boethius’ Rolle darf allerdings im Hinblick auf subjektivitätstheoretische Innovationen der Neuzeit nicht überinterpretiert werden, denn seine Argumentationen sind systematisch und terminologisch eindeutig an der alten Metaphysik ausgerichtet. Sie enthalten analytische Klärungen, jedoch noch keine grundlegenden bewußtseinsphilosophischen Neuerungen. Er bezeichnet mit ‚*persona*‘ zwar auch Menschen, aber eben nicht nur und vor allem nicht in erster Linie. Sein Begriff ‚*persona*‘ kann daher nicht umstandslos in bewußtseins- und moralphilosophische Kontexte der neuzeitlichen Philosophie übertragen werden, zumal sich die wesentlichen Entwicklungen der neueren Subjektivitätstheorie ohnehin jenseits der Neuformulierungen des Begriffs der Person vollzogen haben. Versuche, Boethius‘ Ansatz mit modernen Subjektivitätsbestimmungen unmittelbar zu verbinden,[12] verkennen die strukturellen Transformationen, die den einzelnen epistemologischen und subjektivitätstheoretischen Innovationen zugrunde liegen. Die Herausbildung des modernen Begriffs der Person ist ein Veränderungsprozeß, dem eine Vielzahl von kulturellen Brüchen in den jeweiligen Lebensformen entsprechen. Die Person ‚entbirgt‘ sich nicht, sie kommt zustande.

Die personalitätstheoretische Verschiebung, die sich in den Argumentationen von Boethius manifestiert, ist der Eintritt des Personbegriffs in den Themenbereich der traditionellen Bestimmung ‚*animal rationale*‘. Indem Personalität ihren ausschließlich theistischen Charakter verliert und definitorisch mit dem Begriff des vernünftigen Individuums in Beziehung gesetzt wird, gewinnt ‚Person‘ in der Gestalt einer metaphysischen Bestimmung auf wirkungsmächtige Weise eine individualisierte Bedeutung. Der neue Individualitätssinn konstituiert sich im wesentlichen über die transzendente Komponente der Unsterblichkeit der Seele,[13] durch die der Be-

---

11 Siehe Boethius 1988, S. 82 [Contra Eutychen et Nestorium IV]; vgl. Nédoncelle 1984.
12 Vgl. Pannenberg 1979, S. 409: „Die berühmte Definition der Person bei Boethius als vernünftiges Individuum (est autem persona rationalis naturae individua substantia) überspannt den ganzen Weg dieser Geschichte des Personbegriffs von seinem griechischen Ausgangspunkt bis hin zum transzendentalphilosophischen Begriff des Subjekts als Selbstbewußtsein.“
13 Siehe Origenes 1976, S. 384 ff. [II 8, 2]; Augustinus 1986, S. 154 und 156: „Si alicubi est disciplina nec esse nisi in eo, quod vivit, potest et semper est neque quidquam, in quo quid semper est, potest esse non semper: semper vivit, in quo est disciplina. (...) Semper igitur animus humanus vivit.“ [De immortalitate animae 1]

griff der Person schließlich in eine praktische bzw. moralische Perspektive gerückt wird. Aufgrund der Lehre von der persönlichen Unsterblichkeit muß ein Mensch nicht nur als ein vernünftig bestimmtes Lebewesen, sondern auch als eine Person begriffen werden, die eine mortale und postmortale Geschichte hat, für die sie moralisch verantwortlich ist. Die entscheidende formale Innovation des christlichen Unsterblichkeitsgedankens liegt in seiner teleologischen Ausrichtung: Die Geschichte der unsterblichen Seele hat eine Richtung und ist nicht anfangslos auf ewig präsent oder zyklischen Prozessen von Geburt, Tod und Wiedergeburt unterworfen.[14] Die mit dem Begriff der unsterblichen Seele gesetzte ‚metaphysische Richtung' wird für künftige philosophische Personalitätskonzepte bestimmend bleiben – wenn auch in veränderter Form.[15]

Der begriffsgeschichtliche Rückblick auf *persona* läßt ein semantisches Spannungsverhältnis kenntlich werden, das durch die institutionalisierten gesellschaftlichen Erscheinungsweisen vernünftiger Individuen einerseits und durch die metaphysische Dignität der Seele andererseits erzeugt wird. Mit diesem Spannungsverhältnis ist die systematisch grundsätzliche Fragestellung verbunden, welcher Individualitätssinn im Begriff der Person enthalten ist. Denn der Eintritt von *persona* in das Bedeutungsfeld von *animal rationale* läßt noch keine Gleichsetzung dieser beiden Begriffe zu. *Persona* und der neuzeitliche Begriff der Person bezeichnen immer einen einzelnen Menschen – sieht man einmal von juridischen Sonderfällen ab –, während der Begriff *animal rationale* als Gattungsbestimmung sich aus *genus proximum* und *differentia specifica* zusammensetzt und insofern gar nicht in der Lage ist, als Individualitätskategorie im strikten Sinne aufzutreten.[16]

Bekanntlich ist kein Begriff in der Lage, Einzelnes als Einzelnes auszudrücken, und von dieser semantischen Vorgabe ist auch der Begriff der Person nicht ausgenommen. Was ihn jedoch vom Begriff des *animal rationale* bzw. von dem des vernünftigen Individuums identitätstheoretisch signifikant unterscheidet, ist sein semantisches Konstitutionsprinzip, das sich nicht über Gattungsspezifizierungen reguliert, sondern sich perspek-

---

[14] Die christliche Unsterblichkeitslehre ist mit einer Reihe von internen Problemen belastet, die in der patristischen und scholastischen Philosophie keiner sachlichen Lösung zugeführt werden konnten. Sie betreffen u. a. die Frage des Anfangs der Geschichte der Seele und das problematische Verhältnis von Leib und Seele. Diese Problemstellungen sind bis heute virulent geblieben.

[15] Hierin unterscheiden sich der philosophische und juristische Begriff der Person erkennbar von dem der Soziologie, Psychologie und Sozialpsychologie, der sich nahezu ausschließlich empiristischen Intentionen verdankt.

[16] In einigen Darstellungen der *arbor porphyriana* werden zwar Eigennamen – in der Regel ‚Platon', ‚Sokrates' usw. – als nächste Differenzierungsebene aufgeführt, aber diese Setzung ist mit der internen Konstitutionslogik der *arbor porphyriana* nicht vereinbar.

tivisch auf einzelne Subjekte richtet. Diese Ausrichtung wirkt sich in semantischen und ontologischen Unschärfen aus, denn die begrifflichen
Kriterien von Personalität sind nicht eindimensional erfüllbar und haben
auch kein quasi-biologisches Korrelat wie *animal rationale*. Das zeigt
sich schon allein darin, daß es nicht möglich ist, einem Individuum im sozialen Raum unmittelbar und zweifelsfrei, gleichsam nach Augenschein,
einen Personenstatus zuzusprechen. Zwar kann diese Unsicherheit im sozialen Leben praktisch vernachlässigt werden, im Rahmen der schwierigen
Definitionssituation des Personbegriffs erscheint sie gleichwohl als ein
auffälliges Indiz für tieferliegende Bestimmungsprobleme.

Der Unterschied zwischen *persona* und *animal rationale* ist bereits in
der Scholastik auffällig geworden. Während *animal rationale* sich eindeutig der Begriffslogik der *arbor porphyriana* verdankt, herrscht im Fall
des Personbegriffs ein Zwang zur definitorischen Konstruktion. Dieser
konstruktive Sog muß über tiefgehende konzeptuale Unsicherheiten hin-
wegretten. Der in diesem Zusammenhang entscheidende Schritt ist das
Unterfangen, dem Begriff der Person einen Sinn jenseits der traditionellen
ontologischen und theologischen Begriffslogik von *animal rationale* zu
verleihen. Ein solcher Versuch ist von Richard de Saint-Victor unternommen worden. Ihm zufolge muß *persona* definitorisch von *substantia* abgesetzt werden, weil *persona* keine allgemeine Wesensbestimmung sei,
sondern eine eigentümliche Qualität habe, für die gelten solle: „quae non
convenit nisi uni soli"[17]. Daraus müsse gefolgert werden, daß überall dort,
wo Austauschbarkeit und Vervielfachung vorliegen, der Begriff der Person nicht mehr rechtfertigungsfähig eingesetzt werden könne. Die Einzig-
artigkeit der Person wird im weiteren über einen Begriff vernünftiger Existenz gewonnen, der gemäß der Formel *„existens per se solum* juxta singu-
larem quemdam rationalis existentiae modum"[18] gleichermaßen auf Gott,
Engel und Menschen Anwendung findet. Diese zwischen *animal rationale*, *substantia* und *persona* differenzierende Argumentationslinie, in die
im übrigen auch Thomas von Aquins Plazierung des Personbegriffs zwischen *homo* und Eigenname gehört,[19] markiert einen bedeutsamen Ein-
schnitt in der philosophischen Geschichte des Personbegriffs. Über die
eher zufälligen Anlässe der begrifflichen Einführung hinausgehend wird
persona unter systematischen Gesichtspunkten analysiert und umgedeutet: Im Umfeld von Philosophie und Theologie gewinnt *persona* nunmehr konstruktive Züge.

---

[17] Richard de Saint-Victor 1958, S. 168 f. [De Trinitate IV, 6] Vgl. Hofmann 1984 und Kible 1989.
[18] Richard de Saint-Victor 1958, S. 189. [De Trinitate IV, 24]
[19] Siehe Thomas von Aquin 1939, S. 77 f. [30, 4]

Es wäre gleichwohl eine voreilige Deutung, wollte man die scholasti-schen Argumentationen unmittelbar mit dem modernen Begriff der Per-son in Beziehung setzen – was sich etwa bei Richard de Saint-Victor förm-lich aufzudrängen scheint. Die semantischen Umrisse des scholastischen Begriffs der Person werden weitgehend von der Trinitätsspekulation be-herrscht, und eine eigenständige Analyse von ‚persona‘ ist schon deshalb unterblieben, weil Motive für ein derartiges Projekt noch nicht vorgelegen haben bzw. noch nicht vorliegen konnten. Es ist nicht einmal möglich, von einer einheitlichen scholastischen Verwendungsweise von ‚persona‘ zu sprechen. Die definitorischen Ansätze sind vielmehr von den jeweiligen Theoriemodellen geprägt, weshalb das begriffliche Erscheinungsbild von ‚persona‘ ähnlich vielfarbig ist wie das der Scholastik insgesamt. Die per-sonalitätstheoretische Bedeutung der Scholastik ist darin begründet, daß sie Bestimmungen wie ‚Substantialität‘, ‚Individualität‘, ‚Vernunft‘ und ‚metaphysische Dignität‘ – tentativ und systematisch noch unverbunden – zu ‚persona‘ in Beziehung setzt. Diese neue Begriffskonstellation ist zu-mindest auf eine problematisierende Art und Weise in der philosophi-schen Geschichte des Begriffs der Person wirksam geblieben.

Was die philosophie- und kulturgeschichtliche Bedeutung von Patristik und Scholastik für den Personbegriff angeht, muß im Rückblick auf den Hellenismus und im Hinblick auf die nachfolgenden Entwicklungen von einem Überlagerungsphänomen gesprochen werden. Die Spekulationen zur Trinität sowie zum Verhältnis von Individualität und Substantialität verfügen zwar über eine systematische Eigendynamik, ihre philosophi-sche Bedeutung beziehen sie aber aus den antiken bzw. hellenistischen Grundlagen. Vor allem die Stoa steht modernen Überlegungen zu Subjek-tivität und Moralität in vielerlei Hinsicht näher als die mittelalterliche Phi-losophie.[20]

2

Die Problemstellungen, ob ‚persona‘ in erster Linie als eine substantiale oder relationale Bestimmung angesehen werden muß und wie der defini-torische Unterschied zwischen ‚animal rationale‘ und ‚persona‘ zu verste-hen ist, bleiben auch in der für die Philosophie der Neuzeit paradigmati-schen Definition von Locke virulent. Mit seiner Theorie personaler Iden-tität, die wie kaum ein anderes traditionelles Argumentationsstück bis in die Gegenwart hinein als präsenter Beitrag behandelt worden ist, tritt der

---

[20] Vgl. Henrich 1979b, S. 613 f.

Begriff der Person in genuin neuzeitliche Theoriekontexte ein.[21] In ihr wird der Versuch unternommen, personale Bestimmungen nicht in den Tiefen der Seele aufzuspüren, sondern der sozialen Außenfläche menschlichen Lebens abzugewinnen, der auch die Erfahrungszustände vernünftiger Individuen zugerechnet werden. Locke hat für diesen Ansatz Identitätsbestimmungen konstruieren müssen, die vor allem eine Neufassung des Personbegriffs erzwungen haben.

Eine semantische Vorentscheidung vollzieht Locke bereits dadurch, daß er die substantiale Bestimmung der Seele, den Artbegriff des Menschen und das deskriptiv identifizierbare Konzept personaler Identität definitorisch ausdifferenziert. Gegen den Konsens der traditionellen Philosophie hält er den Begriff des Menschen von den Bestimmungen der Vernunft und Reflexion frei. Auf diese Weise gelingt es ihm, einen intentionalen Bezugspunkt personaler Identität definitorisch zu setzen, ohne im Begriff der Person grundlegend neue Eigenschaften vorauszusetzen. Locke teilt nur das Bestimmungs- bzw. Eigenschaftspotential zwischen den Begriffen ,Seelensubstanz', ,Mensch' und ,Person' neu auf. Die Eigenschaften der organischen Existenz werden dabei auf die Seite des Menschen und die Vernunftbestimmungen in der Gestalt von Reflexion und Moralität auf die Seite der Person geschlagen.[22]

Auch wenn Locke keine neuen Eigenschaften in den Begriff der Person einführt, vollzieht er zwei Definitionsschritte, die für die weiteren personalitätstheoretischen Entwicklungen überaus bedeutungsvoll gewesen sind. Zum einen stellt er die Identität des Selbstbewußtseins in das definitorische Zentrum des Personbegriffs und vollzieht damit eine spezifisch moderne Neuakzentuierung.[23] Zum anderen analysiert er die praktischen Komponenten personalen Lebens nicht länger in der Perspektive von extramundanen Bestimmungen wie der Unsterblichkeit der Seele, sondern in der der Sorge – ,concern' – um das Leben im sozialen Raum.[24]

An Lockes semantischen Verschiebungen und Neuakzentuierungen des Bedeutungsfeldes von *animal rationale'* ist der Versuch ablesbar, ,Person' als Quasi-Artbegriff zu konstruieren. Dieser Versuch ist definitorisch zwar nicht rechtfertigungsfähig durchführbar, mit ihm wird jedoch auf exemplarische Weise der konstruktive Zug kenntlich, der in der Geschichte des Personbegriffs immer wieder zutage tritt. Die konstruktiven Anstrengungen sind unumgänglich, weil ,Person' nicht nach Maßgabe eines Artbegriffs zu definieren ist und deshalb ein konzeptualer Freiraum ausge-

---

[21] Siehe Kapitel V und VI.
[22] Siehe Abschnitt V. 3.
[23] Siehe Locke 1975, S. 335 [II. 27 § 9].
[24] Siehe Locke 1975, S. 345 f. [II. 27 § 25].

füllt werden muß, der sich aufgrund des Fehlens einer sachlich und begriffsgeschichtlich gesetzten Traditionslinie auftut, was neben grundsätzlichen ontologischen Schwierigkeiten vor allem eine äußerst unsichere Semantik zur Folge hat. Es hat zuweilen den Anschein, als gehöre es zur internen Logik des Begriffs der Person, daß sich Neuentwicklungen nur um den Preis des Auslöschens der vorhergehenden Begriffsgeschichte vollziehen können. Servet ist leidvoll mit dem begriffsgeschichtlichen Vergessen konfrontiert worden, und auch in den modernen Verwendungsweisen von ‚Person‘ ist der ‚Ursprungshimmel‘ der Trinitätslehre längst vergessen. Konzeptual wird ‚Person‘ als ein weitgehend geschichtsloser Begriff in das neuzeitliche Denken eingeführt.

Darüber hinaus ist erkennbar, daß der Begriff der Person nach beiläufigen Anfängen immer wieder vermittels philosophischer Projektionen und Konstruktionen umgestaltet wird. Dem konstruktiven Impetus verdankt er schließlich auch seinen Eingang in die gesellschaftlichen Selbstverständigungsverhältnisse der Moderne. In diesem Sachverhalt ist der systematische Sinn der Metapher begründet, daß die Philosophen die Idee der Person vom Himmel geholt haben. Der konstruktive Ursprung macht den Begriff der Person als kulturelle Setzung kenntlich: Im kulturellen Raum wird ein Begriff dafür aufgeboten, vernünftige Individuen als Subjekte spezifischer, nicht empirisch ableitbarer Eigenschaften zu charakterisieren. Die konstruktiven Setzungen des Personbegriffs stehen bei aller zugestandenen Ungleichzeitigkeit von philosophischem Diskurs und sozialem Kontext zumindest in einem indirekten Zusammenhang mit kulturgeschichtlichen Umbrüchen. Den entscheidenden Wendepunkten in der Begriffsgeschichte von ‚Person‘ lassen sich tiefgreifende Veränderungen im Verhältnis von Individuum und Gesellschaft zuordnen. Der neuzeitliche Begriff der Person ist Ausdruck und Interpretation der neuen Konstellation der modernen Bestimmungen von individuellem und gesellschaftlichem Standpunkt.

Weil die Subjekte als vernünftige Individuen im kulturellen Raum formal und inhaltlich selbst die Konstitutionsbedingung der semantischen Konstruktion sind, ist der moderne Begriff der Person vom definitorischen Ansatz her reflexiv bestimmt, obwohl seine semantische Struktur – anders als Bestimmungen wie ‚Selbst‘ und ‚Ich‘ – zunächst noch keine Reflexivität nahelegt. Die Semantik der reflexiven Setzung zeigt sich vor allem in der juristischen und moralphilosophischen Verwendungsweise von ‚Person‘. Der Status einer juristischen Person ist keine quasi-biologische Eigenschaft, sondern an bestimmte Voraussetzungen gebunden, die nicht für die gesamte Extension der raumzeitlichen Existenz von Individuen gelten. Welche Kriterien für die rechtliche Zurechenbarkeit erfüllt sein müssen, wird in den jeweiligen staatlichen und gesellschaftlichen Kontexten der Individuen festgelegt. Und in die kriteriellen Festlegungen spielen erkennbar ideologische und konventionelle Einstellungen hinein, die kulturgeschichtlich von der Regredierung menschlicher Wesen zu Sachen – im Fall der als rechtlich zulässig erklärten Sklavenhaltung – bis hin zur Übertragung des Personbegriffs auf Institutionen und Körperschaften reichen.

In der moralphilosophischen Konstruktion des Personbegriffs wird schließlich die metaphysische Spur aus der Begriffsgeschichte wieder aufgenommen. Bereits Leibniz, der sich in kritischer Reaktion auf Locke vorrangig am Apperzeptionsbegriff orientiert, spricht von der Person als dem „civis in republica Dei"[25] und macht damit noch einmal die begriffsgeschichtliche Herkunft der metaphysischen Spur aus einem zunächst theologisch besetzten Bereich transzendenter Dignität deutlich. Die moralische Dignität scheint jedoch auch in der Perspektive dieser Argumentationslinie nur als ‚nicht-von-dieser-Welt-seiend‘ etabliert werden zu können. In den frühen moralphilosophischen Konstruktionen erfährt das Spannungsverhältnis zwischen metaphysischen und raumzeitlichen Komponenten des Personbegriffs zunächst noch keine Auflösung.

Mit Kant tritt die moralphilosophische Ausdeutung des Begriffs der Person in ein neues ethisches und politisches Stadium ein, das vor allem durch die ausdrückliche Formulierung der Menschenrechte gekennzeichnet ist. Im Einklang mit den personalitätstheoretischen Ansätzen seiner Vorgänger geht Kant zunächst von dem internen Zusammenhang zwischen Zurechenbarkeit und Personenstatus aus, um dann in einem entscheidenden moralphilosophischen Schritt kategorisch festzulegen, daß Personen Zwecke an sich sind und niemals ausschließlich als Mittel gebraucht werden dürfen. In dieser kategorischen Setzung wird die metaphysische Perspektive im Begriff der Person zu einem moralphilosophischen Abschluß gebracht. ‚Person‘ ist die jenseits der Naturverhältnisse gesetzte normative bzw. ideale Bestimmung, an der sich vernünftige Individuen praktisch ausrichten können. Diese Bestimmung ist als mit der konkreten Existenz von Personen unmittelbar zusammenhängend zu denken. Trotz ihrer Abstraktheit kann sie als eine Eigenschaft aufgefaßt werden, die vernünftigen Individuen für den Großteil ihrer raumzeitlichen Existenz auf jeden Fall zukommt. Im Hinblick auf seinen faktischen Ort ist der Begriff der Person unvermeidlich ambivalent: Einerseits hat er den Charakter einer Norm im Sinne von Zurechenbarkeit und Überlegung, der zumindest in einer Annäherung praktisch entsprochen werden muß,

---

[25] Leibniz VII, S. 531.

andererseits ist Personalität eine Eigenschaft, die nicht deswegen verschwindet, weil ein vernünftiges Individuum vorübergehend nicht zurechnungsfähig ist oder nicht überlegt handelt.

In der reflexiven Konstitution personaler Teleologie wird das konstruktive Programm der Moderne, daß es darauf ankomme, die personale und gesellschaftliche Kultur ‚aus sich selbst‘[26] zu schaffen, auf eine moralphilosophische Formel gebracht. Man kann in diesem Zusammenhang durchaus von einer praktischen Schöpfung aus dem Nichts sprechen, wie das etwa in der Programmatik des frühen Deutschen Idealismus geschieht, die die theoretische und praktische Philosophie gleichermaßen umfaßt.[27] Die Kehrseite der reflexiven Setzung ist der mit ihr einhergehende ontologische Freiraum, der Begriff und Philosophie der Person wie ein Schatten folgt.

Die semantische Lücke im Begriff der Person rückt nahezu zwangsläufig in das Zentrum der Kritik reduktionistischer Ansätze, deren ontologische Kriterien von subjektivitätstheoretischen und moralphilosophischen Setzungen oder Präsuppositionen vorhanden nicht erfüllt werden können. Von reduktionistischer Seite wird der grundsätzliche Einwand erhoben, daß die Philosophie der Person mit mentalistischen Scheinbegriffen arbeite und sich in Paralogismen verstricke, wenn sie nicht imstande sei, rechtfertigungsfähig die Ontologie bzw. Referenz ihrer Grundbegriffe zu klären. Konsequenterweise müßten dann auch personale Bestimmungen wie Freiheit, Reflexivität, Moralität u. ä. als redundante Begriffe ausgewiesen werden, weil sich für sie, so die reduktionistische Kritik, keine Möglichkeit einer spezifischen Ontologie anbiete.

In der klassischen Philosophie der Neuzeit wird demgegenüber ‚Person‘ als gemeinsamer Grundbegriff und letzter Bezugspunkt von theoretischer und praktischer Philosophie ausgewiesen. Die damit zwangsläufig verbundene perspektivische Theorieform scheint einen personalitätstheoretischen Egoismus nahezulegen, zumal auch die epistemische Verfassung personalen Bewußtseins in diese Richtung weist. Die analytische Entfaltung des Begriffs der Person wird jedoch zeigen, daß aus seiner exponierten Stellung keine egoistischen oder relativistischen Konzeptionen folgen. Vor allem seine moral- und sozialphilosophischen Implikationen verweisen auf weitergehende Relationen und Kontexte, die sich zu epistemischen Zentrierungen gegenläufig verhalten. Auch ist die Bedeutung der epistemischen Personalitätskomponenten nicht in egozentrischen Verengungen zu suchen. Die subjektive Verfassung personalen Bewußtseins enthält

[26] Vgl. Kant VII, S. 292.
[27] Siehe ‚Das älteste Systemprogramm des deutschen Idealismus‘, in: Jamme/Schneider (Hg.) 1984, S. 11 ff.

vielmehr Erweiterungsperspektiven, die sich gleichermaßen auf die Bereiche der theoretischen und praktischen Philosophie erstrecken, und mit diesen Erweiterungen baut sich schließlich ein Argumentationspotential auf, das die Reduktionismusproblematik in einem gänzlich anderen Licht erscheinen läßt.

III. Reduktionismuskritik

1

Die Reduktionismusproblematik erscheint in der gegenwärtigen Theorielandschaft in derartig vielfältiger Weise, daß eine repräsentative Übersicht kaum noch zu gewinnen ist.[1] Auf diese Ausgangssituation kann in orientierender Absicht letztlich nur mit einem Rückzug auf grundsätzliche Problemstellungen reagiert werden: Den Komplizierungen der Reduktionismusproblematik ist mit Theoriemodellen und wenigen Grundsatzthesen zu begegnen, durch die sich übersichtliche Entscheidungssituationen abzeichnen, das heißt, der inflationären Produktion von ‚modifizierten Modifikationen modifizierter Ansätze' sind Fragestellungen an die Seite zu stellen, mit denen Vorentscheidungen kenntlich werden, die die jeweiligen Positionen intern formieren. Dabei zeigt sich, daß es eher die traditionellen ontologischen Positionen und weniger die neueren Abwandlungen sind, denen sich Auslegungen abgewinnen lassen, die über die Struktur der Reduktionismus*problematik* orientieren. Für die Problem*lösungen* reichen die traditionellen Ansätze allerdings nicht mehr aus.

Die sich an traditionellen Problemstellungen orientierende Vorgehensweise ist von der Überzeugung getragen, daß die vielen konzeptionellen und terminologischen Differenzierungen und Verästelungen neuerer Positionen an der grundsätzlichen Entscheidungssituation der Reduktionismusproblematik deshalb nichts ändern, weil mit ihren modifizierten Ansätzen und reformierten Terminologien Theoriewege beschritten werden, denen schon spezifische Vorentscheidungen zugrunde liegen, die ihrerseits unthematisiert bleiben. In der Reduktionismusproblematik geht es aber gerade um diese Vorentscheidungen. Auf ontologische und epistemologi-

---

[1] Einen sachlich gut gewählten Ausschnitt bietet nach wie vor Bieri (Hg.) 1981, siehe insbesondere die ‚Generelle Einführung' (S. 1 ff.) sowie die ‚Einleitung' zu ‚Erster Teil: Materialismus' (S. 31 ff.); siehe auch den Sammelband Warner/Szubka (Hg.) 1994, in dem dualistische Positionen ausführlich berücksichtigt werden. Hilfreich sind der Reader Moser/Trout (Hg.) 1994, der den Schwerpunkt auf gegenwärtige materialistische Ansätze legt, und die Textsammlung Metzinger (Hg.) 1995, in der eine ausführliche Bibliographie neuerer Beiträge zur Bewußtseinsphilosophie enthalten ist.

sche Grundsatzfragen muß mit einem eindeutigen Für oder Wider reagiert werden, und erst in einem zweiten Schritt wird theoretischen Schwächen, Lücken und prinzipiellen Grenzen mit konzeptionellen Abwandlungen und terminologischen Neuformulierungen korrigierend entgegengetreten werden können. Es gibt kein Drittes zwischen reduktionistischen und nicht-reduktionistischen Positionen, obwohl gerade das von vielen neueren Ansätzen nahegelegt wird. Das gilt vor allem für solche Positionen, die dem formulierten Selbstverständnis nach nicht-reduktionistisch auftreten, die spezifischen Lösungen aber im naturwissenschaftlichen Bereich und seinen prognostizierten zukünftigen Entwicklungen suchen.[2]

Der Reduktionismusproblematik begegnet die im folgenden entfaltete nicht-reduktionistische Philosophie der Person mit der grundsätzlichen These, daß Personen zumindest prinzipiell Subjekte sind, denen Freiheit, Zurechenbarkeit und Selbstbestimmung zukommt, und die dementsprechend reflektierte und praktische Selbstverhältnisse im sozialen Raum initiieren können. Mit dieser These geht die Erwartung einher, daß der Subjektstatus von Personen an den theoretisch unbefangenen Selbst- und Fremdzuschreibungen im personalen Leben auch dann nachweisbar ist, wenn er in theoretischen Kontexten verstärkt dem Verdacht ausgesetzt wird, als überaus problematisch zu gelten.

Insbesondere seit der Aufklärung hat die wissenschaftliche Entwicklung sowohl auf dem Gebiet der Kultur- als auch auf dem der Naturwissenschaften Theorien hervorgebracht, die den Menschen durchgängig als ein extern determiniertes Wesen erscheinen lassen. Der Mensch wird je nach wissenschaftstheoretischem Ansatz als komplizierter, aber gleichwohl naturwissenschaftlich verstehbarer Organismus, als Opfer unbewußter psychologischer Motive oder als Folie für gesellschaftlich vorgegebene Sozialisationsprozesse definiert. Ohne es offen auszusprechen, manchmal auch ohne es überhaupt zu erkennen, wird auf diese Weise ein passivisches Bild der Person[3] gezeichnet, in dem Vorstellungen von einem intellektuell selbständig und insofern verantwortlich Handelnden keinen Platz mehr haben. Bereits La Mettrie hat während der hohen Zeit der Aufklärung diesem Bild zu seinem exemplarischen Ausdruck verholfen: Der Mensch sei nicht aus besonderem Lehm geknetet worden, vielmehr

---

[2] Exemplarisch für einen in der Ausführung zurückgenommenen Nicht-Reduktionismus ist John Searles Verschränkung von biologischem Naturalismus und Bewußtseinsphilosophie, siehe Searle 1992; zur Kritik an Searle siehe Sturma 1995d, S. 669 ff.

[3] Martin Hollis spitzt dieses passivische Bild auf den Begriff des ‚Plastic Man‘ zu – „Plastic Man is a programmed feedback system, whose inputs, outputs and inner workings can be given many interpretations" (Hollis, 1977, S. 5) – und kritisiert in diesem Zusammenhang vor allem die reduktionistischen Konzeptionen des *homo sociologicus* und *homo psychologicus*; siehe Hollis 1977, S. 23 ff.

habe die Natur immer denselben Teig verwendet und nur die Hefe variiert.[4] Viele nüchterne Aufklärer in der gegenwärtigen Wissenschaftslandschaft werden in den Resultaten der neueren Kosmologie, nach der die gesamte Materie des Universums aus einem singulären Anfangszustand hervorgegangen ist, die empirische Bestätigung von La Mettries anschaulichem Bild sehen.[5]

Hinter La Mettries Bild von der naturalistisch depotenzierten Person steht kein menschenfeindliches Motiv, sondern der Wille zur dogmenkritischen Vereinfachung philosophischer Explikation: Unbekannte Größen, denen sogar noch ewige Autorität angesonnen wird, sollen in wissenschaftlichen Diskursen keinen Platz mehr finden. Dieser ursprünglich ideologiekritische Ansatz verbindet La Mettries Materialismus mit den reduktionistischen Theorien des zwanzigsten Jahrhunderts, die sich in erster Linie auf enge Vorstellungen von vorgeblicher wissenschaftstheoretischer Solidität und weniger auf die Implikationen ihres Menschenbildes konzentrieren. In beiden Spielarten des Materialismus gehen berechtigte erkenntniskritische Vorbehalte am Ende in verzerrte Annahmen zu den Strukturen personalen Lebens über.

In praktischer Hinsicht verbirgt sich hinter jedem Reduktionismus eine Form von Determinismus. Der deterministische Hintergrund verdankt sich der in der Alltagserfahrung durchgängig gegenwärtigen Erfahrung, daß der Kontext, in dem Handlungen stattfinden bzw. stattfinden sollen, nicht unter der Kontrolle des Handelnden steht. Der Handelnde als Subjekt – vorausgesetzt, daß von ihm in diesem Sinne die Rede sein kann – und die Elemente der Handlungskontexte fallen nicht zusammen. Selbst in emphatischen Ausdeutungen menschlicher Freiheit kann nicht geleugnet werden, daß es mindestens eine Gegebenheit gibt, nämlich den Weltzustand vor der Geburt, auf die eine Person unter keinen Umständen Einfluß nehmen kann. Diese Kluft, die in praktischen Selbstverhältnissen als Widerstand der Handlungskontexte erlebt wird, bleibt als unmittelbarer Ausdruck der naturbestimmten und sozialen Gegebenheiten, unter denen die einzelne Person ihr Leben zu führen hat, auch dann bestehen, wenn eine rechtfertigungsfähige Kritik des Reduktionismus und Determinismus gelingt.

Die Theoriekomplexe des Reduktionismus und Determinismus gehen zudem nicht umstandslos ineinander über. Es kann zwar jeder Reduktio-

---

[4] Siehe La Mettrie 1990, S. 76: „L'Homme n'est pas pétri d'un Limon plus précieux; la Nature n'a emploié qu'une seule et même pâte, dont elle a seulement varié les levains."

[5] Vgl. Weinberg 1977. Für Weinberg ist das Szenario der Entstehung des Universums immerhin Anlaß, über die tragische Würde des Menschen, der das Universum erkennt bzw. zu erkennen meint, nachzudenken. Darin unterscheidet er sich ersichtlich von den meisten Vertretern der sogenannten exakten Wissenschaften.

nismus als eine Form von Determinismus, aber nicht jeder Determinismus als Reduktionismus aufgefaßt werden. Während in reduktionistischen Ansätzen generell davon ausgegangen wird, daß personalen Bestimmungen und den damit einhergehenden Vorstellungen subjektiver Urheberschaft von Handlungsgeschichten buchstäblich das *fundamentum in re* fehle, sind viele Versionen des Determinismus ontologisch und handlungstheoretisch vielschichtiger angelegt und noch auf keine einheitliche Ontologie festgelegt.[6]

Nicht jede deterministische Theorie muß – wie der physikalische und psychologische Determinismus – vom Ansatz her personale Bestimmungen ausschließen. Ablesbar ist das insbesondere an den Spielarten des ethischen Determinismus, denen zufolge die intrinsische Kraft des ethisch Guten moralische Verhaltensweisen erzwingt. Es muß allerdings bezweifelt werden, daß das erzwungene Gute dem gewählten Guten moralphilosophisch gleichgestellt werden kann. In diesem Zusammenhang ist auch daran zu erinnern, daß Determinismuskonzeptionen jenseits ontologischer Fragestellungen in denjenigen moralphilosophischen Theorien enthalten sind, die an einem bedeutungsvollen Begriff von Autonomie festhalten.

Personalitätsskeptische Positionen werden des öfteren mit dem physikalischen und psychologischen Determinismus in Zusammenhang gebracht. Diese Identifizierung ist durchaus plausibel, denn beiden Ansätzen liegt zumindest in ontologischer Hinsicht ein eindimensionales Theorieprogramm zugrunde, dem zufolge Personen – implizit oder, im Fall des psychologischen Determinismus, explizit – als passive Bezugspunkte und eben nicht mehr als Handlungssubjekte zu begreifen sind. Begründungstheoretisch folgt der physikalische Determinismus der extremeren Programmatik. Kann sie Geltung für sich beanspruchen, so hat dies weitreichende Konsequenzen, die in der konzeptionellen Ausführung zunächst gar nicht vorgesehen zu sein scheinen.[7] Gilt er dagegen nicht, besteht im-

---

6 Deterministische Theorien sind unter anderem als logischer, ethischer und theologischer Determinismus entwickelt worden. Der Reduktionismus ist dagegen in der Regel auf eine spezifische Form der physikalistischen Ontologie festgelegt. Die alternative Ontologie des Panpsychismus wird in der gegenwärtigen Diskussionslandschaft nicht für theoriefähig gehalten. Eine interessante panpsychistische Reflexion, die ein eigentümliches Licht auf gängige ontologische Vorstellungen wirft, hat Thomas Nagel vorgelegt, der sich argumentativ den Umstand zunutze macht, daß es auch möglich ist, die Entstehung des Universums aus einer Singularität in einem panpsychistischen Sinne zu deuten. Das Faktum mentaler Zustände kann dann so interpretiert werden, daß physischen Zuständen die Eigenschaft zugesprochen wird, unter bestimmten Bedingungen in mentale Zustände überzugehen; vgl. Nagel, ‚Panpsychism‘, in: Nagel 1979; Sturma 1993, S. 585 f.

7 Der Vorrang des physikalischen Determinismus kommt bereits in Holbachs exemplarischer Einführung des ‚harten Determinismus‘ zum Ausdruck; siehe Holbach 1781, S. 2: „On a visiblement abusé de la distinction que l'on a faite si souvent de l'homme *physique* &

mer noch die Möglichkeit, daß sich schwerwiegende Problemstellungen in der Gestalt des psychologischen Determinismus einstellen. Selbst wenn eine Person nicht vollständig der Naturkausalität unterworfen wäre, könnte ihr Verhalten immerhin noch durch soziokulturelle Determinanten vollständig konditioniert sein. Der Determinierungsprozeß würde dann durch die Gattung gegen den Einzelnen vollzogen werden.[8]

Der physikalische Determinismus, der ontologisch nur Ereignisketten zuläßt, die durch sehr eng gefaßte Kausalitätsverhältnisse bestimmt werden, kann seitens des theoretisch unbefangenen Standpunkts zunächst mit Plausibilität rechnen, denn er liefert eine einfache Erklärung für die Erwartung, daß sich verschiedene Ereignisse in der Natur nach denselben Gesetzmäßigkeiten begreifen lassen. Niemand rechnet in den Kontexten der Alltagserfahrung wirklich damit, daß Steine sich ohne Einwirkung vom Erdmittelpunkt entfernen, und niemand zieht bei Überlegungen, wie ein Zwischenraum zu überqueren sei, ernsthaft in Betracht, daß die Schwerkraft sich anders verhalten könnte, als sie es bislang getan hat, obwohl es keinen prinzipiellen, von Erfahrungswerten unabhängigen Grund für diese Erwartung gibt. Aus dem Umstand, daß ein Naturgesetz jetzt gilt, kann noch keine Begründung dafür hergeleitet werden, daß es immer gilt. Solche Mutmaßungen mögen zwar übertrieben spitzfindig und praktisch vernachlässigbar sein, sie geben aber schon einen ersten Hinweis auf die Schwierigkeiten, die auftreten, wenn der physikalische Determinismus als konsistente Theorie entwickelt werden soll.[9] Ein derartiger Versuch wird immer den Weg von empirischen Sätzen zu Allaussagen gehen müssen, der als rechtfertigungsfähiges Resultat hohe Wahrscheinlichkeit, aber niemals apodiktische Gewißheit erbringen kann. Insofern ist der physikalische Determinismus trotz seines metaphysikkritischen Impetus dem Vorwurf ausgesetzt, auf dogmatische Weise metaphysisch zu sein.

Der Glaube an die kausale Regelmäßigkeit von Ereignissen, aus dem der physikalische Determinismus seine Plausibilität gewinnt, zählt zum weit-

---

de l'homme *moral*. L'homme est un être purement physique; l'homme moral n'est que cet être physique considéré sous un certain point de vue, c'est-à-dire, relativement à quelques-unes de ses façons d'agir, dûes à son organisation particuliere." Die Kritik Holbachs ist eine Korrektur ethischer Theorien, die ihre Begriffe völlig losgelöst von deskriptiven Einbettungen exponieren, was geht aber ihrerseits fehl, wenn sie umstandslos als ontologische Bestimmung aufgefaßt wird. An der Passage ist überdies die Verwendung des Ausdrucks ‚point de vue' auffällig, der in der neueren Reduktionismuskritik mittlerweile eine zentrale Stellung einnimmt. Holbach weist ihm allerdings noch keine systematische Bedeutung zu.

8 Vgl. Holbach 1781, S. 161: „Nous naissons sans notre aveu, notre organisation ne dépend point de nous, nos idées nous viennent involontairement, nos habitudes sont au pouvoir de ceux qui nous les font contracter, nous sommes sans cesse modifiés par des causes soit visibles soit cachées qui réglent nécessairement notre façon d'être, de penser & d'agir."

9 Vgl. Nelson Goodmans neues Rätsel der Induktion, in: Goodman 1954, S. 59 ff.

gehend unbezweifelten Bestand der Alltagserfahrung, zu dem sinnfälligerweise aber auch die Überzeugung gehört, daß Personen prinzipiell die Urheber ihrer Handlungsgeschichten seien und zum jeweiligen Zeitpunkt auch anders hätten handeln können. Die Alltagserfahrung geht insofern mit der Determinismusproblematik überaus widersprüchlich um. Allerdings wird der Widerspruch in der Regel nicht erlebt oder bemerkt und hat daher kaum praktische Virulenz.

Die neuere Moralphilosophie nimmt die begrifflichen Elemente des Widerspruchs der Alltagserfahrung auf und bietet gegen die Annahmen vollständiger externer Determination einen Freiheitsbegriff im Sinne des Verfügens über Handlungsalternativen auf. Diesem Begriff zufolge sind Personen dann für ihre Handlungen verantwortlich, wenn sie diese Handlungen nicht bzw. anders hätten auszuführen können.[10] Der Ausdruck ‚können' zeigt an, daß sich Personen der Raum für Handlungen in modal differenzierter Form öffnet und sie nicht zwanghaft in ontologisch eindimensionale Ereignisketten eingebunden sind. In Handlungsgeschichten begegnen ihnen verschiedene Ausschnitte von möglichen Welten, von denen eine durch aktive oder passive Entscheidungen Wirklichkeit wird bzw. Wirklichkeit geworden ist. Der Unterschied zwischen aktivem und passivem Verhalten fällt dabei weitgehend mit dem zwischen *möglicher* Autonomie und Heteronomie zusammen, und es kennzeichnet diese Argumentationsperspektive, daß in ihr Zurechenbarkeit und Autonomie als im Freiheitsbegriff notwendig aufeinander bezogen gedacht werden.[11]

Der interne Zusammenhang von Freiheit und Autonomie ist von Kant in die Determinismusproblematik eingeführt worden. Der heteronomen Naturkausalität stellt er die Autonomie der Person, „d. i. die Eigenschaft des Willens, sich selbst ein Gesetz zu sein"[12], gegenüber. Im Unterschied zu den unklaren Ausführungen seiner theoretischen Philosophie wird in Kants praktischer Philosophie von Anbeginn deutlich, daß sich das gemeinhin angenommene Gegensatzverhältnis von Freiheit und Determinismus auf die Frage nach der Art der Determination bzw. Kausalität re-

---

[10] Zur Einführung der Formel ‚he could have done otherwise' in den Problemkontext der Frage nach der Willensfreiheit siehe Moore 1947, S. 122 ff.; Nowell-Smith 1954, S. 239 ff.; Austin 1961. In diesen Arbeiten werden differenzierte semantische Analysen der Ausdrücke ‚kann' und ‚können' vorgelegt. Zur Kritik dieser Formel siehe Dennett 1984, S. 131 ff.

[11] Ernst Tugendhat hat im Rahmen einer semantischen Klärung des Begriffs der Willensfreiheit zu Recht Zurechenbarkeit sowie innere und äußere Autonomie als die zentralen Bestimmungen des Freiheitsbegriffs im Sinne von ‚anders handeln können' ausgewiesen, um dann – überraschenderweise – die begriffliche Klärung des Autonomiegedankens unberücksichtigt zu lassen. Die semantischen Klärungen bleiben denn auch nach eigenem Bekunden vorläufig; siehe Tugendhat 1992, S. 334 ff., bes. 335 f. und 349. [Der Begriff der Willensfreiheit]

[12] Kant IV, S. 447.

duziert, denn der Gegensatz von Determinismus ist Indeterminismus, nicht etwa Freiheit im moralischen Sinne, die, wie Kant nachdrücklich herausgestellt hat, in der Gestalt von Autonomie ebenfalls eine Form von Determinismus ist. In dieser Hinsicht ist der überaus prekäre Begriff einer Kausalität aus Freiheit zumindest mit Blick auf den sachlich vorgegebenen Begründungsweg berechtigt.[13]

Der in der Wissenschaftsgeschichte nahezu durchgängig unterstellte Problemtitel ,Freiheit und Determinismus' kann deswegen keine Lösung haben, weil nur die Art des Determinismus kontrovers sein kann, und dort, wo das Gegensatzverhältnis von Determinismus und Indeterminismus thematisiert wird, kann noch nicht von Freiheit oder Autonomie die Rede sein. Die Schwierigkeiten hinsichtlich des Verhältnisses von Freiheit und Determinismus scheinen sich denn auch hauptsächlich semantischen Fehlern im jeweils vorausgesetzten Freiheitsbegriff zu verdanken, zumal sie in den Handlungssituationen von Personen keine sachliche Entsprechung finden.

Die Problematisierung der Art der Verhaltensdetermination von Personen läßt systematisch wieder die Reduktionismusproblematik gegenüber der Determinismusproblematik in den Vordergrund treten. Denn selbst eine semantisch erklärte und geklärte Freiheitslehre hätte sich immer noch der grundsätzlichen Frage nach dem logischen und ontologischen Ort des modal differenzierten Handlungsraums von Personen zu stellen. Versuche, diese Frage zu beantworten, stoßen auf den harten Kern der Verflechtung von ontologischem Determinismus und reduktionistischer Ontologie, der in nichts anderem als dem physikalistischen Kausalitätsprinzip besteht. Indem dieses Prinzip gleichermaßen als Weltbeschreibung und Welterklärung angewandt wird, nimmt es von vornherein totalitäre Züge an. Dieser Sachverhalt zeichnet sich deutlich in Laplaces berühmtem Gedankenexperiment zu Determinismus und Vorhersagbarkeit ab.

Nach Laplace ist der jeweilige Zustand des Universums die Wirkung seines vorhergehenden und die Ursache seines nächsten Zustands. Eine fiktive Intelligenz, die die raumzeitlichen Positionen aller Objekte des Universums sowie alle wirkenden Kräfte erkennen könnte, wäre Laplace zufolge imstande, aus dem gegenwärtigen Universum sowohl seine zukünftigen als auch seine vergangenen Zustände zu erschließen.[14] In diesem Gedankenex-

---

[13] Vgl. Sturma 1992b.

[14] Siehe Laplace 1814, S. 2: „Nous devons (...) envisager l'état présent de l'univers, comme l'effet de son état antérieur, et comme la cause de celui qui va suivre. Une intelligence qui pour un instant donné, connaîtrait toutes les forces dont la nature est animée, et la situation respective des êtres qui la composent, si d'ailleurs elle était assez vaste pour soumettre ces données à l'analyse, embrasserait dans la même formule, les mouvements des plus grands corps de l'univers et ceux du plus léger atome: rien ne serait incertain pour elle, et l'avenir comme le passé, serait présent à ses yeux."

periment drückt sich erkennbar der physikalische Determinismus aus, der durch die Physik Newtons nahegelegt wird, und der auch Kant bei seinem Versuch, eine physikalistische Ontologie mit einer nicht-reduktionistischen Moralphilosophie zu verbinden,[15] deutlich vor Augen gestanden hat. An Laplaces Gedankenexperiment zeichnet sich aber vor allem der Zusammenhang von Determinismus und Vorhersagbarkeit ab: Wenn eine ‚harte Version‘ des Determinismus richtig ist, dann muß sich das unmittelbar in der Möglichkeit der Vorhersage von Zuständen und Ereignissen niederschlagen. In den Naturwissenschaften sind derartige Vorhersagen in Teilen möglich, und der verbliebene Großteil prognostischer Unvollständigkeit wird in der Regel mit vorläufigen Wissenslücken erklärt. Der wagemutige Wechsel auf künftige naturwissenschaftliche Fortschritte trägt jedoch nicht zur Lösung der Determinismusproblematik bei, denn er ist lediglich ein begründungstheoretischer Gewaltakt, mit dem die Hypothese, daß der physikalische Determinismus richtig sein könne, unterderhand als unbezweifelbare Gewißheit ausgegeben wird.

Laplaces Gedankenexperiment kann gleichwohl ein klärendes Licht auf die Determinismusproblematik werfen. Die Fähigkeit der fiktiven Intelligenz, zukünftige Zustände des Universums vorhersagen zu können, darf dann jedoch nicht als Veranschaulichung des physikalischen Determinismus und des ihn beherrschenden Kausalitätsgedankens gedeutet werden. Verbleibt man auf der Ebene des Gedankenexperiments, kann man den üblichen physikalistischen Ausdeutungen entgegenhalten, daß die Vorhersagbarkeit künftiger Zustände des Universums nicht ausschließlich unter der Voraussetzung eines mehr oder weniger mechanischen Kausalitätsprinzips erfolgen muß. Die fiktive Intelligenz könnte Vorhersagen auch im Sinne eines ethischen Determinismus treffen: Die Person x wird zum Zeitpunkt t_n die moralische Handlung A vollziehen, weil sie erkennen wird, daß A moralisch geboten ist und sich aufgrund ihrer personalen Dispositionen diesem Gebot nicht entziehen kann. In diesem Fall läge immer noch ein deterministisches Weltbild vor, und die fiktive Intelligenz könnte immer noch Vorhersagen über vergangene und zukünftige Welten treffen, aber die Determinationsfaktoren wären ungleich komplizierter und komplexer, als die üblichen Auslegungen von Laplaces Gedankenexperiment glauben machen wollen. Dies wäre die säkulare Version einer Welt, in der Gott in die Herzen der Menschen schauen könnte, und es mag offen bleiben, ob ein derartiges Weltbild nicht ähnliche Beunruhigungen mit sich brächte wie das des Laplaceschen Dämons.

Im Rahmen einer Reduktionismuskritik müssen gegen den physikalischen Determinismus – neben der Aufdeckung seiner begründungstheoreti-

---

[15] Vgl. Sturma 1991a, S. 575 ff.

schen Defizite – vornehmlich epistemologische Einwände erhoben werden. Der physikalische Determinismus muß einen epistemologischen Standpunkt unterstellen, der der Bestimmung nach ein archimedischer Punkt jenseits von Raum und Zeit zu sein hätte, auf den die Bestimmungen und Determinationsgesetze nicht angewandt werden können, die seinen Voraussetzungen zufolge universell gelten sollen. Der Blick des physikalischen Determinismus auf die Welt kann der theoretischen Konstruktion nach weder innerhalb noch außerhalb der Welt plaziert werden. Liegt er innerhalb der Welt, wird die universelle Gültigkeit bzw. perspektivenlose Objektivität nicht erreicht, liegt er außerhalb der Welt, ist er kein Standpunkt möglicher Erkenntnis. Die aporetische Struktur seiner dogmatischen Irreflexivität ist das direkte Resultat der epistemologischen Unbefangenheit, die seinen methodischen und begründungstheoretischen Ansatz insgesamt kennzeichnet. Dem argumentativen Status nach erweist sich der physikalische Determinismus als Relikt materialistischer Spekulationen des 18. Jahrhunderts, die eine ontologisch eindimensionale Welt konstruieren, in der es Erkenntnis von Gegenständen und Ereignissen genaugenommen gar nicht geben kann, das heißt, sie lassen sich in ihren Behauptungen buchstäblich selbst aus.

Auch wenn der physikalische Determinismus nicht an seinen eigenen totalitären Ansprüchen gemessen und als eine ermäßigte Form wissenschaftlicher Erklärung aufgefaßt würde, könnte er kaum mit mehr Plausibilität bei der Beschreibung und Erklärung mentaler Zustände rechnen. Der physikalische Determinismus läuft in letzter Konsequenz auf ein Erklärungsmodell hinaus, dem zufolge alle Zustände und Ereignisse in der Welt aufgrund prinzipiell erkennbarer invarianter Gesetze das zwangsläufige und einzig mögliche Resultat vorhergehender Zustände und Ereignisse desselben Typs sind. Diese formale Einfachheit macht die physikalistische und deterministische Programmatik für die Erklärung mentaler Zustände gänzlich ungeeignet. Läßt man die Frage, ob es überhaupt sinnvoll ist, auf mentale Zustände Kausalitätsbestimmungen anzuwenden, zunächst offen und unterstellt die Möglichkeit der kausalen Verursachung von mentalen Zuständen, ergibt sich sofort eine überaus komplexe Konstellation von Ableitungsverhältnissen, die praktisch unübersehbar ist. Denn anders als bei kausalen Verursachungen physischer Ereignisse kommen im Fall eines zeitlich diskreten mentalen Zustands eine ungleich größere Zahl von Faktoren, Wahrnehmungen, Erinnerungen, Wünschen u. ä. in bewußter und unbewußter Form ins Spiel, die untereinander in Wechselwirkung stehen und die Verursachungselemente allein für eine Zeitstelle expositional in die Höhe treiben würden.[16]

---

[16] Strawson hält die Idee, mentalen Zuständen eine kausale Erklärung im Sinne des physikalischen Determinismus zu geben, geradezu für absurd; siehe Strawson 1992, S. 140: „The idea is absurd; and not because there would not be world enough and time to work out the

Der Sachverhalt, daß der physikalische Determinismus konzeptionell nicht konsistent entwickelt werden kann, hat bestenfalls vorentscheidende Bedeutung für die Lösung der Reduktionismusproblematik, denn die Ausdeutung der theoretischen Defizite des Determinismus hat zunächst nur negative Konsequenzen. Aus der Unmöglichkeit, eine nach Maßgabe des physikalischen Determinismus kausal geschlossene Welt widerspruchsfrei zu konstruieren, folgt nicht die Unmöglichkeit, daß die Welt ausschließlich aus raumzeitlichen Objekten und Ereignissen besteht, denen ohne Bedeutungsverlust eine physikalistische Beschreibung gegeben werden kann. Der physikalische Determinismus scheitert vor allem aus internen Gründen, insbesondere an den epistemologischen und begründungstheoretischen Lasten, die sein Totalitarismus mit sich bringt. Der physikalistische Reduktionismus ist auf diese Weise jedoch nicht aufhebbar. Epistemologische und methodische Einwände treffen den Ansatz des Determinismus, aber nicht die Sachverhalte, deren Theorie zu sein, er vorgibt.

Der physikalistische Reduktionismus tritt nicht mit den praktischen Anwendungen seines deterministischen Korrelats auf. Vielmehr bewegt er sich in aller Regel weit entfernt von Fragen nach personaler Zurechenbarkeit und Freiheit. Sein Explikationsinteresse richtet sich allein auf den Bereich der Objekte und Ereignisse in Raum und Zeit, wobei er allerdings unterstellt, daß diesem Bereich auch mentale Zustände als Ereignisse zuzurechnen seien. In dieser Hinsicht ist der Physikalismus ähnlich totalitär wie der physikalische Determinismus, nur resultiert sein Totalitarismus nicht aus metaphysischen Generalisierungen, sondern aus einem Ausschließlichkeitsanspruch bezüglich der Geltung physikalischer Kriterien. In diesem Ausschließlichkeitsanspruch liegt der Kern der Reduktionismusproblematik, dem sich die nicht-reduktionistische Philosophie der Person zu stellen hat. Kann der Ausschließlichkeitsanspruch rechtfertigungsfähig aufrechterhalten werden, würde der Philosophie der Person die theoretische Grundlage fehlen, und die Widerlegung des physikalischen Determinismus bliebe für die nicht-reduktionistische Auflösung der Reduktionismusproblematik ohne Konsequenzen.

2

Der Physikalismus beruht auf einem an der Sprache der Physik ausgerichteten Reduktionsverfahren, das seit der wissenschaftsgeschichtlichen

---

solutions to such particular problems, as there is not world enough and time to work out the particular causal conditions of every movement of a leaf on the surface of a stream. It is more fundamentally absurd because there is no practical possibility of establishing the general principles on which any such calculation would have to be based."

Durchsetzung des newtonischen Weltbildes auf wirkungsmächtige Weise
die ontologische Ausgangssituation theoretischer Ansätzen sowohl in
den Natur- als auch, mit Abstrichen, in den Kulturwissenschaften bestimmt. In denjenigen kulturwissenschaftlichen Bereichen, die dem physikalistischen Paradigma nicht folgen, wird es aber nicht methodisch zurückgewiesen, sondern schlichtweg übergangen. Auch in den Kulturwissenschaften ist die Klärung der eigenen Bedingungen der Möglichkeit
keineswegs die Regel. Trivialerweise kann die Philosophie der Person an
diese Üblichkeiten nicht anknüpfen. Sie hat vielmehr in Auseinandersetzung mit dem Physikalismus darzulegen, welchen begrifflichen und ontologischen Ort ihre grundsätzlichen Bestimmungen haben oder zumindest haben können. Sie muß Antworten auf die grundlegenden Fragen
der Ontologie der Person jenseits des engen Rahmens physikalistischer
Identifizierungen finden und zeigen, daß die These ‚Es gibt nur Gegenstände und Ereignisse, die prinzipiell mit der Sprache der Physik beschrieben werden können‘, mit der der Physikalismus auf die ontologische Grundsatzfrage ‚Was gibt es?‘ antwortet, zumindest in dieser Form
nicht richtig sein kann.

Die nicht-reduktionistische Philosophie der Person hat sich die schwierige Problemstellung aufzubürden, ihre grundsätzlichen Bestimmungen,
die der semantischen Ausgangssituation nach nicht auf physikalistische
Kausalitätsverhältnisse reduziert werden können, ontologisch zu rekonstruieren, andernfalls wäre sie durchgängig dem Paralogismusverdacht ausgesetzt. Den gegenwärtigen reduktionistischen Tendenzen entgegen muß
sie den Nachweis erbringen, daß das, was eine Person zur Person macht,
keine Pseudobestimmung ist. Dabei hat sie sich insbesondere gegenüber
den vielfältigen Spielarten von Materialismus, Behaviorismus, Identitätstheorie und Funktionalismus zu behaupten, die zwar nicht umstandslos
mit dem Physikalismus gleichgesetzt werden können, aber von ontologischen Positionen abhängig sind, die er in bündiger und exemplarischer
Form zum Ausdruck gebracht hat.

Die physikalistische Programmatik hat vor allem im Logischen Empirismus ihren exemplarischen Ausdruck gefunden.[17] Der Logische Empirismus gibt den nominalistischen bzw. realismuskritischen Tendenzen in
der Philosophie der Neuzeit eine theoretische Gestalt, die sich erkennbar
um den Anschluß an Entwicklungen der sogenannten exakten Wissenschaften bemüht. Das geschieht allerdings zu einer Zeit, in der schon

---

[17] Auf die sachliche Nähe von Laplaces fiktiver Intelligenz und deterministischen Intentionen
des Logischen Empirismus hat Wolfgang Stegmüller aufmerksam gemacht; siehe Stegmüller 1969, S. 484 f.

gänzlich andere Theoriewege beschritten werden, wobei vor allem an die Umwälzungen in der neueren Physik zu denken ist.[18] Das vom Logischen Empirismus explizit formulierte ontologische Programm des Physikalismus konvergiert in der These, daß alle Sätze über mentale Zustände in eine physikalische Sprache übersetzt werden können.[19] Der Wissenschaftsoptimismus, der sich in dieser These ausdrückt, und die formale Einfachheit des Ansatzes, werden keineswegs von allen Vertretern des Physikalismus geteilt. Auf breite Zustimmung stößt jedoch die ontologische Position, die sich dahinter verbirgt. Sie läßt sich dahingehend zusammenfassen, daß physikalische Ausdrücke und Sätze ontologisch ohne Alternative seien und Sätze, die mentale Bestimmungen enthalten, ohne Bedeutungsverlust auf Sätze der Sprache der Physik zurückgeführt werden können.

Die allgemeinen ontologischen Vorgaben des Physikalismus haben weit über philosophische und wissenschaftstheoretische Kontexte hinaus ein hohes Überzeugungspotential. Während die Sätze und theoretischen Modelle der gegenwärtigen Naturwissenschaften jenseits der jeweiligen fachwissenschaftlichen Einsichten kaum mehr nachvollziehbar sind, kann der Physikalismus ohne weiteres an theoretisch unbefangene Einstellungen und Vorurteile der Alltagserfahrung anknüpfen.[20] Die Alltagserfahrung folgt dem Physikalismus in der allgemeinen Annahme, daß die Welt, in der wir leben, eine Welt ‚harter Fakten‘ sei. Der Physikalismus hat das dahingehend zusammengefaßt, daß die Welt aus Gegenständen, Eigenschaften und Ereignissen bestehe, zwischen denen invariante Kausalverhältnisse herrschen, die sich prinzipiell in naturwissenschaftlichen Sätzen und Gesetzen zusammenfassen ließen.

Die ontologische Metapher des Physikalismus ist das ‚Buch der Welt‘, in dem alle Gegenstände und Ereignisse aller Räume und Zeiten abgebildet werden. Das ‚Buch der Welt‘ rückt den Physikalismus in deutliche Nähe zum physikalischen Determinismus. Laplaces fiktive Intelligenz

---

[18] Im Lichte der Quantenphysik müssen auch die einfachen Vorstellungen von einem physikalischen Determinismus revidiert werden, denn ihr zufolge sind „Determinismus und Indeterminismus gleichberechtigte mögliche Eigenschaften physikalischer Systeme." (Stegmüller 1969, S. 493)

[19] Siehe Carnap 1931 und Feigl 1934, S. 436: „To every proposition describing introspectively what, as we say, is given as a datum of my consciousness, there would be a corresponding proposition in physical language describing, as we say, the condition of my nervous system. From the intersubjective point of view these two types of proposition are only verbally different. (...) Mutual translatability means nothing but identity of structure. Logically mutual translatability, isomorphism, means simply *identity* of the two propositions."

[20] Der Alltagserfahrung liegen allerdings auch mentalistische Vorurteile zugrunde, ohne daß der Gegensatz von physikalistischen und mentalistischen Einstellungen in der Regel als Widerspruch erlebt würde.

kann der Bestimmung nach aus der Kenntnis einer Seite auf den Inhalt des
ganzen Buchs schließen. Der Schluß erfolgt nicht aus göttlicher Allwis-
senheit, sondern aus der Kenntnis eines Zustands zu einem bestimmten
Zeitabschnitt sowie aller Kausalgesetze, und in diesem fiktiven Szenario
drückt sich prägnant das Wesen der physikalistischen Metapher aus, nämlich die Einfachheit der in ihr dargestellten Welt.

In der Metapher des Buchs der Welt manifestiert sich ein Theoriemodell,
das in der Wissenschaftsgeschichte vielfältige Ausformulierungen gefunden
hat, die die Grundsätzlichkeit des Modells zunächst verdecken. Sie wird
erst im Rahmen von vereinfachenden Abstraktionsverfahren kenntlich. In
der abstrahierenden Zurückführung der unübersichtlichen Vielfältigkeit
auf eine grundsätzliche Einfachheit der ontologischen Position scheint der
methodische Gewinn der Metapher des Buchs der Welt zu liegen.

Gegen das einfache physikalistische Modell vom ‚Buch der Welt‘ muß
eingewandt werden, daß es weder phänomengerecht noch rechtfertigungsfähig zu entwickeln ist. Der Einwand, der in letzter Konsequenz besagt, daß der Physikalismus nicht die bindende Ontologie aller Ereignissen und Eigenschaften der raumzeitlichen Welten sein könne, hat zwei
Aspekte. Zum einen ist herauszustellen, daß das ‚Buch der Welt‘ mit dem
Anspruch geschrieben worden ist, buchstäblich alles zu enthalten, sich
selbst aber gar nicht enthalten kann, weil es der Konstruktion nach die
Abbildung der Welt und nicht deren Bestandteil ist.[21] Zum anderen ist zu
entgegnen, daß das Bild eines Buchs, das der Konstruktion nach Anfang
und Ende hat, zur metaphorischen Exemplifizierung einer ontologischen
Weltversion, deren Anfang und Ende nicht identifizierbar sind, überhaupt
nicht geeignet ist.

Der Einwand kann mit Mitteln der Metapher vom ‚Buch der Welt‘ nicht
entkräftet werden. Dies ist aber nicht ein Defizit, das umstandslos der Metapher angelastet werden kann, vielmehr verbirgt sich hinter deren Semantik ein sachliches Problem, das tief im konzeptionellen Kern des Physikalismus verankert ist, der zumindest ontologisch die Welt ‚zu Ende‘ denken
will, wie die Buchmetapher schon nahelegt. Ein solches Unterfangen kann
zwar metaphorisch und metaphysisch formuliert, aber keinesfalls *de facto*
ausgeführt werden.[22] Hinter der modellhaften Einfachheit des physikali-

---

[21] Dieser Vorbehalt deckt sich der formalen Struktur nach mit der Kritik an der dogmatischen
Irreflexivität des Determinismus.

[22] Vgl. Stegmüller 1969, S. 487: „Es ist offenbar unmöglich, die Zustände eines Systems in allen überhaupt denkbaren Hinsichten zu beschreiben. Eine derartige Beschreibung würde
prinzipiell nie ans Ende kommen, da ja z. B. darin die räumlichen und zeitlichen Relationen
zu sämtlichen übrigen Systemen im Universum und ihren Zuständen angegeben werden
müßten.“

schen ‚Buchs der Welt‘ verbirgt sich tatsächlich der überaus angestrengte Versuch, eine Totalität auf den Begriff zu bringen, die jede räumliche und zeitliche Eingrenzung von vornherein sprengt.[23] Anders als die formulierte Programmatik nahelegt, muß ein derartiges Unterfangen auf suggestive Wirkungen setzen. Diese semantische Fluchtstrategie ist nach Hans Blumenberg ein Grundzug jeder auf Orientierung und Erklärung angelegten Metaphorik. Ihren exemplarischen Ausdruck findet sie gleichwohl in der Metapher vom Buch der Welt sowie den verwandten Metaphern vom Buch der Natur und des Lebens.[24]

Die Metapher vom ‚Buch der Welt‘ ist systematisch aufschlußreich, weil sie in ihrer Einfachheit mit dem Physikalismus das Konstitutionsmerkmal teilt: die rigorose ontologische Ausgrenzung. Diese Strukturähnlichkeit verleiht ihr explikatives Gewicht. Der gemeinsame ontologische Rigorismus besteht darin, daß allein physikalische Kriterien darüber entscheiden, was Eingang in die Weltbeschreibung finden soll, und das können offenbar nur Gegenstände und Ereignisse sein, die in Raum und Zeit eindeutig identifizierbar sind. Aus dieser kriteriellen Vorgabe scheint zu folgen, daß in einem derartig konstruierten ‚Buch der Welt‘ mentale Zustände von Personen keinen Eingang finden können.

Wittgenstein hat in seiner Version des Buchs der Welt – dem „big book" bzw. „world-book"[25] – versucht, den Ausschluß des Mentalen dadurch zu vermeiden, daß er die Welt der Gegenstände und Ereignisse nicht schon vom Ansatz her physikalistisch verkleinert. Im Unterschied zu herkömmlichen Vorstellungen vom ‚Buch der Welt‘ werden mentale Zustände von Wittgenstein ausdrücklich aufgenommen.[26] Dabei bleibt zunächst unklar,

---

[23] Vgl. Blumenberg 1981, S. 68 ff.

[24] Siehe Blumenberg 1981; vgl. Blumenberg 1979, S. 80 f.: „Die Welt mag alles sein, was der Fall ist, und damit der alten Definition als *series rerum* recht geben; ein Cartesianer mit seinem Anspruch auf Klarheit und Deutlichkeit könnte damit keinesfalls zufrieden sein. Vor allem aber wäre es ungefähr das, was von allem Aussagbaren über die Welt, so unwidersprechlich es sein mag, am wenigsten interessiert (...). Daß die Welt ein Buch sei, in dem man lesen könne oder nach Mühseligkeiten der Entzifferung schließlich lesen würde, ist eine metaphorische Erwartung über die Art der Erfahrung. (...) Man spürt, daß etwas Suggestives in aller Metaphorik steckt, das sie zum bevorzugten Element der Rhetorik als der Einstimmung bei nicht erreichter oder erreichbarer Eindeutigkeit qualifiziert."

[25] Wittgenstein folgt mit seinem Modell vom Buch der Welt keiner eindeutig physikalistischen Theorielinie. Der Physikalismus ist bei Wittgenstein bis in die Übergangsphase zur Spätphilosophie hinein für den propositional identifizierbaren Gegenstandsbereich seines philosophischen Weltmodells zuständig, dem das Ethische und Ästhetische als transzendente Komponenten angehören. In der Spätphilosophie verlieren sich die physikalistischen Spuren.

[26] Siehe Wittgenstein 1965, S. 6: „Suppose one of you were an omniscient person and therefore knew all the movements of all the bodies in the world dead or alive and that he also knew all the states of mind of all human beings that ever lived, and suppose this man wrote all he knew in a big book, then this book would contain the whole description of the world".

ob die Metapher durch die implizite Voraussetzung einer Laplaceschen
Intelligenz oder durch die eines Gottes, der in die Herzen der Menschen
schaut, konstituiert wird, zumal auch die Bedeutung des Ausdrucks ‚whole description of the world' in einem engen und weiten Sinn gedeutet werden kann. Der Argumentationskontext macht jedoch kenntlich, daß für
Wittgenstein der Begriff der Weltbeschreibung nur eng, also strikt physikalistisch, interpretierbar ist. Es ist im weiteren sein Bestreben, nachzu-
weisen, daß normative oder ideelle Bestimmungen wie das Ethische oder
Ästhetische in einer Weltbeschreibung gar nicht vorkommen können.[27]
Damit stellt sich ein widersprüchliches Bild ein: Einerseits verfolgt Wittgenstein mit der Metapher vom Weltbuch erkennbar nicht-reduktionistische Absichten, andererseits werden die mentalen Zustände von Personen
in der Welt nur soweit berücksichtigt, wie sie sich in Propositionen ausdrücken lassen.

Im Hintergrund von Wittgensteins ‚Buch der Welt' steht eine metaphysische Zweiweltentheorie, die dem physikalistischen Reduktionismus ein
alternatives Modell entgegenstellen kann, aber nicht imstande ist, ihn zu
begrenzen. Denn Widerlegungen des Reduktionismus können nicht extern
behauptet werden, sondern müssen immanent bzw. innerweltlich angelegt
sein. Weil Wittgenstein den Physikalismus innerweltlich unangetastet läßt,
erscheinen bei ihm mentale Zustände von Personen nur als extern be-
schreibbare Ereignisse in der Welt, an denen ein bedeutungsvoller Bezug
zu denen, die sie initiieren oder sich in ihnen befinden, nicht kenntlich
wird. Wittgenstein behandelt mentale Zustände innerweltlich nur als Ereignisse und deshalb fehlt seinem Nicht-Reduktionismus das *fundamentum in re*.

Der Reduktionismus von Wittgensteins erweitertem ‚Buch der Welt'
läßt die Umrisse einer nicht-reduktionistischen Bewußtseinsphilosophie
zum Vorschein kommen: Mentale Zustände müssen so beschrieben werden, daß sie als von Ereignissen unterscheidbare innerweltliche Phänomene kenntlich werden, und die entscheidende Frage, die dabei zur Beantwortung ansteht, ist die nach der Weise der Unterscheidbarkeit von Ereignissen und dem mentalen Zustand des Erlebnisses einer Person.

Die Problematik der Unterscheidbarkeit zwischen Ereignis und Erlebnis hat sich in der neueren Bewußtseins- und Handlungstheorie spannungsreich zugespitzt. Diese Zuspitzung ist aber keineswegs auf theore-

---

[27] Siehe Wittgenstein 1965, S. 6: „But what I mean is that a state of mind, so far as we mean by
that a fact which we can describe, is in no ethical sense good or bad. If for instance in our
world-book we read the description of a murder with all its details physical and psychological, the mere description of these facts will contain nothing which we could call an *ethical*
proposition."

tische Kontexte im engeren Sinne beschränkt geblieben. In der Perspektive der Alltagserfahrung können sowohl die Annahme der Identität von
Ereignissen und Erlebnissen – die These des monistischen Reduktionismus – als auch die der Verschiedenheit von Ereignissen und Erlebnissen –
die These des dualistischen Nicht-Reduktionismus – Plausibilität beanspruchen. Die Identitätsthese scheint die direkte Konsequenz der still-
schweigenden Voraussetzung von Erfahrungsprozessen zu sein, daß die
raumzeitliche Welt kohärent bzw. kausal geschlossen ist. Die Verschiedenheit von Ereignis und Erlebnis ist dagegen der Kern personaler Selbst-
und Fremdwahrnehmungen, denn Personen verhalten sich zu sich und
anderen nicht wie zu extern determinierten Objekten, sondern wie zu Wesen, von denen in zurechenbarer Weise Intentionen und Handlungen ausgehen.

Die spannungsreiche Theoriesituation hinsichtlich des Zusammenhangs
von Ereignissen und Erlebnissen ist im Umfeld der analytischen Philosophie durch die Exponierung von Gegensatzverhältnissen, die zwischen
vorderhand plausiblen Grundsatzthesen herrschen, anschaulich herausgearbeitet worden.[28] Derartige Gegensatzverhältnisse treten vor allem im
Rahmen von Analysen zu Identität, Verschiedenheit und Wechselwirkung
von Ereignissen und Erlebnissen auf. Die Gegensätzlichkeiten der Grundsatzthesen von Monismus und Dualismus manifestieren sich in folgenden
Sätzen:

[1–S]   Ereignisse sind alles, was in Raum und Zeit der Fall ist.

[2–S]   Erlebnisse sind keine Ereignisse.

[3–S]   Erlebnisse und Ereignisse wirken wechselweise aufeinander.

Satz [1–S] formuliert einen Ereignismonismus, der so zu verstehen ist,
daß der Begriff des Ereignisses den des Objekts immer schon einschließt.
In [2–S] wird der Dualismus und in [3–S] die Wechselwirkung von Erlebnissen und Ereignissen unterstellt. Abstrahiert man zunächst einmal von
einer genauen Festlegung der in diesen Formeln verwendeten Ausdrücke,
dann können aus den Sätzen drei Positionen herausgearbeitet werden:

[4–S]   Weil Ereignisse alles sind, was in Raum und Zeit der Fall ist, und
        Erlebnisse und Ereignisse wechselseitig aufeinander wirken, müs-
        sen Erlebnisse Ereignisse sein.

[5–S]   Weil Ereignisse alles sind, was in Raum und Zeit der Fall ist, und
        Erlebnisse keine Ereignisse sind, kann es keine Wechselwirkung
        zwischen Erlebnissen und Ereignissen geben.

---

[28] Siehe Davidson 1980, S. 207 ff. [Mental Events] Vgl. Peter Bieri, ‚Einleitung‘, in: Bieri
(Hg.), 1981, S. 5 ff.

[6–S]   Weil Erlebnisse keine Ereignisse sind, und Erlebnisse und Ereignisse wechselseitig aufeinander wirken, können Ereignisse nicht alles sein, was in Raum und Zeit der Fall ist.

In [4–S] äußert sich die Position von reduktionistischem Physikalismus und physikalischem Determinismus, die ihre vordergründige Plausibilität in erster Linie der in [1–S] ausgedrückten Prämisse der kausalen Konsistenz der Erfahrungswelt von Gegenständen in Raum und Zeit verdankt, und in diesem Zusammenhang zeigt sich, daß das jeweilige argumentative Gewicht der Sätze [1–S, 2–S, 3–S] unterschiedlich und zugunsten der These des Ereignismonismus ausfällt. Wird [1–S] auf rigide Weise interpretiert, das heißt, unter Voraussetzung eines starken und ausschließenden Ontologiebegriffs, können [2–S, 3–S] nicht mehr sinnvoll formuliert werden, und [4–S] wäre entsprechend redundant bzw. unverständlich. Die Sätze [2–S, 3–S] müßten demnach im Hinblick auf [1–S] vernachlässigt werden, weil Erlebnisse nunmehr Pseudophänomene wären und entsprechend konsequenzenlos blieben. Werden sie dagegen in einem starken Sinne gedeutet, könnte immerhin noch die Annahme eines partiellen Physikalismus zutreffend sein, der allerdings nicht mehr in der reduktionistischen Fassung von [1–S] formuliert werden dürfte.

Eine strikte Auslegung von [4–S] kann mit dem Argument verteidigt werden, daß es nur unter der Voraussetzung des Ereignismonismus denkbar wäre, Handlungen in Raum und Zeit zu vollziehen. Damit wird auf die Schwierigkeit des Dualismus verwiesen, den Zusammenhang von Erlebnissen und Ereignissen *innerweltlich* zur Darstellung bringen zu können. Ein derartiges Argument bekämpft sich jedoch selbst. Sollen nämlich Erlebnisse ohnehin immer schon Ereignisse sein, dann verschwindet das Problem der Wechselwirkung, weil der Begriff der Handlung von vornherein keine Grundlage hätte. Die strikte Auslegung des Ereignismonismus ist die Vorstellung eines erlebnislosen Universums.

In [5–S] treten die allgemeinen Umrisse eines metaphysischen Parallelismus hervor, der bereits in Wittgensteins Konzeption des Nebeneinanders von ‚Buch der Welt‘ und Transzendenz des Ethischen und Ästhetischen erkennbar ist. Das Zentrum von [5–S] ist eine Modifikation von [2–S]. Erlebnisse sind demnach nicht nur keine Ereignisse, sondern im Anschluß an Leibniz‘ monadologische Entdeckung soll darüber hinaus gelten:

[7–S]   Es kann keinen deskriptiven Befund für Übergänge zwischen Ereignissen und Erlebnissen geben.

Dieser Satz kann schließlich ontologisch verschärft werden:

[8–S]   Es gibt keine Übergänge zwischen Ereignissen und Erlebnissen.

Während [7–S] im wesentlichen epistemologisch ausgerichtet ist, wird in [8–S] das epistemologische Argument in eine ontologische These transformiert, womit ein extremer Parallelismus erreicht wird, der gemeinhin nicht für theoriefähig gehalten wird. Allerdings wird schon in [5–S] eine Behauptung aufgestellt, die nicht als plausibel angesehen werden kann, denn Gefühle und Wahrnehmungen von Gegenständen in Raum und Zeit sind ersichtlich Wechselwirkungen zwischen Erlebnissen und Ereignissen. Die in [7–S] ausgesprochene Behauptung muß dagegen sachlich ernst genommen werden. Es kann zwar gesagt werden, daß Erlebnissen physische Korrelate und Prozesse zugrunde liegen, es ist aber nicht ohne weiteres festzustellen, auf welche Weise diese Wechselwirkungen zustande kommen, weil sie von Personen immer nur innerhalb der Grenze des Mentalen auszumachen sind. Wenn es auch richtig ist, daß die Übergänge zwischen Mentalem und Physischem keine möglichen Bezugspunkte kognitiven Bewußtseins sind, so muß doch beachtet werden, daß die kognitive Grenze des Bewußtseins nicht – wie in [8–S] – als ein ontologischer Sachverhalt ausgegeben werden kann.

Satz [6–S], auf den sich die theoretischen Erwartungen des Nicht-Reduktionismus richten müssen, ist keine Widerlegung des Reduktionismus, sondern die Exposition der grundsätzlichen Bedingung, unter der von Handlungssubjekten und Kausalität aus Freiheit die Rede sein kann. Seine Eingangsvoraussetzung ist bereits mit [2–S] formuliert worden, und im weiteren wird dargelegt werden müssen, wie sich Erlebnisse *innerweltlich* von Ereignissen unterscheiden, und welcher Sinn mit dem Ausdruck ,alles, was der Fall ist' in diesem Zusammenhang konkret verbunden werden kann. Dabei müssen jene Strukturprobleme vermieden werden, die in [5–S] die Position des metaphysischen Parallelismus induziert haben, das heißt, eine dualistische Alternative darf auch im Rahmen einer innerweltlichen Ontologie nicht einfach gesetzt werden – denn das bedeutet immer *extern* gesetzt –, sondern muß aus den Bestimmungen der raumzeitlichen Welt *intern* entfaltet werden. Der Eindimensionalität des ontologischen Reduktionismus kann rechtfertigungsfähig nicht mit naiven Theorien dualistischer Weltverdopplungen begegnet werden.

Die Verteidigung und semantische Entfaltung des Satzes [6–S] muß im Rahmen einer Kritik der Ontologie des Physikalismus und der universellen Geltung des physikalistischen Kausalitätsprinzips – so wie es in vielen Formen des dogmatischen Determinismus unterstellt wird – durchgeführt werden. Dabei ist neben einem ontologischen Unvollständigkeitsargument vor allem ein nicht-reduktionistischer Begriff praktischer Determination zu entwickeln. Bezugspunkt des kritischen Argumentationsverfahrens werden die Sätze [1–S, 4–S] sein, die in letzter Konsequenz nur dann abweisbar sind, wenn dem Begriff des Erlebnisses eine Bedeutung *sui generis* verliehen werden kann.

Im Licht der Philosophie der Person betrachtet ist der Physikalismus eine Theorie, der zufolge mentale Eigenschaften auf physische Eigenschaften reduziert werden können. Diese Reduktion kann je nach theoretischem Standpunkt graduell unterschiedlich ausfallen, und eine ermäßigte Form des Physikalismus kann durchaus mit einer nicht-reduktionistischen Theorie vereinbar sein.[29] Die personalitätsskeptische Wirkung geht jedoch von einer starken Version der Reduktion aus, durch die Erlebnisse in eindeutigen Relationen auf Ereignisse zurückgeführt werden, und es ist diese Version, die eine nicht-reduktionistische Philosophie der Person rechtfertigungsfähig abweisen muß.

Die Metapher vom ‚Buch der Welt' hat bereits die entscheidende Konstitutionsbedingung des physikalistischen Ereignismonismus kenntlich gemacht: den objektiven Standpunkt. Der Physikalismus orientiert sich aus ontologischen und kriteriellen Gründen an der Sprache der Physik, weil nur auf diese Weise, so das Konzept, den methodologischen Standards wissenschaftlicher bzw. naturwissenschaftlicher Objektivität genügt werden könne. Diese Objektivitätsvorstellungen nötigen schon vom Ansatz her dazu, Erlebnisse als Ereignisse zu behandeln. Es ist für einen derartig konzipierten objektiven Standpunkt wesentlich, daß um der intendierten Verallgemeinerungen willen partikulare Standpunkte ausgeklammert werden müssen. Diese Ausklammerung, die dem wissenschaftstheoretischen Selbstverständnis des Physikalismus zufolge erst Objektivität garantiert, ist jedoch ein Pyrrhussieg. Wie jede Abstraktion beruht sie auf selektiven Ausgrenzungen, die sich in den jeweiligen Identifizierungs- und Explikationsprozessen niederschlagen, nur soll diese Einschränkung für den Fall des objektiven Standpunkts des Physikalismus gerade nicht gelten. Der Sachverhalt, daß auch der objektive Standpunkt von spezifischen methodischen Voraussetzungen abhängt, die keine apriorische Gültigkeit beanspruchen können, wird nicht zum Anlaß ontologischer Zurückhaltung genommen. Im Gegenteil: Dem begründungstheoretischen und ontologischen Anspruch nach tritt der Physikalismus totalitär auf, er wendet die methodischen und methodologischen Einschränkungen, die er gegen jeden alternativen Ansatz geltend macht, auf sich selbst nicht an.

Die methodische Zirkularität und Inkonsequenz des ‚harten' Physikalismus ist für sein theoretisches Konzept allerdings noch nicht letal. Kann jedoch gezeigt werden, daß aufgrund dieser Defizite Sachverhalte, deren Faktizität nicht sinnvoll zu bestreiten ist, konstruktiv verstellt oder unter-

---

[29] Vgl. Nagel 1965.

schlagen werden, wird eine Lücke im geschlossenen System des Physikalismus aufgerissen, auf die er theorieimmanent nicht mehr reagieren kann
und die seinen Totalitarismus zum Zerspringen bringen muß.

3

Eine Reduktionismuskritik, die sich sachlich und begrifflich strikt an der
partikularen Perspektive ausrichtet, ist von Thomas Nagel vorgelegt worden.[30] Nagel bestreitet, daß mentalen Zuständen ohne Bedeutungsverlust
eine physikalistische Beschreibung gegeben werden kann. Seinen Vorbehalt führt er mit Hilfe eines Gedankenexperiments aus, in dem das Problem aufgeworfen wird, ob die Frage ‚What is it like to be a bat?‘ auf theoretisch bedeutungsvolle Weise beantwortet werden kann. Fledermäuse haben ein von Menschen unterschiedenes Wahrnehmungsvermögen, das empirischen Beschreibungen und Verallgemeinerungen zugänglich ist. Von
Fledermäusen kann mit Sicherheit gesagt werden, daß sie aufgrund ihres
spezifischen Wahrnehmungsapparates Ereignisse und Gegenstände in
Raum und Zeit anders als Menschen identifizieren. Darüber hinaus müssen ihnen aber auch Formen mentaler Zustände wie Hunger, Schmerzen
und Angst zugeschrieben werden, und solche Zustände weisen sie wiederum als Lebewesen aus, die biologische Dispositions- und Verhaltensähn-
lichkeiten mit dem *animal rationale* teilen. Dieses Erfahrungsszenario erzwingt für Nagel den Schluß, daß Fledermäusen ein spezifischer subjektiver Charakter zugeschrieben werden muß, der als subjektiver Charakter
mit konzeptualen Mitteln nicht auf den Begriff gebracht werden kann.
Nach dem Verlauf von Nagels Argument ist es vor allem die gänzlich anders geartete Wirklichkeitsauffassung, die einer Konzeptualisierung entge-
gensteht.[31] Ein ‚Es-ist-zu-sein-Zustand‘ hat danach eine subjektive Qualität, die *per definitionem* konkreteren, über begriffliche Expositionen hinausgehenden Zugriffen verschlossen sein soll.

Die These von der Unzugänglichkeit der internen Qualitäten subjektiver Zustände gewinnt in Nagels Argument prinzipielle Züge. Die grundsätzlichen Schwierigkeiten, die sich einstellen, wenn Personen die Frage

[30] Siehe Nagel 1979, S. 165 ff. [What Is It Like to Be a Bat?] Nagel hat seine Reduktionismuskritik in seinen nachfolgenden Arbeiten variiert; siehe vor allem Nagel 1980 und 1986. Der
systematische Kern des Arguments ist der formalen Struktur nach jedoch gleich geblieben.
[31] Damit wird gleichsam im Umkehrschluß nahegelegt, daß Konzeptualisierungen partikularer Perspektiven bei strukturell gleichen Wirklichkeitsauffassungen möglich seien. Das wäre die allgemeine Konzeptualisierungsperspektive von Wittgensteins Privatsprachenargument, der Nagel jedoch nicht folgen will und aufgrund seines formalen Perspektivenbe-
griffs wohl auch nicht folgen kann; siehe Nagel 1986, S. 105 ff.

‚Wie ist es, eine Fledermaus zu sein?' beantworten wollen, wären auch die
von intelligenten Außerirdischen, wenn sie zu bestimmen versuchten, wie
es ist, eine menschliche Person zu sein. Gegen jegliche Art von Reduktionismus wird von Nagel zu Recht geltend gemacht, daß es sachlich und begründungstheoretisch völlig unsinnig sei, von der Unmöglichkeit, einem
Sachverhalt eine adäquate Beschreibung und Erklärung geben zu können,
auf dessen Inexistenz zu schließen. Die Annahme, daß aus der Perspektive des objektiven Standpunkts keine Aussagen über interne Qualitäten
subjektiver Zustände gemacht werden können, scheint die direkte Folge
des methodischen Umstands zu sein, daß in Untersuchungsverfahren, die
sich an Operationalisierungsmodellen der exakten Wissenschaften orientieren, jegliche Formen von Subjektivität konstruktiv ausgeschlossen werden. Nagels reduktionismuskritisches Argument macht diesen methodischen Zusammenhang zum systematischen Zentrum seiner Überlegungen.

Was sich in Nagels Reduktionismuskritik zunächst als plausibel ausnimmt, nämlich die Aufdeckung des Fehlschlusses von der deskriptiven
auf die ontologische Inexistenz, erweist sich jedoch bei näherer Analyse
als ihre entscheidende Schwäche. Denn die Abwesenheit deskriptiver Befunde kann trivialerweise sowohl zur Annahme der Nichtexistenz eines
Sachverhalts als auch zu der seiner Existenz führen. Den theoretischen Intentionen entgegen bewegt sich Nagels ‚Fledermausargument' in einem
epistemologischen Freiraum, der gegenüber der Entscheidungssituation
der Reduktionismusproblematik indifferent ist. In dieser Hinsicht bleibt
das ‚Fledermausargument' in seinen Anfangsgründen stecken.

Nagel muß sich die Frage stellen lassen, warum eine in anderen Theo-
riebereichen gut bestätigte methodische Verfahrensweise im Fall der subjektiven Qualitäten mentaler Zustände, die ohnehin nicht theorie- und
konzeptualisierungsfähig sein sollen, völlig unzulässig sei. Der partikulare
Standpunkt kann nicht einfach nur exponiert werden, sondern muß semantisch und phänomenologisch ausgedeutet werden. Reduktionismuskritik ist in der Perspektive des partikularen Standpunkts nur dann rechtfertigungsfähig ausführbar, wenn dargelegt werden kann, daß der blinde
Fleck der Partikularität in den Begründungsverfahren des objektiven
Standpunkts sachliche Lücken aufreißt. In einem weiteren Argumentationsschritt müßte dann noch nachgewiesen werden, daß Partikularität und
Subjektivität Ausdruck der Irreduzibilität der personalen Erlebnisperspektive sind. Für ein reduktionismuskritisches Argumentationsverfahren
ist die bloße Entgegensetzung von partikularem und objektivem Standpunkt methodisch und inhaltlich ein zu einfacher Ansatz.

Reduktionismuskritik kann nur *innerhalb* der Fluchtlinie des objektiven Standpunkts und nicht etwa gegen diesen vollzogen werden. Die be-

gründungstheoretischen Lücken des ‚Fledermausarguments' lassen die
grundsätzlichen Schwierigkeiten kenntlich werden, mit der sich eine Reduktionismuskritik konfrontiert sieht, wenn sie jenseits physikalischer
Kriterien an Objektivität festhalten will. Argumentationen, die systematisch von einem subjektiven Standpunkt ihren Ausgang nehmen, werden
implizit oder explizit von relativistischen Tendenzen begleitet, die sich
verstärkt bei Argumentationen aufbauen, in deren Zentrum ein starker
Partikularitätsbegriff steht.[32] In reduktionismuskritischen Argumentationen kann der objektive Standpunkt jedoch nicht aufgegeben werden, ohne damit zugleich die entscheidende begründungstheoretische Voraussetzung zu verlieren. Wenn der Reduktionismus zurückgewiesen und an der
objektiven Realität mentaler Zustände festgehalten werden soll, müssen
Partikularitätsbestimmungen in einer Weise eingeführt werden, die unabhängig von spezifischen Perspektiven Geltungsansprüche einlöst.[33] Nur in
der Fluchtlinie des objektiven Standpunkts lassen sich Feststellungen über
subjektunabhängige Realitäten machen.

Die Reduktionismuskritik darf um ihrer Bedingung der Möglichkeit
willen die Berechtigung des objektiven Standpunkts nicht in Zweifel ziehen. Zudem wäre es verkürzt, den objektiven Standpunkt ausschließlich
nach der Seite der Reduktion auszudeuten. Die Fähigkeit, einen solchen
Standpunkt einnehmen und damit die engen Grenzen des gegebenen Lebens überschreiten zu können, gehört zu den bedeutungsvollsten Eigenschaften von Personen[34] – auch wenn diese Eigenschaft im Leben einer
Person unter den soziokulturellen Bedingungen der abendländischen Moderne problematische Züge annehmen kann.

Die Objektivitätsproblematik läßt auch das Zentrum des ‚Fledermausarguments', den gegen den Physikalismus gerichteten Unvollständigkeits-
nachweis, in einem neuen Licht erscheinen. Dieser Nachweis hat einen
Begriff extensionaler Vollständigkeit zur Voraussetzung, der sein reduktionismuskritisches Potential in der These zu entfalten hat, daß physikalistische Positionen nicht imstande sind, Vollständigkeit phänomenal wirklich auszufüllen. Phänomenale Vollständigkeit kann jedoch deswegen kein
Kriterium wissenschaftlicher Analysen sein, weil ihnen ohnehin immer ir-

---

[32] Es wäre jedoch falsch, Nagels Reduktionismuskritik in einem relativistischen Sinne aufzufassen. Die Berechtigung des objektiven Standpunkts wird vor allem in den späteren Arbeiten zur Reduktionismusproblematik ausführlich zur Darstellung gebracht; siehe Nagel
1980 und 1986.

[33] Siehe Nagel 1980, S. 82: „The general idea of objectivity that we must use to think about a
single world containing both mental and physical phenomena, is the idea of the world as it
is, rather than as it appears to any particular viewpoint within it."

[34] Siehe Nagel 1980, S. 82: „Our capacity for such detachment, indeed our appetite for it, is
one of our most important and creative characteristics."

gendwelche Formen konstruktiver Verallgemeinerungen zugrunde liegen. Wissenschaftliche Untersuchungen sind in epistemologischer Hinsicht Konstruktionen und gerade keine buchstäblichen Weltverdopplungen. Die in ihnen thematisierten bzw. zu thematisierenden Inhalte zeichnen sich durch eine Komplexität aus, die niemals analytisch oder deskriptiv abgebildet werden kann. Als Theorien von und über etwas können sie nur durch Eingrenzungen und Vereinfachungen zustande kommen, die in der Gestalt von überschaubaren und transparenten Begriffsstrukturen Sinnzusammenhänge konstituieren.[35] Nagel hätte deshalb zumindest in Ansätzen ausführen müssen, welcher *bedeutungsvolle* Sachverhalt vom Physikalismus zu Unrecht unberücksichtigt gelassen wird. Die bloße Exposition einer partikularen Perspektive ist für die Physikalismuskritik nicht hinreichend.

Partikulare Perspektiven können ohne weitere Konzeptualisierungen zunächst nur als Orte angesprochen werden, die sich durch zeitliche und räumliche Koordinaten konkret identifizieren lassen[36] – hierin unterscheidet sich der ontologische Ort von Personen nicht von dem anderer Gegenstände in Raum und Zeit. Als partikularer Standpunkt hat auch die Perspektive einer Amöbe zu gelten, der aber wohl kaum ein subjektiver Charakter zugesprochen werden kann. Es ist sicherlich nicht zu bestreiten, daß ‚es irgendwie ist‘, eine Amöbe oder Fledermaus zu sein, es bleibt aber zu fragen, worin die Analogie derartiger Zustände zu Erlebnissen von Personen besteht, die doch offensichtlich letzter Bezugspunkt der Reduktionismuskritik sein müssen. Zwar mag die Annahme naheliegen, daß zwischen den Zuständen, eine Amöbe oder eine Fledermaus zu sein, deutliche, aber eben nur graduelle Unterschiede herrschen, reduktionismuskritisch bliebe sie jedoch folgenlos. Denn es ist die Eingangsvoraussetzung der Reduktionismuskritik, daß die Unterschiede, die zwischen Zuständen von Fledermäusen und Erlebnissen bestehen, gerade nicht graduell sind.[37]

Der Nicht-Reduktionist muß auf den qualitativen Unterschied von ‚Es-ist-zu-sein-Zuständen‘ und Erlebnissen allein schon deshalb insistieren, weil jene Zustände mit dem reduktionistischen Physikalismus und physikalischen Determinismus gleichermaßen vereinbar sind. Den eigenen

---

[35] Es muß zwischen einem Ableitungsreduktionismus, der Sachverhalte dadurch inhaltlich verkürzt, daß er sie konstruktiv verstellt oder ausklammert, und einem Verallgemeinerungsreduktionismus, der Theorien konstruktiv konstituiert, unterschieden werden.

[36] Damit ist nicht gemeint, auf die in der analytischen Philosophie zuweilen exponierte Frage ‚Where am I?‘ könne eine empirisch lokalisierende Antwort gegeben werden. Es soll nur auf den Sachverhalt aufmerksam gemacht werden, daß die jeweilige Perspektive in Raum und Zeit einer im Prinzip eindeutig identifizierbaren Geometrie und Optik folgt.

[37] Aus dieser begründungstheoretischen Vorrangstellung von Personen läßt sich im übrigen noch keine natur- oder moralphilosophische Vorrangstellung ableiten.

theoretischen Intentionen entgegen steht Nagels ,Fledermausargument'
zu einem nicht unbeträchtlichen Teil auf der Seite des theoretischen Wi-
dersachers. Reduktionisten lassen mit Bedacht keine qualitativen Unterschiede in der Ontologie der Welt zu und sähen in dem Analogieverhältnis
zwischen ,Es-ist-zu-sein-Zuständen' und Erlebnissen gerade die Bestätigung ihrer Position.

Fledermäuse können selbst im übertragenen Sinne nicht für Personen
einstehen, und Nagels intendiertes Unvollständigkeitsargument gegen
den Physikalismus ist seinerseits einem Unvollständigkeitsvorwurf ausgesetzt, weil es den Begriff der partikularen Perspektive nicht im engen
Kontext des Erlebnisstandpunkts von Personen entfaltet. Personalitätstheoretische Reduktionismuskritik muß nicht nur *gegen* eindimensionale
ontologische Ansätze, wie etwa gegen die vielen Spielarten eines ,harten'
Physikalismus, sondern vor allem *für* die Perspektive der *Person* argu-
mentieren, und es ist der zweite Teil dieser Aufgabe, der bei Nagel unausgeführt bleibt. Das Fledermausargument ist für sich noch kein Personalitätsargument.

Auffällig ist, daß in Nagels Reduktionismuskritik die reflexiven Komponenten des personalen Standpunkts weitgehend unberücksichtigt gelassen werden.[38] Doch muß sich in ontologischen Unvollständigkeits- und
Personalitätsargumenten die Aufmerksamkeit gerade auf reflexive Zustände richten, von denen sich am ehesten behaupten läßt, daß sie exklusive
Eigenschaften von Personen sind. Zwar steht im Hintergrund von Nagels
,Fledermausargument' die epistemologische Beunruhigung, daß mit Sicherheit gar nicht zu sagen ist, ob Amöben und Fledermäuse über Zustände expliziter Reflexion verfügen, und dieser Verdacht muß unter der Voraussetzung eines Projektionsskeptizismus, der die Berechtigung von direkten Schlüssen aus der einen Perspektive auf die andere in Zweifel zieht,
sicherlich sachlich ernstgenommen werden. Der Verhaltenskontext der jeweiligen Existenzformen läßt jedoch die Annahme als gut bestätigt erscheinen, daß weder Amöben noch Fledermäuse fragen, wie es ist, eine
Amöbe bzw. eine Fledermaus oder irgend etwas anderes zu sein. Nur dem
personalen Standpunkt scheinen andere Standpunkte im Modus einer Per-
spektivenkonvergenz von erster und dritter Person als zumindest indirekt
erkennbar gegenüberzutreten.[39]

---

[38] Das gilt auch für die späteren Versionen seiner Reduktionismuskritik.
[39] Die Frage, inwieweit diese Indifferenz auch für rudimentäre Formen der zweiten Person
gilt, kann keiner einfachen Antwort zugeführt werden und muß zumindest in diesem Zusammenhang unbeantwortet bleiben. Auf jeden Fall kann nicht bestritten werden, daß in
nicht-personalen Lebensformen auf vielfache Weise strukturell differenzierte Erfahrungen
eines ,belebten Gegenübers' gemacht werden.

Das inhaltliche und methodische Zentrum der Reduktionismuskritik ist die interne Struktur von Erlebniszuständen einer Person, die selbst dann in der Fluchtlinie expliziter Reflexivität stehen, wenn sie nicht von selbstreferentiellen Aufmerksamkeitszuständen begleitet werden. In diesem Sachverhalt ist ihre qualitative Differenz zu mentalen Zuständen und Ereignissen anderer Existenzformen begründet. Der Umstand, daß in den gegenwärtigen Diskussionen um das Für und Wider des Reduktionismus die Thematisierung reflexiver Zustände nur überaus zögerlich eingebracht wird, dürfte mit ihrer ontologischen Flüchtigkeit zusammenhängen. Wer dieser Flüchtigkeit kritikantizipierend ausweicht, identifiziert sich gewollt oder ungewollt mit der Position des Reduktionismus. Denn das für die Reduktionismusproblematik entscheidende Argument ist nicht der Verweis auf die ontologische Leerstelle in den Ansätzen des Physikalismus, sondern der Nachweis, daß die Auslassung von Reflexivität die physikalistische Weltversion zu einer unvollständigen und in radikalen Ausprägungen zu einer falschen Ontologie macht.

Der ontologische Ort von Erlebnissen ist ihre bewußte Perspektive, die das subjektive Korrelat der jeweiligen Position in Raum und Zeit ist. Im Unterschied zu bloßer Partikularität in Raum und Zeit eröffnet sich mit der reflektierten Erlebnisperspektive die Dimension existentiell bewußter Existenz. Sie steht für eine spezifische Bewußtseinsqualität, durch die sich der erweiterte Sinn von Erlebnissen – vor allem das einzelne Erlebnisse begleitende Bewußtsein, subjektiv als Person zu existieren – erschließt. Durch die Erlebnisperspektive ist Erlebnissen zumindest in impliziter Form das Bewußtsein eingeschrieben, was es heißt, als einzelne Person mit anderen Personen in einer subjektunabhängigen Welt zu leben und zu handeln. Dieses Bewußtsein ist nicht einfach ein kontemplativer Zustand, sondern praxisverändernd.[40]

Die Erlebnisperspektive ist der Riß in der Ontologie des Physikalismus, die noch nicht durch den partikularen Standpunkt zum Zerspringen gebracht wird, sondern erst durch die reflexive Partikularität von Personen. In der Ontologie des Physikalismus besteht keine Möglichkeit, die spezifische Weise, in der Personen bewußt existieren, abzubilden. Durch die Reflexivität personaler Existenz kommt eine Doppelperspektive ins Spiel, die in der eindimensionalen Ontologie des Physikalismus strukturell ausgeschlossen ist. Dieser Ausschluß von Reflexivität ist der sachliche Grund für den physikalistischen Fehlschluß, die deskriptive Inexistenz von personalen Erlebnisperspektiven bzw. von Erlebnissen als ontologische Leer-

---

[40] Die praktischen Implikationen der irreduziblen Erlebnisperspektive werden weitere Konturierungen im Rahmen der Selbstbewußtseinsanalysen erfahren; siehe Abschnitt IV. 5.

stelle zu behandeln. Dem ontologischen Unvollständigkeitsargument kann insofern ein Personalitätsargument an die Seite gestellt werden, dem zufolge die Erlebnisperspektive als formale Bedingung des personalen Standpunkts subjektivitätstheoretisch und ontologisch irreduzibel ist.

Das nicht-reduktionistische Personalitätsargument kann aber erst dann als vollständig ausgeführt gelten, wenn es in Analysen der spezifischen Zustände und Eigenschaften von Personen seine konkrete Bestätigung findet. Dabei wird dem Phänomen des Selbstbewußtseins eine zentrale Bedeutung zukommen, weil die Perspektive expliziter Reflexivität im Selbstbewußtsein konvergiert. Die Konvergenz verleiht der Frage nach dem Selbstbewußtsein, also nach dem Erlebniszustand, der in seiner reflexiven und existentiellen Qualität offenbar nur Personen zugesprochen werden kann, im Rahmen der Reduktionismusproblematik eine entscheidende Bedeutung. Im Vorgriff auf weitere Analysen muß dem deskriptiv überaus flüchtigen Selbstbewußtsein allerdings ein ontologischer Ort zugewiesen werden, das heißt, die Erlebnisperspektive und das Selbstbewußtsein von Personen müssen als ein Faktum, als etwas, das in der Welt der Fall ist, aufgefaßt werden bzw. aufgefaßt werden können.

Bestimmungen von Personen *als* Personen werden in der Philosophiegeschichte oft in einem noumenalen Sinne ausgedeutet. Die Erlebnisperspektive ist danach das Zentrum personalen Lebens, das sich von der Erscheinungsweise der Person in Raum und Zeit in eminenter Weise unterscheidet. Eine derartige Zweiweltentheorie gilt in der gegenwärtigen Theoriesituation zu Recht als fragwürdig, weil sie auf eine grundsätzliche Problemstellung mit einer Begriffssetzung reagiert, die weder semantisch noch sachlich begründbar ist und vor allem das eigentliche Problem, die Wechselwirkung von Erlebnissen und Ereignissen, unberührt läßt. Der Begriff einer noumenalen Person kann keine wesentliche Bestimmung personalen Lebens im sozialen Raum bezeichnen, weil sie lediglich ein anderes Subjekt im fensterlosen metaphysischen Raum wäre.

Die noumenale Deutung verkehrt den Sinn personaler Bestimmungen in das Gegenteil. Die Erlebnisperspektive ist der Riß in der Ontologie des Physikalismus, aber nicht etwa der Riß in der Ontologie der raumzeitlichen Welt. Sie ist die Perspektive des Bewußtseins von Personen, die ihr Leben unter den Bedingungen von Raum und Zeit zu führen haben, und nur weil die Erlebnisperspektive ein innerweltliches Faktum ist, können sich Erlebnisse und Erfahrungsprozesse faktisch konstituieren. Die Erlebnisperspektive indiziert insofern einen ontologischen Ort personaler Bestimmungen *in* der Welt. Die nicht-reduktionistische Analyse der Ontologie der Person hat sich allein auf diesen innerweltlichen Ort zu konzentrieren. Fragen nach Handlungsalternativen, durch die die Welt der eindimensionalen Kausalitätsmodelle des Ereignismonismus durchbrochen werden kann, oder nach personalen Veränderungen im Sinne des internen Determinismus der Selbstbestimmung sind nur durch epistemologische Neubewertungen der raumzeitlichen Welt zu beantworten, die in ihrem Bestand unangetastet bleibt. Während reduktionistische Vereinfachungen diese Welt unzulässig verkürzen, sind dualistische Vervielfachungen Begriffsspiele, die den aufzuklärenden Sachverhalt explikativ nicht erreichen.

Wenn in personalitätstheoretischer Hinsicht der radikale Ereignismonismus und seine praktische Anwendung auf die Formeln

[9–S] Die Eigenschaften von Personen sind Eigenschaften von Ereignissen.

[10–S] Personen werden ausschließlich durch Ereignisse verändert.

gebracht werden können, dann nimmt die noumenale Deutung der Person gleichsam im Gegenzug die Gestalt der Setzung einer ontologischen und praktischen Gegenwelt an:

[11–S] Die Eigenschaften von Personen und die Eigenschaften von Ereignissen sind in ontologischer Hinsicht verschieden.

[12–S] Personen werden nicht durch Ereignisse verändert.

Zwischen den Sätzen [9–S, 10–S] einerseits sowie [11–S, 12–S] andererseits herrschen erkennbar grundsätzliche Gegensatzverhältnisse. Nur scheint die Bewertung der Gegensätze auf Schwierigkeiten zu stoßen. Es mag die Vermutung naheliegen, daß sie ausschließender Natur seien. Von Vertretern des Ereignismonismus werden sie oftmals so behandelt, um damit nicht zuletzt die logische Solidität dualistischer Positionen zu erschüttern. In Wirklichkeit beruhen die logischen Verhältnisse jedoch nicht auf kontradiktorischen Gegensätzen, was unschwer daran ablesbar ist, daß in ihnen nur generelle Aussagen formuliert werden. Die Logik sieht in solchen Fällen die Möglichkeit vor, daß alle im Spiel befindlichen Sätze unwahr sein können, und es ist diese Möglichkeit, die sich in den weiteren Analysen konkret abzeichnen wird.

Mit dem formelhaften Ausdruck in den Sätzen [11–S, 12–S] werden die semantischen Unplausibilitäten des noumenalen Dualismus, die sich im Kontext der Philosophie der Person zusätzlich verschärfen, offenkundig: Der noumenale Dualismus kann sich nur in der Form einer ontologischen Sonderwelt, die als fensterlos im metaphysischen Raum angesiedelt gedacht werden muß, konstituieren. Er ist also nicht einmal eine Weltverdopplung, wie vielfach unterstellt wird. Deshalb muß auch völlig unklar bleiben, wie Wechselbeziehungen zwischen einer noumenalen Person und ihrer Erscheinungsweise in Raum und Zeit überhaupt gedacht werden können. Die Beziehungen des noumenalen Dualismus laufen schon dem definitorischen Ansatz nach ins Leere.

Aus den Theoriezusammenhängen des noumenalen Dualismus kann allein die transzendierende Tendenz übernommen werden. Eine derartige Übernahme muß nicht zwangsläufig auf die Unterstellung einer *ontologischen* Transzendenz hinauslaufen, vielmehr kann sie im Bereich innerweltlicher Phänomene verbleiben. Nur in einem innerweltlichen Sinn ist die dualistische Tendenz zur Transzendenz für die Reduktionismusproblematik von Bedeutung. Der Begriff der innerweltlichen Transzendenz ist eine Reflexionsfigur, der zufolge die Beschreibung der raumzeitlichen Welt von epistemischen Differenzierungen zwischen den Weisen der Existenz und den Weisen ihrer Erkennbarkeit beherrscht wird. Ontologie und Epistemologie der Person lassen sich entsprechend nicht eindeutig aufeinander abbilden. Der Umstand, daß bei der philosophischen Analyse personalen Lebens Ontologie und Epistemologie der Person nur partiell zur Deckung gebracht werden können, widerspricht der Wahrheit des physikalistischen Reduktionismus und der des noumenalen Dualismus gleichermaßen.

4

Die Reduktionismuskritik steht vor einer schwierigen Ausgangssituation: Zum einen muß sie die universelle Geltung des Physikalismus bestreiten, zum anderen steht ihr keine ontologische Alternative in der Form eines noumenalen Dualismus oder ähnlicher Theorien zur Verfügung. Diese Situation wäre dann ausweglos, wenn Ereignismonismus und noumenaler Dualismus die alleinigen ontologischen Optionen wären. Aus den im Rahmen des ontologischen Unvollständigkeitsarguments erfolgten Vorklärungen kann aber schon entnommen werden, daß das nicht der Fall ist.

Die Reduktionismuskritik hat aus den transzendenten Verflüchtigungen des noumenalen Dualismus ontologische Lehren zu ziehen, zumal aus dem verfehlten Totalitarismus des Physikalismus keineswegs folgt, daß seine Identifizierungen von raumzeitlichen Gegenständen und Ereignissen insgesamt unbegründet sind. Weil die Welt der Gegenstände und Ereignisse in Raum und Zeit nicht mit Hilfe von alternativen Ontologien verlassen werden kann, hat der Physikalismus zumindest in Teilen als ontologisch berechtigte Weltversion zu gelten. Die Ontologie des Physikalismus besteht keinesfalls nur aus reduktionistischen Dogmen. Entgegen herkömmlicher Konfrontationsstrategien muß die subjektivitätstheoretisch akzentuierte Reduktionismuskritik im Physikalismus nicht den Opponenten, sondern den Verbündeten sehen.

Subjektivitätstheoretische Apologien übersehen im mentalistischen Überschwang leicht ihre ontologische Bodenlosigkeit. Diese Einseitigkeit wirkt sich auch im Rahmen der Reduktionismusproblematik aus. Der Nachweis der ontologischen Unvollständigkeit des Physikalismus bleibt für die Ontologie der Person zunächst folgenlos. Weil eine ontologische Alternative in einer subjektivitätstheoretischen Perspektive allein nicht bereitgestellt werden kann, ohne sich in dualistische Paralogismen zu verstricken, hat sich die Ontologie der Reduktionismuskritik dem Physikalismus zuzuwenden und sich nicht – wie gemeinhin üblich – von ihm abzuwenden.

Die reduktionismuskritische Aufnahme des Physikalismus hat so zu erfolgen, daß seine eliminativen Wirkungen auf subjektive Bestimmungen vermieden werden können. Das kann aber nur in der Weise geschehen, daß der ontologische Ort des Subjektiven unter der Voraussetzung einer epistemologischen Differenzierung zwischen Eigenschaften von Personen und Ereignissen festgelegt wird. Aufgrund dieser Ausgangslage stellt sich eine erste semantische Eingrenzung des ontologischen Orts subjektiver bzw. personaler Bestimmungen ein:

[13–T] Die Eigenschaften von Personen und die Eigenschaften von Ereignissen sind verschieden.

[14–T] Personen haben Erlebnisse in der Welt der Ereignisse.

Während [13–T] von starken Versionen des Physikalismus, insbesondere in den Spielarten des eliminativen Materialismus, bestritten wird, hat [14–T] mit der entschiedenen Kritik des ontologischen Dualismus zu rechnen. Dieser Sachverhalt kann unschwer so gedeutet werden, daß reduktionismuskritische Argumentationsverfahren in einem Theoriebereich entwickelt werden müssen, dem extreme physikalistische und dualistische Positionen nicht mehr angehören. Die semantische Auflösung der Reduktionismusproblematik kann vor dem Hintergrund des Spannungsfeldes zwischen monistischen und dualistischen Theorieperspektiven dahingehend konkretisiert werden, daß [13–T] mit dem nicht-eliminativen Physikalismus und [14–T] mit dem epistemischen Dualismus vereinbar ist.

Anläßlich der Frage nach der Vereinbarkeit der Sätze [13–T] und [14–T] gewinnt die partielle Wahrheit des Physikalismus den Stellenwert eines ontologischen Indikators, der den Sachverhalt anzeigt, daß die in physikalistischer Perspektive identifizierbaren Gegenstände und Ereignisse auch mögliche Bezugspunkte von Erlebnissen sind. Die indikatorische Wirkung bezieht sich dabei in erster Linie auf den referentiellen und weniger auf den extensionalen Sinn des ontologischen Konzepts. Läßt man das Problemfeld der Selbstbeziehungen zunächst außer acht, dann ist mit Blick auf diesen referentiellen Sinn herauszustellen, daß sich Personen in propositionalen Einstellungen auf Gegenstände und Ereignisse in Raum und Zeit beziehen, für die der Physikalismus ein plausibles ontologisches Konzept bereitstellen kann. Man kann deshalb geradezu von der Unvermeidbarkeit eines referentiellen und nicht-eliminativen Physikalismus sprechen, durch den Gegenstände und Ereignisse in Raum und Zeit als repräsentative Referenten ausgewiesen werden, ohne sie als ontologisch totalitär zu definieren.

Ereignisse und Erlebnisse teilen denselben ontologischen Raum, nur sind für Erlebnisse subjektive Perspektiven konstitutiv, die bei Ereignissen gänzlich fehlen. Der Physikalismus geht demnach nur partiell in die nicht-reduktionistische Ontologie der Person ein. Die lediglich partielle Konvergenz von Physikalismus und Ontologie der Person ist aufgrund der Abwesenheit von Erlebnisperspektiven im System des Physikalismus als endgültig und nicht etwa in dem Sinne als vorläufig zu betrachten, daß Erlebnissen nur *bislang* noch keine physikalistische Interpretation gegeben werden konnte, eine solche aber künftig möglich sein werde, wie das in vielen Formen des neurowissenschaftlich motivierten Wissenschaftsoptimismus unterstellt wird.[41] Die indikatorische Funktion des Physikalismus weist lediglich auf einen einheitlichen Raum von Ereignissen und Erlebnissen hin, und es ist nicht möglich, ihn in einfachen ontologischen Analysen oder Beschreibungen konkret zu erfassen.

Weil sich Personen in ihrem ontologischen Raum erkennend verhalten und bewegen können, reißen Lücken bei dem Versuch auf, eine eindimensionale ontologische Weltbeschreibung durchführen zu wollen. Denn eine solche Beschreibung muß ihren ontologischen Eingangsvoraussetzungen entgegen immer schon ein Subjekt kognitiven Bewußtseins sowie ein subjektunabhängiges Korrelat seiner Bewußtseinszustände enthalten. In der Doppelstruktur von Erkenntnisprozessen ist die Unvermeidbarkeit des epistemischen Dualismus begründet, die sich im ontologischen Raum des Ereignismonismus als Unbestimmtheitsfeld auswirkt. Es ist diese Unbestimmtheit zwischen Ereignismonismus und epistemischem Dualismus, in

---

[41] Die Abgründigkeit des Wissenschaftsoptimismus kann exemplarisch an Herbert Feigls Position abgelesen werden, der in seiner gesamten philosophischen Entwicklung letztlich vergeblich versucht hat, die physikalistische Programmatik des Logischen Empirismus und die Überzeugung, daß das ‚mind-body problem' kein Scheinproblem ist, in Einklang zu bringen. Zuflucht hat er schließlich im ‚grundlosen' Wissenschaftsoptimismus gesucht: „Disregarding the ultimately (possibly inevitable) *statistical* aspects of some of the laws or of the assumptions about initial and boundary conditions, the neurophysiology of the future (3000 A. D.?) should provide complete deductive derivations of the behavior symptoms of various central states whose ψ-correlates are the familiar sensations, perceptions, thoughts, beliefs, desires, volitions, emotions, and sentiments (known by acquaintance and described in phenomenal language)." (Feigl 1967, S. 75; siehe S. 83)

der das Faktum intelligenter Existenz seinen logischen und ontologischen
Ort hat.

Die Lücken und Unbestimmtheiten, die sich in Weltbeschreibungen
durch die gleichzeitige Geltung von partiellem Ereignismonismus und
epistemischem Dualismus eröffnen, finden ihren semantischen Ausdruck
in der Unmöglichkeit, die Sätze [13–T] und [14–T] unmittelbar zur
Deckung zu bringen. Über die Feststellung der formalen Verschiedenheit
von Ereignissen und Erlebnissen hinaus kann ihr Unterschied inhaltlich
nicht weiter präzisiert werden. Wie Ereignisse und Erlebnisse konkret zusammenhängen, bleibt unbestimmt. Das Unbestimmtheitsfeld zwischen
Ereignissen und Erlebnissen ist der Preis, den der epistemische Dualismus
in der Welt der Ereignisse zu entrichten hat.

Das ontologische Konzept der nicht-reduktionistischen Philosophie der
Person ist dem Verlauf des reduktionismuskritischen Arguments nach ein
komplementäres Theorieverhältnis von nicht-eliminativem Ereignismonismus und epistemischem Dualismus, das gleichermaßen durch partielle Ver-
einbarkeiten und Unbestimmtheiten ausgezeichnet ist. Der Umstand, daß
die Reduktionismuskritik nicht auf ein geschlossenes ontologisches System
zurückgreifen kann, ist auf der Seite der Theorie keine größere Anomalie
als ihr sachlicher Grund: das Faktum intelligenter Existenz.

Deskriptiver Ausdruck des Unbestimmtheitsfeldes zwischen Ereignissen und Erlebnissen ist die Unmöglichkeit, ihre Übergänge inhaltlich zu
identifizieren. In diesem Sachverhalt kehrt die Position des metaphysischen Parallelismus wieder, daß es für den Übergang zwischen Ereignissen
und Erlebnissen aufgrund ihres Gegensatzverhältnisses keine deskriptiven
Befunde geben könne [5–S, 7–S, 8–S].[42] Diesem Argument kann aber nur
in deskriptiver Hinsicht zugestimmt werden. Das Fehlen eines deskriptiven Befundes ist kein Einwand gegen die Geltung von [14–T]. Es wäre
völlig unsinnig, bestreiten zu wollen, daß den inhaltlichen Veränderungen
des Bewußtseins Veränderungen seitens der physischen Eigenschaften der
jeweiligen Person entsprechen. Erlebnisse treten nie ohne Ereignisse auf,
und ohne der Welt der Ereignisse anzugehören, hätten Erlebnisse keinen
Inhalt und könnten sich als solche nicht konstituieren.

Der Sachverhalt, daß Personen in der Welt der Ereignisse Erlebnisse haben, ist nicht so zu deuten, als wären Erlebnisse buchstäblich Ereignisse.
Derartige Identifizierungen müßten Ereignisse und Erlebnisse als diskrete
Einheiten begreifen, die nach ein und demselben Diskriminationsverfahren
eingeteilt werden könnten. Weil die Bewußtseinsinhalte nur im Kontext von

---

[42] Eckige Klammern, die im Text Haupt- oder Nebensätzen ohne weitere syntaktische Ein-
bindung nachgestellt werden, stehen für den Ausdruck ‚siehe Satz [...]‘.

zeitlich vor- und zurücklaufenden Sinnzusammenhängen Bedeutung erlangen, ist das jedoch zumindest im Fall von Erlebnissen nicht möglich. Die Entsprechung von Erlebnissen und Ereignissen ist daher in der Theorie auf sehr mittelbare Weise anzusetzen. Es ist aus systematischen und methodischen Gründen gar nicht zu erwarten, daß für jedes Erlebnis ein korrespondierendes Ereignis gefunden werden kann.[43] Dem generellen Konzept des komplementären Theorieverhältnisses von nicht-eliminativem Ereignismonismus und epistemischem Dualismus zufolge sind Erlebnisse und Ereignisse als Elemente von Bedeutungs- und Funktionssystemen zu begreifen, die miteinander in der Form partieller Eigenständigkeit zusammenhängen.

Das komplementäre Theorieverhältnis von Monismus und Dualismus in der ‚dual aspect theory‘ eröffnet schließlich den Lösungsweg aus der handlungstheoretischen Konfliktsituation, daß Erlebnisse *als* Erlebnisse und Ereignisse verschieden, um des Zustandekommens von Handlungen willen aber gleich oder ähnlich sein müssen. Dieser Theoriekonstellation zufolge sind Ereignisse weder alles, was der Fall ist [1–S, 4–S], noch sind Erlebnisse im ontologisch strikten Sinne von Ereignissen geschieden [2–S, 5–S]. Erlebnisse und Ereignisse haben ihre jeweils eigene Form von Objektivität – die Objektivität der Erlebnisperspektive und die perspektivenlose Anwesenheit von Ereignissen –, die sich in demselben ontologischen Raum ausdrücken und überlagern. Das Zustandekommen von Handlungen wird demnach nicht durch die These verständlich gemacht, daß Erlebnisse nur Pseudophänomene und in Wirklichkeit Ereignisse seien. Der für Handlungssituationen unabdingbare Zusammenhang von Erlebnissen und Ereignissen erklärt sich vielmehr aus dem Sachverhalt, daß sie verschiedene Aspekte desselben ontologischen Raums sind. Das Unbestimmtheitsfeld, das sich zwischen Erlebnissen und Ereignissen öffnet, mag als methodisch und explikativ unbefriedigend empfunden werden. Diese Inkonsistenz ist jedoch dem Sachverhalt und nicht der Theorie anzulasten. Es wird sich zeigen, daß das Faktum intelligenter Existenz noch andere und vergleichbare Unbestimmtheiten in der raumzeitlichen Welt erzeugt. Das gilt vor allem für die Phänomene des Selbstbewußtseins, der personalen Identität, des Unbewußten und der Moralität.[44]

Die Unabgeschlossenheit der physikalistischen Ontologie ist der neueren Philosophie nicht verborgen geblieben. Insbesondere Herbert Feigl ist

---

[43] Ähnlichen Theoriewegen folgt Nagels Reduktionismuskritik. In ‚Physicalism‘ argumentiert Nagel für eine ermäßigte Form des Physikalismus, der keine Einzelfallidentität von psychologischen und physischen Zuständen unterstellt, siehe Nagel 1965, S. 340. Dieser Ansatz erfährt in späteren Arbeiten eine subjektivitätstheoretische Ausarbeitung, die methodisch auf einer ‚dual aspect theory‘ beruht, nach der psychische und physische Phänomene irreduzible Entitäten ein und derselben Welt sind, siehe Nagel 1986, S. 28 ff.
[44] Siehe Abschnitte IV. 4, VI. 2 und 3 sowie Kapitel VII.

auf Grenzen des physikalistischen Monismus gestoßen, obwohl seine Neubewertung des ‚mind-body problem' von der metaphysikkritischen Methodologie des Logischen Empirismus ihren Ausgang nimmt. Wird das ‚mind-body problem' tatsächlich als virulentes Problem und nicht als terminologischer Vorwand für eine eliminative Behandlung des Bewußtseins aufgefaßt, dann muß nämlich geklärt werden, in welchem Verhältnis Erlebnisse zu physischen Ereignissen stehen. Deshalb reduziert sich für Feigl das ‚mind-body problem' im wesentlichen auf die epistemologische Interpretation der Gesetzmäßigkeiten, die zwischen Erlebnissen und neurophysiologischen Prozessen herrschen.[45] Die Eigentümlichkeit von Feigls Ansatz besteht nun darin, gleichermaßen auf dem physikalischen Monismus des Logischen Empirismus und der zumindest epistemologischen Sonderstellung des Mentalen zu beharren. In der Konsequenz dieses Ansatzes stößt Feigl auf eine explanatorische Lücke zwischen Erlebnissen und neurophysiologischen Prozessen. Feigl spricht in diesem Zusammenhang von ‚nomological danglers', von nicht in Gesetzmäßigkeiten erfaßbaren Beziehungen zwischen intersubjektiv bestätigbaren Ereignissen und Erlebnissen, die einer solchen Bestätigung gerade nicht zugänglich sind.[46]

‚Nomological danglers' erzeugen Unbestimmtheitsfelder im physikalistischen Monismus. Feigl hat zwar die Erwartung geäußert, daß diese Unbestimmtheitsfelder vom naturwissenschaftlichen Fortschritt möglicherweise ausgeräumt werden können,[47] doch der systematische Kern seiner Analysen trägt diese Erwartung nicht. Ist das ‚mind-body problem' kein Scheinproblem – und davon geht Feigl zum Leidwesen der anderen Vertreter des Logischen Empirismus ausdrücklich aus[48] –, dann muß auch eine Form der Eigenständigkeit des Bewußtseins gegenüber seinen physischen Grundlagen anerkannt werden. Anders als in der Vielzahl reduktionistischer und eliminativer Ansätze unterstellt wird, sind nicht die bewußtseinsphilosophischen Bestimmungen die alleinigen Verursacher des ‚mind-body problem', sondern es ist vor allem das physikalistische Vokabular, das sich dem Nachweis der phänomengerechten Beschreibung des Faktums intelligenter Existenz zu unterziehen hat.

Feigl ist im Rahmen seiner Identitätstheorie dieser Problemstellung nachgegangen.[49] Im Zentrum dieser Theorie steht die grundsätzliche These,

---

[45] Siehe Feigl 1967, S. 49 und 79. Vgl. Carrier/Mittelstraß 1989, S. 168 ff.
[46] Siehe Feigl 1967, S. 61.
[47] Siehe S. 87 Anm. 41.
[48] Siehe Feigl 1950, 1960 und 1967, S. 3 ff.
[49] Feigl hat nach reduktionistischen Anfängen eine nicht-reduktionistische Identitätstheorie entwickelt. Neben Place gilt er aufgrund seines Essays „The ‚Mental' and the ‚Physical'" (1958) als Begründer der Identitätstheorie, deren notorischer Eliminativismus schließlich

„that the states of direct experience which conscious human beings ‚live through,‘ and those which we confidently ascribe to some of the higher animals, are identical with certain (presumably configurational) aspects of the neural processes in those organisms."[50]

Mit dieser Identitätsthese will Feigl keineswegs eine rein analytische oder logische Übersetzbarkeit des mentalistischen in das physikalistische Vokabular behaupten. Vielmehr entwickelt er die Konzeption einer ‚double knowledge theory‘, die einräumt, daß es private mentale Zustände gibt, mit denen Personen unmittelbar vertraut sind und denen eine bewußtseinsphilosophische Beschreibung gegeben werden kann. Von der Hauptströmung der Identitätstheorie abweichend rechnet Feigls ‚double knowledge theory‘ zwei epistemologisch unterschiedene Bereiche zu ihren Grundlagen: ‚qualities experienced, and in human beings knowable by acquaintance‘ auf der einen sowie Ereignisse und Objekte ‚knowable only by description‘ auf der anderen Seite.[51] Beide Bereiche können in der Identitätstheorie zueinander in Beziehung gesetzt werden, sie lassen sich Feigl zufolge aber nicht wechselseitig ersetzen.

Der Sachverhalt, daß die mentalistische Sprache nicht in die physikalistische Sprache transformiert werden kann, ist für Feigls Konzeption entscheidend. Weil keine wechselseitige Übersetzbarkeit vorliegt, ist das Verhältnis von Mentalem und Physischem nicht ein logisches oder ontologisches, sondern ein empirisches Problem. Feigl zufolge beruhen alle Ereignisse, die in der Sprache der Physik ausgedrückt werden, auf sogenannten ‚knowledge-claims-by-description‘, die die Gegenstände propositonaler Einstellungen auf der Basis verschiedener Formen empirischer Bestätigungen identifizieren. Im konzeptionellen Rahmen von ‚knowledge-claims-by-description‘ muß jedoch der Sachverhalt völlig unbestimmt bleiben, daß in der subjektiven Perspektive eine direkte Bekanntschaft bzw. eine unmittelbare Vertrautheit mit den eigenen Erlebnissen vorliegt: „I happen to know (by acquaintance) what the neurophysiologist refers to when he talks about certain configurational aspects of my cerebral processes."[52] Es ist diese grundsätzliche Differenz, die die Möglichkeit der Transformation des psychologischen Vokabulars in eine physikalistische Sprache ausschließt. Transformationen oder wechselseitige Übersetzbar-

---

zu den reduktiven Ansätzen von Feyerabend und Rorty geführt hat. Es wird gemeinhin übersehen, daß der identitätstheoretische Eliminativismus von Feigl weder entwickelt noch übernommen worden ist. Selbst in seiner Spätphilosophie, in der er sich wieder deutlicher der ursprünglichen Programmatik des Wiener Kreises anschließt, ist Feigl nicht bereit gewesen, das ‚mind-body problem‘ als Scheinproblem aufzufassen.

50 Feigl 1967, S. 79.
51 Siehe Feigl 1967, S. 107.
52 Feigl 1967, S. 83.

keiten würden letztlich nur auf eine Eliminierung der strukturellen Unterschiede zwischen den Standpunkten der ersten und dritten Person hinauslaufen, an denen Feigl aber zu Recht festhalten will.

Seinen Nicht-Reduktionismus stellt Feigl in unmißverständlicher Deutlichkeit heraus: „there is something which purely physical theory does not and cannot account for."[53] Seine reduktionismuskritische Konzeption steht der Sache nach der berühmten Physikalismuskritik von Thomas Nagel in nichts nach.[54] Anders als Nagel beläßt er es aber nicht bei einem Unvollständigkeitsargument, sondern sucht darüber hinaus nach Vermittlungswegen zwischen subjektiver Erfahrung und wissenschaftlichen Erkenntnisprozessen.

Feigl glaubt, daß es der entscheidende Vorteil seiner nicht-reduktionistischen Identitätstheorie sei, daß sie zwei Theorieperspektiven vereinige, nämlich die der Unmittelbarkeit von Erlebnissen sowie die deskriptiver Identifizierungs- und Überprüfungsverfahren.[55] Die ‚double knowledge theory' muß dabei eine identitätstheoretische Isomorphie von mentalen und physikalischen Bestimmungen voraussetzen.[56] Die Koreferenz von Erlebnissen und deskriptiv bestätigten Erkenntnisprozessen ist Feigl zufolge kein epistemologisches Unglück, sondern ein Charakteristikum der grundlegenden Struktur unserer Wirklichkeit.[57]

Ihre Bedeutung für die nicht-reduktionistische Philosophie der Person gewinnt Feigls ‚double knowledge theory' aus dem Umstand, daß sie eindeutig den epistemologischen, semantischen und methodischen Vorgaben des Physikalismus verpflichtet ist und dennoch ein Unvollständigkeits- und Irreduzibilitätsargument entfaltet, das über die formalen Strukturen eines epistemischen Dualismus verfügt. Trotz vielfältiger Bemühungen ist es Feigl nicht gelungen, die Theorieperspektiven des Physikalismus und der ‚double knowledge theory' aufeinander abzubilden. Seine konzeptionellen und analytischen Anstrengungen bestätigen auf diese Weise zwei Befunde der hier entwickelten Reduktionismuskritik: 1. Der Nicht-Reduktionismus muß nicht gleichsam von außen an den Physikalismus herangetragen werden, er ergibt sich vielmehr aus dessen internen Schwierigkeiten. 2. Die Doppelperspektive von nicht-eliminativem Physikalismus

---

[53] Feigl 1967, S. 109.

[54] Nagel hat bei seiner Physikalismuskritik erkennbar die Identitätstheorie im Blick. Er orientiert sich dabei aber allein an der australischen Version von Place und Smart. Hinweise auf Feigl fehlen.

[55] Siehe Feigl 1967, S. 105 f.

[56] Siehe Feigl 1967, S. 103: „The isomorphism of the mental and the physical consists (...) in a one-one correspondence of elements and relations among the phenomenal data with the elements and relations among the referents of certain neurophysiological terms."

[57] Siehe Feigl 1967, S. 110 f.

und epistemischem Dualismus erzeugt unauflösbare Unbestimmtheitsfelder.

Auch Donald Davidson hat nachdrücklich darauf hingewiesen, daß bei Bestimmungen des Zusammenhangs von Erlebnissen bzw. mentalen Zuständen und Ereignissen mit Anomalien zu rechnen sei. Sein Konzept des ‚anomalen Monismus' geht – ähnlich wie das hier entworfene Modell des nicht-eliminativen Physikalismus – von der Richtigkeit des Ereignismonismus aus, ohne deswegen Erlebnisse für eliminierbar zu halten.[58] In ausdrücklich gesuchter Nähe zu Kant, auf den bekanntlich der paradigmatische Versuch zurückgeht, Physikalismus und nicht-reduktionistische Freiheitslehre miteinander zu verbinden, bestimmt Davidson sowohl die kausale Abhängigkeit als auch die kausale Anomalie von Erlebnissen bzw. mentalen Ereignissen, also die Unmöglichkeit, die intentionalen Einstellungen von Personen in Handlungssituationen nach Maßgabe physikalischer Gesetzmäßigkeiten vorauszusagen oder zu erklären, als die zentralen Voraussetzungen seines Ansatzes.[59] Davidson hält sein Konzept für stark genug, die kausale Wechselwirkung zwischen Erlebnissen und Ereignissen, den Ereignisdeterminismus sowie die Anomalie des Mentalen als Grundsätze eines einheitlichen theoretischen Modells zu vereinigen. Davidsons Bemühungen laufen in erster Linie auf das Problemfeld der Handlungstheorie zu und sind in diesem Kontext mit eigenen Schwierigkeiten belastet. Im Zusammenhang der Reduktionismusproblematik verdienen seine Argumentationen aber vor allem deshalb besondere Aufmerksamkeit, weil ihr systematisches Zentrum die deskriptive und nomologische Unbestimmtheit psychophysischer Wechselwirkungen ist.

In Feigls ‚double knowledge theory', Davidsons Anomaliethese sowie Nagels ‚dual aspect theory' manifestieren sich Formen der Reduktionismuskritik, die bei allen erkennbaren methodischen und inhaltlichen Unterschieden über ein strukturgleiches Theoriezentrum verfügen.[60] Konstruktiv verdankt sich das Zentrum einer reduktionismuskritischen Grundüberzeugung, die auf eine ontologisch gemäßigte Form des Dualismus hinausläuft, in der sich der Unterschied zwischen Erlebnissen und Ereignissen als ein irreduzibler innerweltlicher Sachverhalt ausdrückt. Jenseits divergierender inhaltlicher Ausdeutungen ist das komplementäre Theorie-

---

[58] Siehe Davidson 1980, S. 214: „Anomalous monism resembles materialism in its claim that all events are physical, but rejects the thesis, usually considered essential to materialism, that mental phenomena can be given purely physical explanations."

[59] Siehe Davidson 1980, S. 207: „I start from the assumption that both the causal dependence, and the anomalousness, of mental events are undeniable facts."

[60] Vergleichbare reduktionismuskritische Zielsetzungen finden sich auch bei Kripke, Chisholm, Strawson und McDowell.

verhältnis von nicht-eliminativem Ereignismonismus und epistemischem Dualismus nichts anderes als die methodische Ausdeutung dieses Zentrums.

Um dem komplementären Verhältnis von monistischer und dualistischer Theorie entsprechen zu können, muß der Satz [6–S], auf den sich die reduktionismuskritischen Erwartungen sachlich konzentriert haben und in dem zunächst nur negativ formuliert worden ist, daß Ereignisse nicht alles sein können, was in Raum und Zeit der Fall ist, modifiziert werden. Im Lichte der durchgeführten Physikalismus- und Dualismuskritik läßt sich die konzeptionelle Abwandlung formelhaft in dem Satz zusammenfassen:

[15–T] Weil Erlebnisse keine Ereignisse sind und Erlebnisse und Ereignisse wechselseitig aufeinander wirken, sind Erlebnisse und Ereignisse verschiedene Bestandteile eines einheitlichen ontologischen Raums.

Mit Satz [15–T] soll nicht unterstellt werden, daß Erlebnisse und Ereignisse in jeder Hinsicht verschieden sind, dagegen spricht schon ihre Zugehörigkeit zu ein und demselben ontologischen Raum.[61] Zwischen Erlebnissen und Ereignissen muß zumindest ein struktureller Zusammenhang vorliegen, damit Personen in der Welt der Ereignisse überhaupt Veränderungen hervorrufen können. Die in [15–T] formulierte Differenz zwischen Erlebnissen und Ereignissen richtet sich gegen den identitätstheoretischen Eliminativismus, der mentale Zustände umstandslos mit physischen Prozessen identifiziert.[62] Die Zurückweisung der eliminativen Identitätstheorie darf jedoch nicht zum Anlaß für Überbewertungen der ontologischen Eigenständigkeit von Erlebnissen genommen werden, denn es ist nicht zu bestreiten, daß einer Person, die einen Bewußtseinszustand erlebt, gleichzeitig auch entsprechende Ereignisse in der Form von neurophysiologischen Prozessen zugeschrieben werden müssen.

Für die begriffliche Identifizierung der ontologischen Abhängigkeit der Erlebnisse von Ereignissen wird in der neueren ‚philosophy of mind‘ der Begriff der Supervenienz eingesetzt. Er ist ursprünglich von Moore und Hare in metaethischen Argumentationskontexten eingesetzt worden und drückt eine Relation von Eigenschaften aus, nach der sich Veränderungen in einer Eigenschaft nicht ohne Veränderungen in einer anderen Eigen-

---

[61] Vgl. Wiggins 1967, S. 58: „There is room in the world for both persons and bodies, (...) and enough matter for both. Since their matter must be the same there is no question of competition or displacement between them. *Lebensraum* is an ecological problem which ontology cannot aggravate."

[62] Siehe Place 1956, Smart 1959, Feyerabend 1963, Rorty 1965.

schaft vollziehen können. Davidson hat diesem Verhältnis die bewußtseinsphilosophische Interpretation gegeben, daß sich ein Objekt in mentaler Hinsicht nicht verändern kann, ohne sich auch in physischer Hinsicht
zu ändern, und ausdrücklich darauf hingewiesen, daß Supervenienz in diesem Zusammenhang keine Reduktion von Erlebnissen auf Ereignisse ein-
schließe.[63] Eine derartige Reduktion wäre nur mit Hilfe einer Konzeption
kausaler Gesetzmäßigkeiten durchführbar, die die Übergänge zwischen
mentalen und physischen Eigenschaften festlegen könnte. Wie aber vor allem Feigl, Strawson, Nagel und Davidson gezeigt haben, können solche
Gesetzmäßigkeiten im Fall von Erlebnissen gerade nicht greifen.

Die Zurückweisung des generellen Geltungsanspruchs des reduktionistischen Physikalismus eröffnet die Theorieperspektive eines gemäßigten
Naturalismus,[64] mit dem jenseits der Extreme von eliminativem Materialismus und metaphysischem Dualismus Erlebnisse und Ereignisse *als solche* behandelt werden können. Am Ende der Reduktionismuskritik steht
nicht die Alternative zwischen materialistischem Physikalismus und men-
talistischem Dualismus, sondern die Konzeption eines Naturalismus,[65]
der keine eliminativen Zielsetzungen verfolgt, sondern Phänomengerechtigkeit bei der Bestimmung des ontologischen Orts von Personen an-

---

[63] Siehe Davidson 1980, S. 214. Der Begriff der Supervenienz hat in den Arbeiten von Jaegwon Kim vielfältige und überaus differenzierte Interpretationen erfahren; siehe Kim 1993.
Im Hinblick auf die Reduktionismusproblematik ist Kims Haltung nicht eindeutig. Er widerspricht aber ausdrücklich der Möglichkeit, einen nicht-reduktiven Materialismus konsistent entwickeln zu können, also eine konzeptionelle Perspektive, die dem hier verteidig-
ten komplementären Theorieverhältnis von nicht-eliminativem Ereignismonismus und epistemischem Dualismus nahesteht; siehe Kim 1993, S. 265 ff.

[64] John McDowell differenziert in diesem Zusammenhang zwischen einem ‚bald naturalism‘,
der rücksichtslos eliminativ verfährt, und einem Naturalismus, der im Fall von Personen
dem ‚space of reasons‘ Rechnung trägt; siehe McDowell 1994, S. 72 ff.

[65] Der Begriff des Naturalismus wird im folgenden nicht im reduktionistischen Sinne aufgefaßt, wie es in der gegenwärtigen Theorielandschaft noch üblich ist, sondern in ontologisch
komplexerer Weise verstanden, die die Welt der Ereignisse und den personalen Standpunkt
nicht gegeneinander stellt [15–T]. Die Differenz von reduktionistischem Naturalismus, der
ontologisch eliminativ angelegt ist, und nicht-reduktionistischem Naturalismus ist von
Strawson herausgearbeitet worden. Der nicht-reduktionistische Naturalismus wird von
Strawson auf folgende Weise charakterisiert: „It is reductive naturalism which holds that
the naturalistic or objective view of human beings and human behavior undermines the va-
lidity of moral attitudes and reactions and displays moral judgement as no more than a ve-
hicle of illusion. Non-reductive naturalism does not attempt to counter this alleged con-
clusion with arguement, as some have done, alleging some non-natural, metaphysical foun-
dation to validate our general disposition to moral reponse and moral judgment. (...) The
non-reductive naturalist simply urges (...) the point that it is not open to us, it is simply not
in our nature, to make a total surrender of those personal and moral reactive attitudes,
those judgments of moral commendation or condemnation, which the reductive naturalist
declares to be irrational as altogether lacking rational justification." (Strawson 1985, S. 40
f.) Eine Weiterentwicklung der Konzeption eines nicht-reduktionistischen Naturalismus
ist von John McDowell vorgelegt worden; siehe McDowell 1994.

strebt. Wie immer auch im einzelnen die naturalistischen Analysen methodisch und inhaltlich gewichtet werden, eine phänomengerechte Theorie kann sich nur unter der Voraussetzung einstellen, daß personales Leben als Faktum akzeptiert wird.[66]

---

[66] Siehe Abschnitt IX. 2.

IV. Selbstbewusstsein

1

Die Erlebnisse von Personen in der Welt der Ereignisse konstituieren sich innerhalb einer subjektiven Perspektive, deren epistemische Bedeutung nicht in der Summe deskriptiv identifizierbarer Eigenschaften der jeweiligen Position in Raum und Zeit aufgeht, andernfalls könnten Bewußtseinszustände, in denen etwas ursprünglich anderes *bewußt* wird, gar nicht zustande kommen. In dieser Hinsicht enthält das Bewußtsein von etwas gegenüber Ereignissen einen modalen Überschuß, der sich erkennbar in dem Sachverhalt ausdrückt, daß sich Erlebnisse von Personen prinzipiell unter den Bedingungen ausdrücklicher Reflexivität vollziehen. Vom bewußtseinsphilosophischen Standpunkt aus betrachtet zieht sich der Riß der reduktionistischen Ontologie, die Erlebnisperspektive einer Person, zu einem Reflexivitätsphänomen zusammen, das seit Descartes' *cogito*-Argument[1] als Selbstgewißheit oder, in einem erweiterten Sinne, als Selbstbewußtsein angesprochen wird.

Die philosophische Einführungssituation des Begriffs des Selbstbewußtseins ist Descartes' methodischer Zweifel, an dessen Ende ein subjektivitätstheoretisches Irreduzibilitätsargument steht, das sich im wesentlichen der philosophischen Entfaltung und begründungstheoretischen Ausweitung eines besonderen Reflexionsphänomens verdankt. Descartes ist aufgefallen, daß es einen Bewußtseinszustand gibt – die Selbstgewißheit des reflektierenden Subjekts –, der sich grundsätzlich von allen anderen Fällen des Bewußtseins unterscheidet.[2] Zwar sind von Descartes die epistemologischen und semantischen Gründe dieser Eigentümlichkeit der Selbstgewißheit nicht wirklich durchschaut worden, er ist aber gleichwohl in der Lage gewesen, die Eigenschaften des Selbstbewußtseins in ihren Konsequenzen zu begreifen.

Der subjektivitätstheoretische Gewinn von Descartes' radikalem Zweifel besteht in zwei Irreduzibilitätsthesen, die zum einen die Nichtredu-

---

[1] Unter dem *cogito*-Argument werden hier die geltungs- und begründungstheoretischen Analysen verstanden, in denen Descartes die Sätze ‚ich bin' und ‚ich denke' systematisch einführt.

[2] Zum folgenden siehe Descartes VII, S. 17 ff.

zierbarkeit des Selbstbewußtseins auf herkömmliche Fälle intentionalen Bewußtseins und zum anderen die Unabhängigkeit der Selbsttransparenz des Selbstbewußtseins von weiteren mentalen und materiellen Ereignissen behaupten. Diese Thesen haben in der neuzeitlichen Philosophie die außerordentliche Wirkung gehabt, daß erst seitdem überhaupt von einer Philosophie des Selbstbewußtseins gesprochen werden kann. Begründungstheoretisch vollzieht sich der Argumentationsweg des radikalen Zweifels vermittels der sukzessiven Auflösung der referentiellen Bindungen des Bewußtseins. Exponierte Argumentationsstücke sind dabei das sogenannte Traumargument und die hypothetische Einführung des Begriffs des *genius malignus*, mit dessen Hilfe das Band, das das Bewußtsein mit der externen Welt verbindet, endgültig zerschnitten wird.

Die theoretische Zielsetzung der Argumentationen Descartes' ist immer wieder Gegenstand von Mißverständnissen und Fehldeutungen gewesen. Es wird oftmals verkannt, daß sich sein radikaler Zweifel allein der philosophischen Frage nach epistemologischer Evidenz verdankt. Es ist deshalb unsinnig, ihn in die Nähe eines vordergründigen Solipsismus oder Außenweltskeptizismus zu rücken. Descartes hat die Existenz bewußtseinsunabhängiger Gegenstände nicht ernsthaft angezweifelt. Bei der rigiden Auslese von Evidenzkriterien, die menschliche Erfahrungsprozesse tatsächlich erfüllen können, haben sich lediglich die herkömmlichen begründungstheoretischen Modelle als nicht zweifelsfrei erwiesen. Der generellen Kritik Descartes' zufolge fehlt ihnen schlicht das *fundamentum inconcussum*, das den epistemologischen Skeptizismus zum Stillstand bringen könnte. Bei der Suche nach einem derartigen Fundament macht Descartes schließlich die bedeutungsvolle subjektivitätstheoretische Entdeckung, daß die Weisen, in denen sich das Bewußtsein auf sich selbst bezieht, epistemologisch einen gänzlich anderen Stellenwert haben als Fälle propositionalen Bewußtseins, deren Korrelat Gegenstände und Ereignisse in Raum und Zeit sind.

Begründungstheoretisch werden die Argumentationen Descartes' durch die methodische Herauslösung philosophischer Geltungsfragen aus den vorderhand unproblematischen Beständen der Alltagserfahrung bestimmt, was bereits auf der ersten Stufe des radikalen Zweifels deutlich zutage tritt. Im Traumargument wird dargelegt, daß keine Kriterien für die Unterscheidung zwischen Wachzuständen und Traumzuständen der Schlafphasen bereitgestellt werden können. In Zusammenhängen der Alltagserfahrung spielt dieses kritielle Defizit zwar kaum eine Rolle, epistemologisch ist es jedoch überaus bedeutungsvoll: Während eines Traumzustands werden einer Person Gegenstände und Ereignisse *als wirklich* vorgestellt, die so, wie sie vorgestellt werden, in der bewußtseinsunabhängi-

gen Welt nicht existieren.[3] Dieses implizite Fürwirklichhalten macht die
epistemologische Schwäche des Bewußtseins offenkundig, daß aufgrund
der *formalen* Struktur ihrer Präsentationen faktische und fiktive Welten
nicht voneinander zu unterscheiden sind. Das grundsätzliche philosophische Problem besteht insofern nicht darin, daß sich Personen ständig darüber im Unklaren befinden, ob sie sich in einer faktischen oder fiktiven
Welt bewegen, sondern in der epistemologischen Unmöglichkeit, diese
Welten anhand formaler Eigenschaften der jeweiligen Bewußtseinszustände ausdifferenzieren zu können. Für Descartes' Projekt der Suche nach
begründungs- bzw. geltungstheoretischen Sicherheiten stellt die bewußtseinsphilosophische Gleichheit von faktischen und fiktiven Welten eine
folgenreiche dogmenkritische Beunruhigung dar, die keine der wahrheits-
stiftenden Annahmen der traditionellen Ontologie, insbesondere die paradigmatische Formel von der *adaequatio rei et intellectus*, unberührt läßt,
und in diesem Sinne wirkt sie auch in die engeren Kontexte der philosophischen Bewußtseinsphilosophie hinein.

Unabhängig von weitergehenden epistemologischen Konsequenzen
muß bereits anläßlich des Traumarguments das generelle bewußtseinsphilosophische Fazit gezogen werden, daß die kritische Wendung zum Bewußtsein – nicht etwa zum Ich oder Selbst – geltungstheoretisch nicht
kompensiert werden kann, das heißt, eine Person muß prinzipiell mit der
Möglichkeit rechnen, daß das intentionale Korrelat ihres jeweiligen Bewußtseinszustands in der Weise, wie es vorgestellt wird, kein *fundamentum in re* hat. Der Bewußtseinszustand ‚daß *p*' enthält *für sich* keine ontologische Beglaubigung, daß *p* wirklich der Fall ist. Diese skeptische Beunruhigung erfährt in Descartes' Argumentationen jedoch eine eigentümliche Interpretation. Was Grund zur Skepsis zu sein hätte, erweist sich bei
Descartes als Voraussetzung für eine spezifische Form kognitiver Evidenz.
Wie Arithmetik und Geometrie kümmern sich Reflexionszustände nicht
um die Wirklichkeit von Gegenständen, und diese ontologische Unge-
trübtheit muß im Rückblick auf das Ganze des cartesischen Projekts
schon als ein deutliches Evidenzsignal gewertet werden, das in der Exposition des Kriteriums bewußtseinsphilosophisch vermittelter Klarheit und
Deutlichkeit seinen konzeptionellen Abschluß finden wird.

Das Szenario des cartesischen Zweifels bringt das reflektierende Be-
wußtsein von vornherein in eine schwierige Stellung zur Wirklichkeit.
Das Resultat der epistemologischen und ontologischen Beunruhigung ist
Weltindifferenz und Weltverengung. Weil die isolierte Reflexion keine

---

3   Für die begründungstheoretischen Ziele Descartes' ist allein diese formale Eigenschaft des
    Traums von Belang, weiteren Überlegungen zur psychologischen Bedeutung des Traums
    braucht an dieser Stelle nicht nachgegangen zu werden.

strukturelle Unterscheidung zwischen faktischer und fiktiver Welt zu treffen vermag, bleiben ihre Beziehungen zur bewußtseinsunabhängigen Welt
von geltungstheoretischen Bewertungen unberührt. Fiktive Welten haben
im Hinblick auf den isolierten reflektierenden Standpunkt die gleiche
Qualität wie die Welt faktisch zutreffender Propositionen. Diese Unter-
schiedslosigkeit ist gleichbedeutend mit einem epistemologischen Welt-
verlust: Die isolierte Reflexion bleibt deswegen mit sich allein, weil unter
allen Welten, die ihr begegnen, offenbar keine ist, die geltungstheoretischen Vorrang beanspruchen kann. Diese Konsequenz führt Descartes
nachdrücklich mit dem Gedankenexperiment vor Augen, das er mit Hilfe des Begriffs des *genius malignus* konstruiert.

Während das Traumargument immerhin noch von einem Unterschied
zwischen Wach- und Traumzuständen ausgeht, überdeckt der Begriff des
genius malignus das gesamte Universum propositionaler Bezugspunkte
mit einem epistemologischen Unsicherheitsverdacht, der selbst vor den
vorgeblich so sicheren Beständen der Mathematik nicht haltmacht, denn
der *genius malignus* könnte, so Descartes' Konstruktion, selbst falsche
mathematische Sätze als wahr erscheinen lassen. Doch der methodisch
isolierten subjektiven Perspektive offenbart sich schließlich die philosophische Qualität ihrer epistemologischen Einsamkeit. Das unter einem generellen Irrtumsverdacht stehende Universum propositionaler Bezugspunkte steht in unmittelbarer Verbindung mit einem Bewußtseinszustand,
der keine erkennbaren intentionalen Strukturen enthält und insofern auch
nicht vom radikalen Zweifel erreicht werden kann: *„Ego sum, ego existo,
quoties a me profertur, vel mente concipitur, necessario esse verum."*[4]

Descartes' *cogito*-Argument zufolge ist Selbstgewißheit das Evidenzerlebnis des Selbstbewußtseins. Jeder Fall von Bewußtsein kann sich prinzipiell zur Selbstgewißheit öffnen, in der auf unmittelbare Weise die
notwendige Voraussetzung von Bewußtseinsprozessen, das denkende
Subjekt, sich selbst bewußt ist. Auch die theoretisch konstruierbare Möglichkeit, daß alle propositionalen Gehalte des Bewußtseins epistemisch
fehlgehen, kann nicht an die reflexive Versicherung der eigenen Existenz
heranreichen, und es muß ausdrücklich von einer reflexiven Versicherung
gesprochen werden, weil auch physische Selbsterhaltungsprozesse in einem ganz unmittelbaren Sinne organisierte Sicherungen der eigenen Existenz sind. Sogar ein verwirrtes Bewußtsein, das sich über seine jeweiligen
Zustände nicht im klaren ist, hat prinzipiell die Möglichkeit, *sich* in dem
Sinne bewußt zu werden, daß es unabhängig von Fragen nach der Art seiner Zustände von sich weiß, existentiell gegenwärtig zu sein. Der mögli-

---

[4] Descartes VII, S. 25.

chen Fallibilität der Gehalte des Bewußtseins steht immer die prinzipielle Infallibilität der Selbstgewißheit seines Subjekts gegenüber.

Die infallible Selbstgewißheit ist Ausdruck des Sachverhalts, daß das unmittelbare Bewußtsein der eigenen Existenz keinen deskriptiv identifizierbaren Referenten enthält. Deskriptiv identifizierbar ist die körperliche Erscheinungsweise einer Person, die nach dem Resultat von radikalem Zweifel und *cogito*-Argument nicht zu den zweifelsfreien Beständen menschlicher Erfahrung gerechnet werden kann. Descartes hat auf eine referentielle Ausdeutung der Selbstgewißheit jedoch nicht verzichten wollen und aufgrund seines begründungstheoretischen Programms wohl auch nicht verzichten können. Er hat daher versucht, ein referentielles Korrelat der Selbstgewißheit im metaphysischen Raum substantialer Reifizierungen auszumachen, das die Unbezweifelbarkeit der Existenz in die neue Evidenzform der Klarheit und Deutlichkeit – in diesem Fall der klaren und deutlichen Idee der ‚res cogitans‘ – transformiert. In einem komplizierten Begründungsverfahren folgert Descartes aus dem Satz ‚ich denke‘ die Thesen ‚sum res cogitans‘[5] und schließlich ‚sum tantum res cogitans‘[6] und setzt sich damit dem grundsätzlichen erkenntniskritischen Einwand aus, das unmittelbare Bewußtsein der eigenen Existenz paralogistisch in einen Satz über eine Seelensubstanz verwandelt zu haben.

Im Lichte des Paralogismusvorwurfs wird allerdings oftmals übersehen, daß Descartes die theoretische Situation *nach* der philosophischen Entdeckung der Selbstgewißheit und *vor* der substanzegologischen Reifizierung der *res cogitans* zutreffend beschrieben hat: In dem Sachverhalt, daß der Satz ‚*ego existo*‘, wann immer er in Gedanken gefaßt wird, notwendig richtig ist, drückt sich die unbezweifelbare Selbstgewißheit des reflektierenden Bewußtseins aus, die noch keine weitere Kenntnis von demjenigen beinhaltet, der sich seiner selbst gewiß ist. Gleichwohl ist die Selbstgewißheit schon auf dieser Stufe des *cogito*-Arguments nicht folgenlos, denn die Weise ihrer philosophischen Aufdeckung legt den Schluß nahe, daß sie offenbar nicht von den Sachverhalten abhängig ist, die vom radikalen Zweifel erreicht worden sind.[7] Insofern erweist sie sich zumindest in bewußtseinsphilosophischer Hinsicht von strukturell anderer Qualität als Bewußtseinszustände, die durch deskriptiv zugängliche intentionale Korrelate bestimmt werden. Die Unabhängigkeit der Selbstgewißheit, die von Descartes nicht hinreichend analysiert worden ist und ihn letztlich zu den

---

5 Siehe Descartes VII, S. 28.
6 Siehe Descartes VII, S. 78.
7 Vgl. Descartes VII, S. 27 f.: „Novi me existere; quaero quis sim ego ille quem novi. Certissimum est hujus sic praecise sumpti notitiam non pendere ab iis quae existere nondum novi; non igitur ab iis ullis, quae imaginatione effingo."

unberechtigten Reifizierungen der *res cogitans* geführt hat, ist für die Philosophie des Selbstbewußtseins von entscheidender Bedeutung, weil sie auch losgelöst von Descartes' substanzegologischen Spekulationen theoretisches Gewicht beanspruchen kann und überdies mit einem hohen reduktionismuskritischen Potential ausgestattet ist.

Die philosophische Entdeckung der unmittelbaren Selbstgewißheit des subjektiven Bewußtseins kann als der kritische Teil des *cogito*-Arguments verstanden werden. Beschränkt man sich in rekonstruierender Absicht auf diesen kritischen Teil und folgt – unter Auslassung des Begriffs der substantialen *res cogitans* – lediglich der Argumentationsperspektive des ‚*ego existo*‘, dann treten deutlich die reduktionismuskritischen Umrisse der cartesischen Analysen zutage. Die subjektivitätstheoretische Pointe des radikalen Zweifels besteht darin, daß mit ihm nicht etwa nur alle intentionalen Korrelate kognitiven Bewußtseins unter einen generellen Irrtumsverdacht gestellt werden, sondern zugleich alle theoretischen Grundbegriffe, die mögliche Kandidaten für reduktionistische Ansätze sein können, insbesondere alle Bestimmungen materieller Ereignisse, aus dem Argumentationsverfahren ausscheiden.

Descartes' Exposition der Selbstgewißheit läßt irreduzible Eigenschaften des Selbstbewußtseins kenntlich werden, die ohne Bedeutungsverlust unter keinen Umständen als sekundäre Phänomene beschrieben werden können, und es ist dieser Sachverhalt, der das Selbstbewußtsein in das Zentrum der Philosophie der Person rücken läßt. Mit dem philosophischen Begriff des Selbstbewußtseins kann ein Phänomen in die Theorie eingeführt werden, das in seiner Qualität auf keinen anderen Fall intentionalen Bewußtseins reduzierbar und hinsichtlich seiner Instantiierung offensichtlich selbstgenügsam ist. Selbstgewißheit gewinnt eine Person *uno actu*: Wenn sie sich ihrer selbst gewiß ist, dann hat sie diesen Bewußtseinszustand nicht erschlossen, sondern sie findet sich unmittelbar in ihm.

Obwohl der einfache Sachverhalt, daß Personen sich in Bewußtseinsprozessen prinzipiell ihrer selbst bewußt werden können, in dem Sinne folgenlos ist, daß er keine kognitiven Aufschlüsse über einen reifizierten oder reifizierbaren Referenten des Selbstbewußtseins erlaubt, können dem Phänomen der Selbstgewißheit rekonstruierbare Komponenten keineswegs abgesprochen werden. Eine Person kann sich nur ihrer selbst gewiß werden, weil sie sich in einem Bewußtseinszustand befindet, der sich in einer Reihe von Eigenschaften grundsätzlich von anderen denkbaren Bewußtseinszuständen abhebt. Diese Differenz ist zumindest mittelbar der philosophischen Reflexion zugänglich, weil sich die Selbstgewißheit nur *innerhalb* des Bereichs der Bewußtseinsphänomene als einzigartig abheben kann.

Die Eigenschaften des Selbstbewußtseins zeigen sich vor allem in dem
Sachverhalt, daß sich Personen ihrer Existenz in einer Weise bewußt werden können, die sie von allen übrigen Bewußtseinszuständen unterscheidet.[8] In dieser irreduziblen Eigentümlichkeit ist der unhintergehbare Cartesianismus der Philosophie des Selbstbewußtseins begründet. Während
Fälle intentionalen Bewußtseins in irgendeiner Form von Identifizierungsprozessen abhängen, ist eine Person darüber hinaus imstande, im
unmittelbaren Zugriff – und das heißt vor allem auch: ohne Identifizierung von körperlichen Zuständen – sich bewußt zu werden, daß *sie* es ist,
die zum jeweiligen Zeitpunkt existiert. Daraus folgt im übrigen noch
nicht, daß dieses Bewußtsein zeit- und körperunabhängig ist. Das Verkennen dieses Sachverhalts führt zu substanzegologischen Paralogismen, wie
an Descartes' Theorie der *substantia cogitans* gut ablesbar ist. Verzichtet
man dagegen von vornherein auf referentielle Spekulationen und begreift
die unklare Referenzstruktur des Selbstbewußtseins als seine wesentliche
Eigenschaft und nicht als Defizit der Theorie des Selbstbewußtseins, dann
lassen sich vier Grundsätze herausstellen:

[16–T] Selbstbewußtsein muß nicht erschlossen werden, sondern vollzieht sich im Modus unmittelbarer Selbstvertrautheit.

[17–T] Im Fall von Selbstbewußtsein ist kein referentieller Irrtum möglich.

[18–T] Das Subjekt des Selbstbewußtseins ist im Fall von Selbstbewußtsein die ausschließliche epistemische Instanz.

[19–T] Selbstbewußtsein ist von allen anderen Fällen von Bewußtsein
strukturell verschieden.

Satz [16–T] drückt formelhaft den Sachverhalt der unmittelbaren Selbstvertrautheit aus: Eine Person ist sich ihrer selbst nicht in der Weise bewußt, daß sie, wie im Fall intentionalen Bewußtseins, Objekte oder Sachverhalte zumindest mittelbar ,vor Augen' hat. Vielmehr tritt sie in einen
Bewußtseinszustand ein, der allem Anschein nach selbstgenügsam ist. Im
Selbstbewußtsein werden keine neuen Gegenstände oder Sachverhalte
entdeckt, sondern die Selbstvertrautheit, durch die die Erlebniszusam-
menhänge von Personen immer schon ausgezeichnet sind, wird in einen
Aufmerksamkeitszustand gehoben. Wüßten Personen nicht schon von
vornherein, daß es sich jeweils um ihre Erlebnisse handelte, könnten sie
weder Bewußtsein von sich noch von anderem haben, weil ihre mentalen

---

[8] Es muß an dieser Stelle noch als problematisch angesehen werden, ob Selbstbewußtsein ein
Fall des Bewußtseins von etwas ist. Zunächst kann nur davon ausgegangen werden, daß
Selbstbewußtsein nicht mit herkömmlichen Modellen intentionalen Bewußtseins in Ein-
klang gebracht werden kann.

Daten dann gleichsam beziehungslos im mentalen Raum hingen und kontinuierliche Erfahrungen über die Zeit hinweg nicht denkbar wären.

Die Sätze [17–T, 18–T] thematisieren die epistemischen Konsequenzen aus der unmittelbaren Selbstvertrautheit. Eine Person kann sich im Selbstbewußtsein niemals darüber täuschen, daß *sie* es ist, die sich in diesem oder jenem Bewußtseinszustand ihrer selbst gewiß ist. Es kann zwar immer der Fall eintreten, daß die Intentionalität des Bewußtseins keine Entsprechung in der Welt intendierter Objekte, Ereignisse und Sachverhalte hat, weil das Bewußtsein einer Person sich aber vor dem Hintergrund durchgängiger Selbstvertrautheit entfaltet,[9] ist es niemals möglich, daß sie darin fehlgehen kann, sich selbst gewiß zu sein. Selbstgewißheit ist ein gleichermaßen unbezweifelbares wie exklusives Erlebnis. Für eine Person bedeutet die Gewißheit ihrer selbst allerdings noch nicht, daß sie sich selbst unmittelbar durchsichtig wäre.

Ein weiterer Aspekt der Exklusivität der Selbstgewißheit ist die epistemische Ausschließlichkeit. Nur die Person, die sich jeweils im Zustand des Selbstbewußtseins befindet, hat Kenntnis davon, wie es ist, sich in diesem Zustand zu befinden, und nur sie kann ein phänomengerechtes Bewußtsein davon haben, daß sie ihrer selbst gewiß ist. Es ist unter keinen Bedingungen der Fall denkbar, in dem von einer Person phänomengerecht behauptet werden könnte, sich in einem Zustand expliziten Selbstbewußtseins zu befinden, ohne sich dessen bewußt zu sein. Dieser Sachverhalt kehrt modifiziert in der sprachanalytischen These wieder, daß Selbstbewußtsein epistemisch unkorrigierbar sei: Das Bewußtsein einer Person, sich ihrer selbst bewußt zu sein, ist prinzipiell davon unabhängig, ob ihr in diesem Fall auch von anderen Personen Selbstbewußtsein zugeschrieben wird, das heißt, im Fall von Selbstbewußtsein herrscht zwischen der Perspektive der ersten Person auf der einen und der Perspektive der zweiten und dritten Person auf der anderen Seite eine epistemische Asymmetrie.[10]

---

[9] Dieter Henrich hat in diesem Zusammenhang auch vom Bewußtsein als einer Dimension gesprochen, die Kenntnis von sich hat; vgl. Henrich 1970, S. 277 f.: „Beschreibt man Bewußtsein als Dimension, so muß man (...) hinzufügen, daß es eine Dimension ist, in der ei-ne *Kenntnis ihrer selbst eingeschlossen ist.* Denn es gibt von nichts ein Bewußtsein, ohne daß Bewußtsein selbst zur gleichen Zeit bekannt wäre, – und umgekehrt. Wir sind eines Sachverhalts bewußt lediglich im Zusammenhang eines bewußten Lebens, in dem Bekanntschaft mit dem, was es heißt, einer Sache bewußt zu sein, jederzeit gegenwärtig ist. Diese Bekanntschaft ist nur implizit, nicht immer schon Thema von Aufmerksamkeit und Reflexion. Aber sie ist auch keine nur potentielle Bekanntschaft, im Sinne einer Disposition des Kennen-Könnens." Vgl. Frank 1991a, S. 13 ff.

[10] Im Rahmen seiner sprachanalytischen Theorie des Selbstbewußtseins verwendet Ernst Tugendhat den Begriff der epistemischen Asymmetrie komplementär zu dem der veritativen Symmetrie, um auf diese Weise Differenz und Gleichheit der Sätze ‚ich φ' und ‚er φ' auszudrücken; siehe Tugendhat 1979, S. 86 ff. Tugendhats These von der veritativen Symmetrie dieser Sätze wird an anderer Stelle nachgegangen; siehe Abschnitt IV. 2.

In Satz [19–T] wird schließlich die grundsätzliche bewußtseinsphilosophische Konsequenz gezogen, daß Selbstbewußtsein weder auf andere Fälle von Bewußtsein noch auf intersubjektive Bewußtseinsprozesse reduziert werden kann. Damit ist im übrigen noch keine Entscheidung darüber gefallen, ob Selbstbewußtsein nicht auch Strukturen aufweist, die es mit anderen Bewußtseinszuständen teilt – etwa Intentionalität, Referentialität, Reflexivität oder Expressivität. Es wird lediglich gesagt, daß die Weise, in der eine Person Bewußtsein von sich hat, deswegen einzigartig ist, weil sie die zweifelsfreie Selbstgewißheit unmittelbar einschließt.

Es ist allerdings nicht ohne weiteres ersichtlich, wie die Eigentümlichkeiten des Selbstbewußtseins mit epistemischem oder semantischem Sinn erfüllt werden können. Vor allem in der neueren Philosophie ist oft behauptet worden, daß Selbstbewußtsein referentiell folgenlos sei. Diese Einschätzung verdankt sich der von sprachanalytischer Seite nahegelegten Deutung, daß Selbstbewußtsein die entscheidenden Kriterien für propositionale Einstellungen, nämlich Referentialität und Relationalität, nicht ohne weiteres erfülle. Exemplarisch für eine solche Deutung ist das ,Zweistufenargument‘ von Elizabeth Anscombe, in dem der sprachliche Ausdruck des Subjekts des Selbstbewußtseins, der Ausdruck ,ich‘, einem einfachen Modell von Eigennamen und Kennzeichnungen gegenübergestellt wird. Während im Fall von Eigennamen und Kennzeichnungen leicht eine strukturelle Zweistufigkeit ausgemacht werden könne, nämlich der regelgerechte Gebrauch der entsprechenden Ausdrücke einerseits und die Bezugnahme auf Sachverhalte andererseits, sei im Fall des Ausdrucks ,ich‘ ein Sachverhalt oder intentionales Korrelat offenbar nicht auszumachen. Anscombe folgert daraus: „With ,I‘ there is only the use."[11] Wenn die sprachlichen Ausdrucksformen des Selbstbewußtseins auf ihre Gebrauchskonformität reduziert werden, ist es in der Tat nicht möglich, Wahrheitswerte auf sie anzuwenden. Der Großteil der neueren angloamerikanischen Philosophie zieht daraus die Konsequenz, daß Selbstbewußtsein als nicht-referentiell, nicht-kognitiv und expressiv gedeutet werden müsse.

Aber auch in der Perspektive der kontinentalphilosophischen Philosophie des Selbstbewußtseins, die sich vorrangig an den Konzepten der klassischen deutschen Philosophie orientiert,[12] werden gegen epistemische Ausdeutungen des Selbstbewußtseins Vorbehalte geltend gemacht, die

---

[11] Anscombe 1975, S. 59.
[12] Für diesen Theoriezusammenhang von klassischer Philosophie und der sich an ihr ausrichtenden neueren Philosophie des Selbstbewußtseins – hier ist vor allem an die sogenannte Heidelberger Schule zu denken – wird im weiteren der umfassende Begriff ,klassische Philosophie des Selbstbewußtseins‘ eingesetzt.

strukturell dem Zweistufenargument ähneln. Vor allem Dieter Henrichs
Kritik an der von ihm so genannten Reflexionstheorie des Selbstbewußtseins kann in einem allgemeinen Sinne so beschrieben werden, daß sich alle Modelle des Selbstbewußtseins zwangsläufig in aporetische Argumen-
tationssituationen verstricken, wenn sie von einer Zweistufigkeit bzw. einer Differenz zwischen Subjekt und Objekt in der Reflexion ausgehen.
Henrichs Nachweis der aporetischen Argumentationssituation des Refle-
xionsmodells von Selbstbewußtsein ist in der formelhaften Version, in der
er vorgestellt wird, zunächst plausibel. Es ist jedoch unklar, wer in der
Geschichte der Philosophie eine derartige Reflexionstheorie wirklich
vertreten hat. Überprüfungen an philosophiehistorischen Vorlagen lassen
nicht erkennen, daß die knappen Hinweise, die sich vor allem auf Kant
beziehen, zu einer derartig grundsätzlichen Kritik berechtigen. Die Stoß-
richtung und der kritische Ertrag der Vorbehalte bleiben insofern unbestimmt. Der über philosophiehistorische Anlässe hinausgehende systematische Gewinn der Argumentationen Henrichs liegt eindeutig in der Exposition von Kriterien, die eine philosophische Theorie des Selbstbewußtseins zu erfüllen hat.

Im Hinblick auf die Skepsis gegenüber den epistemischen Implikationen und Konsequenzen des Selbstbewußtseins kommen sich die sprachanalytischen Ansätze und die neuere klassische Philosophie des Selbstbewußtseins sehr nahe.[13] Die Schwierigkeiten des zweistufigen Reflexions-
modells haben auf der Seite der klassischen Philosophie dazu geführt,
Selbstbewußtsein nicht nur Referentialität und Relationalität, sondern
auch Reflexivität abzusprechen.[14] Damit stellt sich das überraschende Ergebnis ein, daß das zentrale Reflexivitätsphänomen, die Selbstgewißheit,
der neueren Philosophie des Selbstbewußtseins zufolge nicht als reflexiver
Zustand angesehen werden kann.

Dieses Zwischenergebnis läuft den reduktionismuskritischen Intentionen der Philosophie der Person erkennbar entgegen. Wenn die Annahme
zuträfe, daß Selbstbewußtsein kein Reflexivitätsphänomen sei, bliebe das
Faktum der Erlebnisperspektive über seine limitative Wirkung auf reduktionistische Ansätze hinaus folgenlos, und es ließen sich keine bewußtseinsphilosophischen Sachverhalte in der Gestalt epistemischer Selbstverhältnisse aus ihm ableiten. Die Darlegung derartiger Selbstverhältnisse

---

[13] Die Gegenläufigkeit von analytischer und kontinentaleuropäischer Philosophie muß nicht
notwendigerweise die Gestalt ausschließender Gegensätzlichkeit annehmen. Insbesondere in den Kontexten der Philosophie des Selbstbewußtseins hat sich die Gegenläufigkeit
überaus produktiv ausgewirkt.

[14] Siehe Frank 1991a, S. 5 f.: „Selbstbewußtsein ist nicht gegenständlich, seine Vertrautheit ist
über kein zweites Glied vermittelt, sein ursprünglicher Vollzug geschieht irreflexiv, kriteri-
enfrei und beruht auch nicht auf teilbaren Wahrnehmungsbefunden."

muß analytisch weiter reichen als die Deskription trivialer Formen von
Selbsterkenntnis, die in der Gestalt von Erfahrungen über eigene Zustände zum unproblematischen Bestand der Alltagserfahrung von Personen
gehören. Die Formen reflektierter Alltagserfahrungen sind nicht ohne
weiteres in der Lage, die reduktionismuskritischen Lasten zu tragen, die
aus ontologischen und bewußtseinsphilosophischen Gründen der Erlebnisperspektive aufgebürdet worden sind.

Die interne Verbindung von Erlebnisperspektive und epistemischem
Selbstverhältnis läßt sich nur mit Hilfe eines Begriffs des Selbstbewußtseins rekonstruieren, der die Bestimmungen der Selbstvertrautheit und
Reflexion bewußtseinsphilosophisch zusammenhalten und unmittelbar
auf die Erlebnisperspektive einer Person beziehen kann. Nur auf diese
Weise kann das reduktionismuskritische Projekt der Philosophie der Person in einen konstruktiven Begriff der Selbstbestimmung überführt werden. Im folgenden muß deshalb untersucht werden, ob dem Selbstbewußtsein von Personen solche Bestimmungen rechtfertigungsfähig zugeschrieben und welche philosophischen Deutungen ihm aufgrund dieser
Bestimmungen gegeben werden können. Diese Aufgabe gestaltet sich im
Fall des Selbstbewußtseins deswegen so schwierig, weil mit ihm ein Evidenzerlebnis verbunden ist, das sich in seinem Zustandekommen bekanntlich von anderen Fällen epistemischen Bewußtseins unterscheidet.
Im Gegensatz zu Fällen epistemischen Bewußtseins, in denen sich ein er-
kennendes oder wahrnehmendes Subjekt auf einen Sachverhalt bezieht,
scheinen sich Zustände unmittelbarer Selbstgewißheit unter den Bedingungen der Abwesenheit von rekonstruierbaren Sachverhalten zu vollziehen.

2

Während die klassische Philosophie des Selbstbewußtseins die Abwesenheit eines intentionalen Korrelats des Selbstbewußtseins immerhin als
problematisch auffaßt, wird in der Hauptströmung der sprachanalytischen Theorie des Selbstbewußtseins das Fehlen eines deskriptiven Nach-
weises als Abschluß der theoretischen Arbeit verstanden. Dieser Ansatz
ist durch die einfache Überlegung motiviert, daß es nicht sinnvoll sein
könne, eine Theorie für etwas zu entwickeln, dem offenbar keine intersubjektiv beschreibbaren Befunde zugrunde liegen. Der Einwand ist in
der Hinsicht berechtigt, daß Selbstbewußtsein nicht unbezüglich eines näher zu bestimmenden Sachverhalts philosophisch thematisiert werden
kann. Hierin besteht die unverrückbare Grenze jeglicher Versuche, die

Philosophie des Selbstbewußtseins von vornherein als spekulatives Projekt zu betreiben. Die sprachanalytische Kritik ist aber ihrerseits nicht frei von semantischen Verkürzungen. Wenn zugestanden wird, daß die Sprache des Selbstbewußtseins über eine eigenartige Grammatik verfügt,[15] dann kann die Referenzproblematik des Selbstbewußtseins nicht einfach in der Perspektive der Bezugsweisen herkömmlicher Fälle epistemischen Bewußtseins untersucht werden. Diese Inkonsequenz ist insbesondere an Anscombes Zweistufenargument ablesbar, in dem aus dem Sachverhalt, daß Selbstbewußtsein keine Bezugsweisen im üblichen Sinne enthält, schlicht die Konsequenz gezogen wird, daß ihm überhaupt keine Referentialität zugesprochen werden könne.

Die sprachanalytische Philosophie des Selbstbewußtseins beruft sich auf die veränderten theoretischen Einstellungen, die durch die radikale Kritik Wittgensteins an den Denkmodellen der traditionellen Philosophie nahegelegt werden. Insbesondere das sogenannte Privatsprachenargument ist in den gegenwärtigen Diskussionszusammenhängen eine hohe Hürde für referentielle Auslegungen des Selbstbewußtseins. Ihm muß im weiteren ein epistemischer Sinn des Selbstbewußtseins abgewonnen werden, ohne den der für die nicht-reduktionistische Philosophie der Person so entscheidende Schritt vom Subjektiven zum Praktischen nicht unternommen werden kann.

Anders als in vielen neueren Ansätzen nahegelegt wird, können epistemische Selbstverhältnisse nicht nach Maßgabe eines einfachen Falls des Bewußtseins von etwas konzipiert werden, vielmehr müssen sie schon Selbstbewußtsein in der Form eines qualitativen und existentiellen Bewußtseins von *sich* mit einschließen. Deshalb kann ein epistemisches Selbstverhältnis nur dann zustandekommen, wenn es sich auf ein wie auch immer verfaßtes privates Korrelat bezieht. In dieser Hinsicht ist epistemischen Selbstverhältnissen eine private Sprache bzw. ein exklusiver Bereich des Privaten im Modus expliziten Bewußtseins vorausgesetzt. Der sprachanalytischen Philosophie des Selbstbewußtseins zufolge wird diese Voraussetzung von Wittgenstein auf das entschiedenste bestritten.

Die Bemühungen um eine philosophische Bewertung von Wittgensteins Privatsprachenargument haben zu einer Vielzahl von Interpretationen, Verteidigungen und Widerlegungen geführt, die wiederum eine überaus komplexe und komplizierte Theoriesituation erzeugt haben. Für die Belange der Philosophie der Person kann diese Theoriesituation eingegrenzt werden. Es muß lediglich über die grundsätzliche epistemologische, bewußtseinsphilosophische und semantische Problemstellung entschieden

---

[15] Siehe Wittgenstein V, S. 98 ff. [Das Blaue Buch]

werden, ob mit Wittgensteins Privatsprachenargument tatsächlich *jede* Möglichkeit, eine Konzeption epistemischer Selbstverhältnisse zu entwickeln, unterbunden wird. Diese Entscheidung kann weitgehend unabhängig von detaillierteren methodischen und sprachphilosophischen Bewertungen der internen Struktur von Wittgensteins Argumentationen herbeigeführt werden. Im folgenden wird deshalb die Analyse des Privatsprachenarguments auf einen subjektivitätstheoretisch relevanten Kernbereich eingeschränkt, der seiner allgemeinen Bestimmung nach im Großteil der gegenwärtigen Forschungsliteratur als unkontrovers gilt.

Wittgensteins Privatsprachenargument kann in einer ersten Annäherung als der Versuch aufgefaßt werden, Grundsatzfragen der philosophischen Tradition durch eine spezifische Form der Sprachkritik zu ersetzen. Dabei wird ein Sprachbegriff unterstellt, der sich deutlich von herkömmlichen Referenzmodellen unterscheidet, die immerhin noch bei Frege, Russell und dem frühen Wittgenstein vorherrschend gewesen sind. In der Spätphilosophie Wittgensteins steht nicht länger die sprachliche Abbildfunktion im Vordergrund, sondern Sprache wird in erster Linie als komplexes System begriffen, das sich in vielfältige und nicht direkt aufeinander abbildbare Bereiche, Strukturen und Aufgaben gliedert. Damit wird auf folgenreiche Weise von der Idee einer generalisierenden Sprachphilosophie, die nach Maßgabe von Oberbegriffen und Deduktionsverhältnissen klassifiziert, Abschied genommen. Wittgenstein exemplifiziert diese Neubestimmung mit dem Bild des aus Fasern zusammengesetzten Fadens: „Und die Stärke des Fadens liegt nicht darin, daß irgend eine Faser durch seine ganze Länge läuft, sondern darin, daß viele Fasern einander übergreifen."[16]

Das Bild des aus übergreifenden Fasern zusammengesetzten Fadens dient zur Veranschaulichung der neuen sprachphilosophischen Perspektive. Sprache wird nunmehr als Ensemble von Sprachspielen begriffen, die zwar miteinander zusammenhängen, die aber nicht unter einem Oberbegriff zusammengefaßt werden können. Der extensional umfassendste Grundbegriff ‚Sprache' verfügt Wittgenstein zufolge über keinen einheitlich definierbaren Sprachgebrauch. Verschiedene Verwendungsweisen können von Fall zu Fall Gemeinsamkeiten aufweisen, sie lassen sich aber nur anhand von konkreten Sprachhandlungen identifizieren, und das impliziert, daß sich der Großteil der Anwendungsfälle disjunktiv zueinander verhält. Würde daraus im ‚dialektischen Kurzschluß' gefolgert, daß das Gemeinsame der Anwendungsfälle die Disjunktion sei, wäre die Grenze sinnvollen Argumentierens überschritten, denn die Dis-

---

[16] Wittgenstein I, S. 278. [PU § 67]

junktion aller Gemeinsamkeiten ist gerade keine Gemeinsamkeit. Solche
Verteidigungen wären allenfalls ein Spiel mit Worten.[17]

Es können viele Mutmaßungen darüber angestellt werden, ob Wittgensteins Überlegungen aus dem engeren Umfeld seiner Exposition des Begriffs der Familienähnlichkeit nicht auf jede Form theoretischer Grundlegung und Abstraktion zu beziehen sind. Eine derart weitgehende Theo-
riekritik kann aber sicherlich nicht durch die wenigen Reflexionen gestützt werden, die Wittgenstein an dieser Stelle bereitstellt. Das knappe
Argumentationsmaterial ist aber immerhin ausreichend, um einen starken
Differenzierungsgedanken in das Projekt sprachanalytischer Philosophie
einzubringen, den im übrigen viele Vertreter dieser philosophischen Richtung nicht in der gebotenen Entschiedenheit aufnehmen. Es wird sich zeigen, daß dieser Differenzierungsgedanke für die bewußtseinsphilosophische Bewertung des Privatsprachenarguments schlechthin entscheidend
ist. Denn mit ihm eröffnet sich eine Perspektive von Sprachkritik, die die
Sprache der Subjektivität nicht auf eine objektive oder öffentliche Sprache
reduziert, sondern unterstellt, daß die sprachlichen Ausdrucksformen von
Subjektivität über eine eigen geartete Grammatik und Objektivität verfügen.

Der Ausgangspunkt von Wittgensteins Privatsprachenargument ist die
These, daß Sprache das Folgen von Regeln impliziere.[18] Der dabei unterstellte Begriff der Regel hat nicht den Sinn einer fixierten autoritativen
Festlegung, die in jedem Fall von außen erzwungen wird.[19] Sprachliche
Praxis ist Regelfolgen in der Form der Erfüllung von öffentlich geteilten
Regelmäßigkeiten, an denen sich die Sprache des Einzelnen lernend korri-
giert.[20] Personen befinden sich beim sprachlichen Regelfolgen keineswegs
in einer Wahlsituation, vielmehr folgen sie der Regel blind.[21] Die Regeln,
die die Sprache einzelner Personen befolgt, sichern Konsistenz und Kohä-

---

[17] Siehe Wittgenstein I, S. 278 [PU § 67]: „Wenn aber Einer sagen wollte: ‚Also ist allen diesen
Gebilden etwas gemeinsam, – nämlich die Disjunktion aller dieser Gemeinsamkeiten‘ – so
würde ich antworten: hier spielst du nur mit einem Wort. Ebenso könnte man sagen: es
läuft ein Etwas durch den ganzen Faden, – nämlich das lückenlose Übergreifen dieser Fasern.“

[18] Kripke begreift in seiner Interpretation das Privatsprachenargument sogar nur als einen
besonderen Anwendungsfall der These über das Regelfolgen; siehe Kripke 1982, S. 3 ff.

[19] Siehe Wittgenstein V, S. 48 f. [Das Blaue Buch]: „Denn bedenke, daß wir im allgemeinen
die Sprache nicht nach strengen Regeln gebrauchen – man hat sie uns auch nicht nach
strengen Regeln gelehrt.“ Zum folgenden siehe Wittgenstein I, S. 345 ff. [PU §§ 202 ff.]

[20] Siehe Castañeda 1971, S. 147: „(...) *a person possesses a language only inasmuch as he is
capable of self-correction*. A person has not learned colour words or English, unless he is
able to use his symbols independently of another's approval; but then he will know how to
correct his occasional mistakes.“

[21] Siehe Wittgenstein I, S. 351 [PU § 219]: „Wenn ich der Regel folge, wähle ich nicht. Ich folge der Regel *blind*.“

renz, und das ist nur möglich, weil sie in ihrer korrekten Anwendung öffentlich überprüfbar und deshalb für den Einzelnen korrigierbar sind. Für sich allein kann eine Person keine sprachlichen Festlegungen treffen, denn sie hätte keine externe Instanz zur Verfügung, die Regelkonformität und die konsistente Reidentifikationssituation von privaten Ausdrücken objektivieren könnte, und nach Wittgenstein sind Ausdrücke nur dann Bestandteil von Sprachhandlungen, wenn die einzelne Person ihre Verwendungsweise prinzipiell auch anderen erklären kann:

„„Ehe ich urteile, daß zwei meiner Vorstellungen gleich sind, muß ich sie doch als gleich erkennen.' Und wenn das geschehen ist, wie werde ich dann wissen, daß das Wort ‚gleich' meine Erkenntnis beschreibt? Nur dann, wenn ich diese Erkenntnis auf andere Weise ausdrücken, und ein Anderer mich lehren kann, daß hier ‚gleich' das richtige Wort ist. Denn, bedarf ich einer Berechtigung dafür, ein Wort zu gebrauchen, dann muß es eine auch für den Anderen sein."[22]

Weil die Verwendungsweise eines Ausdrucks für mich nur dann regelgerecht ist, wenn die Regelkonformität auch für andere nachvollziehbar ist, umschließt der Begriff des Regelfolgens immer schon eine Form öffentlicher Sprache, durch die nach Wittgenstein sprachliche Praxis Konsistenz erlangen kann. Das Fehlen sprachlicher Öffentlichkeit bzw. Intersubjektivität ließe Kommunikationsprozesse im subjektiven Standpunkt förmlich in sich zusammenfallen, der – nunmehr unmittelbar auf sich bezogen – zu einer regulären und objektivierbaren Sprache nicht mehr in der Lage wäre.

Der weitere Fortgang des Privatsprachenarguments scheint nur noch eine Frage argumentativer Zwangsläufigkeit zu sein. Wenn Regelfolgen nur als Praxis im Kontext öffentlicher Sprache gedacht werden kann, gibt es keine Möglichkeit, den regelgerechten Sprachgebrauch oder die regelgerechte Verwendung von Ausdrücken für ‚private Objekte' nicht-öffentlich, d. i. privat, zu überprüfen, was bedeutet, daß Ausdrücke für ‚private Objekte' keine Bestandteile einer möglichen Sprache sein können:[23] „Und darum kann man nicht der Regel ‚privatim' folgen, weil sonst der Regel zu folgen glauben dasselbe wäre, wie der Regel folgen."[24] In einem solchen Fall läge „weder Übereinstimmung noch Widerspruch"[25] vor.

Für viele Interpreten geht das Argument sogar noch einen Schritt weiter. Aus der Unmöglichkeit, ‚private Objekte' sprachlich auszudrücken, soll nicht zuletzt folgen, daß private Sprachen insgesamt nicht möglich

---

[22] Wittgenstein I, S. 399. [PU § 378]
[23] Siehe Wittgenstein I, S. 361 f. und 393. [PU §§ 258, 293]
[24] Wittgenstein I, S. 345. [PU § 202]
[25] Wittgenstein I, S. 345. [PU § 201] Kripke hat diesen Gedanken in den Mittelpunkt seiner Deutung des Privatsprachenarguments gestellt; siehe Kripke 1982, S. 7 ff.

seien. Es ist diese Konsequenz, gegen die sich die These von den epistemischen Konsequenzen des Selbstbewußtseins vor allem zu behaupten hat. Erst die generelle Behauptung der Unmöglichkeit privater Sprachen hat eine systematische Depotenzierung des subjektiven Standpunkts einer Person zur Folge. Dagegen zieht der Nachweis, daß die Vorstellung eines privaten Objekts sprachanalytisch nicht konsistent zu entwickeln ist, eine solche Depotenzierung noch nicht nach sich und ist mit nicht-reduktionistischen Lesarten der Sprache der Subjektivität durchaus vereinbar.

Die subjektivitätstheoretische Argumentationsperspektive kann in der Philosophie der Person nicht einfach dadurch verteidigt werden, daß der sprachanalytischen ‚philosophy of mind‘ vorgeworfen wird, sie könne aufgrund ihres spezifischen Ansatzes Subjektivität nur reduktionistisch behandeln. Weil die sprachanalytischen Untersuchungsweisen stark an kriteriellen Überprüfungen ausgerichtet sind und deshalb der Intersubjektivität einen methodischen Vorrang einräumen, haben sie sicherlich eine Tendenz, Subjektivität sprachphilosophisch unterzubewerten. Begriffliche und methodische Grenzen sind aber für sich genommen noch keine ontologischen Sachverhalte. Aus der Unmöglichkeit, Subjektivität unmittelbar in ihren sprachlichen Ausdrucksformen identifizieren zu können, folgt keineswegs ihre Inexistenz.

Bei Verteidigungen von traditionellen philosophischen Einstellungen wird dem Sachverhalt zu wenig Aufmerksamkeit geschenkt, daß der rechtfertigungsfähigen Analysen zugängliche Phänomenbereich der Subjektivität sehr begrenzt ist. Will man sich nicht von vornherein auf Spekulationen einlassen, die in aller Regel von einer Mischung theoretisch unbefangener Meinungen zur Subjektivität und willkürlichen Adaptionen traditioneller Modelle gesteuert werden, ist ein Rekurs auf das Sprachverhalten von Personen unumgänglich. Das Sprachverhalten ist der Phänomenbereich, der rechtfertigungsfähigen Untersuchungen von Subjektivität offensteht, und in ihm müssen die Spuren der Subjektivität rekonstruiert werden. Alle anderen Vorgehensweisen sind vom Ansatz her damit belastet, daß sie nur aus sich heraus nachvollziehbar sind. Das begründungstheoretische Gewicht von Argumentationen darf jedoch nicht von dem Standpunkt, der sie formuliert, allein abhängen. Eine solche Vorgehensweise liefe lediglich auf private Selbstverständigungen hinaus, die zwar im Gewande theoretischer Diskurse auftreten können, aber bestenfalls zufällig sachgerechte Aussagen ermöglichen.

Die grundsätzliche Bedeutung von Wittgensteins Privatsprachenargument für die philosophische Analyse von Subjektivität im allgemeinen und Selbstbewußtsein im besonderen besteht darin, daß sie die Theorie selbstbezüglichen Sprachverhaltens methodisch stark eingrenzt. Wenn

Sprache generell als Verhalten zu deuten ist – und darin besteht im wesentlichen die Position des Logischen Behaviorismus – muß die Sprache der Subjektivität ein Verhalten zu sich sein, und Wittgensteins Privatsprachenargument problematisiert auf nachdrückliche Weise, daß der Begriff eines sprachlichen Verhaltens zu sich nur innerhalb sehr enger Grenzen mit Sinn erfüllt werden kann.

Den Bestimmungen ,sprachliches Verhalten zu sich' und ,epistemisches Selbstverhältnis' liegen gemeinsame Reflexivitätsstrukturen zugrunde. Charakteristisch für diese Strukturen ist die formale Egozentrik. Ihre Selbstbezüglichkeit ist nicht die Reflexionsform eines Prozesses, sondern die eines Subjekts. Es ist das Subjekt, das sich im Verhalten seiner selbst bewußt wird und nicht etwa ein subjektloses Verhalten, das sich selbst thematisiert. Dieser Sachverhalt ist der Grund für die explikative Abhängigkeit epistemischer Selbstverhältnisse vom bewußtseinsphilosophischen Begriff des Privaten. Die Bedingungen der Möglichkeit epistemischer Selbstverhältnisse müssen auf jeden Fall eine Form privater Sprache und möglicherweise auch private Objekte einschließen, denn anders läßt sich die irreduzible Bedeutung und konstitutive Funktion des Subjekts von Selbstverhältnissen nicht in die Philosophie der Person einführen.

Wittgensteins Privatsprachenargument beruht im wesentlichen auf zwei Grundsatzthesen:

[20–S] Sprachliche Selbstverhältnisse sind keine Bezugnahmen auf private Objekte.

[21–S] Selbstzuschreibungen in der ersten Person Singular vollziehen sich im Verhaltenskontext von Fremdzuschreibungen in der dritten Person.

Diese Thesen erreichen aber weder für sich noch zusammen das Faktum der personalen Erlebnisperspektive und verstellen keineswegs die Möglichkeit einer privaten Sprache. Der Sachverhalt, daß ich mich in Sprachhandlungen, die meine Bewußtseinszustände ausdrücken, nicht exklusiv auf private Objekte oder Ereignisse beziehen kann, impliziert nicht, daß es keine exklusiven und subjektivitätstheoretisch irreduziblen Eigenschaften von Personen gibt, wie sie etwa in den Sätzen des Selbstbewußtseins angezeigt werden.

Der semantisch wie epistemologisch überaus bedeutungsvolle Unterschied zwischen den Begriffen des privaten Objekts einerseits und der privaten Sprache andererseits findet sich auch in den Argumentationen Wittgensteins. Die nicht-reduktionistische Ausdeutung des Privatsprachenarguments kann sogar durch eine wichtige Einsicht Wittgensteins gestützt werden. Denn ihm ist bereits zu Beginn seiner zweiten philosophischen

Phase aufgefallen, daß die Bezugnahme auf eigene Bewußtseinszustände eine Reihe von Eigentümlichkeiten aufweist. Er spricht ausdrücklich von der
„eigenartigen Grammatik des Wortes ‚ich‘"[26], die vor allem durch die
strukturelle Differenz zwischen Subjekt- und Objektgebrauch des Ausdrucks ‚ich‘ gekennzeichnet ist. Während beim Objektgebrauch – „Ich bin
zehn Zentimeter gewachsen"[27] – die Möglichkeit des Irrtums vorgesehen
ist, kann er im Fall des Subjektgebrauchs – „*Ich* habe Zahnschmerzen"[28] –
von vornherein ausgeschlossen werden. Wittgenstein zufolge geht es im Fall
von Bewußtseinszuständen, die durch den Subjektgebrauch von ‚ich‘ ausgedrückt werden, „nicht um das Problem, eine Person zu erkennen, wenn
ich sage, daß ich Zahnschmerzen habe. Die Frage ‚Bist du sicher, daß *du* es
bist, der Schmerzen hat?‘ wäre unsinnig."[29] Diese Ausführungen decken
sich sachlich mit dem zweiten Satz des Selbstbewußtseins [17–T], in dem
dargelegt wird, daß sich eine Person in einer Weise selbst gewiß ist, die im
Hinblick auf das Subjekt des selbstreferentiellen Bewußtseinszustands irrtumsimmun ist. In diesem Sachverhalt ist der heimliche Cartesianismus der
sprachanalytischen Philosophie begründet. Wittgenstein hat die sachliche
Nähe zum Cartesianismus selbst eingestanden, um aber zugleich den entscheidenden Fehler von Descartes' *cogito*-Argument hervorzuheben:

„Wir haben dann das Gefühl, daß wir in den Fällen, in denen ‚ich‘ als Subjekt gebraucht wird, es nicht gebrauchen, weil wir eine bestimmte Person an ihren körperlichen Merkmalen erkennen; und daraus entsteht die Täuschung, daß wir dieses
Wort gebrauchen, um von etwas Körperlosem zu sprechen, das jedoch seinen Sitz
in unserem Körper hat. In der Tat scheint *dieses* das eigentliche Ich zu sein, – das,
von dem gesagt wurde ‚Cogito, ergo sum‘."[30]

Das Resultat der Analyse der eigenartigen Grammatik des Ausdrucks ‚ich‘
– Wittgensteins *cogito*-Argument – ist die Einsicht, daß eigene Bewußt-
seinszustände thematisierende ‚ich‘-Sätze über eine spezifische Objektiva-
tionsform verfügen, die sich nicht ohne weiteres auf die Referenzstruktu-
ren von propositionalen Einstellungen abbilden lassen.[31] Aus diesem
Grunde kann sich auch das Zweistufenargument der sprachanalytischen
Philosophie des Selbstbewußtseins nicht in reduktionistischer Absicht auf
Wittgensteins Analysen berufen, denen zufolge die Sprache der Subjekti-

---

[26] Wittgenstein V, S. 106. [Das Blaue Buch]
[27] Wittgenstein V, S. 106. [Das Blaue Buch]
[28] Wittgenstein V, S. 106. [Das Blaue Buch]
[29] Wittgenstein V, S. 107. [Das Blaue Buch]
[30] Wittgenstein V, S. 110. [Das Blaue Buch]
[31] Vgl. Nagel 1986, S. 32: „Like all other concepts, mental concepts have their own form of
   objectivity which permits them to be applied in the same sense by different persons, in different situations, to different subjects."

vität eine Ausdrucksform besitzt, die gerade nicht nach Maßgabe gewöhnlicher propositionaler Einstellungen interpretierbar ist.

Entgegen dem ersten Anschein stellen Wittgensteins Überlegungen zur Sprache der Subjektivität ein wesentliches Bestimmungsstück der nicht-reduktionistischen Philosophie des Selbstbewußtseins dar. Deshalb muß die These der eigenartigen Grammatik des Ausdrucks ‚ich'

[22–T] Subjektive Bestimmungen haben ihre eigene Grammatik und Objektivität.

bei der subjektivitätstheoretischen Bewertung des Privatsprachenarguments mit einbezogen werden – auch wenn sie in seinem unmittelbaren Kontext nicht entfaltet wird. Andernfalls ginge der Philosophie des Selbstbewußtseins wichtiges systematisches Potential verloren. Darüber hinaus würde Wittgensteins Position um entscheidende Bestimmungen verkürzt und die Tendenz seiner Darlegungen, die erkennbar nicht-reduktionistisch motiviert sind, in ihr Gegenteil verkehrt werden.

Die kritische Wirkung der sprachanalytischen Grundsatzthesen [20–S, 21–S, 22–T] entfaltet sich nur im Zusammenhang einer bestimmten Vorstellung von privater Sprache, sie erreicht aber weder den umfassenderen Begriff epistemischer Privatheit noch die subjektivitätstheoretische Perspektive von privater Sprache. Der berechtigte Einwand, daß sich Personen in Selbstbeziehungen nicht exklusiv auf private Objekte oder Ereignisse beziehen, ist kein Argument für die weitergehende Annahme, daß es keine exklusive epistemische Selbstbeziehung in der subjektiven Perspektive geben könne. Es muß sowohl in semantischer als auch in subjektivitätstheoretischer Hinsicht zwischen der Vorstellung von privaten Objekten im Sinne privat zugänglicher Referenten und dem Begriff epistemischer Egozentrik unterschieden werden. Das Privatsprachenargument ist denn auch keine Subjektivitätskritik. In ihm wird die Erlebnisperspektive von Personen gar nicht eigens thematisiert, sondern lediglich ein bestimmter sprachphilosophischer Ansatz, von dem Wittgenstein glaubt, daß er in der einen oder anderen Form in allen traditionellen Modellen enthalten ist, einer grundsätzlichen Kritik unterzogen.

Es ist in der Wittgensteinforschung bis heute umstritten, gegen welche sprachphilosophische Positionen sich das Privatsprachenargument explizit richten kann. Zwar gibt es gute Gründe für die Annahme, daß sich Wittgenstein generell gegen abbildtheoretische Referenzmodelle wenden wollte, also auch gegen sein eigenes Modell im ‚Tractatus logico-philosophicus', mit Blick auf die Intentionen und Ausführungen seiner Spätphilosophie scheint es aber naheliegender zu sein, auf wissenschaftsgeschichtliche Verortungen zu verzichten und den Gedanken der radikalen Verän-

derung der sprachphilosophischen Einstellung in den Vordergrund zu
rücken. Wittgensteins theoretische Bemühungen zielen ersichtlich auf eine neue sprachkritische Sichtweise, die bewußtseinsphilosophisch überaus
folgenreich ist.

Wenn das Privatsprachenargument nur auf einen bestimmten sprachphilosophischen Ansatz zutreffen soll, dann muß ein umfassender Begriff
von privater Sprache entwickelt werden, der eine bedeutungsvolle Bestimmung mentaler Privatheit enthält, die in ihren wesentlichen Komponenten
gegenüber Wittgensteins sprachanalytischer Kritik immun ist. Im weiteren soll daher gezeigt werden, daß eine bestimmte Form epistemischer
Selbstverhältnisse als private Sprache aufgefaßt werden kann. Für diesen
Nachweis ist von entscheidender Bedeutung, daß sich die bewußtseinsphilosophische Formel ‚ich denke‘ mit der Sprache der Subjektivität in einen internen Zusammenhang bringen läßt, denn erst unter dieser Bedingung kann die in dem Satz ‚ich denke‘ gesetzte Irreduzibilität der Erlebnisperspektive überhaupt epistemische Konsequenzen haben.

Bewußtseinsphilosophisch sind Sätze wie ‚ich denke‘, ‚ich befinde mich
in einem Bewußtseinszustand‘ oder ‚ich habe Bewußtsein‘ gleichbedeutend, weil sie auf dieselbe reflexive Selbstthematisierung des Bewußtseins
zurückgeführt werden können. Es sind Sätze dieser Form, die bei der Widerlegung der These von der epistemischen Folgenlosigkeit der Selbstgewißheit einer semantischen und bewußtseinsphilosophischen Analyse unterzogen werden müssen. Dabei ist vor allem ein gewichtiger Einwand
Wittgensteins auszuräumen, der unabhängig von den nicht-reduktionistischen Tendenzen seiner Analysen zur Sprache der Subjektivität unterstellt, daß Reflexionsfiguren der Selbstgewißheit redundant seien:

> „Nichts ist so gewiß, wie, daß mir Bewußtsein eignet.‘ Warum soll ich es dann
> nicht auf sich beruhen lassen? Diese Gewißheit ist wie eine große Kraft, deren An-
> griffspunkt sich nicht bewegt; die also keine Arbeit leistet.“[32]

Die zur Veranschaulichung der These der Folgenlosigkeit der Selbstgewißheit eingesetzte Metapher läßt sich nicht umstandslos mit Wittgensteins kritischen Intentionen in Einklang bringen. Immerhin wird von einer großen Kraft gesprochen, deren Angriffspunkt sich nicht bewegt, und
das verleiht der Selbstgewißheit zumindest in einem metaphorischen Rahmen Gewicht. Geht man der Logik der Metapher weiter nach, dann wird
nach wie vor nahegelegt, daß Selbstgewißheit ein grundlegendes Bewußt-
seinserlebnis ist. Nur scheint ihm kein angemessener sprachlicher Ausdruck zu entsprechen. Die Folgenlosigkeitsthese kann demnach allein im

---

[32] Wittgenstein VIII, S. 366. [Zettel § 402]

sprachanalytischen und nicht etwa im bewußtseinsphilosophischen Kontext Geltung beanspruchen. Diese Lesart erfährt eine indirekte Bestätigung durch das sprachanalytische Argument, das die These der Folgenlosigkeit der Selbstgewißheit begründet:

„›Ich habe Bewußtsein‹, das ist eine Aussage, an der kein Zweifel möglich ist.‘ Warum soll das nicht das Gleiche sagen, wie dies: ›Ich habe Bewußtsein‹ ist kein Satz‘? Man könnte auch so sagen: Was schadet es, daß Einer sagt, ‚Ich habe Bewußtsein‘ sei eine Aussage, die keinen Zweifel zulasse? Wie komme ich mit ihm in Widerspruch? Nimm an, jemand sagt mir dies, – warum soll ich mich nicht gewöhnen, ihm nichts darauf zu antworten, statt etwa einen Streit anzufangen? Warum soll ich seine Worte nicht behandeln, wie sein Pfeifen oder Summen?“[33]

Der Hinweis auf das Pfeifen und Summen einer Person scheint kaum geeignet zu sein, als Beleg für die systematische Sonderstellung der Selbstgewißheit des Bewußtseins dienen zu können. Gleichwohl kann dieser Hinweis in einer Weise interpretiert werden, die die epistemische Folgenlosigkeit der Selbstgewißheit keineswegs erzwingt. Denn Pfeifen und Summen einer Person sind offenbar Ausdrucksformen, die zumindest dort, wo sie keine musikalische Vorlage oder Laute der unmittelbaren Erfahrungswelt reproduzieren, nicht an Kriterien öffentlichen Regelfolgens gemessen werden können. Weil Wittgenstein bei der sprachanalytischen Reduktion der Selbstgewißheit mit Bewußtseinsbestimmungen operiert, die nicht in die Formen öffentlicher Sprache eingepaßt werden können, hinterläßt die Argumentation ein bewußtseinsphilosophisch überaus differenziertes Bild.

Der sachliche Akzent von Wittgensteins Einwand liegt nicht so sehr auf dem bewußtseinsphilosophischen Aspekt der Folgenlosigkeitsthese, sondern auf ihren semantischen Implikationen. Was Wittgenstein herausstellen möchte, liegt offenbar in dem begründet, was Ernst Tugendhat die veritative Symmetrie von Sätzen über Bewußtseinszustände der ersten und dritten Person Singular genannt hat.[34] Der sprachanalytische Begriff der veritativen Symmetrie unterstellt ein enges Abhängigkeitsverhältnis von Ausdrücken über Bewußtseinszustände der ersten und dritten Person Singular. Dieses Abhängigkeitsverhältnis wird nach Maßgabe verifikationistischer Kriterien konstruiert, die die Anwendung von Wahrheitswerten si-

---

[33] Wittgenstein VIII, S. 366. [Zettel § 401]

[34] Bei der semantischen Analyse des Ausdrucks ‚ich‘ entwickelt Tugendhat einen semantisch sehr eng gefaßten Grundsatz der veritativen Symmetrie, siehe Tugendhat 1979, S. 88: „*Der Satz ‚ich φ‘, wenn er von mir geäußert wird, ist* notwendigerweise *genau dann wahr, wenn der Satz ‚er φ‘, wenn er von jemand anderem geäußert wird, der mit ‚er‘ mich meint, wahr ist.*“

chern sollen. Bei der Selbstgewißheit geht es jedoch gerade nicht um die
Anwendbarkeit von Wahrheitswerten, so daß die These von der veritativen Symmetrie schon allein aus begründungstheoretischer Sicht nicht als
Folgenlosigkeitsthese gedeutet werden kann. Es wäre daher sinnvoller,
von einer semantischen Symmetrie zu sprechen, denn auf diese Weise
könnte unabhängig von verifikationistischen Kriterien der Sachverhalt
zum Ausdruck gebracht werden, daß Sätze über Bewußtseinszustände für
eine Person nur dann eine feste Bedeutung haben, wenn sie in strukturell
gleicher Weise auch für andere Personen bedeutungsvoll sind. Die semantische Symmetrie sagt jedoch noch nichts über den Bewußtseinszustand
aus, in dem sich eine Person befindet.[35]

Wittgensteins Folgenlosigkeitsthese bewegt sich weitgehend in den argumentativen Bahnen, die durch den Begriff der semantischen Symmetrie
vorgezeichnet sind. Vom Standpunkt der semantischen Symmetrie aus betrachtet scheint die Selbstgewißheit deshalb vernachlässigbar zu sein, weil
aus der Perspektive des äußeren Beobachters nicht ersichtlich ist, welche
Veränderungsprozesse durch das Bewußtsein seiner selbst im öffentlichen
Sprachverhalten ausgelöst werden – sieht man einmal von expliziten
Selbstthematisierungen ab. Aus dem Umstand, daß ,private Veränderungsprozesse' in öffentlicher Sprache nicht identifizierbar sind, kann
aber nicht geschlossen werden, daß derartige Prozesse überhaupt nicht
stattfinden. Die kommunizierbaren Grenzen sprachlicher Ausdrücke sind
nicht zwangsläufig die Grenzen von Sachverhalten, die als intentionale
Korrelate dieser Ausdrücke auftreten.

Andere Personen können sich zwar in öffentlicher Sprache mit Hilfe
von propositionalen Einstellungen auf meine Bewußtseinszustände beziehen, aber die Grenzen der öffentlichen Sprache sind nicht die Grenzen der
Erfahrbarkeit meiner Bewußtseinszustände. Die bewußtseinsphilosophische Durchlässigkeit der öffentlichen Sprache ist auch unter der Voraussetzung sprachanalytischer Kriterien erkennbar, denn ich bin derjenige,
der über das faktische Vorliegen meiner Bewußtseinszustände und insofern auch über den Wahrheitswert dieser Beziehungen entscheidet. Bereits
daraus kann sprachanalytisch abgeleitet werden, daß mir ein epistemisches
Selbstverhältnis unterstellt werden muß.

Die sprachanalytischen Ausweitungen des Privatsprachenarguments
können nur auf eine spezifische Vorstellung von sprachlichen Mitteln, mit
denen Bewußtseinszustände ausgedrückt werden sollen, angewendet wer-

---

[35] Bei Tugendhat wird dieser Sachverhalt implizit durch die Einführung der komplementären
Bestimmung der epistemischen Asymmetrie von ,ich'-Sätzen und ,er'-Sätzen ausgedrückt;
siehe Tugendhat 1979, S. 89 f.

den. Allein im Rahmen von sprachphilosophischen Abbildmodellen, die Bewußtseinsbegriffe unmittelbar als Bestimmungen *des* Bewußtseins ausgeben, wie das gleichermaßen in der älteren Sprachphilosophie und den theoretisch unbefangenen Einstellungen der Alltagserfahrung geschieht, entfalten sie eine kritische Wirkung. In bewußtseinsphilosophischer Hinsicht ist ihre Reichweite sehr begrenzt.

Wenn man die allgemeine Vorstellung einer Erlebnisperspektive unterstellt, ohne sie zugleich auf die Erlebnisformen zu beschränken, die uns aus der Erfahrungswelt des sozialen Raums vertraut sind, dann eröffnen sich indirekte Zugänge, spezifische Typen von Erfahrung begrifflich zu umschreiben, ohne derartige Erfahrungstypen *ausdrücklich* auf sich selbst oder andere Personen beziehen zu müssen.[36] Im Rahmen solcher Unterscheidungen lassen sich Anhaltspunkte für interne Qualitäten von Bewußtseinszuständen gewinnen. Allerdings ergibt sich damit noch nicht die Möglichkeit, sie sprachlich angemessen auszudrücken.[37]

Bei der bewußtseinsphilosophischen Rekonstruktion der privaten Sprache epistemischer Selbstverhältnisse stellt sich insofern eine eigen geartete sprachphilosophische Version der Reduktionismusproblematik ein, die im wesentlichen von der Differenz zwischen den internen Erlebnisqualitäten von Bewußtseinszuständen und den Möglichkeiten ihrer Formulierbarkeit bestimmt wird. Wittgensteins Analysen zur Sprache der Subjektivität können insgesamt als ein Irreduzibilitätsargument aufgefaßt werden, das im sprachphilosophischen Kontext eine ähnliche reduktionismuskritische Rolle spielt wie das ontologische Unvollständigkeitsargument bei der Widerlegung des Physikalismus. Auch die von Wittgenstein allem Anschein nach intendierte Folgenlosigkeitsthese ändert an dieser Zuweisung nichts, zumal sich gezeigt hat, daß ihr sachliches Potential im wesentlichen auf einem Argument für die semantische Symmetrie von ‚ich'-Sätzen und ‚er'-Sätzen beruht, das seinerseits bewußtseinsphilosophisch folgenlos ist.

Für die Belange der Philosophie der Person sind der nicht-reduktionistische Aspekt des Privatsprachenarguments und der mit den Überlegungen zur Sprache der Subjektivität einhergehende Differenzierungsgedanke

---

[36] Siehe Nagel 1986, S. 13 ff.

[37] Diese Differenzierungen reichen wesentlich weiter als die phänomengerechte Berücksichtigung der Erlebnisperspektive von Personen; siehe Nagel 1986, S. 23: „Consider first, cases where we have strong evidence that experience is present, without either knowing what its character is or being in a position to hope ever to reach an understanding of its character that will include the capacity for self-ascription. This is true of at least some of the experiences of all animals not very close to us in structure and behavior. In each case there is rich external evidence of conscious inner life, but only limited application of our own mental concepts – mostly general ones – to describe it." Vgl. Nagel 1979, S. 168 ff.

von entscheidender Bedeutung. Diesem Argumentationskomplex zufolge ist die eigenartige Grammatik der Sprache der Subjektivität keine bewußtseinsphilosophische Leerstelle. Sie zeigt vielmehr einen Phänomenbereich an, der über eigene Ausdrucksformen verfügt. Diese Ausdrucksformen gruppieren sich um Bewußtseinszustände, die sich externen semantischen Identifizierungen entziehen. Allerdings ist die Frage noch nicht vollständig beantwortet worden, ob dieser dem öffentlichen Sprachverhalten offensichtlich nicht zugängliche Phänomenbereich tatsächlich Veränderungsprozesse beinhaltet, die als epistemische Selbstverhältnisse gedeutet werden können.

3

Aus dem Umstand, daß Wittgensteins sprachanalytische Kritik an den in Theorie und Alltagserfahrung gleichermaßen vorherrschenden Vorstellungen von privater Sprache das Phänomen der Selbstgewißheit nicht erreicht, kann nur dann ein Argument für ein epistemisches Selbstverhältnis gewonnen werden, wenn es gelingt, am Selbstbewußtsein epistemische Bestimmungen auszumachen, die sich in praktische Selbstverhältnisse überführen lassen. Dabei kann auf einige klassische Argumentationsmodelle zurückgegriffen werden, denn die Reichweite der sprachanalytischen Kritik erstreckt sich zwar auf eine Vielzahl traditioneller Erklärungsversuche, jedoch nicht auf den systematischen Kern der klassischen Philosophie des Selbstbewußtseins.

Im Rückblick auf die merkwürdigen Verschränkungen und Mißverständnisse zwischen der klassischen und sprachanalytischen Philosophie des Selbstbewußtseins ist auffällig, daß Wittgenstein in seinen Analysen zur eigenartigen Grammatik des Ausdrucks ,ich' sowie zur Privatsprachenproblematik auf einen Aspekt der Selbstgewißheit nur sehr beiläufig eingeht, der in der philosophischen Einführungssituation des Begriffs des Selbstbewußtseins vorherrschend gewesen ist, nämlich auf das bewußte Verhältnis einer Person zu ihrer eigenen Existenz.

Kant hat davon gesprochen, daß das ,ich denke' der alleinige Text der rationalen Psychologie sei, aus dem sie ihre ganze Weisheit zu entwickeln habe. Vom konstruktiven Ansatz her bleibe aber der auf mich selbst bezogene Gedanke ,ich denke' folgenlos bzw. ohne Bezug zu empirischen Bestimmungen personaler Existenz.[38] Kants Paralogismenkritik trifft das theoretische Zentrum der rationalen Psychologie, seine Ausgrenzung von

---

[38] Siehe Kant 1956, S. 372 [B 401].

dem Satz ‚ich denke' und empirischen Bestimmungen personaler Existenz
ist in dieser allgemeinen Form jedoch nicht zutreffend. Diese Ausgrenzung wird zwar noch im Zusammenhang mit der Problematik personaler
Identität Bedeutung erlangen,[39] für die Belange der Selbstbewußtseinsanalysen wird sie jedoch schon bei Kant in systematisch überaus folgenreicher Weise relativiert, wenn er im Rahmen seiner Paralogismenkritik er-
läuternd feststellt: „Der Satz, Ich denke, oder, ich existiere denkend, ist ein
empirischer Satz."[40] Kant will mit dieser Zuweisung keineswegs seine in
der ‚Transzendentalen Deduktion der reinen Verstandesbegriffe' erarbei-
tete Position zurücknehmen, daß das Selbstbewußtsein in systematischer
Hinsicht auf deskriptiv nicht ableitbaren Synthesisleistungen des Subjekts
des Bewußtseins beruhe,[41] vielmehr soll hervorgehoben werden, daß das
Evidenzerlebnis des Selbstbewußtseins *uno actu* das explizite Bewußtsein
der eigenen Existenz, die ersichtlich empirisch bestimmt ist, einschließt.

Der Satz ‚ich denke' erweist sich insofern als bewußtseinsphilosophisch
sehr beredt. In ihm drückt sich ein besonderes Verhältnis von Personen zu
ihrer eigenen Existenz aus, das semantisch und bewußtseinsphilosophisch
ersichtlich ein Sonderfall ist: Zwar kann Personen generell zugeschrieben
werden, daß sie imstande sind, sich zweifelsfrei auf ihre Existenz zu beziehen, aber ausschließlich dem individuellen Subjekt des jeweiligen Bewußtseins ist es möglich, konkret in dieses Verhältnis einzutreten und explizit
Bewußtsein von sich zu haben. Das besondere Verhältnis zur eigenen Existenz kann anderen Personen nur im Analogieschluß unterstellt werden.
Die grundsätzliche epistemische und existentielle Asymmetrie zwischen
den Sätzen ‚ich denke und existiere' und ‚er denkt und existiert' bleibt davon unberührt. Mit der nur analogisch zu überbrückenden Asymmetrie
ist die wesentliche Voraussetzung erfüllt, den Satz ‚ich denke' als private
Sprache aufzufassen. Seine eigenartige Grammatik konstituiert einen
Sinnzusammenhang im Modus expliziten Bewußtseins, der als solcher nur
dem zugänglich ist, der sich in ihm befindet.

Der Satz ‚ich denke' kann nur deshalb als private Sprache auftreten, weil
er den Satz ‚ich existiere' immer schon enthält. Der Kern der epistemischen und existentiellen Privatsprache ist insofern nicht der Satz ‚ich denke', sondern das wechselseitige Implikationsverhältnis von ‚ich denke'
und ‚ich existiere'. Dieses Implikationsverhältnis, das Kant letztlich dazu
veranlaßt hat, den Satz ‚ich denke' als einen empirischen Satz zu bezeichnen, ist in der sprachanalytischen Philosophie des Selbstbewußtseins gegen Descartes' Formel *cogito ergo sum* aufgerechnet worden. Descartes

---

[39] Siehe Abschnitt V. 1.
[40] Kant 1956, S. 429b [B 428]. Siehe Sturma 1985, S. 95 ff.
[41] Siehe Kant 1956, S. 140b ff. [B 131 f.]; Sturma 1985, S. 32 ff.

hat allerdings selbst darauf hingewiesen, daß diese Formel nicht als logischer Schluß gemeint sei. In der Erwiderung auf die Kritik Gassendis stellt er allerdings heraus, daß sehr wohl ein begründungstheoretisches Gefälle zwischen *cogito* und *sum* herrsche. Die unbezweifelbare Selbstgewißheit folge nämlich nicht aus jeder beliebigen Tätigkeit einer Person, wie Gassendi behaupte, sondern allein aus der bewußten Selbstthematisierung.[42] Der Satz ‚ich laufe' ist nicht irrtumsimmun, denn es ist möglich, daß ich nur glaube, daß ich laufe, in Wahrheit aber träume, daß ich laufe. Erst der Satz ‚ich befinde mich in dem Bewußtseinszustand, zu glauben, daß ich laufe' drückt einen zweifelsfreien Sachverhalt aus.

Der cartesischen Argumentationsperspektive zufolge wird ein grundsätzlich bezweifelbarer Satz wie ‚*S* glaubt, daß *p*' unbezweifelbar, wenn er in den Satz ‚ich befinde mich in dem Bewußtseinszustand, zu glauben, daß *p*' transformiert wird. Dieses begründungstheoretische Gefälle zwischen Proposition und dem Bewußtseinszustand, der diese Proposition explizit thematisiert, begründet für Descartes den zwangsläufigen Übergang vom *cogito* zum *sum*. Das *ergo* drückt daher keine logische, sondern eine bewußtseinsphilosophische Abhängigkeit aus. Denn der Satz ‚ich existiere' muß der Erwiderung Descartes' auf Gassendi zufolge immer als

[23–S] Ich bin mir bewußt, jetzt zu existieren.

gelesen werden. Erst diese reflexive Erweiterung macht aus einer trivialen Feststellung eine philosophisch folgenreiche Aussage.

Der bewußtseinsphilosophisch entscheidende Punkt des *cogito*-Arguments ist nicht das, was Descartes in diesem Argumentationszusammenhang intendiert. Ihm ist es bekanntlich um einen begründungstheoretischen Ansatz, um das *fundamentum inconcussum* gegangen. Der Satz ‚ich existiere' ist für Descartes ein solches Fundament, weil er zum einen unter keinen Umständen falsch sein kann und zum anderen den Weg zur exemplarischen Einführung des neuen epistemologischen Wahrheitskriteriums – *clare et distincte* – freigibt. Bewußtseinsphilosophisch sind aber nicht Wahrheitskriterien, sondern strukturell eigentümliche Reflexionszustände von vorrangigem Interesse. Entsprechend überführen erst [23–S] und die abgewandelte Version

[24–S] Ich bin mir bewußt zu existieren.

das *cogito*-Argument in den Grundsatz einer privaten Sprache. Der Satz [24–S] enthält keinen temporalen Indikator und beschreibt einen Bewußtseinszustand, der nicht mehr als Korrelat einer ‚Jetztzeitlogik' auftritt, die

---

[42] Siehe Descartes VII, S. 258 f. und 352 ff.

die Selbstgewißheit immer nur für den Augenblick feststellt.[43] Obwohl
[23–S] genau das angibt, was in Descartes' cogito-Argument begründungstheoretisch erarbeitet wird, scheint der in [24–S] ausgedrückte Sachverhalt,
daß das Subjekt des Bewußtseins sich in einer Weise bewußt wird, die die
unmittelbare Gegenwart immer schon überschreitet, der eigentliche Bestim-
mungshintergrund der Selbstgewißheit zu sein. Die existentielle Betroffenheit, die die Selbstgewißheit begleitet, deutet nachdrücklich darauf hin, daß
das unmittelbare Bewußtsein ihrer selbst für eine Person nicht einfach ein
punktuelles Erlebnis ist. Die Selbstgewißheit scheint an einer ,heimlichen
Kontinuität' bewußter Existenz über die Zeit hinweg zu partizipieren.[44]
Vor dem Hintergrund des Unterschieds der Sätze [23–S, 24–S] ist es
nicht überraschend, daß die Unbezweifelbarkeit von [23–S] in der Philosophiegeschichte keine sichere bewußtseinsphilosophische Bewertung gefunden hat. So wird von der neueren klassischen Philosophie des Selbstbewußtseins und der sprachanalytischen Philosophie des Selbstbewußtseins
gleichermaßen bestritten, daß mit dem ,ich denke' reflexives Potential verbunden werden könne.[45] Vor allem sprachanalytische Philosophen sehen
in der Selbstgewißheit des ,ich denke' lediglich ein Erlebnis irreflexiver
Punktualität.[46] Die Punktualitätsthese verzichtet im Rahmen der systematischen Aufarbeitung des cogito-Arguments jedoch vom Ansatz her auf
die Thematisierung der Perspektive expliziten Existenzbewußtseins. Unter derart eingeschränkten Voraussetzungen sind die Sätze ,ich denke'
und ,ich existiere' semantisch tatsächlich nicht mehr voneinander zu trennen, weil die Abwesenheit der reflexiven Thematisierung zugleich die Abwesenheit epistemischer Konsequenzen einschließt, was an Alfred Ayers
berühmter Kritik des cogito-Arguments gut ablesbar ist.[47]
Für Ayer drücken weder cogito noch sum logische Wahrheiten aus. Logisch wahr sei lediglich, daß ich existiere, wenn ich denke. Deshalb könne
auch die Feststellung, daß ich denke, nicht als notwendige Wahrheit bezeichnet werden, denn ihre Negation – ,ich existiere nicht' – wäre lediglich
ein in sich widersprüchlicher Satz, dem von vornherein eine sinnvolle Anwendung abgesprochen werden müsse.[48] Dementsprechend sei es auch

---

[43] Es ist ohnhin nicht zu erwarten, daß ein derartiges Korrelat auch nur formal konsistent
konstruiert werden kann.

[44] Man kann in diesem Zusammenhang durchaus den von Manfred Frank in seiner Kantkritik
geprägten Begriff der transphänomenalen Existenz verwenden, siehe Frank 1991b, S. 420.

[45] Zur Präreflexivitätsthese der neueren klassischen Philosophie des Selbstbewußtseins siehe
insbesondere Henrich 1970, S. 276 ff. und Frank 1991a, S. 13 ff.

[46] Siehe Ayer 1956, S. 46: „(...) this certainty does not come to very much."

[47] Siehe Ayer 1956, S. 44 ff.

[48] Siehe Ayer 1956, S. 45: „To say ,I am not thinking' is self-stultifying since if it is said intelli-
gently it must be false".

unsinnig, die Unbezweifelbarkeit der Selbstgewißheit von der deduktiven Verknüpfung *cogito ergo sum* abhängig zu machen. Sie könne vielmehr unmittelbar aus jedem der beiden Sätze und ohne Rückgriff auf den jeweils anderen gewonnen werden, denn jeder für sich enthalte bereits die performative Selbstbezüglichkeit, die Irrtumsannahmen von vornherein ausschließe.[49]

Ayers knappe Darlegungen gelten nach wie vor als beispielhaft für die sprachanalytische Kritik der klassischen Philosophie des Selbstbewußtseins. Sie haben nicht unbeträchtlich dazu beigetragen, daß die sprachanalytische Philosophie des Selbstbewußtseins mit dem Ausdruck ‚ich‘ oftmals nur eine triviale semantische Anwendung verbindet – nämlich die eines indikatorischen Ausdrucks, durch den sich der jeweils Sprechende auf sich selbst bezieht –, um der klassischen Philosophie des Selbstbewußtseins im weiteren vorzuwerfen, daß ihre systematische Leistung letztlich nur darin bestehe, einem trivialen Sachverhalt spekulative Tiefe anzusinnen.[50] Bei allen Verdiensten, die sich die sprachanalytische Philosophie des Selbstbewußtseins in sprachkritischer und kriterieller Hinsicht erworben hat, muß ihr gleichwohl vorgerechnet werden, daß sie die bewußtseinsphilosophische Pointe des *cogito*-Arguments gänzlich übersehen hat. Das zeigt sich bereits anläßlich Ayers Vorwurfs, daß die cartesische Argumentation ins Leere laufe und keine epistemisch auswertbaren Bestimmungen enthalte.

Ayers Überlegungen sind auf die Annahme fixiert, daß Selbstgewißheit ein punktuelles Erlebnis ist, das sich in den für ihn epistemisch und semantisch folgenlosen Sätzen ‚ich denke‘ und ‚ich existiere‘ ausdrückt:

„What Descartes thought that he had shown was that the statements that he was conscious, and that he existed, were somehow privileged, that, for him at least, they were evidently true in a way which distinguished them from any other statements of fact. But this by no means follows from his argument. His argument does not prove that he, or anyone, knows anything."[51]

---

[49] Siehe Ayer 1956, S. 46 und 51: „What makes them indubitable is their satisfying a condition which Descartes himself does not make explicit, though his argument turns upon it. It is that their truth follows from their being doubted by the person who expresses them. The sense in which I cannot doubt the statement that I think is just that my doubting it entails its truth: and in the same sense I cannot doubt that I exist. There was therefore no need for Descartes to derive ‚sum‘ from ‚cogito‘; for its certainty could be independently established by the same criterion. (...) It is indeed the case that if anyone claims to know that he exists, or that he is conscious, he is bound to be right. But this is not because he is then in some special state of mind which bestows this infallibility upon him. It is simply a consequence of the purely logical fact that if (...) he is in any conscious state whatever it follows that he is conscious." Vgl. Hintikka 1967.

[50] Exemplarisch dafür ist Tugendhats Kritik an der Heidelberger Schule, siehe Tugendhat 1979, S. 50 ff.

[51] Ayer 1956, S. 46.

Ayer ist Recht zu geben, wenn er Descartes vorwirft, daß es ihm nicht gelungen ist, das *cogito*-Argument mit propositionalem Sinn zu versehen. Er verbindet mit diesem Einwand allerdings die generelle Kritik der epistemischen Folgenlosigkeit, die direkt auf die Problematik des privilegierten Zugangs zugespitzt wird, und es ist diese Ausrichtung der Kritik, die ihrerseits bewußtseinsphilosophische Kritik herausfordert. Ayer übersieht, daß in den Sätzen ‚ich denke' und ‚ich existiere' bereits eine epistemische Einstellung enthalten ist, die in ihrer einfachen Form wohl auch Descartes verborgen geblieben ist. Denn die reflexive und existentielle Aufmerksamkeit der Selbstgewißheit richtet sich nicht etwa auf eine dubiose ontologische Entität, eine *res cogitans*, wie von Descartes nahegelegt wird, sondern auf das Verhältnis der Person zu ihrer Existenz in der Welt, und das läßt die Weise, in der ihr die Welt erscheint, nicht unberührt.

Personen existieren und haben Bewußtsein, aber sie sind weder aufgrund ihrer bloßen Existenz noch aufgrund ihrer bloßen Bewußtseinsfähigkeit von anderen Lebewesen *eminent* unterschieden. Erst die Weise, in der sich Existenz und Bewußtsein im subjektiven Bewußtsein der Person verbinden, läßt den eminenten Unterschied hervortreten. Vor dem Hintergrund dieses Sachverhalts kann schließlich eine interne Reflexivitätsstruktur kenntlich gemacht werden, die im wesentlichen durch eine reflexive Verdopplung von Existenz und Bewußtsein zustande kommt. In systematischer Hinsicht führt dabei der Weg von der Selbstgewißheit und dem bewußtseinsphilosophischen Vorrang des ‚ich denke' vor dem ‚ich existiere' zur bewußten Erfahrung des ontologisch vorausgesetzten ‚ich existiere'.

Die Exposition der individuellen Existenz in der Selbstgewißheit ist ein wiederkehrendes, aber kurzlebiges Erlebnis im Bewußtseinsstrom. Sie eröffnet gleichwohl eine existentielle Dimension, die für die jeweilige Person erhöhte Betroffenheit und Verbindlichkeit zur Folge hat. Der Person wird buchstäblich vor Augen geführt, daß es bei ihren Tätigkeiten und Verhaltensweisen immer um *ihr* Leben geht, was sowohl zum Fortschritt im Bewußtsein persönlicher Freiheit als auch zu dramatischen Formen von Selbstbefangenheit führen kann.[52] Unabhängig von den möglichen Auswirkungen vollzieht sich im ‚ich denke' immer schon eine temporale Erweiterung, die erkennbar über den jeweiligen Augenblick der Reflexion hinausgeht, und erst auf diese Weise kann sich die bereits angesprochene ‚heimliche Kontinuität' des Existenzbewußtseins einstellen, das heißt, erst mit der subjektiven Perspektive, über die Zeit hinweg zu existieren, zeichnen sich in der Selbstgewißheit die spezifischen existentiellen und reflexiven Umrisse personalen Lebens ab:

---

[52] Siehe Abschnitt VI. 2.

[25–S] Ich bin mir bewußt, in der Perspektive expliziten Bewußtseins
meiner Existenz zu existieren.

In [25–S] wird das zusammengefaßt, was Kant – der die Reflexivität der
Selbstgewißheit wohl als einziger Vertreter der klassischen Philosophie
des Selbstbewußtseins durchschaut hat – in knapper Form mit den Sätzen
„ich existiere denkend"[53] und „ich existiere als Intelligenz"[54] anspricht.
Sich bewußt zu sein, als Intelligenz zu existieren oder in der Perspektive
expliziten Existenzbewußtseins sein Leben zu führen, ist nicht nur ein zusätzlicher Aufmerksamkeitszustand, der ansonsten den Sachverhalt, auf
den er sich bezieht, unberührt läßt, sondern Ausdruck einer spezifischen
Lebensform. In bewußtseinsphilosophischer Hinsicht öffnet sich mit diesem Aufmerksamkeitszustand die Dimension eines veränderten Lebens.
    Die semantischen Implikationen von [25–S] kommen den existenzphi-
losophischen Auszeichnungen der Selbstgewißheit sachlich nahe. Seit
Kierkegaard ist in existenzphilosophischen Argumentationszusammen-
hängen immer wieder versucht worden, die Struktur individuellen Verhaltens zu sich vermittels eines neu gefaßten Existenzbegriffs aufzuklären.
Dabei ist auf die bewußtseinsphilosophische Sonderstellung des Selbstbewußtseins nur beiläufig Bezug genommen worden. Im Vordergrund steht
eindeutig ein Konzept existentieller Betroffenheit, das nur für eine Komponente des Selbstbewußtseins und nicht für das Ganze des Phänomens
einstehen kann. Die sachliche Nähe zu [25–S] beruht im wesentlichen auf
dem Umstand, daß auch in der Existenzphilosophie der Begriff der Existenz so akzentuiert wird, daß personales Leben ausdrücklich in seiner
Fluchtlinie steht. Dieser Sichtweise zufolge ist personales Leben diejenige
Existenzform, für die ein durchgängiger existentieller Selbstbezug charakteristisch und wesentlich ist. Der Gedanke, daß das Leben von Personen

---

[53] Kant 1956, S. 429b [B 428].
[54] Kant 1956, S. 176b [B 158]; vgl. Sturma 1985, S. 93. Im Zusammenhang einer kritischen
    Interpretation der Textstelle B 158 und sachlich verwandter Passagen ist von Manfred
    Frank herausgestellt worden, daß für Kant „die reine Apperzeption das unmittelbare Be-
    wußtsein ihrer Existenz einschließt und daß dies Bewußtsein, obwohl vor-anschauungs-
    haft, gleichwohl die Wahrnehmung eines Existierenden einschließt (...). Die Existenz des
    reinen *cogito* ist weder Anschauung noch Kategorie." (Frank 1991b, S. 422) Frank macht
    zu Recht darauf aufmerksam, daß Kant hier den sicheren Boden seiner Erkenntniskritik
    verläßt. Die epistemologische Gegenläufigkeit ist aber nicht einfach eine Widersprüchlich-
    keit in Kants Konzept, wie vor allem Henrich in seinem Zirkularitätsvorwurf und in
    gemäßigter Form Frank unterstellen. Vielmehr hat Kant gesehen, daß Selbstbewußtsein ein
    epistemologischer Sonderfall ist, der sich nicht einfach nach Maßgabe der ‚zwei Stämme
    der menschlichen Erkenntnis' einteilen läßt. Deshalb stehen Formulierungen wie ‚reine
    Apperzeption' bei Kant immer unter einem erkenntniskritischen Vorbehalt, sie bezeichnen
    epistemologische Konstitutionsverhältnisse und eben noch nicht das Faktum des Selbstbe-
    wußtseins; vgl. Ameriks 1994 und 1995b.

durchgängig unter der Bedingung des existentiellen Selbstbezugs steht, bestimmt in äußerst abstrakter Form vor allem auch die Einführungssituation von Heideggers Begriff des Daseins in ‚Sein und Zeit':

„Das Dasein ist ein Seiendes, das nicht nur unter anderem Seienden vorkommt. Es ist vielmehr dadurch ontisch ausgezeichnet, daß es diesem Seienden in seinem Sein *um* dieses Sein selbst geht."[55]

Die generelle These, daß das Dasein sich selbst immer nur ‚aus seiner Existenz' verstehen kann, wird von einer ähnlichen existentiellen Reflexionsstruktur bestimmt wie [25–S], nur bleibt Selbstbewußtsein bei Heidegger als Bewußtseinsphänomen gänzlich unberücksichtigt. Sein Begriff des Daseins bezeichnet der Konstruktion nach nicht den Standpunkt einer Person. Zwar kann letztlich nur eine Person das Dasein mit Sinn erfüllen – was könnte ‚Dasein' im Rahmen seiner Konzeption anderes bedeuten –, aber die Begriffsanalysen bewegen sich schon vom Ansatz her auf derartig abstrakten Bahnen, daß sie sich für personale Bestimmungen im engeren Sinne nicht mehr öffnen können.[56] Zudem sieht Heidegger keine differenzierte Bewußtseinsstruktur im Begriff des Daseins vor, die für die Vielzahl theoretischer und praktischer Einstellungen des personalen Standpunkts einstehen könnte. Vor allem wird bei der Exposition der Reflexionsfigur, daß es dem Dasein um sein Sein selbst gehe, nicht auf die Erlebnisperspektive oder ähnliche Subjektivitätskomponenten Bezug genommen, die sich als wesentliche Bestimmungen des Standpunkts einer Person erwiesen haben.

Heideggers bewußtseinsphilosophische Ausblendungen wirken sich direkt auf sein Konzept des existentiellen Verhaltens zu sich aus. Während die Unmittelbarkeit der Selbstgewißheit noch keine zeitlich interpretierbaren Strukturen enthält und in diesem Sinne als atemporal zu gelten hat, ist Existenzbewußtsein bei Heidegger immer auf das zukünftige Sein fixiert:

„Das Sein selbst, zu dem das Dasein sich so oder so verhalten kann und immer irgendwie verhält, nennen wir *Existenz*. Und weil die Wesensbestimmung dieses Seienden nicht durch Angabe eines sachhaltigen Was vollzogen werden kann, sein Wesen vielmehr darin liegt, daß es je sein Sein als seiniges zu sein hat, ist der Titel Dasein als reiner Seinsausdruck zur Bezeichnung dieses Seienden gewählt."[57]

---

[55] Heidegger 1979, S. 12.
[56] Vgl. Merker 1988, S. 28 ff.
[57] Heidegger 1979, S. 12. Vgl. Tugendhat 1979, S. 177: „Heideggers These ist also: wir verhalten uns, solange wir existieren, zu diesem Existieren, und zwar zu dem jeweils künftigen, wobei künftiges heißt: das im gegenwärtigen Moment zu vollziehende, und darüber hinaus freilich das ganze künftige Sein. Dieses Sein ist uns vorgegeben als ein solches, das wir *zu sein* haben und *um* das es uns geht, und insofern kann das Sichverhalten zu dem so erfahrenen Sein nur ein praktisches: ein voluntativ-affektives sein."

Die Perspektive bevorstehender Existenz ist – wie sich insbesondere im direkten sachlichen Zusammenhang praktischer Selbstverhältnisse zeigen wird – unstrittig eine wesentliche Komponente personalen Lebens, ihm wird jedoch das Zentrum entzogen, wenn es ausschließlich nach Maßgabe dieser Perspektive definiert wird.[58] Die in [25–S] angesprochene Perspektive expliziten Bewußtseins meiner Existenz ist deswegen nicht einseitig nach der Seite zukünftigen Seins auszulegen, weil sich die Unmittelbarkeit der Selbstgewißheit nur aufgrund der Abwesenheit zeitlicher Relationen einstellen kann. Wird der Standpunkt der Unmittelbarkeit verlassen, öffnet sich personale Zeit gleichermaßen in Vergangenheit, Gegenwart und Zukunft. Eine Festlegung auf eines dieser Zeitverhältnisse ist dagegen eine willkürliche Setzung, die den zeitlichen Strukturen personalen Lebens nicht gerecht wird.[59]

Satz [25–S] ist das Resultat einer bewußtseinsphilosophischen Rekonstruktion und systematischen Erweiterung von Descartes' *cogito*-Argument. Zentrale Bestimmungsstücke der Rekonstruktion sind der interne Zusammenhang von ‚ich denke‘ und ‚ich existiere‘, der bewußtseinsphilosophische Vorrang des ‚ich denke‘ und schließlich der ontologische Vorrang des ‚ich existiere‘. Die komplizierte Konstellation der Formeln des *cogito*-Arguments ist in der Auseinandersetzung mit grundsätzlichen Einwänden der sprachanalytischen Philosophie des Selbstbewußtseins herausgearbeitet worden. Am Ende dieser Auseinandersetzung steht die Neueinführung bzw. Verteidigung bewußtseinsphilosophischer Grundbestimmungen der klassischen Philosophie der Neuzeit, insbesondere in der Gestalt, die sie bei Descartes und Kant angenommen haben. Es hat sich darüber hinaus gezeigt, daß das ‚ich denke‘ als ein epistemisches Selbstverhältnis verstanden werden kann, durch das das Subjekt des Bewußtseins in eine neue Stellung zu seiner Existenz und seines bewußtseinsphilosophischen Orts in der Welt versetzt wird. In der Interpretation der Sätze [24–S, 25–S] ist das ‚ich denke‘, anders als [23–S] noch nahegelegt hat, keineswegs epistemisch folgenlos, nur muß eingerechnet werden, daß die epistemischen Konsequenzen des ‚ich denke‘ in epistemologischer Hinsicht Sonderfälle und eben keine herkömmlichen Fälle kognitiven Bewußtseins sind.

---

[58] Siehe Heidegger 1979, S. 327: „Das ‚vor‘ und ‚vorweg‘ zeigt die Zukunft an, als welche sie überhaupt erst ermöglicht, daß Dasein so sein kann, daß es ihm *um* sein Seinkönnen geht. Das in der Zukunft gründende Sichentwerfen auf das ‚Umwillen seiner selbst‘ ist ein Wesenscharakter der *Existenzialität. Ihr primärer Sinn ist die Zukunft.*"

[59] Siehe Sturma 1992a.

4

Die Deutung des ‚ich denke' als epistemisches Selbstverhältnis und Privatsprache im umfassenden Sinne erzwingt keine grundsätzliche Neubewertung zentraler Kritikmodelle der neueren Philosophie, etwa in der Gestalt von Wittgensteins Privatsprachenargument oder anderer sprachanalytischer Begriffs- und Argumentkontrollen. Es wird lediglich der Vorbehalt gemacht, daß die Reichweite dieser Kritikmodelle einer strengen Prüfung unterzogen werden muß, und im Rahmen eines solchen Überprüfungsverfahrens zeigt sich, daß einige, aber eben nicht alle Modelle und Einstellungen Geltung beanspruchen können. Vor allem mit Blick auf die Programmatik einer nicht-reduktionistischen Philosophie der Person ist herauszustellen, daß Phänomen und Begriff des Selbstbewußtseins interne Strukturbestimmungen aufweisen, denen in sprachanalytischen Modellen nicht phänomengerecht entsprochen wird.

Der zentrale Satz der subjektivitätstheoretischen Privatsprache, das ‚ich denke', drückt ein epistemisches Selbstverhältnis aus, das zwar nicht sprachlich identifiziert werden kann, das aber gleichwohl irreduzibel ist. Anders als der Käfer in der Schachtel aus Wittgensteins Geschichte über die private Sprache[60] kann der Satz ‚ich denke' epistemisch nicht einfach weggekürzt werden. Das ist selbst dann nicht möglich, wenn sich die Person gleichsam als ein ‚vielfarbiges Selbst' permanent verändern würde. Sie würde immer noch ihr Leben in der Perspektive expliziten Existenzbewußtseins führen, nur fände diese Perspektive keine Entsprechung in der Kontinuität von Lebensplänen und Handlungsgeschichten.

Die semantische Irreduzibilität und Nicht-Ersetzbarkeit des ‚ich denke' beruht im wesentlichen darauf, daß sich eine Person in diesem epistemischen Selbstverhältnis nicht auf ein ‚stehendes und bleibendes Ich' bezieht, wie in der Cartesianismuskritik oftmals unterstellt wird, sondern auf ihre Existenz, die im Unterschied zu allen anderen Existenzformen nicht von ihrer Erlebnisperspektive getrennt werden kann. Von einer Person kann in externer Perspektive gesagt werden, daß sie existiere. Wenn sie sich aber im Zustand expliziten Existenzbewußtseins befindet und sagt oder denkt, daß sie existiere, stellt sie keineswegs eine triviale Existenzbehauptung auf, sondern verhält sich auf eigene Weise zu ihrer Existenz.

Die Bestimmung des unmittelbaren Sichverhaltens zur eigenen Existenz als Zentrum des Selbstbewußtseins hat auch Auswirkungen auf ein Grundproblem der neueren Philosophie des Selbstbewußtseins, die sich seit ihren Anfängen vor dem Hintergrund einer Fragestellung vollzieht,

---

[60] Siehe Wittgenstein I, S. 373. [PU § 293]

die die einzelnen Ansätze immer wieder in Schwierigkeiten verstrickt hat. Es ist dies die Frage, auf wen oder was sich das Subjekt des Bewußtseins bezieht, wenn es sich seiner selbst bewußt wird. In Teilen der sprachanalytischen Philosophie wird darauf die radikale Antwort gegeben, daß die Abwesenheit eines empirisch identifizierbaren Referenten im Selbstbewußtsein so zu deuten sei, daß es eben keinen Referenten enthalte und entsprechend nach Maßgabe expressiver Ausdrücke verstanden werden müsse.

Dem Expressivitätsansatz ist bereits durch die Rekonstruktion und Verteidigung des *cogito*-Arguments widersprochen worden: Das ‚ich denke‘ ist ein epistemisches Selbstverhältnis, das als solches über eine eigenartige Grammatik verfügt, die sich nicht auf formale Bestimmungen anderer Phänomene und Ausdrücke reduzieren läßt. Die subjektivitätstheoretische Irreduzibilitätsthese ist zumindest implizit in der klassischen Philosophie des Selbstbewußtseins entwickelt worden und von den theoretischen Modifikationen ihrer neueren Vertreter weitgehend unberührt geblieben. Bedenken und Zweifel sind allerdings dahingehend geäußert worden, daß die interne Referenzstruktur des Selbstbewußtseins in der Theorie nicht widerspruchsfrei entwickelt werden könne.[61] Die von Henrich in diesem Zusammenhang entwickelte Kritik an der Reflexionstheorie des Selbstbewußtseins kann bei der Phänomenanalyse des Selbstbewußtseins allerdings weitgehend ausgeklammert werden, denn bei der Rekonstruktion der epistemischen Privatsprache handelt es sich um die strukturelle Beschreibung eines faktischen Phänomens. Es wird gefragt, was in ihm liegt, nicht wie sein Zustandekommen theoretisch erklärt werden kann.

Folgenreicher sind die reflexionskritischen Einwände, wenn sie direkt auf die Referenzstruktur des Selbstbewußtseins bezogen werden. Nach Henrich ist das Reflexionsmodell des Selbstbewußtseins vom Ansatz her mit einem vitiösen Zirkel und einem unendlichen Regreß belastet.[62]

„Denn entweder ist das Ich, das sich als Subjekt zu sich verhält, bereits seiner selber bewußt. Dann ist die Theorie als Erklärung des Bewußtseins zirkelhaft, da sie

---

[61] Siehe vor allem Henrich 1966, Pothast 1971 und Frank 1991a, S. 252 ff. Frank untersucht die wichtigsten Vertreter der sprachanalytischen Philosophie des Selbstbewußtseins vor dem Hintergrund der klassischen Problemstellung und stellt abschließend fest, daß auch in diesem Theoriekontext nicht vermieden werden könne, ‚die Frage nach der Seinsart des Referenten von Selbstbewußtsein aporetisch zu beantworten‘.

[62] Henrich unterscheidet im übrigen nicht durchgängig zwischen Zirkel und Regreß; vgl. Henrich 1970, S. 275: „1. Bewußtsein wird erklärt als Selbstbeziehung eines Subjektes. Da man am Ende nicht vermeiden kann, auch diesem Subjekt schon die Eigenschaft zuzugestehen, bewußt zu sein, ist die Erklärung redundant. 2. Bewußtsein wird erklärt als *wissende* Selbstbeziehung eines Subjektes. Da man es nicht verhindern kann, dem Subjekt dieser Beziehung bereits Kenntnis von sich zuzuschreiben, ohne die es sich niemals *als* es selber finden könnte, ist auch diese Erklärung zirkulär." Vgl. Frank 1991a, S. 252 f.

Bewußtsein, sogar Selbstbewußtsein bereits voraussetzt. Oder das Ichsubjekt ist seiner nicht bewußt und hat keinerlei Vertrautheit mit sich. Dann läßt sich mit Mitteln der Reflexionstheorie niemals verstehen, wie es je in die Lage kommen soll, irgendeinen Sachverhalt sich selber zuzusprechen oder auch nur unter dem Gesichtspunkt der Frage anzusehen, ob er ihm selbst zugehört oder nicht."[63]

Demnach stellt sich ein Zirkel in der Reflexionstheorie des Selbstbewußtseins ein, weil das Subjekt der Selbstbeziehung schon zu Beginn der Reflexion von sich wissen muß, um sich überhaupt auf *sich* beziehen zu können.[64] Soll das Subjekt der Selbstbeziehung die Kenntnis von sich dagegen erst durch einen Reflexionsakt erlangen, tritt es zwangsläufig in einen unendlichen Regreß von Selbstthematisierungen ein, und ihm wird von vornherein verwehrt, jemals den Stand unmittelbarer Selbstvertrautheit mit sich zu erreichen.

Die Plausibilität von Henrichs Kritik ist jedoch an eine sehr begrenzte Konzeption von Selbstbewußtsein gebunden, nämlich an das Subjekt-Objekt-Modell von Selbstbewußtsein, in dem Reflexion mit Selbstbeziehung gleichgesetzt wird. Zwar muß bezweifelt werden, daß in der Philosophiegeschichte jemals eine derartig einfache Vorstellung von Selbstbewußtsein entwickelt worden ist, ungeachtet der Frage nach ihrer Reichweite wirft die Kritik an der Reflexionstheorie des Selbstbewußtseins jedoch konturierendes Licht auf die Referenzproblematik. Denn die Aporien des Selbstbewußtseins treten offenbar dann auf, wenn der Theorie zugemutet wird, das Zustandekommen von Selbstbewußtsein zu erklären und gleichzeitig Subjekt und Referent des Selbstbewußtseins als prinzipiell gleichartige Entitäten zu behandeln.

Henrichs Kritik ist beherrscht von dem Gedanken der unmittelbaren Selbstvertrautheit, weshalb Unterschiede im Selbstbewußtsein für ihn ein Störfaktor sein müssen. Angesichts dieser Ausgangssituation läßt sich die Referenzproblematik des Selbstbewußtseins so beschreiben, daß das, worauf sich im Selbstbewußtsein bezogen wird, weder nichts noch eine Identifizierungsbestimmung im Sinne singulärer Termini sein kann.[65] Zur Lösung dieser Problematik stehen grundsätzlich zwei Argumentationswege

---

[63] Henrich 1970, S. 268; vgl. Sturma 1985, S. 108 ff.; Mohr 1988, S. 68 ff.

[64] Siehe Henrich 1966, S. 193 f.

[65] Vgl. Wittgenstein V, S. 107 und 110 [Das Blaue Buch]: „Das Wort ‚ich' bedeutet nicht dasselbe wie ‚L.W.', selbst wenn ich L.W. bin, noch bedeutet es dasselbe wie der Ausdruck ‚die Person, die jetzt spricht'. Das bedeutet jedoch nicht, daß ‚L.W.' und ‚ich' zwei verschiedene Dinge bedeuten. (...) Wir haben dann das Gefühl, daß wir in den Fällen, in denen ‚ich' als Subjekt gebraucht wird, es nicht gebrauchen, weil wir eine bestimmte Person an ihren körperlichen Merkmalen erkennen; und daraus entsteht die Täuschung, daß wir dieses Wort gebrauchen, um von etwas Körperlosem zu sprechen, das jedoch seinen Sitz in unserem Körper hat."

offen. Zum einen kann versucht werden, den Aspekt der Unterschiedslo-
sigkeit oder Präreflexivität als Wesen des Selbstbewußtseins auszuweisen,
um im weiteren einen schwachen Differenzgedanken in Ansatz zu bringen.[66] Zum anderen kann Selbstbewußtsein von vornherein als eine Differenzierung mit besonderer Referenzstruktur aufgefaßt werden. Dieser
Weg ist von Kant beschritten worden.

Kant behandelt bei allen cartesianischen Vorgaben Selbstbewußtsein
immer als ein Bewußtseinsphänomen, das über eine spezifische Referenzstruktur verfügt.[67] Im Selbstbewußtsein bezieht sich das Subjekt auf ein
Quasi-Objekt, auf einen Referenten, der sich strukturell von den intentionalen Korrelaten herkömmlicher Fälle kognitiven Bewußtseins unterscheidet – „ich bin mir meiner selbst bewust (apperceptio). Ich denke d. i.
ich bin mir selbst ein Gegenstand des V e r s t a n d e s."[68] Nach Kants Erkenntniskritik impliziert ein Gegenstand des Verstandes im Unterschied
zu Gegenständen möglicher Erfahrung kein in der Anschauung Gegebe-
nes und ist aufgrunddessen gut geeignet, eine in sich differenzierte Verschiedenheit in den Begriff des Selbstbewußtseins einzuführen.

Der Einführung des Begriffs eines Gegenstandes des Verstandes bzw.
eines Quasi-Objekts haftet das Problem der Referenzstruktur gleichsam
vom Ansatz her an. Zudem verbleibt der Begriff in den kategorialen
Grundlegungen der Philosophie des Selbstbewußtseins und läßt einen Bezug zu den für die Philosophie der Person zentralen praktischen Selbstverhältnissen noch nicht deutlich werden. Gleichwohl ist Selbstbewußtsein in der Gestalt unmittelbaren Sichverhaltens zur eigenen Existenz eine
praktische Perspektive. Denn das unmittelbare Bewußtsein der eigenen
Existenz schließt eine Veränderung der Einstellung zu sich, anderen und
anderem ein. Daher kann erwartet werden, daß es in der semantischen
Perspektive des Existenzbegriffs möglich sein wird, die Referenzstruktur
des Selbstbewußtseins näher zu bestimmen.

Der Sachverhalt der referentiellen Undeutlichkeit des Selbstbewußtseins findet seine semantische Entsprechung in der von Kant und der
sprachanalytischen Philosophie entwickelten These, daß Existenz kein
Prädikat ist. Die semantische Besonderheit des Begriffs der Existenz liegt
darin, daß er sowohl in einem atemporalen als auch in einem temporalen
Sinne verwendet werden kann. Es ist Bertrand Russell gewesen, der im
Rahmen von Analysen genereller und individueller Existenzsätze auf den
zeitlosen Sinn von ‚existieren' aufmerksam gemacht hat.[69] ‚Existenz' wird

---

[66] Dies ist in etwa der Weg der Heidelberger Schule.
[67] Siehe Sturma 1985, S. 82 ff. und 1989, S. 374 ff.
[68] Kant XXII, S. 119.
[69] Siehe Russell 1956, S. 228 ff. und 241 ff. [The Philosophy of Logical Atomism, §§ V, VI]

dabei als eine Eigenschaft von Aussagefunktionen aufgefaßt, und Existenzsätze können dieser nominalistischen Sichtweise zufolge nur in bezug auf
Klassen und Typen formuliert werden. Ein Satz wie ‚Sokrates existiert‘
bedeutet, daß Sokrates ohne Beziehung auf eine Zeitbestimmung der Vergangenheit, Gegenwart oder Zukunft existiert. Die Möglichkeit, zeitlose
bzw. zeitneutrale Aussagen zu formulieren, ist unstrittig ein bedeutender
Aspekt menschlicher Sprache, dem vor allem auch im Zusammenhang mit
praktischen Selbstverhältnissen über die Zeit hinweg große Bedeutung
beizumessen ist.[70] Für die Aufklärung des unmittelbaren Bewußtseins der
eigenen Existenz können sie aber gerade nicht herangezogen werden, weil
nach Russells Analysen ‚Existenz‘ nur im Zusammenhang mit Beschreibungen rechtfertigungsfähig zu verwenden ist. Deshalb könne es auch keinen Begriff individueller Existenz geben:

> „You get into confusion through language, because it is a perfectly correct thing to
> say 'All the things in the world exist‘, and it is so easy to pass from this to 'This
> exists because it is a thing in the world‘. There is no sort of point in a predicate
> which could not conceivably be false. I mean, it is perfectly clear that, if there
> were such a thing as this existence of individuals that we talk of, it would be abso-
> lutely impossible for it not to apply, and that is the characteristic of a mistake."[71]

Aufgrund der Abhängigkeit des Existenzbegriffs von Beschreibungen
sind singuläre Existenzsätze wie ‚Homer existiert‘ in Wirklichkeit generelle Sätze, in denen Existenz nicht als Prädikat fungiert, sondern durch einen Existenzquantor ausgedrückt wird: ‚Unter allen Gegenständen in
Raum und Zeit gibt es einen Gegenstand, dem die Eigenschaften F und G
zukommen‘. In dieser Sichtweise muß es in der Tat als unsinnig erscheinen, nach einem Begriff individueller Existenz zu suchen, denn das, wofür
er einstehen soll, ist in der definiten Beschreibung immer schon enthalten.

Wie Wittgensteins Redundanzvorwurf gegen explizite Selbstthematisierungen und Ayers Kritik des *cogito*-Arguments ist auch Russells Ablehnung des Begriffs individueller Existenz exemplarischer Ausdruck für die
Tendenz der sprachanalytischen Philosophie, Begriffe nur dann für sinnvoll zu halten, wenn es prinzipiell möglich ist, sie in irgendeiner Weise verifikationistischen Kriterien zu unterwerfen. Die Möglichkeit, falsch sein
zu können, wäre demnach das Kriterium ihres rechtfertigungsfähigen Ge-
brauchs. Der Umstand, daß Sätze wie ‚ich denke‘ oder ‚ich existiere‘ dieses
Kriterium nicht zu erfüllen scheinen, ist aber nicht einfach der Beleg für
ihre Sinnlosigkeit, sondern allenfalls der Ausdruck der begrenzten An-

---

[70] Siehe Abschnitt VIII. 4.
[71] Russell 1956, S. 241. [The Philosophy of Logical Atomism, § VI]

wendbarkeit des verifikationistischen Überprüfungsverfahrens. Zudem
hat sich bereits gezeigt, daß sich hinter diesen Sätzen epistemische Einstellungen verbergen, die von herkömmlichen Fällen kognitiven Bewußtseins
strukturell unterschieden sind. Es ist ohnehin zu erwägen, ob nicht die
Sätze ‚ich habe nicht existiert‘ und ‚ich werde nicht existieren‘ als Negati-
onen von ‚ich existiere‘ behandelt werden müssen und nicht der sich selbst
aufhebende Satz ‚ich existiere nicht‘, wie das Ayer unterstellt. Bewußtseinsphilosophisch aufschlußreich ist jedoch der von Russell herausgear-
beitete Zusammenhang von Deskription und Existenz, der im Kontext
temporaler Existenzsätze zur Aufklärung der internen Struktur des unmittelbaren Sichverhaltens zur eigenen Existenz beitragen kann.

Temporale Existenz ist die Anwesenheit von Gegenständen im Raum
für die Dauer eines begrenzten Zeitabschnitts.[72] Diese Bedeutung des Existenzbegriffs unterscheidet sich deutlich von derjenigen, die er in generellen Sätzen annimmt, die Existenz atemporal mit Hilfe von Existenzquan-
toren ausdrücken. Deshalb muß entgegen den Intentionen Russells die
Möglichkeit von singulären Existenzsätzen zugelassen werden.[73] Die sprachanalytische Philosophie widerspricht denn auch nicht durchgängig der
Annahme singulärer Existenzsätze,[74] es wird jedoch in aller Regel versucht, diese Annahme wieder in ein von sprachanalytischen Identifizie-
rungs- und Prädikationskriterien vorgegebenes Theoriekonzept zu integrieren. Der eminente Unterschied zwischen einem temporalen Existenzsatz
in der ersten Person Singular Präsens Indikativ Aktiv und einem entsprechenden Satz in der dritten Person bleibt aber auch dann bestehen, wenn
temporale Existenzsätze – gleichsam in einem semantischen Kompromiß –
einfach als Relationen zwischen einem räumlichen Gegenstand und einer
Zeitstelle begriffen werden.[75] Der Satz

---

[72] Siehe Tugendhat 1992, S. 88 f. [Existence in Space and Time]: „(...) the existence of an individual is not a predicate, it is the fact that something is present in space for some time.“
[73] Siehe Tugendhat 1979, S. 175: „Alle prädikative Rede hat nur Sinn mit Bezug auf etwas, einen Gegenstand, und dieser muß identifizierbar sein. Im Fall von raumzeitlicher Prädika-
tion bilden nun Raum und Zeit die einheitliche Dimension der Identifizierbarkeit. Deswegen setzt, daß wir etwas von einem raumzeitlichen Gegenstand prädizieren, voraus, daß
dieser Gegenstand relativ zu Raum und Zeit identifizierbar ist, und es ist diese Relation, die
in dem singulären Existenzsatz zum Ausdruck kommt.“
[74] Siehe Tugendhat 1979, S. 174: „Aus der These, daß alle Existenzsätze generell sind, würde
folgen, daß es sinnlos ist, von einem einzelnen Gegenstand Existenz zu prädizieren. Bei
materiellen Gegenständen, die entstehen und vergehen und eine Dauer in der Zeit haben,
ist es nun aber durchaus erforderlich, von ihrer Existenz als einzelner zu sprechen, sonst
könnten wir nicht sagen, daß sie zu sein anfangen, zu sein aufhören und von dann bis dann
existieren.“
[75] Für Tugendhat ist die Frage, ob ‚Existenz‘ im temporalen Sinn als eine Relation zwischen
einem Gegenstand und einem Zeitpunkt begriffen werden muß, trotz einiger Entschei-
dungsversuche letztlich offen geblieben, siehe Tugendhat 1976, S. 471 und 1979, S. 175 f.:

[26–S] P existiert an der Zeitstelle t_x.

kann in externer Perspektive ausgedrückt werden und richtig sein, obwohl P möglicherweise selbst gar nicht in der Lage ist, ihn ausdrücklich zu ‚verifizieren‘, weil er sich in keinem reflektierten Aufmerksamkeitszustand befindet. Die direkte Entsprechung von [26–S] in der ersten Person wäre Satz [23–S], von dem aber gesagt worden ist, daß er erst in der Version ohne temporalen Indikator eine phänomengerechte Form annehmen kann [24–S]. Sowohl in [26–S] als auch in [24–S] fällt die Existenzbehauptung mit einer bestimmten Position in Raum und Zeit zusammen, die gleichermaßen vom Standpunkt der ersten, zweiten und dritten Person identifiziert werden kann. Aber allein in der Innenperspektive, in der Perspektive des subjektiven Standpunkts des Selbstbewußtseins, gewinnt der Sachverhalt, daß für einen bestimmten Zeitabschnitt Existenz und raumzeitliche Position konvergieren, den besonderen epistemischen Sinn, über die eigentümliche Referenzstruktur zu verfügen, in allen Deskriptionen und Identifizierungen, die eine Person in bezug auf sich und andere vollzieht, enthalten zu sein, ohne selbst jemals beschrieben oder identifiziert werden zu können. Daher wäre es auch unsinnig, [26–S] in die erste Person transformieren zu wollen. Der Satz

[27–S] Ich existiere an der Zeitstelle t_x.

ist formal und inhaltlich künstlich, denn ihm entspricht in der Alltagserfahrung kein mögliches Phänomen subjektiven Bewußtseins. Er drückt kein eigen geartetes Selbstverhältnis aus und ist gegenüber den Sätzen [24–S, 25–S] auch der epistemischen Struktur nach ein deutlicher Rückschritt. Der Versuch, ‚Existenz‘ im Sinne von [26–S] als zweistelliges Prädikat zu behandeln, kann demnach allenfalls in der Perspektive der dritten Person gelingen. Zur Aufklärung der internen Struktur personaler Selbstverhältnisse wird er keinen Beitrag leisten.

Das semantische Feld des Existenzbegriffs ist der sachliche Hintergrund der unbestimmten Referenzstruktur des Selbstbewußtseins, in der sich die Verschränkung von bewußter Existenz und Zeit im personalen Stand-

---

„Ich habe diesen ‚temporalen Existenzbegriff‘ in meinem Aufsatz ‚Existence in Space and Time‘ behandelt und dort die These vertreten, daß die temporale Existenz nicht ein zweistelliges Prädikat ist, sondern sich auf den Existenzquantor reduzieren läßt; ich weiß nicht, ob das richtig ist. (...) Existenz im Sinn der singulären Existenzsätze besagt Anwesenheit, und diese ist als ein relationales Prädikat mit Bezug auf Raum- und Zeitstellen zu verstehen. Ob es möglich ist, die Existenz in diesem Sinn doch noch auf den Existenzquantor zu reduzieren, wie ich einmal behauptet habe, oder ob es sich bei dieser Existenz um ein genuines – wenngleich einzigartiges – zweistelliges Prädikat handelt, kann ich hier offen lassen.“ Vgl. Tugendhat 1992, S. 86 ff.

punkt manifestiert. Das Leben von Personen ist eine besondere Form temporaler Existenz, weil es in seinen bewußten Vollzügen immer schon das nicht prädizierbare und nicht weiter identifizierbare Verhältnis zur eigenen Existenz einschließt. Während Ausdrücke wie ‚sich befinden‘, ‚sich aufhalten‘ u. ä. bei allen anderen Gegenständen in Raum und Zeit nur grammatikalisch reflexiv sind, bezeichnen sie im Fall personalen Lebens ein implizites oder explizites Selbstverhältnis des Bewußtseins von Personen. Die reflexive Struktur von temporalen Existenzsätzen der ersten Person Singular Präsens Indikativ Aktiv fällt bewußtseinsphilosophisch mit der Referenzstruktur des Selbstbewußtseins zusammen, was auf der Seite der theoretischen Erklärungsversuche zu Unbestimmtheitsfeldern führt. Diese Unbestimmtheit erfährt jenseits engerer bewußtseinsphilosophischer Theoriekontexte eine sprachanalytische Konkretisierung durch die semantische Struktur des Existenzbegriffs. Denn der sprachanalytischen Interpretation zufolge bezeichnet ‚Existenz‘ keineswegs einen Gegenstand, eine Eigenschaft oder ein Prädikat, sondern den Zustand bzw. Modus eines Gegenstandes in Raum und Zeit, und es ist dieses Existenzverhältnis, das im Selbstbewußtsein bewußt wird.

Die eigentümliche Semantik des Existenzbegriffs hat die traditionelle wie die analytische Philosophie des Selbstbewußtseins in aporetische Argumentationsmodelle gedrängt. Denn die Referenzstruktur des Selbstbewußtseins kann weder in der Perspektive öffentlicher Sprache oder der traditionellen Präreflexivitätsthese noch in der des Subjekt-Objekt-Modells verstanden werden.[76] Die herkömmlichen Gegenmodelle der Philosophie des Selbstbewußtseins, die sich zu einer exponierten These entschließen, um den Schwächen einer vermeintlichen Gegenposition zu entgehen, gehen insofern von falschen Alternativen aus.

Obwohl Selbstbewußtsein in der theoretisch unbefangenen Perspektive ein einsames psychisches Erlebnis zu sein scheint, ist es ein überaus vielschichtiges Phänomen, das in vielerlei Hinsicht über sich hinausweist. Dieser Sachverhalt tritt schon im Rahmen von epistemologischen Analysen deutlich zutage. Epistemologisch verdankt sich das Selbstbewußtsein von Personen einer komplexen Strukturgeschichte, die paradigmatisch von Kant rekonstruiert worden ist.[77] Im Mittelpunkt der Rekonstruktion

---

[76] Vom Standpunkt der sprachanalytischen Philosophie des Selbstbewußtseins, die insgesamt zu reduktionistisch angelegt ist, um dem Phänomen des Selbstbewußtseins gerecht werden zu können, kommt auch Tugendhat im Rahmen seiner Heideggerinterpretation zu dem Resultat, „daß der Mensch sich zu sich verhält, indem er sich so zu seinem *Sein* verhält und nicht in einer nach dem Subjekt-Objekt-Modell konzipierten reflexiven Relation." (Tugendhat 1979, S. 189)

[77] Siehe Sturma, 1985, S. 76 ff.

steht die systematische Entfaltung der Voraussetzungen und Relationen des Selbstbewußtseins.

Die exponierte Formel der epistemologischen Strukturgeschichte ist das ‚Ich denke, das alle meine Vorstellungen begleiten können muß‘.[78] Sie ist der Kern der systematischen Rekonstruktion der Bedingungen der Möglichkeit kognitiven Bewußtseins im allgemeinen und des Selbstbewußtseins im besonderen. Obwohl die Formel keine faktischen Bewußtseinsprozesse bezeichnet, ist sie für die Entfaltung einer nicht-reduktionistischen Philosophie der Person von großer Tragweite. In ihr drückt sich die formale Selbstreferenz des Subjekts des Denkens in allen seinen Bewußtseinsprozessen aus. Denn Identität des Selbstbewußtseins und Einheit des Bewußtseins können nur zustande kommen, wenn die Mannigfaltigkeit der Wahrnehmungsinhalte in einem engen Zusammenhang mit dem Subjekt des Denkens steht.

Der Begriff der formalen Selbstreferenz des Denkens muß methodisch sehr genau verwandt werden. Zu beachten ist vor allem, daß die erfahrungsintegrierende Funktion des Subjekts des Denkens nur epistemologisch aufgefaßt werden kann. Die in der Theorieperspektive des subjektiven Idealismus nahegelegte Auffassung, daß Selbstreferenz ein Akt der Selbstbestimmung sei, ist schon von Kant ausdrücklich zurückgewiesen worden. Selbstreferenz bzw. Selbstbewußtsein als impliziter Bewußtseinszustand ist eine ‚Modalität der Erkenntnis‘, die allein eine formierende und nicht etwa eine ursprünglich objektivierende Aufgabe erfüllt.[79]

In dem systematischen Modell der formalen Selbstreferenz des Denkens drückt sich die epistemologische Selbstbehauptung intelligenter Existenz aus. Weil die Selbstreferenz immer nur in formaler Hinsicht konstitutiv wirkt, ist sie gegenüber dem in Raum und Zeit Gegebenen das logisch Frühere und das epistemologisch Spätere. Demnach kann sich das Subjekt des Bewußtseins nur in bezug auf etwas, was es selbst ursprünglich *nicht* ist, auf sich selbst beziehen. Die Analyse des Sachverhalts, daß ich mich nur auf mich selbst beziehen kann, indem ich mich zumindest implizit auf etwas anderes beziehe, ist der Kern der ‚Widerlegung des Idealismus‘, den Kant auf die bewußtseinsphilosophische Formel gebracht hat, daß „das Bewußtsein meines eigenen Daseins (...) zugleich ein unmittelbares Bewußtsein des Daseins anderer Dinge außer mir"[80] ist. Der An-

---

[78] Siehe Kant 1956, S. 140b [B 131 f.].

[79] Siehe Kant XXII, S. 87: „Das Bewustseyn meiner selbst ist noch kein Act der Selbstbestimmung zur Erkentnis eines Gegenstandes sondern nur die Modalität des Erkenntnisses überhaupt wodurch ein Subject sich selbst überhaupt zum Object macht und das Förmliche der Anschauung überhaupt."

[80] Kant 1956, S. 274 [B 276].

schein der vitiösen Zirkularität verfliegt zum einen durch den Einschluß –
‚zugleich ein unmittelbares Bewußtsein von anderem‘ – sowie durch den
besonderen Argumentationsort, nämlich die epistemologische Rekonstruktion der Bedingungen der Möglichkeit eines unbezweifelbaren Phänomens der Alltagserfahrung.

Dem bewußtseinsphilosophischen Bestand nach ist Selbstbewußtsein
weder epistemologisch noch psychisch eine reine Selbstbeziehung oder
ein einsames Erlebnis. Der Anschein der Einsamkeit beruht auf einem
vorläufigen Begriff der Erlebnisperspektive, in dem die Relationen und
Kontextualitäten der Identität des Selbstbewußtseins ausgeblendet worden sind. Die Abhängigkeiten ihrer Selbstverhältnisse zeigen sich der
selbstgewissen Person, wenn die Unmittelbarkeit des Selbstbewußtseins
in Perspektiven des Existenzbewußtseins über die Zeit hinweg übergeht.
Gegen die vorgebliche Einsamkeit des Selbstbewußtseins spricht vor allem auch der Sachverhalt, daß in den Bewußtseinsprozessen der Alltagserfahrung die Grenze zwischen unmittelbaren Selbstverhältnissen und
Selbstverhältnissen über die Zeit hinweg, etwa Fällen expliziter Selbsterkenntnis, ohnehin fließend ist. Allerdings muß eingeräumt werden, daß
die Erinnerung an diese letztlich abstrakten Bindungen des Bewußtseins
sich angesichts schwerer existentieller und psychischer Spannungen als zu
schwach erweisen kann.[81]

5

In den alltäglichen Bewußtseinsvollzügen erfährt sich eine Person – implizit oder explizit – immer schon als von der Welt ausgegrenzt und sich zugleich auf sie beziehend. Für sich ist die Person *uno actu* Position in der
Welt und Reflexion *der* Welt. ‚Reflexion der Welt‘ meint keineswegs das
bloße Nachdenken *über* etwas, sondern die formale Konstitution der Welt
als Dimension einer spezifischen Lebensform. Die Konvergenz von re-
flektiertem Bewußtsein und ontologischem Ort schlägt sich in der Doppelperspektive des Selbstbewußtseins, dem ‚doppelten Ich im Bewußtsein
meiner selbst‘ nieder.[82] Selbstbewußtsein ist ein Bewußtseinszustand, in
dem das Subjekt des Bewußtseins sowohl für sich selbst als auch für das
einzustehen hat, was zu Bewußtsein kommt. Es ist diese Doppelperspektive, die den Anschein der Unvermeidbarkeit eines Subjekt-Objekt-Mo-

---

[81] Dieser Umstand steht der *consolatio philosophiae* entgegen, die etwa Derek Parfit von einer
      radikalen Kontextualisierung des Selbst erwartet, siehe Abschnitt VIII. 3.

[82] Siehe Kant XX, S. 268; Sturma 1989.

dells erweckt hat, auf die dann in der Philosophie des Selbstbewußtseins
wiederum mit Gegenmodellen reagiert worden ist, die die Reflexivität und
Referentialität des Selbstbewußtseins zum Verschwinden bringen. Von
dieser Theoriealternative hat sich gezeigt, daß sie mit Hilfe der privaten
Sprache des ‚ich denke‘ und der Semantik des Existenzbegriffs umgangen
werden kann.

In der Doppelperspektive des Selbstbewußtseins kommt zum Ausdruck, daß sich das Subjekt des Bewußtseins auf sich als raumzeitliches
Wesen bezieht, ohne daß es sich dabei als Subjekt im Blick hätte, das heißt,
das Selbstverhältnis des Selbstbewußtseins ist niemals das Selbstverhältnis
des Subjekts, das dieses initiiert. Kant hat deshalb die Gleichung aufgestellt, daß das ‚Ich, das denkt‘ prädikativ „=x“[83] sei. Weil wir das ‚Ich, das
denkt‘ niemals identifikatorisch isolieren können, müssen wir uns um dieses „in einem beständigen Zirkel herumdrehen“[84]. In der Philosophie des
Selbstbewußtseins gilt die Diagnose Kants als umstritten. Für Henrich ist
sie geradezu der Offenbarungseid der vorfichteschen Bewußtseinsphilosophie, die Selbstbewußtsein, so die Kritik, nach Maßgabe eines völlig verfehlten Subjekt-Objekt-Modells begreift. Henrichs Kritik kann jedoch ihrerseits einer kritischen Überprüfung nicht standhalten. Vor allem ist zu
bemängeln, daß Kant die These unterstellt wird, „daß sich das Subjekt zu
seinem eigenen Gegenstand macht“[85], denn es ist die Pointe von Kants
Argumentation, daß das gerade nicht möglich ist. Frank wiederum unterstellt Kant eine Differenzierung zwischen ‚Sein des Selbstbewußtseins‘
und ‚Sich-Erscheinen in der Zeit‘ und plaziert ihn damit direkt in die Traditionslinie der existenzphilosophischen Position, nach der die Existenz
der Essenz vorausgeht.[86] Diese Zuweisung mutet dem kantischen Argument jedoch zuviel zu. Kant zeigt im Rahmen seiner Kritik des Subjekts
lediglich, daß die Grenzen der Bestimmbarkeit der Gedankenbewegung
des Selbstbewußtseins sehr eng zu ziehen sind und sich das Subjekt des
Selbstbewußtseins, das ‚Ich, das denkt‘, jenseits dieser Grenze befindet.
Eine ‚Ontologisierung‘ des jenseitigen Bereichs – ob unter den Vorzeichen
der rationalen Psychologie oder der Existenzphilosophie – liefe dagegen
auf einen Paralogismus hinaus.

Das Phänomen des Selbstbewußtseins eignet sich offensichtlich nicht zu
Veranschaulichungen, und Versuche, das komplizierte Phänomen des
Selbstbewußtseins metaphorisch oder vergleichend zu konkretisieren,
sind in der Regel zum Scheitern verurteilt. Eine Ausnahme bildet Witt-

---

[83] Kant 1956, S. 374 [B 404].
[84] Kant 1956, S. 374 [B 404].
[85] Henrich 1966, S. 192.
[86] Siehe Frank 1991b, S. 419 f.

gensteins Ansatz, die prädikative Abwesenheit des ‚Ich, das denkt' der
Struktur nach durch das Bild von Auge und Gesichtsfeld zu skizzieren:
„Und nichts *am Gesichtsfeld* läßt darauf schließen, daß es von einem Auge gesehen wird."[87] Wittgenstein gelingt es zwar nicht, die Doppelperspektive des Selbstbewußtseins einer phänomengerechten Bestimmung
zuzuführen, was vor allem damit zusammenhängt, daß in seinen Argumentationen eine unüberbrückbare Kluft zwischen ‚Ich' und ‚Welt' aufgerissen wird, die die Distanz des reflektierenden Subjekts zu den Kontexten
seiner Reflexion zur reinen Transzendenz geraten läßt. Was in Wittgensteins Analysen jedoch klar erfaßt wird, ist der reflexionslogische Ort des
‚Ich, das denkt'. Es wird herausgearbeitet, daß der erfahrungskonstituti-
ven Funktion des ‚Ich, das denkt' in der Gedankenbewegung des Selbstbewußtseins zwangsläufig seine prädikative Abwesenheit entspricht: „Das
Ich ist kein Gegenstand. Jedem Gegenstand stehe ich objektiv gegenüber.
Dem Ich nicht."[88] Die objektive Leerstelle im Selbstbewußtsein nennt
Wittgenstein den nicht-psychologischen Sinn des ‚Ich'.[89]

Der nicht-objektivierbare, nicht-psychologische Sinn des ‚Ich, das denkt'
muß mit dem objektivierbaren, psychologischen ‚Ich' in einen internen
Zusammenhang gebracht werden, andernfalls zerspringt in der Theorie
das Phänomen des Selbstbewußtseins, wie etwa an den entsprechenden
Argumentationen des frühen Wittgenstein gut ablesbar ist. Sprachlich
zeigt sich das interne Verhältnis der subjektiven und objektivierbaren
Komponenten des Selbstbewußtseins an den possessiven Ausdrücken, die
in die Beschreibung von Selbstverhältnissen eingehen. Auf diesen Zusammenhang hat Wittgenstein mit der prägnanten These hingewiesen, daß das
Ich dadurch in die Philosophie trete, daß die Welt *meine* Welt sei.[90] Demnach ist der possessive Sinn des Selbstbewußtseins in den Anfangsgründen
und Grundlagen menschlicher Erfahrung verankert. Die nicht-objektivierbare Selbstvertrautheit des Subjekts des Selbstbewußtseins zeigt sich
in der unmittelbaren Zugehörigkeit der Erlebnis- und Erfahrungsprozesse zum jeweiligen subjektiven Standpunkt. Der possessive Sinn des Selbstbewußtseins erstreckt sich jedoch nicht, wie der frühe Wittgenstein und
Heidegger[91] unterstellen, unterschiedslos auf alle Erfahrungsgegenstände

---

[87] Wittgenstein I, S. 68. [Tractatus 5.633]
[88] Wittgenstein I, S. 175. [Tagebücher 1914 - 1916]
[89] Siehe Wittgenstein I, S. 175: „Es gibt also wirklich eine Art und Weise, wie in der Philosophie *in einem nicht-psychologischen Sinne* vom Ich die Rede sein kann und muß." Vgl.
Wittgenstein I, S. 68. [Tractatus 5.641]
[90] Siehe Wittgenstein I, S. 68. [Tractatus 5.641] Vgl. Sturma 1989, S. 374 ff.
[91] Auch Heidegger, von einem gänzlich anders verfaßten theoretischen Standpunkt aus
argumentierend, stellt in seiner Daseinsanalytik ausdrücklich den Sachverhalt der nicht-ob-
jektivierbaren Selbstvertrautheit heraus; siehe Heidegger 1979, S. 42: *„Das ‚Wesen' des Da-*

des subjektiven Standpunkts. Die Gedankenbewegung des Selbstbewußtseins muß freigehalten werden von epistemologischen Grundlegungen.
Werden die epistemologischen und bewußtseinsphilosophischen Perspektiven kurzschlüssig miteinander verbunden, eröffnet sich das theoretische
Szenario des Solipsismus, von dem der frühe Wittgenstein nicht unberührt
geblieben ist. In der Philosophie des Selbstbewußtseins hat der possessive
Sinn die deutlich eingeschränktere, aber bewußtseinsphilosophisch überaus bedeutsame Funktion, das ‚Ich, das denkt' und das ‚Ich, das gedacht
wird' in der Theorie zusammenzuhalten.

Possessiver Sinn und ‚doppeltes Ich' stehen explikativ für die Identität
und Differenziertheit des Selbstbewußtseins ein. Dem Selbstbewußtsein
liegt nicht nur eine implizite Beziehung auf anderes zugrunde, wie von
Kant in der ‚Transzendentalen Deduktion der reinen Verstandesbegriffe'
und der ‚Widerlegung des Idealismus' herausgearbeitet worden ist, sondern das ‚Ich, das denkt' bezieht sich auf sich als auf ein von sich unterschiedenes, das heißt, es begegnet *sich* im Selbstbewußtsein immer nur in
veränderter Form. Das Subjekt des Selbstbewußtseins kann sich *als* Subjekt nicht bewußt werden, zu Bewußtsein kommt immer nur das objekti-
vierbare Ich, das kein Ich im ursprünglichen Sinne, sondern ein selbstreferentieller Sachverhalt ist.

Weil das Spannungsverhältnis zwischen subjektiven und objektivierbaren Komponenten des Selbstbewußtseins deutliche Spuren in der Sprache
der Subjektivität hinterläßt, ist die Doppelstruktur auch Teilen der sprachanalytischen Theorie des Selbstbewußtseins auffällig geworden. Die Verschiedenheit im Selbstbewußtsein ist schließlich der Anlaß für den Versuch gewesen, die eigentümliche sprachliche Verwendungsweise von ‚ich'
und die besondere referentielle Struktur des Selbstbewußtseins in eins aufzuklären. Es ist das generelle Resultat dieser Analysen, daß ‚ich' (1.) kein
reifizierendes Substantiv, (2.) kein Eigenname und (3.) keine Kennzeich-
nung sein könne,[92] (4.) indikatorische Funktionen in Redesituationen erfülle,[93] (5.) über eine subjektive und objektive Komponente verfüge[94] sowie (6.) infallibel und nicht-korrigierbar sei. Bei den Punkten (1), (5) und

---

seins liegt in seiner Existenz. Die an diesem Seienden herausstellbaren Charaktere sind daher nicht vorhandene ‚Eigenschaften' eines so und so ‚aussehenden' vorhandenen Seienden, sondern je ihm mögliche Weisen zu sein und nur das. Alles Sosein dieses Seienden ist
primär Sein. Daher drückt der Titel ‚Dasein', mit dem wir dieses Seiende bezeichnen, nicht
sein Was aus, wie Tisch, Haus, Baum, sondern das Sein. (...) Das Ansprechen von Dasein
muß gemäß dem Charakter der *Jemeinigkeit* dieses Seienden stets das *Personal*pronomen
mitsagen: ‚ich bin', ‚du bist'."
[92] Siehe Wittgenstein V, S. 107 ff. und 116. [Das Blaue Buch]
[93] Siehe Geach 1957, S. 117 ff.
[94] Siehe Wittgenstein V, S. 105 ff. [Das Blaue Buch]

(6) kann die sprachanalytische Philosophie des Selbstbewußtseins offensichtlich an Einsichten der traditionellen Philosophie des Selbstbewußtseins anknüpfen.

Im Rahmen sprachanalytischer Untersuchungen hat sich zudem gezeigt, daß die Doppelstruktur des Selbstbewußtseins und anderer selbstreferentieller Bewußtseinszustände sich im Sprachgebrauch des Ausdrucks ,ich' und seinen pronominalen Entsprechungen reproduziert. Sprachlicher Ausdruck des Selbstbewußtseins scheint der schlichte Satz

[28–S] Ich habe Selbstbewußtsein.

zu sein. Dieser Satz erfährt in der Alltagserfahrung von Personen jedoch allenfalls eine Anwendung im übertragenen Sinne, in der ,Selbstbewußtsein' unterderhand die Bedeutung von ,Selbstvertrauen' annimmt. Will die Person für sich den Bewußtseinszustand des Selbstbewußtseins ausdrücken, hat sie dem Phänomen nach auf einen Satz zurückzugreifen, der die folgende Struktur hat:

[29–S] Ich bin mir meiner selbst bewußt.

Während [28–S] eine einfache Struktur aufweist, in der der Ausdruck ,ich' formal wie ein Eigenname eingesetzt wird und sprachlich in kein reflexives Verhältnis eintritt, wird in [29–S] das Selbstverhältnis mit Hilfe eines Personalpronomens, eines Reflexivpronomens, eines Possessivpronomens sowie eines undeklinierbaren Pronomens zur Darstellung gebracht. An dieser komplizierten Sprachstruktur der Subjektivität läßt sich die Gedankenbewegung des Selbstbewußtseins ablesen. Sie vollzieht sich von dem initiierenden subjektiven Ausgangspunkt, dem nicht-psychologischen ,Ich, das denkt', zu reflexiven Vermittlungen, die positional interpretierbar und durch die sprachliche Formen von Selbsterkenntnis ausgezeichnet sind:

[30–S] Ich bin mir bewußt, daß ich den Gegenstand x sehe.

An den Sätzen [29–S, 30–S] kann deutlich abgelesen werden, daß sowohl Selbstbewußtsein als auch andere selbstreferentielle Bewußtseinszustände in ihren sprachlichen Manifestationen über eine Doppelstruktur verfügen, die sich im Fall des Selbstbewußtseins der Positionalität des personalen Standpunkts perspektivisch öffnet und im Fall anderer Formen von Selbstreferentialität die Positionalität reflektierender Existenz ausdeutet.[95]

---

[95] Zur anthropologischen Ausdeutung des Begriffs der Positionalität siehe Plessner 1981, S. 365: „Positional liegt ein Dreifaches vor: das Lebendige ist Körper, im Körper (als Innenleben oder Seele) und außer dem Körper als Blickpunkt, von dem aus es beides ist. Ein Individuum, welches positional derart dreifach charakterisiert ist, heißt *Person*. Es ist das Subjekt seines Erlebens, seiner Wahrnehmungen und seiner Aktionen, seiner Initiative. Es weiß und es will. Seine Existenz ist wahrhaft auf Nichts gestellt.“

Selbstreferentialität realisiert sich in einer komplementären Sprache, die in der Regel durch ein zweifaches Auftreten von Reflexiv- bzw. Personalpronomen bestimmt wird. Wenn ich mir meiner selbst bewußt bin, dann habe ich kein Bewußtsein von einem ‚Ichobjekt‘, sondern von dem Sachverhalt, daß ich in einer konkreten raumzeitlichen Position ein bestimmtes Erlebnis habe oder eine bestimmte Erfahrung mache, die in einem perspektivisch auslegbaren Verhältnis zu einem Ereignis steht. Dieser Sachverhalt präformiert auch die Semantik des Begriffs des Selbst, der keine Seele oder andere Entitäten bezeichnet, sondern sich auf die subjektive Einheitsstruktur der in der Zeit verlaufenden Zustände, Erlebnisse und Verhaltensweisen einer Person bezieht.

Die in den Sätzen [29–S, 30–S] enthaltenen Personal- und Reflexivpronomen sind immer in personaler, lokaler und temporaler Hinsicht identifizierbar und interpretierbar. Die sprachanalytische Philosophie des Selbstbewußtseins hat diesen Sachverhalt in der Perspektive des Verhältnisses der personalen Indikatoren im nicht-propositionalen und propositionalen Teil von Sätzen wie [30–S] thematisiert. Es ist insbesondere Hector-Neri Castañeda gewesen, der dieses Verhältnis subtilen Analysen unterzogen und dabei eine sprachliche Eigenart des Selbstbewußtseins entdeckt hat, die sich in der Funktion von dem äußert, was er Quasi-Indikatoren nennt.[96] Während indikatorische Ausdrücke direkte Bezugnahmen des Sprachsubjekts sind,

[31–S] Ich sehe x.

drücken Quasi-Indikatoren indirekte Bezugnahmen aus, die syntaktisch und semantisch im propositionalen Satzteil auf den nicht-propositionalen Satzteil verweisen

[32–S] Er sagt, daß er* [er selbst] x sieht.

Castañeda hat im weiteren nachweisen können, daß Indikatoren der ersten Person nicht weiter analysierbar sind – ein Befund, der erkenntniskritisch an Kants Paralogismenkritik und sprachanalytisch an Wittgensteins Diagnose des nicht-psychologischen Sinns von ‚ich‘ anschließt – und Quasi-Indikatoren der indirekten Rede durch keine anderen Ausdrücke, auch keine anderen Indikatoren, ohne Bedeutungsverlust ersetzt werden können.

Die eigenartige Grammatik des Ausdrucks ‚ich‘ gibt der Doppelstruktur des Selbstbewußtseins sprachliche Konturen. In der klassischen deutschen Philosophie ist diese Doppelstruktur in deutlich erweiterten Theo-

---

[96] Siehe Castañeda 1966 und 1967.

rie- und Argumentationskontexten mit Begriffen wie ‚Reflexion', ‚Entzweiung' oder ‚Entäußerung' angesprochen worden. Die Begriffe der Doppelstruktur des Selbstbewußtseins und der reflektierten Distanz besagen, daß Personen sich aus der gegebenen Unmittelbarkeit ihres Lebens vermittels ihres selbstreferentiellen Bewußtseins lösen können.[97] Indexikalität und Quasi-Indexikalität sind dabei die formalen sprachlichen Mittel, mit denen sich Personen reflektierend über ihre ontologischen und sozialen Kontexte orientieren. Im Medium der Sprache fungieren Indexikalität und Quasi-Indexikalität unmittelbar als Ausdruck menschlicher Subjektivität. Sie sind in einem ganz allgemeinen Sinne sprachlicher Ausdruck der ontologischen Position und Reflexion einer Person, für die wiederum philosophische Grundbegriffe wie Raum, Zeit, Bewußtsein und Selbstreferentialität einstehen, das heißt, indexikalische und quasi-indexikalische Ausdrücke sind semantisch mit diesen Grundbegriffen verknüpft.

In der Doppelstruktur des Selbstbewußtseins ist der sprachlichen Manifestation nach der epistemische Sinn des Selbstbewußtseins und der kognitive Sinn der Selbsterkenntnis begründet. In den Pronomen und zeichenreflexiven Ausdrücken von Selbstzuschreibungen verbirgt sich ein epistemisches Verhältnis zur eigenen Existenz, das von der spezifischen Perspektive des Subjekts des Selbstverhältnisses nicht zu trennen ist. Auch wenn Selbstbewußtsein als solches noch keine Selbsterkenntnis ist, erlebt das ‚Ich, das denkt' „die Position seiner selbst (dabile) als bestimmbar im Raum und der Zeit (cogitabile)"[98] – und man hat hinzuzufügen: als in Raum und Zeit *zu* bestimmen. Trotz der Abwesenheit prädikativer Bestimmung verhält sich eine Person im Selbstbewußtsein bereits zu ihrer konkreten Existenz und ihrem konkreten Verhalten im ontologischen und sozialen Raum.

Die in [25–S] exponierte Perspektive des Bewußtseins der eigenen Existenz verliert vor dem Hintergrund der impliziten Positionalität des Selbstbewußtseins ihre abstrakte Unbestimmtheit. Personen werden sich in einer Weise ihrer selbst bewußt, die lokal, temporal und prädikativ vermittelt ist – auch wenn sie über diese Vermittlungen im jeweiligen Augenblick selten verfügen können. Obwohl das durch den nicht-psychologischen Sinn des ‚ich' durchaus nahegelegt wird, schauen Personen niemals von außen in die Welt hinein, vielmehr verhalten sie sich reflektierend *in* der Welt *zur* Welt. Satz [25–S] ist entsprechend zu konkretisieren:

---

[97] Plessner bezeichnet die reflektierte Distanz als Exzentrizität; siehe Plessner 1981, S. 364: „*Exzentrizität* ist die für den Menschen charakteristische Form seiner frontalen Gestelltheit gegen das Umfeld."
[98] Kant XXII, S. 47.

[33-S] Ich bin mir bewußt, daß ich mich im Zustand expliziten Existenzbewußtseins an dieser Raumzeitstelle befinde.

Selbstbewußtsein ist keine Transzendenz, sondern eine Perspektive des
Existenzbewußtseins, die sich selbst immer schon miteinbezieht. In dieser
Hinsicht ist das ‚doppelte Ich im Bewußtsein meiner selbst' bereits die
praktische Form des Selbstbewußtseins. Man kann die Gedankenbewegung des Selbstbewußtseins, die durch die Doppelstruktur erzwungen
wird, geradezu als Handlung ansprechen. Das Subjekt des Selbstbewußtseins verhält sich in der reflektierten Positionalität in unmittelbar verän-
dernder Form zu sich selbst. Aufgrund des Verhaltenszwangs, der in jeder
Existenzform enthalten ist, und der ausschließt, sich existierend nicht verhalten zu können, ist das unmittelbare Selbstverhältnis des Selbstbewußtseins immer schon eine Veränderung und sein Subjekt zugleich verändern-
de Instanz und veränderte Person.

Obwohl die körperliche Erscheinungsweise einer Person in der Perspektive des äußeren Beobachters keine Veränderungen durchzumachen
scheint, kann gleichwohl ein veränderndes bzw. verändertes Verhalten
vorliegen, nämlich immer dann, wenn sich ihre *Einstellungen* verändert
haben – und sei es nur durch den Übergang zu einem intensivierten Aufmerksamkeitszustand. Eine Person, die buchstäblich nichts tut, aber ihr
Nichtstun mit Reflexion begleitet, verändert ihr Verhalten und vollzieht
explizit eine Handlung. Dieser Sachverhalt zeichnet sich besonders deutlich im Fall der Verweigerung von Hilfeleistungen ab, bei dem die Unterlassung durch den Anschein, die Notfallsituation nicht zu bemerken oder
nicht bemerkt zu haben, verdeckt werden soll. Im Lichte des reflektierten
Verhaltenszwangs bzw. der Unvermeidbarkeit der Verhaltensperspektive
muß insofern auch [33-S] modifiziert werden:

[34-S] Ich bin mir bewußt, mich an dieser Raumzeitstelle so und so zu
verhalten.

Weil Selbstbewußtsein als implizite Veränderungsinstanz epistemisch
nicht folgenlos ist, gewinnt die reflektierte Positionalität des Bewußtseins
der eigenen Existenz immer schon den Stellenwert eines praktischen Verhältnisses zur Welt.[99]

Mit der Aufdeckung dieses Sachverhalts findet die reduktionismuskritische Argumentationsperspektive der Philosophie der Person schließlich
ihren systematischen Abschluß, denn im weiteren wird es vorrangig darum gehen, den Freiraum praktischer Selbstverhältnisse zu rekonstruieren

---

[99] Zum Verhältnis von Selbstbewußtsein als Veränderungsinstanz und Kants Begriff der
Kausalität aus Freiheit siehe Sturma 1992b.

und in den Grenzen möglicher Selbstbestimmung zu konkretisieren. Die in [15–T] festgestellte immanente Differenz zwischen Erlebnissen und Ereignissen findet nunmehr ihre subjektivitätstheoretische Ausdeutung in der Konstellation von Irreduzibilität der Erlebnisperspektive und interner Struktur des Selbstbewußtseins. Das unerwartete Ergebnis der Ausdeutung besteht darin, daß sich schon in der subjektivitätstheoretischen Entfaltung des Irreduzibilitätsarguments die Umrisse eines praktischen Selbstverhältnisses abzeichnen, das dadurch zustandekommt, daß die exklusive ontologische Position einer Person unmittelbar in ihre selbstreferentiellen Bewußtseinszustände eingeht.

Die Einheit von Positionalität und Reflexion erzeugt einen zwangsläufigen Zusammenhang von epistemischer Einstellung und praktischem Selbstverhältnis, weil die reflektierte Positionalität die Einstellung einer Person zu sich und den Kontexten der eigenen Existenz verändert. Im systematischen Anschluß an die Sätze [14–T, 15–T] kann nunmehr ein für die Philosophie der Person entscheidendes Fazit gezogen werden:

[35–T] Personen verändern partiell die Welt der Ereignisse.
[36–T] Personen verändern sich als Personen in der Welt der Ereignisse.

In diesen Sätzen werden die ontologischen und handlungstheoretischen Konsequenzen aus der Konstellation von Erlebnisperspektive und Selbstbewußtsein gezogen. Das unmittelbare Bewußtsein, in einer subjektunabhängigen Welt zu existieren, ist nicht die Kontemplation eines Ist-Zustands, sondern bereits ein praxisverändernder Übergang.[100] Mit dem Aufblitzen der Selbstgewißheit setzt bereits der Prozeß ein, der die Person sich auf das beziehen läßt, was sie als unmittelbare subjektive Perspektive nicht ist. Die Gedankenbewegung des Selbstbewußtseins hat in dieser Hinsicht sogar etwas erratisches: es bindet das Subjekt an das, was es unmittelbar nicht ist und zwingt es, sich explizit dazu zu verhalten.

---

[100] Siehe Abschnitt III. 3.

V. Bewusstsein und personale Identität

1

Selbstbewußtsein vollzieht sich faktisch in der Zeit. Gleichwohl darf es nicht nach Maßgabe einfacher zeitlicher Abfolgeverhältnisse aufgefaßt werden, denn dagegen spricht seine Reflexionsstruktur. Selbstbewußtsein ist nur deshalb über die Zeit hinweg identisch, weil das Subjekt des Bewußtseins das in der Anschauung gegebene Mannigfaltige immer schon ‚durchläuft‘ und ‚zusammenfaßt‘.[1] Damit sich das Subjekt des Bewußtseins nicht in ein so vielfarbiges Selbst auflöst, wie es Vorstellungen hat, muß es das, was es zum jeweiligen Zeitpunkt im Bewußtsein vorstellt, über seine punktuelle Präsentation hinaus gleichzeitig zu sich und anderen Daten oder Bedeutungszusammenhängen seines Bewußtseins in Beziehung setzen. Würde dieser reflexive Außen- und Rückbezug nach einem zeitlichen Abfolgeverhältnis ausgelegt, entstünde ein *regressus in infinitum*. Das hätte für das Theoriemodell einer durchgängigen Zeitlichkeit des Selbstbewußtseins die explikativ überaus mißliche Konsequenz, daß Identität des Selbstbewußtseins und kohärente Bewußtseinsphänomene, die erkennbar zum faktischen Bestand personalen Bewußtseins gehören, dem Ansatz zufolge erst gar nicht zustande kommen könnten.

Der rekonstruierbare Kern des Selbstbewußtseins ist durch die Abwesenheit zeitlicher Abfolgeverhältnisse gekennzeichnet. Die Person kann sich deshalb zwar nicht buchstäblich aus der Zeit begeben, aber sie ist in der Lage, ein reflexives Verhältnis zur Zeit einzunehmen, und das ist nur möglich, weil sie sich *idealiter* vom unaufhaltsamen Zeitverlauf distanzieren kann. Dieser zeit- und personalitätstheoretisch gleichermaßen bedeutungsvolle Sachverhalt präformiert die eigentümliche Semantik des Personbegriffs, ein nicht ausschließlich empirisch identifizierbares Wesen zu bezeichnen. Die Ontologie der Person fällt nicht umstandslos mit den ontologischen Umrissen einer raumzeitlichen Entität zusammen. Es ist diese Differenz, die eine eigentümliche Konstellation von Selbst- und Fremdbeziehungen nach sich zieht.

---

[1] Siehe Kant 1956, S. 142a ff. [A 98 ff.] Vgl. Sturma 1985, S. 32 ff.

Mit der Identität des Selbstbewußtseins vollzieht sich eine temporale Erweiterung des bewußten Lebens, die als ‚heimliche Kontinuität' des Bewußtseins der eigenen Existenz angesprochen werden kann.[2] Es ist allerdings zu beachten, daß die zeitliche Ausdehnung des Subjekts an dieser Stelle lediglich formal aufzufassen ist, das heißt, sie ist eine Bedingung personaler Existenz über die Zeit hinweg, mit der aber noch keine Antwort auf die Frage gegeben werden kann, was es heißt, sich als Person in der Zeit zu verhalten. Im Selbstbewußtsein wird sich eine Person als ein zeitlich ausgedehntes Subjekt bewußt, das in bezug auf eine Mannigfaltigkeit von Vorstellungen über die Zeit hinweg als identisch *erscheint*. Diese Einschränkung muß deshalb gemacht werden, weil für eine Person keine Möglichkeit besteht, festzustellen, ob die selbstreferentielle Instanz des Bewußtseins an der Zeitstelle t_a in eineindeutiger Hinsicht dieselbe ist wie an der Zeitstelle t_n – hier greift ein bewußtseinsphilosophisch modifiziertes Privatsprachenargument.

Der Weg vom Selbstbewußtsein zum Subjekt von Selbstverhältnissen über die Zeit hinweg ist in der traditionellen Bewußtseinsphilosophie lange undeutlich geblieben. Anders als der Cartesianismus und seine Kritiker unterstellen, ist der Identitätssinn des Selbstbewußtseins weder metaphysisch noch empirisch reifizierbar. Aus der Identität des Selbstbewußtseins über die Zeit hinweg kann weder die Identität einer mentalen Substanz noch die einer Person über die Zeit hinweg gefolgert werden. Während die Identität des Selbstbewußtseins im Hinblick auf die Synthesis der Mannigfaltigkeit von Vorstellungen nur epistemologische bzw. bewußtseinsphilosophische Kriterien erfüllt, müssen Identitätsbestimmungen einer mentalen Substanz oder einer Person weitergehenden kriteriellen Anforderungen genügen. Dieser Sachverhalt ist bekanntlich von Kant exemplarisch herausgearbeitet worden.

In Kants Kritik des Subjekts[3] wird nachgewiesen, daß weder der existentielle Aufmerksamkeitszustand ‚ich bin' noch die epistemologische Funktionsbestimmung ‚ich denke' referentiell ausgedeutet werden können. Obwohl Kant in seiner Terminologie oftmals nicht eindeutig ist, kann seine Paralogismenkritik nur so verstanden werden, daß die selbstreferentiellen Funktionen des Subjekts lediglich indikatorisch und nicht substantivisch zu interpretieren sind. Insofern vollzieht bereits Kant den semantischen Abstieg vom ‚Ich' zum ‚ich', ohne damit allerdings reduktionistische Absichten zu verfolgen, wie das in weiten Bereichen der sprachanalytischen Philosophie des Selbstbewußtseins geschieht.[4]

---

[2] Siehe Abschnitt IV. 3.
[3] Siehe Sturma 1985, S. 57 ff.
[4] Vgl. Tugendhat 1979, S. 68 ff.

Kant führt vor, daß das Subjekt des Bewußtseins aufgrund seiner konstitutiven Funktion selbst kein intentionales Korrelat kognitiven Bewußtseins sein kann. Will man das denkende Subjekt zum Gegenstand kognitiver Einstellungen machen, muß man es dabei immer schon voraussetzen. Zwar ist Kant zufolge Selbstbewußtsein der Schlüssel zum Verständnis der Einheit des Bewußtseins und seiner propositionalen Einstellungen, es erschließt jedoch noch nicht den sachlichen Gehalt des Daseins von Personen. Das ‚ich denke‘ ist als „Vehikel aller Begriffe"[5] die Konstitutionsbedingung begrifflicher Bestimmungen und kann deshalb seinerseits nicht auf den Begriff gebracht werden.

Die erkenntniskritische Bestimmung des Subjekts entfaltet gleichermaßen die Bedingungen der Möglichkeit propositionaler Einstellungen und reflektierter Selbstverhältnisse. Sie führt dabei exemplarisch zwei Irrwege der Theorie personalen Daseins vor: den deskriptiven Fehlschluß aus dem ‚ich denke‘ und den substanzphilosophischen Fehlschluß aus dem ‚ich existiere‘.[6] Es wird in der Regel übersehen, daß Kant auch schon den Argumentationsweg für eine rechtfertigungsfähige Bestimmung personaler Existenz aufzeigt, denn der Nachweis, daß die „Identität der Person aus der Identität des Ich, in dem Bewußtsein aller Zeit, darin ich mich erkenne, keineswegs folgt"[7], enthält nicht nur eine Reifizierungskritik, sondern vor allem auch eine Öffnung in die raumzeitliche Welt. Aufgrund der erkenntniskritischen Vorklärung ist Kant imstande, semantisch sicher zwischen der Identität des Subjekts des Selbstbewußtseins und seiner in der Anschauung gegebenen objektiven Erscheinungsweise zu unterscheiden.[8] Im Hinblick auf den Sachverhalt personaler Identität kann entsprechend zwischen analytischen und synthetischen Komponenten differenziert werden.

Unabhängig von der Problematik der Subsistenz des Subjekts im Wechsel seiner Zustände muß personales Dasein als in Zeit *und* Raum ausgedehnt begriffen werden. Die Theorie personaler Identität kann auf diesen Sachverhalt nur durch ein Explikationsmodell reagieren, das sich sowohl aus der Perspektive der ersten als auch aus der der zweiten und dritten Person zusammensetzt. Im übrigen weist Kant die Möglichkeit metaphysischer Subsistenz des Subjekts nicht von vornherein ab,[9] nur wird sich den epistemologischen Vorgaben seiner Erkenntniskritik zufolge eine derartige Subsistenz niemals kognitiven Einstellungen öffnen können. Soll

---

5 Kant 1956, S. 371 [B 399].
6 ‚Ich denke‘ und ‚ich existiere‘ sind in diesem Fall gegeneinander austauschbar.
7 Kant 1956, S. 394a [A 365].
8 Siehe Kant 1956, S. 383b [B 408f.]
9 Vgl. Kant 1956, S. 392a ff. [A 364 f.]

dieser Sachverhalt in rechtfertigungsfähiger Weise rekonstruiert werden, dann muß auf einen internen Zusammenhang zwischen der subjektiven Perspektive der Identität des Selbstbewußtseins und der objektiven Perspektive eines ‚äußeren Beobachters‘[10] zurückgegriffen werden können. Zwar konvergieren Identität des Selbstbewußtseins und Identität der Person in der subjektiven Perspektive,[11] nur ist sie für die Konstitution der Identität der Person nicht hinreichend. Eine Person begreift sich auf eine Weise als identisch, die sie zu einem möglichen Gegenstand von Selbsterkenntnis und Erkenntnis durch andere macht. Deshalb hängt ein Gegenstand möglicher Erfahrung immer von synthetischen Leistungen[12] in Raum und Zeit ab. Dies ist die irreduzible Vorgabe der Erkenntniskritik für alle Fälle kognitiven Bewußtseins:

„Wenn mir jemand überhaupt die Frage aufwürfe: von welcher Beschaffenheit ist ein Ding, welches denkt? so weiß ich darauf a priori nicht das mindeste zu antworten, weil die Antwort synthetisch sein soll (denn eine analytische erklärt vielleicht wohl das Denken, aber keine erweiterte Erkenntnis von demjenigen, worauf dieses Denken seiner Möglichkeit nach beruht).“[13]

Mit der Einsicht, daß die Identität des Selbstbewußtseins als interne Strukturbestimmung des Bewußtseins aus sich heraus noch zu keiner erweiterten Erkenntnis des konkreten Daseins führt, reagiert Kant auf das grundsätzliche Problem der Einführung der Theorie personaler Identität in die Philosophie der Neuzeit: auf die Frage, ob das Bewußtsein einer Person für die Deskription und Explikation ihrer Identität über die Zeit hinweg extensional hinreichend ist.

2

Mit der Bestimmung des internen Verhältnisses von Bewußtsein und Identität der Person wird in der Theorie personaler Identität systematisch

---

[10] Siehe Kant 1956, S. 391a [A 363].

[11] Siehe Kant 1956, S. 391a [A 362]: „Die Identität der Person ist (...) in meinem eigenen Bewußtsein unausbleiblich anzutreffen.“

[12] Es wird sich im weiteren zeigen, daß sich die synthetischen Leistungen bei der Bestimmung personalen Bewußtseins nicht auf Fälle kognitiven Bewußtseins im engeren Sinne beschränken, sondern sich vor allem auch auf praktische Selbstverhältnisse über die Zeit hinweg erstrecken.

[13] Kant 1956, S. 428a [A 398]. Ein analoges Argument hat Thomas Nagel im Zusammenhang seiner Kritik von Wittgensteins Privatsprachenargument entwickelt; siehe Nagel 1986, S. 35: „It is an error, though a natural one, to think that a psychological concept like personal identity can be understood through an examination of my first-person concept of self, apart from the more general concept of ‚someone‘ of which it is the essence of ‚I‘ to be the first-person form. I would add only that the full conditions of personal identity cannot be extracted from the concept of a person at all: they cannot be arrived at a priori.“

und philosophiegeschichtlich der Anfang gemacht.[14] Mit Leibniz' ,Nouveaux Essais sur l'entendement humain' und ihrem Bezugspunkt, Lockes ,Essay Concerning Human Understanding', liegen sachlich direkt aufeinander bezogene bzw. beziehbare Argumentationskomplexe vor, die auf alternierende Weise mit der Grundsatzproblematik der Philosophie der Neuzeit im allgemeinen und dem Verhältnis von Bewußtsein und personaler Identität im besonderen umgehen. Vor dem Hintergrund der nachfolgenden Theorien personaler Identität nimmt die systematische Gegensätzlichkeit der beiden Ansätze sogar noch deutlichere Züge an.

Die Rekonstruktion von Lockes und Leibniz' Positionen zur personalen Identität hat für die Grundlegung der Philosophie der Person entscheidende Bedeutung. Ihre Analysen errichten nicht nur einen systematischen Rahmen für die Philosophie der Person, sondern bringen auch thematische Bereiche der theoretischen und praktischen Philosophie einander näher. Insbesondere an der internen Struktur von Lockes Begriff der Identität der Person läßt sich das komplizierte Verhältnis von philosophiegeschichtlicher Grundlegung und ihrer systematischen Virulenz ablesen, das in diesem Fall bis in die gegenwärtige Theoriesituation bestimmend geblieben ist.

Es gibt eine ,unterirdische', nur selten explizit hervortretende Geschichte der Locke-Leibniz-Kontroverse. Allerdings hat sie sich nicht einmal in der Zeit ihrer philosophiegeschichtlichen Herausbildung als wirklicher Dialog entfalten können. Das ist allein schon deswegen zu bedauern, weil Leibniz in den ,Nouveaux Essais' bemerkenswerte Zugeständnisse an Locke macht und dessen Position im Rahmen seiner Kritik vergleichsweise gerecht behandelt. Wenn es auch keine an Leibniz' Lockekritik direkt anschließende Diskussionstradition gibt, so haben sich dennoch personalitätstheoretische Argumentationsstücke von Locke und Leibniz über eine Reihe weiterer Philosophen bis in die Gegenwart zu einer eigenen Theoriegeschichte zusammengefügt. Einige Theoretiker des 17. und 18. Jahrhunderts haben teilweise in Kenntnis, teilweise in Unkenntnis von Leibniz' Kritik auf ähnliche Weise gegen Lockes Ansatz argumentiert. In ihrer gegenwärtigen Form betrifft die Kontroverse vor allem den Bereich, der direkt von Bewußtsein und Identität handelt. Diese Thematik ist noch heute in Epistemologie, Bewußtseinsphilosophie, Moralphilosophie, Psychologie und Philosophie der Psychologie überaus umstritten. Es sind die sich in diesem Umfeld zutragenden Problemstellun-

---

[14] Im Hinblick auf die Rezeption der theoretischen Ansätze zum Problem personaler Identität hat Locke ein eindeutiges Übergewicht. Auf Leibniz geht gleichwohl eine Argumentationslinie zurück, die über Butler, Reid und Kant bis in die Gegenwart wirkt.

gen und Auseinandersetzungen, die es geboten erscheinen lassen, das von
Locke und Leibniz entfaltete Argumentationspotential einer über philosophiegeschichtliche Gesichtspunkte hinausgehenden systematischen Bewertung zuzuführen.

In methodischer Hinsicht nimmt die Locke-Leibniz-Kontroverse zunächst die Gestalt der für die Philosophie insgesamt bedeutsamen Frage
an, welche systematische Einstellung gegenüber subjektivitätstheoretischen Tatsachen und Sachverhalten einzunehmen ist. Während Locke sich
der Intention nach an dem deskriptiv identifizierbaren Bereich möglicher
Erfahrung orientiert,[15] ist es Leibniz' Grundüberzeugung, daß schon die
spezifische Struktur menschlicher Subjektivität verhindere, für ihre Erklärung empirische Erfahrung einzusetzen.[16] Es muß allerdings berücksichtigt werden, daß die Kontroverse zwischen empiristischer[17] und ratio-
nalistischer Theorie von Verallgemeinerungen durchsetzt ist – was im übrigen nicht nur für den Kontext der Philosophie der Person gilt. Die
explikative Bedeutung der Kontroverse liegt in strukturellen und philosophiegeschichtlichen Annäherungen. Einzelne Theorien lassen sich mit ihr
nicht abbilden. Ihr methodischer Gewinn ist in dem Umstand begründet,
daß sie die grundsätzlichen Unterschiede der semantischen Einsätze deutlich markiert, die im Fall des Empirismus deskriptiven, im Fall des Rationalismus konstruktiven Vorgaben genügen sollen.

Die Kontroverse zwischen Empirismus und Rationalismus muß nicht
zwangsläufig auf eine ausschließende Alternative hinauslaufen. Im Anschluß an Hume, der sich selbst als entschlossener Vollender der von
Locke nur halbherzig in Angriff genommenen Programmatik des Empirismus gesehen hat, ist es vor allem Kant, der dieser Kontroverse eine neue
Deutung gibt, nach der Empirismus und Rationalismus Teilaspekten der
Epistemologie und Bewußtseinsphilosophie gerecht werden können, für
sich allein aber nicht imstande sind, die begründungstheoretische Last zu
tragen. Erkenntniskritisch reflektiert gehen sowohl Empirismus als auch
Rationalismus in Kants eigene Positionen ein – eine Konstellation, die an-

---

[15] Siehe Locke 1975, S. 104 [II. 1 § 2]: „Let us (...) suppose the Mind to be, as we say, white
Paper, void of all Characters, without any *Ideas*; How comes it to be furnished? Whence
comes it by that vast store, which the busy and boundless Fancy of Man has painted on it,
with an almost endless variety? Whence has it all the materials of Reason and Knowledge?
To this I answer, in one word, From *Experience*: In that, all our kowledge is founded; and
from that it ultimately derives it self."

[16] Siehe Leibniz V, S. 100: „Nihil est in intellectu, quod non fuerit in sensu, exci-
pe: nisi ipse intellectus."

[17] Im folgenden wird der Ausdruck ‚empiristisch' umfassend und ohne Trennschärfe gebraucht. Es wird nicht unterschieden zwischen empiristischen Theorien im engen pro-
grammatischen Sinn und Ansätzen, die lediglich – wie im Fall von Locke – durch empiristische Tendenzen ausgezeichnet sind.

schaulich an der berühmten Formel ablesbar ist, daß zwar alle Erkenntnis mit der Erfahrung anhebe, keinesfalls aber schon aus ihr entspringe.[18]

Mit den philosophischen Positionen von Locke, Leibniz, Hume und Kant kristallisiert sich ein systematisches Problemfeld heraus, das bis in die gegenwärtige Theoriesituation bestimmend geblieben ist. Dabei geht es zunächst nicht um das Für und Wider metaphysischer Entitäten, sondern darum, ob deskriptiv identifizierbare Phänomenbereiche menschlicher Subjektivität für ihre eigene Aufklärung hinreichend sind, und welche Bedeutung dabei möglicherweise erfahrungsunabhängigen Komponenten zukommt. In diesem Punkt unterscheiden sich schließlich auch transzendentalphilosophische und genuin rationalistische Theoriemodelle. Beide Modelle verstehen sich zwar als nicht-reduktionistisch, sie unterscheiden sich aber hinsichtlich des ontologischen Stellenwerts, den sie erfahrungsunabhängigen Komponenten zubilligen oder eben nicht zubilligen. Der philosophiehistorisch alternierende Ansatz des Empirismus kann schließlich in der Weise skizziert werden, daß er der erklärten methodischen Absicht nach den Bereich deskriptiv identifizierbarer Bestimmungen explikativ nicht verlassen will und sich entsprechend phänomenologischen Grundlegungen anvertrauen muß. Der Empirismus ist dabei so erfolgreich gewesen, daß sich positivistische, behavioristische und operationalistische Ansätze noch heute auf theoretische Prämissen berufen, die von ihm entfaltet worden sind.

Das problematische Verhältnis von empirischen und erfahrungsunabhängigen Komponenten hat sich innerhalb der Philosophie der Person vor allem auf die Selbstinterpretation des Menschen ausgewirkt. Es ist Locke gewesen, der in seiner Theorie personaler Identität eine moderne Antwort auf die alte Frage ‚Was ist der Mensch?‘ gegeben und dabei zum ersten Mal das Problem personaler Identität in ausdrücklicher Form aufgeworfen hat. Leibniz gehört zu den ersten Kritikern Lockes und reagiert auf die Einführung der Theorie personaler Identität mit einem Theoriemodell, das sich an der Konzeption substantialer Identität orientiert. Damit stellt sich der theoriegeschichtlich ungewöhnliche Fall ein, daß ein substanzphilosophischer Ansatz einer empiristischen Theorie als Korrekturmodell gegenübergestellt wird und nicht, wie ansonsten üblich, umgekehrt. Die konstruktive Idee von Leibniz' zentralem Argument hat im übrigen eine kaum zu überschätzende Wirkung auf Kant gehabt.

An Leibniz' Kritik der empiristisch ausgerichteten Theorie personaler Identität ist des öfteren in der Philosophiegeschichte angeknüpft worden, zu nennen sind hier vor allem Butler und Reid. Gleichwohl ist un-

---

[18] Siehe Kant 1956, S. 38* [B 1].

strittig, daß Lockes empiristische Theorie personaler Identität im ganzen gesehen erheblich mehr Wirkung auf die ihm nachfolgende Philosophie und Psychologie gehabt hat. Das gilt selbst für Kant, der seinen Begriff personaler Identität geradezu im Gegensatz zu rationalistischen Konstruktionen der numerischen Identität der Seele entwickelt hat. Die Begründungsdefizite der Argumentation Lockes sind zwar bis in die Gegenwart Thema von oftmals überaus detaillierten Untersuchungen geblieben, es hat sich aber trotz aller Kritik die Ansicht gehalten, daß die von Locke eröffnete Theorieperspektive grundsätzlich richtig sei, das gilt vor allem für eine Reihe von Vertretern der analytischen Philosophie. Exemplarisch für die sachliche Neuauflage der Locke-Leibniz-Kontroverse ist die Untersuchung ‚Personal Identity‘, die Sidney Shoemaker und Richard Swinburne von gegensätzlichen Positionen her argumentierend gemeinsam herausgegeben haben.[19] Die Kontroverse äußert sich dabei vor allem in der Fragestellung, ob personale Identität einen empirisch identifizierbaren Sachverhalt bezeichnet oder ein irreduzibler und insofern genuin metaphysischer Begriff ist. Während für Swinburne die Irreduzibilität personaler Identität durch das Erklärungsdefizit empiristischer Ansätze erzwungen wird, geht Shoemaker davon aus, daß eine funktionalistische Konzeption psychologischer Kontinuität, die in modifzierter Form den von Locke eröffneten Theoriewegen folgt, durchaus imstande sei, das Phänomen personaler Identität explikativ zu erreichen.

Auch Vertreter der Psychologie rechnen die Locke-Leibniz-Kontroverse zur Grundsatzproblematik ihrer Disziplin. Die philosophische Tradition von Locke über Hume bis hin zu James wird dabei als philosophischer Vorbegriff der neueren Psychologie gedeutet. Diesem theoriegeschichtlichen Verständnis wird – wenn auch nur vereinzelt – die von Leibniz entfaltete Bestimmung des Selbst als einer unabhängigen Bewußtseinsstruktur gegenübergestellt. Etwa ist von Gordon F. Allport hervorgehoben worden, daß die Frage nach der unabhängigen Struktur des ‚Selbst‘, bereits die Vorentscheidung darüber sei, ob Personalität vorrangig aktivisch oder passivisch gedeutet werden müsse. Er stellt deshalb die Locke-Leibniz-Kontroverse als eine polarisierende Theoriealternative vor, die bis heute nichts von ihrer Virulenz eingebüßt habe:

„Virtually all modern psychological theories seem oriented toward one of two polar conceptions, which, at the risk of some historical oversimplification, I shall call the Lockean and the Leibnitzian traditions respectively. It is not the total philoso-

---

[19] Siehe Shoemaker/Swinburne 1984. Auch in dieser Arbeit fehlt ein expliziter Bezug zu Leibniz. Swinburnes Position gehört jedoch erkennbar in die auf Leibniz zurückgehende substanzphilosophische Traditionslinie der Theorie personaler Identität.

phy of Locke or of Leibnitz that is here in question. Rather it is their views on one aspect of man's mind–its essentially passive nature (Locke) or its active nature (Leibnitz)–that I wish to contrast. The same polarity (...) is found in current theories of growth and change in human personality."[20]

Der passivischen Deutung menschlichen Bewußtseins bei Locke und der damit einhergehenden Reduzierung der produktiven und existentiellen Komponenten personalen Daseins stellt Allport Leibniz' Idee von der Person als Quelle von Handlungen gegenüber.[21] Ganz zu Recht macht Allport darauf aufmerksam, daß über die methodische Problematik metaphysischer Begriffe hinaus bei den von Leibniz entfalteten substantialen Bestimmungen vor allem an Aktivitätskomponenten zu denken ist. Erst der Aktivitätsgedanke befreit Leibniz zufolge den Begriff der individuellen Substanz aus den aporetischen Verstrickungen scholastischer Metaphysik und ermöglicht damit seine Neuinterpretation.

Allports einfache Theoriealternative kennzeichnet nicht den Zustand der Einführung der philosophischen Theorie personaler Identität, die sich aus dem Blickwinkel eines weiter fortgeschrittenen Problembewußtseins als überaus verworren darstellt, was nicht zuletzt mit den philosophiegeschichtlich wenig eindeutigen Positionen der an der Einführung Beteiligten zu tun hat. Ein deutliches Beispiel für diese Unübersichtlichkeit ist vor allem Locke. Im folgenden soll an Locke und seinen Kritikern das vielschichtige und komplizierte Erscheinungsbild der neuen philosophischen Theorie personaler Identität skizziert werden, um anschließend zu einer sachlichen Engführung und systematischen Bewertung übergehen zu können.

3

Am systematischen Anfang der Theorie personaler Identität steht die Kritik des traditionellen Substanzbegriffs. Während Leibniz den Substanzbegriff einer grundsätzlichen Revision unterzieht, in deren Konsequenz substantiale Eigenschaften eine neue spekulative Interpretation erhalten, versucht Locke sich durch begriffliche Ausgrenzungen des Substanzpro-

---

[20] Allport 1955, S. 7.
[21] Siehe Allport 1955, S. 12: „The Leibnitzian tradition, by contrast, maintains that the person is not a collection of acts, nor simply the locus of acts; the person is the *source* of acts. And activity itself is not conceived as agitation resulting from pushes by internal or external stimulation. It is purposive. To understand what a person is, it is necessary always to refer to what he may be in the future, for every state of the person is pointed in the direction of future possibilities."

blems zu entledigen. Diese Strategie ist ein typisches Kennzeichen für die metaphysikkritischen Tendenzen der epistemologisch ausgerichteten Philosophie der Neuzeit.

Lockes Ausführungen zur Problematik personaler Identität sind zunächst durch die Frage bestimmt, ob und in welcher Weise auf den traditionellen Substanzbegriff verzichtet werden kann. Mit Blick auf diese Fragestellung entschließt sich Locke zu einem eigenwilligen Argumentationsverfahren: Es wird die mit dem Substanzbegriff gesetzte Problematik nicht bestritten, sondern lediglich ihre begründungstheoretische Wichtigkeit in Abrede gestellt. Über den bloß formalen Sinn hinaus, das unbekannte x zu sein, das allen Prädikationen – wie auch immer – unterstellt werden müsse, soll mit dem Substanzbegriff keine weitere Bestimmung verbunden werden. Dabei wird der sprachkritisch gewichtige Vorbehalt erhoben, daß unsere Sprachpraxis eine implizite Tendenz hat, ein allen Prädikationen Zugrundeliegendes, also eine *substantia*, vorauszusetzen.[22] Bekanntlich ist erst in der gegenwärtigen Philosophie und unter dem kritischen Vorzeichen des ‚linguistic turn‘ herausgearbeitet worden, daß eine Vielzahl der Paralogismen der philosophischen Psychologie durch von der Alltagssprache nahegelegte begriffliche Fehleinschätzungen hervorgerufen worden sind.

Locke hält die Problematik des Für und Wider einer Seelensubstanz im Rahmen menschlicher Erkenntnis nicht für entscheidbar, weil wir uns in diesem Fall niemals auf demonstrative Gewißheiten stützen können,[23] und macht darauf aufmerksam, daß es ein völlig falsches Verfahren wäre, aus dem Fehlen demonstrativer Gewißheiten für einen Sachverhalt auf die Unmöglichkeit seines Vorliegens zu schließen.[24] Dabei hält er sich nur strikt an die epistemologische und logische Vorgabe, daß die Unbegreiflichkeit einer These selbst noch kein Beweis für ihr Gegenteil sein kann. Obwohl Locke Descartes' Substanztheorie nicht akzeptiert, hält er Teile seiner Argumentation für durchaus plausibel. In einer gemäßigten Version von Descartes' ‚cogito-Argument‘ legt Locke dar, daß aus dem Zweifel in bezug auf die Natur der Seele doch immerhin abgeleitet werden könne, daß wir *etwas* in uns haben, das denkt. Dieser bewußtseinsphilosophische Befund könne allerdings kein Argument für eine Seelensubstanz abgeben, weil Selbstbewußtsein kein sachlicher Grund für die Einführung eines Substanzbegriffs sei.[25]

---

[22] Siehe Locke 1975, S. 295 ff. [II. 23 §§ 1-3].
[23] Siehe Locke 1975, S. 541 f. [IV. 3 § 6].
[24] Siehe Locke 1975, S. 542 [IV. 3 § 6].
[25] Siehe Locke 1975, S. 543 [IV. 3 § 6]: „'Tis past controversy, that we have in us something that thinks, our very Doubts about what it is, confirm the certainty of its being, though we must content our selves in the Ignorance of what kind of *Being* it is".

Aus den Überlegungen Lockes ergibt sich die für die Theorie personaler Identität überaus merkwürdige Ausgangslage, daß weder der Beweis noch die Widerlegung des Daseins einer Seelensubstanz mögliche Theorieperspektiven zu sein scheinen. Wenn das intentionale Korrelat von Aussagen über personale Identität unbestimmt ist, dann bleibt unklar, in welcher Hinsicht überhaupt noch Aussagen über das theoretische und praktische Selbstverständnis der Menschen rechtfertigungsfähig formuliert werden können. Locke wählt in dieser Situation eine pragmatische Lösung, die unnötige Komplizierungen der philosophischen Theoriesituation vom Ansatz her vermeiden soll. In einem epistemologisch motivierten Explikationsverfahren geht er davon aus, daß alle ‚großen Zwecke der Moral‘ ohne eine philosophische Seelenlehre ausgeführt werden können und der Begriff der Seelensubstanz insofern als redundant angesehen werden müsse.[26] Sein methodischer Optimismus dürfte nicht zuletzt damit zusammenhängen, daß er, ähnlich wie Descartes, mit dem Begriff der Substanz von vornherein kein spezifisches Individualitätsproblem verbunden hat.

Locke wird durch seinen substanzphilosophischen Agnostizismus auf ein epistemologisch ausgerichtetes Argumentationsverfahren festgelegt. Die mit dieser Konzeption einhergehenden Ansprüche hat Locke sicherlich nicht vollständig einlösen können, dennoch muß er in der Philosophie der Neuzeit als Begründer der epistemologischen Argumentationsperspektive gelten. Bei allen Abhängigkeiten von der Theoriesituation seiner Zeit ist es Locke gelungen, die sich im 17. Jahrhundert erkennbar, aber noch nicht nachdrücklich vollziehende Tendenz von der Ontologie zur Epistemologie ausführlich zur Darstellung gebracht zu haben – was ihn von Descartes und im Hinblick auf die erkenntnistheoretische Reflexion auch von Hobbes unterscheidet. Insofern geht die Einsetzung der philosophischen Theorie personaler Identität Hand in Hand mit methodischen Neuerungen, die auf einen Vorrang epistemologischer Problemstellungen hinauslaufen.

Im Zuge seiner erkenntniskritischen Neuerungen stellt Locke heraus, daß die alleinige inhaltliche Quelle menschlicher Erkenntnis die Erfahrung sei.[27] Diesen bereits empiristisch akzentuierten Grundsatz differenziert er dahingehend, daß das, was den Menschen als Wirklichkeit erscheine, sich über die strukturell unterschiedlichen Komponenten innerer und äußerer Erfahrung – ‚reflection‘ und ‚sensation‘ – konstituiere. Äußere Erfahrung stelle sich über kausal interpretierbare Affektionsverhältnisse ein,

---

[26] Siehe Locke 1975, S. 542 [IV. 3 § 6].
[27] Siehe Locke 1975, S. 104 [II. 1 § 2].

und an Schmerzen, visuellen Erfahrungen u. ä. sei gut ablesbar, daß die Gegenstände der äußeren Erfahrung auf die Wahrnehmung ‚wirken'. Mit der inneren Erfahrung öffnet sich für Locke der Bereich kognitiver Prozesse, der konsequenterweise auch als logischer Ort begrifflicher Bestimmungen des Welt- und Selbstverständnisses ausgewiesen wird. Für Locke sind ‚die Objekte der Reflexion' „the only Originals, from whence all our *Ideas* take their beginnings".[28] In dieser methodischen und epistemologischen Vorgabe ist Lockes Ansatz begründet, die Theorie personaler Identität allein mit Hilfe von Reflexionsbegriffen und unter Ausklammerung von substantialen Bestimmungen oder ‚ontologischen Zitaten' zu entwickeln.[29]

Der epistemologischen Vorgehensweise entsprechend formiert die Unterscheidung zwischen innerem und äußerem Sinn auch Lockes personalitätstheoretische Position.[30] Innere Erfahrungen sind Reflexionszustände, durch die die Person sich ihrer mentalen Akte und Ereignisse bewußt wird bzw. bewußt werden kann. Locke denkt sich die interne Struktur des inneren Sinns nach Maßgabe des reflexionstheoretischen Modells der Selbsttransparenz, und er macht dabei keinen Unterschied zwischen mentalen Akten und mentalen Zuständen. Es ist für ihn offensichtlich nicht vorstellbar gewesen, daß eine Person sich in einem Bewußtseinszustand befinden kann, ohne sich auch zugleich bewußt zu sein, sich in diesem Bewußtseinszustand zu befinden. Locke gerät auf diese Weise in die Zirkel der Reflexionstheorie, denn reflektierte Bewußtseinszustände sollen ihm zufolge nur durch die zusätzlichen Reflexionsakte des ‚internal sense' zustande kommen können, und durch diese zusätzlichen Reflexionsakte wird der für die Reflexionstheorie des Bewußtseins typische *regressus in infinitum* in Gang gesetzt.[31]

Die komplizierte und in weiten Teilen uneinheitliche Herausbildung der neuzeitlichen Philosophie der Person zeichnet sich bereits anläßlich der Entstehungsgeschichte von Lockes Theorie personaler Identität ab, die im Kapitel 27 des zweiten Buches des ‚Essay' als Nachtrag zur ersten Auflage entwickelt wird. Mit dem Nachtrag folgt Locke dem Vorschlag Molyneuxs, daß noch Erklärendes zum Problem des *principium indivi-*

---

[28] Locke 1975, S. 105 [II. 1 § 4].
[29] Vor dem Hintergrund dieser Bestimmungen muß Allports Alternative von Passivitätsbestimmungen bei Locke und Aktivitätsbestimmungen bei Leibniz sicherlich in ein differenzierteres Theoriebild überführt werden. Es wird sich jedoch zeigen, daß die allgemeine Tendenz, die sich hinter dieser Alternative verbirgt, durchaus zutreffend ist.
[30] Siehe Locke 1975, S. 105 [II. 1 § 3].
[31] Lockes bewußtseinsphilosophischer Ansatz scheint denn auch am ehesten als philosophiegeschichtliche Vorlage für die von Henrich in kritischer Absicht konstruierte Reflexionstheorie des Selbstbewußtseins auftreten zu können.

duationis der zweiten Auflage hinzugefügt werden könne.[32] Locke hat demnach im ‚Essay‘ zunächst noch kein wirklich dringliches Individualitätsproblem auszumachen vermocht und auch später wird er keine auf Klärung drängenden Schwierigkeiten hinsichtlich des Verhältnisses von Subjektivität und Individualität entdecken. Seine bewußtseinsphilosophische Position bleibt daher auf eigentümliche Weise subjektlos, was damit zusammenhängen dürfte, daß Descartes‘ Substanzenlehre, der vorrangige Bezugspunkt der bewußtseinsphilosophischen Debatten des 17. Jahrhunderts, keine Lehre von individuellen Substanzen gewesen ist. Bekanntlich wird erst Leibniz die philosophische Reflexion auf einen bewußtseinsphilosophisch vermittelten Begriff der individuellen Substanz lenken.

Am Anfang von Lockes Theorie personaler Identität stehen auch im Lichte der gegenwärtigen Theoriesituation bemerkenswerte Überlegungen zum Identitätsbegriff. Locke beginnt die Bestimmung des Identitätsbegriffs mit der Exposition eines Identifizierungskriteriums für die Gegenstände oder Sachverhalte, von denen Identität ausgesagt werden kann. Das Kriterium ist die exklusive raumzeitliche Position des intentionalen Korrelats von Identifizierungsprozessen und seines dadurch gesetzten Anfangs in Raum und Zeit. Verschiedene Identitätsbegriffe sind danach auf ein und denselben Gegenstand anwendbar, wenn sie sich nach Maßgabe dieser Kriterien unterscheiden lassen. Diese definitorische Festsetzung gewinnt bei Locke entscheidende Bedeutung bei der semantischen Differenzierung zwischen den Begriffen des Menschen und der Person.

Mit der für das Problem personaler Identität überaus wichtigen kriteriellen Vorklärung ist die Frage nach dem *principium individuationis* bereits beantwortet. Locke bestimmt als Individuationsprinzip die raumzeitliche Existenz des jeweiligen Individuums:[33]

[37–S] Die Position einer Entität in Raum und Zeit konstituiert ontologisch ihre Identität.

---

[32] Auf Korrekturwünsche seitens Locke reagiert Molyneux mit einem Vorschlag, der noch deutlich dem traditionellen Denken verhaftet ist, siehe Molyneux an Locke in: Locke IX, S. 310: „But first to your query, whether I know any new heads from logic or metaphysics to be inserted in the second edition of your Essay: I answer, I know none, unless you think it may not do well to insist more particularly, and at large on ‚æternæ veritates, and the principium individuationis.‘“ Der Anregung, etwas zu den ewigen Wahrheiten zu sagen, ist Locke aus naheliegenden Gründen nicht nachgekommen. Das *principium individuationis* hat aber dann doch seinen Eingang in das neue Kapitel 27 ‚Of Identity and Diversity‘ gefunden, und Locke hat nicht versäumt, eigens darauf hinzuweisen, daß der Anstoß dazu von außen gekommen sei; siehe Locke IX, S. 326 und 350.

[33] Siehe Locke 1975, S. 330 [II. 27 § 3]: „(...) ‘tis easy to discover, what is so much enquired after, the *principium Individuationis*, and that ‘tis plain is Existence it self, which determines a Being of any sort to a particular time and place incommunicable to two Beings of the same kind.“ Vgl. Wiggins 1980, S. 149 ff.

Damit wird die Individuationsproblematik nicht, wie in der Tradition üblich, auf eine metaphysische Ebene verlagert, sondern im Bereich deskriptiv identifizierbarer Sachverhalte gehalten. Den internen Sinn des Identitätsbegriffs konzipiert Locke im weiteren nach Maßgabe einer Relativitätsthese, in der ein Zusammenhang zwischen den Identitätsbedingungen für verschiedene Arten und den entsprechenden Fragestellungen zu ihrer Identifizierung konstruiert wird. Die Identitätsbedingungen variieren mit den jeweiligen Sachverhalten oder Gegenständen, auf die sie angewandt werden. Während im Fall desselben Körpers nach einer Einheit der Teile gefragt wird, erfolgt im Fall desselben lebenden Körpers die Bezugnahme auf eine organische Einheit, die durch den kontinuierlichen Austausch ihrer molekularen Teile solange nicht beeinträchtigt wird, wie sie eben ein und dieselbe lebende Einheit bleibt.

Der Begriff der Identität hat bei Locke eine relative Anwendung. Er kann nur im Zusammenhang mit allgemeinen Bestimmungen verwendet werden, die zugleich Kriterien für die betreffende Identitätsaussage enthalten. Locke gilt deshalb als früher Vertreter der relativistischen Identitätstheorie, deren Geltung in der heutigen Theoriesituation nicht unumstritten ist. Es muß nämlich bezweifelt werden, daß sie den gesamten Bereich sinnvoller Identitätsaussagen explikativ erreicht, denn bei der Aussage ‚Dasselbe x kenne ich unter der Beschreibung F wie unter der Beschreibung G‘ wird nicht notwendigerweise ein allgemeines Identifizierungskriterium für x benötigt. Beispielsweise muß bei der Identitätsaussage ‚Die Erscheinung x am Horizont, die ich eben als gelben Fleck wahrgenommen habe, sehe ich jetzt als rötlichen Fleck‘ kein Kriterium vorliegen, nach dem x unter einen Allgemeinbegriff subsumiert werden kann, wie die identitätstheoretische Relativitätsthese kriteriell voraussetzt.[34] Die konzeptionellen Grenzen der Relativitätsthese lassen aber durchaus die Möglichkeit offen, daß sie zumindest im engeren Rahmen der Theorie personaler Identität phänomengerecht eingesetzt werden kann, das heißt, unabhängig von identitätstheoretischen Bedenken ist zu erwägen, ob die Relativitätsthese nicht gerade im Fall personaler Identität ein sachlich angemessenes Identitätskonzept bereitstellen kann.

Locke entwickelt seine Konzeption personaler Identität vor dem Hintergrund eines identitätstheoretischen Konzepts, das sich aus einer Relativitätsthese, die sich auf sortale Bestimmungen bezieht, und einem auf der jeweiligen raumzeitlichen Positionalität beruhenden Individuationsprinzip zusammensetzt. Dieser Theorie zufolge steht eine Identitätsaussage von der formalen Struktur ‚$a = a$‘, mit der Identität über die Zeit hinweg

---

[34] Vgl. Henrich 1979a, S. 146 ff.

ausgedrückt wird, unter der Bedingung, daß die inhaltlichen Komponenten der betreffenden Identitätsaussage sich als Bestandteile der kontinuierlichen raumzeitlichen Geschichte von „*a*‘ identifizieren lassen.[35] Bereits aus dieser formalen Konzeption der Identitätstheorie läßt sich ein Argument gegen ein substanzphilosophisches Begründungsverfahren gewinnen: In semantischer Hinsicht beruhen kognitive Bewußtseinszustände auf Klassifikationsprozessen, die Einzeldinge immer schon durch abstrakte Ideen ‚sortieren‘ bzw. unter sortale Begriffe subsumieren. Deshalb besteht weder ein epistemischer noch ein epistemologischer Anlaß, bei ihrer Individuierung auf substantiale Bestimmungen zurückzugreifen. Vielmehr können substantiale Bestimmungen, so der naheliegende Schluß, epistemologisch gekürzt werden:

„That *Essence,* in the ordinary use of the word, relates to *Sorts,* and that it is considered in particular Beings, no farther than as they ranked into *Sorts,* appears from hence: That take but away the abstract *Ideas,* by which we sort Individuals, and rank them under common Names, and then the thought of any thing *essential* to any of them, instantly vanishes: we have no notion of the one, without the other: which plainly shews their relation.“[36]

Locke bindet die Identitätsproblematik an die allgemeinen Bedingungen von Identifizierungsprozessen. In dieser Argumentationsperspektive ist der den Einzeldingen unterstellte Identitätssinn allerdings nicht strikt festgelegt, denn die Verfahrensweise, durch die Einzeldinge semantisch identifiziert werden, ist nicht invariant, sondern hinsichtlich unterschiedlicher Begriffssysteme variabel. Mit der These der semantischen Varianz von Identitätsausdrücken kann im übrigen direkt an die invarianzkritische Position der sprachanalytischen Philosophie der Gegenwart angeknüpft werden, der zufolge die Wahrnehmung von raumzeitlichen Ereignissen mit unterschiedlichen Individuationsapparaten vereinbar ist.[37]

Der konzeptionelle Zusammenhang von Identität und Identifizierung ist der Sache nach eine Stellungnahme zum alten und neuen Universalienstreit. Locke vertritt erkennbar eine nominalistische Position, die in der Philosophie der Neuzeit ohnehin ein deutliches Übergewicht hat. Es ist jedoch nicht ohne weiteres ersichtlich, warum überhaupt wohlbestimmte Identitätsaussagen gemacht werden können, wenn Identifizierungen letzt-

---

[35] Siehe Mackie 1976, S. 142: „(...) Locke‘s general theory of identity through time is that x-occurences at t_1 and at t_2 are occurences of the same x if and only if there is a continuous x-history linking them.“

[36] Locke 1975, S. 440 [III. 6 § 4]; siehe Locke 1975, S. 441.

[37] Vgl. Quine 1960, S. 26 ff. und ‚Speaking of Objects‘, in: Quine 1969. Auch in der Alltagssprache muß ein gewisses Maß an Willkür bei der begrifflichen Identifizierung von Einzeldingen konzediert werden; siehe Mackie 1976, S. 172.

lich nur auf sprachlichen Setzungen beruhen, die ihrerseits von kulturellen Konventionen abhängig sind. Angesichts dieser Schwierigkeiten bietet sich durchaus die Position des ontologischen Realismus an, der zufolge Identifizierungssituationen an den vorgegebenen Formen der Wirklichkeit teilhaben. In der Tat sprechen gewichtige Gründe dafür, daß Identität der Identifizierung in wiederum nicht-identifizierbarer Weise vorausgesetzt ist. Aus dieser These scheint am ehesten rechtfertigungsfähiges Argumentationspotential für einen substanzphilosophischen Ansatz gewonnen werden zu können. Die Lockekritik hat sich denn auch überwiegend an ihr orientiert.

Gleichwohl ist auffällig, daß Identitätskriterien und Identitätsbedingungen immer nur in epistemischer und epistemologischer Nähe zu Identifizierungssituationen formuliert werden können. Die Semantik des Identitätsbegriffs scheint einen pragmatischen Vorrang gegenüber seiner ontologisch feststellbaren Referenz zu haben. Auf ein Objekt, das an ein und derselben Raum- und Zeitstelle identifizierbar ist, können offensichtlich verschiedene Identitätsbegriffe angewandt werden. Diesen identitätstheoretischen Freiraum nutzt Locke dazu, das semantische Szenario des Begriffs ‚animal rationale‘ in die Bedeutungsfelder von ‚Seelensubstanz‘, ‚Mensch‘ und ‚Person‘ zu untergliedern:

„It being one thing to be the same *Substance,* another the same *Man,* and a third the same *Person,* if *Person, Man* and *Substance,* are three Names standing for three different *Ideas;* for such as is the *Idea* belonging to that Name, such must be the *Identity*".[38]

Die semantische Differenzierung zwischen ‚Substanz‘, ‚Mensch‘ und ‚Person‘ ist ein der traditionellen Philosophie geschuldetes ‚Zitat‘, das bewußtseinsphilosophisch nicht weiter bearbeitet wird. Die vorderhand willkürliche Setzung des Personbegriffs hat jedoch kultur- und philosophiegeschichtliche Hintergründe, die mit neuartigen normativen Erwartungen zusammenhängen. In dieser Hinsicht erweist sich Lockes Setzung als typisches Bestimmungsstück der Geschichte des Begriffs der Person.[39] Im weiteren Verlauf der hier unternommenen Rekonstruktion der nicht-reduktionistischen Philosophie der Person wird sich zeigen, daß sich aus dem konstruktiven Ansatz trotz der problematischen semantischen Vorgehensweise neue sachliche und explikative Perspektiven ergeben. Vor allem wird durch die semantische Entzerrung des traditionellen Begriffs des *animal rationale* einerseits und des Begriffs der Person andererseits eine deutliche Verbesserung der bewußtseins- und moralphilosophischen Aus-

---

[38] Locke 1975, S. 332 [II. 27 § 7].
[39] Siehe Abschnitt II. 2.

gangssituation erreicht. Damit soll allerdings noch nicht behauptet werden, daß auch schon die anthropologischen Probleme gänzlich ausgeräumt wären, die sich seit jeher mit dem Begriff des *animal rationale* stellen. Was sich geändert hat, ist die Einstellung zum Faktum endlicher intelligenter Existenz.

Lockes Definitionsansatz bringt auf eigentümliche Weise epistemologische, semantische, bewußtseinsphilosophische und moralphilosophische Bestimmungen in einen direkten begründungstheoretischen Zusammenhang. Für seine Theorie personaler Identität hat das die unmittelbare Konsequenz, daß nach einer semantischen Einführungssituation gesucht werden muß, in der ein derartiger Zusammenhang hergestellt werden kann. Diese Aufgabe kann Locke zufolge nur mit dem Begriff der Person bewältigt werden, dem von vornherein eine zentrale systematische Funktion bei der Bestimmung personaler Identität zugewiesen wird. Der Sachverhalt, daß nur über die Semantik des Begriffs der Person die Einführungssituation der Theorie personaler Identität beherrscht werden kann, hat Locke klar vor Augen gestanden. Er stellt explizit heraus, daß der Feststellung, worin die Identität der Person bestehe, die Analyse des Begriffs der Person vorangestellt werden müsse: „This being premised to find wherein *personal Identity* consists, we must consider what *Person* stands for"[40].

Lockes Theorie personaler Identität verdichtet sich vom Ansatz her auf den definitorischen Unterschied zwischen ‚Mensch‘ und ‚Person‘. Es werden dabei keine neuen Eigenschaften personaler Existenz herausgearbeitet, sondern lediglich die Komponenten des traditionellen Begriffs ‚*animal rationale*‘ zwischen den Begriffen ‚Seelensubstanz‘, ‚Mensch‘ und ‚Person‘ ausdifferenziert. Wesentliche Bestimmungselemente des Personbegriffs sind Vernunft, Reflexion und Moralität. Die physiologischen Eigenschaften werden dagegen unter den Begriff des Menschen und mögliche substantiale Eigenschaften unter den Begriff der Seelensubstanz subsumiert, womit sie für die Theorie personaler Identität ihre praktische Bedeutung verlieren.

Rückblickend auf Lockes innovativen Ansatz und in Kenntnis der systematischen Probleme der Philosophie der Person, die seitdem zutage getreten sind, muß auffallen, daß Locke ‚Person‘ und ‚Selbst‘ im Rahmen der personalitätstheoretischen Einführungssituation synonym gebraucht. Die Problematik der Gleichbehandlung wird erst durch Kants Nachweis aufgedeckt, daß die sachlichen Kontexte der Begriffe ‚Ich‘ bzw. ‚Selbst‘ und ‚Person‘ keineswegs zusammenfallen. Locke hat den Unterschied zwischen Identität des Selbstbewußtseins und personaler Identität offenbar

---

[40] Locke 1975, S. 335 [II. 27 § 9].

nicht bemerkt. Eine Reihe von systematischen und strukturellen Problemen seiner Theorie lassen sich direkt auf dieses Versäumnis zurückführen.

Das Kernstück von Lockes Theorie personaler Identität ist der § 9 im 27. Kapitel des zweiten Buchs des ‚Essay‘, in dem Locke seine Definition des Begriffs ‚Person‘ und den daraus abgeleiteten Grundsatz personaler Identität darlegt. Nach Locke bezeichnet ‚Person‘

„a thinking intelligent Being, that has reason and reflection, and can consider it self as it self, the same thinking thing in different times and places; which it does only by that consciousness, which is inseparable from thinking, and as it seems to me essential to it"[41].

Diese knappe Formel, in der die Semantik von ‚Person‘ und ‚personaler Identität‘ konvergieren, kann als die ausdrückliche Grundlegung der neuzeitlichen Philosophie der Person gelten. Die Formel greift die Unterscheidung zwischen ‚Seelensubstanz‘, ‚Mensch‘ und ‚Person‘ auf, um der Person Vernunft, Bewußtsein und Überlegung zuzuschreiben. Die systematisch entscheidende Rolle wird dabei den personalen Eigenschaften der Reflexivität und Identität des Selbstbewußtseins zugewiesen. Die Schwierigkeit des semantischen Zugriffs besteht darin, daß den eigenen methodischen Vorgaben nach die abstrakte Idee ‚Person‘ als Quasi-Artbegriff vorausgesetzt werden muß. Es unterbleibt jedoch der Nachweis, wie in gerechtfertigter Weise ‚Person‘ eine Art bezeichnen kann, und das dürfte nicht zuletzt damit zusammenhängen, daß eine definitorische Überschneidung mit dem Terminus ‚Mensch‘ bestenfalls künstlich vermieden werden könnte. Lockes Versuch, diese Schwierigkeit dadurch zu umgehen, daß er das vernünftige Individuum durch eine definitorische Setzung in eine organische und personale Existenz aufteilt, macht das definitorische Dilemma nur offenkundig. Der Begriff der Person wird nicht diskursiv oder explikativ eingeführt, sondern als spezifizierter Terminus bereits von vornherein vorausgesetzt. Die semantische Setzung läßt aber keinen theoretischen Gewinn kenntlich werden. In der ungeklärten Definitionslage des Begriffs ‚Person‘ muß vielmehr die erste gewichtige Begründungslücke in Lockes Theorie personaler Identität gesehen werden.

Locke ist gleichwohl der Ansicht gewesen, im Fall des Begriffs der Person den identitätstheoretischen Zusammenhang von Artidee und Identität dargelegt zu haben. Er geht deshalb umstandslos von der Definition des Begriffs der Person zu den grundsätzlichen Thesen seiner Theorie perso-

---

[41] Locke 1975, S. 335 [II. 27 § 9]. Diese Passage kann durchaus noch nach Maßgabe eines gemäßigten Substanzmodells von der Form ‚dasselbe x {F, G}‘ gedeutet werden, das Lockes ausdrücklichen erkenntniskritischen Vorgaben zufolge außerhalb des theoretisierbaren Bereichs liegen soll; vgl. Alston/Bennett 1988, S. 38 ff.

naler Identität über und unterstellt zum einen, daß Bewußtsein personale
Identität konstituiere, und zum anderen, daß personale Identität so weit
reiche, wie das Bewußtsein der jeweiligen Person ‚rückwärts‘ auf gegebene Gedanken und Handlungen ausgedehnt werden könne. Der Begriff des
Bewußtseins erfüllt in der Koextensionalitätsthese eine theoriegenerieren-
de Funktion. In diesem epistemologischen Ansatz ist eine weitere innovative Leistung begründet. Locke ist in der Geschichte der Philosophie der
erste gewesen, der ‚Bewußtsein‘ als philosophischen Grundbegriff zum
systematischen Zentrum seiner Theorie gemacht hat. Hierin unterscheidet
sich sein Ansatz von allen anderen philosophischen Systemkonzeptionen
des 17. Jahrhunderts. Erst Humes Empirismus und Kants Transzendentalphilosophie werden später ähnliche Theoriewege beschreiten.

Lockes Ansatz, retrospektives Bewußtsein als konstitutiv für personale Identität auszuweisen, ist in der Philosophiegeschichte von Anbeginn
umstritten gewesen. Über die Berechtigung einiger exemplarischer Vorbehalte muß im weiteren entschieden werden. Allerdings ist zunächst auf einen Aspekt von Lockes Ansatz aufmerksam zu machen, der in der kritischen Rezeptionsgeschichte oft übersehen wird: Die These von der konstitutiven Funktion retrospektiven Bewußtseins muß nämlich als Verlängerung der Substanzkritik interpretiert werden. Locke ist sich darüber im
klaren gewesen, daß der Kritik an der fehlenden Theoriefähigkeit des Substanzbegriffs ein rechtfertigungsfähiger Gegenvorschlag zu entsprechen
hat, und ‚rechtfertigungsfähig‘ bedeutet für ihn, daß ein wie auch immer
gearteter Zugang zu überprüfbaren Befunden, denen die Daten des retrospektiven Bewußtseins zugerechnet werden, vorzuliegen habe. Locke geht
also gemäßigten verifikationistischen Intentionen nach. Anders als in vergleichbaren neueren Ansätzen, die ausschließlich von physikalistischen
oder objektivistischen Standpunkten aus entwickelt werden, ist Lockes
Verifikationismus ein Verifikationismus der ersten Person. Er versucht,
seine Theorie personaler Identität praktisch zu entwickeln, um von Lösungen für das Substanz- und Leib-Seele-Problem unabhängig zu bleiben.

Verifikationistische Verfahren werden in aller Regel nicht vom subjektiven Standpunkt aus formuliert und durchgeführt. Vertreter neuerer Ansätze würden sogar bestreiten, daß es einen Verifikationismus der ersten
Person, wie er von Locke auf innovative Weise entwickelt wird, überhaupt
geben könne. Diesem Vorbehalt muß in dem Sinne Recht gegeben werden, daß eine Proposition dann nicht als bestätigt gelten kann, wenn sie
nur von dem Standpunkt, der sie formuliert, bestätigt wird. Dennoch ist es
im eingeschränkten personalitätstheoretischen Kontext durchaus sinnvoll,
Lockes Ansatz als verifikationistisch zu bezeichnen, denn anders als traditionelle Positionen operiert er nicht mit unbekannten Größen, sondern

mit Bewußtseinsdaten und identifizierbaren Phänomenen des sozialen Raums.

Lockes Position hat überaus folgenreich auf die Philosophie der Neuzeit gewirkt. Der methodische Gewinn, der sich in diesen Argumentationen manifestiert, ist schon anläßlich eines groben Vergleichs mit der bis dahin die bewußtseinsphilosophische Diskussion beherrschenden Theorie Descartes' ersichtlich. Locke zufolge sind Seelensubstanz und Einheit des Bewußtseins keine koextensiven Begriffe. Derartigen Koextensionen hat bereits seine Relativitätstheorie den Weg verstellt. Für seinen methodischen Ansatz ist die Ersetzung substanzlogischer Spekulationen durch philosophische Orientierungen über empirisch identifizierbare Selbstverhältnisse bzw. reflektierte Bewußtseinszustände geradezu charakteristisch. Das zeichnet sich vor allem in der Theorie personaler Identität ab. Personalität wird nicht länger nach Maßgabe möglicher Eigenschaften einer Seelensubstanz, sondern in der Perspektive deskriptiv erfaßbarer Bewußtseinstatsachen untersucht.

Locke ist davon ausgegangen, die Einheit des Bewußtseins mit dem bereits von Descartes eingesetzten Theoriemodell der unmittelbaren Selbsttransparenz des Bewußtseins aufklären zu können. Zwar bereitet es in der philosophischen Subjektivitätstheorie mittlerweile wenig Schwierigkeiten, mit dem Bewußtsein einheitsstiftende Leistungen zu verbinden, empiristisch ausgerichtete Theorien tun sich jedoch nach wie vor schwer, der Kontinuität und Kohärenz des Bewußtseins eine phänomengerechte Beschreibung und Erklärung zu geben. Das gilt gleichermaßen für Locke und Hume, den frühen Husserl sowie für die materialistischen Ansätze des 20. Jahrhunderts.

Obwohl Locke seinen Bewußtseinsbegriff in Abgrenzung zu Descartes' Doktrin von der *substantia cogitans* entwickelt, bleibt er dem cartesischen Ansatz in der Unterstellung verbunden, daß alle Bewußtseinsprozesse von explizitem Bewußtsein begleitet werden bzw. sich selbst transparent sein sollen. Diese starke bewußtseinsphilosophische Behauptung widerspricht aber dem, was deskriptiv vom Bewußtsein ausgemacht werden kann. Eine Person befindet sich während des Großteils ihres Bewußtseinslebens nicht im Stande expliziter Selbsttransparenz. Bewußtseinszustände können gerade nicht als jederzeit durchsichtig definiert werden. Dieser Einwand wiegt bei einer empiristisch ausgerichteten Theorie besonders schwer. Vor allem aber behindert die Selbsttransparenzthese von Anbeginn die semantische Einführungssituation der Grundbegriffe der Theorie personaler Identität.

Die semantischen und systematischen Leerstellen im Bewußtseinsbegriff hängen damit zusammen, daß Locke weder über eine epistemologische

Konstitutionstheorie noch über einen Begriff selbstreferentieller Synthesis verfügen kann. Aus diesem Grunde bleiben die Aktivitäts- bzw. Spontaneitätskomponenten des Bewußtseins, die in den Argumentationen Lockes durchaus nachweisbar sind, weitgehend unbestimmt. In diesem Sinne ist die von Allport konstruierte Alternative zwischen Lockes Passivitäts- und Leibniz' Aktivitätsgedanken zutreffend. Erst Leibniz' Lehre von der Aktivität des Bewußtseins und Kants Theorie der formalen bzw. konstitutiven Selbstreferenz des Denkens werden in diesem Zusammenhang zu Fortschritten führen.

Weitere bewußtseinsphilosophische Probleme ergeben sich aus Lockes personalitätstheoretischer Grundsatzthese, daß personale Identität und Bewußtsein koextensiv seien. Wenn von personaler Identität behauptet wird, daß sie so weit reiche, wie sich das Bewußtsein der jeweiligen Person retrospektiv in ihre Vergangenheit erstrecke, ohne daß eine konstitutive Synthesistheorie des Bewußtseins zur Verfügung steht, bleibt völlig unklar, wie das identitäts- und personalitätsstiftende Bewußtsein von expliziten Fällen der Erinnerung unterschieden werden kann. Entfällt der Unterschied zwischen konstitutiven Bewußtseinsleistungen und Fällen retrospektiven Bewußtseins, wird die theoretische Situation heillos, denn es müßte ein Bewußtseinsbegriff unterstellt werden, der nur durch seine Selbstthematisierung zustande kommen könnte. Eine derartige Verfahrensweise entspräche jedoch genau dem, was der Reflexionstheorie des Selbstbewußtseins zu Recht als vitiöser Zirkel vorgerechnet wird. Die Zirkularität des retrospektiven Bewußtseins muß deshalb als die zweite Begründungslücke in Lockes Theorie personaler Identität angesehen werden.

Locke versucht die identitätsstiftende Funktion des retrospektiven Bewußtseins zuweilen von der Erinnerung dadurch abzugrenzen, daß er letztere als ein sekundäres Phänomen oder einen Modus des Denkens ausweist.[42] Auch spricht er davon, daß in der Erinnerung vergangene Eindrücke wiederbelebt werden. Zwar wäre es eine kurzschlüssige Interpretation, die Textlage der Philosophie Lockes mit der Behauptung zu verkürzen, daß sein Bewußtseinsbegriff ausschließlich von einer expliziten ‚memory theory' bestimmt würde,[43] nur muß beachtet werden, daß durch philologisch motivierte Abgrenzungen zwischen Bewußtsein und Erinnerung solange nichts gewonnen ist, wie dieser Abgrenzung keine konstitutive Synthesistheorie an die Seite gestellt werden kann. Auch wenn unter retrospektivem Bewußtsein so etwas wie erinnernde Selbstvertrautheit

---

[42] Siehe Locke 1975, S. 226 ff. [II. 29].
[43] Vgl. Flew 1968 und 1979.

verstanden werden könnte, müßte es immer noch nach Maßgabe einer bewußten Vergegenwärtigung gedeutet werden, was wieder zu den reflexionstheoretischen Begründungszirkeln führen würde.

Die zweite schwerwiegende Begründungslücke in Lockes Argumentationen zieht eine dritte unmittelbar nach sich. Schon aufgrund Lockes bewußtseinsphilosophischen Ansatzes sind deskriptive und explikative Defizite in seiner Argumentation zu erwarten, und es kann sicherlich nicht mehr darum gehen, diese Fehler kleinlichst nachzuzeichnen. Es muß jedoch herausgestellt werden, daß die bewußtseinsphilosophische These der Selbsttransparenz mentaler Zustände von Locke nicht auf reflektierte Fälle von Bewußtsein beschränkt bleibt, sondern für den gesamten Phänomenbereich des Bewußtseins gelten soll: „When we see, hear, smell, taste, feel, meditate, or will any thing, we know that we do so.“[44] Locke ist demnach nicht in der Lage gewesen, bewußtseinsphilosophisch zwischen der unmittelbaren Selbstvertrautheit des Bewußtseins und der These von der unmittelbaren Selbsttransparenz des Bewußtseins zu unterscheiden. Diesem Vorbehalt widerspricht im übrigen nicht der Umstand, daß beide Bestimmungen auf Aspekte und Passagen seiner Argumentationen zu beziehen sind, denn Lockes Ausführungen bleiben gegenüber dem Unterschied von Selbstvertrautheit und Selbsttransparenz indifferent. Die daraus folgenden Defizite sind für die Philosophie der Person überaus bedeutungsvoll, weil sie die Problemstellungen und Ansätze der empiristischen Theorie personaler Identität insgesamt betreffen.

Die These, daß jeder Fall von Bewußtsein sich selbst transparent sei, trägt der ‚memory theory‘ im Fall von Bewußtseinslücken – Schlaf, kurzzeitigem Gedächtnisverlust u. ä. – die Verlegenheit ein, daß der zeitliche Sinn personaler Identität, also das Vermögen über kurzzeitige Gedächtnislücken hinweg sich seiner Identität bewußt werden zu können, nicht verständlich gemacht werden kann. Für diese Begründungslücke gibt es mehrere Gründe: Sie hängt zunächst mit der fehlenden Differenzierung zwischen unmittelbarer Identität des Selbstbewußtseins und Identität der Person über die Zeit hinweg zusammen, was Locke im weiteren dazu verleitet hat, die Zeitproblematik des personalen Identitätskonzepts bewußtseinsphilosophisch zu unterschätzen. Schließlich belastet das Fehlen einer Konzeption selbstreferentieller Synthesis seinen Ansatz im besonderen und die empiristischen Theorien personaler Identität im allgemeinen. Locke hat von der unterstellten Selbsttransparenz des Bewußtseins erwartet, daß sie für die kontinuitätsstiftenden Leistungen einsteht, die erst mit einer bewußtseinsphilosophischen Synthesistheorie explikativ erreicht werden können.

---

[44] Locke 1975, S. 335 [II. 27 § 9].

Lockes unstrittig innovativer Versuch, personale Identität konzeptionell aus einem Bewußtseinsbegriff zu entwickeln, ist mit Begründungslücken belastet, die vor allem bewußtseinsphilosophischer Natur sind. Es stellt sich insofern die merkwürdige Situation ein, daß die bewußtseinsphilosophische Innovation letztlich aus bewußtseinsphilosophischen Gründen unausgeführt bleibt. Die Defizite haben in der Philosophiegeschichte jedoch nicht den Blick auf Lockes erkenntniskritische Programmatik verstellt, im Zuge eines substanzphilosophischen Skeptizismus Identität der Person und Kontinuität des Bewußtseins aus varianten mentalen Bestimmungen herzuleiten. Der Vorrang der Varianz vor der Invarianz kennzeichnet bis heute empiristische Theorien personaler Identität.

4

Die drei Begründungslücken in Lockes Theorie personaler Identität haben im Gegenzug eine substanzphilosophisch orientierte Kritik hervorgerufen. Diese Kritik läßt sich in dem Einwand zusammenfassen, daß Identität deswegen nicht aus empirisch identifizierbaren Bewußtseinsphänomenen resultieren könne, weil sie diesen immer schon vorausgesetzt sei. Damit wird entschieden der These von dem Vorrang der Varianz vor der Invarianz widersprochen. Systematisch läßt sich die substanzphilosophische Kritik an der empiristischen bzw. empiristisch akzentuierten Theorie personaler Identität in vier Argumentationstypen unterscheiden: in das Reflexions-, das Qualitäts-, das Selbstreferentialitäts- und das Kontinuitätsargument.

Das Reflexionsargument[45] weist Identität als das logisch *und* zeitlich Frühere aus:

[38–S]   Dem Bewußtsein der Identität muß die Identität der Person vorhergehen.

Der Einwand des Reflexionsarguments, der in unterschiedlichen Formen von Leibniz, Butler und Reid gegen die empiristische Theorie personaler Identität erhoben wird, macht geltend, daß reflektierte Bewußtseinszustände immer nur als sekundäre Phänomene aufgefaßt werden können. Dem Reflexionsargument zufolge ist Bewußtsein ein Reflexionsakt, dem das intentionale Korrelat immer schon vorausgesetzt sein muß, weil es an-

---

[45] Udo Thiel hat auf frühe Versionen der Lockekritik aufmerksam gemacht. Zu nennen sind vor allem die Ansätze von South und Sergeant, deren Einwände sich weitgehend mit dem decken, was hier als Reflexionsargument bezeichnet wird; siehe Thiel 1983, S. 108 ff.

dernfalls keinen Gegenstand hätte. Dementsprechend sei auch dem Bewußtsein personaler Identität die Identität der Person reflexionslogisch
und faktisch schon vorgegeben. Daher laufe Lockes These, daß Bewußtsein bzw. ‚memory‘ personale Identität konstituiere, auf einen vitiösen
Zirkelschluß hinaus. Implizit werde der Sachverhalt bereits unterstellt, der
der ‚memory theory‘ zufolge durch retrospektives Bewußtsein erst konstituiert werden solle.[46]

Das Reflexionsargument macht darüber hinaus auf ein Problem aufmerksam, das in den Überlegungen Lockes offensichtlich keine Rolle gespielt hat und wegen seiner substanzphilosophischen Skepsis keine Rolle
spielen konnte. Es ist nämlich zu erwägen, ob nicht ein Unterschied zwischen dem Sachverhalt personaler Identität und dem Bewußtsein personaler Identität gemacht werden muß. Vertreter der empiristischen Theorie
personaler Identität würden einwenden, daß diese Differenzierung bereits
ein zu weit gehendes Zugeständnis an die substanzphilosophische Position wäre. Die Voraussetzung der Tatsache personaler Identität jenseits deskriptiv identifizierbarer Bewußtseinsphänomene hätte die Einführung
nicht-identifizierbarer Größen zur Folge. Dieser methodische Weg soll
mit dem empiristischen Ansatz aber gerade vermieden werden.

Im Unterschied zum Reflexionsargument, das die internen Voraussetzungen des empiristischen Ansatzes bestreitet, operiert das Qualitätsargument von vornherein mit einer starken identitätstheoretischen Prämisse
und unterstellt, daß Identität prinzipiell kein graduell interpretierbarer
Sachverhalt sei. Identität liegt demnach entweder vor oder nicht vor und
läßt sich nicht in Abstufungen begreifen:

[39–S] Identität über die Zeit hinweg ist kein gradueller Prozeß.

Das qualitative Identitätskonzept operiert auf kategorische Weise mit einem ‚Entweder-oder-Kriterium‘.[47] Befürworter dieses Konzepts sind vor
allem Leibniz, Butler und Reid, die ihre grundsätzliche identitätstheoretische Konzeption konsequent auf die Behandlung des Problems personaler
Identität angewandt haben.

Leibniz macht gegen Locke geltend, daß die Erscheinungsweise personaler Identität von der realen Identität der Person im strikten philosophischen Sinne zu unterscheiden sei. Allerdings greift Leibniz in seinen identitätstheoretischen Analysen bereits auf ein Selbstreferentialitätsargument

---

[46] Siehe Butler 1896 I, S. 388: „And one should really think it self-evident, that consciousness of personal identity presupposes, and therefore cannot constitute, personal identity“.
Vgl. Wiggins 1980, S. 152 ff.

[47] Derek Parfit hat dieses ‚whether or not‘-Kriterium einer kritischen Diskussion unterzogen,
siehe Parfit 1986, S. 201 ff.

zurück, ohne das sich seine Identitätstheorie gar nicht konzipieren läßt. Dagegen haben Butler und Reid mit dem Qualitätsargument Vorbehalte verbunden, die sich unmittelbar auf die Identitätsproblematik richten. Reid greift dabei explizit auf Leibniz' Begriff der Monade zurück und läßt damit Konturen einer Lockes Ansatz entgegengesetzten Traditionslinie kenntlich werden:

„The identity of a person is a perfect identity; wherever it is real, it admits of no degrees; and it is impossible that a person should be in part the same, and in part different; because a person is a *monad*, and is not divisible into parts. The evidence of identity in other persons besides ourselves does indeed admit of all degrees, from what we account certainty to the last degree of probability. But still it is true that the same person is perfectly the same, and cannot be so in part, or in some degree only."[48]

Reid macht Gebrauch von Descartes' Einsicht, daß Fälle von Selbstbewußtsein und Fremdbewußtsein grundsätzlich voneinander unterschieden sind. Der Sachverhalt, daß ich mich im Selbstbewußtsein nicht wie im Fall des Bewußtseins von anderen Personen über Kennzeichnungen zu identifizieren habe, kann aber für sich allein noch nicht die Beweislast einer substanzphilosophischen Position tragen. Von Kant ist nachdrücklich darauf aufmerksam gemacht worden, daß aus der Evidenz und Infallibilität des Selbstbewußtseins kein Schluß auf eine Substanz oder ein ‚Ich' als ‚Ichobjekt' des Selbstbewußtseins gezogen werden könne. Auch Reid scheint, ähnlich wie Locke, den Unterschied zwischen dem Phänomen des Selbstbewußtseins und dem Sachverhalt personaler Identität nicht deutlich vor Augen gehabt zu haben.

Es ist Butler gewesen, der bereits vor Reid ein Qualitätsargument ohne bewußtseinsphilosophische Verwechslungen von Identität des Selbstbewußtseins und Identität der Person entwickelt hat. Wie Leibniz und Reid rückt auch Butler einen stark akzentuierten Identitätsbegriff in das Zentrum seiner Argumentation. Er stellt heraus, daß der Sinn personaler Identität ohne einen solchen Begriff nicht verständlich gemacht werden könne, weil Personen sich hinsichtlich ihrer physischen und psychischen Erscheinungsweise in einem permanenten Wandel befänden:

„And thus though the successive consciousnesses, which we have of our existence, are not the same, yet are they consciousnesses of one and the same thing or object; of the same person, self, or living agent. The person, of whose existence the consciousness is felt now, and was felt an hour or a year ago, is discerned to be, not two persons, but one and the same person; and therefore is one and the same."[49]

---

[48] Reid 1983, S. 345.
[49] Butler 1896 I, S. 392.

Butler variiert an dieser Stelle das traditionelle substanzphilosophische Argumentationsmodell von der Identität und Veränderung in der Zeit. Identität wird dabei strikt nach Maßgabe des ‚Entweder-oder-Kriteriums' ausgedeutet. Unter der Voraussetzung dieses Kriteriums hätte ein ermäßigter oder graduell interpretierbarer Identitätsbegriff zur Folge, daß eine Person über den jeweiligen Zeitpunkt ihrer Existenz hinaus niemals dieselbe wäre, was für Butler ein völlig unsinniger Gedanke ist.[50] Im weiteren wendet er sich gegen Lockes personalitätstheoretischen Begriff ‚concern'[51] und stellt heraus, daß eine Person an den zukünftigen Zuständen ihrer Existenz nicht interessiert sein könnte, wenn keine ihrer personalen Komponenten als Beharrliches im Wechsel in der Zeit erhalten bliebe:[52]

„This, I Say, must follow: for if the self or person of to-day, and that of tomorrow, are not the same, but only like persons; the person of to-day is really no more interested in what will befall the person of tomorrow, than in what will befall any other person."[53]

Während das Problem, ob eine Person zu allen Zeiten ihrer Existenz wirklich dieselbe ist, noch als unentschieden angesehen werden muß, scheint die Annahme fester Bindungen einer Person zu ihren vergangenen und zukünftigen Zuständen plausibel zu sein. Es wird sich allerdings zeigen, daß personale Bindungen über die Zeit hinweg nur dann sinnvoll entfaltet werden können, wenn der zeitliche Ort nicht allein über die Gründe von Handlungen entscheidet. Derek Parfit hat vor diesem zeit- und handlungstheoretischen Hintergrund das Gegenbild der an ihren zukünftigen Zuständen uninteressierten Person zum konstruktiven Ausgangspunkt seines revisionären ‚Reductionist View' gemacht[54] und sich dabei zu einer Reihe von überaus problematischen ontologischen Unterstellungen entschließen müssen.[55]

Unabhängig von Fragen nach dem Für und Wider personaler Bindungen über die Zeit hinweg ist zweifelhaft, ob derartige Bindungen zu den verschiedenen Zeiten personaler Existenz im Sinne des Qualitätsarguments gedeutet werden müssen, zumal der von Butler exponierte strikte Identitätssinn undeutlich bleibt und vorderhand nicht zu sehen ist, welches zusätzliche Argumentationspotential er gegen die üblichen substanz-

---

[50] Siehe Butler 1896 I, S. 388: „(...) by reflecting upon that, which is my self now, and that, which was my self twenty years ago, I discern they are not two, but one and the same self."

[51] Zu Lockes Begriff ‚concern' siehe Abschnitt VI. 1.

[52] Genau mit dieser Möglichkeit rechnet Parfit in seiner Revision der personalen Standpunkts; siehe Abschnitt VIII. 3.

[53] Butler 1896 I, S. 393.

[54] Siehe Parfit 1986, S. 149 ff.

[55] Siehe Abschnitt VIII. 3.

kritischen Einwände bereitstellen kann. *Ex negativo* scheint Butlers substanzphilosophischer Ansatz durch die Überzeugung motiviert zu sein, daß der Sachverhalt personaler Identität nicht ausschließlich aus einer Abfolge zufälliger mentaler Bestimmungen bestehen könne. Im Qualitätsargument wird formal so operiert, daß personaler Identität eine invariante Strukturbestimmung unterstellt wird, um dann im weiteren empiristischen Ansätzen vorzurechnen, daß sie den Sinn personaler Identität explikativ nicht erreichen, wenn sie versuchen, ihn allein aus varianten Bestimmungen zu konstruieren.

Die geltungstheoretische Reichweite des Qualitätsarguments ist sehr begrenzt. Vermutlich wird es nur denjenigen überzeugen, der ohnehin schon von der substanzphilosophischen Position aus argumentiert.[56] Empiristische Theoretiker werden wohl deswegen von seiner begründungstheoretischen Kraft unbeeindruckt gelassen, weil das Qualitätsargument immer schon ein metaphysisches Substanz-Akzidenz-Verhältnis unterstellt, das sie nicht für theoriefähig halten. Obwohl Butler ganz zu Recht darauf verweist, daß der Sachverhalt personaler Identität über die Zeit hinweg ein Explikationsbedürfnis erzeugt, das allem Anschein nach auf deskriptiver Ebene nicht zu befriedigen ist, muß gleichwohl noch gezeigt werden, warum der Begriff ‚concern‘ nur durch einen substanzphilosophischen Identitätsbegriff begründbar sein soll.

Das Spannungsverhältnis zwischen Lockes empiristischer Theorie personaler Identität und dem substanzphilosophischen Einwand des Qualitätsarguments läßt sich pointiert dahingehend zusammenfassen, daß aus denselben begriffslogischen Gründen der Begriff der Substanz von Locke aus seinem deskriptiven Konzept ausgeklammert, von Leibniz, Butler und Reid dagegen wieder in die Theorie eingeführt wird. Konsens herrscht offenbar darüber, daß substantiale Bestimmungen deskriptiv nicht ausgewiesen werden können. Diesem erkenntniskritischen und semantischen Sachverhalt werden aber gänzlich unterschiedliche Interpretationen gegeben. In letzter Konsequenz läuft der Problemkomplex des Qualitätsarguments auf die grundsätzliche Fragestellung hinaus, ob mit strikten Identitätskonzepten überhaupt rechtfertigungsfähig argumentiert werden kann.

Obwohl sich in Leibniz‘ Kritik an Lockes empiristischer Theorie personaler Identität auch Elemente des Qualitätsarguments finden, steht in

---

[56] In der gegenwärtigen Diskussion wird eine solche Position vor allem von Richard Swinburne verteidigt; siehe Shoemaker/Swinburne 1984, S. 30: „ From the mere logical possibility of my continued existence there follows the actual fact that there is now more to me than my body; and that more is the essential part of myself. A person‘s being conscious is thus to be analysed as an immaterial core of himself, his soul being conscious.“ Vgl. Swinburne 1974 und 1986, S. 161 ff.; Mackie 1976, S. 192 ff.

ihrem Zentrum eindeutig das Selbstreferentialitätsargument. Zwar spielt
bei Leibniz das Substanz-Akzidenz-Verhältnis auch weiterhin eine entscheidende Rolle, dieses Verhältnis wird allerdings einer grundsätzlichen
Revision unterzogen, aus der der Substanzbegriff nicht als starrer Bezugspunkt von Prädikationen, sondern als produktives Gesetz der Veränderung hervorgeht. Die substantiale Identität bleibt für Leibniz allen mentalen und physischen Formationsprozessen vorausgesetzt. Die begriffliche
Einführungssituation wird aber durch die Bestimmung der selbstreferentiellen Aktivität festgelegt: „La Substance est un Etre capable d'Action."[57] Unter einer Substanz ist danach die Monade zu verstehen, die als
internes Gesetz ihrer sukzessiven Veränderungen auftritt und in diesem
Sinne selbstreferentiell ist.

Das Selbstreferentialitätsargument stellt den Problemkomplex der philosophischen Synthesistheorie in den Mittelpunkt der Theorie personaler
Identität. Seine gleichermaßen konstruktive und kritische Zielrichtung ist
der Nachweis, daß der empirischen Erscheinungsweise von zeitlichen Ver-
änderungsprozessen ein empirisch nicht ableitbarer Identitätsprozeß zugrunde liegen muß:

[40–T] Personale Identität ist ein selbstreferentieller und empirisch nicht
identifizierbarer Veränderungsprozeß über die Zeit hinweg.

Seine bedeutendste Ausformung findet das Selbstreferentialitätsargument
bei Kant, der in seiner Empirismuskritik erkennbar auf die Grundzüge
der Leibnizschen Theorie zurückgreift. Während sich Kant aufgrund seiner substanzkritischen Einstellungen ausschließlich an epistemologischen
und bewußtseinsphilosophischen Modellen orientiert, verbleibt Leibniz
durchgängig in den Bereichen traditioneller Metaphysik. Die metaphysische und epistemologische Version des Arguments stimmen aber dahingehend überein, daß Identität, Kontinuität und Einheit des Bewußtseins nur
durch einen selbstreferentiellen Prozeß über die Zeit hinweg zustande
kommen können. Das bedeutet für die philosophische Erklärung des
Sachverhalts personaler Identität, daß sie als eine Rekonstruktion entwickelt werden muß, in der deskriptive und empirisch nicht ableitbare Bestimmungen intern aufeinander bezogen sind.

Von Reid ist gegen die empiristische Theorie personaler Identität schließlich noch ein Kontinuitätsargument entwickelt worden, das den internen
Zusammenhang von Identität und Einheit des Lebens einer Person thematisiert:

---

[57] Leibniz VI, S. 598.

[41–S] Personale Identität konstituiert die Kontinuität des Lebens einer Person.

Reid exemplifiziert das Kontinuitätsargument mit einem Gedankenexperiment. Er konstruiert die hypothetische Geschichte eines Offiziers, der als Schuljunge für einen Obstdiebstahl bestraft wird (A), als Soldat eine Heldentat begeht (B) und im Alter zum General befördert wird (C). Reid nimmt nun an, daß der Soldat sich an den Obstdiebstahl und die Folgen erinnert, der General noch von seiner Heldentat als Soldat weiß, jedoch keine Erinnerung mehr an den Obstdiebstahl und die sich daran anschließende Bestrafung hat. Legt man das Kriterium logischer Verknüpfung zugrunde, müßten (A), (B) und (C) Abschnitte eines identischen personalen Lebens sein. In der Sichtweise der ‚memory theory‘ könnten jedoch der General (C) und der Schuljunge (A) nicht als ein und dieselbe Person angesehen werden. Dieser Widerspruch muß Reid zufolge als Explikationsdefizit der empiristischen Theorie personaler Identität angesehen werden, denn es zeige sich in dem Gedankenexperiment, daß retrospektives Bewußtsein ein zu enges Evidenz- und Geltungskriterium für die Erklärung des Sachverhalts personaler Identität über die Zeit hinweg sei und insofern auch nicht für seine Konstitutionsgeschichte einstehen könne. Die Überzeugungskraft des Gedankenexperiments muß gleichwohl zweifelhaft bleiben. Die Widersprüchlichkeit, die Reid mit ihm exemplifizieren will, entsteht nur dann, wenn von vornherein der Standpunkt bezogen wird, daß eine Person in allen Abschnitten ihres Lebens im engen identitätstheoretischen Sinne ein und dieselbe ist. Aber selbst unter der Voraussetzung von Reids Gedankenexperiment kann ein alternatives Verständnis personaler Existenz nicht ausgeschlossen werden, dem zufolge der Junge, der Soldat und der General nur derselben Lebensgeschichte angehören, faktisch aber verschiedene Personen sind.[58]

Die personalitätstheoretische Entscheidungssituation zwischen beschreibendem Empirismus und substanzphilosophischer Präsuppositionstheorie ist über formale Begründungsoppositionen beider Theoriekomplexe hinaus offenbar nicht auflösbar. Das hängt vor allem damit zusammen, daß bei aller Berechtigung empiristischer Substanzkritik auf der einen und präsuppositionaler Reduktionismuskritik auf der anderen Seite die deskriptive wie die substanzphilosophische Position offensichtliche Begründungsfehler und Explikationslücken aufweisen. Die Kritik der An-

---

[58] Vgl. Parfits Substitution der Identität der Person durch die psychologische Kontinuität des Bewußtseinslebens; siehe Parfit 1986, S. 245 ff. Parfit wendet sich in diesem Zusammenhang ausdrücklich gegen die These, daß psychologische Kontinuität personale Identität voraussetzt; siehe Parfit 1986, S. 260 f.

tithese ist kein Beweis für die These, und das gilt gleichermaßen für Locke und seine Kritiker. Zudem bleibt noch zu klären, welche Konsequenzen den jeweiligen Kritikpunkten sachlich überhaupt beigemessen werden müssen. Weder kann das Fehlen eines deskriptiv identifizierbaren Korrelats philosophischer Begriffe umstandslos als Beleg für mangelnde Theoriefähigkeit genommen werden, noch kann der Nachweis von Begründungszirkeln in subjektivitätstheoretischen Argumentationskomplexen, in denen aufgrund ihrer Thematik Zirkularitätsverhältnisse vermutlich gar nicht vermieden werden können, mit der Widerlegung eines philosophischen Standpunkts insgesamt gleichgesetzt werden.

Die substanzphilosophische Theorie hat zudem nicht vermocht, ein deutlich ausgeführtes Modell personaler Identität zu entwickeln. Im Kontext ihrer Kritik werden allerdings theoretische Einstellungen und generelle Umrisse einer personalitätstheoretischen Position kenntlich. Personale Identität muß danach als eine invariante Eigenschaft der in der Zeit entstehenden und vergehenden vernünftigen Individuen aufgefaßt werden [39–S]. Die Eigenschaft wird als das zeitlich und epistemologisch Frühere im Leben einer Person begriffen [38–S]. Aus dem zeitlichen und epistemologischen Vorrang wird schließlich die kontinuitätsstiftende Funktion personaler Identität für das Leben einer Person gefolgert [41–S], die jenseits des Bereichs deskriptiv identifizierbarer Sachverhalte angesiedelt und nach Maßgabe selbstreferentieller Prozesse ausgelegt werden soll [40–T]. Das mit den Sätzen [38–S, 39–S, 40–T, 41–S] gesetzte substanzphilosophische Modell personaler Identität muß als Prototyp einer Theorie gelten, die im allgemeinen Umfeld von Subjektivität, Moralität und Personalität ‚tiefere Sachverhalte und Eigenschaften‘ voraussetzt.[59]

Es ist zudem ungeklärt geblieben, ob substanzphilosophische Argumente über ihren präsuppositionalen Charakter hinaus rechtfertigungsfähig entwickelt werden können. Vor allem ist zu erwägen, ob substanzphilosophische Präsuppositionsargumente sich der Sache nach nicht auf den Begriff der Person, sondern lediglich auf den Begriff des Ich oder Selbst im Sinne des Subjekts selbstreferentieller Bewußtseinsprozesse beziehen und insofern auch nur den bewußtseinsphilosophischen Sachverhalt aufklären können, den Kant in seiner Formel von dem ‚Ich denke, das alle meine Vorstellung begleiten können muß‘[60] angesprochen hat. Im Rahmen derartig formaler Argumentationskontexte müssen aber noch weitergehende Begründungsschritte durchgeführt werden, wenn der Sachverhalt

---

[59] Gegen dieses Theoriemodell richtet sich der Großteil der neueren Ansätze; siehe insbesondere Parfit 1986, S. 199 ff.; Rorty 1989 S. 3 ff.; vgl. Abschnitt VIII. 2 und 3.
[60] Siehe Abschnitt IV. 4.

personalen Lebens explikativ erreicht werden soll. Schließlich hat Kant
selbst darauf hingewiesen, daß die formale Selbstreferenz des Subjekts des
Denkens, die alles Denken begleitet, noch nicht als eine inhaltliche oder
personale Selbstreferenz gedeutet werden könne.

Im Gegensatz zur substanzphilosophischen Position orientiert sich
Lockes Theorie personaler Identität nicht an ‚tieferen‘ subjektivitätstheoretischen Sachverhalten, sondern an bewußtseinsphilosophischen Ober-
flächenstrukturen, einschließlich biographischer Erinnerungsdaten. Methodisch steht dabei eine deskriptive Rechtfertigungsperspektive im Vordergrund. Aussagen über Personen und ihre Identität sollen dem Verifikationismus der ersten Person zufolge an Sachverhalte gebunden werden,
die im sozialen Raum identifizierbar oder zumindest indirekt nachweisbar
sind. Dieses methodische Motiv hat nachhaltig bis in die gegenwärtige
Theoriesituation gewirkt.

5

Der Anfang der neueren Philosophie der Person, die sich zum Großteil
nach wie vor in den Diskussionszusammenhängen der angloamerikanischen Philosophie entwickelt, wird gemeinhin in Strawsons Versuch gesehen, den Begriff der Person als grundlegende ontologische Kategorie einzuführen.[61] Im Gegensatz zur Hauptströmung der analytischen Bewußtseinsphilosophie vermag Strawson in dem Begriff der Person keine vi-
rulente Identitätsproblematik zu erkennen. Für ihn bezeichnet er *unmittelbar* ein Einzelding und braucht daher nicht von der Identität des Bewußtseins oder Körpers abgeleitet zu werden. Die Position in Raum und
Zeit tritt als das alleinige Identitätskriterium auf: *„one* person, *one* consciousness“*[62]. Es scheint daher auch nur folgerichtig zu sein, daß Strawson
Fragen nach der Identität einer Person von vornherein abwehrt. Ihm zufolge ist das intentionale Korrelat des Begriffs der Person das vernünftige
Individuum, dem in seiner raumzeitlichen Existenz bereits die Eigenschaften zukommen, die die Vertreter der Theorie personaler Identität zunächst problematisieren, um sie dann doch wieder einzuführen.

Die Pointe dieser vorhand simplifizierenden Vorgehensweise liegt in
dem Verfahren der ontologischen Kürzung, das den Begriff der Identität
auf seine naturalistischen Grundlagen zurückbringen und die Eröffnung

---

[61] Siehe Strawson 1959, S. 87 ff.
[62] Strawson 1966, S. 169; siehe Strawson 1974, S. 173 ff. und 1959, S. 97: „States, or experiences, one might say, *owe* their identity as particulars to the identity of the person whose states or experiences they are.“

neuer Theoriekontexte vermeiden will. Die Vorgehensweise gewinnt an
Plausibilität, wenn die methodische Perspektive berücksichtigt wird, in
die der Begriff der Person eingesetzt werden soll. Strawson richtet sich in
kritischer Absicht gegen die bewußtseinsphilosophischen Positionen des
cartesianischen Dualismus und der sogenannten ‚no ownership theory‘,
die dem Umfeld von Wittgensteins Spätphilosophie zugerechnet wird.
Während der Cartesianismus von der Unabhängigkeit des Bewußtseins
gegenüber körperlichen Prädikaten ausgeht, verzichtet die ‚no ownership
theory‘ von vornherein auf einen expliziten Subjektbezug des Bewußtseins. Im Gegenzug zu derartigen Ansätzen erfährt der Begriff der Person
bei Strawson die semantische Festlegung, logisch primitiv zu sein. Als
Konvergenzpunkt mentaler und physischer Bestimmungen soll er auf keine der beiden Komponenten reduzierbar sein.

Strawsons These der logischen Primitivität hat in erheblichem Maße dazu beigetragen, das systematische Interesse der neueren Philosophie auf
den Begriff der Person zu lenken. In den Stellungnahmen zu seinen
Grundlegungen überwiegen jedoch die kritischen Vorbehalte. Strawson
wird vor allem vorgeworfen, daß er nicht mit hinreichender Schärfe den
Sachverhalt personaler Identität einerseits und die Identifizierungsproble-
matik andererseits auseinandergehalten habe.[63] Die analytische Philosophie der Person hat deshalb in ihren weiteren Entwicklungen großes Gewicht auf kriterielle Unterscheidungen gelegt. Dem Versuch Strawsons,
Identität und Identifizierung in einem Beweisschritt aufzuklären, ist nicht
mehr nachgegangen worden. Vor dem Hintergrund der spezifischen Anforderungen an eine Philosophie der Person wird ein solcher Versuch ohnehin nicht nahegelegt, denn die konstruktive Geschichte des Begriffs der
Person setzt sich in systematisch veränderten Aufgabenstellungen fort.

Eine entscheidende Voraussetzung für die Entwicklung einer phänomengerechten Philosophie der Person ist darin zu sehen, daß die in der
Philosophiegeschichte gewonnenen subjektivitätstheoretischen und moralphilosophischen Differenzierungen beibehalten werden. Dabei geht es vor
allem um eine Herausarbeitung der spezifischen Semantik, die der Begriff
Person in den jeweiligen theoretischen und praktischen Kontexten annimmt oder annehmen kann. Gerade in dieser Hinsicht erweist sich

---

[63] Exemplarisch für diesen Vorbehalt ist die Kritik von Don Locke; siehe Locke 1968, S. 140:
„(...) we must distinguish between a thing's being identified, in the sense of being identifyingly referred to, and a thing's being identified, in the sense of its owing its identity to
something. (...) Strawson may succeed in establishing that experiences must owe their identity to what possesses them, but he does not establish that experiences can be identified only by reference to what possesses them – although, naturally, this will be one way in which
they can be identifyingly referred to, i. e. as the experiences of this or that person."

Strawsons Begriff der Person als unterbestimmt. Mit ihm ist es nicht einmal möglich, personale und animalische Lebensformen trennscharf auseinanderzuhalten, denn einer Vielzahl von Tieren können ersichtlich mentale und physische Eigenschaften zugesprochen werden.[64]

Unabhängig von den mit dem Personbegriff zusammenhängenden Definitionsproblemen enthalten Strawsons Analysen ein gewichtiges bewußtseinsphilosophisches Argument, dem zufolge Selbstverhältnisse als von Objektbeziehungen epistemologisch und semantisch abhängig zu bestimmen sind. Selbstzuschreibungen sollen nur deswegen zustande kommen können, weil die ihnen verwandten Prädikate auch in Fremdzuschreibungen vorliegen:

„There is no sense in the idea of ascribing states of consciousness to oneself, or at all, unless the ascriber already knows how to ascribe at least some states of consciousness to others."[65]

Diese These bleibt für den Begriff der Person nicht ohne Folgen. Strawson hebt ausdrücklich hervor, daß wir nur deshalb über uns und andere Feststellungen treffen können, weil wir im Besitz der Idee eines Wesens sind, das gleichermaßen als Träger von psychischen und physischen Zuständen angesprochen werden kann. Diese Bestimmung ist die bewußtseins- und moralphilosophische Anwendung der These von der logischen Primitivität des Begriffs der Person, die auch losgelöst von starken ontologischen Behauptungen ein eigenes Bedeutungspotential entwickelt, das sich vor allem dem aus gänzlich anders verfaßten Theoriezusammenhängen hervorgehenden moralphilosophischen Gegenseitigkeitsbegriff öffnet.[66]

Strawsons eigenwillige Verwendungsweise des Begriffs ‚Person' kann als Indiz dafür genommen werden, daß mit den terminologischen Verschiebungen Probleme nur umgedeutet, aber nicht wirklich gelöst werden. Es ist zweifelhaft, ob sich Strawsons Konzeption der Person noch auf den Sachverhalt bezieht, den beispielsweise Locke bei der Einführung des Begriffs personaler Identität im Blick gehabt hat. Wie im Fall des substanzphilosophischen Präsuppositionsarguments wäre mit Kant zu fragen, ob für das, was Strawson mit ‚Person' bezeichnet, nicht die epistemologische Bestimmung der Selbstreferenz einzusetzen sei, zumal seine Analy-

---

[64] Vgl. Frankfurt 1988, S. 11: „(...) there are many entities besides persons that have both mental and physical properties. As it happens – though it seems extraordinary that this should be so – there is no common English word for the type of entity Strawson has in mind, a type that includes not only human beings but animals of various lesser species as well. Still, this hardly justifies the misappropriation of a valuable philosophical term."

[65] Strawson 1959, S. 106. Vgl. Mohr 1988, S. 61 ff.

[66] Vgl. Abschnitt IX. 3.

sen weniger mit dem zusammenhängen, was Locke mit den Bestimmungen ‚consciousness‘ oder ‚concern‘ intendiert, sondern eher mit der Frage, was der mögliche empirische Sinn des Begriffs des Subjekts des Denkens, des ‚Ich denke, das alle meine Vorstellungen begleiten können muß‘, ist.[67]

Von Kant ist nachdrücklich dargelegt worden, daß die raumzeitliche Positionalität desjenigen, der sich im Zustand reflektierter Selbstverhältnisse befindet, als die interne Voraussetzung seiner Selbstverhältnisse zu begreifen ist. An diesen Nachweis hätte Strawson nur noch anzuknüpfen brauchen. Aus der bloßen Positionalität kann allenfalls ein unanalysierbarer Begriff des Selbst – ‚das unbekannte x, das denkt‘ –, aber keineswegs ein primitiver Begriff der Person abgeleitet werden. Will man hier über Kant hinausgehen, so hat man eine erweiterte Theorie der Selbstverhältnisse vorzulegen oder zumindest einen Handlungsbegriff einzuführen, der den von der Erkenntniskritik vorgezeichneten engen epistemologischen Rahmen überschreitet. Dieser Argumentationsweg wird von Strawson nicht beschritten. Sein Beitrag zur Philosophie der Person ist denn auch vor allem in seinen Überlegungen zum nicht-reduktionistischen Naturalismus zu suchen und weniger in seiner Defintion des Begriffs der Person.

Das grundsätzliche Problem der Definition personaler Identität ist die diskriminatorische Funktion des Begriffs der Person in Abgrenzung zum biologischen Klassifikationsbegriff des Menschen. In dieser Problematik besteht das schwierige Vermächtnis Lockes. Weil es unstrittig sein dürfte, daß in ontologischer Hinsicht der Begriff der Person dem des Menschen nichts hinzufügen kann, ergeben sich zwei Problemstellungen: zum einen muß dem Begriff der Person ein eigenständiges semantisches Profil gegeben werden, zum anderen ist methodisch darzulegen, welche Sachverhalte von personalen Bestimmungen erfaßt werden, die im Begriff des Menschen noch nicht enthalten sind. Denn anders als Strawson unterstellt, kann der Begriff der Person nicht einfach als *ontologischer* Konvergenzpunkt von mentalen und physischen Prädikaten vorausgesetzt werden, sondern muß in deutlich erweiterten Theoriekontexten bestätigt werden. Das gilt sowohl für den Unterschied des Personbegriffs zum Begriff des Menschen als auch für seine Auswirkungen auf praktische Selbstverhältnisse.

Während sich die traditionelle Philosophie im Rahmen der Diskriminationsproblematik der Frage nach dem ontologischen Status der Person nicht direkt zuwendet, versucht die neuere analytische Philosophie der Person diese Problematik in der Perspektive von einer zumindest tendenziell zustimmenden Beantwortung der Frage ‚Sind Personen Körper?‘ zu

---

[67] Siehe Abschnitt V. 4; vgl. Hamlyn 1984, S. 199 f.

lösen.[68] Die traditionelle Philosophie hätte auf diese Frage eindeutig negativ reagiert, allerdings unter Einschluß einer Reihe von epistemologischen
Vorbehalten. Ontologisch bleibt sie in dem Sinne cartesianisch ausgerichtet, daß sie durchgängig einen qualitativen Unterschied zwischen physischer und personaler Existenz voraussetzt.

Die analytische Philosophie rechnet den Anticartesianismus zu ihren
Grundüberzeugungen. Bei der intendierten Überwindung des cartesianischen Dualismus nimmt die Analyse des begründungstheoretischen Stellenwerts körperlicher Identität breiten Raum ein. Gleichwohl wird nur
vereinzelt die Identität des Körpers als zureichende Bedingung für die
Identität der Person ausgewiesen. Der Anticartesianismus konzentriert
sich vielmehr auf die Kritik der Descartes unterstellten These, daß Bewußtsein von körperlicher Existenz unabhängig sei. Dabei wird auch bestritten, daß Selbstbewußtsein als Schlüssel zum Verständnis personaler
Identität begriffen werden könne.[69]

Die Bestimmung der ‚unabhängigen Existenz des Bewußtseins‘ kann
sehr unterschiedliche Anwendungen finden, die von der zweiten und sech-
sten Meditation Descartes‘ bis hin zur Position eines in Satz [15–T] ausgedrückten gemäßigten innerweltlichen Dualismus reichen, dem zufolge Bewußtsein und Körper einer Person zwar verschieden, aber gleichwohl Bestandteile eines einheitlichen ontologischen Raums sind. Vom Resultat her
ist der personalitätstheoretische Anticartesianismus von den traditionellen
Positionen gar nicht mehr so weit entfernt – hier ist vor allem an Kant zu
denken. Am Ende steht die Kritik eines extremen Dualismus, von dem unklar ist, wer ihn in dieser Ausprägung überhaupt vertritt. Es ist allerdings
nicht von der Hand zu weisen, daß der Anticartesianismus das begründungstheoretische Ziel verfolgt, personale Identität als von körperlicher
Identität abhängig zu bestimmen:

[42–S] Körperliche Identität ist die notwendige Bedingung personaler
Identität.

Dieser Satz drückt den schon im Rahmen der Selbstbewußtseinsanalysen
herausgearbeiteten Sachverhalt aus, daß die positionale Anwesenheit in

---

[68] Diese Frage hat Bernard Williams für die analytische Philosophie auf exemplarische Weise gestellt; siehe ‚Are persons bodies?‘, in: Williams 1973.
[69] Siehe Williams 1973, S. 14 f.: „(…) we may have the feeling that, by consideration of it [self-
consciousness] alone, we may be given the clue to personal identity, this is in fact an illusion. That it is an illusion is diguised by those theories of personal identity which, by assu-
ming no particular point of view, try to get the best of both worlds, the inner and the outer.
If we abandon this for a more realistic approach, the facts of self-consciousness prove in-
capable of yielding the secret of personal identity, and we are forced back into the world of
public criteria.“

Raum und Zeit die Voraussetzung von Selbstverhältnissen ist. Der Versuch, diesem Sachverhalt eine ausschließlich physikalistische Interpretation zu geben, ist von vornherein mit der methodischen Schwierigkeit belastet, daß sie nur in der Perspektive der dritten Person ausführbar ist und insofern Selbstverhältnisse der ersten Person kriteriell nicht mehr berücksichtigen kann. Damit wird aber vom Ansatz her genau der Bereich ausgelassen, der allein eine diskriminatorische Funktion für den Begriff der Person erfüllen kann.[70]

Die Auslassungen des an körperlicher Identität ausgerichteten Ansatzes sind nicht verborgen geblieben. In der analytischen Theorie personaler Identität ist deshalb – weiterhin unter anticartesianischen Vorzeichen – der Versuch unternommen worden, nunmehr die psychische bzw. psychologische Kontinuität als konstitutiv für personale Identität auszuweisen.[71] Dabei wird keineswegs in Abrede gestellt, daß bei der Aufklärung des Sachverhalts personaler Identität auf körperliche Bestimmungen Bezug genommen werden müsse, was insbesondere im Fall der Identifizierung und Reidentifizierung von Personen durch andere Personen offen zutage trete. Bestritten wird lediglich, daß die Identität des Körpers die Identität der Person hinreichend erklären könne. Die Diskussion um das Für und Wider der konstitutiven Funktion der psychologischen Kontinuität wird zu einem nicht unbeträchtlichen Teil von der systematischen Auswertung hypothetischer Identitätsunsicherheiten beherrscht. Exemplarisch dafür ist Nozicks ‚closest continuer view‘. Dieser Theorie zufolge sind P_1 an der Zeitstelle t_1 und P_n an t_n dieselbe Person, wenn es keinen anderen Kandidaten gibt, der der Kontinuität mit P_1 näherkommt.[72]

Im Unterschied zu Lockes ‚puzzle cases‘, die letztlich nur konsequente Konstruktionen aus den Vorgaben der ‚memory theory‘ sind, haben in den neueren Ansätzen die artifiziellen Problemstellungen hypothetischer Identitätsunsicherheiten einen theoriegenerierenden Stellenwert. Unsi-

---

[70] Vgl. Ameriks 1977, S. 58 f.: „(...) to admit bodily continuity is not a sufficient condition of personal identity is to concede that there are at least some cases in which it is not the only necessary condition. The condition of memory and psychological continuity is the obvious candidate to supplement it, for it is precisely the absence of psychological properties that ordinarily signals that a being is no longer to be called a person.“

[71] Vor allem Robert Nozick und Derek Parfit haben in diesem Zusammenhang wichtige Analysen vorgelegt; siehe Nozick 1981, S. 27 ff. und Parfit 1986, S. 199 ff. Zur Kritik an Nozicks und Parfits Ansätzen siehe Noonan 1981, S. 192 ff. und 233 ff.

[72] Siehe Nozick 1981, S. 34 f.: „The closest continuer view presents a necessary condition for identity; something at t_2 is not the same entity as x at t_1 if it is not x's closest continuer. And ‚closest‘ means closer than all others (...) To say that something is a continuer of x is not merely to say its properties are qualitatively the same as x's, or resemble them. Rather it is to say they grow out of x's properties, are causally produced by them, are to be explained by x's earlier having had its properties, and so forth.“

cherheiten im Zusammenhang mit ‚brain splitting‘ oder ‚brain fusion‘ mögen denkbar sein, sie gehören aber nicht zum Problembestand, mit dem eine Person im Rahmen der kognitiven und moralischen Bewältigung ihres Lebens umzugehen hat.[73] Darüber hinaus werden die entsprechenden Theoriemodelle ausschließlich vom externen Standpunkt beherrscht, was selbst auf die Vertreter psychologischer Kontinuitätsthesen zutrifft. Der externe Standpunkt kann in diesem Zusammenhang aber nicht phänomengerecht eingebracht werden, weil sich für eine Person niemals die Frage stellt, ob sie es selbst ist, die dieses oder jenes Erlebnis hat. Eine Person kann sich darüber im Zweifel befinden, ob eine Episode in ihrer Vergangenheit tatsächlich ihre eigene Handlungsgeschichte gewesen ist, diese Unsicherheit spielt sich aber allein auf der inhaltlichen Ebene des bewußten Lebens ab und erzeugt noch kein Identitätsproblem im epistemologischen oder ontologischen Sinne.

Die traditionellen Kriterien personaler Identität – Selbstbewußtsein, Bewußtsein und Moralität – stehen personalen Selbstverhältnissen näher als die neueren physikalistischen oder psychologischen Kriterien. Bewußtseinsbestimmungen als Kriterium personaler Identität auszuweisen, eröffnet die methodisch und sachlich günstige Ausgangssituation, der Erlebnisperspektive einer Person entsprechen und zugleich in zumindest gemäßigter Form eine empirische Theoriebasis zugrunde legen zu können. Es kann davon ausgegangen werden, daß die Verbindung dieser beiden Aspekte ein entscheidendes Motiv von Lockes Ansatz gewesen ist. Zumindest der Intention nach erweist sich Lockes Theorie personaler Identität als nicht-reduktionistisch und in kritieller Hinsicht als empiristisch ausgerichtet. Damit erlangt sie gerade vor dem Hintergrund neuerer Positionen, die entweder nicht-reduktionistisch oder empiristisch verfaßt sind, eine Sonderstellung.

Es gibt gleichwohl eine Möglichkeit, Lockes Theorie personaler Identität mit materialistischen Tendenzen neuerer Ansätze unmittelbar in Beziehung zu setzen. Ein Theoriestück, das sich auch im Lichte gegenwärtiger Problemstellungen als systematisch überaus gehaltvoll erweist, ist Lockes These, daß das *principium individuationis* die exklusive Positionalität der Person in Raum und Zeit sei. Weil der raumzeitliche Ort einer Person ein hartes ontologisches Faktum ist, bleibt er von den Ausdeutungen der gesellschaftlichen Erscheinungsweise einer Person unberührt, was für Lockes Ansatz zur Konsequenz hat, daß die Exposition des Individuationsprinzips von den begründungs- und geltungstheoretischen Problemen seiner Theorie personaler Identität unabhängig ist. Allerdings muß

---

[73] Vgl. Wilkes 1988, S. 1 ff.

beachtet werden, daß die raumzeitliche Positionalität gegenüber Lockes Unterscheidung zwischen Mensch und Person indifferent ist und aus diesem Grund nicht hinreichend für die Konstitution des Sachverhalts personaler Identität sein kann. Außerdem nimmt Locke auf die exklusive Positionalität in den zentralen Argumentationen seiner Theorie der Identität der Person keinen Bezug.

Die Bestimmung der exklusiven Positionalität in Raum und Zeit eröffnet einen weiten Bereich lebensgeschichtlich interpretierbarer Daten, denn die exklusive Positionalität und ihre Geschichte, die Biographie der Person, implizieren auch die exklusive Egozentrik ihres Bewußtseins, die auf prinzipiell identifizierbare raumzeitliche Koordinaten zurückführbar ist. Zwar läßt sich die ontologische Verortung von Subjektivität nicht umstandslos in die empiristische ‚memory theory‘ integrieren, gleichwohl ergeben sich Anschlußmöglichkeiten für gänzlich anders geartete Theoriemodelle. In Lockes *principium individuationis* verbirgt sich eine empirische Festlegung der Egozentrik des Bewußtseins der Person, die eine Argumentationsperspektive für materialistische Ansätze erschließen kann, der zufolge ‚Bewußtsein‘ nicht länger nach Maßgabe der ‚memory theory‘ deskriptiv aufzufassen, sondern kausal zu interpretieren ist. Die Identität des Bewußtseins würde sich danach durch die kausale Abfolge von Bewußtseinsdaten konstituieren und nicht durch das, was die Person in Erfahrungszuständen explizit erschließt oder erschlossen hat. Auf diese Weise könnte nicht zuletzt Reids ‚puzzle case‘ vom ‚brave officer‘ widerspruchsfrei und ohne substanzphilosophische Rückgriffe eine materialistische Deutung gegeben werden.

Im Zuge der materialistischen Ausdeutung von Lockes *principium individuationis* gewänne die körperliche Kontinuität der Person eine vorrangige Bedeutung für den gesamten Bereich der Selbstverhältnisse, einschließlich des Sachverhalts personaler Identität. Auch wenn mit derartig verfaßten Theoriemodellen direkt an Positionen der Philosophie Lockes angeschlossen werden kann, muß eingeräumt werden, daß eine solche Sichtweise ihren Grundzügen nicht entspräche. Die Divergenz ergibt sich aus dem Umstand, daß materialistische Bestimmungen der Subjektivität eine ausgeprägte reduktionistische Tendenz enthalten. Locke operiert aber trotz aller methodischen Fragwürdigkeiten ersichtlich mit nicht-reduktionistischen Modellen und versucht im deskriptiv identifizierbaren Phänomenbereich durch epistemologische und subjektivitätstheoretische Ausdifferenzierungen einen Zugang zum Sachverhalt personalen Lebens zu finden. Dabei geht er davon aus, daß die Identität der Person weder von körperlicher noch von substantialer Identität abhängig ist. Diese begriffliche Ausdifferenzierung ist die Konsequenz aus der semantischen Einfüh-

rungssituation des Begriffs der Person, der von Locke sowohl von der
bloß körperlichen Existenz des Menschen als auch von der Idee einer Seelensubstanz abgegrenzt worden ist. Lockes Theorie personaler Identität
ist um den Nachweis bemüht, daß bei der Explikation personaler Identität
nur Bewußtseinskomponenten vorausgesetzt zu werden brauchen und
körperliche oder substantiale Prädikate entsprechend als Unter- bzw.
Überbestimmungen personaler Existenz zu gelten haben.[74]

Weil körperliche Bestimmungen tief in der Semantik des Begriffs des
Menschen verankert sind, kann Locke zufolge der Sachverhalt personaler
Existenz mit körperlichen Bestimmungen allein nicht erklärt werden. Die
Vorbehalte gegenüber der methodischen Überbewertung physischer Aspekte personaler Existenz ist bei Locke – anders als bei substanzphilosophischen Positionen – begründungstheoretisch ausbalanciert, das heißt, es
findet im Gegenzug keine Überbewertung nicht-physischer oder substantialer Bestimmungen statt. Nach Locke beruhen substantiale Bestimmungen auf Distinktionen, die für die begriffliche Erfassung der Identität der
Person belanglos und insofern redundant sind.[75] Deshalb hält er es durchaus für vorstellbar, daß die Person auch dann dieselbe bliebe, wenn sich
die Substanz änderte,[76] oder zwei Personen einer Substanz inhärieren
können.[77] Lockes kritischer Nicht-Reduktionismus läßt sich entsprechend auf die Formel bringen:

[43–S] Weder körperliche noch substantiale Eigenschaften konstituieren
personale Identität.

In [43–S] muß noch nicht auf die besonderen personalitätstheoretischen
Ausgestaltungen der ‚memory theory‘ Rücksicht genommen werden.
Über den Ausschlußweg wird lediglich festgestellt, daß die Konstitutionsbedingungen personaler Identität im Bewußtsein der jeweiligen Person
gesucht werden müssen:

[44–S] Bewußtsein konstituiert personale Identität.

Die Konsequenzen, die sich aus den Sätzen [43–S, 44–S] für die Bestimmung personaler Identität ergeben, sind Locke nicht ohne weiteres zugänglich gewesen. Daher hat er immer wieder Gedankenexperimente bzw.
‚puzzle cases‘ angeführt, um die sich vorderhand artifiziell oder sogar

---

[74] Vgl. Mackie 1976, S. 174 f.

[75] Siehe Lockes Gedankenexperiment zu ‚Day-man‘ und ‚Night-man‘: Locke 1975, S. 344 f.
[II. 27 § 23].

[76] Siehe Locke 1975, S. 337 f. [II. 27 § 13].

[77] Siehe Locke 1975, S. 338 f. [II. 27 § 14].

phantastisch ausnehmenden Begriffsfestlegungen zu exemplifizieren und plausibel zu machen.[78] Bekanntlich hat er auf diese Weise die Geschichte der ‚puzzle cases' auf den Weg gebracht, die in kaum einer anderen Theorie so viel Raum einnimmt, wie in der personaler Identität.[79] Während in den neueren Ansätzen die Diskussion hypothetischer Fälle von Identitätsunsicherheiten vorherrscht, ist der methodische Hintergrund von Lockes ‚puzzle cases' eine Ausgrenzungsstrategie. Ihr Movens ist in der Überzeugung begründet, daß retrospektives Bewußtsein die notwendige und hinreichende Bedingung für personale Identität sei. Es ist jedoch zu berücksichtigen, daß auch im Fall personaler Identität das generelle Identitätskriterium der exklusiven raumzeitlichen Positionalität immer schon erfüllt sein muß. Nur unter dieser ontologischen Voraussetzung können Identitätsaussagen überhaupt zustandekommen. Damit stellt sich das Problem ein, das Locke mit der Unterscheidung zwischen körperlicher und personaler Identität eigentlich schon ausgeräumt haben wollte, nämlich das der ontologischen Voraussetzungen des bewußtseinsphilosophischen Bestimmungspotentials der Theorie personaler Identität.

Obwohl Locke personale Identität der Bestimmung nach von körperlicher und substantialer Identität absetzt, geht er nicht so weit, zu behaupten, daß personale Identität unbezüglich körperlicher und substantialer Bestimmungen möglich sei. Die mit diesen Bestimmungen gesetzten Abhängigkeitsverhältnisse bleiben jedoch wegen des besonderen Ansatzes der ‚memory theory' unklar. Es hat den Anschein, als habe Locke die konkrete Gestalt der Begriffskonstellation von körperlicher, personaler und substantialer Identität aufgrund epistemologischer Zwangsläufigkeiten für unbestimmt gehalten, was den Versuch nahelegt, die Unbestimmtheitsrelationen mit Hilfe einer deskriptiven Theorie konstruktiv zu umgehen, um sie schließlich argumentativ vernachlässigen zu können.

Locke dürfte aufgrund der Intention, die er mit der Theorie personaler Identität verbindet, in der Unbestimmtheit des Verhältnisses von personaler Identität auf der einen und körperlichen wie substantialen Bestimmungen auf der anderen Seite kein entscheidendes argumentatives Defizit gesehen haben. Es scheint geradezu die Pointe seiner Theorie zu sein, daß sie eine philosophische Konzeption personalen Lebens in praktischer Hinsicht bereitstellen soll, die von konkreten Problemlösungen in den Bereichen empiristischer und metaphysischer Theorien unabhängig bleibt. Locke kann zudem darauf verweisen, daß von praktischen Komponenten

---

[78] Siehe Locke 1975, S. 109 ff., 336 ff., 342 f. und 344 f. [II. 1 §§ 11, 12; II. 27 §§ 11 bis 14, 19 bis 21 und 23].

[79] Zum theoretischen Stellenwert von Lockes ‚puzzle cases' vergleiche Helm 1977.

personalen Lebens wie Verantwortlichkeit oder Zurechenbarkeit letztlich nur dann die Rede sein kann, wenn über diese Komponenten noch nicht empirisch oder metaphysisch vorentschieden ist.

Die grundsätzliche Problematik der Theorie personaler Identität drückt sich nach wie vor im Spannungsverhältnis der Sätze [37–S] und [44–S] aus. In dieser Hinsicht hat sich seit Lockes Begründung der Theorie personaler Identität zumindest in systematischer Hinsicht wenig verändert. Das Spannungsverhältnis baut sich auf, weil weder sinnvoll bestritten werden kann, daß Identität ein ontologisches Faktum und deshalb gegeben ist, noch von der Hand zu weisen ist, daß im Fall personaler Existenz praktische Identitätsprozesse offen sind und ‚gemacht' werden müssen. Mit den philosophischen Analysen personaler Identität tritt – ähnlich wie im Fall des Selbstbewußtseins – eine Doppelstruktur personaler Existenz zutage. Während sich eine Person in Selbstverhältnissen auf ihre Präsenz in Raum und Zeit bezieht [33–S] oder zu ihrer Position in Raum und Zeit verhält [34–S], begegnet ihr die eigene Identität als etwas, das gegeben und zugleich offen für selbstreferentielle oder fremdbestimmte Veränderungen ist:

[45–T] Personen beziehen sich auf ihre Identität als eine gegebene und herzustellende Identität.

VI. Personale Identität und praktische Selbstverhältnisse

1

Die grundsätzlichen Problemstellungen des philosophischen Begriffs personaler Identität sind innerhalb des begrenzten Rahmens der theoretischen Philosophie nicht zu lösen und erzwingen konzeptionelle Erweiterungen, die sich auf die Bereiche der praktischen Philosophie erstrecken. Während sich in der theoretischen Philosophie das personalitätstheoretische Interesse auf Bestimmungen richtet, mit denen das in traditionellen Ansätzen überbetonte Modell des sich selbst transparenten Bewußtseins konzeptionell überschritten werden kann, kommt es in den für die Philosophie der Person relevanten Bereichen der praktischen Philosophie darauf an, den Zusammenhang zwischen moralischer Identität und Selbstbestimmung über die Zeit hinweg herauszuarbeiten.

Dem Erfordernis, praktische Perspektiven über die Zeit hinweg in die personalitätstheoretischen Analysen miteinbeziehen zu müssen, entspricht Locke mit dem weiteren innovativen Schritt seiner Philosophie, personale Identität unabhängig von epistemologischen und bewußtseinsphilosophischen Problemstellungen mit einer moralphilosophischen Bedeutung auszustatten.[1] An diesen Übergang ist vor allem im Rahmen der Bewertung der vielen Vorbehalte zu erinnern, die gegen Lockes Position erhoben worden sind. Trotz aller definitorischen und begründungstheore-

---

[1] Auf den pragmatischen Aspekt der forensischen Definitionsperspektive haben William Alston und Jonathan Bennett aufmerksam gemacht; siehe Alston/Bennett 1988, S. 45 f.: „When Locke says that ‚person‘ is ‚a forensic term,‘ he means that we have the idea of *person* that we do because it answers best to our moral and legal interests. In pursuing those interests, we often want to know (1) Of the personal items in the world now, which is conscious of having done A? And since that form of question matters so much, we reserve the word ‚person‘ (or its plural) to help us express it: (2) Of the people now in the world, who did A? This does the same work as the other, because our concept of *person* gathers together sets of items that are interrelated by a ‚same consciousness‘ relation. And slightly more complex sentences than (2) can replace ones that are vastly more complex than (1). Thus, according to Locke, our idea of *enduring person* earns its keep." Vgl. Siep 1992a, S. 83 ff.

tischen Bedenken können Lockes Überlegungen zum Begriff der Person zumindest aus ihren Motiven heraus verständlich gemacht werden. Wird Lockes These, daß die Person ein denkendes und verständiges Wesen ist, das Vernunft, Reflexion und Überlegung besitzt und sich selbst bewußt werden kann, nicht als Definition, sondern als deskriptive Bestimmung personalen Lebens aufgefaßt, dann ergeben sich unangesehen der methodischen und begründungstheoretischen Lücken Anschlußmöglichkeiten an Argumentationen zur praktischen Funktion des Begriffs der Person, zumal nicht bestritten werden kann, daß ‚Person' auf jeden Fall ein Subjekt bezeichnet, dem Rationalität und praktische Vernunft zumindest potentiell zukommen.

Lockes Theorie personaler Identität hat auch in ihren moralphilosophischen Teilen die Umrisse einer deskriptiven Konzeption. Das zeigt sich insbesondere bei der Bestimmung der zeitlichen Komponenten des Begriffs personaler Identität. Weil personales Leben sich in der Form bewußter Existenz nicht nur auf die Vergangenheit und Gegenwart der Person bezieht, sondern auch von mehr oder weniger weit in der Zukunft liegenden Ereignissen betroffen ist, führt Locke folgerichtig neben der retrospektiven Komponente auch eine progressive Komponente des personalen Bewußtseins ein:

„This every intelligent Being, sensible of Happiness or Misery, must grant, that there is something that is *himself,* that he is concerned for, and would have happy; that this *self* has existed in a continued Duration more than one instant, and therefore 'tis possible may exist, as it has done, Months and Years to come, without any certain bounds to be set to its duration; and may be the same *self,* by the same consciousness, continued on for the future. And thus, by this consciousness, he finds himself to be the *same self* which did such or such an Action some Years since, by which he comes to be happy or miserable now."[2]

Die personale Egozentrik des Bewußtseins – ‚dasselbe Selbst' – muß in der Gegenwart die Vergangenheit und Zukunft gleichermaßen umfassen, wobei handlungstheoretisch die Ausrichtung auf bevorstehende Ereignisse ein größeres Gewicht hat. Locke reagiert auf diesen Sachverhalt mit dem Begriff eines in die Zukunft verlängerten Selbst, womit unabhängig von den substanzkritischen Intentionen der Textpassage auf das Substanzmodell des Beharrlichen im Wechsel zurückgegriffen wird.

Der Zeitpfeil richtet die praktischen Komponenten personalen Daseins auf das zukünftige Leben aus. Auch wenn sie sich in der Alltagserfahrung nur selten in ausdrücklicher Selbstbestimmung äußert, verleiht die Ausrichtung Handlungen die formale Struktur von Autonomie. Die Einstel-

---

[2] Locke 1975, S. 345 f. [II. 27 § 25].

lung einer Person zu ihrem zukünftigen Leben wird von Locke mit dem Begriff ‚concern‘ thematisiert. Der Begriff ‚concern‘ hat kein deckungsgleiches Äquivalent im deutschen Sprachgebrauch. Lockes Verwendungsweise bewegt sich semantisch zwischen den deutschen Ausdrücken ‚Sorge‘ und ‚Interesse‘. Weil der Begriff der Sorge terminologisch durch Heideggers Darlegungen vorbelastet ist und der Begriff des Interesses nur einen geringen Grad von persönlicher Betroffenheit nahelegt, wird ‚concern‘ im weiteren metaphorisch als Blick auf das spätere Selbst angesprochen. Es ist darauf zu achten, daß in diesem Zusammenhang von dem Blick auf das spätere Selbst und nicht auf die spätere Person die Rede ist, denn ‚concern‘ setzt die Verlängerung der Identität des Selbstbewußtseins und nicht den teilnahmslosen Blick eines äußeren Beobachters voraus.

Im Unterschied zu bloßer Selbsterhaltung hat der Blick auf das spätere Selbst eine komplexe und reflektierte Qualität, denn personales Dasein ist vor allem eine Existenzweise im sozialen und kulturellen Raum, deren inhaltliche Formierungen nicht gegeben sind, sondern erworben werden. Aufgrund dieser konstruktiven Vorgabe ist der Blick auf das spätere Selbst ein überaus komplizierter Bewußtseinszustand. Mit ihm vollziehen sich kognitive Leistungen in der Gestalt von Antizipationen möglicher Ereignisse und Verhältnisse:[3]

[46–T] Das reflektierte Leben einer Person schließt das Interesse an den Zuständen ihres ‚späteren Selbst‘ ein.

Die antizipatorische Aktivität der Person wird von Locke vor dem Hintergrund des Strebens nach Glück und des Vermeidens von Unglück interpretiert. Diese Einstellungen fungieren für ihn als eine Naturkonstante personalen Lebens:

„*Self* is that conscious thinking thing, (whatever Substance, made up of whether Spiritual, or Material, Simple, or Compounded, it matters not) which is sensible, or conscious of Pleasure and Pain, capable of Happiness or Misery, and so is concern‘d for it *self*, as far as that consciousness extends.“[4]

In dieser Darlegung des Blicks auf das spätere Selbst ist die tiefe semantische Unsicherheit Lockes bei der begrifflichen Erfassung des Subjekts personalen Lebens greifbar. Er scheint geahnt zu haben, daß er in diesem sachlichen Zusammenhang in verwickelte Bestimmungsverhältnisse gedrängt wird. Während im § 9 des Kapitels ‚Of Identity and Diversity‘ ‚Selbst‘ und ‚Person‘ synonym verwendet werden, bezeichnet ‚Selbst‘ im

---

[3] Vgl. das Bedeutungsfeld von Satz [102–T] in Abschnitt X. 1.
[4] Locke 1975, S. 341 [II. 27 § 17]. Zum Verhältnis von ‚desire‘, ‚happiness‘ und ‚misery‘ siehe Locke 1975, S. 258 ff. [II. 27 §§ 41 ff.]

§ 17 ein denkendes Ding, das Freude, Schmerz, Glück und Unglück emp-
finden kann, und im § 26 wird schließlich ein definitorischer Neubeginn
dadurch vollzogen, daß in forensischer Perspektive sowohl der Begriff
‚Selbst' als auch der Standpunkt des äußeren Beobachters als Definiens
von ‚Person' auftreten:

„Where-ever a Man finds, what he calls *himself*, there I think another may say is
the same *Person*. It is a Forensick Term appropriating Actions and their Merit; and
so belongs only to intelligent Agents capable of a Law, and Hapiness and Misery.
This personality extends it *self* beyond present Existence to what is past, only by
consciousness, whereby it becomes concerned and accountable, owns and imputes
to it *self* past Actions, just upon the same ground, and for the same reason, that it
does the present. All which is founded in a concern for Happiness the unavoidable
concomitant of consciousness, that which is conscious of Pleasure and Pain, desir-
ing, that that *self*, that is conscious, should be happy."[5]

Für den definitorischen Neubeginn, ‚Person' nunmehr als einen forensischen bzw. moralphilosophischen Begriff zu verwenden, hat Locke den
hohen methodischen Preis zu entrichten, bei der Bestimmung des personalen Standpunkts, die bislang konsequent aus der Perspektive der ersten
Person entwickelt worden ist, Anleihen beim Standpunkt des äußeren Beobachters machen zu müssen. Die Einbeziehung der Perspektive der dritten Person ist sicherlich phänomen- und sachgerecht, im Rahmen von
Lockes Ansatz bringt sie jedoch semantische Verwicklungen und Widersprüchlichkeiten mit sich, weil die Koextensionalitätsthese von Bewußtsein und Identität durch die mit dem Standpunkt der dritten Person gesetzten interpersonalen Anerkennungsverhältnisse relativiert wird. Der
Umstand, daß eine phänomengerechte Korrektur in den Argumentationen Widersprüchlichkeiten hervorruft, kann unschwer als Hinweis auf
ungeklärte Voraussetzungen und Fehler im Ansatz gedeutet werden.

Auf der anderen Seite ist die Einführung eines moralphilosophischen
Grundbegriffs für Locke unumgänglich. Die eingeschränkte bewußtseinsphilosophische Perspektive der ersten Person muß auf jeden Fall erweitert werden und dafür bietet sich letzlich nur der Blickwinkel der
praktischen Philosophie an. Bei der Erweiterung hält Locke an der Vorrangstellung des subjektiven Standpunkts fest, denn die grundsätzliche
Bedeutung der Koextensionalitätsthese bleibt in den moralphilosophischen Argumentationen unangetastet. Wenn das Leben von Personen retrospektiv und progressiv von der Extension ihres Bewußtseins abhängig
ist, hat das unmittelbare Konsequenzen für ihren moralischen und juridischen Status. Locke zufolge kann eine Person erst aufgrund ihrer Fähig-

---

[5] Locke 1975, S. 346 [II. 27 § 26].

keit, praktische Selbstverhältnisse initiieren zu können, für ihre Handlungen verantwortlich gemacht werden. Damit wird die Koextensionalitätsthese ins Grundsätzliche verlagert. Die Person ist für ihre Handlungen nicht nur verantwortlich, weil sie ein Bewußtsein von ihnen hat, sondern sie ist deswegen für sie verantwortlich, weil sie ihre Handlungen bewußt vollzieht bzw. bewußt vollziehen kann.

Im Hintergrund von Lockes Überlegungen zu Zurechenbarkeit und Verantwortlichkeit steht die Vorstellung eines engen Zusammenhangs von Bewußtsein und Freiheit. Weil das personale Identität konstituierende Bewußtsein Ausdruck der Freiheit der Person ist, scheint es nur konsequent zu sein, daß die Tiefenstruktur des Begriffs der Zurechenbarkeit unberücksichtigt bleibt. Die uneingeschränkte Geltung der Koextensionalitätsthese führt jedoch auch im forensischen Kontext zu Widerspüchlichkeiten. Denn es muß immer mit der Möglichkeit gerechnet werden, daß eine Person in der Vergangenheit eine Handlung bewußt vollzogen hat, sich aber gegenwärtig nicht mehr an sie erinnern kann. Locke ist vom Ansatz her auf die These festgelegt, daß die Person für diese Handlung nicht mehr verantwortlich zu machen ist. Eine solche Konsequenz ist aber in juridischer Hinsicht völlig unakzeptabel, weshalb er erhebliche Anstrengungen unternommen hat, den Gegensatz zwischen seiner Zurechenbarkeitsthese und der weltlichen Rechtsprechung zumindest mittelbar auszugleichen.[6]

Lockes Korrekturversuche ändern jedoch nichts an dem Sachverhalt, daß der von der Koextensionalitätsthese bestimmte Begriff personaler Identität nicht als Kriterium für moralische und juridische Verantwortlichkeit eingesetzt werden kann. Die Konzeption eines retrospektiv die Vergangenheit erschließenden Bewußtseins schafft mehr Zurechenbarkeitsprobleme, als sie lösen kann. Locke müßte im Fall von Gedächtnislücken den Status der Person für die entsprechenden Zeitsequenzen außer Kraft setzen. Tatsächlich begreift er Gedächtnislücken aber lediglich als Beleg für den Unterschied zwischen Person und Mensch. Die Handlungen, an die ich mich nicht mehr erinnern kann, habe ich *materialiter* zwar als Mensch oder als Körper vollzogen, daraus soll aber noch nicht folgen, daß ich für diese Handlungen im personalen Sinne verantwortlich bin, und Reids Gedankenexperiment vom ‚brave officer‘ gleichsam antizipierend stellt er heraus, daß ein und derselbe Mensch zu verschiedenen Zeiten durchaus verschiedene Personen sein könne.[7]

Obwohl Locke glaubt, an die üblichen Formen der Rechtsprechung anschließen zu können, reißt in seinen Argumentationen eine Kluft auf zwi-

---

[6] Vgl. Locke 1975, S. 343 f. [II. 27 § 22].
[7] Siehe Locke 1975, S. 342 f. [II. 27 § 20].

schen subjektiven Zurechenbarkeitsbewertungen einerseits sowie den gesellschaftlichen Normen moralischer und juridischer Verantwortlichkeit
andererseits. Locke bezieht in diesem Zusammenhang eindeutig den
Standpunkt subjektiver Zurechenbarkeitsbewertungen und unterstellt implizit, daß personales Leben ausschließlich vom subjektiven Standpunkt
aus geführt werden könne. Die Tatsache, daß eine Person auf den subjektiven Ort ihres Bewußtseins festgelegt ist, stützt jedoch nicht die These,
daß sie nicht imstande sei, ihre subjektive Perspektive reflektierend zu
überschreiten. Es ist vielmehr die Fähigkeit, sich reflektierend von sich distanzieren zu können, die den Rahmen für juridische Verantwortlichkeit
absteckt. Die Rechtsprechung im sozialen Raum berücksichtigt in der Regel zwar den subjektiven Standpunkt, doch wird ihm keine normative
oder kriterielle Funktion zugebilligt. Die juridischen Entscheidungspro-
zesse verlaufen in Bewertungsperspektiven, die gerade nicht auf den subjektiven Standpunkt einer Person reduziert werden können. Nach Lockes
Prämissen müßte sich aber eine Person immer als unschuldig verurteilt
fühlen, wenn sie die ihr zur Last gelegten Handlungen nicht mit explizitem Bewußtsein nachvollziehen kann. Locke hat versucht, diesen Widerstreit dadurch aufzuheben, daß er die endgültige Entscheidung über
Schuld und Unschuld einer Person auf den Tag des jüngsten Gerichts ver-
legt, was der weltlichen Rechtsprechung im sozialen Raum zwar einen hypothetischen Charakter verleiht, der verhängten Strafe aber nichts von ihrer Härte nimmt.

Das reflektiert die Gegenwart erlebende und retrospektiv die Vergangenheit erschließende Bewußtsein kann die Aufgabe, die ihm Locke im
Rahmen seiner Zurechenbarkeits- bzw. Verantwortlichkeitskonzeption
zuweisen will, nicht erfüllen. In dem von Locke unterstellten Sinne erweist sich Bewußtsein als Kriterium für moralische Identität oder juridische Verantwortlichkeit zum einen als zu eng, weil Verantwortlichkeit
nicht nur von subjektiven Selbsteinschätzungen, sondern auch vom
‚Zeugnis der anderen‘ abhängt,[8] zum anderen erweist es sich als zu weit,

---

[8] Siehe Leibniz V, S. 219: „Il suffit pour trouver l'identité morale par soy même qu'il y ait
une moyenne liaison de conscienciosité d'un estat voisin ou même un peu eloigné à
l'autre, quand quelque saut ou intervalle oublié y seroit mêlé. Ainsi si une maladie avoit fait
une interruption de la continuité de la liaison de conscienciosité, en sorte que je ne scûsse
point comment je serois devenû dans l'estat present, quoyque je me souviendrois des cho-
ses plus eloignées, le temoignage des autres pourroit remplir le vuide de ma reminiscence.
On me pourroit même punir sur ce temoignage, si je venois de faire quelque mal de pro-
pos deliberé dans un intervalle, que j'eusse oublié un peu après par cette maladie." Leibniz
weist weiterhin darauf hin, daß das Zeugnis der anderen selbst unter den Bedingungen eines vollständigen Gedächtnisverlustes einer Person deren Biographie auch *für sie* rekonstruieren könnte.

denn es muß immer mit der Möglichkeit gerechnet werden, daß die retrospektiven Selbstbewertungen fehlgehen und eine Person Handlungen, die sie begangen hat, ausblendet oder sich Handlungen zuschreibt, die sie tatsächlich nicht begangen hat. Locke hat die Möglichkeit derartiger Fehleinschätzungen durchaus zugestanden, auf die sich damit einstellende Problematik ist er aber nicht weiter eingegangen und hat es bei dem kurzen Verweis belassen, daß in derartigen Fällen Gottes Güte am Ende korrigierend wirksam werde.[9]

Die durch den empiristischen Zug von Lockes Philosophie motivierte forensische Interpretation des Personbegriffs ist ein weiterer Versuch, personale Identität ausschließlich empiristisch auszudeuten. Die forensische Perspektive ist die moral- und rechtsphilosophische Gestalt des Verifikationismus der ersten Person, der bereits seine bewußtseinsphilosophischen Argumentationen beherrscht. Aber auch in diesem Zusammenhang ist Lockes Position ambivalent. Sein krittieller Ansatz verschiebt sich zuweilen in Richtung auf den intersubjektiven Standpunkt, was sich insbesondere bei dem Problem der Bestrafung von Trunkenheit zeigt:

„For though punishment be annexed to personality, and personality to consciousness, and the Drunkard perhaps be not conscious of what he did; yet Humane Judicatures justly punish him; because the Fact is proved against him, but want of consciousness cannot be proved for him."[10]

Indem Locke bei einem Vergehen im Zustand der Trunkenheit ein verifikationistisches Argument aus der Perspektive der dritten Person entwickelt, verfährt er im Sinne seines allgemeinen methodischen Ansatzes inkonsequent. Vom Standpunkt des äußeren Beobachters ist seine definitorische Anleihe berechtigt, denn forensische Bestimmungen müssen von subjektiven Gesichtspunkten zumindest tendenziell freigehalten werden. Die Bedeutung von Lockes Argumentation ist darin begründet, daß er eine bewußtseins- und moralphilosophische Grundsatzentscheidung trifft, wenn er ‚personality' als forensische Bestimmung auffaßt. Personale Identität nimmt auf diese Weise den Sinn moralischer Identität an, die durch das Bewußtsein in der Zeit erworben wird und insofern nicht gegeben ist.

---

[9] Siehe Locke 1975, S. 338 [II. 27 § 13]. Vgl. Siep 1992a, S. 89 f.: „Die Klarheit und Präzision, die durch den Wechsel vom ‚Menschen' zur ‚Person' im Bereich von Moral und Recht gewonnen werden sollte, hat da ihre Grenzen, wo da ihre Grenzen, wo es nicht eindeutig mit mündigen Bürgern zu tun haben. (...) Werden Selbstbewußtsein, Personalität und Rechtssubjekt gleichgesetzt, dann ist der Umfang (die Extension) des Begriffs der Person verschieden von dem des Individuums der Gattung Mensch. Diese von Locke zugunsten einer exakten Moral- und Rechtsphilosophie initiierte Unterscheidung hat ihren Preis."

[10] Locke 1975, S. 344 [II. 27 § 22]. Locke versäumt an dieser Stelle nicht, darauf hinzuweisen, daß an dem „great Day, wherein the Secrets of all Hearts shall be laid open" ungerechtfertigte Schuldsprüche ihre Korrektur erfahren werden.

Vor diesem Hintergrund müssen auch Lockes durchgängige Aussparungen von ontologischen und substanzphilosophischen Überlegungen gesehen werden.

Der definitorische Widerstreit zwischen Erworbenheits- und Gegebenheitscharakter personaler Identität ist letztlich auch der Kern der Locke-Leibniz-Kontroverse zur Identität der Person. Ohne an dieser Stelle die Vorzüge und Nachteile beider Positionen im einzelnen gegeneinander aufzuwiegen, muß hervorgehoben werden, daß Locke im Rahmen seiner deskriptiven Erworbenheitsthese den Explikationsbedarf der Faktizität personaler Identität nicht hinreichend würdigt. Indem er den Begriff der Identität der Person nicht einmal im strikten identitätslogischen Sinne verwendet und in seinen Argumentationen zumindest der Intention nach präsuppositionale Gedankenmodelle umgeht, zeichnet er bereits Humes extreme Position vor, der zufolge aus erkenntniskritischen Gründen personale Identität als fiktiver Begriff aufgefaßt werden müsse.[11]

Es ist das große Verdienst von Lockes Theorie personaler Identität, daß sie reflektiertes Bewußtsein, praktische Selbstverhältnisse, Rationalität und Verantwortlichkeit als notwendige Bedingungen von Personalität bestimmt. Diese Bedingungen sind selbst unter günstigsten epistemischen Vorzeichen deskriptiv nicht vollständig zu erfassen, so daß Locke von vornherein dazu genötigt wird, den Begriff der Person auch normativ einzusetzen. Ein derartiges Verfahren ist semantisch nur dann sinnvoll, wenn die deskriptiven und normativen Bedeutungskomponenten deutlich voneinander unterschieden werden. Um eine trennscharfe Ausdifferenzierung der verschiedenen Komponenten des Begriffs der Person vornehmen zu können, muß die enge deskriptive Perspektive verlassen werden. Im erweiterten Rahmen wird sich nicht zuletzt auch eine Theorie des individuellen Subjekts von Vernunft und praktischen Selbstverhältnissen entwickeln lassen, die Locke nur ansatzweise im Blick gehabt hat.

Obwohl Lockes Theorie personaler Identität mit einer Vielzahl von Begründungslücken und Beweisfehlern belastet ist, kann ihre philosophiegeschichtliche und systematische Bedeutung kaum überschätzt werden. Die Problemstellungen der gegenwärtigen personalitätstheoretischen Diskussionen lassen sich nur von ihr aus verstehen. Ihre Grundbegriffe – ,Identität', ,Person', ,Bewußtsein', ,Erinnerung', ,Sorge', ,Verantwortlichkeit'

---

[11] Siehe Hume 1978, S. 262 [I. 4 sec. VI.]: „(...) all the nice and subtle questions concerning personal identity can never possibly be decided, and are to be regarded rather as grammatical than as philosophical difficulties. Identity depends on the relations of ideas; and these relations produce identity, by means of that easy transition they occasion. (...) All the disputes concerning the identity of connected objects are merely verbal, except so far as the relation of parts gives rise to some fiction or imaginary principle of union". Vgl. Mackie 1976, S. 195 f.

und in einem mittelbaren Sinne ‚Substanz‘ – sind nach wie vor Grundbegriffe der Philosophie der Person. Vor allem hat Locke von Beginn an seine Konzeption in praktischer Absicht entwickelt. Dieser methodische Zugriff ist erst in den gegenwärtigen Auseinandersetzungen wieder in den
Vordergrund gerückt, während es lange Zeit eher üblich gewesen ist, das
Problem personaler Identität vorrangig unter identitätslogischen Aspekten zu behandeln.

Die systematischen Umrisse von Lockes Theorie personaler Identität
sind aufgrund ihrer praktischen Orientierung in einer Weise substanzkri-
tisch, die sich eigentümlich von der egologischen Skepsis und Substanzkritik des Großteils neuerer Positionen abhebt und den Gegensatz zu substanzphilosophischen Positionen weitgehend als epistemologische und
keineswegs als ontologische Differenz erscheinen läßt. Locke geht davon
aus, daß jede Person sehr wohl eine Substanz habe, nur sei sie eben nicht
erkennbar.[12] Aufgrund dieser erkenntniskritischen Einschränkung, die
ontologisch zunächst keine Konsequenzen hat, muß Locke in erster Linie
als egologischer Agnostizist und weniger als egologischer Skeptiker gelten.

Wenn die Substanz einer Person nicht erkennbar, aber dennoch existent
sein soll, wird die Theorie personaler Identität trotz aller deskriptiven und
forensischen Einschränkungen sachlich in die Richtung einer ‚Zweiweltentheorie‘ gedrängt. Betrachtet man Lockes substanzkritische Argumentationen im Kontext des *cogito*-Arguments, dann zeigt sich, daß er der
Bestimmung nach ‚cogito‘ und ‚*res cogitans*‘ strikt auseinanderhält. Gleichwohl spricht er zuweilen davon, daß aus dem Faktum mentaler Akte und
Ereignisse sicher auf das Vorliegen eines immateriellen Substrats dieser
Bewußtseinsvorgänge geschlossen werden könne. Im Hinblick auf die
grundsätzliche Kontroverse zwischen Erworbenheits- und Gegebenheitscharakter personaler Identität und unter Berücksichtigung des Umstands,
daß Locke aufgrund der Explikationslücken seines empiristischen Ansatzes offenbar nicht ohne Anleihen bei eher substanzphilosophisch
orientierten Theoriemodellen auszukommen scheint, ist zu erwägen, ob
nicht zumindest an der Irreduzibilität personaler Identität festgehalten
werden muß. Die subjektivitätstheoretischen Vorgaben aus der Reduktionismuskritik und den Selbstbewußtseinsanalysen legen eine solche Vermutung nahe. Die methodischen und begründungstheoretischen Probleme erweisen sich in diesem Fall als sachliche Indikatoren für eine Irreduzibilitätsthese, die in Lockes Konzeption selbst nicht mehr entwickelt
wird.

---

[12] Siehe Locke 1975, S. 315 [II. 23 § 35].

Die praktische Pointe von Lockes Ansatz besteht schließlich darin, daß der Substanzbegriff in negativer Hinsicht eine Abgrenzungsfunktion zu erfüllen hat, damit der Begriff personaler Identität durch eine Konstellation bewußtseinsphilosophischer und moralphilosophischer Bestimmungen wie ,Person', ,Bewußtsein', ,Erinnerung', ,Sorge' und ,Verantwortlichkeit' inhaltliche Konturen gewinnen kann. Die ontologische Vorgabe der exklusiven raumzeitlichen Positionalität öffnet sich so progressiv wie retrospektiv bewußtseins- und moralphilosophischen Bestimmungen. Die Gegenwart der Person ist ihr Individuationsprinzip, die Beziehung zu ihrer Vergangenheit manifestiert sich in den Selbstverhältnissen retrospektiven Bewußtseins und der Blick auf das spätere Selbst leitet praktische Selbstverhältnisse über die Zeit hinweg ein, durch die sie in der Gegenwart für die Zukunft lebt. Der Blick auf das spätere Selbst ist die konstruktive Komponente praktischer Identität und überschreitet das bloß intuitive Interesse an Selbsterhaltung. Das Leben von Personen ist demnach nichts anderes als die permanente Aufgabe, in der Gegenwart mit der Vergangenheit und den Erwartungen an die Zukunft umzugehen.

Die Konvergenz von Vergangenheit und Zukunft in der Gegenwart steht auch im Zentrum des Erkenntnisinteresses der neueren Philosophie der Person. In diesem Zusammenhang sind vor allem die Arbeiten von Derek Parfit, Thomas Nagel und Richard Wollheim zu nennen. Insbesondere Wollheim kommt der formalen Struktur von Lockes Philosophie sehr nahe, obwohl er die Konvergenz von Vergangenheit und Zukunft in der Gegenwart ohne explizite Bezugnahme auf Locke und unter Umgehung des Problems personaler Identität herausarbeitet. Im Vordergrund der Ausführungen steht eine eigentümliche Verbindung von philosophischem Standpunkt und Psychoanalyse, deren Annahmen und Bestimmungen umstandslos vorausgesetzt werden. Wollheim kommt das Verdienst zu, einen umfassenden personalitätstheoretischen Entwurf vorgelegt zu haben, sein methodischer Ansatz unterbietet jedoch die semantischen und begründungstheoretischen Vorgaben der Philosophie der Person.[13]

Bei der Festlegung der Aufgaben personaler Lebensführung folgt Wollheim einer knappen Bemerkung Kierkegaards, nach der eine Person in der Gegenwart mit der Vergangenheit und den Erwartungen für die Zukunft umzugehen habe: „a person leads his life at a crossroads: at the point where a past that has affected him and a future that lies open meet in the present."[14] Mit der These, daß personales Leben durch das von der Ver-

---

[13] Siehe Sturma 1990b, S. 58 ff.
[14] Wollheim 1984, S. 31. Siehe Kierkegaard 1962, S. 318: „Es ist völlig wahr, was die Philosophie sagt, daß das Leben rücklings verstanden werden müsse. Aber darüber vergißt man den anderen Satz, daß es vorlings gelebt werden muß. Dieser Satz – je mehr er durchdacht

gangenheit geprägte Bewußtsein formiert wird, folgt Wollheim ersichtlich den von Locke vorgezeichneten Theoriewegen,[15] um im weiteren darzulegen, wie Personen der Last der Vergangenheit reflektierend begegnen können.[16] Auf die Möglichkeit der reflektierten Bewältigung der Lebenszeit reagiert Wollheim mit den Begriffen ‚self-examination‘ und ‚self-concern‘, die den auf die Vergangenheit und Zukunft ausgerichteten Perspektiven personalen Lebens explikativ entsprechen sollen.

Der ausdrückliche Anschluß an Kierkegaard darf im übrigen nicht darüber hinwegtäuschen, daß sich Wollheim deutlich von dessen entschieden skeptischer Position zu den Möglichkeiten von Selbsterkenntnis abhebt. Während Kierkegaard Selbsterkenntnis dadurch begrenzt sieht, daß sich im zeitlichen Ablauf menschlichen Bewußtseins kein Ruhepunkt finde, der retrospektiven Selbstverhältnissen als ‚Freiraum‘ dienen könne, stellt Wollheim heraus, daß die Suche nach einem derartigen archimedischen Standpunkt irreführend sei und Selbsterkenntnis nicht als Resultat, sondern als integraler Bestandteil des verstehenden Lebens begriffen werden müsse.[17] Weil personales Lebens nur von seinem prozessualen Charakter her zu verstehen sei, hätten kognitive Selbstverhältnisse einen hohen Stellenwert im personalen Leben. Auf sie sei Bezug zu nehmen, wenn man die Frage beantworten wolle, was es heißt, das Leben einer Person zu führen: „for a person, not only is understanding the life he leads intrinsic to leading it, but for much of the time leading his life is, or is mostly, understanding it.“[18]

Die Vorstellung der jeweiligen Gegenwart personalen Lebens als Konvergenzpunkt von Vergangenheit und Zukunft beinhaltet jedoch in weit größerem Maße identitätstheoretische Probleme als Locke und Wollheim angenommen haben. Beide gehen von der Vorstellung eines von reflektierten Selbstverhältnissen begleiteten personalen Lebens aus.[19] Weder Locke noch Wollheim vertreten in diesem Zusammenhang reduktionistische Positionen, aber sie behandeln das Problem der Identität der Person in der Perspektive einer bewußtseinsphilosophischen Oberflächenstruktur, wodurch inhaltliche Überlegungen von Anbeginn im Vordergrund stehen.

---

wird – endet gerade damit, daß das Leben in der Zeitlichkeit niemals richtig verständlich wird, eben weil ich keinen Augenblick die vollkommene Ruhe bekommen kann, um die Stellung ‚rücklings‘ einzunehmen." Vgl. Wollheim 1984, S. 1.

[15] Siehe Wollheim 1984, S. 32: „That the past influences the person largely through mental states is responsible for much of how we live."

[16] Siehe Wollheim 1984, S. 162 ff. Wollheim macht in diesem Zusammenhang auf eine Reihe von Problemen aufmerksam, die sich nahezu zwangsläufig einstellen, wenn eine Person versucht, ihr Leben verstehend zu führen.

[17] Siehe Wollheim 1984, S. 165.

[18] Wollheim 1984, S. 283.

[19] Siehe Wollheim 1984, S. 162 ff.

Dabei wird verkannt, daß die begriffliche und epistemologische Erfassung der Instanz personalen Lebens mit größten Schwierigkeiten belastet ist. Insbesondere muß eine Antwort auf die Frage gefunden werden, wie die Person unter den Bedingungen der verschiedenen zeitlichen Komponenten ihrer Existenz strukturell Identität bewahren kann und eben nicht zu einer so vielfarbigen Person wird, wie sie unterscheidbare Vorstellungen hat. Dies betrifft vor allem Lockes Behandlung der Zurechenbarkeitsproblematik. Ohne die Voraussetzung personaler Identität über die Zeit hinweg kann schwerlich mehr behauptet werden, als daß Personen nur zum Zeitpunkt des Vollzugs für ihre jeweiligen Handlungen verantwortlich seien, das heißt, es ließe sich nicht mehr die Praxis begründen, ein und dieselbe Person zu einem späteren Zeitpunkt für ihre vergangenen Handlungen zur Verantwortung zu ziehen.[20] Der Begriff der Zurechenbarkeit der Person in der Zeit hätte demnach keine sachliche Grundlage.

2

Mit den ungeklärten sachlichen Voraussetzungen von Lockes Begriff moralischer Identität zeichnet sich mittelbar bereits der Sachverhalt ab, auf den die Philosophie der Person im allgemeinen und die Theorie personaler Identität im besonderen zu reagieren haben. Wie in [45–T] zum Ausdruck gekommen ist, kann die Identität der Person nach Maßgabe von Identifizierungskriterien für räumliche Objekte an verschiedenen Zeitstellen ausgelegt werden. Personale Identität läßt sich nur erklären, wenn sie in einem sehr komplexen Sinne aufgefaßt wird, der sich strukturell in mindestens vier Komponenten auffächert, und zwar in die ontologische [37–S], in die epistemologische bzw. formal selbstreferentielle [16–T, 17–T, 18–T, 19–T], in die epistemische bzw. kognitive [25–S, 34–S, 40–T] sowie in die moralische und soziale Komponente [21–S, 46–T]:

[47–T] Die Identität der Person vollzieht sich in ontologischen, epistemologischen, epistemischen und moralischen Kontexten.

In diesen Komponenten überlagern sich die Analysen der Konstitutions- und Erkennbarkeitsbedingungen von personaler Identität sowie die praktischen Perspektiven des Umgangs mit personaler Identität. Satz [47–T] bezeichnet insofern den sachlichen Ausgangspunkt für die Übergänge von personaler Identität im engeren Sinne zu praktischen Kontinuitätskonzepten.

---

[20] Vgl. Mackie 1976, S. 183: „Locke seems to be forgetting that ‚person' is not only ‚a forensic term, appropriating actions and their merit', but also the noun corresponding to all the personal pronouns."

Den verschiedenen Aspekten personaler Identität entsprechen verschiedene Kontexte, in denen eine Person *sich* in der Zeit verändert. Eine Person begegnet ihrer Identität sowohl in der Gestalt raumzeitlicher Individuation als auch in der einer herzustellenden Einheit oder Kontinuität des Lebens. Weil sie sich zu ihrer Identität als einer gegebenen und herzustellenden zu verhalten hat, stellt sich eine hohe identitätstheoretische Komplexion ein, die vor allem damit zusammenhängt, daß die personale Identitätsproblematik in die theoretische und praktische Philosophie gleichermaßen hineinragt.[21] Deshalb muß ungeachtet der epistemologischen und begründungstheoretischen Schwierigkeiten, die der Begriff personaler Identität in der theoretischen Philosophie verursacht, von vornherein auch eine Konzeption praktischer Identität entwickelt werden, mit der die Aspekte und Kontexte personaler Existenz in ihrer Gesamtheit erfaßt werden können. Dieser Umstand begründet die Sonderstellung des Begriffs personaler Identität in der Philosophie.

In einer Vielzahl neuerer Theorien bleibt die sachliche und methodische Umgebung personaler Identität unberücksichtigt, was zu einer kontextblinden Verengung komplexer identitätstheoretischer Sachverhalte führt. Unter derartigen Voraussetzungen ist nicht mehr zu erwarten, daß sich eine phänomen- und sachgerechte Bestimmung einstellen kann. Das gilt vor allem für Ansätze des eliminativen Materialismus und Physikalismus, die den Versuch unternehmen, personale Identität vom Standpunkt des äußeren Beobachters aus zu definieren. Im Zentrum dieser Analysen stehen räumlich identifizierbare Eigenschaften und Relationen, die unzweifelhaft als notwendige Bedingungen personaler Existenz gelten müssen, nur sind sie eben nicht deren zureichender Grund und können keinesfalls die Erklärungslast für das Dasein einer Person *als* Person tragen.

Der Begriff personaler Identität bezeichnet einen internen Zusammenhang von Festlegungen und offenen Handlungsperspektiven. Auf die komplexe ontologische Struktur muß mit Bestimmungen reagiert werden, die die semantischen Felder ‚Person‘ und ‚personale Identität‘ gegenüber ihrer Verwendungsweise in reduktionistischen Ansätzen, die sich methodisch und definitorisch vorrangig an Körperrelationen oder psychologischen Kontinuitäten orientieren, sachlich und systematisch deutlich erweitern. In den reduktionistischen Ansätzen wird übersehen, daß personale Identität immer schon ein Subjekt praktischer Selbstverhältnisse enthält. Die Existenz einer Person wird formal und inhaltlich entscheidend davon bestimmt, wie in subjektiver Perspektive die verschiedenen Abschnitte ein und desselben Lebens miteinander verbunden und in Bezie-

---

[21] Siehe Sturma 1992a, S. 130 ff.

hung gesetzt werden können. Ohne objektive Bedingungen personalen Daseins zu vernachlässigen, muß deshalb nachdrücklich an die Frage nach dem Subjekt praktischer Selbstverhältnisse erinnert werden, zumal personale Identität bei aller Festlegung durch ihre raumzeitliche Individuation immer als ein offener Prozeß anzusehen ist. Die Offenheit des Identitätsprozesses findet seine negative Exemplifizierung in dem Umstand, daß Diskontinuitäten und Inkohärenzen, die den qualitativen Sinn personalen Lebens dramatisch beeinträchtigen können, durchaus mit den ontologischen Kriterien personaler Identität vereinbar sind und nicht einmal dem Grundsatz der formalen Selbstreferenz des Bewußtseins widersprechen. Dies ist gleichsam die Kehrseite der formalen Freiheit personalen Lebens, die darin begründet ist, daß Bewußtsein und ontologische Identität nicht unmittelbar epistemische Kohärenz und praktische Kontinuität nach sich ziehen. Die praktische Offenheit tritt der Person als Freiheit, aber eben auch als Unbestimmtheit und Unsicherheit entgegen.

Die offenen Perspektiven personalen Lebens sind immer schon durch Fragen an das eigene Verhalten präformiert. Personen sind Veränderungen in der Zeit unterworfen und können zumindest partiell Subjekte von Veränderungen sein [36–T]. Durch die reflektierte Vergewisserung der jeweiligen Gegenwart [34–S] eröffnen sich im sozialen Raum eine Reihe von Verhaltensperspektiven, die der Person fortwährend abfordern, sich zu entscheiden. Zu solchen Entscheidungssituationen gehören auch Verdrängungen und Versuche, sich ihnen gegenüber indifferent zu verhalten. Dieser Sachverhalt ist nachdrücklich in Sartres Kritik der ‚mauvaise foi‘ herausgearbeitet worden.[22] Formen unwahrhaftigen Lebens stellen sich dieser Kritik zufolge dadurch ein, daß die Möglichkeiten der Einflußnahme auf Handlungssituationen nicht wahrgenommen werden. Das bewußte Aussetzen der Entscheidungskompetenz läßt nach Sartre ‚Körper und Seele auseinandertreten‘ und die Person zu einer Sache regredieren. Immer dann, wenn die Person ihr Reflexionspotential ungenutzt läßt, schrumpft sie zu einem außengelenkten Körper zusammen. Es ist die bewußte Annahme von Entscheidungssituationen, die für Sartre die Grenze zwischen Person und Sache markiert.[23] In der der Tendenz nach berechtigten Kritik wird allerdings verkannt, daß es weder möglich noch wünschenswert ist,

---

[22] Siehe Sartre 1943, S. 85 ff.

[23] Sartre exemplifiziert diesen Vorgang anhand einer Rendezvoussituation, in der sich die Unschlüssigkeit der Frau angesichts der nicht übersehbaren Intentionen des Mannes in die ungenutzte Möglichkeit der Einflußnahme verwandelt. Siehe Sartre 1943, S. 95: „Elle entraîne son interlocuteur jusqu'aux régions les plus élevées de la spéculation sentimentale, elle parle de la vie, de sa vie, elle se montre sous son aspect essentiel: une personne, une conscience. Et pendant ce temps, le divorce du corps et de l'âme est accompli; la main repose inerte entre les mains chaudes de son partenaire: ni consentante ni résistante – une chose."

personales Leben durchgängig in reflexiver und existentieller Vergewisserung zu führen, weil sich so eine realitätsverstellende Selbstbefangenheit einstellen würde.

Es ist der Verhaltenszwang, sich immer zu sich, zu anderen und anderem verhalten zu müssen, der für den Bereich der offenen Ontologie der Person die Identitätsfrage in die Verhaltensfrage transformiert. Die Transformation ist eine Verlagerung in praktischer Absicht, sie hebt keineswegs die Festlegungen des Gegebenen im personalen Leben auf. Die Verhaltensfragen und Verhaltensbewertungen füllen den für selbstbestimmte Veränderungen offenen Raum aus, und in den Verhaltensmöglichkeiten zeigt sich nicht zuletzt der eigene Anteil der jeweiligen Person an ihrem Leben.

In der neueren Philosophie der Person ist die Möglichkeit, die Veränderungen in der Zeit durch reflektierte Verhaltensbewertungen mitzubestimmen, als Kennzeichen personaler Existenz herausgestellt worden. In der einflußreichen Untersuchung ,Freedom of the will and the concept of a person' hat Harry Frankfurt Selbstbewertungen als die entscheidende diskriminatorische Fähigkeit von Personen herausgestellt. Personen haben nicht nur Neigungen und Wünsche, sondern können auch Ansprüche und Erwartungen mit diesen Neigungen und Wünsche verbinden:

[48–S] Personen können wünschen, bestimmte Wünsche zu haben.[24]

Die reflektierte Distanz einer Person zu den unmittelbaren Kontexten ihres Daseins ist demnach nicht nur ein Losreißen vom Gegebenem, sondern zugleich die Bestimmung der Art und Weise, wie das Leben als Person geführt wird bzw. geführt werden soll. Reflektierte Verhaltensbewertungen sind als ideale Bestimmungen gleichermaßen Bedingung und Wirklichkeit praktischer Selbstverhältnisse über die Zeit hinweg.[25] Damit wird im übrigen noch nicht vorausgesetzt, daß die ideellen und normativen Bestimmungen personaler Existenz immer auch vernünftige Bestim-

---

[24] Diese Form reflexiver Selbstbewertung nennt Frankfurt ,desires of the second order'; siehe Frankfurt 1988, S. 12: „ It is my view that one essential difference between persons and other creatures is to be found in the structure of a person's will. Human beings are not alone in having desires and motives, or in making choices. (...) Besides wanting and choosing and being moved to do this or that, men may also want to have (or not to have) certain desires and motives. They are capable of wanting to be different, in their preferences and purposes, from what they are. Many animals appear to have the capacity for what I shall call ,first-order desires' or ,desires of the first order,' which are simply desires to do or not to do one thing or another. No animal other than man, however, appears to have the capacity for reflective self-evaluation that is manifested in the formation of second-order desires."

[25] Das Zusammenfallen von Bedingung und Wirklichkeit ist das Kennzeichen des Faktums praktischer Vernunft; vgl. Kant V, S. 4 Anm.

mungen sein müssen, was sicherlich auch keine phänomengerechte Behauptung wäre.

In den reflektierten Verhaltensbewertungen über die Zeit hinweg manifestieren sich die normativen Perspektiven personalen Lebens. Personalität muß in diesem Sinne als ideale Bestimmung aufgefaßt werden. Dieser Sachverhalt hat sich bereits anläßlich der Skizze der Entwicklungsgeschichte des Begriffs der Person abgezeichnet.[26] Personen sind imstande, den Gegebenheiten ihrer Existenz Bestimmungsgründe entgegenzustellen, die nicht ausschließlich extern bestimmt sind. Die Weisen der Selbstbestimmung variieren sowohl hinsichtlich der jeweiligen Personen als auch hinsichtlich verschiedener Zeitabschnitte im Leben einer Person. Die Variationen werden zwar zu einem nicht unbeträchtlichen Teil von den Kontexten beeinflußt, in denen sich personales Leben vollzieht, eine Person hat aber *prinzipiell* die Möglichkeit, das Gegebene zurückzudrängen und durch reflektierte Verhaltensbewertungen die selbstbestimmten Anteile ihres Daseins zu verstärken, das heißt, eine Person kann ihr Leben nach Maßgabe von selbstbestimmten Idealen führen.[27]

Reflektierte Verhaltensbewertungen sind Auseinandersetzungen mit Handlungsalternativen. Indem Personen auf ihre Entscheidungssituationen Einfluß nehmen und sich Verhaltensoptionen nicht unreflektiert vorgeben lassen, werden die Anteile selbstbestimmter Existenz zunehmen.[28] In einem selbstbestimmten Leben werden die oberflächlichen Vorgaben der Sozialverhältnisse durch die entschiedene Ausweitung des Differenzierungsspielraums reflektierend überschritten. Obwohl es nahegelegt zu sein scheint, hat ein solches Vermögen keineswegs eine vorrangig strategische Bedeutung. Es erweitert lediglich die Weisen der Selbst- und Fremderfahrung.

Die Erhöhung des Anteils selbstbestimmten Lebens entscheidet noch nicht über den personalen oder moralischen Status. Ein weitgehend unreflektiert geführtes Leben stellt den Personenstatus seines Subjekts nicht in

---

[26] Siehe Abschnitt II. 2.

[27] Siehe Sturma 1992a, S. 132 f. und 153 f.

[28] Charles Taylor hat in diesem Zusammenhang und im Rückgriff auf Frankfurt zwischen einem ‚simple weigher of alternatives‘ und einem ‚strong evaluator‘ unterschieden: „(...) a simple weigher is already reflective in a minimal sense, in that he evaluates courses of action, and sometimes is capable of acting out of that evaluation as against under the impress of immediate desire. And this is a necessary feature of what we call a self or a person. He has reflection, evaluation and will. But in contrast to the strong evaluator he lacks something else which we often speak of with the metaphor of ‚depth‘. The strong evaluator envisages his alternatives through a richer language. The desirable is not only defined for him by what he desires, or what he desires plus a calculation of consequences; it is also defined by a qualitative characterization of desires as higher and lower, noble and base, and so on." (Taylor 1985a, S. 23) Siehe Abschnitt IX. 2.

Frage und kann durchaus von hoher moralischer Qualität sein.[29] Allerdings wird das Gelingen eines solchen Lebens wesentlich von seinen Kontexten abhängen. Eine moderne Philosophie der Person hat dagegen von dem kulturgeschichtlichen Faktum auszugehen, daß in der abendländischen Moderne die Subjekte personalen Lebens von ihren Kontexten in sinnstiftender Hinsicht nicht entlastet, sondern belastet werden. Das macht eine strukturelle Unterscheidung zwischen der Möglichkeit nach selbstbestimmten Komponenten und unvermeidlich fremdbestimmten Komponenten personalen Lebens unumgänglich.

Dem Verhältnis von Gemachtem und Gegebenem entspricht auf der Seite der Handlung das Verhältnis zwischen Bestimmendem und Bestimmtem, mit dem schließlich über die Frage nach dem Subjekt praktischer Selbstverhältnisse entschieden wird. Die Strukturanalyse praktischer Selbstverhältnisse hat dabei eine Reihe von Vorgaben aus der theoretischen Philosophie zu beachten. Wenn Personen in praktischen Selbstverhältnissen Verhaltensveränderungen und damit Veränderungen in der Welt der Ereignisse vollziehen [35–T], dann muß das so verstanden werden, daß sie sich *als Personen in der Welt der Ereignisse* verhalten [36–T], das heißt, die normativen Perspektiven praktischer Selbstverhältnisse [46–T, 48–S] sind als *ein* Aspekt des komplexen Sachverhalts personaler Existenz zu begreifen. Diese strukturelle Komplexität ist bereits in den Sätzen [45–T, 47–T] zum Ausdruck gekommen.

In formaler Hinsicht ist personale Existenz die Verbindung von Indexikalität und Idealität. Ontologisch ist der Ort einer Person in Raum und Zeit festgelegt und kann anhand von indexikalischen Ausdrücken durchgängig identifiziert werden. Praktische Selbstverhältnisse können immer nur von diesem ontologischen Ort aus initiiert werden, was idealischem Überschwang eine harte indexikalische Grenze setzt. Es gehört aber auch zu den Eigenschaften personalen Lebens, daß sein Subjekt das räumlich und zeitlich Gegebene reflektierend überschreiten kann. Personales Leben ist insofern durch die strukturelle Gegenläufigkeit gekennzeichnet, daß in ihm Indexikalität und Idealität bzw. ontologische Festlegung und praktische Offenheit unauflöslich aufeinander bezogen sind. Die faktische Einbettung praktischer Selbstverhältnisse ist danach in dem ontologischen Ort einer Person bereits enthalten:

[49–T] Praktische Selbstverhältnisse sind die zumindest partielle Erweiterung von Indexikalität in Idealität.

---

[29] Dieser Sachverhalt ist vor allem von Rousseau mit großem Nachdruck und in immer neuen argumentativen Anläufen herausgearbeitet worden.

In den Sätzen [47–T, 49–T] werden die spezifischen Kontexte personalen Lebens angesprochen. Die dabei exponierten epistemischen und praktischen Fähigkeiten haben vielfältige normative Konsequenzen. Einer Person kommen diese Fähigkeiten gleichwohl unabhängig von ihrer jeweiligen faktischen Umsetzung zu. In dieser Hinsicht müssen sie als naturalistische Eigenschaften und Dispositionen begriffen werden.

3

Die Bedeutung der kritischen Philosophie Kants für die nicht-reduktionistische Philosophie der Person ist nicht zuletzt darin begründet, daß sie die Verbindung von Indexikalität und Idealität unter verschiedenen Fragestellungen systematisch untersucht. Im Rahmen der praktischen Philosophie Kants werden die Analysen zur Gegenläufigkeit in der Semantik des Personbegriffs, ein Subjekt zu bezeichnen, das zugleich bestimmend ist und bestimmt wird, mit der Entfaltung des moralischen Standpunkts praktischer Selbstverhältnisse fortgeführt. Das in diesem Zusammenhang entscheidende Argument besagt, daß sich der moralische Standpunkt aus strukturell verschiedenen Bewußtseins- und Handlungsperspektiven zusammensetzt.[30] Die Schlüsselrolle nimmt dabei der kategorische Imperativ ein, der der philosophischen Konstruktion nach die subjektive Einstellung einer Person mit dem impersonalen Standpunkt verbindet. Obwohl einige Formulierungen Kants und eine Vielzahl rezeptionsgeschichtlicher Urteile das Gegenteil nahelegen, muß der Begriff der Impersonalität immer als unter dem indexikalischen Vorbehalt stehend aufgefaßt werden. Standpunkte setzen Subjekte voraus, weshalb es einen impersonalen Standpunkt im unmittelbaren Wortsinn gar nicht geben kann. Im moralphilosophischen Kontext ist ein impersonaler Standpunkt dementsprechend immer ein Standpunkt individueller Personen. Dieses Bestimmungsverhältnis hat die komplizierte semantische Situation zur Folge, daß der Begriff der Impersonalität referentiell niemals einlösbar ist und als Annäherungsbestimmung nur eine Tendenz ausdrücken kann.

Nach orthodoxer Auffassung müssen Verteidigungen einer rigoristischen Deontologie jegliche Form von Relationalität vermeiden, weil nur so die Gefahr geltungstheoretischer Relativierungen abgewendet werden könne.[31] Derartig ausgerichtete Verteidigungen müssen aber den hohen

---

[30] Siehe Sturma 1991a.
[31] Eine Auseinandersetzung mit der Rigorismusproblematik der kantischen Moralphilosophie findet sich in Höffe 1990, S. 190 ff.

Preis des Verzichts auf identifizierbare Verankerungen moralphilosophischer Begriffe in den faktischen Handlungvollzügen der Alltagserfahrung entrichten. Ein solcher Preis wäre für die Philosophie der Person zu hoch. Es kann in diesem Zusammenhang aber an Bemühungen der neueren Moralphilosophie angeknüpft werden, in denen mit hohem analytischen Aufwand versucht wird, die deontologischen Härten der kantischen Moralphilosophie um größerer Phänomengerechtigkeit willen zu glätten.[32] Diese Rekonstruktionsbemühungen kommen den Ansprüchen der nicht-reduktionistischen Philosophie der Person erkennbar entgegen, die ebenfalls von der Überzeugung getragen wird, daß relationale Einbindungen die systematische Bedeutsamkeit des Impersonalitätsgedankens nicht aufheben, sondern ihn in der Welt der Ereignisse und des Sozialen mit konkretem Sinn versehen.

Die Relationalität hat zwei Aspekte. Zum einen grenzt Indexikalität Impersonalität ein, zum anderen überschreitet der kategorische Imperativ den subjektiven Standpunkt durch die Etablierung von Handlungsperspektiven, die sich an Impersonalitäts- und Interpersonalitätskriterien orientieren. An das Subjekt praktischer Selbstverhältnisse wird die Forderung gestellt, den Standpunkt der ersten Person auf vernünftig bestimmte Weise um die Perspektiven der zweiten und dritten Person zu erweitern. Aufgrund dieser Erweiterung von Indexikalität in Idealität bzw. Normativität gewinnen interpersonale Anerkennungsverhältnisse moralische Geltung für das Subjekt praktischer Selbstverhältnisse. Die moralische Erweiterung ist reflexiv. Sie bezieht sich auf das Subjekt praktischer Selbstverhältnisse, indem sie den subjektiven Standpunkt überschreitet. Der kategorische Imperativ ist demnach nicht nur der Schritt vom Selbst zum Anderen, sondern vor allem auch der Schritt vom Selbst zur Person.[33]

Der im kategorischen Imperativ ausgedrückte Schritt vom Selbst zur Person ist eine Verhaltensbewertung, die [34–S] in den Satz

[50–S] Ich soll mich in der Welt der Ereignisse als Person verhalten.

transformiert. Weil der im kategorischen Imperativ enthaltene Personbegriff immer schon als vernünftig bestimmt auftritt, wird mit [50–S] der Übergang von der moralitätsindifferenten Indexikalität zum moralischen

---

[32] Siehe Herman 1993, S. 239: „Kant's place in the history of ethics is identified with the denial that the concepts of obligation and value can be separate. Taking this to be a claim for deontology – the strong priority of the right – mistakes Kant's insight." Exemplarische Vorschläge für eine nicht-rigoristische Kantdeutung finden sich in O'Neill 1989, Teil II; Korsgaard 1989, 1990 und 1993; Herman 1990 und 1993 sowie Hill 1992. Zur Kritik überzogener deontologischer Abstraktion von einem an Hegel orientierten Standpunkt siehe Pippin 1995.

[33] Vgl. Abschnitte IX. 3 und 4.

Standpunkt vollzogen. In der Perspektive des moralischen Standpunkts bezieht sich das vernünftige Individuum auf sich als Person. Dieses reflexive Bestimmungsverhältnis ist kennzeichnend für Kants praktischen Personbegriff:

„Person ist dasjenige Subject, dessen Handlungen einer Zurechnung fähig sind. Die moralische Persönlichkeit ist also nichts anders, als die Freiheit eines vernünftigen Wesens unter moralischen Gesetzen (die psychologisch aber bloß das Vermögen, sich der Identität seiner selbst in den verschiedenen Zuständen seines Daseins bewußt zu werden), woraus dann folgt, daß eine Person keinen anderen Gesetzen als denen, die sie (entweder allein, oder wenigstens zugleich mit anderen) sich selbst giebt, unterworfen ist."[34]

Wie Locke bestimmt auch Kant die Person zunächst als ein Subjekt zurechenbarer Handlungen. Er geht dann aber in einem entscheidenden Punkt über Locke hinaus und zeigt, daß der Zurechenbarkeitsgedanke noch nicht aus der Identität des Selbstbewußtseins, sondern erst aus der moralischen Selbstgesetzgebung folgt. Personales Leben gewinnt seine spezifische Ausprägung aus der Möglichkeit, das eigene Verhalten durch vernünftige Gründe selbst zu bestimmen. Diese Gründe erfährt die Person in der Gestalt des moralischen Gesetzes als eine Dimension, durch die die moralischen Entwicklungsmöglichkeiten zugänglich werden, mit denen sie sich *selbst* gegen heteronome Beeinflussungen behaupten kann.

Den praktischen Zusammenhang zwischen Person und Moralität hat Kant an exponierter Stelle mit dem metaphorischen Ausdruck des ‚unsichtbaren Selbst als meiner Persönlichkeit‘[35] umschrieben. Obwohl die Metaphorik des Unsichtbaren im Hinblick auf die Welt der Ereignisse Beziehungslosigkeit nahezulegen scheint, drückt sie ihrer rekonstruierbaren Semantik nach keineswegs eine Verflüchtigung ins Transzendente aus, sondern tritt als selbstreferentielle Bestimmung auf, mit der sich personales Leben praktischer Vernunft öffnet.

Die Metapher des unsichtbaren Selbst trägt trotz relationaler Einschränkungen ein beträchtliches theoretisches Gewicht. Mit ihr wird nachdrücklich herausgestellt, daß die Bedeutung der kantischen Moralphilosophie auch für die Philosophie der Person nicht im Bereich deskriptiv oder ontologisch entscheidbarer Problemstellungen liegt, sondern in imperativischen Ansprüchen begründet ist. Kant will kontextuelle Einflüsse und dispositionale Präformationen im Leben von Personen keineswegs in Abrede stellen, nur müsse bei allen empirischen Abhängigkeiten

---

[34] Kant VI, S. 223; zu Kants Personbegriff in der ‚Metaphysik der Sitten' siehe Kersting 1984, S. 89 ff.
[35] Siehe Kant V, S. 162. Vgl. Abschnitt IX. 1.

die kategorische Differenz zwischen extern vorgegebenen Kausalitätsver-
hältnissen und moralischen Gründen gewahrt bleiben.[36] Der diskrimina-
torisch entscheidende Begriff ist der des guten Willens, der in seinem subjektiven Kern von den Kontextabhängigkeiten personaler Existenz nicht
erreicht wird:

„Der gute Wille ist nicht durch das, was er bewirkt oder ausrichtet, nicht durch seine Tauglichkeit zu Erreichung irgend eines vorgesetzten Zweckes, sondern allein
durch das Wollen, d. i. an sich, gut, und, für sich selbst betrachtet, ohne Vergleich
weit höher zu schätzen als alles, was durch ihn zu Gunsten irgend einer Neigung,
ja wenn man will, der Summe aller Neigungen nur immer zu Stande gebracht werden könnte. Wenn gleich durch eine besondere Ungunst des Schicksals, oder durch
kärgliche Ausstattung einer stiefmütterlichen Natur, es diesem Willen gänzlich an
Vermögen fehlte, seine Absicht durchzusetzen; wenn bei seiner größten Bestre-
bung dennoch nichts von ihm ausgerichtet würde, und nur der gute Wille (freilich
nicht etwa ein bloßer Wunsch, sondern als die Aufbietung aller Mittel, so weit sie
in unserer Gewalt sind) übrig bliebe: so würde er wie ein Juwel doch für sich selbst
glänzen, als etwas, das seinen vollen Wert in sich selbst hat.“[37]

Der moralische Wert personalen Lebens liegt demnach nicht in seinen materiellen, charakterlichen oder dispositionalen Manifestationen, sondern in
der metaphysischen Dignität des guten Willens der Person. Mit dieser
Festlegung bezieht Kant eine entschiedene Gegenposition sowohl zu der
aristotelischen bzw. neoaristotelischen Vorstellung von der moralischen
Selbstsicherheit des empirischen Charakters als auch gegen die konse-
quentialistische Relativierung moralischer Handlungen durch den Utilita-
rismus. In der Abgrenzung zu diesen exponierten Ethiktypen der philosophischen Tradition ist der Nicht-Reduktionismus der kantischen Moralphilosophie am deutlichsten greifbar.

Der gute Wille ist das Zentrum von Argumentationen, die von eudä-
monistischen und konsequentialistischen Zugeständnissen freigehalten
werden sollen. Kants Ethik hat infolgedessen vom Ansatz her einen bewußtseinsphilosophischen Zuschnitt. Nicht die materiellen Manifestationen oder Konsequenzen von Normativität und Rationalität sind der
Fluchtpunkt seiner praktischen Philosophie, sondern das moralische Be-

---

[36] Vgl. Höffe 1990, S. 103: „Kants Ethik einschließlich der Rechtsethik erscheint als plausibler
denn erwartet, allerdings auch als weniger provokativ. Die angeblich reine Moralphilosophie ist in Wahrheit von anthropologischen Annahmen vielfach durchsetzt. Untersucht
man deren Aufgabe genauer, so löst sich aber der Widerspruch auf. Obwohl für Kants Argumentation unverzichtbar, geht die Anthropologie in die moralische Verbindlichkeit nicht
ein. Sie definiert lediglich jene Herausforderung (‚challenge‘), ohne die der moralische Imperativ funktionslos bleibt; den Imperativ selbst läßt sie offen.“

[37] Kant IV, S. 394; zur Analyse der begründungstheoretischen Probleme von Kants Konzeption des guten Willens siehe Ameriks 1989.

wußtsein, das sich immer schon zur Wirklichkeit wendet und wenden muß, aber als moralisches Bewußtsein nicht an ihr scheitern kann. Kant hält entschieden, und trotz der Vielzahl relationaler Bestimmungsverhältnisse, an dem irreduziblen Unterschied zwischen moralischer Idealität und empirischer Kontextualität fest.

Das moralische Bewußtsein ist für Kant als guter Wille ein ‚für sich selbst glänzender Juwel‘, der sich von den Gegebenheiten der personalen Existenz unabhängig weiß und unmittelbar aus Pflicht handelt. Der Übergang zum guten Willen bleibt dagegen kognitiven Zugriffen entzogen. Der Sachverhalt der unmittelbaren Bestimmung des moralischen Bewußtseins formiert für Kant die Epistemologie des guten Willens, die im wesentlichen auf dem Nachweis seiner Unabhängigkeit von externen Kontexten beruht. Die Metapher des ‚für sich selbst glänzenden Juwels‘ zeigt aber schon die begründungstheoretischen Schwierigkeiten der kantischen Argumentationen an: Ein Juwel kann nicht für sich selbst glänzen, er bedarf des Lichts, das sich in ihm bricht. In genau diesem Sinne kann der gute Wille nicht jenseits der empirisch bestimmten Welt Bestand haben, von der er der Definition nach gleichwohl unabhängig sein soll. Das Problem des Verhältnisses zwischen gutem Willen und externen Bestimmungsgründen betrifft daher nicht nur den Bereich der Handlungsmotivation, sondern vor allem die Welt raumzeitlicher Ereignisse, in der allein personale Eigenschaften und Gründe wirklich sind oder wirklich werden können.

Kant hat nicht bestreiten wollen, daß der gute Wille sich mit Notwendigkeit zu entäußern habe. Es ist vielmehr seine These, daß Moralität auf internen Bestimmungsgründen beruhe und sich nicht *allein* in externer Perspektive beurteilen lasse. Extern könne wohl über die Legalität einer Handlung befunden werden, Moralität gehe aber entscheidend über die Erfüllung von Legalitätskriterien hinaus. Aus diesem Sachverhalt resultiere nicht zuletzt die Verifikationsunsicherheit im Fall der Bewertungen von Motiven moralischer Handlungen, die nicht nur für die Perspektive der dritten Person, sondern vor allem auch für den eigenen subjektiven Standpunkt gilt:

„Denn es ist dem Menschen nicht möglich, so in die Tiefe seines eigenen Herzens einzuschauen, daß er jemals von der Reinigkeit seiner moralischen Absicht und der Lauterkeit seiner Gesinnung auch nur in einer Handlung völlig gewiß sein könnte; wenn er gleich über die Legalität derselben gar nicht zweifelhaft ist.“[38]

Inwieweit eine Person sich in ihren Handlungskontexten tatsächlich von externen Impulsen hat lösen können, ist weder für sie selbst noch für an-

---

[38] Kant VI, S. 392.

dere Personen zweifelsfrei zu ermitteln. Versuchen, Kenntnis über die eigenen Motive im Einzelfall zu erlangen, stehen unüberwindliche epistemische und epistemologische Probleme entgegen.[39] Im Hinblick auf ihre bewußtseinsphilosophischen Voraussetzungen muß die Moralphilosophie immer mit einem ‚Restsolipsismus‘ rechnen.

Moralität zeigt sich in einem Sollen, das in der Perspektive der ersten Person wirksam wird und über die Tatsache der konkreten Kontextualität personalen Lebens hinausgeht. Dieses ‚Mehr‘ gegenüber konkreter Kontextualität, das sich in der subjektiven Perspektive des moralischen Standpunkts manifestiert, ist das Zentrum des kantischen Autonomiegedankens. Das Vermögen, unabhängig von externen Impulsen etwas im Sinne von [48–S] zu wollen, hält Kant für ein Faktum personaler Existenz, das von allen moralischen Selbsttäuschungserwägungen unberührt bleibt. Ihm zufolge ist praktische Vernunft allen Personen als naturalistische Eigenschaft ‚einverleibt‘.[40]

Aufgrund der kontextuellen Relationalität praktischer Vernunft gewinnt der kategorische Imperativ den Stellenwert eines moralischen Gesetzes unter den Bedingungen menschlicher Fallibilität. Nur weil Personen als vernünftige Subjekte praktischer Selbstverhältnisse keine rein intelligiblen Charaktere sind, können sie das moralische Gesetz als kategorischen Imperativ auffassen.[41] Daher kann Kants Moralphilosophie auch nicht als deontologischer Formalismus charakterisiert werden, der unausweichlich auf ein metaphysisches Kausalitätskonzept hinauslaufen müsse, wie oft eingewandt wird.[42] Vielmehr stehen die Darlegungen zum imperso-

---

[39] Siehe Abschnitte VII. 2 und 3.

[40] Siehe Kant V, S. 104 f.

[41] Vgl. Gerhardt 1990a, S. 65 f.: „Es gibt also nur Sinn, von einem vernünftigen Wesen zu sprechen, wenn wir ihm außer *Vernunft* und *Willen* auch *Verstand* und *Urteilskraft* zubilligen, über die er sich auf Situationen bezieht, in denen ein Handeln möglich und sinnvoll ist. Damit liegt auf der Hand, daß ein solches Wesen ohne Rekurs auf die *Sinnlichkeit* nicht zureichend gedacht werden kann, eine Sinnlichkeit, die es mindestens braucht, um sich auf *besondere Handlungslagen* zu beziehen. Im Schlußabschnitt der Dialektik der Praktischen Vernunft hat Kant eindrucksvoll beschrieben, daß man zum wirklichen Handeln nur kommt, sofern man *Probleme* hat und den *Widerstreit divergierender Antriebe und Erwartungen* in sich spürt.“

[42] Vgl. Williams 1981, S. 2 ff. und 1985, S. 64: „Kant started from what in his view rational agents essentially *were*. He thought that the moral agent was, in a sense, a rational agent and no more, and he presented as essential to his account of morality a particular metaphysical conception of the agent, according to which the self of moral agency is what he called a ‚noumenal‘ self, outside time and causality, and thus distinct from the concrete, empirically determined person that one usually takes oneself to be.“ Die Unterstellung eines ausschließlich am vernünftig bestimmten Willen ausgerichteten Formalismus kennzeichnet die kritische Rezeptionsgeschichte der Moralphilosophie Kants von Anbeginn; zur Analyse der Einwände von Schiller, Hegel und Williams siehe Allison 1990, S. 180 ff.

nalen Standpunkt immer unter der Voraussetzung des moralisch ffalliblen
Charakters vernünftiger Individuen. Es ist allerdings einzugestehen, daß die
verschiedenen Perspektiven in Kants Konzeption des moralischen Standpunkts begriffliche Spannungen aufkommen lassen, die vor allem mit den in
[49–T] angesprochenen Verschränkungen von Indexikalität und Idealität im
Leben einer Person zusammenhängen.

Der Autonomiegedanke Kants ist ontologisch durch die Abwesenheit
heteronomer Bestimmungen und deontologisch durch die Idee der Selbstgesetzgebung bestimmt.[43] Der Gegensatz von Autonomie und Heteronomie der Willkür legt den Gedanken eines Akteurs reiner Moralität nahe,
und es ist vorderhand nicht zu sehen, wie dieses Begriffsverhältnis mit
dem Personalitätsgedanken im erweiterten, nicht strikt moralphilosophischen Sinne zusammengebracht werden kann. Weil das moralische Gesetz
als „Autonomie der reinen praktischen Vernunft"[44] dem deontologischen Ansatz nach vom impersonalen Standpunkt aus konstruiert werden
muß, scheinen die inhaltlichen und existentiellen Bestimmungen personalen Lebens in moralphilosophischer Hinsicht lediglich Marginalien der
praktischen Vernunft zu sein. Dieser Anschein hängt mit einer begründungstheoretischen Gegenläufigkeit in Kants moralphilosophischer Konzeption zusammen. Ihr eigentümliches personalitätstheoretisches Spannungsverhältnis ist darin begründet, daß Moralität nur vom subjektiven
Standpunkt aus gedacht werden kann, der Gedanke moralischer Autonomie aber nur unter der Voraussetzung des impersonalen Standpunkts kon-
struierbar ist. Was sich vorderhand als theoretische Belastung ausnimmt,
ist für Kant jedoch nichts anderes als der sachliche Ausdruck der Semantik
von Autonomie, die als eine Relation zwischen strukturell verschiedenen
Aspekten ein und desselben personalen Lebens begriffen werden muß.

Moralische Selbstbestimmung wird von Kant nicht abstrakt eingefordert. Die prominenteste Version des kategorischen Imperativs – „Handle
so, daß die Maxime deines Willens jederzeit zugleich als Princip einer allgemeinen Gesetzgebung gelten könne"[45] – macht offenkundig, daß er keine unmittelbare Richtlinie für konkrete Handlungssituationen ist, sondern sich nur auf Maximen beziehen soll. Eine „Maxime ist das subjective Prinzip des Wollens"[46] und in der Form von Verhaltensregeln zunächst
noch keine moralische Verpflichtung:

„Maxime ist das subjective Princip zu handeln und muß vom objectiven Princip, nämlich dem praktischen Gesetze, unterschieden werden. Jene enthält die

---

[43] Siehe Kant V, S. 33.
[44] Kant V, S. 33.
[45] Kant V, S. 30. Siehe auch Kant IV, S. 421.
[46] Kant IV, S. 400 Anm.

praktische Regel, die die Vernunft den Bedingungen des Subjects gemäß (öfters der Unwissenheit oder auch den Neigungen desselben) bestimmt, und ist also der Grundsatz, nach welchem das Subject handelt; das Gesetz aber ist das objective Princip, gültig für jedes vernünftige Wesen, und der Grundsatz, nach dem es handeln soll, d. i. ein Imperativ."[47]

Unangesehen der definitorischen und handlungstheoretischen Unsicherheit, daß Maximen einmal als subjektives Prinzip des Wollens und zum anderen als subjektives Prinzip des Handelns definiert werden, kann davon ausgegangen werden, daß sich nach Kant nur Maximen auf konkrete Handlungssituationen einer Person beziehen sollen, was zugleich eine Abhängigkeit von ihrem Charakter und ihren Dispositionen einschließt. In den Maximen einer Person manifestieren sich Bewertungen, die wiederum Handlungsabläufe und Handlungssituationen in praktischer Absicht selektieren, strukturieren und in den Zusammenhang mit zukünftigen Handlungen stellen.[48]

Die maximenethische Konstruktion öffnet Kants nicht-reduktionistische Moralphilosophie für die Begriffe der moralischen Identität und des Subjekts praktischer Selbstverhältnisse. Kant zufolge kommt Autonomie dadurch zustande, daß sich eine Person von ihrer empirischen Bestimmtheit löst und in praktischen Selbstverhältnissen vom subjektiven zum impersonalen Standpunkt übergeht.[49] Bezugspunkte des kategorischen Imperativs sind die reflektierteren oder ‚tieferen' Bewertungen und Selbstbewertungen von Personen, an denen sich ihre Handlungsgeschichten bewußt oder unbewußt ausrichten. Der kategorische Imperativ wirkt insofern nicht unmittelbar auf einzelne Handlungen, sondern soll zumindest der Tendenz nach die handlungsformierenden Bewertungen von Personen vernünftig bestimmen.

Vor dem Hintergrund der Maximenkonzeption läßt sich der Widerstreit zwischen den Standpunkten der ersten und dritten Person des Autonomiegedankens in einer differenzierten Semantik der Selbstgesetzgebung auflösen, denn die strukturellen Umrisse des Autonomiebegriffs können in der Formel

---

[47] Kant IV, S. 420 f. Anm.

[48] Otfried Höffe hat in diesem Zusammenhang zu Recht herausgestellt, daß sich hinter Maximen Handlungsorientierungen verbergen. Siehe Höffe 1979, S. 90 f.: „Maximen beinhalten die Art und Weise, sein Leben als ganzes zu führen – bezogen auf bestimmte Grundaspekte und allgemeine Situationstypen des Lebens". Vgl. Bittner 1974.

[49] Hierin ist auch der entscheidende Unterschied zwischen Hume und Kant begründet. Altruistische Gefühle, die von Hume moralphilosophisch hoch veranschlagt werden, genügen für Kant weder ethischen Verallgemeinerungskriterien noch können sie einen Autonomiegedanken im strikten Sinne konstituieren.

[51–S] Autonomie ist das Gesetz, das sich ein Selbst selbst auferlegt.

zusammengefaßt werden. Der Widerstreit der verschiedenen Reflexions-standpunkte wird in [51–S] mit dem unmittelbaren Zusammenhang von substantivierter und pronominaler Form desselben reflexiven Ausdrucks of-fenkundig. Die zirkuläre Formulierung muß reflexionslogische Vorbehalte geradezu herausfordern. Es zeigt sich jedoch, daß Kant durch die maximen-ethische Ausdeutung der Autonomieformel einen Subjektbegriff zur Dar-stellung bringen kann, der nicht zirkulär in sich kreist, sondern sich perspek-tivisch öffnet. Den kantischen Bestimmungen zufolge sind Maximen die Selbstgesetzgebung des empirischen bzw. indexikalischen Selbst. Das Resul-tat dieser Selbstgesetzgebung besteht darin, daß sich die Person in der sub-jektiven Perspektive durch die impersonale Perspektive selbst bestimmt:

[52–T] Autonomie ist das reflexive Verhältnis der subjektiven Perspektive
       zum impersonalen Standpunkt.

Der maximenethisch konkretisierte Autonomiegedanke überträgt die Struktur des ‚doppelten Ich im Bewußtsein meiner selbst‘[50] in die Kontex-te der praktischen Philosophie. Die moralische Selbstbeziehung wird von Kant ausdrücklich als ‚erstes Gebot aller Pflichten gegen sich selbst‘ aus-gewiesen:

„Erkenne (erforsche, ergründe) dich selbst nicht nach deiner physischen Voll-kommenheit (der Tauglichkeit oder Untauglichkeit zu allerlei dir beliebigen oder auch gebotenen Zwecke), sondern nach der moralischen in Beziehung auf deine Pflicht – dein Herz, – ob es gut oder böse sei, ob die Quelle deiner Handlungen lauter oder unlauter, und was entweder als ursprünglich zur Substanz des Men-schen gehörend, oder als abgeleitet (erworben oder zugezogen) ihm selbst zuge-rechnet werden kann und zum moralischen Zustande gehören mag.“[51]

Zwar müssen die reflexionstheoretischen Grenzen der moralischen Selbst-erkenntnis wesentlich enger gezogen werden, als Kant hier nahelegen will,[52] die Struktur des Autonomiegedankens tritt gleichwohl überaus klar hervor. Die Person bezieht sich in einem reflektierten Zustand, der sich an den Kriterien praktischer Vernunft orientiert, auf ihr Verhalten im sozia-len Raum. Das Resultat der moralischen Selbstbeziehungen sind ‚tiefere‘ bzw. reflektiertere Selbstbewertungen, mit denen zugleich qualitative Un-terschiede hinsichtlich der Art und Weise hervortreten, wie das Leben ei-ner Person im moralischen Sinne zu führen ist. Auch wenn Kant keines-wegs von den Abgründen des Emotiven absieht, bestimmt er die Qualität

---

[50] Siehe Abschnitt IV. 5.
[51] Kant VI, S. 441.
[52] Siehe Abschnitt VII. 3.

personaler Existenz allein nach Maßgabe moralischer Intentionen und nicht unter dem Gesichtspunkt von Handlungsresultaten.

Von der moralischen Selbsterkenntnis zeichnet Kant im weiteren ein gleichermaßen dramatisches wie emphatisches Bild. Sie sei eine ‚Höllenfahrt‘ in ‚die schwer zu ergründenden Tiefen des Herzens‘, die den Weg zur ‚Vergötterung‘ bahnen könne.[53] Am Höllentor stehe das furchtbare, aber eben nicht schlechte, sondern gute Gewissen, das von Kant als „moralische Anlage“[54] der Person bestimmt wird. Hinter den wuchtigen Formulierungen, die den Anschein überzogener Moralisierung erwecken, verbirgt sich die für Kants moralphilosophisches Projekt schlechthin entscheidende Phänomenbasis. In der moralischen Anlage des Gewissens äußert sich das Faktum praktischer Vernunft. Der moralpsychologische Zustand, nicht umhin zu können, der eigenen Handlung die moralische Zustimmung zu verweigern, ist Ausdruck der Stimme der Vernunft, die von subjektiven Neigungen nicht ohne weiteres korrumpierbar ist. Unter der Voraussetzung eines entwickelten ‚moral sense‘[55] nimmt die ‚gewissenhafte‘ Person eine distanzierte Selbstbewertungsperspektive zu ihren Handlungen ein. Das moralische Bewußtsein des Gewissens wird von der Person nicht ‚gemacht‘, es ist vielmehr eine ihrem Wesen ‚einverleibte‘ Anlage. Daher muß es nicht erst eigens aufgerufen, sondern unterdrückt werden, wenn eine Person Taten begeht, von denen sie weiß, daß sie unmoralisch sind. Solange Verdrängungs- und Selbsttäuschungsprozesse nicht zur Routine geworden sind, ist sich eine Person in aller Regel bewußt, daß sie unmoralisch oder zumindest kritikwürdig gehandelt hat, obwohl sie nur in den seltensten Fällen bereit ist, das öffentlich einzugestehen. Kant hat zu Recht davon gesprochen, daß das Gewissen ein moralischer Schatten sei, den man auf vielfältige Weise überdecken, dem man für die Dauer personaler Existenz aber niemals entgehen könne.[56]

---

[53] Siehe Kant VI, S. 441.

[54] Kant VI, S. 438.

[55] An den in die Aufmerksamkeit der Nachrichtenmedien geratenen Gewalttaten von Kinder- und Jugendbanden, insbesondere in den nordamerikanischen Slums, ist deutlich ablesbar, daß sich ‚moral sense‘ als Naturanlage des Menschen nicht notwendigerweise entfaltet, sondern letztlich davon abhängt, ob Sozialisationsprozesse noch innerhalb der Grenzen menschenwürdiger Lebensverhältnisse stattfinden können.

[56] Siehe Kant VI, S. 438: „Jeder Mensch hat Gewissen, und findet sich durch einen inneren Richter beobachtet, bedroht und überhaupt im Respect (mit Furcht verbundener Achtung) gehalten, und diese über die Gesetze in ihm wachende Gewalt ist nicht etwas, was er sich selbst (willkürlich) macht, sondern es ist seinem Wesen einverleibt. Es folgt ihm wie sein Schatten, wenn er zu entfliehen gedenkt. Er kann sich zwar durch Lüste und Zerstreuungen betäuben oder in Schlaf bringen, aber nicht vermeiden dann und wann zu sich selbst zu kommen oder zu erwachen, wo er alsbald die furchtbare Stimme desselben vernimmt. Er kann es, in seiner äußersten Verworfenheit allenfalls dahin bringen, sich daran gar nicht mehr zu kehren, aber sie zu hören, kann er doch nicht vermeiden.“

Mit der Stimme des Gewissens melden sich in den Handlungsabläufen einer Person moralische Einsichten wider Willen zu Wort: *iubeo* oder *veto*.[57] Kants moralpsychologische Grundlegung besteht in der philosophischen Ausdeutung des Ausdrucks ‚wider Willen‘, denn moralische Bewertungen sind den kantischen Bestimmungen zufolge niemals relativ oder willkürlich:

[53–S] Moralische Bewertungen beruhen nicht auf der Willkür von Personen.

Auch eine Person mit offensichtlich strategischen Intentionen kann die Zustimmung ihres moralischen Bewußtseins nicht erzwingen. Der subjektiven Willkür wird die *moralische* Zustimmung verweigert, wenn sie kein guter bzw. vernünftig bestimmter Wille ist. Mit den Analysen zu moralischen Einsichten wider Willen zeigt sich überaus deutlich, daß Kants moralphilosophisches Projekt gerade nicht auf einen kontextblinden deontologischen Formalismus hinausläuft. In der moralischen Einsicht wider Willen muß eine überaus tragfähige Phänomenbasis für die nicht-reduktionistische Philosophie der Person gesehen werden.

Die Annahme eines Faktums praktischer Vernunft steht im übrigen nicht in direkter Opposition zu pluralistischen oder kulturrelativen Moralvorstellungen, denn es wird zunächst nur zwischen moralischer Bejahung und Verneinung differenziert. Die Frage, wie sich dieser Spielraum inhaltlich konkretisiert, muß in einem weiteren, über das bloße Faktum praktischer Vernunft hinausgehenden Schritt einer Lösung zugeführt werden.[58] Auch wäre es verfehlt, das Faktum der praktischen Vernunft von vornherein der Faktizität des Emotiven entgegenzustellen. Es ist von Harry Frankfurt zu Recht darauf aufmerksam gemacht worden, daß sich Moralität nicht notwendigerweise in der Form diskursiven Bewußtseins äußern muß.[59] Zudem verleiht die Weise, in der sich die Stimme des Gewissens moralpsychologisch manifestiert, dem Faktum praktischer Vernunft zumindest einen quasi-emotiven Charakter.

---

[57] Siehe Kant VI, S. 439 Anm. Zum Wortlaut der Passage siehe S. 216 Anm. 61.

[58] Siehe Strawson 1985, S. 47: „To draw attention (...) to the diversity of moral viewpoints is not to deny the existence of what is universal or unifying in them. Certain relatively vaguely or abstractly conceived characteristics – such as generosity, justice, honesty – are generally recognized as morally admirable (as virtues) and their opposites as morally deplorable, even though the specific forms in which they are recognized may vary. And, perhaps more to the point, there is a general willingness to concede some measure of moral approbation to anyone who acts rightly, ‚by his own lights,‘ as we say, whatever they may be; to anyone who ‚obeys his conscience‘ or ‚acts as it seems to him that he ought to act‘ or ‚does his duty as he sees it,‘ and so on." Vgl. Rescher 1989.

[59] Frankfurt 1988, S. 188 ff.

Der quasi-emotive Charakter des guten Gewissens wird von Kant im Sinne eines reflektierten Bewußtseinszustands ausgedeutet: „Das Bewußtsein eines inneren Gerichtshofes im Menschen (,vor welchem sich seine Gedanken einander verklagen oder entschuldigen‘) ist das **Gewissen**.“[60] Das moralische Bewußtsein ist demnach ein impliziter oder expliziter Dialog der Person mit sich selbst. Die dialogische Struktur des moralischen Bewußtseins legt das Faktum der praktischen Vernunft in seinen strukturellen Komponenten aus. Den moralischen Einsichten wider Willen kann Kant mit einem zugegebenermaßen pathetisch ausfallenden Modell des selbstanklagenden moralischen Subjekts zumindest formal gut entsprechen. Den vielen rezeptionsgeschichtlichen Vorbehalten, die an der kantischen Moralphilosophie Realitätsferne beklagen, muß daher entgegengehalten werden, daß sie selbst in ihren theoretischen Extrempositionen nicht ohne Phänomenbasis auszukommen braucht.

Das von Kant selbst so genannte „doppelte Selbst“ moralischer Verhaltensbewertungen ist die „zwiefache Persönlichkeit“[61] des moralischen Standpunkts. Diesem Konzept des moralischen Standpunkts zufolge schafft die praktische Vernunft sich selbst eine „idealische Person“[62], um so eine distanzierte Haltung der Person zu ihren Handlungsverläufen zu ermöglichen. Die Formulierungen Kants sind in diesem Zusammenhang

---

[60] Kant VI, S. 438.

[61] Kant VI, S. 439 Anm. Kant erläutert sein Modell des selbstanklagenden Subjekts praktischer Selbstverhältnisse auf folgende Weise: „Die zwiefache Persönlichkeit, in welcher der Mensch, der sich im Gewissen anklagt und richtet, sich selbst denken muß: dieses doppelte Selbst, einerseits vor den Schranken eines Gerichtshofes, der doch ihm selbst anvertraut ist, zitternd stehen zu müssen, andererseits aber das Richteramt aus angeborener Autorität selbst in Händen zu haben, bedarf einer Erläuterung, damit nicht die Vernunft mit sich selbst gar in Widerspruch gerathe. – Ich, der Kläger und doch auch Angeklagter, bin eben derselbe Mensch (numero idem), aber, als Subject der moralischen, von dem Begriffe der Freiheit ausgehenden, Gesetzgebung, wo der Mensch einem Gesetz unterthan ist, das er sich selbst giebt (homo noumenon), ist er als ein anderer als der mit Vernunft begabte Sinnenmensch (specie diversus), aber nur in praktischer Rücksicht zu betrachten – denn über das Causal-Verhältnis des Intelligibilen zum Sensibilen giebt es keine Theorie – und diese specifische Verschiedenheit ist die der Facultäten des Menschen (der oberen und unteren), die ihn charakterisiren. Der erstere ist der Ankläger, dem entgegen ein rechtlicher Beistand des Verklagten (Sachwalter desselben) bewilligt ist. Nach Schließung der Acten thut der innere Richter, als machthabende Person den Ausspruch über Glückseligkeit oder Elend, als moralische Folgen der That; in welcher Qualität wir dieser ihre Macht (als Weltherrschers) durch unsere Vernunft nicht weiter verfolgen, sondern nur das unbedingte iubeo oder veto verehren können.“ Die Sprache dieser Passage scheint vorderhand all die Bedenken zu bestärken, die in Kants Moralphilosophie nur die Hybris einer belehrenden Vernunft jenseits der Faktizität menschlicher Existenz vermuten, und sicherlich ist unstrittig, daß etliche Formulierungen Kants derartige Vermutungen nahelegen. Gleichwohl erweisen sich Kants Ausführungen in rekonstruktiver Hinsicht als gar nicht so fern liegende Interpretationen der Faktizität des ,moral sense‘.

[62] Kant VI, S. 439.

allerdings irreführend, denn der grammatikalischen Konstruktion nach wird eine aktive Rolle der Vernunft unterstellt, die auf eine Reifizierung der Vernunft hinausliefe. Kant widerspräche damit seiner zentralen erkenntniskritischen Einsicht, daß Begriffs- und Sachbestimmungen epistemologisch streng voneinander abgesetzt werden müssen. Der grammatikalische Fehlschluß sollte gleichwohl nicht überbewertet werden. Der reflexive Ausdruck, der sich der grammatikalischen Konstruktion nach auf die Vernunft bezieht, bezeichnet ein reflexives Verhältnis, das sich *in* der Person zuträgt. Die systematische Richtung der Ausführungen zur ‚zwiefachen Persönlichkeit‘ liegt darin, daß die ‚idealische Person‘ durch die praktische Vernunft und nicht etwa durch die subjektive Perspektive der Person konstituiert wird. Aufgrund dieses Bestimmungsverhältnisses können subjektivistische oder relativistische Positionen genauso vermieden werden wie die reflexionstheoretischen Zirkel, die sich unvermeidlich einstellen, wenn von einer Person behauptet würde, daß sie sich allein im Stande ihrer subjektiven Erlebnisperspektive selbst bestimme. Die Überbestimmung der Rolle der Vernunft in Selbstbestimmungsprozessen muß insofern als begründungstheoretische Richtung und nicht als sachliche Bestimmung gewertet werden.

Der Begriff der idealischen Person bleibt auf die Verankerung des impersonalen Standpunkts in der Perspektive der ersten Person keineswegs beschränkt. Im Rahmen der Fremdzuschreibung moralischer Einstellungen ist er auch Bestandteil interpersonaler Erfahrung. Das Leben von Personen im sozialen Raum scheint zwar hinsichtlich der Frage nach der Wirklichkeit des moralischen Selbst durchgängig unter einem kontextuellen Auflösungsverdacht zu stehen, dem zufolge moralisches Fehlverhalten durch eine Vielzahl von Determinationsbedingungen erzwungen wird, es ist aber nicht zu bestreiten, daß wir Personen grundsätzlich unterstellen, ihr Verhalten in die Perspektive der ‚idealischen Person‘ stellen zu können. Die Selbstzuschreibung, bei aller Kontextualität nicht *vollständig* von außen determiniert zu sein, findet immer schon eine Entsprechung in den Bewertungen des Verhaltens anderer Personen.[63] Die inhaltlichen Bewertungen des Verhaltens anderer Personen orientieren sich zwar an konkreten Handlungsvollzügen, in ihnen werden Personen aber ungeachtet der Entschuldigungen und Entlastungen, die angeführt werden oder angeführt werden können, durchgängig als Subjekte behandelt – sieht man einmal von wenigen Fällen extrem abweichenden psychopathologischen Verhaltens ab:

---

[63] Siehe Nagel 1979, S. 37: „We extend to others the refusal to limit ourselves to external evaluation, and we accord to them selves like our own."

[54–T] Der letzte Bezugspunkt moralischer Bewertungen ist nicht die
   Handlung der Person, sondern die Person als Handelnde.

Der in [54–T] angesprochene Sachverhalt ist bereits ein deutlicher Hinweis darauf, daß trotz vieler moralitätskritischer Vorbehalte, die insbesondere in den reduktionistisch ausgerichteten Bereichen der Gegenwartsphilosophie die Vorstellung von moralisch bestimmter Eigenkontrolle als
überaus problematisch erscheinen lassen, auf den Begriff des Selbst nicht
verzichtet zu werden braucht. Im Unterschied zu den reduktionistischen
Versuchen der Eliminierung des Gedankens der Eigenkontrolle gilt es
herauszustellen, daß der Begriff des Selbst *erkennbar* wesentliche Bestimmungen personalen Daseins bezeichnet, die zumindest in Ansätzen ein
Verständnis von dem kenntlich werden lassen, was der Kontrolle einer
Person obliegt und dem, was ihr als Ereignis nur widerfährt. Es ist diese
Selbstauffassung, die schließlich auch die Auffassung bedingt, die wir vom
Selbst anderer Personen haben.[64]
   In den moralphilosophischen Aspekten des Selbstbegriffs kommen die
personalitätstheoretischen Umrisse des Subjekts praktischer Selbstverhältnisse zum Ausdruck. Sie zeichnen sich insbesondere in dem Verhältnis
von subjektiver und impersonaler Perspektive ab. In konstruktiver Hinsicht geht es dabei nicht um eine einseitig rationale Gewichtung von Handlungssituationen, sondern um die Ausdeutung grundsätzlicher Komponenten des ‚moral sense'. Angesichts der unbestreitbaren Abwesenheit
von Moralität in der Vielzahl von Handlungsvollzügen ist das personalitätstheoretische Problem nicht eine Revision personalen Lebens, die erzwingen will, daß Personen im sozialen Raum durchgängig moralisch
handeln. So wünschenswert ein solches Ansinnen manchem auch erscheinen mag, moralpsychologisch wäre es schlicht eine Überforderung. Bedeutsam ist vielmehr schon der Umstand, daß Personen prinzipiell in der
Lage sind, sich in ihren Handlungen nach Maßgabe vernünftiger Gründe
verhalten bzw. bewerten zu können: *iubeo* oder *veto*. Dieser Sachverhalt
hat als minimales Moralitätskriterium und unangesehen der Frage, ob die
Verhaltensbewertung praktische Konzequenzen nach sich zieht, moralisches Gewicht. Auch wenn noch nicht von einer *vollzogenen* moralischen
Handlung die Rede sein kann, wird doch immerhin der Eintritt in die
Welt des zumindest partiell vernünftig bestimmten und vernünftig *bestimmbaren* Verhaltens angezeigt. Die kontextuelle Überlegenheit des
moralischen Bewußtseins liegt in seinen sich situationsunabhängigen und
rationalen Gründen öffnenden Bewertungsperspektiven. Dagegen bewegen sich kontextuell eingebundene Verhaltensweisen, wie etwa extern be-

---

[64] Siehe Abschnitt IX. 3.

dingte Handlungsstrategien, mehr oder weniger distanzlos in der vermeintlichen Faktizität der Sozialverhältnisse. Strategische Ausrichtungen gewännen jedoch erst dann ein moralpsychologisches Übergewicht, wenn ein vernünftig motivierter Einspruch *idealiter* nicht mehr möglich wäre, aber dann könnte auch nicht mehr von Moralität und Personalität die Rede sein.

VII. Die Kontexte praktischer Selbstverhältnisse: Unbewusstes und Selbsttäuschung

1

Philosophischer Ausdruck des in sich differenzierten Subjekts personaler Existenz ist die Bestimmung des doppelten Selbst, die das Reflexionsverhältnis des personalen Standpunkts strukturell auf den Begriff bringt. Von Kant ist sowohl für die Belange der theoretischen als auch für die der praktischen Philosophie hinreichend deutlich gemacht worden, daß in diesem Zusammenhang nicht von einer buchstäblichen Verdopplung, die immerhin terminologisch nahegelegt ist, ausgegangen werden kann.[1] Um sich überhaupt als Subjekt bewußt werden zu können, muß die Person sich in einer Weise thematisieren, die gerade nicht dadurch definiert ist, ausschließlich Subjekt zu sein, das heißt, der Subjektgedanke kann nur dann entfaltet werden, wenn das Subjekt sich strukturell von sich selbst unterscheidet. Das gilt gleichermaßen für reflektierte wie für praktische Selbstverhältnisse. Der Begriff des doppelten Selbst liegt sowohl Kants Lehre von der Identität des Selbstbewußtseins in der ‚Transzendentalen Deduktion der reinen Verstandesbegriffe' als auch den Argumentationen zum guten und vernünftig bestimmten Willen zugrunde. Es ist ihm zwar nicht gelungen, seinen epistemologischen Dualismus durchgängig von dichotomischen Argumentationen freizuhalten, in seiner Philosophie werden jedoch eine Reihe von komplizierten Differenzierungen des Subjektbegriffs zur Darstellung gebracht, die zu einem erweiterten Personbegriff in Beziehung gesetzt werden können.

Der Begriff des doppelten Selbst wirkt sich auf verschiedene Weise in der Philosophie der Person aus. In moralphilosophischer Hinsicht sind vor allem die moralischen Einsichten wider Willen von Bedeutung.[2] Wenn eine Person bewußt eine unmoralische Handlung vollzieht und es ihr nicht gelingt, ihr ‚besseres' Gewissen zum Schweigen zu bringen, dann muß ein doppeltes Selbst unterstellt werden: zum einen die subjektive

---

[1] Siehe Kant XX, S. 268 ff.
[2] Siehe Abschnitt VI. 3.

Perspektive, die die Handlung bewußt vollzieht, zum anderen eine entgegengesetzte Perspektive, die die moralische Zustimmung verweigert. Das durch die Doppelperspektive hervorgerufene Spannungsverhältnis dürfte für moralische Konflikte insgesamt kennzeichnend sein. In ihm zeigt sich der in [53–S] angesprochene Sachverhalt, daß moralische Bewertungen *für* die einzelne Person nicht von ihrer subjektiven Perspektive abhängig sind. Im Kontext praktischer Selbstverhältnisse tritt die Doppelstruktur von subjektiver und impersonaler Perspektive im personalen Standpunkt als Selbsterweiterungsphänomen auf, mit dem eine Person die Punktualität der jeweils gegenwärtigen Handlungssituation überschreitet und moralische Standpunkte anderer Personen in ihre Handlungsbewertungen integriert.

Während in moralischen Einsichten wider Willen die positive Seite des doppelten Selbst zur Darstellung kommt, zeigt sich die negative Seite in einem Phänomen, das gemeinhin mit den Begriffen des Unbewußten und der Selbsttäuschung thematisiert wird. Zwar unterscheiden sich beide Begriffe auf signifikante Weise, für die Erfordernisse der Philosophie der Person kommen sie jedoch in entscheidenden Punkten zur Deckung. Hinter beiden Begriffen verbergen sich eine Vielzahl von Theoriemodellen, die die Vorstellung von der Person als dem sich selbst transparenten Subjekt eigener Handlungsgeschichten grundsätzlich in Zweifel ziehen. Mit dem Zweifel verbindet sich keinesfalls nur eine theoretische Konstruktion, sondern ein markantes, wenn auch weitgehend undurchschautes Phänomen der Alltagserfahrung. Personen haben zumindest eine Ahnung davon, daß sie oftmals nicht auf der Höhe ihrer praktischen und intellektuellen Möglichkeiten handeln. Hierin ist eine tiefgehende, aber öffentlich nur selten eingestandene Unzufriedenheit von Personen mit sich selbst begründet. Der Unzufriedenheit korrespondiert die Erfahrung der Zwanghaftigkeit, die sich in nicht wirklich durchschauten Widerständen der eigenen Einstellungen äußert. Diese Erfahrung von Unzufriedenheit und Zwanghaftigkeit kann in einer ersten Annäherung als die Phänomenbasis der Selbsttäuschung angesehen werden.

Die der subjektiven Perspektive gegenübertretende Undurchlässigkeit des Bewußtseins steht im Mittelpunkt von Hegels subjektivitätskritischer Bewußtseinsphilosophie. Ihr Kern ist der Gedanke, daß sich die Notwendigkeiten des Bewußtseins „hinter seinem Rücken" und „ohne zu wissen, wie ihm geschieht"[3] vollziehen. Bewußtsein bleibt dieser Kritik zufolge

---

[3] Hegel 1952, S. 74. In der ‚Phänomenologie des Geistes' spricht Hegel von den Notwendigkeiten des Bewußtseins, die sich ohne sein Zutun vollziehen: „Nur diese Notwendigkeit selbst, oder die *Entstehung* des neuen Gegenstandes, der dem Bewußtsein, ohne zu wissen, wie ihm geschieht, sich darbietet, ist es, was für uns gleichsam hinter seinem Rücken vor

sowohl in seinem formalen und inhaltlichen Zustandekommen als auch in seinen Vollzügen weitgehend undurchsichtig. Während diese Undurchsichtigkeit im Fall moralischer Einsichten wider Willen zumindest der Möglichkeit nach aus ihren Gründen erklärt werden kann, scheinen Unbewußtes und Selbsttäuschungen den Subjektgedanken in den Grundlagen zu erschüttern.

Abgesehen von grundsätzlichen Fragestellungen hinsichtlich der Bedingungen der Möglichkeit von Subjektivität und Moralität enthält das Problemsyndrom der Selbsttäuschung eine folgenreiche begründungstheoretische Entscheidungssituation für die nicht-reduktionistische Philosophie der Person. Wenn dem Subjekt personalen Lebens eine strukturelle Differenz nach Maßgabe des Begriffs des ,doppelten Ich im Bewußtsein meiner selbst' zugeschrieben werden muß, besteht immer die Möglichkeit der Selbsttäuschung. Auf der anderen Seite wäre der Befund, daß der Begriff der Selbsttäuschung nicht konsistent entwickelt werden kann, ein starkes Indiz dafür, daß der Gedanke des in sich differenzierten Subjekts, so wie er im Begriff des doppelten Selbst angesprochen wird, nur eine überzogene Konstruktion ist und keine Phänomenbasis hat. Die nicht-reduktionistische Philosophie der Person muß sich insofern auf zweifache Weise bewähren. Zum einen muß sie den Nachweis erbringen, daß Selbsttäuschung prinzipiell möglich ist, ansonsten könnte an der für das nicht-reduktionistische Theorieprojekt unverzichtbaren Bestimmung des doppelten Selbst nicht mehr festgehalten werden. Zum anderen hat sie darzulegen, daß die mit den Begriffen der Selbsttäuschung und des Unbewußten thematisierten Kontexte des Bewußtseins nicht wieder das Tor für eine neue Form des Reduktionismus öffnen. Die Darlegung der Möglichkeit von Selbsttäuschung muß deshalb *auch* den Nachweis einschließen, daß Selbsttäuschung personales Leben nicht grundsätzlich gefährdet.[4]

In semantischer Hinsicht bereitet der Begriff der Selbsttäuschung beträchtliche Schwierigkeiten, denn Täuschungsprozesse können sich offenbar nur dann vollziehen, wenn derjenige, der getäuscht wird, in Unkenntnis der Absichten desjenigen ist, der täuscht. Diese Bedingung scheint

---

geht. Es kommt dadurch in seine Bewegung ein Moment des *Ansich- oder Fürunsseins*, welches nicht für das Bewußtsein, das in der Erfahrung selbst begriffen ist, sich darstellt".

[4] Diese Aufgabenstellung verweist auf die systematischen Problemzusammenhänge der Authentizitätstheorien. Besonders deutlich ist das an Sartres Analyse der existentiellen Unaufrichtigkeit ablesbar. Eingangs seiner Kritik an der ,mauvaise foi' stellt Sartre die Frage, wie eine Existenzweise in ihrer Konstitution zu verstehen ist, die die ,mauvaise foi' ermöglicht. Im Rahmen seiner negativen Dialektik personaler Transzendenz vollzieht er jedoch nicht den weiteren Schritt, aus den Bedingungen der Möglichkeit der ,mauvaise foi' Folgerungen für eine Theorie moralischer Selbstverhältnisse abzuleiten; siehe Sartre 1943, S. 85 ff.; vgl. Abschnitt VI. 2.

aber im Fall von Selbsttäuschung deshalb nicht erfüllbar zu sein, weil sie der numerischen Einfachheit des Subjekts des Bewußtseins widerspricht. Wird Selbsttäuschung zudem als moralische Schuld begriffen, dann stellt sich die paradoxale Situation ein, jemanden hinsichtlich ein und derselben Handlung zugleich für schuldig und nicht schuldig halten zu müssen.

Die systematisch weiterreichende Herausforderung liegt in dem Gegensatz zwischen dem Begriff der Selbsttäuschung und der notwendigen Bedingung praktischer Selbstverhältnisse, daß Handlungen ihrem Subjekt in irgendeiner Form transparent sein müssen. Als Subjekt praktischer Selbstverhältnisse muß eine Person in Handlungssituationen ein situationsgerechtes Bewußtsein ausbilden. Praktische Selbstverhältnisse können demnach nur dann zustande kommen, wenn auszuschließen ist, daß Personen nicht etwas anderes tun, als sie zu tun glauben. Können Personen aber nicht mehr davon ausgehen, ein phänomengerechtes Bewußtsein ihrer Handlungsgeschichten zu haben, verlieren praktische Selbstverhältnisse und personale Lebensführung ihr *fundamentum in mente* und damit ihr *fundamentum in re*.[5]

Es ist die Möglichkeit, daß Personen kognitiv unterbestimmt sind, von der die semantische Virulenz des Begriffs der Selbsttäuschung ausgeht. Anders als im Fall herkömmlicher Reduktionsversuche tritt aber nicht eine externe Kausalität oder Kontextualität, sondern ein dem Bewußtsein immanentes Hindernis als Bedrohung des Subjektgedankens auf. Der Begriff der Selbsttäuschung will schon terminologisch den Sachverhalt anzeigen, daß es die jeweilige Person selbst ist, die ihre eigenen epistemischen Bewußtseinszustände untergräbt. Selbsttäuschung kann daher als eine selbstbezügliche Behinderung epistemischen Bewußtseins verstanden werden:

[55–S] Selbsttäuschung ist die selbstreferentielle Beschränkung oder Aufhebung epistemischen Bewußtseins.

Die Struktur des Begriffs der Selbsttäuschung verliert in [55–S] nicht den aporetischen Anschein, denn vom definitorischen Ansatz her wird immer noch ein Bewußtseinszustand bzw. eine propositionale Einstellung von der Form

---

5 Siehe Darwall 1988, S. 419: „Self-deception is a matter for concern on any view of ethics. That people are liable to mistake their circumstances, alternatives, and themselves in self-serving ways is disconcerting whatever one's moral philosophical approach." Darwall stellt zudem heraus, daß nicht-konsequentialistische Theorien auf besondere Weise mit der Selbsttäuschungsproblematik befaßt sein müssen: „Philosophers who, like Kant and Butler, pursue the constitutional strategy in ethics are more likely to take a deep interest in self-deception than those who pursue other strategies." (Darwall 1988, S. 410) Es sind gerade Theorien diesen Typs, die für die nicht-reduktionistische Philosophie der Person eine systematisch entscheidende Bedeutung haben; siehe die Abschnitte VI. 3 und X. 1.

[56–S] *A* glaubt, daß *p* und ¬*p*.

unterstellt. Der in [56–S] ausgedrückte Widerspruch fällt noch nicht mit der Unmöglichkeit des Phänomens der Selbsttäuschung zusammen, er ist allenfalls ein deutlicher Hinweis auf die Schwierigkeiten, dem Phänomen mit einer angemessenen Begrifflichkeit begegnen zu können. Satz [56–S] erzwingt allerdings, die in ihm ausgedrückte Widersprüchlichkeit einer philosophischen Interpretation zuzuführen, durch die der Sinn des Begriffs der Selbsttäuschung konkrete semantische Umrisse gewinnen kann.

Ein unauflöslicher Widerspruch scheint sich dann zu ergeben, wenn die Behauptung aufgestellt wird:

[57–S] *A* glaubt im Zustand eines sich selbst transparenten Bewußtseins, daß *p* und ¬*p* der Fall sind.

Im strikten Wortsinn kann [57–S] offenbar kein Erlebnis bzw. keinen Sachverhalt der alltäglichen Erfahrung bezeichnen. Die Möglichkeit eines solchen Bewußtseinszustands kann nicht einmal für den Fall einer Bewußtseinsspaltung angenommen werden, die eine Spaltung der Identität des Selbstbewußtseins über die Zeit hinweg und nicht die Spaltung identischer Raum- und Zeitindikatoren ist. In [57–S] müssen der Satzkonstruktion nach Affirmation und Negation von *p* dieselben räumlichen und zeitlichen Indikatoren haben, andernfalls wäre nur von dem trivialen Sachverhalt die Rede, daß Personen zu verschiedenen Zeiten *p* und ¬*p* annehmen können. In einem solchen Fall läge keine Selbsttäuschung, sondern allenfalls ein Bewußtseinswandel in der Gestalt eines Erkenntnisfortschritts oder Erkenntnisrückschritts vor. Der Unterschied zwischen [56–S] und [57–S] liegt in der bewußtseinstheoretischen Einschränkung des nichtpropositionalen Satzteils von [57–S]. Erst diese Eingrenzung erzeugt den Widerspruch im propositionalen Satzteil.

Solange nicht geklärt ist, welcher Art der konkrete Bewußtseinszustand von *A* ist, lassen sich Möglichkeiten konstruieren, die der allgemeinen Form von [56–S] verwandt sind. Zum einen wäre denkbar, daß *A* sich ohne es zu bemerken in einen logischen Widerspruch verstrickt und sich insofern nur mittelbar in einem Selbsttäuschungsprozeß befindet:

[58–S] *A* glaubt, daß *p* und *q* der Fall sind, aus *q* folgt logisch ¬*p*.[6]

Dieser Satz kann die kompliziertere Form annehmen:

---

6 Zum Beispiel: ,*A* glaubt, daß es einen allmächtigen und allgütigen Gott und daß es das Böse in der Welt gibt, aus der Existenz des Bösen folgt jedoch, daß Gott nicht allmächtig und allgütig ist.'

[59–S] *A* glaubt, daß *q* und *r* der Fall sind, aus *q* folgt *p* und aus *r* folgt ¬*p*.[7]

Zu beiden Sätzen lassen sich eine Vielzahl weiterer Modifikationen und Komplizierungen denken. Ihnen ist gemeinsam, daß das an die Stelle von *A* tretende Subjekt logisch und damit auch inhaltlich nicht weiß, was von ihm tatsächlich in Gedanken gefaßt wird. Ein prominenter Sonderfall der intentionalen Umdeutung des zur Verfügung stehenden kognitiven Materials ist faktizitätsblindes Wunschdenken:

[60–S] *A* glaubt, daß *p* der Fall ist, obwohl das Wissen, über das *A* explizit verfügt, erkennbar ¬*p* nahelegt.

Wenn Wunschdenken auf einem kognitivem Defizit beruht und nicht nur eine naive und praktisch folgenlose Verlängerung von Alltagswünschen ist, tritt es als eine willentliche Verweigerung gegenüber dem eigenen Erkenntnisstand auf. Während das Defizit in [58–S] und [59–S] einen eindeutig kognitiven Zuschnitt hat, stehen im Fall des faktizitätsblinden Wunschdenkens offenbar emotive Ursachen im Vordergrund. Es scheint keine einsehbaren Gründe für den merkwürdigen Sachverhalt zu geben, daß eine Person gerade das nicht glaubt, was sie vom eigenen Standpunkt aus betrachtet sogar wissen müßte. Diese Merkwürdigkeit ist bereits ein erster Hinweis darauf, daß das Verhältnis von Kognitivem und Emotivem[8] nicht nach Maßgabe eines ausschließenden Gegensatzes gedeutet werden kann.

Eine trennscharfe Unterscheidung zwischen Kognitivem und Emotivem kann weder unter der Voraussetzung der Sätze [58–S] und [59–S] noch unter der von Satz [60–S] vorgenommen werden. Zum einen baut sich das epistemische Hindernis auf, daß im einzelnen nicht genau nachzuvollziehen ist, wie die den Sätzen [58–S, 59–S] zugrunde liegende Differenz zwischen dem, was explizit gewußt wird, und dem, was der kognitiven Möglichkeit nach hätte gewußt werden müssen, tatsächlich zustande

---

[7] Zum Beispiel: ‚*A* glaubt, daß Ereignisse alles sind, was in Raum und Zeit der Fall ist und daß Erlebnisse und Ereignisse wechselweise aufeinander wirken. Wenn Ereignisse alles sind, was in Raum und Zeit der Fall ist, dann gibt es nur Ereignisse. Wenn Erlebnisse und Ereignisse wechselweise aufeinander wirken, dann muß es etwas geben, das von Ereignissen unterschieden ist.‘

[8] Der Begriff des Emotiven wird hier als ein Bewußtseinsphänomen aufgefaßt, das nicht in einer für die jeweilige Person transparenten Weise durch Handlungsgründe bestimmt wird. Semantisch bewegt er sich in der Nähe von unreflektierten Wahrnehmungsprozessen, ohne jedoch unmittelbar mit Sinneswahrnehmungen zusammenzufallen; siehe de Sousa 1987, S. 156: „(...) emotions belong to a broader class of *attitudes,* which share with beliefs a lack of specific organs and consequent encapsulation but share with perception the feature that they must be in some sense essentially perspectival." Vgl. Gosepath 1992, S. 45 ff.

gekommen ist. Es kann niemals mit Sicherheit ausgeschlossen werden, daß kognitive Defizite ausschließlich emotive Ursachen haben. Dagegen kann im Fall des faktizitätsblinden Wunschdenkens die Möglichkeit nicht abgewiesen werden, daß sein Zustandekommen doch durch fehlerhafte Verfahrensweisen beim Umgang mit den propositionalen Daten begünstigt wird. Diese Unbestimmtheitsverhältnisse von Kognitivem und Emotivem müssen als ein Charakteristikum des Begriffs der Selbsttäuschung angesehen werden.

An den Sätzen [57–S] bis [59–S] ist zumindest indirekt ablesbar, daß der Sachverhalt, der im nicht-propositionalen Satzteil von [56–S] ausgedrückt wird, die entscheidende Voraussetzung für die Phänomenbasis des Begriffs der Selbsttäuschung ist. Das im nicht-propositionalen Satzteil angesprochene Subjekt muß, um sich selbst zum Objekt einer Täuschung machen zu können, über einen komplizierten Standpunkt verfügen, denn Selbsttäuschung ist eine Selbstbeziehung, die sich von Selbstbewußtsein und Selbsterkenntnis genauso unterscheidet wie von herkömmlichen Täuschungsprozessen. Ohne sich im Stande der Selbstvertrautheit zu befinden, teilt sie mit Selbstbeziehungen das Selbstverhältnis, und ohne einen raumzeitlich identifizierbaren Referenten zu haben, teilt sie mit Täuschungen das Moment des Betrugs.

Der wirkungsmächtigste Versuch der theoretischen Ausdeutung der komplizierten Struktur der Selbsttäuschung ist die Psychoanalyse Freuds.[9] Ihr zufolge besteht Selbsttäuschung in einer psychischen Abwehr, die sich jenseits des Bereichs expliziten Bewußtseins vollzieht. Die in der traditionellen Philosophie des Unbewußten schon hinlänglich deutlich gewordene Paradoxie, daß mit dem Verlassen des Bereichs expliziten Bewußtseins die Rede von einem unbewußten Bewußtsein zugelassen werden muß, versucht Freud durch Departementalisierungen des Subjekts bzw. seines Bewußtseins aufzulösen. Die Differenzierungen zwischen Bewußtem und Unbewußtem sowie zwischen Es, Ich und Über-Ich haben die explikative Aufgabe, die Gegenläufigkeiten von Bewußtsein und Unbewußtem *des* Bewußtseins semantisch zu identifizieren.[10] Begründungs- und wissenschaftstheoretisch gelten die psychoanalytischen Aufteilungen jedoch zu Recht als überaus problematisch. Die methodischen Einlassungen Freuds bewegen sich letztlich im Niemandsland zwischen naturwissenschaftlichen und geisteswissenschaftlichen Rechtfertigungskriterien, was sich vor allem darin zeigt, daß unbestimmt bleibt, ob mit einer psychoanalytischen Topik

---

[9] Zur Kritik an Freuds psychoanalytischer Theorie unbewußter Selbsttäuschung siehe Gergen 1985; Dilman 1984, S. 89 ff.

[10] Siehe Freud 1975, S. 25 ff., 119 ff. und 273 ff.

überhaupt ein Sachverhalt abgebildet werden soll, und näher, ob dem Begriff des Ich unmittelbar ein Ich entspricht, oder ob sie nur als konstruktives Modell verstanden werden muß.[11]

Obwohl die Psychoanalyse Selbsttäuschung nicht als einen moralischen Sachverhalt begreift, ist von ihrem Ansatz die moralitätskritische Beunruhigung ausgegangen, daß die Handlungsweisen einer Person durch eine innere Instanz erzwungen werden, die nicht unter ihrer Kontrolle steht und der sie sich nur in Ausnahmefällen bewußt wird. Der Sache nach greift Freud nur Hegels Formel der Selbsttäuschung wieder auf und überträgt sie auf das Bewußtseinsmodell der Psychoanalyse. Weil die entscheidenden Konstitutionsbedingungen sich ‚hinter dem Rücken‘ des Bewußtseins vollziehen, ist ‚das Ich nicht mehr Herr im eigenen Haus‘.[12] In dieser Sichtweise sind unbewußte Bewußtseinsprozesse Gefährdungen von personaler Zurechenbarkeit und Verantwortlichkeit.

Es ist sicherlich nicht zu bestreiten, daß unbewußte Prozesse in der Gestalt psychopathologischer Zustände jede Spur des Subjekts in Handlungsgeschichten auslöschen können. Diese Möglichkeit kann aber nicht umstandslos generalisiert werden, wie das in moralitätskritischen Adaptionen der Psychoanalyse gemeinhin geschieht. Die moralische und soziale Situation personaler Existenz muß als wesentlich komplizierter und komplexer angesehen werden, als die Spielarten des tiefenpsychologischen Reduktionismus nahelegen wollen. Vor allem muß in Rechnung gestellt werden, daß die Zurechenbarkeits- und Verantwortlichkeitskompetenz von Personen in ihrer praktischen Umsetzung starken Variationen ausgesetzt ist. Extreme Zustände und pathologische Sonderfälle können nicht ohne methodische und sachliche Begründungen verallgemeinert und als wesentliche Bestimmung des Bewußtseins ausgegeben werden.[13]

Die psychoanalytische Erklärung von Selbsttäuschung hat zunächst leichtes Spiel, weil sie die paradoxalen Elemente des Phänomens in verschiedene Ebenen aufteilen kann. Für den distributiven Vorteil muß sie jedoch den hohen konstruktiven Preis der Auflösung der Einheit des Bewußtseins zahlen. Der Undurchlässigkeit des Bewußtseins wird mit deskriptiv und semantisch kaum begründeten Aufteilungen des Bewußtseins begegnet, die dessen Einheit zwar voraussetzen, der Bestimmung nach aber unmöglich machen. Die psychoanalytische Departementalisierung

---

[11] Zu den semantischen und begründungstheoretischen Widersprüchlichkeiten der Theoriemodelle Freuds siehe MacIntyre 1958 und Grünbaum 1984.

[12] Siehe Freud 1947, S. 11 und 1994, S. 284.

[13] Siehe Martin 1986, S. 97: „(...) easy generalizations about responsibility and mental illness can blind us to a crucial fact: persons vary quite considerably in their capacities for living as moral agents.“

kann nicht als konsistentes Modell von Selbsttäuschung gelten, weil sie das Phänomen des Bewußtseins, das eigentlich erklärt werden soll, konstruktiv zerstört. Freud hat zwar versucht, die Einheit des Bewußtseins zumindest der Tendenz nach dadurch zusammenzuhalten, daß er das Ich immerhin noch als Fluchtpunkt der psychoanalytischen Rationalisierung ausweist: „Wo Es war, soll Ich werden."[14] Da lediglich die Ebenen der Departementalisierung gegeneinander ausgetauscht werden,[15] verschiebt die egologische Finalisierung nur das Problem. Die grundsätzlichen deskriptiven und semantischen Fragestellungen, die in diesem Zusammenhang zur Beantwortung anstehen, bleiben davon unberührt.

Eine entschiedene Kritik an Freuds Modell der Selbsttäuschung ist von Sartre vorgelegt worden. Im Mittelpunkt seiner Kritik stehen die psychoanalytische Zerstörung der Einheit des Bewußtseins sowie Freuds Begriff der Zensur.[16] Sartres Kritik an der ‚verdinglichenden Mythologie der Psychoanalyse‘[17] wird von der Überzeugung getragen, daß das Unbewußte nicht an die Subjektstelle der Bewußtseinsprozesse einer Person treten könne, und selbst im Fall psychotischer Zustände, deren Kern prinzipiell bewußt sei. Der Psychoanalyse wird im weiteren vorgerechnet, daß sie Selbsttäuschung als Lüge ohne Lügner ausgebe. Dieser Vorwurf ist insofern berechtigt, als den psychoanalytischen Voraussetzungen zufolge das Subjekt der Selbsttäuschung sich in keiner Selbstbeziehung, sondern in einem Verhältnis zu sich selbst befinden soll, das sich nicht grundsätzlich von dem unterscheidet, das andere Personen zu ihm haben können. Von dieser Unterstellung zehrt nicht zuletzt die therapeutische Praxis der Psychoanalyse.

Die Freudkritik Sartres ist ihrerseits mit einer Reihe von Problemen belastet, die vor allem damit zusammenhängen, daß ihr das subjektivitätstheoretische Modell der prinzipiellen Selbsttransparenz von Bewußtseinszuständen zugrunde liegt, das nicht rechtfertigungsfähig entwickelt werden kann.[18] Während Sartre Freuds Theorie des Unbewußten zu Recht vorhält, daß sie konstruktiv die Einheit des Bewußtseins zerstöre, muß er sich vorrechnen lassen, daß seine Theorie des sich selbst transparenten Be-

---

[14] Freud 1994, S. 516.
[15] Zur Verteidigung der Departementalisierung siehe Lear 1990, S. 168 f. Jonathan Lear unternimmt an dieser Stelle, wie in seiner Arbeit insgesamt, den Versuch einer philosophischen Rechtfertigung Freuds. Die grundsätzlichen epistemologischen und bewußtseinsphilosophischen Probleme, die sich durch Freuds eigenwillige Methode ergeben, bleiben bei Lear jedoch unthematisiert.
[16] Siehe Sartre 1943, S. 88 ff. Zur Verteidigung Freuds gegen Sartres Kritik siehe Löw-Beer 1990, S. 109 ff.
[17] Siehe Sartre 1943, S. 91.
[18] Siehe Abschnitt V. 3.

wußtseins zwar dessen unmittelbare Einheit zu retten scheint,[19] das Phänomen der Selbsttäuschung aber explikativ nicht erreicht, weil es unter den Voraussetzungen seines Ansatzes eigentlich gar nicht zustande kommen kann. Dieser Vorbehalt gilt zunächst nur in bewußtseinsphilosophischer Hinsicht, zumal sich die Intentionen Sartres weniger auf einzelne Selbsttäuschungsprozesse und mehr auf die Analyse unwahrhaftiger Existenz richten, die erst im erweiterten Sinne ein Selbsttäuschungsphänomen ist.

Sartres Kritik an der psychoanalytischen Theorie der Selbsttäuschung kann entscheidende Defizite aufzeigen, die vor allem mit den bewußtseinsphilosophischen Departementalisierungen der Psychoanalyse zusammenhängen. Weil die Kritik jedoch auf zweifelhaften bewußtseinsphilosophischen Voraussetzungen beruht, ist sie nicht imstande, Perspektiven für die systematische Beurteilung der Selbsttäuschungsproblematik aufzuzeigen. Das betrifft vor allem die Problematik des doppelten Selbst in Selbsttäuschungsprozessen. Ungeachtet der Berechtigung der Kritik an der psychoanalytischen Departementalisierung muß die Frage erwogen werden, ob eine epistemische und epistemologische Aufteilung des Bewußtseins im Rahmen der philosophischen Analyse von Selbsttäuschung überhaupt zu vermeiden ist. Bereits die für die nicht-reduktionistische Philosophie der Person entscheidende Selbstdifferenzierung – ‚das doppelte Ich im Bewußtsein meiner selbst‘ – hat gegenläufige Bewegungen in den Bewußtseinsprozessen vorauszusetzen. Sartres Freudkritik kann daher nur eine Ausgrenzungsfunktion erfüllen. Sie führt die verdinglichende und für die Erklärung des Phänomens der Selbsttäuschung völlig unzureichende ‚Mythologie der Psychoanalyse‘ vor, und verdeutlicht ungewollt, daß im Gegenzug die Rolle des sich selbst transparenten Bewußtseins nicht überzogen werden darf.

Bei der Festlegung der semantischen Umrisse des Begriffs der Selbsttäuschung müssen die deskriptiv identifizierbaren Phänomene, auf die er sich beziehen soll, miteinbezogen werden. Diese Phänomene der Alltagserfahrung lassen sich als Zustände bezeichnen, in denen Personen nicht einfach getäuscht werden, sondern Täuschungspozesse mitvollziehen oder schlicht wider besseres Wissen handeln. Selbsttäuschung kann deshalb mit Selbstdepotenzierung gleichgesetzt werden, denn an der Beschränkung der selbstbestimmten Anteile in praktischen Selbstverhältnissen wirkt die jeweilige Person in irgendeiner Form mit.[20] Diese Beschränkung ist

---

[19] Weil Sartre über kein Konzept der Einheit über die Zeit hinweg verfügt, kann diese ‚Rettung‘ immer nur punktuell erfolgen.

[20] Dieser Gedanke weist eine auffällige Nähe zu Kants Begriff der selbstverschuldeten Unmündigkeit auf. Kant zufolge ist Unmündigkeit selbstverschuldet, wenn das in Entscheidungssituationen zur Verfügung stehende kognitive und praktische Potential nicht ausgeschöpft wird.

in der neueren Theorie der Selbsttäuschung zum Anlaß genommen worden, eine Aushöhlung des Begriffs moralischer Zurechenbarkeit zu unterstellen: Wenn nicht ausgeschlossen werden kann, daß Selbstdepotenzierungen die moralische Kompetenz von Personen unterlaufen, dann müssen Vorstellungen von einem moralischen Selbst insgesamt als fragwürdig erscheinen.[21]

Obwohl dem durch das Phänomen der Selbsttäuschung induzierten Zweifel die psychologische und theoretische Virulenz nicht abgesprochen werden kann, ist der Schluß von der Möglichkeit der Selbsttäuschung auf die Unmöglichkeit moralischer Zurechenbarkeit nicht zwingend. Ähnlich wie im Fall von Descartes' radikalem Zweifel an herkömmlichen Überzeugungen in den Bereichen der Alltagserfahrung und Wissenschaft ist im Einzelfall das Vorliegen von Selbsttäuschung niemals auszuschließen. Dieser Umstand ruft subjektive Beunruhigungen hervor, die weder epistemisch noch praktisch völlig beherrschbar sind. Die epistemische Unsicherheit darf jedoch noch nicht mit einem moralischen Skeptizismus verwechselt werden, der sich nur dann einstellt, wenn der Begriff der Selbsttäuschung so verstanden wird, als müsse mit ihm in jedem Einzelfall eine distinkte Bewußtseinsepisode identifiziert werden. Die engen Grenzen bewußtseinstheoretischer Selbstidentifizierungen lassen eine solche Möglichkeit nicht zu. Es kann nicht erwartet werden, daß Personen an sich selbst entdecken, daß sie sich in einer einzelnen Handlungsepisode bewußt täuschen. Weil Selbsttäuschung gerade nicht als eine Täuschung im buchstäblichen Sinne aufzufassen ist, muß ihr Phänomenbereich über einzelne Handlungsepisoden hinaus erweitert werden, um deskriptiv und semantisch erklärt werden zu können:

[61–S] Es ist nicht möglich, daß A zum Zeitpunkt t_1 sich in dem expliziten Bewußtseinszustand befindet, sich zum Zeitpunkt t_1 selbst zu täuschen.

Satz [61–S] schließt nur aus, sich der Selbsttäuschung zum Zeitpunkt der Selbsttäuschung bewußt werden zu können. Die Möglichkeit, daß eine Person im nachhinein erkennt, sich zum damaligen Zeitpunkt selbst getäuscht zu haben, bleibt von [61–S] unberührt.

Dem Sachverhalt, daß Selbsttäuschungsprozesse im Sinne individuierter Handlungsepisoden nicht deskriptiv erfaßt werden können, muß mit einer Erweiterung des semantischen Umfelds des Begriffs der Selbsttäuschung

---

[21] Siehe Fingarette 1969, S. 141: „There is thus in self-deception a genuine subversion of personal agency and, for this reason in turn, a subversion of moral capacity." Vgl. Haight 1980, S. 120 ff.

entsprochen werden und nicht mit der Eliminierung moralischer Zurechenbarkeit. Die Erweiterung ist auch deshalb naheliegend, weil die kognitiven Unsicherheiten epistemologisch induziert sind und insofern nicht mit einem Phänomen des moralischen Bewußtseins gleichgesetzt werden können. Wenn ein Bewußtseinsphänomen in einer eingegrenzten methodischen Perspektive explikativ nicht erreicht wird, dann muß diese Perspektive erweitert und nicht etwa das zu erklärende Phänomen weggekürzt werden.

Gegen die Erwartung, einzelne Fälle von Selbsttäuschungen moral- und handlungstheoretisch sicher identifizieren zu können, sprechen eine Vielzahl von epistemischen Gründen. Für derartige Identifizierungen muß die Sicherheit einer Beurteilungsinstanz vorausgesetzt werden können, die im Rahmen von Bewertungen praktischer Selbstverhältnisse nicht gegeben ist. Weder in der Perspektive der ersten noch in der der zweiten oder dritten Person läßt sich eine Beurteilungsinstanz etablieren, die das Problemsyndrom der Selbsttäuschung epistemisch und epistemologisch beherrschen könnte. In der Perspektive der ersten Person könnte sich immer nur dieselbe Person als Täuscher und Getäuschter begegnen, wodurch sich der Selbsttäuschungsverdacht ins Unendliche iterieren würde. Soll die subjektive Perspektive dagegen vermittels von Fremdbeurteilungen umgangen werden, stellt sich das Problem ein, wie einem externen Standpunkt der subjektive Gehalt moralischen Bewußtseins zugänglich werden kann. In negativer Hinsicht ist das an den Beeinflussungsmöglichkeiten und tatsächlichen Manipulationen ablesbar, die mit vielen von außen gesteuerten ‚Selbstfindungen‘ verbunden sind.

Werden Selbsttäuschungen nur im Lichte von einzelnen Handlungsepisoden thematisiert, bleiben sie ersichtlich ohne Richter. Der Begriff der Selbsttäuschung kann daher nur mit Sinn erfüllt werden, wenn er sich auf selbstreferentielle Tendenzen und Dispositionen von Personen über die Zeit hinweg bezieht. Weil er sein semantisches Profil offenbar erst im Zusammenhang mit anderen grundlegenden Bestimmungen personalen Lebens erhält, muß er in einer Weise als kontextuell abhängig interpretiert werden, die das übliche Maß an Kontextabhängigkeit, das allen sprachlichen und sozialen Bedeutungen zukommt, beträchtlich übersteigt.

Im Rahmen der Kritik des eigenen Lebens[22] kann der Begriff der Selbsttäuschung schließlich als korrektive Bestimmung verwandt werden, die ein selbstverschuldetes epistemisches oder moralisches Defizit in der Lebensführung kenntlich werden läßt. In seiner entfaltetsten Form hätte er die Funktion eines kritischen Ausgrenzungsbegriffs, durch den der Mög-

---

[22] Siehe Abschnitt X. 2.

lichkeit nach personale Verhaltensweisen als unvereinbar mit dem Ideal eines Lebens im Lichte von Aufrichtigkeit und Ernsthaftigkeit gekennzeichnet werden können. Selbsttäuschung wäre dann ein negatives Element von Selbsterkenntnisprozessen, in denen eine Person aufgrund besserer Einsicht eingestehen muß, daß sie in der Vergangenheit das ihr zur Verfügung stehende kognitive Potential nicht ausgeschöpft hat:

[62–S] *A war zum Zeitpunkt von Verhaltensweisen, die er jetzt bedauert, imstande einzusehen, daß er so nicht hätte handeln dürfen.*

Das personale Verhältnis zu erkannten Fällen von Selbsttäuschung ist nicht einfach Reue im religiösen oder moralpsychologischen Sinne. In ihm manifestiert sich vielmehr das Bewußtsein, schon zum damaligen Zeitpunkt über Erkenntnismöglichkeiten verfügt zu haben, die retrospektiv die Selbstkritik erzwingen, wider besseres Wissen gehandelt zu haben.[23] Hinter diesem Eingeständnis verbirgt sich gleichermaßen ein psychologisches wie moralisches Problem. Der Begriff der Selbsttäuschung ist denn auch kein Gegenbegriff zu ‚Moralität‘, sondern Ausdruck eines Grundlagenproblems moralischen Bewußtseins, das unter den Bedingungen begrenzter epistemischer Zugriffe auf die Gründe des eigenen Verhaltens vernünftig bestimmte Selbstverhältnisse zu initiieren hat. Dieser gegenläufigen Struktur moralischen Bewußtseins kann philosophisch nur im Rahmen einer Theorie praktischer Selbstverhältnisse begegnet werden, die die epistemische und zeitliche Ferne moralischen Bewußtseins in Rechnung stellt. Während für die zeitliche Ferne moralische und praktische Externalisierungen aufgeboten werden müssen, hat für die epistemische Ferne der Begriff des Unbewußten einzustehen.[24] Es ist deshalb nur folgerichtig, wenn sich auch die gegenwärtigen Hauptströmungen der reduktionistischen Philosophie der Person auf dissoziierende und dezentrierende Bestimmungen von Kontingenz und Unbewußtem konzentrieren.[25]

2

Im Rahmen philosophischer Analysen erfüllt der Begriff des Unbewußten gemeinhin die Funktion einer Grenze epistemischer Selbstverhältnisse, und es ist naheliegend zu folgern, daß er damit auch als Grenze praktischer Selbstverhältnisse aufgefaßt werden müsse. Eine solche Auslegung

---

[23] Siehe Abschnitt IX. 2.
[24] Siehe Kapitel XI.
[25] Siehe Kapitel VIII.

geht von der Voraussetzung aus, daß praktische Selbstverhältnisse unmittelbar von epistemischen Selbstverhältnissen abhängig seien. Auf diese Weise würde sich jedoch eine Vorstellung von handelnden Personen einstellen, die Handlungen zu Lasten einer phänomengerechten Bestimmung vereinfacht. Wenn praktische Selbstverhältnisse von epistemischen Selbstverhältnissen *unmittelbar* abhängig wären, hätten jeder Handlungsgeschichte in sich transparente kognitive Zustände vorherzugehen. Diese Annahme findet jedoch keine Entsprechung in der Faktizität personalen Lebens, denn das Leben von Personen verläuft handlungstheoretisch wesentlich komplizierter als die Abhängigkeitsthese unterstellt und kann deshalb nicht nach Maßgabe eines einfachen Abfolgeverhältnisses von Überlegung und Handlung beschrieben werden.

Vor dem Hintergrund der deskriptiven Unzulänglichkeiten der Abhängigkeitsthese erscheint die paradoxale Semantik des Begriffs des Unbewußten in neuem Licht. Weil das Unbewußte von expliziten Bewußtseinszuständen unterschieden werden muß, aber auch nicht einfach die Negation derartiger Zustände sein kann, erscheint die Rede vom Unbewußten *des* Bewußtseins geradezu unumgänglich, zumal nur so vermieden werden kann, daß sich der Begriff des Unbewußten in der extensionalen Unendlichkeit des Nicht-Bewußten verliert. Der Begriff des Unbewußten des Bewußtseins eröffnet darüber hinaus die Möglichkeit, den Zusammenhang von unbewußten Formierungsprozessen und expliziten Bewußtseinszuständen aufrecht zu erhalten.

Im philosophischen Begriff des Unbewußten wird der enge Bereich expliziter Bewußtseinszustände verlassen. Gleichwohl manifestieren sich in seinen spekulativen Ausformungen sowohl die Einheit des Bewußtseins über die Zeit hinweg als auch die Kontextualität, Kohärenz und Kontinuität des Bewußtseins. Weil er die engen Grenzen epistemischer Zustände überschreitet, können mit ihm auch die Kontexte praktischer Selbstverhältnisse entscheidend erweitert werden, ohne auf explizite Fälle von Selbsterkenntnis zurückgreifen zu müssen. Klassische Modelle derartiger Kontexterweiterungen sind Schellings naturphilosophische Geschichte des Selbstbewußtseins und Hegels Theorie des Unbewußten.

Schelling hat in einer kritischen Wendung gegen die subjektivitätstheoretischen Verengungen von Transzendentalphilosophie und subjektivem Idealismus die Konstitutionsgeschichte menschlicher Subjektivität über den Bereich expliziter Bewußtseinszustände hinaus in den der spekulativen Naturgeschichte verlängert.[26] Im Zuge dieser Kontexterweiterung entwickelt Schelling die Konzeption eines Unbewußten des Bewußtseins.

---

[26] Zum folgenden vergleiche Sturma 1993.

Selbsterkenntnisprozesse stoßen diesem Modell zufolge auf kognitiv nicht mehr ausdeutbare Bereiche menschlichen Bewußtseins, in denen im Modus des Unbewußten die Geschichte des Selbstbewußtseins sedimentiert ist. Schelling zufolge ist personales Leben durch Unbestimmtheitsrelationen von Bewußtem und Unbewußtem gekennzeichnet, die sich direkten kognitiven Zugriffen entziehen. Selbsterkenntnisprozesse werden dementsprechend auf den niemals vollständig aufklärbaren naturbestimmten Hintergrund des Unbewußten zurückverwiesen.

Die Unbestimmtheitsverhältnisse zwischen Bewußtem und Unbewußtem unterlaufen die epistemische Reichweite von Selbsterkenntnisprozessen. Für Schelling ist der Mensch ein ‚ewiges Bruchstück‘, dem aufgrund seines fragmentarischen Charakters Selbsterkenntnis- zu Selbsttäuschungsprozessen geraten, weil er die vorbewußte Geschichte des Zustandekommens von Selbstbewußtsein nicht hinreichend bedenken kann. Die spekulative Pointe der naturphilosophischen Geschichte des Selbstbewußtseins besteht in dem Gedanken, daß die gegebene Vorgeschichte des Selbstbewußtseins gegenüber seinem Zustandekommen nicht indifferent ist. Die Naturentwicklung führt zum Selbstbewußtsein und muß sein Dasein in der raumzeitlichen Welt erhalten. In diesem Sinne ist die Geschichte des Selbstbewußtseins Bestandteil der Naturgeschichte, die vom Selbstbewußtsein prinzipiell, wenn auch nicht praktisch, als seine eigene Vorgeschichte aufgefaßt werden kann:

„Nichts verhinderte aber, mit diesem j e t z t in mir sich=bewußten Ich auf einen Moment zurückzugehen, wo es seiner noch nicht bewußt war, – eine Region jenseits des j e t z t v o r h a n d e n e n Bewußtseyns anzunehmen und eine Thätigkeit, die nicht mehr selbst, sondern nur durch ihr Resultat in das Bewußtseyn kommt. (...) Allerdings nun indem das Ich zum i n d i v i d u e l l e n wird – was eben durch das Ich bin sich ankündigt – angekommen also bei dem I c h   b i n, womit sein individuelles Leben beginnt, erinnert es sich nicht mehr des Wegs, den es bis dahin zurückgelegt hat, denn da das Ende dieses Wegs eben erst das Bewußtseyn ist, so hat es (das jetzt individuelle) den Weg zum Bewußtseyn selbst bewußtlos und ohne es zu wissen zurückgelegt. (...) Das individuelle Ich findet in seinem Bewußtseyn nur noch gleichsam die Monumente, die Denkmäler jenes Wegs, nicht den Weg selbst."[27]

Obwohl in subjektiver Perspektive die Differenz von Selbstbewußtsein und seiner naturbestimmten Vorgeschichte als eminenter Unterschied erscheint, ist in naturphilosophischer Hinsicht immer nur von *einer* Welt auszugehen: „Was a u ß e r dem Bewußtseyn gesetzt ist, ist dem Wesen nach eben dasselbe, was auch im Bewußtseyn gesetzt ist."[28] Aus diesem

---

[27] Schelling X, S. 93 ff.
[28] Schelling X, S. 229.

Grunde unterstellt die naturphilosophische Geschichte des Selbstbewußtseins eine Version der ‚dual aspect theory‘, die der Intention nach naturphilosophischen Monismus und epistemischen Dualismus aufeinander bezieht. Die subjektive Perspektive des Selbstbewußtseins ist sich zwar auf
unmittelbare und nicht relativierbare Weise ihrer selbst bewußt, dem naturphilosophischen Status nach erscheint sie aber nur als die Fortsetzung
der Naturgeschichte in der neuartigen Gestalt endlicher und reflektierter
Subjektivität.

Das gattungs- und individualgeschichtliche Entstehen reflektierter Existenz ist ein bewußtloser Vorgang, der keineswegs in dem Augenblick
zum Stillstand kommt, in dem eine Person in die Dimension reflektierter
Existenz eintritt. Das Unbewußte ist nicht nur Grundlage personaler Existenz, sondern auch integraler Bestandteil ihres Bewußtseins. Weil das re-
flexionsfähige Bewußtsein zumindest in naturphilosophischer Hinsicht
von seinen materiellen Bedingungen nicht grundsätzlich verschieden ist,
müssen die naturbestimmten Kontexte in die Reflexionsprozesse miteinbezogen werden. Wo das nicht geschieht, liegt eine sich verabsolutierende
Reflexion vor, die sich von ihren Kontexten und damit von ihrer Geschichte isoliert. Nach Schelling tritt in der endlichen Reflexion nur ein
sehr eingegrenzter Bereich menschlicher Existenz zutage, der für sich allein keinesfalls als Grundlage von Selbsterkenntnisprozessen dienen kann.

Die naturphilosophischen Kontextualisierungen und Externalisierungen der Reflexion wirken sich in der praktischen Lebensführung als
Hemmnis aus. Selbsterkenntnis wird mit der unlösbaren Aufgabe konfrontiert, die Reflexion auf Bereiche ausdehnen zu müssen, die ihr als
weitgehend undurchlässig und verschlossen entgegentreten. Die naturphilosophische Geschichte des Selbstbewußtseins läuft als Theorie des Unbewußten auf eine eigentümliche Konzeption von Selbsttäuschung hinaus,
der zufolge sich die Bemühungen um Selbsterkenntnis in Selbsttäuschungen verstricken, weil die jeweiligen Personen über das Maß, in dem sie
zum Verständnis ihrer selbst gelangen können, im Unklaren bleiben. Jeder
Versuch der Selbstfindung ist demnach schon vom Ansatz her Selbsttäuschung, denn die Person hat wesentlichen Bestimmungen ihres Daseins im
naturbestimmten Bereich zu begegnen, und das gilt Schelling zufolge für
jeden Zeitpunkt ihrer Existenz, nicht etwa nur für ihre Vorgeschichte.

Das subjektivitätstheoretische Resultat von Schellings naturphilosophischer Theorie des Unbewußten kann in der Formel ‚kein Selbstverhältnis
ohne Naturverhältnis‘ zusammengefaßt werden. Mit Schellings Theorie
des Unbewußten wird erkennbar der Versuch unternommen, abstrakte
und isolierte Selbstsetzungen der Subjektivität ohne Rückgriff auf antira-
tionale Argumentationsmodelle zu relativieren. Das geschieht bei Schel-

ling dadurch, daß Selbstverhältnisse in der Perspektive von Naturverhältnissen rekonstruiert werden, um damit nicht zuletzt die egozentrischen
Tendenzen, die sich mit der Etablierung von subjektiven Perspektiven nahezu zwangsläufig einzustellen scheinen, in den naturbestimmten Kontexten personaler Existenz aufzulösen. Schellings Programmatik läuft auf eine Relativierung von Subjektivität im relationalen Sinne und nicht auf eine reduktionistische Depotenzierung von Subjektivität hinaus.

Schellings subjektivitätskritische Argumentationen zeichnen jedoch
keine klaren Umrisse des bewußtseinsphilosophischen Orts des Unbewußten. Dieser Umstand wird nicht nur durch die unterstellten Unbestimmtheitsrelationen von Bewußtem und Unbewußtem hervorgerufen.
Entscheidender dürfte die methodische Eigenwilligkeit Schellings sein, bei
der Bestimmung des Zusammenhangs von Naturgeschichte und Zustandekommen des Selbstbewußtseins das Verhältnis von Individuum und
Gesellschaft und damit den konkreten Ort des Unbewußten im sozialen
Raum weitgehend auszuklammern.

Eine spekulative Theorie des Unbewußten, die von vornherein das Verhältnis von Individuum und Gesellschaft in Rechnung stellt, ist von Hegel
vorgelegt worden. Das Verhältnis wird in einer Theorie des Unbewußten
thematisiert, die sich im Kontext der Auseinandersetzung mit dem Begriff
der Seele entfaltet, der seine semantische Konkretisierung im Rahmen des
Übergangs von der ‚Anthropologie‘ zur ‚Philosophie des Geistes‘ erfährt.[29]

Hegel weist in seiner Theorie der Seele dem Unbewußten die Funktion
der Vermittlung zwischen den Bereichen der Natur und des Geistes zu.
Obwohl er die menschliche Seele den Ausdrucksformen des Geistes zu-
rechnet, unterstellt er keineswegs, daß mit der Manifestation des Geistes
bereits ein durchgängig vernünftig bestimmtes Leben gesetzt sei. Im Zentrum des Übergangs vom Reich der Natur in das Reich des Geistes steht
vielmehr ein Irreduzibilitätsargument, dem zufolge die menschliche Seele
als ein naturbestimmtes Phänomen angesehen werden müsse, das nicht in
natürlicher Weise aus der Natur hervorgehe. Das Unbewußte des Bewußtseins von Personen ist ein emergentes Phänomen, das dadurch entsteht, daß sich die Natur in der Gestalt individuierter endlicher Natur zur
materiellen Grundlage eines prinzipiell vernünftig bestimmten Daseins
entwickelt. Die Entwicklungsprozesse personalen Lebens im sozialen
Raum haben danach eine Tendenz zur Vernunft. Gleichwohl sind sie deswegen noch keine reinen Selbstbeziehungen. Der Entfaltung der Vernunft
im sozialen Raum stehen vielmehr die naturbestimmten Unwägbarkeiten

---

[29] Siehe Hegel 1969, S. 317 ff. [§§ 387 ff.] Siehe Sturma 1990a und Siep 1992b.

gegenüber, die sich nicht zuletzt als die der vernünftigen Allgemeinheit gegenüberstehenden Zufälligkeiten äußern, von denen das endliche Leben von Personen nachdrücklich beeinflußt wird. Nur in der Auseinandersetzung mit den Gegebenheiten und Zufälligkeiten ihres Lebens können sich Personen als solche behaupten, was vor allem an den praktischen Komponenten der Lebensführung ablesbar ist.[30]

Der Zufall begegnet dem Leben von Personen in der Form des Gegebenen, das sich in den naturbestimmten Kontexten personaler Existenz äußert. Der Begriff der Naturbestimmtheit hat zwar keinen klar umrissenen Sinn, mit ihm läßt sich aber immerhin die negative Bestimmung verbinden, Bereiche personaler Existenz zu bezeichnen, die weder ausschließlich noch wesentlich unter der Kontrolle der Subjekte sozialen und kulturellen Verhaltens stehen. Personen erleben an sich selbst und an anderen die Grenzen selbstbestimmter Verhaltensweisen, ohne imstande zu sein, eine genaue Unterscheidung zwischen Selbst- und Fremdbestimmung vornehmen zu können. Das hängt zum einen mit den epistemischen Grenzen von Selbstverhältnissen, zum anderen mit den komplizierten Verschränkungen von Selbst- und Fremdbestimmungen im Bereich naturbestimmter Komponenten personalen Lebens zusammen, die nicht einfach nur extern gegeben sind, sondern zum Großteil den inhaltlichen Bestand des Lebens von Personen ausmachen und deshalb nicht nach Maßgabe einer Differenz von Eigenem und Fremdem unterschieden werden können.

Der komplizierte Zusammenhang von Eigenem und Fremdem zeigt sich nicht zuletzt in dem schwierigen Verhältnis von Rationalem und Emotivem. Es kann nicht umstandslos davon ausgegangen werden, daß das Emotive im personalen Leben nur die Rolle spielt, den Bemühungen um rationale Bestimmungen passiv oder widerständig zugrunde zu liegen. Im Leben von Personen verhalten sich Rationales und Emotives weder gegensätzlich noch dichotomisch zueinander. Die Sinnzusammenhänge und kohärenten Verhaltensdispositionen von Personen fallen nicht ausschließlich auf die Seite von Vernunftbestimmungen. Vielmehr können sie nur zustande kommen, wenn sie Entsprechungen in den emotiven Tendenzen von Personen finden, das heißt, das Emotive muß dem Rationalen in irgendeiner Form ,entgegenkommen'.[31] Dieses ,Entgegenkommen' ist der sachliche und systematische Kern von Hegels Theorie des Unbewußten.

---

[30] Siehe Henrich 1971, S. 172: „Insbesondere (...) im *moralischen* Bereich ist die negative Beziehung auf das Zufällige eine Seite der wesentlichen Leistung der sittlichen Subjektivität."

[31] In der Reflexionsfigur des ,Entgegenkommens der Natur' kehrt die spekulativ erhöhte Gestalt von Kants Begriff der Naturteleologie wieder, der bereits Schellings naturphilosophische Geschichte des Selbstbewußtseins intern formiert hat.

Hegel zufolge ist das Unbewußte der Seele – worunter die sich selbst nicht durchsichtigen Zustände und Dispositionen des Bewußtseins zu verstehen sind – das reflexionslose, aber gleichwohl nicht empirisch bestimmte Prinzip individuellen menschlichen Lebens:

> „Die Seele ist nicht nur für sich immateriell, sondern die allgemeine Immaterialität der Natur, deren einfaches ideelles Leben. Sie ist die *Substanz*, so die absolute Grundlage aller Besonderung und Vereinzelung des Geistes, so daß *er* in ihr allen Stoff seiner Bestimmung hat und sie die durchdringende, identische Idealität derselben bleibt. Aber in dieser noch abstrakten Bestimmung ist sie nur der *Schlaf* des Geistes; – der *passive* Nus des Aristoteles, welcher der *Möglichkeit* nach Alles ist."[32]

Der Ausdruck ‚absolute Grundlage aller Besonderung' sowie die damit verbundenen und für Hegel eigentlich untypisch dualistischen Bestimmungen legen zunächst die Vorstellung eines passiven Unbewußten nahe. Doch Hegels Darlegungen sind von Anbeginn komplexer angelegt. Weil der Seele die Eigenschaft der ‚durchdringenden identischen Idealität' zugesprochen wird, verbindet sich mit ihr immer schon eine formierende und konstitutive Funktion über die Zeit hinweg. Diese Leistung der unbewußten Seele wird von Hegel in der Fluchtline des Begriffs der Vernunft gestellt. Deshalb spricht er davon, daß „die Seele (...) der existierende Begriff, die Existenz des Spekulativen"[33] sei.

Für die Belange der Philosophie der Person im allgemeinen und den Begriff der Selbsttäuschung im besonderen ist vor allem von Bedeutung, daß das Unbewußte nicht einfach als invarianter Block beschrieben wird, den Personen wie eine schwere Last durch den sozialen Raum zu tragen haben. Das Unbewußte muß vielmehr als eine variante Größe betrachtet werden, die im ‚Verlauf der Lebensalter'[34] vielfältigen Änderungen und Modifikationen unterliegt. Zwar werden mentale Zustände, in denen noch keine explizite Vernunftbestimmung vorliegt, als ein ‚dumpfes Weben des Geistes in seiner bewußt- und verstandeslosen Individualität'[35] charakterisiert, es sollte aber nicht verkannt werden, daß derartige Zustände für

---

[32] Hegel 1969, S. 318 f. [§ 389].

[33] Hegel 1969, S. 329 [§ 403 Anm.]. Dieser Entwicklungsgedanke tritt besonders deutlich in dem ‚Fragment zur Philosophie des Geistes' hervor, siehe Hegel 11, S. 528: „Wo er herkommt, – es ist von der Natur; wo er hingeht, – es ist zu seiner Freiheit. Was er *ist*, ist eben diese Bewegung selbst, von der Natur sich zu befreien. Dies ist so sehr seine Substanz selbst, daß man von ihm nicht als einem so feststehenden Subjekte sprechen darf, welches dies oder jenes tue und wirke, als ob solche Tätigkeit eine Zufälligkeit, eine Art von Zustand wäre, außer welchem es bestehe, sondern seine Tätigkeit ist seine Substantialität, die Aktuosität ist sein Sein." Vgl. Hegel 1969, S. 320 f. [§ 392].

[34] Siehe Hegel 1969, S. 322 f. [§§ 395, 396].

[35] Siehe Hegel 1969, S. 325 [§ 400].

Hegel den unendlichen inhaltlichen Reichtum des Bewußtseins repräsentieren – nur eben in einem anderen bewußtseinsphilosophischen Modus. Im Unbewußten manifestiert sich auf einfache und zunächst unthematisierte Weise die Individualität von Personen:

„Diese *einfache Innerlichkeit* ist und bleibt die Individualität in aller Bestimmtheit und Vermittlung des Bewußtseins, welche später in sie gesetzt wird."[36]

Hegel knüpft dabei ausdrücklich an die grundlegende Bestimmung der ersten systematischen Philosophie des Unbewußten – Leibniz' Begriff der Monade – an:

„Die Seele ist *an sich* die Totalität der Natur, als individuelle Seele ist sie Monade; sie selbst ist die gesetzte Totalität ihrer *besondern* Welt, so daß diese in sie eingeschlossen, ihre Erfüllung ist, gegen die sich nur zu sich selbst verhält."[37]

Die Seele ist in der Form des individuierten Unbewußten der Ort von Verhaltensweisen und Verhaltensdispositionen über die Zeit hinweg, die allesamt als implizite Selbstverhältnisse gedeutet werden müssen. Die Ausweitung von Selbstverhältnissen über den engen Bereich expliziter Bewußtseinszustände hinaus hat schließlich zur Folge, daß das Unbewußte sich als eindeutig dem Bereich des Eigenen zugehörig erweist und eben nicht ein ausschließlich extern gegebener Block in den Tiefen der Seele ist. Unbewußtes und Bewußtes sind demnach in signifikanter Weise voneinander verschieden, sie konstituieren aber als Selbstverhältnisse gemeinsam das individuierte Leben von Personen über die Zeit hinweg.

Das semantische Ergebnis der Rekonstruktion von Hegels Philosophie des Unbewußten kann dahingehend zusammengefaßt werden, daß im Übergang von der Naturphilosophie zur Philosophie des Geistes ein Bestimmungsmodell von Rationalem und Emotivem bzw. Bewußtem und Unbewußtem skizziert wird, das konstruktiv Natur- und Vernunftbestimmung zueinander in Beziehung setzt. Diesem Modell zufolge sind Personen *natur*bestimmte Wesen, die sich aufgrund ihrer vernünftigen Eigenschaften *idealiter* von der Natur entfernen können. Der Übergangspunkt ist das Unbewußte, das die Möglichkeiten der Vernunftbestimmung bereits enthält, ohne eine solche in expliziter Form zu sein.

Die naturalistische Sonderstellung von Personen findet jedoch keine unmittelbare Entsprechung in ihren epistemischen Selbstverhältnissen. Der Bereich des Emotiven und Unbewußten entzieht sich aufgrund seines eigentümlichen bewußtseinsphilosophischen Charakters, der eine trennscharfe Ausdifferenzierung zwischen naturalistischen und rationalen

---

[36] Hegel 1969, S. 329 [§ 403 Anm.].
[37] Hegel 1969, S. 329 f. [§ 403 Anm.].

Komponenten des Bewußtseins nicht zuläßt, weitgehend epistemischen Zugriffen. Das hängt nicht zuletzt damit zusammen, daß er den Bereich expliziter Bewußtseinszustände extensional beträchtlich übersteigt. Daher verbinden sich in Hegels Analysen epistemischer Selbstverhältnisse Unbestimmtheitsthese und egologischer Agnostizismus:

„So kann der Mensch nie wissen, wie viele Kenntnisse er in der Tat *in sich hat,* ob er sie gleich vergessen habe; – sie gehören nicht seiner Wirklichkeit, nicht seiner Subjektivität als solcher, sondern nur seinem an sich seienden Sein an."[38]

Wesentliche Formierungsprozesse des Bewußtseins vollziehen sich demnach ,hinter seinem Rücken' und grenzen Selbsterkenntnisprozesse, die sich auf die internen Bewußtseinszustände einer Person richten, von vornherein ein. Weil sich epistemischen Selbstverhältnissen bestenfalls ein Teilbereich menschlicher Individualität öffnet, können die Konstitutionsprozesse menschlicher Individualität und Subjektivität nicht analytisch aufgeklärt werden. Im Unterschied zu den vielen Spielarten psychologischer Selbstfindungsstrategien sind Hegel zufolge subjektive Selbstaufklärungen bereits vom Ansatz her unmöglich.[39]

3

Die spekulative Theorie des Unbewußten relativiert den Abstand zwischen explizitem Bewußtsein und Unbewußtem bzw. zwischen Rationalem und Emotivem. In der Relativierung ist eine Tendenz zur Reduktion des Unterschieds beider Bestimmungen angelegt, die sowohl bei Schelling als auch bei Hegel kenntlich wird, zumal beide kein systematisches Interesse am subjektiven Standpunkt von Personen ausgebildet haben. In ihren Ausführungen wird gleichwohl genügend Argumentationspotential entfaltet, um die Relativierung des Abstands von Rationalem und Emotivem auch losgelöst von den jeweiligen theoretischen Absichten als ein für die Philosophie der Person bedeutsames Bestimmungsstück auszumachen.

In den spekulativen Systemen Schellings und Hegels wird ein Bild der Lebensführung von Personen gezeichnet, dem zufolge Subjekte nur zu einem geringen Teil ihr Verhalten in der Perspektive transparenter Reflexionszustände und expliziter Handlungsgründe bestimmen. Diesem Bild

---

[38] Hegel 1969, S. 329 [§ 403 Anm.].

[39] Der sowohl von Hegel als auch von Schelling vertretene Skeptizismus hinsichtlich der Möglichkeiten von Selbsterkenntnis darf in seiner Radikalität allerdings nicht überbewertet werden, denn Selbsterkenntnisprozesse werden in der klassischen Philosophie der Neuzeit insgesamt skeptisch beurteilt. Vom Resultat her bestehen in dieser Hinsicht wenig Unterschiede zwischen Rationalismus, Empirismus, Transzendentalphilosophie und Deutschem Idealismus.

liegen wenige bewußtseinsphilosophische Entscheidungen zugrunde, die auch im Licht gegenwärtiger subjektivitätstheoretischer Bemühungen plausibel sind. Ausgangspunkt ist der Grundsatz:

[63–S] Der Bereich des Unbewußten des Bewußtseins ist umfangreicher als der Bereich reflektierter Zustände des Bewußtseins.

Der extensionale Unterschied zwischen Unbewußtem und Reflexion hat in der Philosophiegeschichte völlig entgegengesetzte Interpretationen gefunden. Sie kann zunächst dualistisch aufgefaßt werden:

[64–S] Die Bereiche des Unbewußten des Bewußtseins und der reflektierten Zustände des Bewußtseins sind einander übergangslos entgegengesetzt.

Die strikte Entgegensetzung von Unbewußtem und Reflexion eröffnet weitere theoretische Einstellungen. So läßt sich [64–S] im Sinne eines bewußtseinsphilosophischen Dualismus deuten, für den epistemologische und ontologische Bestimmungen zusammenfallen. Der Satz kann aber auch in einem radikal skeptischen Sinne aufgefaßt werden. Er würde dann besagen, daß reflektierte Bewußtseinszustände beziehungslos und ohne Erkenntnisgewinn das Leben von Personen begleiten. Versionen von [64–S] dürften im Hintergrund aller reduktionistischen Ansätzen stehen, die in reflektierten Zuständen keine auffälligen oder bewußtseinsphilosophisch ausgezeichneten Phänomene sehen.

Die spekulativen Theorien des Unbewußten von Schelling und Hegel geben dem Verhältnis von Unbewußtem und Reflexion eine wesentlich differenziertere und durchgängig nicht-reduktionistische Interpretation. Unbewußtes und Reflexion werden gleichermaßen zum faktischen Bestand des Lebens von Personen gezählt. Ihre Gegenläufigkeit im menschlichen Bewußtsein wird nicht geleugnet, sondern entwicklungsgeschichtlich und strukturell in einen größeren Kontext gestellt. Das hat eine Erweiterung zur Folge, mit der Reflexionszustände in ontologische und naturphilosophische Zusammenhänge eingebunden werden können, die die Voraussetzungen und Bedingungen endlichen Bewußtseins thematisieren. In dieser Sichtweise ist explizite Reflexion ein Resultat von zeitlich und logisch vorgängigen Entwicklungsprozessen:

[65–T] Die Bereiche des Unbewußten des Bewußtseins und der reflektierten Zustände des Bewußtseins gehen entwicklungsgeschichtlich auseinander hervor.

In den Argumentationen von Schelling und Hegel tritt das Unbewußte zwar als das zeitlich Frühere auf, diese Abfolge ist für personales Leben aber keinesfalls bindend, denn reflektierte Einstellungen können über die Zeit hinweg die Form von Gewohnheiten annehmen, die nicht mehr eigens thematisiert werden und somit im weitesten Sinne dem Unbewußten zuzurechnen sind.[40]

Die entwicklungsgeschichtlichen Übergänge zwischen Unbewußtem und Reflexion lassen sich Schelling und Hegel zufolge nur dann phänomengerecht erklären, wenn eine Strukturähnlichkeit unterstellt wird:

[66–T] Die Bereiche des Unbewußten des Bewußtseins und der reflektierten Zustände des Bewußtseins sind strukturell ähnlich.

Die in [66–T] unterstellte Strukturähnlichkeit zwischen Unbewußtem und Reflexion hat zur Konsequenz, daß an dem Unterschied zwischen beiden Bewußtseinsphänomenen festgehalten werden kann, ohne auf einen ontologischen Dualismus festgelegt zu sein. Diese Verbindung von bewußtseinsphilosophischer Differenz und einer zumindest schwachen monistischen Argumentationsperspektive stellt das Verhältnis von Unbewußtem und Reflexion als ein Selbstverhältnis dar. Konflikte zwischen Emotivem und Rationalem sind demnach innere Dialoge des Bewußtseins mit sich selbst und nicht etwa Kämpfe zwischen zwei Seelen in einer Person.

Die Metapher des inneren Dialogs zeigt bereits an, daß von einer uneingeschränkten Vorherrschaft der Reflexion oder Rationalität nicht mehr ausgegangen werden kann. Reduktionistische Ansätze in der neueren und neuesten Philosophie haben diesen Sachverhalt immer wieder zum Anlaß genommen den Begriff der Reflexion als ein Stück philosophischer Abstraktion auszuweisen, die weder semantisch noch deskriptiv zu rechtfertigen sei. Ohne auf die diesen Ansätzen eigentümlichen Probleme und Schwierigkeiten hier weiter einzugehen, kann bereits in diesem Argumentationsstadium herausgestellt werden, daß die bewußtseinsphilosophische Nähe von Unbewußtem und Reflexion kein Prioritätsgefälle erzwingt – weder zu Lasten des Unbewußten noch zu Lasten der Reflexion. Beide Bestimmungen sind Bestandteile eines Selbstverhältnisses und aufgrund dieses Zusammenhangs nicht wechselseitig ersetzbar.

Theorien, die Konflikte zwischen unbewußten und reflektierten Bewußtseinszuständen unterstellen, gehen nicht mehr von der Einheit des Bewußtseins aus. Sie behandeln Unbewußtes und Reflexion als entgegengesetzte Kräfte, die extern aufeinander wirken. Solche Vorstellungen be-

---

[40] Die formierenden Wirkungen der Gewohnheit sind bereits von Montaigne in einer skeptischen Theorie der Selbsterkenntnis herausgestellt worden; siehe Montaigne 1962, S. 1058: „C'est à la coustume de donner forme à nostre vie". Vgl. Montaigne 1962, S. 980 ff. und 1041 ff.

streiten aber gerade das, was sie explizit unterstellen wollen, nämlich die Nähe von Unbewußtem und Bewußtem. Diese Nähe hat den Stellenwert eines Entsprechungsverhältnisses. Ein Gegensatz würde dagegen das Phänomen des Bewußtseins zum Zerspringen bringen. Auf die Problematik der theoretischen Erhaltung des Phänomens hat die philosophische Theorie des Unbewußten konzeptionell und semantisch mit Bestimmungen des Unbewußten *des* Bewußtseins reagiert und damit ein Verhältnis exponiert, das zwar nicht nach dem Modell des Selbstbewußtseins, aber immerhin noch als ein Selbstverhältnis gelten kann.

Das bewußtseinsphilosophische Faktum des Unbewußten ist nicht gleichzusetzen mit der Abwesenheit eines Selbst, sondern zeigt das Vorliegen eines besonderen Selbstverhältnisses an, das wesentlich durch Präreflexivität bestimmt wird. Der Präreflexivitätsgedanke zieht die bewußtseinsphilosophische Konsequenz aus dem Sachverhalt, daß im Leben von Personen die Handlungsgeschichten der Gegenwart in beträchtlichem Maße von den Entscheidungen und Handlungen der Vergangenheit formiert werden.[41] Zwar sind Personen sich nur selten über die temporalen Wechselbeziehungen wirklich im klaren, da sie aber an den Handlungen der Vergangenheit als Subjekte zumindest beteiligt waren, stellt sich ein komplexes Szenario von Selbstverhältnissen ein: Die Person bezieht sich implizit oder explizit auf unbewußte Bewußtseinszustände, die nur deshalb ihre eigenen sind, weil sie sie in der Vergangenheit zumindest mitbestimmt hat.

Praktische Selbstverhältnisse müssen aus ihren Kontexten heraus als Selbstverhältnisse über die Zeit hinweg verstanden werden. Die Vergangenheit einer Person ist in praktischer Hinsicht eine träge Tendenz, die in den jeweiligen Handlungssituationen als präreflexives Selbstverhältnis formierend wirkt.[42] Es sind keineswegs Handlungsepisoden, die auf praktische Selbstverhältnisse die entscheidende Wirkung ausüben. Ihre spezifische Gestalt im Leben einer Person erhalten sie vielmehr durch die beharrlichen Handlungswege in der Zeit. Die epistemische Schwierigkeit besteht darin, daß infolge des handlungstheoretischen Vorrangs von Verhaltenstendenzen über die Zeit hinweg Selbsterkenntnisprozesse kein unmittelbar feststellbares Korrelat haben. Aufgrund der Unbestimmt-

---

[41] Eine wenig beachtete Theorie präreflexiver Selbstbestimmung ist von Schelling in der sogenannten Freiheitsschrift entwickelt worden; siehe Schelling, ‚Philosophische Untersuchungen über das Wesen der menschlichen Freiheit‘, in: Schelling VII. Vgl. Sturma 1995c.

[42] Der Gedanke eines präreflexiven Selbstverhältnisses ist generell mit einer Reihe von argumentativen Schwierigkeiten belastet und hat in handlungstheoretischer Hinsicht eine Tendenz zur Annahme von Vorstellungen präexistenter Selbstbestimmung. Sein Einsatz in subjektivitätstheoretischen Argumentationen hat mit großer Zurückhaltung zu erfolgen.

heitsrelationen von Rationalem und Emotivem sind zum jeweiligen Zeitpunkt einer Handlung ihre Gründe und Motive niemals zweifelsfrei identifizierbar, dagegen lassen sich Handlungstendenzen über die Zeit hinweg immerhin in kontinuierlichen Reflexionsprozessen herausarbeiten, die allerdings niemals ‚sichere‘ Resultate bereitstellen können.[43]

Die konzeptionelle Pointe der handlungstheoretischen Aufwertung von Verhaltenstendenzen über die Zeit hinweg liegt darin, daß die notorische Problematik der Identifizierung von einzelnen Handlungsgründen umgangen werden kann. Die Aufwertung bringt noch nicht den Zweifel zum Stillstand, daß der Handlungsgrund, den sich eine Person zuschreibt, nicht die Ursache gewesen ist, die die Verhaltensweise tatsächlich hervorgerufen hat, aber die Perspektive der Verhaltenstendenzen über die Zeit hinweg begrenzt seine praktische Bedeutung.[44] Weil es die Verhaltenstendenzen sind, die eine Person in der Zeit formiert, hängt die Bedeutung einzelner Handlungen davon ab, in welcher Weise sie mit ihnen übereinstimmen oder von ihnen abweichen. Die Abweichungen haben nur dann Gewicht, wenn sie im Verein mit anderen Handlungsepisoden wesentliche Veränderungen der Verhaltenstendenzen begründen. Weil die einzelne Handlung nur im Kontext mit anderen Handlungen Bedeutung im Leben von Personen gewinnt, kann ihre epistemische Transparenz nicht als notwendige Bedingung praktischer Selbstverhältnisse auftreten, wie etliche Kritiker und Verteidiger von Selbstbestimmungsprozessen gleichermaßen annehmen.

Der epistemische und praktische Vorrang von Verhaltenstendenzen über die Zeit hinweg hat entscheidende Konsequenzen für die Aufklärung des Phänomens der Selbsttäuschung. Vor dem Hintergrund dieser Vorrangstellung ist es nicht länger sinnvoll, den Versuch zu unternehmen, Selbsttäuschung unbezüglich der Kontexte praktischer Selbstverhältnisse aufzuklären. Die Kontextualisierung der Selbsttäuschung bringt überdies den methodischen Gewinn ein, daß die Einführung des Begriffs des Unbewußten in bewußtseinsphilosophische Argumentationszusammenhänge

---

[43] Vgl. de Sousa 1987, S. 149: „Emotions are on the frontier of the subjective and the objective, as they are on the frontier of the mental and the physiological, of the active and the passive, of the instinctual and the intentional. None of these frontiers are sharp: the problem is to map them."

[44] Diese Unsicherheit bei der Identifizierung von Handlungsmotiven muß im übrigen nicht zwangsläufig die Gestalt eines moralischen Defizits annehmen. Auf diesen Sachverhalt hat insbesondere Schopenhauer hingewiesen: „Hiebei ist jedoch anzumerken, daß wir über die wahren Motive unsers eigenen Thuns bisweilen eben so sehr im Irrthum sind, wie über die des fremden: daher zuverlässig Mancher (...) aus viel edleren und reineren, aber auch viel schwerer deutlich zu machenden Triebfedern handelt und wirklich aus unmittelbarer Liebe des Nächsten thut, was er bloß durch seines Gottes Geheiß zu erklären versteht." (Schopenhauer 1916, S. 202)

nicht zu einer explikativen Aufsplitterung des zu erklärenden Phänomens führt, wie das etwa in der Psychoanalyse geschieht. Der bewußtseinsphilosophischen Konzeption der Psychoanalyse liegt bekanntlich eine Departementalisierung des Bewußtseins zugrunde, die in der Konsequenz ihrer theoretischen Konstruktion die Einheit des Bewußtseins zerstört.[45] Im Rahmen der Kontextualisierung der Selbsttäuschung kann diese Konsequenz dadurch vermieden werden, daß Selbstbewußtsein und Unbewußtes als extreme, aber gleichwohl integrale Bestandteile kontinuierlicher Bewußtseinsprozesse über die Zeit hinweg begriffen werden. Das Unbewußte hat den Sinn eines niemals vollständig aufklärbaren Bewußtseinshintergrunds *des* Subjekts und eben nicht den eines Subjekts im Subjekt.

Wenn Reflexion und Unbewußtes gleichermaßen integrale Bestandteile menschlichen Bewußtseins sind, dann sind Gegensätzlichkeiten oder Gegenläufigkeiten zwischen beiden Selbstwidersprüche des Bewußtseins. Die in dem Ausdruck ‚selbst' angesprochene Selbstreferentialität hat hier jedoch keine egologische Bedeutung im engeren Sinne. Es wird lediglich ein Widerspruch ausgedrückt, in den das Bewußtsein mit sich selbst gerät. Dieser Selbstwiderspruch muß Konsequenzen für das Subjekt des Bewußtseins haben, weil nun nicht mehr davon ausgegangen werden kann, daß ein Selbst sich buchstäblich selbst widerspricht bzw. selbst täuscht. Der Begriff der Selbsttäuschung kann sich nur auf Widersprüche beziehen, die durch die Gegenläufigkeiten zwischen verschiedenen Perspektiven *des* Bewußtseins *im* Bewußtsein zustande kommen.

Der auffälligste und systematisch bedeutungsvollste Selbstwiderspruch ist offenbar der zwischen den Forderungen, die Rationalität und Moralität an das personale Leben stellen, und den Widerständen des Bewußtseins, die von Fall zu Fall deren Umsetzung verhindern bzw. verhindern können. Die Relativierung des Abstands von Rationalem und Emotivem läßt diesen Selbstwiderspruch in einem neuen Licht erscheinen: Es wird sowohl der Vorstellung einer emotiv ungebunden Moralität als auch dem Begriff eines rationalitätsleeren Emotivem entgegengearbeitet. An die Stelle solcher Vorstellungen tritt die Konzeption der epistemischen und moralischen Nähe von Rationalem und Emotivem, mit der Selbstwidersprüche auf eine einseitige Gewichtung weniger Komponenten des menschlichen Bewußtseins zurückgeführt werden können. Es ist diese einseitige Gewichtung, die in letzter Konsequenz eine angemessene Ausschöpfung des tatsächlich vorhandenen kognitiven Potentials verhindert.

Im Fall von Selbsterkenntnisprozessen wird die angemessene Ausschöpfung des kognitiven Potentials verfehlt, wenn es einer Person nicht

---

[45] Siehe Abschnitt VII. 1.

gelingt, alle Aspekte und Komponenten der eigenen individuellen Persönlichkeit[46] zu erkennen, anzuerkennen und im Sinne praktischer Selbstverhältnisse in Beziehung zu setzen. Aus dieser kriteriellen Vorgabe kann allerdings nicht im Umkehrschluß ein Modell von Selbsterkenntnis gefolgert werden, das einfach in der Erfüllung dieser Kriterien bestünde. In den philosophischen Theorien des Unbewußten von Schelling und Hegel ist in hinreichender Deutlichkeit herausgearbeitet worden, daß Personen eben nicht die Möglichkeit offen steht, ihr Leben in seiner inhaltlichen Bestimmung weitgehend reflektiert und ausdrücklich thematisiert zu führen. Die Anerkennung der unterschiedlichen Komponenten des eigenen Bewußtseins und der Versuch, einen Zusammenhang zwischen ihnen herzustellen, kann der individuellen Person nur in der Form von Annäherungen und kontinuierlichen Tendenzen gelingen.

Die Anerkennung des faktischen Bestands des eigenen Bewußtseins muß eine Fluchtlinie haben. Sie kann sich nicht einfach in der Form unterschiedsloser Akzeptanz aller inhaltlichen und dispositionalen Eigentümlichkeiten des eigenen Bewußtseins äußern, wie sie etwa im Hintergrund psychoanalytischer Moralitätskritik steht. Wo diese sich mit einer kulturellen Programmatik verbindet, versteht sie sich als radikale Abwendung von traditionellen Hierarchisierungen moralischer Normen und setzt an deren Stelle eine ‚enthierarchisierende Demokratisierung der Persönlichkeit‘, die kein Prioritätsgefälle zwischen den einzelnen Komponenten und Aspekten der Persönlichkeit mehr zuläßt.[47] Die Idee einer radikalen Enthierarchisierung der Persönlichkeit läßt sich aber nicht konsistent entfalten. Sie gerät in einen Widerspruch mit dem Subjektgedanken, der zumindest in formaler Hinsicht das Bewußtsein von Personen konstituiert. Die Dezentrierungserwartungen, die mit der Enthierarchisierung einhergehen, konzentrieren sich vorrangig auf unterstellte kulturelle Funktionen des Subjektgedankens und verkennen dabei seine konstitutive Funktion in Wahrnehmungs- und Erfahrungsprozessen, die gegenüber moralischen und kulturellen Gehalten zunächst indifferent sind.[48]

Die inhaltliche Indifferenz des Subjektgedankens[49] zieht keine Einebnung der unterschiedlichen Funktionen und Bedeutungen nach sich, die

---

[46] Der Begriff der Persönlichkeit wird hier nicht im Sinne von Kants moralphilosophischer Semantik verwandt, sondern als Bezeichnung für eine in der Zeit beharrliche individuelle Konfiguration dispositionaler Komponenten menschlichen Bewußtseins.

[47] Philip Rieff hat in diesem Zusammenhang von der „egalitarian revision of the traditional idea of an hierarchical human nature" gesprochen, siehe Rieff 1966, S. 56; vgl. Rieff 1961 und 1990.

[48] Dieser Sachverhalt läßt sich exemplarisch an den neopragmatistischen Reduktionismen ablesen, siehe Rorty 1991.

[49] Inhaltliche Indifferenz ist eine wichtige epistemologische Bestimmung bei der Entfaltung einer nicht-reduktionistischen Konzeption praktischer Selbstverhältnisse. Sie spielt vor

die verschiedenen Komponenten und Aspekte des Bewußtseins im personalen Leben haben. Die gegenwärtigen Dezentrierungsbemühungen sehen
sich vor allem durch die untergeordnete Rolle bestärkt, die das Unbewußte in der epistemologisch orientierten Philosophie der Neuzeit gespielt haben soll. Abgesehen von der Frage, ob die Kritik in dieser Form überhaupt berechtigt ist, gilt es herauszustellen, daß aus der Vernachlässigung
und unsachgemäßen Behandlung des Unbewußten noch kein Argument
gegen die Rechtmäßigkeit des Subjektgedankens abgeleitet werden kann.
Zur Disposition stehen allenfalls die herkömmlichen Bestimmungen des
Verhältnisses zwischen Subjekt und Unbewußtem.

Eine Neubestimmung des Verhältnisses von Subjekt und Unbewußtem
muß den Fehler vermeiden, das Unbewußte einfach an die Subjektstelle
zu setzen. Versuche, das Unbewußte als das bessere Subjekt des Bewußtseins auszuweisen,[50] begehen vom Ansatz her zwei Argumentationsfehler:
Es wird zunächst das gleichermaßen einfache wie unplausible Modell von
Selbsttäuschung unterstellt, dem zufolge im Bewußtsein ein Subjekt gegen
ein anderes arbeitet. Eine solche Auslegung von Selbsttäuschung verkennt
aber die numerische Einfachheit des Subjekts des Bewußtseins. Mit der
unzulässigen Verdopplung des Subjektgedankens wird im weiteren eine
Reduktion der funktionalen Differenziertheit des Bewußtseins verbunden. Die Anerkennung der bedeutenden Rolle des Unbewußten in den
Bewußtseinsprozessen einer Person kann aber nicht als Transformation
des Unbewußten in ein neues Subjekt ausgegeben werden. Vielmehr wäre noch zu zeigen, welche Rolle das Unbewußte *als* Unbewußtes in den
Bewußtseinsprozessen einer Person spielt bzw. spielen kann.

In dem Unbewußten einer Person ist der inhaltliche Reichtum und ein
Großteil seines gewohnheitsmäßigen Urteilens und Verhaltens sedimentiert, und dieser Sachverhalt kann bewußtseins- und moralphilosophisch
kaum überschätzt werden. Dem Unbewußten kommt aber nicht das Vermögen zu, in ausdrücklich begründeter Form reflektierte und moralische
Selbstverhältnisse über die Zeit hinweg initiieren zu können. Eine nicht-
reduktionistische Analyse hat sich dementsprechend auf die Herausarbeitung der unterschiedlichen Funktionen und Wertigkeiten zu konzentrieren, die die deskriptiv unterscheidbaren Komponenten des Bewußtseins
im Leben einer Person spielen. Das herausragende Kennzeichen mensch-

---

allem im Zusammenhang mit dem Begriff des vernünftigen Lebensplans eine überaus bedeutsame Rolle; siehe Abschnitt IX. 2.

[50] In seiner Freudinterpretation behandelt Rorty das Unbewußte als die ‚interessantere Person‘: „(...) one or more clever, articulate, inventive persons are at work behind the scene –
cooking up our jokes, inventing our metaphors, plotting our dreams, arranging our slips,
and censoring our memories“ (Rorty 1991, S. 149).

lichen Bewußtseins, das ersichtlich auf die Seite der Reflexion und nicht auf die des Unbewußten fällt, ist die Fähigkeit, eine reflektierte und bewertende Stellung zu sich selbst einnehmen zu können. Personen können ihr Leben zumindest der Intention nach als ein selbstbewertetes Leben führen. Die wesentlichen Strukturmerkmale der Selbstbewertung sind Reflexion, Rationalität und Moralität, die lebenspraktisch in der Perspektive der Ernsthaftigkeit konvergieren.[51]

Der Begriff der Ernsthaftigkeit[52] steht in der Tradition des modernen Authentizitätsgedankens. Er enthält jedoch nicht zwangsläufig ein existentielles Leitbild wie es sich bei Rousseau, Kierkegaard und dem frühen Sartre findet.[53] Ernsthaftigkeit stellt das endliche Leben unter das Ideal reflektierter Lebensführung, die sie gleichwohl nicht einfach als ein unproblematisches Faktum behandelt.[54] Ein moralisch ernsthaftes Leben stellt sich demnach bereits dann ein, wenn es zumindest perspektivisch gelingt, im personalen Leben Faktizität und Idealität miteinander in Beziehung zu setzen. Die Perspektive der Ernsthaftigkeit ist gleichwohl auf vielfache Weise Selbstgefährdungen und Selbsttäuschungen ausgesetzt, die vor allem mit Unterstellungen moralischer Ungebundenheit zusammenhängen und die erst durch ein erweitertes Verstehen der Kontexte der jeweiligen Bewußtseinsprozesse und Handlungsschichten begrenzt werden können. Das Leben einer Person, das in der Perspektive der Ernsthaftigkeit geführt wird, ist ein kontextbewußtes Leben, das in die Bereiche des Emotiven genauso hineinreicht wie in die der Politik und Kultur.

4

Die philosophische Theorie des Unbewußten ermöglicht die konkrete Ausgestaltung der nicht-reduktionistischen ‚dual aspect theory' von Er-

---

[51] Die moralische Bedeutung von Ernsthaftigkeit für die nicht-reduktionistische Philosophie der Person wird in Abschnitt X. 2 dargelegt.

[52] Zum Begriff der Ernsthaftigkeit vergleiche Tugendhat 1984, S. 169 ff. Tugendhat begreift die Ernsthaftigkeit gegenüber sich selbst und anderen Personen als den moralisch entscheidenden Schritt, nicht etwa den Übergang vom Egoismus zum Altruismus. Im weiteren wird sich zeigen, daß beide Problemkomplexe unabhängig voneinander gar nicht verstanden werden können.

[53] Heidegger gehört nicht in diese Reihe, weil sein Konzept der Eigentlichkeit den Subjektbezug nicht als wesentlich anerkennt.

[54] Auf den Zusammenhang von Ernsthaftigkeitsgedanken und nicht-reduktionistischer Moralphilosophie in Kants Freiheitslehre hat Volker Gerhardt aufmerksam gemacht; siehe Gerhardt 1989, S. 77: „Die Moralität liegt nicht in der Ausgangssituation; sie ist auch nicht durch vorgegebene Werte festgelegt, sondern kommt allein durch die *Ernsthaftigkeit* zustande, in der sich ein nach guten Gründen suchendes Subjekt auf sein äußerstes Selbst-

eignismonismus und epistemischem Dualismus, denn mit dem Selbstbewußtsein einer einzelnen Person tritt keine Welt aus dem Nichts hervor, sondern ein neuer Aspekt der Wirklichkeit, in der sie faktisch immer schon lebt. Der veränderte Blick auf die Wirklichkeit ist ein emergentes Phänomen, das nicht wieder auf die Bedingungen seines Zustandekommens reduzierbar ist. Es ist dieser Sachverhalt, auf den sich der Nicht-Reduktionismus der Philosophie der Person zu konzentrieren hat. Der philosophischen Theorie des Unbewußten kommt dabei die wichtige systematische Aufgabe zu, das Verhältnis von Personen zu den Kontexten ihrer Bewußtseins- und Handlungsgeschichten zu erweitern. Diese Kontexterweiterung verleiht der Moralität im Leben von Personen ein schärferes Profil.

In der neueren Moralphilosophie – soweit sie sich denn als eine solche begreift und nicht mit einigen Zeitgeisttendenzen die Abschaffung oder die Gehaltlosigkeit von Moralität propagiert – herrscht Einverständnis darüber, daß spezifische Formen menschlichen Bewußtseins zu den konstitutiven Elementen von Moralität im Leben von Personen gehören. Den Akzentuierungen des Subjektgedankens wird von moralitätskritischer Seite gemeinhin unterstellt, daß sie nahezu zwangsläufig auf faktizitätsblinde Überbewertungen von Selbstverhältnissen hinausliefen. Die in die Philosophie der Person integrierte Theorie des Unbewußten entzieht diesen Einwänden den Boden. Ablesbar ist das vor allem an der sowohl von Schelling als auch von Hegel herausgearbeiteten Nähe von Bewußtem und Unbewußtem bzw. Rationalem und Emotivem.

Die Analysen der Begriffe der Selbsttäuschung und des Unbewußten zeichnen ein überaus differenziertes Bild menschlicher Moralität: Der Anteil der Moralität in den Bewußtseins- und Handlungszusammenhängen ist starken Schwankungen ausgesetzt. Das Spektrum reicht von moralitätsindifferenten Dispositionen und amoralischen Einstellungen bis zu ausdrücklichen Manifestationen des moralischen Standpunkts. Um dieses vielschichtige Moralitätsspektrum gruppieren sich eine Vielzahl von expliziten und impliziten Selbstverhältnissen, in denen dem Unbewußten eine zentrale Rolle zukommt. Zwar können Personen in diesen Selbstverhältnissen ihre Naturbestimmungen und andere Gegebenheiten zunächst nur thematisieren und nicht etwa schon unmittelbar beherrschen, sie können sie aber durchaus in ihren Auswirkungen über die Zeit hinweg modifizie-

---

verständnis als *vernünftiges Wesen* zurückzieht und seine Entscheidung allein unter Berufung auf die in dieser Position gewonnen Einsichten fällt." Zur damit angesprochenen Problemstellung vernünftiger Lebensführung unter kontextabhängigen Bedingungen siehe Abschnitt IX. 2.

ren und in der Tendenz verändern. Weil auf der anderen Seite die Wirkung des Unbewußten auf praktische Selbstverhältnisse nicht in Abrede gestellt werden kann, bleibt als Resultat der Korrekturen der Philosophie des Unbewußten und der Selbsttäuschung festzuhalten, daß die Kontexte praktischer Selbstverhältnisse durch wechselseitige Wirkungen von Bewußtem und Unbewußtem, von Rationalem und Emotivem formiert sind.

Der Bereich von Unbewußtem und Emotivem verfügt über ein Bedeutungsfeld, das zwar uneinheitlich und vielschichtig ist, sich aber keineswegs antagonistisch zu Vernunftbestimmungen verhält. Es wäre eine eklatante Unterbestimmung, wenn man dem Unbewußten und Emotiven rationale Komponenten gänzlich abspräche. Der Bereich des Unbewußten ist durch eine Vielzahl von Einstellungen, Dispositionen, Tendenzen und Routinen gekennzeichnet, die auf rationale Gründe zurückgehen – sei es in der Form übernommener oder explizit gefällter Urteile. Das Emotive tritt dementsprechend im Leben von Personen nicht einfach als ein indifferent fließender Bewußtseinsstrom auf. In Zuständen wie Furcht oder Freude manifestieren sich vielmehr informationsartige Bewußtseinsprozesse, die sich auf Sachverhalte beziehen.[55] Weil sich diese Bezugnahme immer schon interpretierend bzw. interpretiert vollzieht, muß emotiven Zuständen ein informativer und letztlich auch ein kognitiver Gehalt zugesprochen werden.

Die Irreflexivität und Informationsartigkeit des Emotiven weist deutliche Parallelen zu Wahrnehmungssituationen auf, die vor allem durch ihre Grenzstellung zwischen dem Subjektiven und Objektiven gekennzeichnet sind.[56] Analog zu Wahrnehmungen reagieren Personen in emotiven Bewußtseinszuständen auf Veränderungen in den gegebenen Lebensumständen. Diese Veränderungen haben nicht immer einen eindeutig identifizierbaren Informationsgehalt. Ablesbar ist das an Zuständen wie Vorahnungen oder Unbehagen, die eine Bewertung implizieren, ohne daß es der jeweiligen Person möglich wäre, sie in identifizierbare Komponenten aufzulösen. Solche intuitiven Bewertungen sind möglicherweise ein naturgeschichtlicher Nachhall aus der Frühzeit menschlicher Lebensformen, in der Instinkte noch nicht durch kulturelle Sozialisationen überdeckt worden sind.

---

[55] Charles Taylor unterstellt emotiven Zuständen „a view of our situation"; siehe Taylor 1985a, S. 107: „To experience an emotion is to be in a sense struck or moved by our situation being of a certain nature. Hence, I said, we can describe our emotions by describing our situation." Vgl. Taylor 1985a, S. 100 f.

[56] Vgl. de Sousa 1987, S. 149: „The ways in which emotions are subjective do not sufficiently undermine the analogy of perception to exclude a significant claim to objectivity. Emotions can indeed be viewed as providing genuine information. But the analogy is not so close as to warrant the assimilation of emotions to perception, any more than to beliefs or desires."

Intuitive Verhaltensweisen haben eine besondere Stellung im menschlichen Bewußtseinsleben. Sie sind nicht einfach nur vorbewußte Zustände, die sich kognitiv noch nicht entfaltet haben. In ihnen manifestiert sich eine eigene Art der Wirklichkeitsauffassung, die nicht der Logik diskursiver Erkenntnisprozesse folgt. Intuitive Wirklichkeitsauffassungen beruhen auf eingeübten Abschätzungen, die die diskursive Auszählung von informativen Daten durch spontane Zugriffe überholen oder abkürzen. Sie können insofern als ‚forms of intentional awareness‘ bezeichnet werden. [57]

Mit intuitiven Verhaltensweisen treten deutliche Anzeichen für vielfältige Urteilsformen und Urteilsfunktionen zutage, die sich unterhalb der Ebene kognitiver oder propositionaler Einstellungen bewegen, durch die sich Personen gleichwohl auf ihre Welt beziehen und auf sie reagieren.[58] In diesem Sinne sind emotive Bewußtseinszustände objektive Wechselbeziehungen mit der gegebenen Welt. Ein anderer signifikanter Aspekt intuitiver Verhaltensweisen ist die Einbettung in die Vergangenheit einer Person, in der sich im Verlauf der Zeit ihre wiederholten Einstellungen und Reaktionsformen sedimentieren. Aufgrund der Abhängigkeit des Unbewußten vom Bewußtsein enthält die Spur der emotiven Vergangenheit in impliziter Form eine Vielzahl von Wertungen und Quasi-Urteilen, in die rationale und moralische Entscheidungsvorgänge genauso eingehen wie Muster reflektierter Einstellungen, die sich in ausgeprägteren interpersonalen Aufmerksamkeitsdispositionen äußern: „The understanding helps shape the emotion."[59]

Selbstbewertungen und praktische Selbstverhältnisse betreffen immer schon das Bewußtseinsleben von Personen insgesamt und wirken sich, wenn auch in unterschiedlicher Intensität, auf das gesamte Spektrum des Bewußten und Unbewußten aus. Dieser Sachverhalt ist für die Philosophie der Person von besonderem systematischen Interesse, weil er eine neue Sichtweise des Verhältnisses von Reflexion und Unbewußtem erzwingt. Reflexion ist eine spezifische Ausdrucksform personaler Existenz, mit der kein neues Subjekt auftritt, das beziehungslos über den irreflexi-

---

[57] Siehe Nussbaum 1994, S. 80. Martha Nussbaum hat diesen Sachverhalt im Rahmen ihrer Aristotelesinterpretationen herausgearbeitet: „We could say (...) that the pity and fear are not just tools of a clarification that is in and of the intellect alone; to respond in these ways is itself valuable, and a piece of clarification concerning who we are. It is a recognition of practical values, and therefore of ourselves, that is no less important than the recognitions and perceptions of intellect." (Nussbaum 1986, S. 390 f.) Siehe auch Nussbaum 1994, 78 ff. und 366 ff.

[58] Vgl. Taylor 1985a, S. 100: „One could say that there is a judgement integral to each one of these emotions: 'this is shameful' for shame; 'there is danger' for fear, and so on." Zur kognitiven Funktion des Emotiven vergleiche Nussbaum 1986, S. 307 ff.

[59] Taylor 1985a, S. 101.

ven Bewußtseinszuständen schwebt. Sie ist Ausdruck genau derjenigen Existenzform, zu deren Komponenten auch das Unbewußte und Emotive gehören.

Zwar kann nicht davon ausgegangen werden, daß die Reflexion emotive Zustände einfach in eine klarere Sprache übersetzt, aber der Unterschied von Reflexion und Unbewußtem bedeutet auch nicht, daß beide Bestimmungen nichts miteinander zu tun haben. Personales Leben ist durch eine asymmetrische Konstellation von Reflexion und Unbewußtem charakterisiert, die Bedeutungszusammenhänge ermöglicht, die in dieser Form keiner anderen Lebensform zugesprochen werden können.[60] Personale Bedeutungszusammenhänge sind ohne Reflexionsfähigkeit nicht vorstellbar, denn nur so kann sich die Dimension von Handlungsmöglichkeiten und Entscheidungsszenarien einstellen, die dem personalen Leben eigentümlich sind.[61] Charles Taylor hat deshalb von Personen als „subjects of significance"[62] gesprochen, die eine besondere Beziehung zu den Standards menschlicher Lebensführung und ihrer Ziele haben.[63] ‚Subjects of significance' haben einen „sense of self"[64], mit dem sich die Dimension menschlicher Bedeutungszusammenhänge öffnet.

Weil reflektierte Bewußtseinszustände die notwendigen Bedingungen der eigentümlichen Bedeutungsperspektiven des Emotiven sind, muß in der Reflexion[65] vorrangig ein Ausdrucksmittel gesehen werden, in dem sich die spezifisch menschlichen Interessen und Einstellungen von Personen manifestieren. Das Entsprechungsverhältnis von Reflexion und personalen Bedeutungszusammenhängen läßt den psychologischen Ort des Unbewußten nicht unverändert. Diesem Verhältnis zufolge verlängert sich das Unbewußte zumindest modifiziert in reflektierte Bewußtseinszustände:

[67–T] Im Bereich reflektierter Bewußtseinszustände erscheinen Perspektiven und Tendenzen des Unbewußten in veränderter Form.

---

[60] Vgl. Taylor 1985a, S. 102: „But if we (...) understand an agent essentially as a subject of significance, then what will appear evident is that there are matters of significance for human beings which are peculiarly human, and have no analog with animals."

[61] Siehe Taylor 1985a, S. 104: „What is striking about persons (...) is their ability to conceive different possibilities, to calculate how to get them, to choose between them, and thus to plan their lives."

[62] Taylor 1985a, S. 104.

[63] Siehe Taylor 1985a, S. 105.

[64] Taylor 1985a, S. 105.

[65] Charles Taylor spricht diese besondere Ausdrucksform vorrangig der menschlichen Sprache und weniger der Reflexion zu; siehe Taylor 1985a, S. 263: „Thus man is a language animal, not just because he can formulate things and make representations, and thus think of matters and calculate, which animals cannot; but also because what we consider the essential human concerns are disclosed only in language, and can only be the concerns of a language animal."

Satz [67–T] zufolge sind innere Dialoge nicht zwangsläufig Ausdruck un-
versöhnlicher Feindschaften, sondern können die Form eines konstruktiven Dialogs annehmen.[66] Jede Theorie, die der in [67–T] ausgedrückten
Nähe von reflektierten und unbewußten Zuständen nicht Rechnung trägt,
verfährt reduktionistisch. Sie verkennt oder übersieht die eigentliche Bedeutung der kontextuellen Einbettung personalen Lebens.

---

[66] Siehe Nussbaum 1990, S. 283: „But sometimes, I think, the human heart needs reflection as
an ally. Sometimes we need explicit philosophy to return us to the truths of the heart and to
permit us to trust that multiplicity, that bewildering indefiniteness. To direct us *to* the ‚ap-
pearances,' rather than to somewhere ‚out there' or *beneath* or *behind* them."

VIII. KONTINGENZ, ZEIT UND MORALITÄT

1

Aus der Kontextualisierung personalen Lebens sind in der neueren Philosophie skeptische Konsequenzen gezogen worden, die sich vor allem kritisch mit Versuchen auseinandersetzen, theoretische und praktische Subjektvorstellungen zu entfalten. Im Rahmen dieser Auseinandersetzungen nimmt neben den Begriffen des Unbewußten und der Selbsttäuschung der Begriff der Kontingenz eine exponierte Stellung ein. In ihm zieht sich semantisch das Problemsyndrom der Frage nach dem Subjekt personalen Lebens zusammen. Der Begriff der Kontingenz wird dabei nicht als modale, sondern in einem weitergehenden Sinne als systemkritische Bestimmung aufgefaßt, die sich zunächst an negativen Ausgrenzungen orientiert. Es wird aufgezeigt, was eine Person *nicht* zu leisten imstande ist und nicht, was sie der Möglichkeit nach als *Subjekt* leisten kann. Das trifft vor allem auf die neuere skeptizistische Kontingenzphilosophie[1] zu, worunter eine sich in den unterschiedlichsten Formen äußernde theoretische Einstellung zu verstehen ist, die sich als Gegenbewegung zu den systematischen und normativen Theorien der Philosophie der Neuzeit begreift. Dabei ist in erster Linie – aber keineswegs nur – an Ansätze im Umfeld des Neostrukturalismus und Neopragmatismus zu denken.

Den systematischen Positionen der Bewußtseins- und Moralphilosophie folgt die kontingenzphilosophische Skepsis wie ein Schatten. Sie orientiert sich an Individualbestimmungen, die zum Großteil auf metaphorischen Konstruktionen des in der Zeit verlaufenden Lebens beruhen, was ein kompliziertes und spannungsvolles Verhältnis zu temporalen Bestimmungen zur Folge hat. Einerseits scheint ‚Zeit‘ als Ordnungsbestimmung über eine systematische Bedeutung zu verfügen, die kontingenzphilosophische Indivi-

---

[1] Der Ausdruck ‚skeptizistisch‘ soll in diesem Zusammenhang die Ansätze kennzeichnen, die die mit dem Kontingenzbewußtsein unvermeidbar einhergehende Skepsis in eine erkenntniskritische Grundbestimmung überhöhen. Skepsis ist diesen Ansätzen zufolge kein Begleitphänomen moderner Epistemologie – wie etwa bei Descartes, Locke, Hume oder Kant –, sondern das Dekonstruktionsmedium für die Auflösung geltungs- und begründungstheoretischer Problemstellungen.

dualbestimmungen nicht aufweisen bzw. nicht aufweisen sollen, andererseits erscheinen raumzeitliche Gegenstände und Ereignisse erst im Rahmen von Zeitvorstellungen als kontingent. So entsteht der Anschein, als verhielten sich Kontingenz und Zeit gegenläufig zueinander. Ob als invariante Relation von ‚vorher, gleichzeitig und nachher' oder als variante Relation von Zukunft, Gegenwart und Vergangenheit,[2] ist Zeit eine Dimension, in der Kontingenz *als* Kontingenz erscheint und nicht als kontingent im Sinne nicht notwendig existierender Gegenstände. Mit der Differenz zwischen invarianter Zeitrelation und perspektivischer Zeitauffassung drängt sich die grundsätzliche Fragestellung auf, ob Zeit die Kontingenz von Personen nur offenbart und aufgrund dessen ein existentielles Verhängnis ist, oder ob zwischen Zeit und Kontingenz spezifische Wechselwirkungen herrschen, die neue Bewußtseins- und Handlungsräume eröffnen.

Der Begriff der Kontingenz ist der semantische Fluchtpunkt der vielfältigen neostrukturalistischen und neopragmatistischen Dekonstruktionen, in denen Lasten und Belastungen aufgedeckt werden, die, so die Kritik, Politik und Philosophie der Moderne der einzelnen Person aufbürden. Den Dekonstruktionsverfahren liegt jedoch oftmals eine sehr einseitige Vorstellung der Kontingenz menschlichen Lebens zugrunde. Es wird verkannt, daß der Kontingenzbegriff weit in die philosophische Tradition der Moderne zurückreicht. Bereits in der klassischen deutschen Philosophie, insbesondere bei Kant und Schelling, werden die existentiellen Gestehungskosten moralischer Pflichten und naturphilosophischer Systemzwänge kenntlich gemacht. Der Kontextualitätsgedanke der klassischen deutschen Philosophie hat sich denn auch in einer überaus komplexen und vielfältigen Weise dargestellt, die den Subjektgedanken erweitert und nicht aufhebt. Dagegen thematisiert die skeptizistische Kontingenzphilosophie Kontextualität unter gänzlich anders gearteten Gesichtspunkten und knüpft dabei ersichtlich an die Hauptströmungen der reduktionistischen Modernitätskritik an.

Der Ansatzpunkt der skeptizistischen Kontingenzphilosophie ist die vorderhand plausible Annahme, daß Personen ihr Leben in Abhängigkeit von externen Kontexten und Zufälligkeiten zu führen haben, die ihnen in der Form des Gegebenen gegenübertreten. In der Sichtweise des äußeren Beobachters zieht sich das, was in der traditionellen Philosophie noch als Ort von Moralität und Selbstbestimmung aufgetreten ist, zu einem bestimmungslosen Punkt zusammen. Diese Sichtweise sieht sich durch populäre Positionen der neueren Wissenschaften bestätigt. In der Tat haben die neuzeitlichen Natur- und Kulturwissenschaften mit immer neuen pa-

---

[2] Vgl. McTaggart 1927, Band 2, S. 10 [Buch 5 § 33].

radigmatischen Wendungen die Abhängigkeiten personaler Existenz von externen Kontexten herausgearbeitet.[3] Die wissenschaftlichen Diagnosen der Kontextabhängigkeit kontingenter Existenz haben ihrem Selbstverständnis nach eine Tendenz zum physikalistischen Reduktionismus, dem zufolge sich das Leben von Personen genauso wie das aller anderen raumzeitlichen Ereignisse und Objekte als fest in ein Netz von Zufälligkeiten und Zwangsläufigkeiten eingebunden darstellt. Dieses Modell weist allerdings die Eigentümlichkeit auf, daß es den Begriff des Zufalls in einem merkwürdig ambivalenten Sinn anwendet: Wie im Fall eines Würfelwurfs zeigt sich das, was in subjektiver Perspektive als bloßer Zufall erscheint, auf der Seite des objektiven Standpunkts als zwangsläufig. Der naturwissenschaftlich vermittelte Kontextualitätsgedanke präsentiert sich insofern als ein Oszillieren zwischen Determinismus und Unbestimmtheitslehre.

Den wissenschaftlich festgestellten Abhängigkeiten kontingenter Existenz korrespondiert ein Kontextualitätsproblem, das auch als Sinnkrise der Moderne angesprochen wird. Diese Sinnkrise hat nicht nur ideologische Gründe und Hintergründe, sondern beruht zu keinem geringen Teil auf wissenschaftlichen Präformationen. Das Leben von Personen erscheint vom objektiven bzw. wissenschaftlichen Standpunkt aus betrachtet als durchgängig von externen Ursachen bestimmt und gibt sowohl in existentieller als auch in lebenspraktischer Hinsicht Anlaß zu weitreichenden Sinnlosigkeitsvermutungen. Annahmen eines Beharrlichen im Wechsel des personalen oder kulturellen Lebens scheinen von diesem Standpunkt aus betrachtet lediglich Selbsttäuschungen eines kontingenten Lebens zu sein, das für sich Kontinuitäten über die Zeit hinweg formuliert und nicht erkennt, daß es über den Augenblick hinaus über keine Zeit verfügt. Kontinuitäten werden daher allenfalls als normativ unverbindliche narrative Formen zugelassen.

Während die klassische deutsche Philosophie Kontingenz noch in der Form des Widerstreits von Endlichkeit in der Zeit und Allgemeinheit über die Zeit hinweg thematisiert hat, ist der Kontingenzbegriff der skeptizistischen Gegenwartsphilosophie artistisch ausgerichtet. Er wird als subversiver Widerstand gegen die Vielzahl philosophischer und nichtphilosophischer Ordnungs- oder Orientierungsmodelle eingesetzt. Das ist exemplarisch an der Behandlung von Kontinuitäts- und Zeitbestimmungen ablesbar. Die neuere Kontingenzphilosophie löst das Spannungsverhältnis zwischen Zeit und bewußter Existenz in der Zeit dahingehend auf, daß nur die Gegenwart als der angemessene Fluchtpunkt der temporalen Einstellungen kontingenten Lebens angesehen werden könne, weil Ausrich-

---

3 Vgl. Abschnitt III. 1.

tungen auf Vergangenheit und Zukunft wieder Kontinuitätsgedanken ins Spiel brächten, die mit dem systemkritischen Kontingenzbegriff gerade abgewiesen werden sollen. Zentraler Bezugspunkt dieses Widerstreits von Kontingenz und Kontinuität ist das temporale Verhalten von kontingenter reflektierter Existenz, also von individuellen Personen in der Zeit.

Als modale Bestimmung bezeichnet ,Kontingenz' eine Eigenschaft von Sätzen über Sachverhalte, Gegenstände und Ereignisse, die nicht in allen möglichen Welten wahr sind. In der traditionellen, auf Aristoteles zurückgehenden Bestimmung, daß etwas, das existiert, existieren und nicht existieren kann,[4] bezieht sich der Kontingenzbegriff direkt auf Sachverhalte, Gegenstände und Ereignisse, die in Raum und Zeit zwar existieren, aber eben nicht auf notwendige Weise. Der Begriff kontingenter Existenz gilt in diesem Sinne auch für das Leben von Personen, das sich darüber hinaus aber als eine besondere Form von Kontingenz darstellt. Während für Gegenstände und Ereignisse in Raum und Zeit gilt, daß sie, wenn sie existieren, fest in die invariante Zeitrelation von ,vorher – gleichzeitig – nachher' eingebunden sind, kommt in dem Universum raumzeitlicher Gegenstände und Ereignisse Personen eine epistemische Sonderstellung zu. Personen haben ein Bewußtsein von ihrer kontingenten Existenz und können überdies Zeit perspektivisch als Übergang von der Zukunft über die Gegenwart in die Vergangenheit erleben. Gegenüber allen anderen Formen kontingenter Existenz weist personales Leben die Eigentümlichkeit auf, sich der Kontingenz des eigenen endlichen Daseins bewußt werden zu können. Personen sind grundsätzlich in der Lage, sich als kontingent zu thematisieren, das heißt, sie existieren als selbstreferentielle Kontingenz.

Der Begriff der selbstreferentiellen Kontingenz vollzieht semantisch den Übergang von dem Satz

[68–S] Personen existieren als kontingente Einzeldinge in Raum und Zeit.

zu dem Satz

[69–S] Personen sind sich der Kontingenz ihres Daseins in Raum und Zeit bewußt.

Satz [69–S] drückt die epistemische Differenz aus, daß Personen sich als kontingent existierend bewußt werden können. Sie ist schon unter unterschiedlichen sachlichen Gesichtspunkten in den Sätzen [25–S, 33–S, 34–S] zum Ausdruck gekommen. Satz [69–S] muß allerdings dahingehend ein-

---

[4] Siehe Aristoteles 1980, S. 109 [Metaphysik IX, 1047a]: „Also kann etwas zwar vermögend sein zu sein und doch nicht sein oder vermögend nicht zu sein und doch sein".

geschränkt werden, daß Personen in Raum und Zeit existieren können, ohne sich jemals ihrer Kontingenz bewußt zu werden:

[70–T] Personen können sich prinzipiell der Kontingenz ihres Daseins in Raum und Zeit bewußt werden.

Es kann zwar angenommen werden, daß viele Personen durchgängig jenseits von Kontingenzvermutungen leben, nur ist ebenso wahrscheinlich, daß sie ihr Leben dann nicht in ausdrücklich selbstbestimmter Form *führen*. Derartige Erwägungen sind allerdings nicht umstandslos in Argumente überführbar und betreffen ohnehin nicht den Kern der Kontingenzproblematik. Der Unterschied zwischen [69–S] und [70–T] ändert nämlich nichts an der grundsätzlichen epistemischen Differenz, die zwischen [68–S] und [69–S] herrscht. Die Möglichkeit, daß Personen das Potential ihres Lebens nicht ausschöpfen, betrifft nicht den Status personaler Existenz insgesamt, sondern allenfalls die epistemische Qualität des jeweiligen individuellen Lebens. Personen verlieren nicht die Fähigkeit, sich zur eigenen Kontingenz verhalten zu können, auch wenn sie das tatsächlich niemals tun. Weiterhin ist zu beachten, daß die epistemische Qualität nicht über die entsprechende Lebensqualität entscheidet. Ein ahnungsloses Leben vermeidet möglicherweise die existentiellen Härten des Kontingenzbewußtseins, und ein kognitiv ahnungsloses Leben kann sie sogar zum Verschwinden bringen, wie in Fällen echter Frömmigkeit unterstellt werden darf. Es kann allerdings noch erwogen werden, ob das Umgehen und die Unterdrückung des Umgangs mit der eigenen Kontingenz als ein zumindest implizites Verhältnis zur eigenen Kontingenz gedeutet werden muß.

Die skeptizistische Kontingenzphilosophie mißt der epistemischen Sonderstellung von Personen keine Bedeutung bei und unterschreitet ausdrücklich das systematische Niveau der traditionellen Philosophie. Diese Einstellungen schließen jedoch nicht eine größere Nähe zu den selbstverständlichen Beständen des Alltagsbewußtseins ein, in denen modale Differenzierungen im Gegensatz zur Vielzahl existentieller Aufmerksamkeitszustände, die die eigene Vergänglichkeit schmerzhaft zutage treten lassen, kaum eine Rolle spielen. Derartige Zustände können aber nicht einfach mit Manifestationen von Kontingenzbewußtsein gleichgesetzt werden. Das Bewußtsein der eigenen Kontingenz ist semantisch durch die modale Negation, nicht im Modus der Notwendigkeit zu existieren, bestimmt. Daraus resultiert ein bedeutsamer Unterschied zum Bewußtsein der eigenen Endlichkeit, das Notwendigkeitsbestimmungen nicht von vornherein ausschließt. Dieser Sachverhalt ist am Begriff der Autonomie, an den Notwendigkeiten der Selbstbestimmung, gut ablesbar.

Da sich die skeptizistische Kontingenzphilosophie aus hochgradig artifiziellen Bestimmungen zusammensetzt, die in ihrem semantischem Gehalt von komplexen theoretischen Konstruktionen abhängig sind, ist sie keineswegs zugänglicher als der Großteil der von ihr kritisierten traditionellen Theorien. Eine Ausnahme dürfte in diesem Zusammenhang lediglich der neopragmatistische Ansatz von Richard Rorty sein, der schon aufgrund seiner literarischen und essayistischen Ausrichtung für den nicht eingeweihten Rezipienten zugänglich bleibt. Der Preis dieser Zugänglichkeit ist jedoch eine extreme Ungenauigkeit in der Bestimmung und Behandlung der kritisierten Positionen. Unabhängig von dem unklaren und unsicheren Verhältnis zu den Gegenständen ihrer Kritik haben Neostrukturalismus und Neopragmatismus sowohl in ihrem Zustandekommen als auch in ihrer Semantik die philosophische Tradition zur Voraussetzung, gegenüber der sie sich gleichwohl dezidiert polemisch verhalten.

Für die skeptizistische Kontingenzphilosophie ist weiterhin kennzeichnend, daß sie den Begriff bewußter Kontingenz und das Kontextualitätsproblem als einen unauflöslichen Zusammenhang deutet. Das Resultat dieser Ausdeutungen soll nicht zuletzt in der Auflösung des traditionellen Subjektgedankens bestehen. Die Sätze [69–S, 70–T] werden von der skeptizistischen Kontingenzphilosophie daher konsequent in der Fluchtlinie des Kontextualitätssyndroms interpretiert:

[71–S] Die Einsicht in die eigene Kontingenz ist die Einsicht in die eigene Kontextualität.

Die gedankliche Bewegung von Satz [71–S] ist die sukzessive Auflösung des Subjektgedankens durch den Kontextualitätsgedanken. Der Unterschied zwischen [68–S] einerseits sowie [69–S, 70–T] andererseits, mit der die epistemische Sonderstellung von Personen im Universum raumzeitlicher Gegenstände ausgedrückt worden ist, wird in [71–S] aufgelöst. Die Auflösung beruht im wesentlichen darauf, daß die zunächst unterschiedlichen Bedeutungen der Sätze [68–S, 69–S, 70–T] nach Maßgabe eines skeptizistischen Kontextualitätsgedankens zusammengeschoben werden. Exemplarisch für diesen Ansatz ist die Kontingenzphilosophie Rortys.

2

Rortys Kritik richtet sich in erster Linie gegen das Projekt der Aufklärung, Vernunft als Zentrum personaler und kultureller Selbstverhältnisse zu etablieren. Die Moderne wird dabei als Versuch aufgefaßt, Ziele und Kontinuitäten jenseits der ‚sichtbaren Welt‘ zu etablieren. Ein solcher Versuch sei aber keine Aufklärung, sondern ein neuer Dogmatismus im Gewande der Aufklärung. Nur wenn sie kontingenzphilosophisch wirklich zu Ende gedacht werde, eröffne sich eine Theorieperspektive, die keine Kontinuitätsideologien in der Form von Wahrheit, Fortschritt oder Geschichte mehr gelten läßt und statt dessen – Freud folgend – den Zufall für würdig befindet, das Schicksal der Menschen zu bestimmen.[5] Rorty begegnet dem Kontextualitätsproblem nicht durch Kritik, sondern in einer eigentümlichen Identifikation mit dem Angreifer durch Radikalisierungen des Kontingenzbegriffs, dem die sehr weitgehende Bedeutung gegeben wird, in der theoretischen Philosophie als Fluchtpunkt radikaler Dezentrierungen modernen Subjektdenkens und in der praktischen Philosophie als Ausgangspunkt radikaler Liberalisierungen und Demokratisierungen zu fungieren.

Rortys epistemologischer Ansatz ist durch eine generalisierte Indifferenz gekennzeichnet, die pluralistische Reflexionsfiguren gegen jede Form theoretischer Hierarchisierung aufbietet. Für Rorty ist leicht vorstellbar, daß Personen in einer Weltbeschreibung als physisch determiniert erscheinen und in einer anderen als Wesen auftreten, die Entscheidungen treffen. Mit dem skeptizistischen Kontingenzbegriff wird nicht die Abwesenheit determinierender Ursachen bestritten, sondern lediglich die Unmöglichkeit behauptet, daß es irgendwelche Sicherheiten gäbe, ein bestimmtes Vokabular auszuwählen, mit dem Personen alternativlos beschrieben werden können. Die Behauptung, daß in letzter Konsequenz kein Vokabular oder keine Theorie Personen besser beschreibe als andere, wird von Rorty so ausgedeutet, daß es im personalen Leben nicht so etwas geben könne wie ein intentionales Korrelat wahrer Beschreibungen. Aus der Pluralität von Personenbeschreibungen wird auf ihre prinzipielle Gleichwertigkeit geschlossen, aus der dann wiederum das Fehlen eines semantischen und ontologischen Kerns personaler Existenz gefolgert wird.

Der Schluß von einer epistemologischen Möglichkeit, die nicht einmal konsequent auf ihre Phänomenentsprechung hin überprüft worden ist, auf ein ontologisches Faktum kann als der Münchhausentrick der skeptizistischen Kontingenzphilosophie bezeichnet werden. Hinter ihrem vordergründigen Pluralismus verbirgt sich nämlich die gewichtige ontologische These der Zentrumslosigkeit personaler Existenz:

---

5   Siehe Rorty 1989, S. 22: „I can crudely sum up the story which historians like Blumenberg tell by saying that once upon a time we felt a need to worship something which lay beyond the visible world. (...) The line of thought common to Blumenberg, Nietzsche, Freud, and Davidson suggests that we try to get to the point where we no longer worship *anything*, where we treat *nothing* as a quasi divinity, where we treat *everything* – our language, our conscience, our community – as a product of time and chance. To reach this point would be, in Freud's words, to ‚treat chance as worthy of determining our fate.‘"

[72–S] Die Pluralität von Personenbeschreibungen zeigt die Zentrumslosigkeit der Person an.

Satz [72–S] scheint das konsequente Fazit aus der Konvergenz von Kontingenz und Kontextualität zu sein, die von vornherein als Ausgangspunkt der skeptizistischen Kontingenzphilosophie gewählt worden ist. Obwohl mit diesem Satz wohl zunächst nur eine agnostizistische Unbestimmtheitsthese nahegelegt werden soll, enthält er tatsächlich eine sehr weit gehende Adäquatheitsthese:

[73–S] Das Vorliegen von vielfältigen Personenbeschreibungen unter verschiedenen theoretischen Gesichtspunkten ist die adäquate Darstellung personaler Existenz.

Es ist zwar nicht auszuschließen, daß keine der herkömmlichen Personenbeschreibungen dem Phänomen personaler Existenz deskriptiv wirklich näher kommt, daraus folgt aber keineswegs schon die Zentrumslosigkeit des Lebens von Personen. Es besteht nach wie vor die Möglichkeit, daß die pluralistische Theoriekonstellation insgesamt falsch ist und nicht das Wesen personalen Lebens, sondern allenfalls Widersprüchlichkeiten seines Erscheinungsbildes zum Ausdruck bringt.

Die skeptizistische Kontingenzphilosophie kann auf den Vorwurf, im ‚Münchhausenverfahren‘ eine ontologische Adäquatheitsthese zu unterstellen, mit einer Rückzugsstrategie reagieren und behaupten, daß [72–S, 73–S] gar keine Aussagen zur Ontologie der Person seien. Sie könnte dabei auf ihre generelle Zielsetzung verweisen, den Begriff einer angemessenen Ontologie der Person gänzlich verabschieden zu wollen. Damit entfiele auch die Anstrengung, der externen Kontextualität mit praktischen Selbstverhältnissen entgegentreten zu müssen. Rorty geht in der Tat nicht davon aus, daß Personen den externen Gegebenheiten in irgendeiner begrifflichen oder praktischen Anstrengung entgehen können und sieht nicht einmal ein Motiv für derartige Unternehmungen. Indem eine Person mit den Gegebenheiten ihres Lebens umgehe, stelle sie in sehr gemäßigter Form Verbindungen zwischen ihren Lebensphasen her. Genausogut hätte sie aber auch andere Verbindungen herstellen und auf diese Weise eine andere Person werden können. Personales Leben setzt sich demnach aus ‚unverbindlichen Verbindungen‘ zusammen. Die Einsicht in die Unverbindlichkeit der jeweiligen Handlungsvollzüge und Ausrichtungen wird von Rorty als die Ironie des Lebens von Personen ausgegeben. Selbstreferentielle Kontingenz kann ihm zufolge nur zu der ironischen Ansicht führen, daß das Leben von Personen das Produkt von mittelpunktslosen Zufallsgruppierungen kontingenter und idiosynkratischer Bedürfnisse sei. Rorty greift in diesem Zusammenhang auf seine Freudinterpretation zurück, die sich im wesentlichen an dem Dezentrierungsmotiv der Psychoanalyse orientiert:

„On the view I am presenting, Freud is an apostle of this aesthetic life, the life of unending curiosity, the life that seeks to extend its own bounds rather than to find its center."[6]

Es ist allerdings nur schwer nachvollziehbar, wie jemand imstande sein soll, seine eigenen Grenzen zu erweitern, ohne ein Zentrum zu haben, von dem die Selbsterweiterung ihren Ausgang nehmen kann.

Rorty ist von methodischen Bedenken nicht unberührt geblieben. Eher beiläufig zieht er die Möglichkeit einer „self-referential inconsistency"[7] der skeptizistischen Kontingenzphilosophie in Betracht, worunter er die Annahme versteht, etwas zu wissen, was dem eigenen Ansatz nach gar nicht gewußt werden kann. Rorty bezieht sich dabei auf Nietzsche und Derrida, die auf seine Position bekanntlich großen Einfluß ausgeübt haben. Die Erwartung, die sich an eine Strategie knüpft, die Bezugspunkte der eigenen Position zur Disposition stellt, um sich durch ein solches Zugeständnis als immun gegen die Inkonsistenz zu erweisen, erfüllt sich jedoch nicht. Dieser Umstand hat sich bereits anläßlich der Adäquatheitsthese von [73–S] abgezeichnet.

Die Selbstwidersprüchlichkeit der skeptizistischen Kontingenzphilosophie ist deutlich an Rortys Theorie des Selbst ablesbar: Zunächst werden dem Begriff des Selbst alle Eigenschaften entzogen, die in der subjektivitätstheoretischen Tradition mit ihm verbunden worden sind, um dann im weiteren zu behaupten, daß es ein Selbst im herkömmlichen Sinne gar nicht geben könne und es daher unsinnig sei, noch länger an der traditionellen Programmatik einer Theorie des Selbst festzuhalten. Eine Argumentation, an deren Ende die These von der zentrumslosen Person steht und die damit nicht zuletzt behauptet, daß es gar kein Selbst als Zentrum personalen Lebens gebe, ist immer noch eine – zugestandenermaßen sehr merkwürdige – Theorie des Selbst. Schon um des eigenen Zustandekommens willen bleibt die skeptizistische Kontingenzphilosophie der von ihr radikal verworfenen subjektivitätstheoretischen Tradition verpflichtet.

Die Zentrumslosigkeitsthese der Person hat deutliche konzeptionelle und inhaltliche Schwächen. Zunächst identifiziert Rorty die Frage nach der inneren Natur der Person mit der nach dem ‚wahren Selbst', was eine unzulässige Verschmelzung von unterschiedlichen theoretischen Pro-

---

6 Rorty 1991, S. 154.
7 Rorty 1989, S. 8 Anm.

blemebenen ist. Falls in der philosophischen Tradition tatsächlich Theorien eines wahren Selbst entwickelt worden sind, was zumindest in expliziter Form nicht der Fall ist, dann wäre die von Rorty überraschenderweise niemals konkret ausgeführte Widerlegung derartiger Ansätze im günstigsten Fall eine begriffliche Vorklärung. Auf diese Weise kann aber sicherlich nicht eine faktische Eigenschaft menschlicher Existenz zum Verschwinden gebracht werden. Eine Person hat auch dann eine ‚innere Natur‘, wenn ihr ein Wesen im Sinne der traditionellen Philosophie nicht zugesprochen werden kann. Nur muß zunächst unklar bleiben, in welcher Hinsicht dieses Innere des Selbst der Reflexion wirklich zugänglich ist.[8]

Die skeptizistische Kontingenzphilosophie verläßt den vermeintlich sicheren Boden ihrer extremen Kritik mit dem Übergang von der generellen Zurückweisung der Positionen der traditionellen Philosophie zur These von der Zentrumslosigkeit der Person [72–S, 73–S]. Unabhängig von der Frage nach der Angemessenheit der Darstellung und Kritik der philosophischen Tradition muß vom Standpunkt der Philosophie der Person gegen die skeptizistische Kontingenzphilosophie eingewandt werden, daß ihre Beschreibung personaler Existenz hochgradig artifiziell ist und sich zu Lasten moralischer und sozialer Bestimmungen vorrangig an literarischen und psychologischen Erzählungen orientiert. Zudem wird ihre Kritik nahezu ausschließlich von generalisierenden Einschätzungen bestimmt, die gerade jene inhaltliche Differenziertheit vermissen lassen, die auf der anderen Seite von der traditionellen Philosophie eingefordert und deren Nichterfüllung als ein schwerwiegendes Versäumnis angesehen wird.[9]

Gegen den Einwand der Selbstwidersprüchlichkeit steht Rorty schließlich noch ein letztes Mittel zur Verfügung, nämlich die Strategie der Ersetzung der rechtfertigungsfähigen Philosophie durch eine ‚interessante Philosophie‘, die sich nicht um das Für und Wider von Argumenten bemüht, sondern anstrebt, das langweilige Vokabular der Tradition durch ein neues Vokabular zu ersetzen, das ahnungsvoll ‚große Dinge‘ verspricht.[10] Dieser Hinweis kann wohl nur bedeuten, daß mit den Mitteln der Philosophie die Philosophie verlassen werden soll. Damit würde sich Rorty einer

---

[8] Siehe Abschnitt VII. 2.

[9] Diagnosen wie „(...) once upon a time we felt a need to worship something which lay beyond the visible world" (Rorty 1989, S. 22) können schwerlich als sachgerechte Interpretation epistemologischer Grundmotive der philosophischen Tradition ausgegeben werden. Zum gesamten Wortlaut des Zitats siehe S. 260 Anm. 5.

[10] Siehe Rorty 1989, S. 9: „Interesting philosophy is rarely an examination of the pros and cons of a thesis. Usually it is, implicitly or explicitly, a contest between an entrenched vocabulary which has become a nuisance and a half-formed new vocabulary which vaguely promises great things."

anderen philosophiekritischen Traditionslinie nähern, die von Rousseau, Schiller, über die Frühromantiker, den jungen Marx bis zu Teilen der Frankfurter Schule reicht. Seine kulturellen Intentionen sind den Zielen dieser Traditionslinie allerdings entgegengesetzt, und seine skeptischen Einlassungen bleiben hinter der Radikalität und Originalität ihrer Kritik zurück.

Wer mit dem Hinweis, sich nicht am Diskurs der Philosophie beteiligen zu wollen, an ihm teilnimmt, entgeht deswegen noch nicht einer begründungstheoretischen Überprüfung. Für die Selbstwidersprüchlichkeit des eigenen Ansatzes kann nicht einfach wieder die zunächst radikal verworfene philosophische Tradition verantwortlich gemacht werden. Auf diese Weise unterbietet Rorty nicht zuletzt auch seine Einsichten in die Kontextualität kognitiven Bewußtseins, die in der Verschärfung von Davidsons Metapherntheorie und seinen Überlegungen zur radikalen Interpretation beträchtliches subjektivitätskritisches Potential aufbieten können. Gerade in sprachanalytischer Argumentationsperspektive ist mit Nachdruck herausgearbeitet worden, daß der Immanenz der Theorie genausowenig zu entgehen ist wie der Immanenz des jeweiligen Sprachspiels. Der Versuch der Fragmentarisierung der Philosophie bleibt ein philosophischer Standpunkt, der sich an entsprechenden Standards zu messen hat. Zu glauben, man könne aus den Kontexten der langen Tradition eines gewachsenen philosophischen Universums heraustreten, ist ein voluntativer Akt der Selbsterschaffung, der sich bei Rorty hinter der vordergründig ansprechenden Gestalt theoretischer Bescheidenheit verbirgt.

Die Konvergenz von Kontextualität und Kontingenz führt schließlich zu einer personalitätstheoretischen Vielfarbigkeit, die zumindest der formalen Struktur nach eine Reihe von Ähnlichkeiten mit dem Bild des in Rollenspielen dissoziierten Menschen aufweist, das von kulturkritischer Seite geradezu als Schattenseite der Moderne behandelt wird. Der zerstreute Mensch der Moderne hangelt sich von einer Gegenwart zur anderen und ist nicht mehr imstande, Kontinuitäten zu etablieren, die die jeweiligen Augenblicke und Orte seines Lebens sinnvoll zueinander in Beziehung setzen können. Der dissoziierte Mensch der Moderne wäre das von Kant eingeführte Gegenbild eines vielfarbigen Selbst, dessen Geschichte auf die jeweilige Gegenwart zusammenschrumpft und das deshalb nur über zufällige Bezüge zur Vergangenheit und Zukunft verfügt. Rortys Konzept der Person ist zwar narrativ angelegt und kann nicht umstandslos mit dem Bild des dissoziierten Menschen identifiziert werden, seine radikale Kontinuitätskritik läßt ihn jedoch analoge zeittheoretische Positionen beziehen. Radikale Kontingenzstrategien sind generell ‚zeitvergessen‘, weil sie Kontinuitäten über die Zeit hinweg von vornherein ausblenden. Die Zeitverhältnisse personalen Lebens werden von Rorty denn auch nur beiläufig thematisiert.

Die Zeit personalen Lebens schlägt sich bei Rorty allein in narrativen Verbindungen und Zusammenhängen nieder. Der Verfahrensweise der narrativen Dezentrierung stellt er eine Reihe von Modellfällen gegenüber, denen eine gemeinsame Strategie angesonnen wird:

> „The strategy is the same in all these cases: It is to substitute a tissue of contingent relations, a web which stretches backward and forward through past and future time, for a formed, unified, present, self-contained substance, something capable of being steadily and whole."[11]

Rorty gibt verbindliche Kontinuitätsformen unterderhand als Substanzmodelle aus. Durch die falsche Alternative von unverbindlichen Ausdehnungen in Vergangenheit oder Zukunft und den unter einen Substantialisierungsverdacht gestellten verbindlichen Kontinuitätsformen über die Zeit hinweg wird schon vom Ansatz her die Analyse personaler Zeitverhältnisse unterbunden. Dabei bleiben nicht zuletzt die zeitlichen Einheitsstrukturen unberücksichtigt, die Personen im Alltagsleben immer schon realisieren. Rorty verstärkt den voluntativen und zeitvergessenen Charakter seines Personbegriffs noch dadurch, daß er den Begriff ‚self-enlargement‘, der zunächst als kontingenzphilosophisches Korrelat des herkömmlichen Autonomiekonzepts auftritt,[12] stillschweigend durch ‚self-creation‘[13] ersetzt. Diese Ersetzung scheint konsequent zu sein, weil Selbsterweiterungen bindende Kontinuitätsstrukturen voraussetzen, die die skeptizistische Kontingenzphilosophie für dogmatische Setzungen hält. Als zulässige Kontinuitätsformen werden allein kontingente Verbindungen akzeptiert, und als anspruchsvollste Form zählt die literarische Neubeschreibung der im personalen Leben wirksamen ‚heteronomen Kräfte‘, für die Nietzsche und Proust exemplarisch sein sollen.[14] Der Unterschied zwischen *realiter* existierenden Personen und fiktiven Gestalten spielt für Rorty nur insofern eine Rolle, als sich auf diese Weise ein Wechselspiel zwischen Wirklichkeit und Fiktion einstellen könne, an dessen Ende „a network of small, interanimating contingencies"[15] stehe.

Zwar enthält der Kontingenzbegriff beträchtliches Beunruhigungspotential für die semantische und argumentative Entfaltung praktischer

---

[11] Rorty 1989, S. 41.
[12] Siehe Rorty 1991, S. 153 ff. [Freud and Moral Reflection (1986)]
[13] Siehe Rorty 1989, S. xiii ff. und 23 ff.
[14] Siehe Rorty 1989, S. 100: „Both men wanted to create themselves by writing a narrative about the people who had offered descriptions of them; they wanted to become autonomous by redescribing the sources of heteronomous descriptions."
[15] Rorty 1989, S. 100.

Selbstverhältnisse, was vor allem für die Problemstellungen der Kontinuität in der Zeit sowie der Endlichkeit personalen Lebens gilt, das personalitätstheoretische Fazit muß im Fall der skeptizistischen Kontingenzphilosophie jedoch negativ ausfallen. Aufgrund der Vielzahl begründungstheoretischer Lücken und Selbstwidersprüchlichkeiten kann die skeptizistische
Kontingenzphilosophie weder einen phänomengerechten Gegenentwurf
zur nicht-reduktionistischen Philosophie der Person auf den Weg bringen,
noch einen konstruktiven Beitrag zur Aufklärung des Verhältnisses von
Kontingenz und Zeit leisten. Rorty verkennt, daß eine Theorie des Selbst
immer eine Theorie des Selbst über die Zeit hinweg sein muß und insofern
zeitliche Einheitsstrukturen in Rechnung zu stellen hat, weil andernfalls
Bestimmungen wie ‚self-enlargement‘ und ‚self-creation‘ nicht einmal im
Rahmen der beschränkten kontingenzphilosophischen Semantik einen
Sinn hätten. Wenn mit dem Begriff des Selbst keine Einheitsstrukturen
mehr verbunden werden können, bleibt er semantisch leer oder verstrickt
sich in vitiöse Zirkel. Die semantische Funktion des Selbstbegriffs besteht
darin, die sich in der Zeit auslegenden Erscheinungsformen der subjektiven
Perspektive einer Person zusammenzuhalten. Gelingt das nicht, löst sich
der Begriff des Selbst in der Vielzahl der mentalen Daten und Befindlich-
keiten auf, die eine Person in der Zeit durchläuft. Soll dem Begriff des
Selbst dagegen nur eine ausschließlich voluntative Bedeutung zugewiesen
werden, müßte das Selbst zu Beginn der Selbsterschaffung schon das sein,
was es erst am Ende dieses Prozesses sein könnte: ein Selbst. Eine solche
Reflexionsfigur muß zum vitiösen Zirkel entschlossen sein, oder es muß
eingeräumt werden, daß das Selbst des Selbsterschaffungsprozesses und
das Selbst als Resultat des Prozesses gar nichts miteinander zu tun haben.
Rorty würde beide Möglichkeiten zulassen.

Das Bild eines ausschließlich kontingenten Lebens von Personen ist
noch in einer anderen Hinsicht selbstwidersprüchlich, und das dürfte
nicht zuletzt mit der ‚self-referential inconsistency‘ von Rortys Ansatz
insgesamt zusammenhängen. Denn die gegen die Grundbegriffe der traditionellen Philosophie aufgebotenen systemkritischen Bestimmungen sind
ihrerseits nicht imstande, irgendeine Begründungslast zu tragen. Rorty
weist zwar in einer vergleichbaren sprachphilosophischen Situation darauf
hin, daß es keine Sprache geben könne, die ausschließlich aus Metaphern
bestehe, er bleibt in diesem Zusammenhang jedoch inkonsequent und unterläßt es, diese Gedankenfigur auch auf den Kontingenzbegriff anzuwenden. Genauso wie eine Sprache nicht ausschließlich als aus Metaphern be-
stehend gedacht werden kann, ist es nicht möglich, die endliche Existenz
von Menschen ausschließlich in der Gestalt reiner Kontingenz zur Darstellung zu bringen. Reine Kontingenz wäre reine Indifferenz.

Die Kritik an der skeptizistischen Kontingenzphilosophie reduziert den argumentativen Spielraum bei der Behandlung des Verhältnisses von Kontingenz und Zeit. Sie enthält über die theoretischen Ausgrenzungen hinaus aber zunächst noch keinen ausgeführten Lösungsvorschlag. Die subjektivitäts- und personalitätstheoretischen Aporien der skeptizistischen Kontingenzphilosophie befreien die nicht-reduktionistische Philosophie der Person nicht von der Aufgabe der Bestimmung des Verhältnisses von Kontingenz und Zeit in praktischen Selbstverhältnissen – zumal die Berechtigung einer Kontinuitätskritik nicht von den kontingenzphilosophischen Konsequenzen abhängt, die daraus zufällig gezogen worden sind. Die generelle Fragestellung, die Rortys Kontingenzphilosophie aufwirft, ist die nach dem Status und der Tragfähigkeit von Kontinuitäten über die Zeit hinweg. Rorty hat mit seiner Kritik an einem ‚göttlichen Selbst' sicherlich dann Recht, wenn Kontinuitätsprozesse vermittels der Idee eines ‚stehenden und bleibenden Ich' konstruiert werden. Weniger überzeugend ist der Versuch, die Kontingenzphilosophie auf eine ‚sichtbare Welt' festzulegen, zumal unklar bleibt, welche Sachverhalte und Phänomene mit diesem Ausdruck angesprochen werden sollen. Außerdem müssen unsichtbare Welten doch wohl als Metapher jener möglichen Welten angesehen werden, die für eine praktische Theorie der Selbsterweiterung auf keinen Fall entbehrlich sind. Es muß daher erwogen werden, ob nicht ein anders verfaßter Kontinuitätsbegriff in Einsatz gebracht werden kann, der den Kontingenzen und Wechselfällen im Leben einer Person Rechnung trägt und dennoch einen praktischen Identitätssinn über die Zeit hinweg ermöglicht.

3

Eine kontinuitätskritische Untersuchung, die sich ausführlich den Zeitverhältnissen personalen Lebens widmet, ist von Derek Parfit vorgelegt worden.[16] Er bezieht zwar auch einen Standpunkt radikaler Kontingenz, nur geschieht das in einer gegenüber Rorty terminologisch zurückhaltenderen und durchsichtigeren Form. Für Parfit kommt es im Leben einer Person nicht auf einen festen und bleibenden Identitätssinn an, sondern auf den Zusammenhang bzw. die Kontinuität der jeweils gegenwärtigen Erfahrungsprozesse. Sein Ansatz ist dadurch gekennzeichnet, daß er eine Konzeption zeitlicher Perspektiven entwickelt, die an den kontingenten Strukturen des Bewußtseins festhält. Grundlage der kontingenzphiloso-

---

[16] Zum folgenden siehe Sturma 1990b und 1992a.

phischen Strategie ist die Ersetzung von Identität durch einen schwachen Kontinuitätssinn:

„On the Reductionist View that I defend, persons exist. And a person is distinct from his brain and body, and his experiences. But persons are not seperately existing entities. The existence of a person, during any period, just consists in the existence of his brain and body, and the thinking of his thoughts, and the doing of his deeds, and the occurence of many other physical and mental events. (...) On the Reductionist View, personal identity just involves physical and psychological continuity. (...) A Reductionist also claims that personal identity is not what matters. Personal identity just involves certain kinds of connectedness and continuity, when these hold in a one-one form. These relations are what matter."[17]

Mit Hilfe des ‚Reductionist View‘ wird der Versuch unternommen, die Zeittragödie selbstbewußter Existenz, im Verlauf des Lebens immer weniger Anlaß zu haben, nach vorn zu schauen, aber immer mehr Anlaß zu haben, zurückzublicken, einer philosophischen Revision zu unterziehen. Weil Personen im Bewußtsein dieser Zeittragödie zu leben haben, seien sie ohne Verdrängungsstrategien nicht mehr in der Lage, mit dem Faktum des Todes zurechtzukommen. Parfit zufolge ist es die tief in der modernen Lebensform verwurzelte Neigung, sich an der Zukunft auszurichten, die den Menschen die beste Einstellung zur eigenen Endlichkeit raubt. Der Blick in und auf die Zukunft mag uns zwar lebenspraktisch den Gewinn strategischer Vorsorge einbringen, dafür muß jedoch der schmerzliche Preis des Bewußtseins der eigenen Vergänglichkeit entrichtet werden, das naturgeschichtlich sicherlich als ein Sonderfall angesehen werden muß.[18] Könnte man diese Neigung korrigieren und konsequent die Gegenwart in den Mittelpunkt der jeweiligen Erfahrungsprozesse und moralischen Überlegungen rücken, dann verlöre die Zeittragödie entscheidend an Schrecken. Parfit zieht aus dieser Reflexionsfigur die zeittheoretische Konsequenz, daß das ontologische Primat der Gegenwart auch in einem präskriptiven Sinne akzeptiert werden müsse. Daher ist der Satz

[74–T] Das Leben von Personen muß faktisch aus der Perspektive der jeweiligen Gegenwart gelebt werden.

lebenspraktisch und moralisch zu verschärfen:

---

[17] Parfit 1984, S. 275.

[18] Vgl. Fraser 1987, S. 14: „The knowledge of human time (...) made for a double-edged weapon that cut both ways. The ability to use long-term memory in preparing for future actions has conferred upon our species immense advantages in its struggle for survival. On the other hand, these advantages were paid for by a profound sense of restlessness, rooted in the certainty of passing and death."

[75–S] Das Leben von Personen soll allein aus der Perspektive der jeweiligen Gegenwart gelebt werden.

Parfit gesteht ein, daß [75–S] in [74–T] nicht analytisch enthalten ist und auch der Übergang von [74–T] zu [75–S] nicht als zwangsläufig vorgestellt werden kann. Deshalb spricht er sich für eine Revision der alltäglichen Zeitverhältnisse aus.

Um seine grundsätzliche These zur Revision des alltäglichen Zeitbewußtseins zu veranschaulichen, greift Parfit auf ein Gedankenexperiment zurück, in dessen Mittelpunkt die fiktive Person Timeless[19] steht: ein Wesen, das in seiner Zeitwahrnehmung nicht an den unerbittlich und ausschließlich in die Zukunft zeigenden Zeitpfeil gebunden ist und deswegen unterschiedslos in die Vergangenheit und die Zukunft schauen kann. Für Timeless ist es unerheblich, ob seine Bewußtseinszustände in der Zukunft oder in der Vergangenheit liegen. Aufgrund dieser Fähigkeit entgeht er der Zeittragödie, denn ihm erscheint das Ende des Lebens nicht anders als sein Anfang, und er hat deshalb keine Veranlassung, dem Vergehen der Zeit mit Schrecken entgegenzusehen.[20]

Parfit glaubt zwar nicht, daß unser Bewußtsein so verfaßt ist, wie das von Timeless, er geht aber durchaus davon aus, daß wir uns zumindest tendenziell auf analoge Zeitverhältnisse zubewegen können. Seine revisionären Bemühungen zielen darauf, in den Einstellungen von Personen eine solche Tendenz zu verstärken. Gelänge es uns, wie Timeless zu sein, würde sich die uns zur Verfügung stehende Zeit nicht verringern. Die durch den Zeitpfeil verursachten Veränderungen – die in der Gegenwart sich permanent vollziehenden Transformationen von Zukunft in Vergangenheit – verlören lebenspraktisch entscheidend an Bedeutung, weil die Reduzierung der Lebenszeit, der man noch glaubt entgegensehen zu können, durch die ständige Ausweitung personaler Vergangenheit, auf die zurückgeblickt werden kann, vollständig kompensiert würde:

„If we were like Timeless, being at the end of our lives would be more like being at the beginning. At any point within our lives we could enjoy looking either backward or forward to our whole lives."[21]

Um eine derartige Kompensation im Leben von Personen erreichen zu können, muß Parfit zufolge die herkömmliche Ausrichtung von Handlungsgeschichten an der Zukunft einer radikalen Revision unterzogen werden. Sie soll sich vor allem durch eine Vorrangstellung der Gegenwart

---

[19] Siehe Parfit 1984, S. 173 ff.
[20] Timeless hat aber noch allen Grund, dem Vergehen des Lebens mit Schrecken entgegenzusehen.
[21] Parfit 1984, S. 177.

gegenüber Zukunft und Vergangenheit vollziehen. Parfit widerspricht daher der Annahme, daß es sinnvoll sei, in der näheren Zukunft Schmerzen
auf sich zu nehmen, um größeres Leiden in der ferneren Zukunft zu vermeiden. Damit erweist sich der Übergang von [74–T] zu [75–S] als von einer Grundsatzthese abhängig, die bei Parfit in einem Unbestimmtheits-
raum zwischen Deskriptivem und Präskriptivem angesiedelt ist:

[76–S] Die lebenspraktische und moralische Bedeutung von Zeitverhältnissen verliert sich mit ihrem Abstand von der Gegenwart.

Wenn die Beziehung zur Gegenwart als das entscheidende Zeitverhältnis
akzeptiert wird, ist es keineswegs abwegig, sich um unmittelbar bevorstehende Schmerzen mehr zu sorgen als um vermutlich größere Schmerzen,
die in der ferneren Zukunft liegen. ‚The bias towards the future‘, der
Hang, Bewußtseinsprozesse und Handlungsvollzüge an Zukunftsvorstel-
lungen auszurichten, ist für Parfit nicht zuletzt auch dafür verantwortlich,
daß wir kein unbefangenes Verhältnis zu unserem Tod haben: „In giving
us this bias, Evolution denies us the best attitude to death.“[22]
    Um seine zeitkritische Revision durchführen zu können, hat Parfit ei-
ne folgenreiche identitätstheoretische Vorentscheidung zu treffen. Er muß
davon ausgehen, daß es nicht so etwas wie einen tieferen Sinn personaler
Identität gibt, auf den es im Leben von Personen ankommt:

„On all of the plausible views about the nature of personal identity, personal identity nearly always coincides with psychological continuity, and roughly coincides
with psychological connectedness. But (...) it makes a great difference which of
these we belief to be what matters. If we cease to believe that our identity is what
matters, this may affect some of our emotions, such as our attitude to ageing and to
death. And (...) we may led to change our views about both rationality and morality.“[23]

Die Ersetzung personaler Identität durch die ontologisch ermäßigte Form
eines Zusammenhangs von Erfahrungsprozessen gibt der praktischen Reduzierung der Zeitverhältnisse auf die Gegenwart die personalitätstheoretische Grundlage. Personale Existenz soll der Bestimmung nach nicht länger durch substantiale oder invariante Eigenschaften, sondern durch deskriptiv erfaßbare Bewußtseinsrelationen konstituiert werden. Dies ist der
Kerngedanke des ‚Reductionist View‘, dem Parfit in kritischer Absicht einen ‚Non-Reductionist View‘ gegenüberstellt:

[22] Parfit 1984, S. 177. Vgl. Rousseau 1969, S. 307: „La prévoyance! la prévoyance qui nous
porte sans cesse au delà de nous et souvent nous place où nous n'arriverons point; voila la
véritable source de toutes nos misères. Quelle manie à un être aussi passager que l'homme
de regarder toujours au loin dans un avenir qui vient si rarement et de négliger le présent
dont il est sur“.
[23] Parfit 1984, S. 215.

„On the Non-Reductionist View, personal identity is what matters. And it does not just involve physical and psychological continuity. It is a seperate further fact, which must, in every case, either hold completely, or not at all."[24]

Dem ‚Non-Reductionist View' zufolge ist personale Identität von weiteren, deskriptiv nicht unmittelbar zugänglichen Tatsachen und Eigenschaften abhängig. Er teilt mit der nicht-reduktionistischen Philosophie der Person viele Gemeinsamkeiten, aber anders als Parfit behauptet, muß mit einer nicht-reduktionistischen Theorieperspektive keineswegs schon unterstellt werden, daß Personen ‚seperately existing entities' sind. Der hier verteidigte ‚Non-Reductionist View' geht zunächst nur davon aus, daß personale Identität nicht ausschließlich relational erklärbar oder empiristisch ableitbar ist.

Wenn es keinen Identitätssinn in der Gestalt eines ‚tieferen identitätsstiftenden Faktums' gibt, muß das Verhältnis von personaler Identität und Temporalität als völlig offen für Veränderungen seitens des Subjekts der jeweiligen Bewußtseinsprozesse angesehen werden. Die Veränderungen sollen bei Parfit nach Maßgabe einer projektierten ‚Non-Religious Ethics'[25] vollzogen werden, von der er nicht zuletzt die Milderung der existentiellen Kluft erwartet, die sich zwischen den vereinzelten Personen auftut. Die Kluft könne zwar nicht vollständig aufgehoben werden, da aber gemeinsame Erfahrungsprozesse in der Gegenwart verbinden und nicht wie tiefer gehende Identitätsstrukturen trennen, werde sie in der Weise abnehmen, in der sich Personen weniger um ihre individuelle Identität oder ihre existentielle Einsamkeit kümmern und mehr auf ihre konkreten Erfahrungen in der Gegenwart sowie die Anwesenheit anderer Personen im sozialen Raum konzentrieren:

„This change of view also has psychological effects. It makes me care less about my own future, and the fact that I shall die. In comparison, I now care more about the lives of others. I welcome these effects. Metaphysics *can* produce the consolations of philosophy."[26]

In dieser moralisch akzentuierten Dezentrierung sind Ziele enthalten, die auch die nicht-reduktionistische Philosophie der Person übernehmen kann, nur werden sie von Prämissen aus formuliert, die mit einigen subjektivitätstheoretischen Zumutungen belastet sind. Parfits Ansatz ist zunächst dadurch gekennzeichnet, daß er das Verhältnis von Person und Zeit als grundlegend für personales Leben begreift, es aber theoretisch und le-

---

[24] Parfit 1984, S. 275.
[25] Siehe Parfit 1984, S. 453.
[26] Parfit 1984, S. 451.

benspraktisch auf die unmittelbare Umgebung der Gegenwart begrenzt. Hierin ist vor allem das Motiv für die Ersetzung personaler Identität durch die Kontinuität des Bewußtseins zu sehen. Sie soll die Probleme moralischer Verhaltensweisen im sozialen Raum ausräumen, die mit dem impersonalen Gewicht einhergehen, das dem Einzelnen moralphilosophisch aufgebürdet wird. In zeitlicher Hinsicht äußert sich dieses Problem dahingehend, daß Verhaltensausrichtungen auf zukünftige Zustände zu Gegenwarts- und Existenzvergessenheit führen können, weil sie vom ‚tatsächlichen Selbst' zu weit entfernt sind und deshalb vom faktischen Lebensprozeß entfremden.[27] Parfit versucht in dieser Situation, einen Impersonalitätsgedanken zu entwickeln, der sich in der Gegenwart entfalten kann und das Leben von Personen nicht mit zusätzlichem Entfremdungspotential belastet. In diesem Motiv treffen sich – aus gänzlich anderen theoretischen Zusammenhängen kommend – Parfits revisionärer Reduktionismus und Rortys skeptizistische Kontingenzphilosophie.

Sowohl Parfit als auch Rorty fassen die Relationen von Zukunft, Gegenwart und Vergangenheit als ausschließlich kontingente Beziehungen auf. Sie räumen den Neigungen des Augenblicks Vorrang vor zeitunabhängigen Gründen ein, weil diese immer Kontinuitäten über die Zeit hinweg repräsentieren, die in den Dekonstruktions- und Revisionsverfahren zur Disposition gestellt werden. Wird erst einmal auf die Etablierung von Kontinuitäten über die Zeit hinweg verzichtet, dann kann nur die unmittelbare Gegenwart über das entscheiden, was für eine Person von Bedeutung ist.

Die Ansätze von Parfit und Rorty reduzieren das Leben von Personen in der Zeit auf einen sehr begrenzten Abschnitt. Diese Reduktion ist nicht ohne Einfluß auf die intuitiv gelebten Zeitverhältnisse im Alltagsleben. Nach Parfit, Rorty und anderen Reduktionisten sind Personen keine wirklichen Subjekte, und unter einer solchen Voraussetzung wäre es in der Tat sinnlos, normative Ziele über die Zeit hinweg zu formulieren – sei es in der Gestalt von Lebensplänen oder kulturellen Projekten. Es scheint nur folgerichtig zu sein, wenn reduktionistische Standpunkte gemeinhin passive Modelle personalen oder kulturellen Verhaltens verfolgen und den *status quo* politischer und kultureller Zustände weitgehend unangetastet lassen. Wird nämlich die Frage zugelassen, welche Formen von Kontinuitäten über die Zeit hinweg etabliert werden sollen, dann müssen auch politische Ziele und kulturelle Projekte als Optionen zugelassen werden, und diese Konsequenz will zumindest Rorty vermeiden. Parfit unterscheidet sich in diesem Punkt deutlich von Rorty und hält in revisionärer Absicht durchaus an moralischen und kulturellen Projekten fest.

---

[27] Vgl. Williams 1985, S. 14 f. und 64 ff.

Gegen die reduktionistischen Personmodelle muß schließlich noch der Einwand erhoben werden, daß ihnen eine phänomengerechte Ontologie der Person fehlt. Die von Rorty und Parfit vollzogene Reduzierung personaler Zeitverhältnisse auf zufällige Beziehungen, die sich rückwärts in die Vergangenheit und vorwärts in die Zukunft erstrecken, ist eine eklatante Unterbestimmung der tatsächlichen Eigenschaften und Lebensführung von Personen. Es bleibt vor allem die Möglichkeit unberücksichtigt, daß Zeit in einem nicht-kontingenten Sinne personale Selbsterweiterungsprozesse formieren kann. Es ist gerade diese Möglichkeit, die im Zentrum der nicht-reduktionistischen Philosophie der Person steht.[28]

Ein wichtiges Indiz für den Sachverhalt, daß das reduktionistische Programm nicht in der Radikalität, die methodisch zuweilen angekündigt wird, durchgeführt werden kann, ist der Umstand, daß weder Rorty noch Parfit ohne eine Konzeption von Kontinuität auskommen können. Beide machen ausdrücklich Gebrauch von Kontinuitätsbegriffen in der Form narrativer Zusammenhänge oder psychologischer Verbindungen. Damit scheinen sie eine Mittelposition beziehen zu wollen, die sich von Substanzmodellen absetzt, ohne gleich die Position eines radikalen Relativismus zu beziehen. Doch dieser Weg ist zumindest für die Belange der Philosophie der Person nicht gangbar. Selbst ein schwacher Kontinuitätsbegriff ist nicht imstande, eine sachlich angemessene Antwort auf die Frage zu geben, was es bedeutet, das Leben einer Person in der Zeit zu führen. Im Fall des Lebens von Personen haben Kontinuitäten über die Zeit hinweg immer mehr zu beinhalten als bloße Verbindungen von Bewußtseinszuständen. Es muß ein Identitätssinn vorausgesetzt werden können, der verschiedene Phasen des Lebens psychologisch und moralisch als zu ein und derselben Person gehörig bestimmt[29] und Differenzierungen zwischen richtigen und falschen Annahmen, zwischen rechtfertigungsfähigen und unbegründeten Handlungen sowie zwischen besseren und schlechteren Verhaltensweisen zuläßt.

Im Alltagsleben lassen sich eine Vielzahl von Handlungsepisoden beobachten, die sich nach Maßgabe einer Unterscheidung zwischen besseren und schlechteren Verhaltensweisen verstehen lassen. Personen gehen in aller Regel gerade nicht davon aus – sieht man einmal von extremen Formen der Verzweiflung ab –, daß bestimmte Verhaltensweisen, Lebenspläne oder Ideale genauso gut oder schlecht sind wie andere. Obwohl Parfit darin Recht zu geben ist, daß in der Fluchtlinie dieser Einstellungen das Bewußtsein der eigenen Vergänglichkeit und des bevorstehenden Todes steht, verzichten Personen dennoch nicht auf Vorstellungen von zukünfti-

---

[28] Siehe Abschnitt VIII. 4.
[29] Siehe Abschnitte V. 4, VI. 1 und 2.

gen Welten, um ihre Verhaltensweisen verstehen und korrigieren zu können. Die Zurückweisung eines bedeutungsvollen und nicht-kontingenten
Begriffs von Kontinuitäten über die Zeit hinweg beruht auf einer inadä-
quaten Beschreibung personalen Lebens im sozialen Raum, die falsche ontologische Annahmen nach sich zieht. In extremer Form ist das an Rortys
Eliminierung des Konzepts einer angemessenen Beschreibung von Personen ablesbar. Im übrigen kann sich Rorty nicht von der Aufgabe, dem Leben einer Person im theoretischen Kontext eine angemessene Beschreibung zu geben, dadurch entbinden, daß er begründungslos behauptet, eine solche Beschreibung gebe es nicht. Das wäre ein weiterer Aspekt der
‚self-referential inconsistency‘ seines Ansatzes.

Ein zusätzlicher Hinweis auf die falsche Ontologie der Person reduktionistischer Ansätze zeigt sich in der konzeptionellen Unvollständigkeit
ihres Selbstbegriffs. Bereits im Rahmen der skeptizistischen Kontingenzphilosophie Rortys haben sich vitiöse Zirkel im Begriff der Selbsterschaffung nachweisen lassen.[30] Ein ähnlich gelagertes Defizit läßt sich auch bei
Parfit ausmachen. Er verzichtet von vornherein auf präsuppositionale Argumentationen und versucht, die Strukturen menschlicher Subjektivität
durchgängig mit Hilfe von relationalen Eigenschaften zu bestimmen. Auf
den nicht-reduktionistischen Einwand, daß weder die subjektive Perspektive noch die Identität der Person aus relationalen Bestimmungen zu verstehen sind und deshalb in der Theorie unklar bleiben muß, wie verschiedene Abschnitte des Lebens einer Person als zu einer identischen Person
zugehörig ausgewiesen werden können, steht Parfit allerdings ein seinem
Ansatz eigentümliches Gegenargument zur Verfügung. Er kann darauf
verweisen, daß die Pointe seiner Theorie gerade in dem Nachweis bestehe,
daß es auf derartige Identitätsbezüge gar nicht ankomme: „personal identity is not what matters"[31]. Über den Gehalt und die Qualität des Lebens
von Personen werde immer nur in der Gegenwart entschieden, in der der
einzelnen Person in moralisch günstigen Fällen andere Personen näher
stehen können als das eigene künftige Selbst. Die Identität, die in der
Theorie personaler Identität vorausgesetzt werden müsse, sei deshalb der
Geschichte von Nationen, Klubs u. ä. vergleichbar und falle nicht mit der
numerischen Identität über die Zeit hinweg zusammen.[32]

---

[30] Siehe Abschnitt VII. 2.
[31] Parfit 1984, S. 215.
[32] Siehe Parfit 1984, S. 341: „On the Reductionist View, we compare the lives of people to the
      histories of nations. We may therefore think the same about them. We may believe that,
      when we are trying to relieve suffering, neither persons nor lives are the morally significant
      unit. We may again decide to aim for the least possible suffering, whatever its distribution."
      In dieser Passage tritt im übrigen der neoutilitaristische Grundzug in der Position Parfits
      deutlich zutage.

Parfits relationaler Reduktionismus erlaubt die Formulierung von impersonalen Moralitätsvorstellungen, ohne auf einen starken Subjektgedanken zurückgreifen zu müssen. Für diesen scheinbaren Vorzug wird jedoch der hohe Preis der fehlenden Theoriebasis gezahlt. Es ist nämlich gerade der Subjektgedanke, der von Personen in ihren alltäglichen Bewußtseins- und Handlungsvollzügen in ausgeprägter Form erlebt wird, und es wird sich zeigen, daß impersonale moralische Orientierungen dieser Ausprägung keineswegs widersprechen.[33] Die eigene subjektive Perspektive ist ein ‚hartes Faktum‘ des Lebens von Personen, das durch philosophische Konstruktionen nicht zur Disposition gestellt werden kann. Lebenspraktische wie philosophische Revisionen sind nur möglich, wenn sie unter der Vorgabe einer phänomengerechten Ontologie der Person erfolgen. Weil Parfit das übersehen hat, entzieht er seinem ‚Reductionist View‘, bei allen Vorzügen der moralphilosophischen Intentionen, die personalitätstheoretische Grundlage.

4

Systematisch zehrt die kontingenzphilosophische Kritik an der Ausdehnung der Gegenwart in Vergangenheit und Zukunft von dem Argument, daß der Verlust des Vorrangs der Gegenwart praktisch zu Selbstentfremdungen führen müsse. Statt das Mögliche auszuschöpfen, verliere sich die Person in zeitlich entfernten Vorstellungen und verlasse ‚die sichtbare Welt‘. Rorty hat in der Fluchtlinie dieses Arguments die Etablierung von verbindlichen Kontinuitäten über die Zeit hinweg verworfen. Er muß sich aber im Gegenzug vorrechnen lassen, daß die Verabsolutierung der sichtbaren Welt auf eine Tyrannei des Augenblicks hinausläuft, die die Person dissoziiert und ihre zeitlichen Erweiterungen unterbindet. Wenn an der optischen Metaphorik überhaupt noch festgehalten werden soll, dann ist es gerade die unsichtbare Welt, die Welt, die nicht mit dem zusammenfällt, was jeweils der Fall ist, die Perspektiven für praktische Selbstverhältnisse und Selbsterweiterungen eröffnet. Die sichtbare Welt ist die Welt der Faktizität und unmittelbaren Gegenwart. Vergangenheit und Zukunft repräsentieren dagegen unsichtbare Wirklichkeiten, die die personale Erfahrungswelt konstituieren und inhaltlich ausfüllen, und in dem Maße, in dem sich den Menschen Zeitperspektiven eröffnen, sind sie imstande, sich von der Tyrannei des Augenblicks zu befreien.

---

[33] Siehe Abschnitte IX. 3 und X. 1.

Das metaphorische Szenario von sichtbarer und unsichtbarer Welt umreißt eine folgenreiche Entscheidungssituation: Kontingenzphilosophen
behaupten, daß das reflektierte bzw. reflektierende Transzendieren der
Gegenwart zu Selbstentfremdungen führe, während die Kritiker der Kontingenzphilosophie auf die Dissoziationsgefahren verweisen, die sich dann
zwangsläufig einstellen müssen, wenn Personen nicht in der Lage oder
nicht bereit sind, die Gegenwart reflektierend zu überschreiten. Der Kon-
tingenzphilosoph kann zwar entgegnen, daß eine Person faktisch immer
nur in der Gegenwart lebt, doch aus diesem unbestreitbaren Sachverhalt
folgt noch nicht, daß Personen auf die Gegenwart buchstäblich festgelegt
sind oder sein sollten. Um dieses Entscheidungsszenario auflösen zu können, muß untersucht werden, ob sich aus dem internen Zusammenhang
von faktischer Kontingenz und ausgedehntem Zeitbewußtsein Möglichkeiten für Kontinuitäten über die Zeit hinweg ergeben.

Die menschliche Entwicklungsgeschichte muß zeittheoretisch offenbar
so gedeutet werden, daß die Erweiterung des Erfahrungshorizonts in die
Vergangenheit und Zukunft zu Todes- und Kontingenzbewußtsein geführt hat. Diese Sichtweise läßt menschliches Zeitbewußtsein als existentielles Verhängnis erscheinen. Es darf jedoch nicht übersehen werden, daß
die Entwicklungsgeschichte der Menschen vor allem eine soziale und kulturelle Evolution gewesen ist, die sich seit ihren Anfängen in der sprachlichen Beherrschung von Raum und Zeit sowie den damit einhergehenden
Kooperationsformen manifestiert hat.[34] Die Ausdehnung der Gegenwart
ist insofern ambivalent: Sie ist die Bedingung von Kontingenzbewußtsein
und eröffnet zugleich die Möglichkeit, Handlungsgeschichten über die
Zeit hinweg zu initiieren.[35]

Unabhängig von seinen existentiellen, moralphilosophischen und handlungstheoretischen Konsequenzen drückt sich im Begriff der ausgedehnten Gegenwart vor allem der Sachverhalt aus, daß Personen sich in reflektierten und praktischen Selbstverhältnissen auf vergangene und zukünftige Abschnitte ihres Lebens beziehen und sie als zur Einheit ihres Lebens
gehörig begreifen können. Die ausgedehnte Gegenwart ist in diesem Sinne
das Zeitverhältnis der reflektierten Kontingenz. Personen können ein reflexives Verhältnis zur Gegenwart einnehmen, in der diese als eine Zeit-

---

[34] Vgl. Leroi-Gourhan 1965, S. 138 ff.; Fraser 1978, S. 101: „Preparations for the immediate
future, such as for the coming evening, are surely very ancient habits of man and beast; but
preparing for a longer future, based on the memory of past experiences, is demonstrated
only (through the development of tools) in the upper Paleotithic period. The emerging ap-
prehension of long-term future and meaningful past are tied to the evolution of symbolic
thought, and possibly stem from an ability to imagine events and confer upon them a sense
of future reality."

[35] Siehe Abschnitt VII. 1.

form unter anderen Zeitformen erscheint. Durch die zeit- und handlungstheoretische Ausweitung des jeweiligen Augenblicks verlängert sich die
Gegenwart auf nicht-kontingente Weise in Vergangenheit und Zukunft.

Wenn Kontingenzbewußtsein und ausgedehnte Gegenwart gleichermaßen als natur- und kulturgeschichtliche Fakten personaler Existenz
aufgefaßt werden müssen, kann sich eine Entscheidungssituation, ob die
Gegenwart in kontinuitätsstiftender Absicht überschritten werden soll,
aus dem Grunde gar nicht einstellen, weil Personen das ohnehin immer
schon tun. Anders als raumzeitliche Objekte verfügen Personen über die
prinzipielle Möglichkeit, sich abwägend und verstehend auf ihre Vergangenheit und Zukunft zu beziehen. Sie entstehen und vergehen nicht nur
in der Zeit, sondern verhalten sich zur Zeit. Personales Zeitbewußtsein
ist die bewußte Orientierung über Vergangenheit und Zukunft in der
Gegenwart und öffnet die Dimension nicht-kontingenter Erfahrungen.
Im Bewußtsein kontingenter Ereignisse der Vergangenheit nimmt die
Person Einfluß auf kontingente Ereignisse der Zukunft und ist imstande,
soziale Organisationsformen im kulturellen Raum zu etablieren. Weil
Personen im Verlaufe der zeitlichen Übergänge ihres Lebens zumindest
teilweise Kontingenz durch Handlungen über die Zeit hinweg verändern, durchbrechen sie die eindimensionale Kette von Zufall und externen Zwangsläufigkeiten. Sie leben deswegen noch nicht in einer Welt
selbsterzeugter Notwendigkeiten, aber sie können immerhin Handlungen initiieren, die nicht nur Ereignisse sind, sondern auf Gründe und im
günstigsten Fall auf vernünftige Gründe zurückgehen:

[77–T] Zeitbewußtsein durchbricht partiell die Zwangsläufigkeiten der
    Welt der Ereignisse.

Satz [77–T] verleiht der Reihe [13–T, 14–T, 15–T, 35–T, 36–T, 40–T, 49–T,
70–T], die als formelhafte Zusammenfassung der reduktionismuskritischen ‚dual aspect theory‘ aufgefaßt werden kann, eine zeittheoretische
Präzisierung. An dem Umgang mit Zeit läßt sich deutlich beobachten, daß
Personen nicht vollständig in die kausalen Zwangsläufigkeiten der Welt
der Ereignisse eingebunden sind und es ihnen möglich ist, eigene Orien-
tierungs- und Ordnungssysteme im kulturellen Raum zu etablieren. Erst
aufgrund dieser Unabhängigkeit können Begriffe wie ‚Selbsterweiterung‘
und ‚Selbstbestimmung‘ eine sinnvolle Verwendungsweise finden, andernfalls würden nur Autonomie und Heteronomie miteinander verwechselt.
Exemplarisch für eine solche Fehldeutung ist Rortys Begriff der Selbsterschaffung, der sich in heteronome Bestimmungen auflöst, weil der Person
keinerlei Möglichkeiten eingeräumt werden, der Kontextualität selbstbestimmt zu begegnen. Rortys Versuch, diesem Dilemma durch das Kon-

zept der ‚self-made contingency'[36] zu entgehen, muß wegen der Selbstwidersprüchlichkeit des Konzepts vergeblich bleiben, denn es verbindet der
Intention nach zwei Begriffe, ‚Autonomie' und ‚Heteronomie', die sich
semantisch ausschließen, wenn sie auf ein und denselben Sachverhalt bezogen werden.

Die bewußtseins- und handlungstheoretische Perspektive der reflektiert
erweiterten Gegenwart entwirft ein Zeitverhältnis, dem zufolge Personen
sich in der Gegenwart von der Vergangenheit bestimmt auf zukünftige
Handlungssituationen einstellen. Ein derartiges Zeitverhältnis setzt voraus, daß Personen *idealiter* aus der Zeit heraustreten können, das heißt, sie
müssen prinzipiell fähig sein, in der Gegenwart sich über das Verhältnis
von Vergangenheit, Gegenwart und Zukunft zu orientieren. Dieser Sachverhalt läßt sich auf die kurze Formel bringen, daß Personen sich als kontingente Individuen in der Zeit zeitneutral verhalten können.[37]

Zeitneutrale Verhaltensweisen vollziehen sich im personalen Leben überwiegend ohne größere Reflexionsanstrengungen. Personen sind in der Lage, selbstverständlich und ohne einen expliziten Begriff von Zeit mit Zeitverhältnissen umzugehen. Den komplizierten Problemen bei der theoretischen Aufklärung von Zeit steht insofern ein unproblematischer Umgang mit Zeit in der Alltagserfahrung gegenüber.[38] Strittig ist lediglich die
Art und Weise des Umgangs mit Zeit – *daß* sie als ein alltägliches Phänomen im sozialen Raum immer schon praktische Umsetzungen erfährt,
bleibt davon unberührt. Es ist der selbstverständliche Umgang mit Zeit,
der uns entscheidende Hinweise zur Beantwortung der Fragen ‚Wer sind
wir?' und ‚Wer können wir sein?' geben kann. Das läßt sich exemplarisch
an den zeitunabhängigen und zeitneutralen Einstellungen von Personen
ablesen.

Der Begriff der Zeitneutralität kann nicht in einem buchstäblichen Sinne aufgefaßt werden, denn in der Zeit existierende Individuen können trivialerweise nicht faktisch aus der Zeit heraustreten. Zudem stößt die Ausdehnung der Gegenwart in Vergangenheit und Zukunft unausweichlich
auf die existentiellen Grenzen von Anfang und Ende des Lebens einer
Person. Deshalb kann sich der Begriff der Zeitneutralität nur metaphorisch auf die Fähigkeit von Personen beziehen, in der Zeit reflektiert mit
Zeit umzugehen. Diese Fähigkeit hebt nicht die ontologische Kontingenz

---

[36] Siehe Rorty 1989, S. 98.

[37] Zum Begriff der Zeitneutralität und seines theoretischen Kontextes siehe Sturma 1992a, S.
141 ff.

[38] Dieses prekäre Verhältnis von Explikation und alltäglichem Umgang ist bekanntlich von
Augustinus auf eine berühmte Formel gebracht worden: „Quid est ergo ‚tempus'? Si nemo
ex me quaerat, scio; si quaerenti explicare velim, nescio". (Augustinus 1955, S. 628)

ihres Lebens auf, sondern verleiht ihr lediglich einen spezifisch personalen Sinn. Für Personen ist Zeit die Dimension des Bewußtseins der eigenen Kontingenz, die mit Hilfe von zeitneutralen Einstellungen reflektierend überschritten werden kann. Das Selbsterweiterungskonzept der radikalen Kontingenzphilosophie erweist sich angesichts dieser Zeitverhältnisse als unangemessen reduktionistisch. Das Zeitverhältnis der Selbsterweiterung von Personen ist die Perspektive der ausgedehnten Gegenwart und nicht, wie Rorty und Parfit unterstellen, der starre Standpunkt der unmittelbaren Gegenwart.

Obwohl der Begriff der Zeitneutralität semantisch ein metaphorisches und terminologisch ein artifizielles Erscheinungsbild aufweist, kann er in seinen Äußerungsformen gut in der Alltagserfahrung beobachtet werden. Dabei ist in erster Linie an die Sprache der Zeit zu denken. Mit Hilfe von temporalen Bestimmungen sind Personen imstande, sich sprachlich über räumliche und zeitliche Entfernungen hinweg zu bewegen. Das Faktum der Unabhängigkeit von der unmittelbaren Gegenwart zeigt sich vor allem in der semantischen Symmetrie, die bei vielen Aussagen zwischen der Perspektive der ersten, zweiten und dritten Person herrscht.[39] Personen ist es zudem möglich, Sachverhalte auszudrücken, die den subjektiv nachvollziehbaren Bereich möglicher Erfahrungen eklatant überschreiten. Extreme Beispiele für solche zeitlichen Passagen sind Sätze wie: ‚Ich habe vor zwei Milliarden Jahren nicht existiert‘ – ‚Ich werde in zwei Milliarden Jahren nicht existieren‘ – ‚Vor vier Milliarden Jahren gab es kein Leben auf diesem Planeten‘ – ‚Dieser Planet wird in zehn Milliarden Jahren nicht mehr existieren‘. An diesen Sätzen muß auffallen, daß sie unter Verwendung von indikatorischen Ausdrücken formuliert werden, die durch das, was mit ihrer Hilfe formuliert wird, semantisch förmlich nivelliert zu werden scheinen. Diese Merkwürdigkeit gilt selbst für Sätze, die keine indikatorischen Ausdrücke enthalten, wie etwa der Satz ‚Das Zentralgestirn des Sonnensystems ist vor den Planeten des Sonnensystems entstanden‘. Die gebräuchlichsten Fälle zeitloser Aussagen sind Sätze wie: ‚Der Wal ist ein Säugetier‘ – ‚Die Anaszasi sind ausgestorben‘ – ‚H_2SO_4 ist Schwefelsäure‘ – ‚Die Erdanziehung beträgt circa 9,81 m/sec^2‘ – u. ä., in denen die Ausdrücke ‚ist‘, ‚sind‘ oder entsprechende Verben gar kein temporales, sondern ein prädikatives Verhältnis ausdrücken. Der für das Verständnis des Begriffs der Zeitneutralität bedeutungsvolle Aspekt dieses Sachverhalts besteht darin, daß derartige Sätze an der Existenz von endlichen sprachfähigen Wesen und ihrem raumzeitlichen Ort eine absolute Voraussetzung

---

[39] Die semantische Symmetrie vollzieht sich jedoch immer vor dem Hintergrund der epistemischen Asymmetrie; siehe Abschnitt IV. 2.

haben, dieser Ort aber in ihrer Semantik nicht mehr nachweisbar ist. Dieser Sachverhalt kann auch so verstanden werden, daß endliche sprachfähige Wesen imstande sind, *idealiter* sich selbst und ihre Gegenwart zu transzendieren. Es ist dieser Aspekt, der strukturelle Entsprechungen in zeitlosen und zeitneutralen Einstellungen findet.

Während Zeitlosigkeit sich zum Großteil in künstlichen Ausdrucksformen oder semantisch bizarren Prädikationen wie den oben angeführten Sätzen manifestiert, zeigt sich Zeitneutralität vor allem in praktischen Einstellungen und Verhaltensweisen, die als Wertungen und Handlungen über die Zeit hinweg eine selbstbestimmte Form annehmen können.[40] Selbstbestimmung hat demnach seinen Grund in der Fähigkeit von Personen, den eigenen Ort in den zeitlichen Verläufen zu verstehen. Subjekte von Selbstbestimmung müssen ein Verständnis davon entwickeln, daß sie sich in ihren Bewußtseins- und Verhaltensprozessen nicht nur an *einer* Zeitstelle befinden, das heißt, sie haben sich immer schon als in der Zeit ausgedehnt zu begreifen. Zwar haben Personen ihr Leben in der Gegenwart, dem Schnittpunkt von Vergangenheit und Zukunft, zu leben, um ihrer eigenen Selbsterweiterung und Selbstbestimmung willen können sie aber gerade nicht in der Unmittelbarkeit der Gegenwart verharren. Bei der Realisierung von praktischen Selbstverhältnissen müssen Personen Gründe dafür haben, daß sie zum Zeitpunkt t_1 einem Wunsch D_1 deshalb nicht nachgeben, weil sie zum Zeitpunkt t_x einen zu D_1 alternativen Wunsch D_n, den sie vor t_1 gehabt haben und von dem sie annehmen, daß sie ihn an der Zeitstelle t_x auch noch haben werden, einlösen wollen. Derartige Gründe können nur in bezug auf Subjekte vorliegen, die an den Zeitstellen t_1 und t_x im Sinne praktischer Identität dieselben sind. Personale Zeitverhältnisse, die nicht unmittelbar von der Gegenwart abhängen – und nur dann kann man offenbar von *personalen* Zeitverhältnissen sprechen –, sind von der Einheit bzw. der Identität der Person über die Zeit hinweg abhängig. Die Einstellungen und Verhaltensweisen, die als Kriterien für Personalität auftreten, sind der formalen Struktur nach praktische Selbstverhältnisse über die Zeit hinweg. Entsprechend kann von Bestimmungen wie ‚Selbsterschaffung‘, ‚Selbsterweiterung‘, ‚Selbstbestimmung‘ u. ä. nur dann die Rede sein, wenn die Konzeption einer bedeutungsvollen Einheit der Person über die Zeit hinweg vorausgesetzt wird.

Der Einheit der Person in der Zeit entspricht das Bewußtsein, daß sich das eigene Leben sukzessiv entfaltet. Die Gegenwart begegnet dem Subjekt der Selbstbestimmung immer nur als ein Abschnitt von vielen anderen Abschnitten der Geschichte einer Person, zu deren wesentlichen Be-

---

[40] Siehe Kapitel VI.

stimmungen es gehört, imstande zu sein, die eigene Präsenz als ausgedehnt
und sich zeitlich entfaltend aufzufassen:

[78–T] Das Bewußtsein der praktischen Identität einer Person ist das Bewußtsein ihrer Extension über die Zeit hinweg.

Das in [78–T] angesprochene Bewußtsein der Identitätsextension kann
von Person zu Person und von Fall zu Fall extrem variieren. Unabhängig
von diesen Variationen ist die Gegenwart aber niemals ein punktuelles Ereignis. Insbesondere von Kant und Husserl ist herausgearbeitet worden,
daß die Gegenwart bewußtseinstheoretisch nicht auf einen Nullpunkt reduzierbar ist und als Relation bzw. als in Vergangenheit und Zukunft ausgedehnt aufgefaßt werden muß.[41]
Der Sachverhalt, daß das unterschiedliche Verständnis des jeweiligen
Orts in der Zeit auf unterschiedliche Weise die jeweiligen Entscheidungssituationen bestimmt, läßt sich nicht zuletzt an den verschiedenen Einstellungen ablesen, die Personen gegenüber ein und derselben Handlung zu
verschiedenen Zeiten ihres Lebens einnehmen: Nachlässigkeit und Voraussicht sind für die Zukunft, was Bedauern und Zufriedenheit für die
Vergangenheit sind. In diesem Sinne sind Zeitneutralität und ausgedehnte
Gegenwart notwendige Voraussetzungen für rationales und moralisches
Verhalten in der Zeit.
Die Entfaltung praktischer Selbstverhältnisse in der Zeit wirkt sich auf
den Begriff der Zeitneutralität überaus spannungsreich aus, so daß man
geradezu von einem praktischen Dilemma der Zeitneutralität sprechen
kann. Denn zeitneutrale Einstellungen und Wertungen können immer nur
von einem spezifischen raumzeitlichen Blickwinkel aus vollzogen werden.
Diese Perspektivität schließt von vornherein aus, daß Personen jemals ihr
Leben ausschließlich von einem zeitneutralen Standpunkt führen könnten. Zumindest der semantischen Konstruktion nach ist es deshalb unge-
rechtfertigt, Zeitneutralität mit Selbstentfremdung zu identifizieren. Die
semantische Gegenläufigkeit von Neutralität und Perspektivität ist die
Grenze der Metaphorik des Begriffs der Zeitneutralität, die als Indiz für
die personaler Existenz eigentümliche Eigenschaft aufgefaßt werden kann,
die jeweils gelebte Gegenwart reflektierend dadurch ausdehnen zu kön-

---

[41] Siehe Kant 1956, S. 143a f. [A 99]: „Jede Anschauung enthält ein Mannigfaltiges in sich,
welches doch nicht als ein solches vorgestellt werden würde, wenn das Gemüt nicht die
Zeit, in der Folge der Eindrücke aufeinander unterschiede: denn a l s i n e i n e m A u g e n -
b l i c k e n t h a l t e n, kann jede Vorstellung niemals etwas anderes, als absolute Einheit sein.
Damit nun aus diesem Mannigfaltigen Einheit der Anschauung werde, (wie etwa in der
Vorstellung des Raumes) so ist erstlich das Durchlaufen der Mannigfaltigkeit und dann die
Zusammennehmung desselben notwendig". Siehe auch Husserls ‚Vorlesungen zur Phäno-
menologie des inneren Zeitbewußtseins‘, in: Husserl 1969, S. 3 ff.

nen, daß Bezüge zwischen Zukunft, Gegenwart und Vergangenheit hergestellt werden. Diese komplizierte Konstellation von Zeitverhältnissen
scheint in der Tat nur noch metaphorisch erfaßbar zu sein.[42]

Die Begriffe der Zeitneutralität und ausgedehnten Gegenwart sind metaphorische Interpretationen der reflektierten Stellung, die eine Person zu
ihren Bewußtseinsprozessen einnehmen kann. Es ist üblich, dafür räumliche Ausdrücke wie ‚Distanz‘, ‚Zurücktreten‘ o. ä. einzusetzen. Die
räumliche Metaphorik hat jedoch den Nachteil, daß sie in der einen oder
anderen Form Selbstentfernungen zum Ausdruck bringt, die Entfrem-
dungsassoziationen nahelegen. Die temporale Metaphorik erweist sich dagegen als phänomengerechter, weil sie erkennbar den Selbsterweiterungs-
gedanken in den Vordergrund stellt. Sie tut das zudem in einer Weise, die
für subjektivitätstheoretische Argumentationsverfahren überaus aufschlußreich ist. Ein Vorzug der Einführung der Begriffe der Zeitneutralität und ausgedehnten Gegenwart liegt in der Reduzierung von reflexiven
Ausdrücken bei der philosophischen Beschreibung und Erklärung des
personalen Standpunkts. Weil zeitneutrale Einstellungen als Bedingung
der Möglichkeit von Zeitbewußtsein fungieren, wird das sich mit jeder
Reflexionsstufe einstellende Problem der regressiven Selbstthematisierung
aufgelöst. In dieser Hinsicht kann die Zeitmetaphorik sogar einen Beitrag
zur Subjektivitätstheorie insgesamt leisten.

Obwohl die unmittelbare Gegenwart in den jeweiligen Bewußtseins-
und Handlungsvollzügen *realiter* nicht verlassen werden kann, haben Personen in selbstverständlicher und nur selten eigens thematisierter Weise
Bewußtsein davon, daß sich ihre zeitliche Position zu einem Ereignis oder
einem Zustand permanent verändert. In dem impliziten oder expliziten
Wissen davon, daß ein Ereignis, das als zukünftiges angesprochen worden
ist, in absehbarer Zeit Gegenwart und Vergangenheit sein wird, bezieht eine Person eine Perspektive, für die hier die Begriffe der Zeitneutralität und
ausgedehnten Gegenwart eingesetzt worden sind. Der Begriff der Gegenwart im Sinne einer unmittelbaren Jetztzeit ist dagegen nur eine bedeutungsleere Abstraktion – ‚jetzt‘ ist niemals jetzt.[43] Reine Gegenwart ist
entsprechend kein zeitlicher Ort des bewußten Lebens von Personen. Für
die Dauer des bewußten Lebens einer Person ist Zeit unwiderruflich der
Ausgang aus der Gegenwart, die praktisch nur als konstruktiver Schnittpunkt von Vergangenheit und Zukunft auftritt. Das ontologische Pendant

---

[42] In solchen semantischen Situationen findet die philosophische Metaphorik ihre Berechtigung. Metaphorische Bestimmungen, die vor der Ausschöpfung herkömmlicher Darstel-
lungsmittel ins Spiel gebracht werden, können keinen Anspruch auf Rechtfertigungsfähigkeit erheben.

[43] Vgl. Gale 1964.

zur Vorstellung einer reinen Gegenwart ist die reine Kontingenz, die genausowenig als möglicher Ort personalen Lebens angesehen werden kann. Personen erfahren sich als endlich und führen ihr Leben *als* endliche Wesen, weil sie bereits reflektierend über die kontingenten Anlässe und Kontexte ihres Lebens hinausgegangen sind. Indem Menschen ihr Leben als Personen führen, können sie nicht umhin, immer schon etwas als höher oder vorzugswürdiger zu bewerten, und damit haben sie die Möglichkeit, zumindest tendenziell den Zufall aufzuheben und der externen Kontextualität mit praktischen Selbstverhältnissen zu begegnen. Aufgrund des zeitlichen Sinns personaler Existenz ist Kontingenz kein Grundbegriff, sondern nur das Korrelat der tendenziellen Unendlichkeit der Reflexion und der daraus hervorgehenden Handlungen einer Person.

Die Begriffe der Zeitneutralität und der ausgedehnten Gegenwart sind metaphorisch akzentuierte Beiträge zur Semantik der nicht-reduktionistischen Philosophie der Person, die die Fähigkeit, reflektierte Kontinuitäten über die Zeit hinweg zu etablieren, als wesentliche Bestimmung von Personen begreift. Die Besonderheit der dabei entfalteten zeittheoretischen Differenzierungen besteht in der Herausarbeitung des internen Zusammenhangs von Kontingenz und Kontinuität, der zwar keine invariante Relation ist, aber jederzeit praktische Entwicklungsmöglichkeiten für reflektierte Kontinuitäten über die Zeit hinweg offen hält. Dieser Zusammenhang kann aus zwei Blickwinkeln zum Ausdruck gebracht werden:

[79–T] Im Fall *personaler* Existenz gibt es keine Kontingenz ohne Kontinuität.

[80–T] Im Fall *personaler* Existenz gibt es keine Kontinuität ohne Kontingenz.

Die sich im personalen Leben zwangsläufig einstellende Konvergenz von Kontingenz und Kontinuität begrenzt zum einen die zeittheoretischen Reduktionen der skeptizistischen Kontingenzphilosophie oder verwandter Positionen, die um den Kontingenzbegriff ein Kontinuitätsvakuum erzeugen [79–T]. Sie begrenzt aber auch Versuche, normative Theorien ohne einen bedeutungsvollen Bezug zum subjektiven Standpunkt einer Person zu entwerfen [80–T]. Damit findet auch der gegen zeitliche Selbstentfremdungen gerichtete Limitationsgedanke von [74–T] seine sachliche Entsprechung, ohne daß zu [75–S] übergegangen werden müßte. Die Sätze [79–T, 80–T] spitzen das Argumentationspotential des Zusammenhangs von Kontingenz und Kontinuität derart zu, daß es gegen eine einseitige Skepsis genauso aufgeboten werden kann wie gegen überzogene Impersonalitätsforderungen. Der interne Zusammenhang von Kontingenz und Kontinuität ist schließlich die Antwort auf die Frage nach einem an-

ders verfaßten Kontinuitätsbegriff, der der Kontingenz und den Wechselfällen im Leben von Personen Rechnung trägt, ohne auf einen bedeutungsvollen Identitäts- bzw. Kontinuitätssinn über die Zeit hinweg zu
verzichten.

Die Konvergenz von Kontingenz und Kontinuität im Leben von Personen eröffnet eine Vielzahl von Möglichkeiten, sich gegen die Tyrannei des
Augenblicks, die in den gegenwärtigen Kommunikationstechnologien
eindrucksvolle Umsetzungen erfährt, zur Wehr zu setzen. In der reflektiert ausgedehnten Gegenwart treten Vergangenheit und Zukunft nicht als
Meer von Zufälligkeiten auf, sondern als ein zeitlicher Bereich von Optionen, in dem aufgrund bestimmter Ursachen und Gründe bestimmte
Handlungen realisiert oder unterlassen worden sind bzw. realisiert oder
ausgelassen werden sollen. Personen haben Handlungsgründe keineswegs
nur nach Maßgabe ihrer Nähe oder ihres Abstands zur unmittelbaren Gegenwart zu beurteilen,[44] vielmehr gehört es zu den personalem Leben in-
newohnenden Möglichkeiten, Handlungsgründe der Vergangenheit nicht
deshalb verwerfen zu müssen, weil sie unmittelbaren Bedürfnissen des
Augenblicks widersprechen. Personen sind imstande, die Gegenwart dem
handlungstheoretischen Zeitpfeil entsprechend in Richtung auf die Zukunft zu überschreiten. Praktische Selbstverhältnisse können nur durch
Handlungsgründe zustande kommen, die in ihrer internen Struktur gerade nicht auf die motivationale Situation der jeweiligen Gegenwart reduzierbar sind. Ihre Bedeutung und Wirkung beruhen schließlich darauf,
daß sie für mehr als einen Zeitpunkt gelten, und in diesem Sinne repräsentieren sie Werte, die nicht unmittelbar zeitabhängig sind. Weil die unmittelbare Gegenwart zeitneutrale Handlungsgründe nicht notwendigerweise aufhebt, haben Personen die generelle Möglichkeit, Kontinuitäten über
die Zeit hinweg zu etablieren. Strittig kann allenfalls der Grad der Ausweitung der Kontinuitäten über die Zeit hinweg sein. Es kann daher immerhin noch erwogen werden, ob die populäre Maxime *carpe diem* lebenspraktisch zu rechtfertigen ist.

Die Maxime *carpe diem* setzt die Möglichkeit von Kontinuitäten über
die Zeit hinweg voraus, um dann ausdrücklich vor ihr zu warnen: Sie sei

---

[44] Siehe Rawls 1971, S. 420: „We are to see our life as one whole, the activities of one rational
subject spread out in time. Mere temporal position, or distance from the present, is not a
reason for favoring one moment over another." Vgl. Gosepath 1992, S. 265: „Ein Mensch,
der der Gegenwart absolute Priorität über die Zukunft einräumt, ist nicht nur kurzsichtig,
sondern er ist dies auf eine widersprüchliche Art, die ihm niemals erlaubt, an früheren Entscheidungen festzuhalten. Wenn er der Gegenwart die größte Priorität einräumt, wird er
seine Entscheidung immer bedauern, wenn eine neue Gegenwart (...) eintritt, und er für
diese neue Gegenwart über mehr Ressourcen verfügen möchte, als ihm nach seiner alten
Planung noch verbleiben."

zwar eine Handlungsoption, betrüge aber die Menschen um die Ausschöpfung der jeweils zu lebenden Gegenwart. Wenn mit der Warnung nahegelegt werden soll, daß jeder Augenblick *nur* so zu betrachten sei, als könne er der letzte sein, greift sie bewußtseinsphilosophisch und handlungstheoretisch zu kurz. Der Begriff der Selbsterweiterung kann sinnvollerweise nur meinen, daß Personen in zeitlicher Hinsicht zu jedem Abschnitt ihres Lebens ‚mehr‘ sein sollen als ein Ensemble von mittelpunktslosen und zufälligen Bedürfnissen. In der Perspektive ausgedehnter Gegenwart verflüchtigt sich auch die existentiell kurzschlüssige Vorstellung des permanent im letzten Augenblick ‚Verbliebenseins‘, denn selbst der faktisch letzte Zeitpunkt eines Lebens kann immer noch ein Bild zukünftiger möglicher Welten enthalten. Weil die im Kontingenzbewußtsein sich offenbarende Endlichkeit der einzelnen Person nur empirisch, aber nicht *idealiter* das letzte Wort ist, sollten sich Personen vor dem Hintergrund des internen Zusammenhangs von Kontingenz und Zeit in der ausgedehnten Gegenwart so verhalten, als könne der nächste Augenblick niemals der letzte sein.[45] Andernfalls ergäbe sich die absurde Situation, daß Personen permanent die gute oder böse Überraschung erleben müßten, immer noch am Leben zu sein. Ein solcher Fall ist vielleicht als ein extremes Erlebnis denkbar, das sich mit oder nach lebensbedrohlichen Ereignissen einstellen kann, bezogen auf alltägliche Lebenssituationen erzeugt es aber lediglich Widersinnigkeiten und ist keinesfalls geeignet, die Präsenz von Personen in der Zeit phänomengerecht auszudrücken.

Aufgrund des Zeitpfeils hat die Zukunft zumindest der Tendenz nach einen praktischen Vorrang vor den anderen Zeitverhältnissen. Deshalb muß von einem asymmetrischen Verhältnis von Vergangenheit und Zukunft in der Gegenwart gesprochen werden. Weil der Zeitpfeil immer schon in die Zukunft weist, können sich Personen ohne ein wie auch immer näher bestimmtes Bild von der Zukunft keine Vorstellung von der Gegenwart machen. Tatsächlich ist es einer Person zu jedem Zeitpunkt ihres Lebens möglich, weit über den immer möglichen Zeitpunkt ihres Todes hinauszudenken. Es ist dieser Sachverhalt, der in der skeptizistischen Kontingenzphilosophie eklatant unterbestimmt bleibt. Der Begriff der ausgedehnten Gegenwart steht dagegen in der Fluchtlinie einer personalitätstheoretischen Konzeption, der zufolge Kontingenz die Möglichkeit von Kontinuitäten über die Zeit hinweg nicht ausschließt, sondern immer schon einschließt. Kontingenz und Kontinuität können in einer Konzeption der Selbsterweiterung vereinigt werden, die zwar nicht in Abrede

---

[45] Die Maxime *carpe diem* kehrt anläßlich des spannungsreichen Verhältnisses von kurzfristigem und langfristigem Selbstinteresse in anderer Gestalt wieder; siehe Abschnitt X. 1.

stellt, daß Personen nur eine sehr begrenzte Zeit und unter den Bedingungen externer Gegebenheiten existieren, aber entschieden daran festhält, daß die Zeit lang genug und der verbleibende Handlungsraum groß genug ist, um die Realisierung von verbindlichen Kontinuitäten über die Zeit hinweg sinnvoll erscheinen zu lassen. Im Leben von Personen fallen nicht Kontingenz und blinder Zufall, sondern Kontingenz und Kontinuität zusammen.

IX. DER SCHRITT DES SELBST ZUM ANDEREN (1): LEBENSPLAN UND ANERKENNUNG

1

Die Kritik an der Kontinuitätsblindheit der skeptizistischen Kontingenzphilosophie muß von den Problemstellungen abgesetzt werden, die sich mit der Kontingenz personalen Lebens zwangsläufig einstellen. Im Verlauf der Kritik hat sich bereits abgezeichnet, daß Kontingenz ein nicht eliminierbarer Aspekt personaler Existenz ist, der von einseitigen kontingenzphilosophischen Vereinnahmungen unberührt bleibt. Deshalb muß in einem weiteren Argumentationsschritt die Rolle von Kontingenzbestimmungen jenseits dekonstruktivistischer Zuspitzungen einer systematischen Bewertung zugeführt werden. Bei dieser Bewertung wird es darauf ankommen, den in den Sätzen [79–T, 80–T] ausgedrückten Zusammenhang von Kontingenz und Kontinuität zu präzisieren sowie eine trennscharfe Ausdifferenzierung der Übergänge zwischen beiden Bestimmungen vorzunehmen, mit der die Extreme von Kontinuitäts- und Kontingenzblindheit vermieden werden können.

Kontinuitätskritische Thematisierungen von Kontingenz, die sich den Perspektiven der praktischen Philosophie nicht von vornherein verschließen, finden sich in der Traditionslinie der Moderne, die von Descartes über Kant bis zum Existentialismus reicht. Das kontingenzphilosophische Profil dieser Traditionslinie resultiert zum Großteil aus den subjektivitäts- und moralitätskritischen Reflexionen zur Endlichkeit und Existentialität menschlichen Bewußtseins. Von Descartes und Kant werden existentielle Aufmerksamkeitszustände in epistemologischen und moralphilosophischen Kontexten thematisiert, während die neuere Existenzphilosophie vom Begriff der Existentialität in der allgemeinen Bedeutung reflexiven Endlichkeitsbewußtseins beherrscht wird. Der Existentialitätsgedanke verhält sich komplementär zu der nicht-reduktionistischen Argumentationsperspektive, die von der Irreduzibilität der Erlebnisperspektive ihren Ausgang genommen hat,[1] und knüpft der Sache nach an das Bestim-

---

[1] Siehe Abschnitte III. 3 und IV. 1.

mungsverhältnis von Selbstbewußtsein und Existenz an,[2] das vor allem in den Sätzen [23–S, 24–S, 25–S, 33–S, 34–S] formelhaft zum Ausdruck gekommen ist. Existentialität kann danach als ein reflexives Endlichkeitsbewußtsein verstanden werden, in das spezifisch moderne Ausprägungen von Kontingenz- und Abhängigkeitserfahrungen eingehen.

Bei der Festlegung des theoretischen Rahmens für die philosophische Erfassung personaler Existenz werden von der systematischen Philosophie der Moderne die Bestimmungen der Existentialität, Subjektivität und Moralität als Grundbegriffe aufgeboten.[3] Diese Bestimmungen haben unter den Bedingungen der kulturellen, sozialen und ökonomischen Freisetzung moderner Individualität nicht nur zur sogenannten Befreiung des Einzelnen aus alten Ordnungen, sondern vor allem auch zu neuen Belastungen des Selbstverständnisses geführt. Dieser Sachverhalt wird bekanntlich seit einiger Zeit vom Kommunitarismus in den Mittelpunkt der sozialphilosophischen Diskussionen gerückt.[4] Die Belastungen des Selbstverständnisses erzeugen Spannungsverhältnisse im personalen Leben, die sich auch in den Grundbegriffen der systematischen Philosophie der Moderne konkretisieren. Existentialität tritt als Voraussetzung für das Problemsyndrom der Lebens- und Sinnkrise auf, während Subjektivität als epistemologische Bestimmung den skeptischen Hintergrundbereich der Moderne mitkonstituiert.[5] Schließlich ist Moralität in der Moderne wesentlich subjektive Moral, die eine ausgeprägte Tendenz zu sozialer Vereinzelung und egoistischen Einstellungen aufweist. In der Sichtweise der skeptisch ernüchterten Philosophie der Moderne baut sich dementsprechend ein Szenario von Relativismus, Egoismus und Sinnlosigkeitsverdacht auf, das sich bereits weit in die Bereiche theoretisch unbefangener Alltagserfahrungen ausgebreitet hat.

Auch wenn die skeptischen und skeptizistischen Folgerungen aus der Freisetzung moderner Individualität hier nicht umstandslos übernommen werden sollen, muß eingeräumt werden, daß sich die reflektierende Person mit einem tiefgehenden Kontingenzproblem konfrontiert sieht, in

---

[2] Siehe Abschnitte IV. 4 und 5.

[3] Diese Bestimmungen werden in der klassischen Philosophie der Neuzeit eingeführt. Im Fall von Existentialität und Subjektivität ist hier in erster Linie Descartes zu nennen, im Fall von Moralität gilt das – wenn auch weniger eindeutig – für Hobbes und Locke.

[4] Vergleiche die exemplarische Exposition der Schattenseiten des Individualismus in Taylor 1991, S. 1 ff. Zur Debatte um den politischen Begriff des Selbst siehe Kymlicka 1989, S. 47 ff. und Forst 1994, S. 20 ff.

[5] Es ist überaus schwierig, Vermutungen darüber anzustellen, inwieweit Existentialität oder Subjektivität in prämodernen Gesellschaftsformen ausgeprägt gewesen sind. Aus den überlieferten Sprachformen und Weltbildern scheint mittelbar ablesbar zu sein, daß existentielle Problemstellungen nicht in dem Maße in sozialen, ideologischen und philosophischen Diskursen im Vordergrund gestanden haben, wie das in der Moderne der Fall ist.

dem verschiedene Einstellungen und Theorieperspektiven konvergieren. Das folgenreichste Beunruhigungspotential geht dabei auf den naturwissenschaftlich vermittelten objektiven Standpunkt zurück, der den extremen Endpunkt abstrahierender Reflexionen darstellt, die mit Formen erweiterten Verstehens der Alltagserfahrung ihren zunächst einfachen Anfang nehmen.[6] Ähnlich wie Zeitbewußtsein spielt Reflexion insgesamt eine ambivalente Rolle in menschlichen Erfahrungsprozessen. Kontingenz- und Existentialitätsbewußtsein gehören nämlich nicht zum invarianten Bestand der Alltagserfahrung, sondern sind von zusätzlichen Reflexionsanstrengungen abhängig, die widersprüchliche Bewußtseinseinstellungen zur Folge haben. Reflexionserweiterungen haben insofern eine janusköpfige Gestalt, sie erweitern das Verstehen genauso, wie sie existentielle Spannungen erzeugen:

[81–T] Reflexionserweiterungen erhöhen das Existentialitätspotential im personalen Leben.

Das in [81–T] ausgedrückte Entsprechungsverhältnis ist kennzeichnend für das semantische Profil traditioneller Kontingenzausdeutungen. Das existentielle und moralische Kontingenzerlebnis, das sich zwangsläufig einstellt, wenn eine Person sich und andere Personen vom Standpunkt des erweiterten Verstehens betrachtet, ist in exemplarischer Schärfe von Kant formuliert worden:

„Zwei Dinge erfüllen das Gemüth mit immer neuer und zunehmender Bewunderung und Ehrfurcht, je öfter und anhaltender sich das Nachdenken damit beschäftigt: der bestirnte Himmel über mir, und das moralische Gesetz in mir. Beide darf ich nicht als in Dunkelheiten verhüllt, oder im Überschwenglichen, außer meinem Gesichtskreise, suchen und blos vermuthen; ich sehe sie vor mir und verknüpfe sie unmittelbar mit dem Bewußtsein meiner Existenz. Das erste fängt von dem Platze an, den ich in der äußern Sinnenwelt einnehme, und erweitert die Verknüpfung, darin ich stehe, ins unabsehlich Große mit Welten über Welten und Systemen von Systemen, überdem noch in grenzenlose Zeiten ihrer periodischen Bewegung, deren Anfang und Fortdauer. Das zweite fängt von meinem unsichtbaren Selbst, meiner Persönlichkeit, an und stellt mich in einer Welt dar, die wahre Unendlichkeit hat, aber nur dem Verstande spürbar ist, und mit welcher (dadurch aber auch zugleich mit allen jenen sichtbaren Welten) ich mich nicht wie dort, in blos zufälliger, sondern allgemeiner und nothwendiger Verknüpfung erkenne. Der erstere Anblick einer zahllosen Weltenmenge vernichtet gleichsam meine Wichtigkeit, als eines thierischen Geschöpfs, das die Materie, daraus es ward, dem Planeten (einem bloßen Punkt im Weltall) wieder zurückgeben muß,

---

[6] Siehe Abschnitte III. 2, 3 und VIII. 1.

nachdem es eine kurze Zeit (man weiß nicht wie) mit Lebenskraft versehen gewesen. Der zweite erhebt dagegen meinen Werth, als einer Intelligenz, unendlich durch meine Persönlichkeit, in welcher das moralische Gesetz mir ein von der Thierheit und selbst von der ganzen Sinnenwelt unabhängiges Leben offenbart, wenigstens so viel sich aus der zweckmäßigen Bestimmung meines Daseins durch dieses Gesetz, welche nicht auf Bedingungen und Grenzen dieses Lebens eingeschränkt ist, sondern ins Unendliche geht, abnehmen läßt."[7]

In dieser Passage drückt sich komprimiert Kants Bild des modernen Menschen aus: er ist vernünftig, moralisch, wissenschaftlich aufgeklärt und sozial vereinzelt. Die soziale Vereinzelung bildet sich in dem Sachverhalt ab, daß bei der Bestimmung von Moralverhältnissen dem sozialen Kontext keine konstitutive Rolle eingeräumt wird und aufgrund des moralphilosophischen Ansatzes auch nicht eingeräumt werden kann. Vielmehr geht es allein um die Verhältnisse zwischen den einzelnen Personen und der praktischen Vernunft. Es ist diese Verengung, die für die Philosophie der Person überaus aufschlußreich ist. Die personalitätstheoretische Bedeutung der Passage liegt nämlich darin, daß Kant in seinen dichten wie umfassenden Reflexionen die Perspektive radikaler Kontingenz mit einem entschieden nicht-reduktionistischen Verständnis von Moralität verbindet. Die Verbindung dieser gegenläufigen Bewegung im menschlichen Selbstverständnis ist das erweiterte ‚Bewußtsein meiner Existenz', dem mit der Selbstgewißheit die objektive Unwichtigkeit und die irreduzible moralische Bedeutung gegenwärtig wird.[8] Der reflektierte Zustand der Selbstgewißheit zeichnet sich demnach durch die Ambivalenz aus, eine Gegenläufigkeit ins Bewußtsein zu heben, deren Extreme vielleicht balanciert, aber sicherlich nicht aufgehoben werden können.[9]

Das erweiterte Verstehen kann kosmologische Ausmaße annehmen und den naiven Glauben in die eigene Bedeutsamkeit vernichten, die zum festen Bestandteil der unreflektierten Alltagserfahrung gehört. Kant begegnet Kontingenzauslegungen, die die existentielle Bedeutung der subjektiven Perspektive in einem Universum von Zufälligkeiten und externen Zwangsläufigkeiten auflösen, mit einer moralphilosophischen Konzeption, die vom Ansatz her gegenüber kontingenzphilosophischen Relativie-

---

[7] Kant V, S. 161 f.
[8] Vgl. Murdoch 1970, S. 79: „We are what we seem to be, transient mortal creatures subject to necessity and chance. (...) Our destiny can be examined but it cannot be justified or totally explained. We are simply here. And if there is any kind of sense or unity in human life, and the dream of this does not cease to haunt us, it is of some other kind and must be sought within a human experience which has nothing outside it."
[9] Kants Version der einzig denkbaren ‚Schöpfung aus dem Nichts' fällt insofern deutlich skeptischer aus als die des ‚Ältesten Systemprogramms des deutschen Idealismus'; siehe Jamme/Schneider (Hg.) 1984, S. 11.

rungen immun ist:[10] Der kosmologischen Perspektive, in der die Existenz des Einzelnen als verschwindende Größe erscheint, wird eine moralische Dimension – ‚das moralische Gesetz in mir' – gegenübergestellt, die gänzlich anders konstituiert ist und aufgrund ihrer kategorialen Unabhängigkeit von empiristischen oder materialistischen Relativierungen nicht mehr erreicht wird.

In dem Begriff des unsichtbaren Selbst drückt Kant metaphorisch den Sachverhalt aus, daß sich eine Person unter den Bedingungen endlicher Existenz in einer Weise auf sich beziehen kann, die von den gegebenen Kontexten ihres Lebens grundsätzlich verschieden ist.[11] Das praktische Selbstverhältnis einer Person, das bereits in den Sätzen [49–T, 50–S, 51–S, 52–T, 54–T, 74–T, 77–T] zur Darstellung gekommen ist, enthält einen Impersonalitätsgedanken, durch den Autonomie für den subjektiven Standpunkt überhaupt erst ermöglicht wird. Zwar lassen sich praktische Selbstverhältnisse nur im Rahmen endlicher Existenz denken, was zwangsläufig zu Kontingenzerfahrungen führen muß, sie ist aber keineswegs auf die Perspektive der ersten Person festgelegt. Vielmehr kann sie sich als subjektive Perspektive der moralischen Reflexion öffnen und schließlich einen vernünftig bestimmten Impersonalitätsstandpunkt einnehmen.[12] Kant konzipiert seinen Impersonalitätsgedanken als situationsunabhängige Bestimmung von Personen, für die nunmehr gelten soll, daß sie über die prinzipielle Möglichkeit verfügen, nicht als umstandslos verfügbares, sondern als *autonomes* Dasein leben zu können. Von derartig verfaßten Selbstverhältnissen erwartet Kant zumindest eine entscheidende Milderung der existentiellen Härten, die der Standpunkt des erweiterten Verstehens nach sich zieht [81–T].

In der moralischen Selbständigkeit ist Kant zufolge die metaphysische Dignität von Personen begründet. Kants Konzeption moralischer Selbständigkeit, die ersichtlich Kontingenzerfahrungen des Standpunkts reflektierter Endlichkeit begrenzen soll, ist immer wieder Gegenstand von scharfer Kritik gewesen. Exemplarisch dafür ist Bernard Williams' Einwand, daß bei Kant die metaphysische Dignität der Person nur um den

---

[10] Kant unterläuft auf diese Weise das Problemsyndrom, das in der neueren Moralphilosophie unter dem Titel ‚Moralischer Zufall' thematisiert wird; zu Kants Kontingenzkritik und seinem Verhältnis zum Problem des moralischen Zufalls siehe Sturma 1991a. Zu neueren Untersuchungen, die dem Problem des moralischen Zufalls vor dem Hintergrund zweier Aufsätze von Bernard Williams und Thomas Nagel nachgehen, siehe Statman (Hg.) 1993.

[11] Nur vor dem Hintergrund dieser Begriffskonstellation kann die Unsichtbarkeitsmetaphorik Kants verstanden werden. Rortys Polemik bekommt die weitergehenden Bedeutungsperspektiven der Unsichtbarkeitsmetaphorik erst gar nicht in den Blick; siehe Abschnitt VIII. 2.

[12] Siehe Abschnitt VI. 3.

Preis eines von der Sinnenwelt unabhängigen Lebens zu erreichen sei und deshalb nur als „a last resort, the doss-house of the spirit"[13] auftrete. Obwohl die Kritik die Pointe der kantischen Moralphilosophie verkennt, ist sie in der Hinsicht aufschlußreich, daß sich in ihr zumindest unter negativen Vorzeichen die Anstrengungen Kants niederschlagen, die existentiellen Abgründe zu überbrücken, die der objektive Standpunkt aufreißt. Williams kann nicht umhin, einzugestehen, daß von dem kantischen Projekt eine starke Faszination ausgehe, weil in ihm so etwas wie eine immanente Form letzter Gerechtigkeit, die nicht von transzendenten Garantien abhängig gemacht werde, intendiert sei.[14] Im Fall der von Schelling in Anschluß an Leibniz formulierten verzweifelten Frage „warum ist überhaupt etwas? warum ist nicht nichts?"[15] steht Kant die selbstsichere, gleichwohl ambivalente moralphilosophische Antwort zur Verfügung, daß die vernünftig bestimmte Person wollen würde, „daß eine Welt überhaupt existire"[16].

Kants Doppelperspektive von Objektivität und immanenter Moralität bringt das Bewußtsein von Personen in eine Stellung zur Kontingenzerfahrung, die sich von den neueren skeptizistischen Kontingenzausdeutungen deutlich abhebt. Mit ihr wird kenntlich, daß das personale Kontingenzerlebnis vor allen moralphilosophischen und ideologiekritischen Erwägungen ein existentielles Problem ist. Vom objektiven Standpunkt betrachtet, erscheint die Person als ein vergängliches Wesen, das einer Übermacht von Zufälligkeiten und Zwangsläufigkeiten ausgeliefert ist, die sich als ständiges *memento mori*, als hartnäckige Manifestation persönlicher Vergänglichkeit präsentieren. Diesem objektiven Gewicht kann sich der subjektive Standpunkt offenbar nicht entziehen. Denn das existentielle Kontingenzerlebnis zeigt sich nicht zuletzt in der Einsicht, daß ich zufällig in einer Welt existiere, die in einem tieferen Sinne nicht meine Welt ist. Das Bewußtsein dieses Sachverhalts ist mit dem Begriff des Absurden identifiziert worden: „le monde nous échappe puisqu'il redevient lui-même. (...) Une seule chose: cette épaisseur et cette étrangeté du monde, c'est l'absurde."[17]

Der Begriff des Absurden umreißt das Problemfeld, das sich aus dem Konflikt zwischen den Sinnerwartungen von Personen und den Widerständen ihrer materialen und sozialen Kontexte ergibt. In der einseitig existentialistisch akzentuierten Fassung, in der er gemeinhin aufgefaßt wird,

---

[13] Williams 1981, S. 21.
[14] Vgl. Williams 1981, S. 20 ff.
[15] Schelling XIII, S. 7.
[16] Kant VI, S. 5.
[17] Camus 1965, S. 108.

weist er jedoch semantische Schwächen auf, die vor allem mit Verkürzungen und Vereinfachungen personaler Reflexionsperspektiven zusammenhängen. Thomas Nagel hat die existentialistische Konzeption des Absurden dahingehend kritisiert, daß sie eine Entgegensetzung zwischen Person und Welt unterstelle, der Erfahrung des Absurden aber tatsächlich eine Entgegensetzung *in* der Person zugrunde liege.[18] Werde der Begriff des Absurden dagegen als interne Entgegensetzung begriffen, offenbare sich eine herausragende Eigenschaft personaler Existenz, nämlich „the capacity to transcend ourselves in thought"[19]. Allerdings werden durch die Verschiebung des Absurden in die Innenperspektive von Personen die existentiellen Spannungen keineswegs beruhigt. Die abstrahierende Reflexion des erweiterten Verstehens sieht sich in der Innenperspektive mit dem Konflikt konfrontiert, daß sie zum einen auf ein Universum objektiver Zwangsläufigkeiten stößt und zum anderen festzustellen hat, daß diese Zwangsläufigkeiten sinnfällig den beständigen Hintergrundintuitionen der Selbstgewißheit widersprechen, der zufolge alle Gegenstände in Raum und Zeit einer Person als kontingent erscheinen, nur eben sie selbst nicht:

[82–T] Personen können keine kontingente Einstellung zu sich selbst einnehmen.

Die Sätze [81–T, 82–T] belasten Personen mit einer vorderhand ausweglosen Reflexionssituation, denn personales Bewußtsein muß die widerstreitenden Perspektiven zur Einheit bringen, die sich aus dem Sachverhalt ergeben, daß die Objektivität der gegebenen Zwangsläufigkeiten nur unter der Voraussetzung des subjektiven Standpunkts, dessen interner Sinn gerade darin besteht, keine kontingente Beziehung zu sich zu haben, behauptet werden kann. In subjektiver Hinsicht hätte die Welt, die ich nunmehr als die Welt der Objektivität von Zufall und Zwangsläufigkeiten identifiziere, niemals existiert, wenn ich nicht existiert hätte. Aber dieser Sachverhalt kann trivialerweise nicht mit ontologischen Konnotationen versehen werden: Aus dem bewußtseinstheoretischen Vorrang des subjek-

---

[18] Siehe Nagel 1979, S. 17.

[19] Nagel 1979, S. 23. Diese Kritik bzw. Modifikation des Absurditätskonzepts scheint im übrigen gar nicht erforderlich zu sein, denn das Absurde wird auch bei Camus in die Innenperspektive verlagert. Vgl. Camus 1965, S. 198: „À cet instant subtil où l'homme se retourne sur sa vie, Sisyphe, revenant vers son rocher, contemple cette suite d'action sans lien qui devient son destin, créé par lui, uni sous le regard de sa mémoire et bientôt scellé par sa mort. Ainsi, persuadé de l'origine tout humaine de tout ce qui est humain, aveugle qui désire voir et qui sait que la nuit n'a pas de fin, il est toujours en marche. Le rocher roule encore." In ‚The View from Nowhere' bestimmt Nagel das Absurde als den Konflikt zwischen objektivem Standpunkt und den persönlichen Bindungen an Personen und Dingen, die in der objektiven Perspektive als belanglos erscheinen; siehe Nagel 1986, S. 218.

tiven Standpunkts folgt weder die Notwendigkeit des Daseins einer Person noch die Abhängigkeit der externen Welt von irgendeiner Form personaler Existenz. Für den subjektiven Standpunkt sind derartige Überlegungen existentiell zudem zweitrangig. Auch wenn es keine kausale Abhängigkeit der externen Welt von dem Vorliegen individuellen Bewußtseins gibt, hat die Tatsache, daß diese Welt ohne Bewußtsein *für* den jeweiligen subjektiven Standpunkt nichts wäre, gleichwohl eine außerordentliche existentielle Bedeutung, denn die jeweilige Person kann aufgrund dieser Abhängigkeit ihrer Existentialitätserfahrung nicht entgehen. Existentialität ist für die Person ein irreduzibler Sachverhalt, weil sie sich selbst gegenüber keine kontingente Einstellung einnehmen kann [82–T]. Obwohl Personen in der Gestalt reflektierter Endlichkeit keine Bedingung der Existenz der raumzeitlichen Welt sind, gäbe es ohne ihre subjektiven Perspektiven keine Erfahrung von dieser Welt, und das ist ein nicht-kontingentes Faktum personaler Existenz.[20]

Im Gegenzug ist zu erwägen, ob Personen sich dem objektiven Kontingenzerlebnis nicht entziehen können, zumal der Kern des Alltagslebens der subjektive Standpunkt ist und Kontingenzerfahrungen im alltäglichen Leben erst mit Standpunkten des erweiterten Verstehens auftreten.[21] Auch wenn Kontingenzerfahrungen an das erweiterte Verstehen gebunden sind, fallen sie nicht umstandslos mit Objektivitätsfeststellungen zusammen, die sich in wie auch immer vermittelter Weise an wissenschaftlichen Erkenntnissen ausrichten. Die Perspektive des erweiterten Verstehens und der Objektivität generierende wissenschaftliche Standpunkt sind nicht extensionsgleich: letzterer ist zwar immer ein Fall erweiterten Verstehens, aber es gilt nicht der Umkehrschluß. Der wissenschaftliche Standpunkt ist nur eine, zugegebenermaßen außerordentlich ausgeprägte Form des erweiterten Verstehens, das allen kognitiven Einstellungen von Personen zugrunde liegt. Bereits dann, wenn sich eine Person in der Welt orientierend verhält oder verhalten will, bezieht sie den Standpunkt des erweiterten Verstehens. Aufgrund der konstitutiven Funktion für Erfahrungsprozesse insgesamt, kann das erweiterte Verstehen im personalen Leben nicht ausgeklammert werden, ohne Personen damit zugleich um eine wesentliche Komponente ihres Daseins zu beschneiden.

Mit dem Standpunkt des erweiterten Verstehens sind alle seine möglichen Perspektiven gesetzt. Es ist allerdings nicht möglich, im Vorgriff Selektionen im erweiterten Verstehen vorzunehmen, zumal die Übergänge

---

[20] Damit soll nicht die Möglichkeit in Abrede gestellt werden, daß die raumzeitliche Welt von Lebewesen – wo auch immer – subjektiv erfahren werden kann, denen kein Personenstatus zukommt.

[21] Vgl. Nagel 1986, S. 210.

zwischen den vielfältigen Weisen des erweiterten Verstehens fließend sind. Am Beginn stehen primitive kulturelle Orientierungsleistungen, und am Ende können tiefgehende Kontingenzerfahrungen stehen, die das personale Leben existentiell überaus starken Belastungen aussetzen [81–T]. Andererseits wird sich der subjektive Standpunkt existentiell und emotiv immer gegen Bedeutungslosigkeitsdrohungen kosmischer Gesichtspunkte zur Wehr setzen [82–T]. Aus diesem Konflikt gibt es grundsätzlich kein Entrinnen. Beide Perspektiven koexistieren zugleich in einer Person,[22] aber sie treten in verschiedenen Intensitäten und Aufmerksamkeitszuständen auf, und das kann in praktischer Hinsicht durchaus eine existentielle Erleichterung sein. Nagel hat deshalb vorgeschlagen, die mit dem Absurditätskonzept zusammenhängenden Fragen nach dem Sinn des Lebens als eine Form von Skeptizismus zu behandeln, der zwar nicht auflösbar sei, mit dem man aber praktisch umgehen könne. Das Absurde müsse als Element personalen Lebens akzeptiert und zumindest partiell zum Zielpunkt von emotiven und reflektierten Verdrängungen gemacht werden.[23] Hieraus ergibt sich schließlich auch eine selbstreferentielle Bedeutung der Vermeidung von Selbsttäuschung: Selbsttäuschung als limitative Strategie gegen selbstzerstörerische Prozesse des erweiterten Verstehens – das wäre die aufgeklärte Version der ‚vital lie‘.

Der konzeptionelle Umriß der kontingenzphilosophischen Reflexionen, die in der klassischen Philosophie der Neuzeit ihren Ausgang nehmen und bis in die Bereiche der neueren Existenzphilosophie und analytischen Philosophie reichen, gestaltet sich vom kognitiven Zuschnitt her wesentlich anspruchsvoller als die einseitige Kritik der skeptizistischen Kontingenzphilosophie. Kontingenz wird nicht umstandslos mit bloßen Zufälligkeiten und Kontextualitäten identifiziert, sondern mit Ausdrucksformen des erweiterten Verstehens in Zusammenhang gebracht, für die qualitative Unterschiede in den kognitiven Einstellungen konstitutiv sind. Dabei werden auch nicht die metaphysischen Abgründe verschwiegen, die sich im Rahmen endlicher intelligenter Existenz mit Kontingenzerfahrungen einstellen. Dieser Sachverhalt findet in der skeptizistischen Kontingenzphilosophie keine Berücksichtigung. In den traditionellen Theorien wird überdies der für das Leben von Personen so bedeutungsvolle Sachverhalt, daß eine Person im Verlaufe ihres Lebens gleichermaßen Teilnehmer und Betrachter ihrer Einstellungen und Verhaltensweisen ist, einer philosophischen Klärung zugeführt, und das gehört keineswegs zum üblichen Bestand der Aufgabenstellungen, die die Philosophie für sich selbst formuliert.

---

[22] Siehe Nagel 1986, S. 216.
[23] Siehe Nagel 1986, S. 223 und 218 ff.

2

Personen sind den Bedingungen ihrer Existenz nicht widerstandslos ausgeliefert. Zu ihren wesentlichen Eigenschaften zählt die Fähigkeit, kontra-
faktisch zu handeln. Der Begriff der Person kann dementsprechend erst
dann eine sachgerechte Anwendung finden, wenn er auf ein Individuum
bezogen wird, das prinzipiell imstande ist, als *Subjekt* reflektierter und
praktischer Selbstverhältnisse die *Welt der Ereignisse* zu verändern [35–T,
36–T]. Anders als von der skeptizistischen Kontingenzphilosophie nahegelegt wird, verlieren sich Personen – wenn sie denn als solche ihr Leben
führen – gerade nicht in einem Meer von Kontextualitäten und Zwangsläufigkeiten. Es ist diese prinzipielle Möglichkeit, Subjekt von Veränderungen in der raumzeitlichen Welt zu sein, die Personen einen besonderen
ontologischen Status verleiht, der sie von allen anderen Gegenständen in
Raum und Zeit unterscheidet.[24]

Die Verhaltensweisen, mit denen Personen Veränderungsprozesse in
der Welt einleiten und ausführen können, reichen von einfachen Formen
kontrafaktischen Verhaltens bis zu selbstbestimmten Handlungsgeschichten. Die begründbaren und begründeten Handlungen repräsentieren die
ausgeprägteste Form subjektiver Entwicklungsmöglichkeiten von Kontinuitäten über die Zeit hinweg. Derartige Selbsterweiterungen sind bei verschiedenen Personen und in den unterschiedlichen Abschnitten ihres Lebens starken Schwankungen ausgesetzt, sie gehören aber zweifellos zum
selbstverständlichen Potential personaler Existenz. Vernünftige Verhaltensweisen haben im *personalen* Leben einen naturalistischen Stellenwert
und sind keineswegs problematische Größen, die unter einen generellen
Ideologie- oder Dogmatismusverdacht zu stellen sind, wie das sowohl in
der traditionellen als auch in der neostrukturalistischen und neopragmatistischen Modernitätskritik geschieht. Genauso wie Reflexion ist Vernunft eine Bestimmung, der man die Zustimmung auch dann nicht entziehen kann, wenn sie sich den eigenen Intentionen erkennbar widersetzt.
Mit der Konstellation von Reflexion und Vernunft tritt insofern ein naturalistisches Entzweiungsphänomen *innerhalb* der eindimensionalen Welt

---

[24] Vgl. Wolf 1990, S. 10: „It makes sense that beings who can purposefully initiate change
should have a different status in the world from those that of those who merely execute it."
Susan Wolf differenziert im weiteren jedoch zwischen Autonomie und Vernunft: „(...) the
ability that is crucial to responsibility is in fact the ability to act in accordance with Reason,
as opposed to both the ability to act in accordance with one's Real Self (...) and the ability
to act autonomously (...)" (Wolf 1990, S. 68). Auf diese Weise stellt sich jedoch eine artifi-
zielle Komplikation ein, die nicht mehr als sachgerecht gelten kann. Der autonome Standpunkt ist immer auch der vernünftige Standpunkt. Personen können sich nicht verantwortlich oder autonom verhalten, ohne aus vernünftigen Gründen zu handeln.

raumzeitlicher Gegenstände auf, das ungeachtet der jeweiligen inhaltlichen Ausgestaltungen für personale Existenz konstitutiv ist.[25]

Die Faktizität des Vernunftpotentials kann nicht mit der durchgängigen Wirklichkeit der Vernunft gleichgesetzt werden. Die These von der Faktizität der Vernunft unterstellt nur, daß Personen im Normalfall über die Verhaltensoption verfügen, ihre Praxis durch begründete und rechtfertigungsfähige Handlungen zu bestimmen. Diese Option ist der formalen Bestimmung nach von keinen kulturellen Präformationen abhängig. Gleichwohl kann das, was als rechtfertigungsfähig gilt oder gelten soll, je nach kulturellem Ort in seinem Stellenwert verschieden sein. Für die Faktizität der Vernunft im personalen Leben muß deshalb nicht – wie viele Befürworter und Kritiker des Vernunftbegriffs gleichermaßen unterstellen – normativ geworben oder eine begründungstheoretische Ableitung gefunden werden. Vernunft ist schlicht ein naturalistisches Faktum im Leben von Personen. Einer Einzelfallentscheidung bleibt lediglich vorbehalten, in welchem Maße Vernunft in den persönlichen, moralischen, politischen und kulturellen Kontexten tatsächlich umgesetzt wird bzw. umgesetzt werden soll.

Vernünftige Selbstbestimmung ist mit der naturalistischen Differenz in der Welt der Ereignisse noch nicht schlechthin gesetzt. Um die Faktizität der Vernunft im personalen Leben in die Gestalt vernünftiger Selbstbestimmung überführen zu können, sind zusätzliche Anstrengungen nötig. Dabei ist immer in Rechnung zu stellen, daß der Standpunkt praktischer Vernunft nicht die einzige Motivationsquelle im Leben von Personen ist. In praktischen Selbstverhältnissen und personalen Entscheidungssituationen der Alltagserfahrung überlagern sich eine Vielzahl unterschiedlicher motivationaler Ebenen. Aber zu ihnen gehört eben auch die Handlungsoption, das Verhalten an begründeten Zielen und Idealen, die der Praxis eine Richtung geben, ausrichten zu können.[26] Der Standpunkt der Vernunft wird dabei in dem Maße wirksam, in dem Personen bereit sind, ungeachtet der tatsächlichen Motivationsausrichtungen des Einzelfalls die Tendenz von Selbstbewertung und vernünftiger Selbstbestimmung im eigenen Leben zu verstärken.

---

[25] Vgl. McDowell 1994, S. 125: „A mere animal, moved only by the sorts of things that move mere animals and exploiting only the sorts of contrivances that are open to mere animals, could not single-handedly emancipate itself into possession of understanding. Human beings mature into being at home in the space of reasons or, what comes to the same thing, living their lives in the world; we can make sense of that by noting that the language into which a human being is first initiated stands over against her as a prior embodiment of mindedness, of the possibility of an orientation to the world."

[26] Siehe Abschnitte VII. 2, 3 und 4.

Von Charles Taylor ist im Anschluß an Harry Frankfurts Unterscheidung zwischen ‚first and second order desires‘ die Verstärkung der Tendenz zu Selbstbewertung und Selbstbestimmung als Übergang von einem
abwägenden Selbst, das an der Oberfläche von Handlungsreaktionen im
sozialen Raum verbleibt, zu einem wertenden Selbst bestimmt worden.
Die Handlungsgeschichten eines wertenden Selbst sind strukturell komplexer angelegt und wahren gegenüber den Kontextualitäten des sozialen
Raums größere Unabhängigkeit.[27] In der Möglichkeit, unter gegebenen
Bedingungen Kontinuitäten über die Zeit hinweg zu erfassen und zu initiieren, manifestiert sich Taylor zufolge der ‚sense of self‘ einer Person:[28]

„A person is a being who has a sense of self, has a notion of the future and the past,
can hold values, make choices; in short, can adopt life-plans. At least, a person
must be the kind of being who is in principle capable of all this, however damaged
these capacities may be in practice. Running through all this we can identify a necessary (but not sufficient) condition. A person must be a being with his own point
of view on things. The life-plan, the choices, the sense of self must be attributable
to him as in some sense their point of origin."[29]

Der interne Zusammenhang von ‚sense of self‘ und Lebensplan ist Ausdruck der selbstbestimmten Spuren, die eine Person im sozialen Raum
hinterläßt. Der komplexe und komplizierte Zusammenhang der individuellen Verhaltensgeschichten ist offen für Bewertungen, Strukturierungen
und Veränderungen durch die einzelne Person, die auf diese Weise unter
gegebenen Bedingungen ihr Leben in Selbstverhältnissen führen kann.
    Der Lebensplan ist eine selbstreferentielle Vereinheitlichung von Hand-
lungsgeschichten. Seine praktische Bedeutung liegt in der Anstrengung,
die Abschnitte des Lebens nach einem richtungweisenden Konzept auszurichten:

[83–T] Der Lebensplan ist das Ideal eines in Selbstverhältnissen geführten
      Lebens.

Wenn das Ideal des Lebensplans praktische Wirksamkeit erzeugen kann,
wird im Leben von Personen ein Sog selbstbezüglicher Vereinheitlichungen erzeugt. Der Fluchtpunkt derartiger Vereinheitlichungen kann entweder eine Vorstellung vom Guten oder der formale Begriff vernünftiger
Selbstbestimmung sein:

[84–S] Der Lebensplan ist das Ideal eines guten Lebens.

---

[27] Siehe Abschnitt VI. 2.
[28] Siehe Abschnitt VII. 4.
[29] Taylor 1985a, S. 97.

[85–T] Der Lebensplan ist der formale Rahmen vernünftiger Selbstbestimmung über die Zeit hinweg.[30]

Während die Vorstellung vom Guten von vornherein starke inhaltliche
Präformationen für die Lebensführung nahelegt [84–S], läßt der Begriff
der vernünftigen Selbstbestimmung die inhaltliche Ausgestaltung des Verhaltens offen und legt lediglich fest, unter welchen Voraussetzungen von
einem selbstbestimmten Leben gesprochen werden kann [85–T]. Vernünftige Selbstbestimmung ist danach die Auslegung inhaltlicher Freiräume
und nicht eine dogmatische Festlegung, wie von Kritikern oftmals unterstellt wird.

Für die Ausrichtung der Lebensführung nach Maßgabe der Selbstbestimmung eines wertenden und nicht bloß abwägenden Subjekts wird ein
bloßer Lebensplan allerdings nicht ausreichend sein. Erforderlich ist die
Etablierung von starken Kontinuitätsformen über die Zeit hinweg, die erst
durch den *vernünftig* bestimmten Lebensplan gewährleistet werden kann.
Er verstärkt das in [83–T] ausgedrückte Ideal durch eine kriterielle Eingrenzung derjenigen Verhaltensweisen, die als rechtfertigungsfähige Selbstverhältnisse der Lebensführung auftreten können:

[86–T] Der vernünftige Lebensplan ist der Fluchtpunkt einer nach
Grundsätzen der praktischen Vernunft rechtfertigungsfähigen Lebensführung.

Satz [86–T] formuliert den unvermeidlichen ‚Kantianismus‘ des Begriffs
des vernünftigen Lebensplans. Er äußert sich zum einen mit der erkenntniskritischen Einsicht in den Widerstand des Gegebenen, zum anderen in
der Aufforderung, nach Grundsätzen der praktischen Vernunft zu handeln, *weil* man prinzipiell dazu imstande ist. Diese kantianischen Eckpfei-
ler schließen von vornherein die Möglichkeit aus, den Begriff des vernünftigen Lebensplans buchstäblich als Anweisung für die konkreten Abläufe
des Lebens einer Person aufzufassen. Der Lebensplan kann nicht bei einem subjektiven und sozialen Nullpunkt ansetzen, von dem dann in reiner Form Zielsetzungen und Vereinheitlichungen ihren Ausgang nehmen
könnten.[31]

Abgesehen von den psychischen und psychologischen Verwicklungen
ihres Lebens finden Personen im sozialen Raum unterschiedliche und di-

---

[30] In der Differenz von [84–S] und [85–T] äußert sich der personalitätstheoretische Kern der
Liberalismus-Kommunitarismus-Kontroverse um das Verhältnis zwischen dem Rechten
und dem Guten.

[31] Siehe Rawls 1971, S. 563 f.: „(...) in drawing up our plan of life we do not start de novo; we
are not required to choose from countless possibilities without given structure or fixed
contours.“

vergierende Orientierungsmodelle vor, in die nicht zuletzt die kontingenten Umstände des individuellen Lebens und seiner Vorgeschichte mit eingehen. Der vernünftige Lebensplan kann deshalb Kontingenz und Verschiedenheit keineswegs ausschließen, sondern muß sie von vornherein als
konstitutive Elemente der Handlungsbedingungen anerkennen.[32] Zudem
können die Einstellungen zu bestimmten Handlungsoptionen und die sich
daraus ergebenden Änderungswünsche in verschiedenen Lebensabschnit-
ten extrem variieren. Vernünftige Bestimmungsgründe machen im zeitlichen Verlauf Wandlungen durch und sind von konkreten Bewertungen
abhängig, die im Verlauf eines Lebens nicht invariant bleiben. Bei der Verwirklichung eines Lebensplans muß entsprechend die Möglichkeit vernünftig begründeter Veränderungen in Betracht gezogen werden. Veränderungen können selbst dann erfolgen, wenn an den für die Lebensführung herangezogenen Grundsätzen der praktischen Vernunft keine Revisionen vorgenommen worden sind. Es wäre immer noch möglich, daß
eine Person Bestandteile des Bewertungs- und Entscheidungsszenarios
anders gewichtet, was sich ebenfalls auf den Handlungsausgang niederschlagen würde. Auf diesen Sachverhalt hat John Rawls im Rahmen seines
Konzepts des ‚reasonable disagreement‘ zwischen verschiedenen Personen aufmerksam gemacht: „Even where we agree fully about the kinds of
considerations that are relevant, we may disagree about their weight, and
so arrive at different judgments.“[33] Dieser Veränderungsspielraum gilt
aber nicht nur für die Verständigungsversuche verschiedener Personen,
sondern auch für unterschiedliche Phasen und Ausrichtungen der Lebensführung ein und derselben Person.

Angesichts der Relativierungen des Begriffs des vernünftigen Lebensplans drängt sich die Frage auf, ob er überhaupt eine strukturierende und
vereinheitlichende Funktion in der Lebensführung erfüllen kann. In
[86–T] ist ihm die Bedeutung eines Fluchtpunkts praktischer Vernunft zugewiesen worden, an dem die Handlungsgeschichten von Personen tendenziell ausgerichtet werden können. Damit kann aber nicht gemeint sein,
daß der richtige Lebensplan der sichere Weg zu einem glücklichen oder
zumindest vernünftig geführten Leben ist, durch den jede einzelne Handlung eine feste teleologische Ausrichtung bekommt. Lebenspläne sind keine Identifizierungsprozesse von Lebenszielen, allenfalls Versuche, gegebe-

---

[32] Siehe Hampshire 1983, S. 158: „A stable feature of human nature, over and above a normal
physical constitution, is the need to possess a distinct history, which is one‘s own and not
that of all mankind, and also to cultivate that which is particular and that is believed to be
the best of this time and of that place, alongside and within the universal moral claims that
are common to all people as such." Vgl. Seel 1994.

[33] Rawls 1993, S. 56.

ne bzw. im sozialen Raum vorgefundene Vorstellungen vom Guten praktisch umzusetzen.[34] Der Begriff des vernünftigen Lebensplans kann aber nicht durch Vorstellungen vom Guten definiert werden, weil er vom Ansatz her keine *inhaltlichen* Festlegungen für ein gutes Leben enthalten darf. In diesem Sachverhalt ist der Unterschied zwischen [84–S] und [85–T] begründet. Zumindest in der Theorie praktischer Selbstverhältnisse ist denn auch ungeachtet weitergehender sozialphilosophischer Überlegungen der Vorrang des Rechten vor dem Guten unvermeidlich.

Der vorrangig formale Charakter des Lebensplans zieht gleichwohl keine inhaltliche Beliebigkeit nach sich. Sie wird durch die im vernünftigen Lebensplan enthaltenen Hierarchisierungen unterbunden.[35] Sie bringen die kurz-, mittel- und langfristigen Handlungsziele genauso in einen Zusammenhang wie die Vielzahl der Entscheidungssituationen, die sich sowohl in ihrer Wertigkeit für das Ganze des Lebens als auch in ihrer erlebten Dringlichkeit stark unterscheiden. Die Hierarchisierungen des Lebensplans vollziehen sich in der Gestalt von Ausdifferenzierungen zwischen den zeitlichen Perspektiven der Handlungsziele und sind darüber hinaus für die Erzeugung einer Ordnung der Entscheidungswertigkeiten verantwortlich:

[87–T] Der vernünftige Lebensplan enthält eine moralische Bewertung und Hierarchisierung von Entscheidungs- und Handlungssituationen über die Zeit hinweg.

Die Verhaltensweisen einer Person erhalten durch Hierarchisierungen eine gleichermaßen komplexe wie individuelle Gestalt, die auf die inhaltlichen Handlungselemente nicht ohne formierende Wirkung bleibt. Auf diese Weise kann sich eine inhaltliche Variabilität einstellen, die als großer praktischer Vorzug des vernünftigen Lebensplans anzusehen ist. Denn in der Alltagserfahrung variieren die Reflexionsanstrengungen und Einstellungen moralischer Ernsthaftigkeit mit dem Ort der in der jeweiligen Entscheidungssituation involvierten Komponenten. Fragestellungen bezüglich Handlungsweisen, mit denen die Selbstbestimmung anderer Personen bedroht wird, kommt dementsprechend ein größeres Gewicht zu als Fragen nach einer ‚sinnvollen Freizeitgestaltung‘, die im übrigen alles andere als moralisch irrelevant sind.

Die in [87–T] angesprochene Hierarchisierungsperspektive ermöglicht schließlich, den gegebenen Voraussetzungen und Bedingungen der Le-

---

[34] Vgl. Seel 1995, S. 92 ff.

[35] Vgl. Rawls 1971, S. 410: „We must not imagine that a rational plan is a detailed blueprint for action stretching over the whole course of life. It consists of a hierarchy of plans, the more specific subplans being filled in at the appropriate time."

bensführung angemessen zu entsprechen. Weil Personen weder die Anforderungen des sozialen Raums noch die kontextuellen Abhängigkeiten unter ihre Eigenkontrolle stellen können, sind sie gezwungen, so mit ihnen umzugehen, daß ein Höchstmaß an Selbstbestimmung zustande kommen kann. Das ist aber nur möglich, wenn die Lebenskontexte in Selbstverhältnissen kognitiv und praktisch erfaßt werden. Der Versuch, einen Lebensplan kontextblind durchzusetzen, würde dagegen die Realität des Gegebenen verkennen und von vornherein in heteronomen Verhältnissen verbleiben.

Wenn die Kenntnis der Existenzkontexte zur Voraussetzung einer sachgerechten Umsetzung des Lebensplans gezählt werden muß, dann ist die konkrete Formulierung von inhaltlichen Lebenszielen nicht hilfreich, denn die Umsetzung eines Lebensplans kann entscheidend dadurch behindert werden, daß vorformulierte Ziele die Sicht auf die gegebenen Lebensumstände verstellen. Andererseits darf die Kenntnisnahme der Gegebenheiten nicht einfach auf eine Ideologie des Machbaren hinauslaufen, denn so würden die idealen Entwicklungsmöglichkeiten eliminiert, in denen der normative Sinn des vernünftigen Lebensplans gerade begründet ist:

[88–T] Der Lebensplan ist eine ideale Perspektive, deren Bedeutung in der Differenz und dem Bezug zu den jeweiligen Lebenskontexten begründet ist.

Die tatsächliche Aufgabe des Lebensplans besteht nach [88–T] in der Strukturierung einer Lebensführung, durch die den Erfordernissen der Kontexte der Existenz auf selbstbestimmte Art entsprochen werden kann. Für eine derartige Aufgabe sind keine Ansätze brauchbar, die normative Ziele unvermittelt gegen die kontextuellen Abhängigkeiten aufbieten. Diese müssen vielmehr als irreduzible Ausgangsbedingungen für jede Art von Selbstverhältnissen anerkannt werden. Die Eigentümlichkeit des vernünftigen Lebensplans besteht darin, daß er Selbstbehauptung durch ein negatives Ausgrenzungsverfahren begründet, das erlaubt, Handlungsoptionen zu erkennen und gegebenenfalls auszuschließen. Die praktische Perspektive des vernünftigen Lebensplans ist die moralische Bescheidenheit, die auf die direkte Ansteuerung großer Lebensziele verzichtet und lediglich anstrebt, unbezüglich präformierter Vorstellungen des Guten das Vernunft- und Moralitätspotential im personalen Leben soweit wie möglich auszuweiten.

Das funktionale Ausgrenzungsverfahren nimmt auch der Frage nach dem Stellenwert des vernünftigen Lebensplans in der Alltagserfahrung die geltungstheoretische Virulenz. Von moralitätskritischer Seite kann zu

Recht eingewandt werden, daß es nicht zu den üblichen Verhaltensmu-
stern von Personen gehört, zu einem bestimmten Zeitpunkt einen Lebensplan zu formulieren, nach dem sie sich dann im weiteren richten bzw.
richten wollen. Da der vernünftige Lebensplan aber gerade nicht als konzeptionelle Vorleistung zu verstehen ist, braucht seine Wirkung und Qualität nur an dem gemessen zu werden, was von ihm intendiert wird, nämlich die Ausweitung von Vernunft und Moralität im personalen Leben:

[89–T] Der Begriff des vernünftigen Lebensplans bezeichnet die Entfaltung von Vernunft und Moralität im Leben einer Person.

Satz [89–T] legt die Bestimmungen der Differenz und Bezugnahme aus,
die in [88–T] die Stellung der idealen Perspektive zu den Lebenskontexten
festgelegt haben. Vernunft und Moralität sind demnach Komponenten
personalen Lebens, die nicht auf materielle Gegebenheiten reduzierbar
sind und mit denen die kriteriellen Ausgrenzungen selbstbestimmter Lebensführung vorgenommen werden können.

Der funktionale Aspekt des Ausgrenzungsverfahrens hat einen Lebens-
planbegriff zur Folge, der sich von herkömmlichen Annahmen zum Verhältnis von Vernunft und Lebensführung durch einen mittelbaren Zugriff
unterscheidet.[36] Es geht nicht um eine direkte Verwirklichung von Vernunft, sondern um eine Erhöhung ihrer Anteile durch Vermeidung ersichtlich unvernünftiger Handlungsoptionen. Gibt es keinen Königsweg
zu einem wahren, glücklichen und schönen Leben, dann ist das Aufspüren
ersichtlich unvernünftiger Handlungen eine sinnvolle Option. Natürlich
ist einzugestehen, daß die Negation bestimmter unvernünftiger Handlungen zu anderen Formen von Unvernunft führen kann und deshalb nicht
zwangsläufig Vernunft verwirklicht. Das negative Ausgrenzungsverfahren
bringt aber auf jeden Fall den überaus gewichtigen epistemischen Vorteil
ein, auf die Identifizierung des wahrhaft vernünftigen Wegs zunächst verzichten und sich vorrangig dem Ausschluß von nicht rechtfertigungsfähigen Handlungsoptionen widmen zu können. Ein derartiges Verfahren ist
eine allmähliche Annäherung an die Vernunft durch bestimmte Negation,
durch allmähliche Reduzierungen von Heteronomie. Auf diese Weise
werden nicht zuletzt die Gefahren des Dogmatismus, die sich hinter dem
Namen der Vernunft seit jeher verbergen, entscheidend verringert, denn
der Wunsch, das Falsche zu vermeiden, kann den Gefahren epistemischer
Eile leicht entgehen.

Der vernünftige Lebensplan kann darüber hinaus Konsistenz und Kohärenz der verschiedenen Handlungsgeschichten ermöglichen, weil er be-

---

[36] Das unterscheidet ihn vor allem auch von Rawls' Lebensplankonzeption.

stimmte Handlungsoptionen aus rechtfertigungsfähigen und nachvollziehbaren Gründen verwirft. Die Person kann deshalb erwarten, daß der
durch den vernünftigen Lebensplan eingegrenzte Verhaltensraum nach-
vollziehbare und einsichtige Handlungsgeschichten ermöglicht.[37] In diesem Sinne konvergieren die Argumentationsperspektiven des Begriffs des
vernünftigen Lebensplans mit dem der praktischen Identität über die Zeit
hinweg. Ohne eine Vorstellung von ihrer zeitlichen Ausdehnung ist eine
Person nicht imstande, ihr Leben in Selbstverhältnissen der praktischen
Vernunft zu führen [78–T].

In einem vernünftigen Lebensplan, der sich formal über eine Ausgrenzungsfunktion konstituiert, kommt der Vermeidung von Revisionsgrün-
den zentrale Bedeutung zu. Personen müssen versuchen, in Entscheidungssituationen für die Zukunft die Möglichkeit eines grundsätzlichen
Änderungswunsches auszuschließen. Das bedeutet nicht, daß Personen
jemals erwarten können, im Bewußtsein zu leben, alles richtig gemacht zu
haben. Sie können aber durchaus den Bewußtseinsstand erreichen, daß
mit dem in der Zwischenzeit erlangten Wissen eine andere Handlung vollzogen worden wäre, zum damaligen Zeitpunkt aber nicht besser gehandelt werden konnte. Die ‚spätere Person‘ würde zwar nicht mehr so handeln wie die ‚frühere Person‘, sie könnte sich aber nicht über diese beklagen.[38] Einer Person ist es aufgrund ihrer kontextuellen Einbindungen
nicht möglich, konkret einem Lebensplan zu folgen, sie kann aber durchaus eine Lebensführung anstreben, die sich zum jeweiligen Zeitpunkt an
den zur Verfügung stehenden *vernünftigen* Gründen orientiert. Der entscheidende Schritt, Revisionsgründe für die Zukunft abzubauen, ist insofern in der Etablierung einer generellen Bewertungsperspektive zu sehen,
nach der sich in allen Entscheidungssituationen gerichtet werden kann.
Eine solche Leistung sollte schon aus formalen Gründen nur von einem
Lebensplan erwartet werden, der kriteriell ausgeprägt, aber inhaltlich
nicht festgelegt ist.

---

[37] Vgl. Rawls 1971, S. 409: „(...) a rational plan of life establishes the basic point of view from
which all judgments of value relating to a particular person are to be made and finally ren-
dered consistent." Vgl. Gosepath 1992, S. 262 ff.

[38] Rawls spricht in diesem Zusammenhang von einem „principle of responsibility to self":
„(...) the claims of the self at different times are to be so adjusted that the self at each time
can affirm the plan that has been and is being followed. The person at one time, so to
speak, must not be able to complain about actions of the person at another time." (Rawls
1971, S. 423) Siehe auch Rawls 1971, S. 422: „(...) we have the guiding principle that a rational individual is always to act so that he need never blame himself no matter how things
finally transpire. Viewing himself as one continuing being over time, he can say that at
each moment of his life he has done what the balance of reasons required, or at least per-
mitted."

3

Der vernünftige Lebensplan ist die wirksamste Form moralischer Selbsterweiterungen, mit der praktische Vernunft nicht nur in begründeten und
rechtfertigungsfähigen Kontinuitäten über die Zeit hinweg, sondern vor
allem auch in moralischen Anerkennungen anderer Personen zur Geltung
kommt. Subjekte praktischer Selbstverhältnisse können sich nämlich nicht
mit vernünftig bestimmten Gründen auf ihre Verhaltensweisen beziehen,
ohne die Übertragbarkeit dieser Gründe auf Verhaltensweisen anderer
Subjekte zu unterstellen. Daher bleiben moralische Selbsterweiterungen
keineswegs auf die Perspektive der ersten Person beschränkt:

[90–T] Moralische Selbsterweiterung schließt moralische Externalisierung
    ein.

Externalisierungen, die in die subjektive Perspektive die moralischen
Standpunkte der zweiten und dritten Person einführen, sind in dem Bewußtsein von Gegenseitigkeitsverhältnissen begründet. Personen verhalten sich in den Selbstverhältnissen des vernünftigen Lebensplans nicht nur
zu ihren rechtfertigungsfähigen Handlungsoptionen, vielmehr tritt mit ihnen immer auch die moralische Selbstbegrenzung in der Gestalt der Anwesenheit anderer Subjekte praktischer Selbstverhältnisse auf.

Das Implikationsverhältnis von [90–T] ist allerdings weder symmetrisch noch gilt es in jedem Einzelfall. Es kann durchaus moralische Selbsterweiterungen ohne unmittelbare moralische Externalisierung geben.
Dabei ist an selbstbezogene Perfektibilitätsvorstellungen zu denken, die
ihre radikalste Ausformung im Leben religiöser Eremiten finden, denen
im übrigen zu Recht der Verdacht des heimlichen Egoismus anhaftet.[39]
Moralische Externalisierungen ohne moralische Selbsterweiterungen
umfassen auf Mitgefühl beruhende Reaktionsformen, die zusammen mit
extremen emotionalen Identifikationen bis zur Selbstaufopferung führen
können. Auch schließt moralische Selbsterweiterung nicht von vornherein
die Möglichkeit aus, aufgrund wohlbedachter Gründe sein Leben für
andere zu opfern.

Eine nüchterne Ausdeutung von [90–T] ist Rawls' Konzeption des Zusammenhangs von vernünftigem Lebensplan und Gegenseitigkeits- bzw.
Gerechtigkeitsverhältnissen.[40] Das moralische Anerkennungsverhältnis
wird dabei auf indirekte Weise ins Spiel gebracht. Wenn Personen nicht in

---

[39] Siehe Schopenhauer 1916, S. 202: „Eine festgeglaubte Belohnung in einer anderen Welt ist
    anzusehen, wie ein vollkommen sicherer, aber auf sehr lange Sicht ausgestellter Wechsel."
[40] Siehe Sturma 1992c, S. 290 ff.

der Lage sind, sich als Subjekte von vernünftigen Selbstverhältnissen über die Zeit hinweg zu begreifen, verhalten sie sich deswegen unmoralisch, weil sie ihre eigenen zukünftigen Bedürfnisse und Ansprüche genauso mißachten werden wie die anderer Personen.[41] Rawls unterstellt, daß sich personale Einstellungen durch das Bewußtsein konstituieren, sich auf andere Individuen mit gleichen oder ähnlichen Eigenschaften und Fähigkeiten beziehen zu können. Es ist ein wichtiges Verhaltenskriterium seiner Theorie der Gerechtigkeit als Fairneß, daß sich Personen darauf festlegen lassen, die Bewertungsprinzipien von Handlungen sowohl im eigenen Fall als auch im Fall anderer Personen auf formal gleiche Weise anzuwenden. Demnach müssen vernünftige Handlungsperspektiven nach Maßgabe von Gegenseitigkeits- und Gerechtigkeitsvorstellungen entworfen werden, die aufgrund ihrer zentralen kriteriellen Funktion als wesentliche Komponente des moralischen Standpunkts einer Person zu betrachten sind.

Rawls' Argumentationen sind ersichtlich normativ ausgerichtet und gehen auf moralpsychologische Problemstellungen nur beiläufig ein.[42] Die Anwesenheit anderer Subjekte in der eigenen Erfahrungswelt ist dagegen detailliert von Jean-Paul Sartre und Emmanuel Lévinas offengelegt worden. Ihre Analysen können unschwer als Darlegung der irreduziblen Faktizität von Gegenseitigkeitsverhältnissen im personalen Leben verstanden werden, die bei ihnen allerdings deutlich unterschiedene Interpretationen und Gewichtungen erfahren.

Nach Sartre ereignen sich Gegenseitigkeitsverhältnisse durch den Blick des Anderen. In ihm erschließt sich für die jeweilige Person die Anwesenheit anderer Subjekte von Freiheit und Selbstbestimmung. Sartre spricht in diesem Zusammenhang vom *„fait* de la présence d'une liberté étrangère."[43] Auf schmerzliche Weise wird der Blick des Anderen durch den Zustand der Scham offenbar. In der Scham erfährt eine Person im Modus der Betroffenheit, daß sie Gegenstand einer bewertenden Wahrnehmung durch Andere ist. Ihr wird bewußt, daß die Wahrnehmungen der Anderen ihre Wirklichkeit ausmachen, und in dieser Erfahrung manifestiert sich zumindest implizit eine Anerkennung des Anderen: „la honte est, par nature, *reconnaissance.* Je reconnais que je *suis* comme autrui me voit."[44]

---

[41] Vgl. Rawls 1971, S. 423: „One who rejects equally the claims of his future self and the interests of others is not only irresponsible with respect to them but in regard to his own person as well. He does not see himself as one enduring individual."

[42] Es finden sich bei Rawls gleichwohl eine Reihe von bedeutsamen Reflexionen zum Verhältnis von Deskriptivem und Normativem; siehe Rawls 1971, S. 48 ff. und 453 ff.; vgl. Sturma 1992c, S. 295 ff.

[43] Sartre 1943, S. 334. Zum folgenden siehe Sartre 1943, Teil III, insbesondere Kapitel 1. 4: ‚Le Regard', S. 310 ff.

[44] Sartre 1943, S. 276.

Die Anerkennung der Anderen ist kein zusätzlicher kognitiver Akt, der Personenwahrnehmungen begleitet. Die Anwesenheit anderer Personen wird vielmehr ursprünglich erfahren und setzt nicht einmal deren faktische Präsenz in meinem aktuellen Erfahrungsfeld voraus.[45] Personen leben nicht einfach in einem sozialen Raum, sondern ihr Verhaltenshorizont ist der interpersonale Raum, der sich durch die in den Wahrnehmungssituationen bereits enthaltenen wechselseitigen Anerkennungen konstituiert. Der interpersonale Raum erscheint als gänzlich neuer Aspekt der Wirklichkeit. Deswegen begreift Sartre die Existenz des Anderen als einen existentiellen Sündenfall.[46] Die Existenz des Anderen gehe nicht allmählich aus Bewußtseins- oder Erfahrungsprozessen hervor, vielmehr treffe sie die Person unmittelbar ins Herz und begegne ihr als ein unzweifelhaft erlebtes, aber selten befragtes Faktum der Alltagserfahrung: „Le fait d'autrui est incontestable et m'atteint en plein cœur."[47]

Die Bedeutung von Sartres Analysen zum Wechselverhältnis von Selbsterfahrung und Anwesenheit anderer Personen liegt nicht im normativen Bereich. Das normative Verhältnis von Moralität und Anerkennung der Würde anderer Personen ist bekanntlich von Kant herausgearbeitet worden.[48] Der von ihm entfaltete deontologische Argumentationstypus ist immer wieder zum Gegenstand von Vorbehalten gemacht worden, die die Phänomenbasis des kategorischen Imperativs und verwandter Theoriestücke in Zweifel gezogen haben. Diese Vorbehalte sind ihrerseits nicht frei von fehlendem Verständnis für die kantische Position, die weniger durch einen rigorosen deontologischen Ansatz gekennzeichnet ist, als gemeinhin angenommen wird.[49] Die Frage nach der Phänomenbasis bleibt aber im Rahmen konzeptioneller Entfaltungen des moralischen Standpunkts immer virulent. In den Analysen zum Blick des Anderen, die im übrigen der Moralphilosophie keineswegs umstandslos zugerechnet werden können, leistet Sartre einen bedeutsamen Beitrag zur deskriptiven Bestimmung der interpersonalen Komponenten moralischen Bewußtseins. Er kann zeigen, daß in den theoretisch und moralisch unbefangenen Selbstverhältnissen einer Person die Standpunkte anderer Personen bereits enthalten sind. Allerdings hat dieses Implikationsverhältnis bei ihm keine spezifisch moralische Natur.

---

[45] Siehe Sartre 1943, S. 334: „(...) autrui ne m'apparaît pas comme un être qui serait d'abord constitué pour me recontrer ensuite mais comme un être qui surgit dans un rapport originel d'être avec moi et dont l'indubitabilité et la *nécessité de fait* sont celles de ma propre conscience."

[46] Siehe Sartre 1943, S. 321: „(...) ma chute originelle c'est l'existence de l'autre".

[47] Sartre 1943, S. 334.

[48] Siehe Abschnitte VI. 3 und X. 2.

[49] Siehe Abschnitt VI. 3.

Die in der Personenwahrnehmung gesetzte Anerkennung des Anderen weist eine komplizierte Struktur auf. Sartre exemplifiziert diese Struktur an einem einfachen Beispiel: Wenn ein Zweig hinter mir bricht, erfahre ich nicht einfach, daß sich etwas oder jemand unerkannt hinter mir bewegt. Mir wird bewußt, daß ich wahrgenommen werde, und in diesem Bewußtsein erfahre ich die Anwesenheit meines Körpers in all seiner Verletzbarkeit. Mein Bewußtseinszustand ist nicht einfach der Blick auf den Blick des Anderen, vielmehr weist er in erster Linie auf mich zurück.[50] Sartre faßt dieses Verhältnis hinsichtlich des Bewußtseinszustands der Scham so zusammen: „la honte est appréhension unitaire de trois dimensions: *J'ai honte de moi devant autrui.*"[51] Scham ist danach eine Selbstbeziehung, die sich immer unter Einbeziehung der Anderen vollzieht.

Aus den Analysen zum Blick des Anderen läßt sich ein Gegenseitigkeitsverhältnis ablesen, das sich formal als eine Selbstbeziehung durch Andere charakterisieren läßt. Die Erfahrung des Blicks des Anderen ist ein Zustand, der sich über ein intentionales Korrelat auf sich bezieht. Allerdings manifestiert sich diese formale Struktur in den jeweiligen Darlegungen immer unter stark negativen Vorzeichen. Wenn eine Person fühlt, daß sie von anderen erblickt wird, dann erfährt sie das Sartre zufolge als Bedrohung, weil sie sich Beurteilungen ausgesetzt fühlt, die ihr in letzter Konsequenz verschlossen bleiben.[52] Die Selbstbestimmung des Anderen wird entsprechend als Beschränkung oder Vernichtung der eigenen Freiheit gedeutet: „Je saisis le regard de l'autre au sein même de mon *acte*, comme solidification et aliénation de mes propres possibilités."[53] Die negative Sichtweise stellt sich deswegen ein, weil Sartre einen Freiheitsbegriff unterstellt, der sich vorrangig an offenen Handlungsszenarien und nicht an Kontinuitäten über die Zeit hinweg orientiert. Deshalb verkennt er, daß die ‚Verhärtung der eigenen Möglichkeiten‘ eine vernünftige Begrenzung der reinen Selbstbeziehung sein kann.

Lévinas beklagt zu Recht an Sartres Analysen zum Blick des Anderen, daß sie zu früh beendet werden.[54] Der subjektive Standpunkt werde zwar durch das Antlitz – ‚visage‘ – des Anderen depotenziert, in dieser transphänomenalen Begegnung mit dem Anderen manifestiere sich aber nicht die Vernichtung der eigenen Freiheit, sondern die Gegenwart der Humanität, die in der Gestalt des Armen oder Fremden moralische Ansprüche erhebt. Lévinas zufolge ist von der grundsätzlich positiven Präsenz des

---

[50] Siehe Sartre 1943, S. 316.
[51] Sartre 1943, S. 350.
[52] Siehe Sartre 1943, S. 326.
[53] Sartre 1943, S. 321.
[54] Siehe Lévinas 1982, S. 197 ff.

Anderen auszugehen. Die mit ihr einhergehenden Ansprüche stellen sich unmittelbar und sind weder kognitiv vermittelt, noch können sie subjektiv beruhigt oder relativiert werden. Interpersonale Begegnungen werden dementsprechend als Bewegungen ohne Wiederkehr beschrieben, die es dem subjektiven Standpunkt unmöglich machen, den Anderen bruchlos in die eigenen Erfahrungszusammenhänge zu integrieren: Interpersonale Beziehungen bleiben unabgeschlossen und asymmetrisch.[55]

Der Blick des Anderen kann bei aller psychischen Schmerzhaftigkeit, die oftmals mit ihm verbunden ist, nicht einfach als Begrenzung gedeutet werden. Mit ihm treten andere moralische Subjekte in die Welt einer Person, und dieser Sachverhalt ist grundsätzlich als moralische Erweiterung zu werten. Die Anerkennung des Anderen nötigt gleichwohl nicht dazu, Lévinas' extremer Konsequenz vom moralischen Vorrang des Anderen umstandslos zu folgen. Allerdings sind unabhängig von der Frage nach dem Glück des moralischen Bewußtseins Interpersonalitätserfahrungen der puren existentiellen Einsamkeit der auf sich zurückgeworfenen subjektiven Perspektive lebenspraktisch immer vorzuziehen.

Was Sartre für die Auflösung oder die Bedrohung des 'Seins als Subjekt' hält, ist die Manifestation der Anwesenheit anderer Subjekte im Erfahrungsfeld einer Person. Zwar wird der personale Standpunkt nicht durch die wechselseitigen Anerkennungsverhältnisse begründet – was auf einen sozialphilosophischen Reduktionismus hinausliefe –, aber Personen erlangen erst durch das Verständnis der Verhaltensweisen anderer Personen ein Verständnis ihrer selbst. Diesem Sachverhalt hat Wittgenstein die sprachphilosophische Ausdeutung gegeben, nach der Sprachsubjekte die bedeutungssichere Verwendungsweise von Selbstzuschreibungsprädikaten im Kontext der Anwendung auf das Verhalten anderer Subjekte erlernen. Eine Person eignet sich demnach das Verständnis ihrer eigenen Verhaltensweisen durch das Verstehen der Handlungen anderer Personen an [21–S]. Die Anwesenheit anderer Personen in der subjektiven Perspektive der einzelnen Person vollzieht sich kognitiv und praktisch als eine selbstreferentielle Beziehung auf Entitäten, denen auf unmittelbare Weise der gleiche Status zugebilligt wird wie der, den sich das Subjekt selbst zuschreibt, und in diesem Gegenseitigkeitsverhältnis subjektiver Perspektiven enthüllt sich eine wesentliche Bestimmung des eigenen personalen Standpunkts:

[91–T] Im Fall personaler Existenz ist moralische Erfahrung moralische Selbsterfahrung.

---

[55] Siehe Lévinas 1982, S. 187 ff.

Satz [91–T] behandelt die subjektive Perspektive auch in praktischer Hinsicht als Sonderfall. Die Bezugnahme auf die eigene Perspektive wie auf die anderer Personen unterscheidet sich grundsätzlich von herkömmlichen Fällen äußerer Reflexion, und diese Differenz ist bei den Bewertungen des Verhältnisses von theoretischer und praktischer Philosophie kaum berücksichtigt worden.

Die moralische Grenze der Selbstbestimmung ist bereits im zweiten Lehrsatz von Fichtes ‚Grundlage des Naturrechts‘ als konstitutives Merkmal praktischer Selbstverhältnisse ausgewiesen worden.[56] Fichte greift hier auf die Argumentationsstruktur von Kants ‚Widerlegung des Idealismus‘[57] zurück, mit der zunächst nur das Faktum der äußeren Realität festgestellt werden kann. Die Anerkennung der anderen Person als ein freies Wesen, das durch seine Selbstbestimmung meine Selbstbestimmung beschränken kann, wird von Fichte als ein Rechtsverhältnis begriffen,[58] das seiner Bestimmung nach äußerlich bleiben muß. Verkannt wird dabei, daß Personen einander in einer Weise begegnen, die von herkömmlichen Fällen äußerer Reflexion grundsätzlich verschieden ist. Das gilt auch für den Fall, daß sich Personen gleichsam aus der Ferne wahrnehmen und deswegen zunächst auf die Identifizierungen physischer Eigenschaften angewiesen sind. Obwohl bei Personenwahrnehmungen körperliche Eigenschaften eine wichtige Rolle in den jeweiligen Identifizierungs- oder Reidentifikationsprozessen spielen, unterstellen Personen ursprünglich, daß ihre Verhaltensweisen wesentlich von Einstellungen bestimmt werden, die mit körperlichen Eigenschaften nicht zusammenfallen. Diese Selbständigkeit gegenüber physischen Manifestationsformen wird unmittelbar und gleichermaßen sich selbst und anderen Personen zugebilligt.

Der Selbständigkeitsgedanke ist in Hegels kritischer Theorie wechselseitiger Anerkennungen herausgearbeitet worden:[59] Der Kampf von Herr und Knecht ist ein Kampf um Selbständigkeit. Die Überlegenheit des Herrn gründet sich auf der Unselbständigkeit des Knechts, der nicht als selbständig anerkannt wird, weil er den Kampf auf Leben und Tod nicht wagt. Negativ erfährt der Herr die Selbständigkeit des Knechts dadurch, daß er von diesem eine Anerkennung erwartet, die er aber deswegen nicht erhalten kann, weil er den Knecht nicht als selbständig anerkennt. In den

---

[56] Siehe Fichte III, S. 30: „Das endliche Vernunftwesen kann eine freie Wirksamkeit in der Sinnenwelt sich selbst nicht zuschreiben, ohne sie auch anderen zuzuschreiben, mithin auch andere endliche Vernunftwesen ausser sich anzunehmen."

[57] Siehe Kant 1956, S. 272 ff. [B 274 ff.]

[58] Siehe Fichte III, S. 50 ff.

[59] Siehe Hegel 1952, S. 141 ff. [Selbständigkeit und Unselbständigkeit des Selbstbewußtseins: Herrschaft und Knechtschaft]

wechselseitigen Relationen, in denen der Knecht sich schließlich als selbständig erweist,[60] treten Personen einander gegenüber, die sich – ohne es
zu wollen – unmittelbar als Subjekte erfahren. Die Tragödie des Bewußtseins des Herrn ist schließlich darin begründet, daß es die Selbständigkeit
des anderen Selbstbewußtseins buchstäblich verkennt:

„Es ist für das Selbstbewußtsein ein anderes Selbstbewußtsein; es ist *außer sich*
gekommen. Dies hat die gedoppelte Bedeutung; *erstlich*, es hat sich selbst verloren, denn es findet sich als ein *anderes* Wesen; *zweitens*, es hat damit das Andere aufgehoben, denn es sieht auch nicht das Andere als Wesen, sondern *sich selbst
im Andern*.“[61]

Das eigentümliche Erlebnis der Begegnung mit einem anderen Selbstbewußtsein führt zu dem Versuch, Fremderfahrung in eine Selbstbeziehung
umzudeuten. Aber durch die Präsenz eines anderen Subjekts in der eigenen
Wahrnehmungswelt bleiben Erfahrungen unabgeschlossen. Die andere
Person kann nicht einmal in Reflexionsprozessen zum Verschwinden gebracht werden. Sie bestimmt die Reflexionen auch dann, wenn sie bewußt
aus ihnen herausgehalten wird. Daher ist unangesehen der Intentionen und
weiterer Gedankenbewegungen von Hegels Dialektik der Negativität das
Fazit des Kampfes um Anerkennung die Selbständigkeit des Anderen in
den eigenen Selbstverhältnissen. In diesem formalen Sinne hat Sartre Hegels kritische Theorie der Anerkennung durchaus konsequent interpretiert.

Aus Hegels Konstruktion des Kampfes um Anerkennung kann weiterhin entnommen werden, daß die Anerkennung der eigenen Selbstbestimmung nur durch die Selbständigkeit des Anderen zustande kommen kann.
Damit kann nicht gemeint sein, daß sich das Subjekt der Selbstbestimmung nur einen Widerstand für seine Entäußerungen setzt, wie das etwa
von Fichte nahegelegt wird. Personen entscheiden nicht darüber, ob ein
anderes Selbstbewußtsein in ihre Erfahrungswelt tritt, vielmehr begegnet
es ihnen immer schon, *wenn* es ihnen begegnet.[62] Sie haben auch keine

---

[60] Siehe Hegel 1952, S. 147 f.: „Die *Wahrheit* des selbständigen Bewußtseins ist demnach das
knechtische Bewußtsein. Dieses erscheint zwar zunächst *außer* sich und nicht als die Wahrheit des Selbstbewußtseins. Aber wie die Herrschaft zeigte, daß ihr Wesen das Verkehrte
dessen ist, was sie sein will, so wird auch wohl die Knechtschaft vielmehr in ihrer Vollbrin-
gung zum Gegenteile dessen werden, was sie unmittelbar ist; sie wird als in sich *zurückge-
drängtes* Bewußtsein in sich gehen und zwar zur wahren Selbständigkeit sich umkehren.“
[61] Hegel 1952, S. 141.
[62] Siehe Strawson 1974, S. 1 ff. [Freedom and Resentment] und 1992, S. 138: „In a variety of
ways, inextricably bound up with the facts of mutual human involvement and interaction,
we *feel* towards each other as to other selves; and this variety is just the variety of moral
and personal reactive attitudes and emotions which we experience towards each others and
which have their correlates in attitudes and emotions directed towards ourselves.“ Vgl. Abschnitt V. 5.

Entscheidungsmöglichkeit, ob sie es als ein Subjekt anerkennen wollen, denn sieht man einmal von ideologischen Verfremdungen und futuristischen Gedankenspielen ab, ist Personen von Anbeginn gegenwärtig, daß ihr Gegenüber eine Person oder eine zukünftige Person ist. Die einzige Entscheidung, die eine Person in diesem Zusammenhang treffen kann, ist die moralisch angemessene Anerkennung der Anwesenheit anderer Personen im sozialen Raum. Hegel belehrt darüber, daß das Mißlingen der Anerkennung zum größeren Teil zu Lasten des Subjekts und nicht seines Gegenübers geht.

In den Sätzen [90–T, 91–T] ist die moralische Anwesenheit anderer Personen in der Erfahrungswelt der subjektiven Perspektive zum Ausdruck gekommen. Die personale Einstellung, die sich aus der Auseinandersetzung mit den Kontingenz-, Absurditäts- und Existentialitätsgedanken der neueren Philosophie herauskristallisiert hat, ist die nicht-funktionale Anerkennung der moralischen Würde anderer Personen. Die in dem vernünftigen Lebensplan wirksame praktische Vernunft erkennt auch die moralischen Voraussetzungen und Grenzen der Selbstbestimmung, das heißt, ‚sense of self‘ und Selbstbestimmung der anderen Person bedingen einander. Die skeptizistischen und relativistischen Mutmaßungen der neueren Kontingenzphilosophie erweisen sich insofern ebensowenig als phänomengerecht oder argumentativ zwingend wie die existentialistischen Verkürzungen personaler Bewußtseinsprozesse. Moralische Externalisierungen und Gegenseitigkeitsverhältnisse sind für die Selbsterweiterungen der Alltagserfahrung faktisch wie normativ bedeutsam und können nicht auf Beliebigkeits- oder Entfremdungssyndrome reduziert werden.

Kontingenzerlebnis und Existentialität ziehen keineswegs metaphysische Verzweiflung nach sich, sondern legen lebenspraktisch Externalisierungsstrategien nahe. Die Einsicht, daß ich eine Person unter anderen Personen bin, muß von mir praktisch so umgesetzt werden, daß ich meine Wichtigkeit für mich in ihrer egozentrischen Exzentrizität depotenziere: Ich muß in praktischer Absicht die individualistische Kluft zwischen mir und den anderen überbrücken.[63] Die Einsicht in diesen Sachverhalt führt zu einer moralisch überaus bedeutungsvollen Veränderung meiner praktischen Einstellungen. Das moralische Verständnis meines Orts im sozialen Raum, als eine Person unter anderen Personen zu existieren, hat moral-

---

[63] Der Externalisierungsgedanke wird von Nagel im Sinne moralischer Bescheidenheit ausgedeutet: „Humility falls between nihilistic detachment and blind self-importance. It doesn't require reflection on the cosmic arbitrariness of the sense of taste every time you eat a hamburger. But we can try to avoid the familiar excess of envy, vanity, conceit, competitiveness, and pride – including pride in our culture, in our nation, and the achievements of humanity as a species."(Nagel 1986, S. 222)

psychologisch die Erfahrung der *moralischen* Präsenz anderer Personen zur Folge.[64] Diese Erfahrung fällt Personen in expliziter Form nicht umstandslos zu. Die sozialen Bedingungen müssen eine sichere Umsetzung der moralischen Anlagen erlauben, die wiederum nur unter der Bedingung einer geglückten moralischen Sozialisation vorliegen können. Die gegenwärtige moralpsychologische Situation ist allerdings dadurch gekennzeichnet, daß in vielen Bereichen die Erfahrung der moralischen Präsenz des Anderen auf das unmittelbare Lebensumfeld begrenzt ist, und zuweilen fehlt sie selbst dort.

Aufgrund der moralischen Anwesenheit der anderen Person ist der Standpunkt der Vernunft immer schon der Schritt vom Selbst zum Anderen:

[92–T] Die moralische Anerkennung der Anwesenheit anderer Personen in der eigenen Erfahrungswelt ist der Schritt vom Selbst zum Anderen.

Der Schritt vom Selbst zum Anderen ist das Faktum praktischer Vernunft und gehört zu den selbstverständlichen Phänomenen der Alltagserfahrung. Personen nehmen sich nicht wechselseitig als bloße Gegenstände in Raum und Zeit wahr, um dann in einem weiteren Schritt die ‚reality of other minds' zu klären, vielmehr unterstellen sie immer schon moralische Zustände wie Liebe, Haß, Respekt, Verachtung, Stolz, Scham, Schuld, Dankbarkeit, Unmut und Reue, die ein Subjekt emotiver, kognitiver und moralischer Zustände – ein Selbst – voraussetzen.[65] Personen verhalten sich immer schon *als* Personen zueinander und schreiben sich wechselseitig einen Subjektstatus und Selbstbewußtsein zu. Zwar vollzieht sich die moralische Anerkennung der anderen Person in der Regel implizit und ohne ausdrückliches Wissen der jeweiligen Personen, aber das uns allen vertraute Leben im sozialen Raum hängt in seinem Zustandekommen von

---

[64] Nagel wählt in diesem Zusammenhang den Ausdruck ‚nonegocentric respect for the particular' – und man müßte ergänzen ‚for the particular person'; siehe Nagel 1986, S. 222: „Finally, there is an attitude which cuts through the opposition between transcendent universality and parochial self-absorption, and that is the attitude of nonegocentric respect for the particular."

[65] Vgl. Wolf 1990, S. 3: „To be accorded the status of a responsible being is to be regarded as an appropriate object of a certain range of attitudes and judgments and as a legitimate participant in a certain range of practices. The range of attitudes I have in mind includes pride and shame, gratitude and resentment, respect and contempt. The range of judgments includes the judgment that one is worthy of respect or contempt, that one ought to be proud or ashamed, and so on. And the range of practices includes praising and blaming, forgiving, excusing, rewarding, and punishing according to rules designed to make these practices expressions of the above sorts of attitudes and judgments." Vgl. Tugendhat 1992, S. 317 ff. und 328 ff. [Zum Begriff und zur Begründung von Moral]

der zunächst impliziten Anerkennung des anderen Selbst ab, wo sie fehlt, kann nicht von personalem Leben gesprochen werden. Die moralische Anerkennung der anderen Person unterscheidet die Gemeinschaft der Personen von einem Ameisenstaat.

Der Kern der Faktizität von Moralität im sozialen Raum ist das System irreduzibler Gegenseitigkeitsverhältnisse, in denen sich die wesentlichen Bestimmungen der praktischen Vernunft von Personen äußern und die von strategischen Gegenseitigkeitsverhältnissen des rationalen Eigennutzes unterschieden werden müssen, die etwa von Hobbes bei seiner Konstruktion des Gesellschaftsvertrags unterstellt werden. Die verhaltensorientierte Ausrichtung der Anerkennungsverhältnisse der praktischen Vernunft ist der Bestimmung nach nicht-funktionalistisch. Von Kant ist mit Nachdruck herausgestellt worden, daß interpersonale Anerkennungsverhältnisse mit praktischer Vernunft nur dann in Einklang gebracht werden können, wenn sie nicht instrumentell oder funktionalistisch formiert sind. Die verschiedenen Versionen des kategorischen Imperativs formulieren einen Interpersonalitätsgedanken, der die moralische Gleichberechtigung aller Personen in der Perspektive des jeweiligen Subjekts praktischer Selbstverhältnisse einfordert. Die personalitätstheoretisch ausgeprägteste Version nimmt ausdrücklich auf das interpersonale Verhältnis von einzelner Person und allen anderen Personen Bezug:

„Handle so, daß du die Menschheit sowohl in deiner Person, als in der Person eines jeden andern jederzeit zugleich als Zweck, niemals bloß als Mittel brauchst."[66]

Der kategorische Imperativ formuliert für die Perspektive der einzelnen Person einen Interpersonalitätsgedanken, der einen Begriff moralischer Impersonalität – die Menschheit als Zweck – mit moralischer Selbständigkeit und personaler Teleologie – die Person als Zweck – verbindet. Die Besonderheit dieser Konstellation von Interpersonalität, Impersonalität, moralischer Selbständigkeit und personaler Teleologie ist darin begründet, daß *für* den jeweiligen individuellen Standpunkt bei der moralischen Wertigkeit kein Unterschied zwischen den Perspektiven der ersten, zweiten und dritten Person zugelassen wird.[67] Die kategorische Feststellung, daß die Person Zweck an sich selbst sei,[68] ist denn auch die weitestgehende

---

[66] Kant IV, S. 429.
[67] Siehe Abschnitt VI. 3 und Sturma 1991a.
[68] Siehe Kant IV, S. 428: „(...) der Mensch und überhaupt jedes vernünftiges Wesen existirt als Zweck an sich selbst, nicht bloß als Mittel zum beliebigen Gebrauche für diesen oder jenen Willen, sondern muß in allen seinen sowohl auf sich selbst, als auch auf andere vernünftige Wesen gerichteten Handlungen jederzeit zugleich als Zweck betrachtet werden."

Formulierung der moralischen Selbständigkeit. Kant läßt keinen Zweifel darüber aufkommen, daß der moralischen Selbständigkeit des Einzelnen in einem wechselseitigen Bedingungsverhältnis die moralische Selbständigkeit aller anderen Personen entspricht:

[93–T] Moralische Selbständigkeit der ersten und moralische Anerkennung der zweiten und dritten Person bedingen einander.

Der Begriff des Subjekts der praktischen Vernunft gewinnt die doppelte Bedeutung, zum einen die moralische Selbständigkeit der handelnden Person, *insofern* sie Subjekt praktischer Selbstverhältnisse ist, zu bezeichnen und zum anderen die wesentliche Eigenschaft aller Personen auszudrücken, von jedem Standpunkt aus betrachtet moralische Dignität zu besitzen. Aufgrund dieser Konvergenz der verschiedenen personalen Perspektiven zeigt sich in [93–T] nicht nur der Übergang vom Selbst zum Anderen [92–T], sondern vor allem der Übergang *des* Selbst zum Anderen.[69] Die Anerkennung der moralischen Würde der anderen Person ist der Interpersonalitätsgedanke der subjektiven Perspektive praktischer Selbstverhältnisse. In den moralisch irreduziblen Anerkennungs- und Gegenseitigkeitsverhältnissen fungiert die Person zugleich als Subjekt und Objekt. Auf diese Weise überschreitet die praktische Vernunft der Personen immer schon die engen Grenzen eigennütziger und selbstbefangener Affekte und etabliert rechtfertigungsfähige Gründe für Anerkennungs- und Gegenseitigkeitsverhältnisse im sozialen Raum.

---

[69] Siehe Abschnitt X. 1.

X. Der Schritt des Selbst zum Anderen (2): Selbstinteresse und Selbstachtung

1

Der Schritt des Selbst zum Anderen, mit dem im Rahmen der Selbstverhältnisse praktischer Vernunft die moralische Selbständigkeit anderer Personen anerkannt wird [93–T], stößt in den Kontexten der Alltagserfahrung auf das scheinbar unüberwindliche Hindernis der lebenspraktischen Vorrangstellung eigener Interessen vor den Interessen anderer. Der Anspruch der praktischen Vernunft, alle personalen Standpunkte moralisch gleich zu behandeln, muß immer aus der Perspektive der einzelnen Person umgesetzt werden, der gemeinhin unterstellt wird, nicht über die moralpsychologische Ausstattung zu verfügen, die verhindern könnte, in Entscheidungssituationen sich selbst eine privilegierte Stellung zuzubilligen. Gleichwohl sollte in diesem Zusammenhang nicht vorschnell von einem moralpsychologischen Defizit gesprochen werden. Aufgrund der Irreduzibilität ihrer Erlebnisperspektive [18–T, 25–S] ist es für eine Person schlechthin unmöglich, sich in perspektivenlose Beziehungen zu anderen Personen zu begeben. Andererseits haben die Sätze [90–T, 91–T, 92–T, 93–T] bereits angezeigt, daß moralische Selbstverhältnisse keine reinen Selbstbeziehungen sind. Deshalb muß von einer spannungsreichen Gegenläufigkeit ausgegangen werden, die sich im personalen Standpunkt zwischen epistemischer Perspektivität und deontologischer Perspektivenindifferenz zuträgt. Um die Stellung zu anderen Personen einer moralphilosophischen und moralpsychologischen Klärung zuführen zu können, muß im weiteren überprüft werden, ob Selbstverhältnisse zwangsläufig die Gestalt einer moralisch nicht rechtfertigungsfähigen Egozentrik annehmen müssen.

Praktische Selbstbeziehungen, die moralisch nicht rechtfertigungsfähig sind, werden gemeinhin als egoistisch bezeichnet. Eine Person gilt als egoistisch, wenn sie sich einen privilegierten Status zuschreibt und aus ihm Ansprüche ableitet, die in vergleichbaren Fällen anderen Personen nicht zugebilligt werden:

[94–S] Personen verhalten sich egoistisch, wenn sie ihren Eigennutz zu Lasten des Interesses und Wohlergehens anderer Personen durchsetzen.

Die moralphilosophische Kritik egoistischer Verhaltensweisen betrifft in erster Linie nicht das Selbstinteresse der handelnden Person, sondern ihre Rücksichtslosigkeit gegenüber anderen Personen. Weil der Egoist nur sein eigenes Wohlergehen verfolgt und seine Interessen, Gefühle und Sorgen umstandslos über die anderer Personen stellt, ist er eine extreme Herausforderung für eine Lebensführung nach Maßgabe praktischer Vernunft.

Während der Großteil der traditionellen Ethik egoistisches Verhalten mit moralischen Gründen verwirft, nimmt die Alltagserfahrung zur Egoismusproblematik eine zwiespältige Stellung ein. Sie ist zunächst durch einen skeptischen Grundzug gegenüber Möglichkeiten der Etablierung objektiver ethischer Standards charakterisiert. Davon sind allerdings die ideologischen Bereiche des sozialen Raums auszunehmen, in denen unreflektiert politische oder religiöse Positionen als Orientierungsmodelle für die Lebensführung übernommen werden. Darüber hinaus gilt Egoismus als eine erfolgreiche Handlungsstrategie, die sich gerade unter den Bedingungen der Konkurrenzgesellschaft als kluge und berechnende Lebensweise auszuzeichnen scheint.

Die mit egoistischen Verhaltensweisen einhergehenden Rücksichtslosigkeiten und Zumutungen werden in der Alltagserfahrung keinesfalls übersehen. Die Subjekte von Egoismusstrategien sind sich – ohne es in der Regel offen einzugestehen – der moralischen Verwerflichkeit ihres sozial parasitären Verhaltens bewußt. Unabhängig von Fragen nach der Beruhigung des Gewissens weiß der Egoist genau, daß er Situationen zu Lasten anderer Personen ausnutzt, andernfalls könnte er strategisch gar nicht erfolgreich sein.[1] Zudem sind Personen in ihren alltäglichen Verhaltensweisen weit weniger von egoistischen Motiven und Erwartungen erfüllt, als sie selbst gemeinhin annehmen. Sie sind gewohnt, die Interessen anderer Personen von vornherein in Betracht zu ziehen und haben im moralpsychologischen Normalfall keine durchgängigen Mißtrauensvermutungen. Das moralische Bewußtsein der Alltagserfahrung vollzieht insofern die gegenläufige Reflexionsbewegung, daß Egoismus einerseits als eine Verhaltensweise angesehen wird, die Vorteile einbringt, die zu Lasten anderer

---

[1] Offene Bekenntnisse zum Egoismus sind in der Öffentlichkeit allerdings nur selten zu beobachten. Gegenwärtig setzt der Zeitgeist allerdings neue Akzente. Vor allem die Werbung, die ihre Zielgruppe über den sogenannten ‚Designertypus‘ definiert, propagiert verstärkt das Leitbild des Egoisten.

Personen gehen, aber andererseits die Zurückstellung egoistischer Interessen zu den Einstellungen gerechnet wird, die sowohl einem selbst als auch anderen Personen abverlangt werden können und sollten.

Auffällig an dieser Gegenläufigkeit der Alltagserfahrung ist die auch in vielen philosophischen Diskursen beobachtbare Vermischung von deskriptiven Annahmen zur menschlichen Natur und normativen Erwartungen, die mit den Verhaltensweisen anderer Personen verbunden werden. Es wird sich im weiteren zeigen, daß ein klares Verständnis der Egoismusproblematik eine Ausdifferenzierung der semantischen Funktionen der verschiedenen Egoismusbegriffe zur Voraussetzung hat, und dabei wird es in erster Linie darauf ankommen, genau zwischen deskriptiver und normativer Argumentationsperspektive zu unterscheiden. Der Begriff des Egoismus kann nur dann argumentativ eingesetzt werden, wenn rechtfertigungsfähig darüber entschieden worden ist, auf welches Phänomen oder welchen Sachverhalt er sich beziehen kann, denn für sich hat der Ausdruck ‚Egoismus‘ – abgesehen von mitschwingenden Suggestionen und Assoziationen – keine feste Bedeutung. Bereits Russell hat im Rahmen von Definitionsversuchen des Ausdrucks ‚Egoismus‘ auf diesen Sachverhalt aufmerksam gemacht. Ausgehend von der Definition „every man is psychologically bound to pursue his own good"[2] nimmt er einige weitere Unterscheidungen vor, um dann festzustellen: „These meanings all presuppose that we know what is meant by ‚*my* good‘"[3]. Unabhängig von der Problemstellung, ob die Bedeutung des Egoismusbegriffs gerade in dieser spezifischen Weise festgelegt werden sollte, ist Russell darin Recht zu geben, daß ‚Egoismus‘ in bezug auf *etwas* definiert werden muß.

In den ethischen Diskussionen werden verschiedene Egoismustypen unterschieden. Die für die Moralphilosophie wie für die Philosophie der Person wichtigsten Typen sind die des ethischen, rationalen und psychologischen Egoismus. Während sich hinter dem Begriff des psychologischen Egoismus deskriptive Theorien verbergen, sind der ethische und rationale Egoismus weitgehend normativ ausgerichtet.

Mit dem Titel ‚ethischer Egoismus‘ verbinden sich in der Philosophiegeschichte eine Reihe von Theorievorschlägen, die zu einem überaus komplizierten begrifflichen Erscheinungsbild geführt haben.[4] In Abwandlung der allgemeinen Definition von [94–S] kann mit dem Begriff des ethischen Egoismus der Sinn verbunden werden, der einzelnen Person die Maximierung des eigenen Wohlergehens als normatives Ziel vorzugeben:

---

2 Russell 1910, S. 45.
3 Russell 1910, S. 45.
4 Eine Typologie verschiedener Konzeptionen des ethischen Egoismus findet sich in Österberg 1988, S. 35 ff.

[95–S] Jede Person soll nur in der Weise handeln, die das eigene Wohlergehen und den eigenen Nutzen am besten fördert.

Die Eigentümlichkeit des ethischen Egoismus besteht darin, daß er [95–S]
als eine Formel versteht, die eine *moralische* Norm formuliert. Es ist diese moralische Akzentuierung, die Vorbehalte herausfordern muß. Sie können dahingehend zusammengefaßt werden, daß Egoismus und Moralität
als *ethische* Bestimmungen nicht aufeinander bezogen werden können.
Vor allem ist zu bemängeln, daß die Selbstbegrenzungen der praktischen
Vernunft keine angemessene konzeptionelle Berücksichtigung finden. Das
dürfte nicht zuletzt damit zusammenhängen, daß der ethische Egoismus
zu einem nicht unbeträchtlichen Teil in der konzeptionellen Nähe von
ökonomischen und utilitaristischen Theorien entwickelt worden ist, die
ersichtlich von Nutzenkalkulationen beherrscht werden und sich an moralphilosophischen Grundlegungen im Sinne einer nicht-reduktionistischen Philosophie der Person uninteressiert zeigen. Die Kritik am ethischen Egoismus kann die moralitätsfeindlichen Implikationen des Begriffs
des Eigennutzes als entscheidendes Hindernis für eine nicht-reduktionistische Auffassung des moralischen Bewußtseins herausstellen, denn der
Versuch, mit dem Begriff des Eigennutzes auf nicht-funktionale Weise eine Vereinbarkeit mit moralischen Anerkennungsverhältnissen anzustre-
ben, ist schlicht aussichtslos. Allenfalls im Rahmen funktionalistischer
Kontexte ließen sich Eigennutz und eine gleichermaßen reduzierte wie va-
riable Form von Anerkennungsverhältnissen zueinander in Beziehung
setzen.

Bei aller Berechtigung der Vorbehalte gegenüber moralisch rücksichtslo-
sem Eigennutz darf jedoch nicht übersehen werden, daß im Begriff des
ethischen Egoismus auch die Vorstellung der Eigenständigkeit des Subjekts
praktischer Selbstverhältnisse enthalten ist. Der ethische Egoismus deckt
Bereiche der moralischen Selbständigkeit von Personen ab, weil er die Interessen des Einzelnen zum Bewertungsmaßstab jeder normativen Forderung macht, und hierin muß eine Grenze gegen ideologische Vereinnahmungen gesehen werden.[5] In dieser Hinsicht kann [95–S] sogar als Korrek-
tiv gegenüber subjektauflösenden Impersonalitätsgedanken auftreten.
Denn es kann kaum als rationale Forderung angesehen werden, daß Personen in moralischen Entscheidungssituationen gänzlich von sich absehen
sollen. Es käme dann nämlich zu der paradoxen Situation, daß eine Person
für sich Handlungsgründe akzeptieren müßte, in denen sie selbst nicht
vorkäme. Der ethische Egoismus übersieht jedoch, daß die korrektive Ein-

---

[5] Vgl. Horkheimer 1988.

stellung gegenüber impersonalen Vereinnahmungen selbst eine ideologische Gestalt annehmen kann. Wenn der ethische Egoismus Formen institutioneller Selbstaufgabe, die durch ein überkommenes Rollenverhalten erzeugt werden, kritisiert, bewegt er sich auf sicherem moralphilosophischem Boden, zieht er daraus den Schluß, daß die Konzentration auf egoistische Interessen selbst eine zweifelsfreie Richtschnur von personalen Verhaltensweisen im sozialen Raum ist, wird er selbst zur Ideologie.[6]

Eine weitere Schwierigkeit des ethischen Egoismus besteht in der Problematik der Vereinbarkeit aller egoistischen Standpunkte im sozialen Raum. Auch wenn im politischen Raum zuweilen noch Vorstellungen einer Konkurrenzgesellschaft nach Maßgabe der Formel ‚private vices – public benefits‘ oder heimlicher Harmonisierungen der ‚invisible hand‘ anzutreffen sind, wird eine erfolgreiche Integration der mannigfaltigen und einander widersprechenden egoistischen Ansprüche gemeinhin als entscheidende Voraussetzung des ethischen Egoismus angesehen. Aus welcher Perspektive der ethische Egoismus auch formuliert wird – aus der ersten oder der dritten Person –, auf Gegenseitigkeitsverhältnisse wird dabei nicht verzichtet werden können, denn trivialerweise kann mit [95–S] nicht gemeint sein, daß nur *ich* meinen Eigennutz betreiben solle. Zwar scheint eine solche Ansicht der ethisch unbefangenen Einstellung eines Egoisten durchaus nahe zu kommen, sie kann aber deswegen nicht konsistent formuliert werden, weil eben jeder sich mit dem Ausdruck ‚ich‘ selbst bezeichnen kann, das heißt, der *ethische* Egoismus muß in jedem Fall von Gegenseitigkeitsverhältnissen ausgehen.

Die Problematik der Gegenseitigkeitsverhältnisse erfährt eine zusätzliche Verschärfung durch die Einbeziehung der Entscheidungsszenarien des rationalen Egoismus. Der rationale Egoismus unterstellt, daß die Verfolgung des eigenen Nutzens und Wohlergehens immer vernünftig sei und es entsprechend als unvernünftig angesehen werden müsse, den Eigennutz den Interessen anderer Personen unterzuordnen:

[96–S]   Es ist vernünftig, daß jede Person nur in der Weise handeln soll, die das eigene Wohlergehen und den eigenen Nutzen am besten fördert.

In einer gutwilligen Sichtweise kann auch [96–S] als Ausdruck der moralischen Selbständigkeit der einzelnen Person gedeutet werden. Über diese

---

6   Dieser Sachverhalt läßt sich gut an dem gegenwärtig popularisierten ‚Ich-Kult‘ beobachten. Es gibt allerdings genügend Hinweise darauf, daß radikale egoistische Selbstverwirklichungsprojekte selbst nach Maßgabe von Eigennutzkriterien scheitern. Dieser Sachverhalt wird sich bei der Diskussion des Gefangenendilemmas deutlich abzeichnen; siehe Seite 321 f.

Gemeinsamkeit mit [95–S] hinaus enthält [96–S] jedoch eine entscheidende Erweiterung. Sie besteht in dem unterstellten Bestimmungsverhältnis von Vernunft und Eigennutz, das die grundsätzliche Schwierigkeit normativer Egoismustheorien hervortreten läßt. Die Begriffe der Vernunft und des Eigennutzes können nämlich nur dann definitorisch zueinander in Beziehung gesetzt werden, wenn der Vernunftbegriff in seinem Impersonalitätspotential oder der Begriff des Eigennutzes in seinem Egoismuspotential beträchtlich beschnitten wird. Das kann entweder durch eine Instrumentalisierung des Vernunftbegriffs oder durch eine deutliche Erweiterung des Eigennutzbegriffs um die Interessen anderer Personen geschehen. Da die Erweiterung des Eigennutzgedankens den konzeptionellen Intentionen, die der Theorie des rationalen Egoismus zugrunde liegen, erkennbar entgegenläuft, rückt von vornherein die Instrumentalisierung des Vernunftbegriffs in den Mittelpunkt der entscheidungstheoretischen Bemühungen des rationalen Egoismus.

Die Grenzen der Durchsetzung von Eigennutz vermittels eines strategischen Vernunftbegriffs oder vordergründiger Klugheitserwägungen sind mit Hilfe eines berühmten Gedankenexperiments aufgezeigt worden. In dem sogenannten Gefangenendilemma[7] wird zwei Angeschuldigten die Möglichkeit eingeräumt, Einfluß auf das Ermittlungsverfahren und das Strafmaß zu nehmen: (a) gestehen beide die Tat, erhalten beide fünf Jahre Haft, (b) gesteht nur einer, erhält dieser ein Jahr, der andere zehn Jahre Haft, (c) lehnen es beide ab zu gestehen, erhalten beide zwei Jahre Haft.[8] Die kooperative Lösung (c) ist für *beide* die beste Option, dagegen ist (b) die beste Lösung für den Einzelnen, und in der Verlockung von (b) besteht das Dilemma. Rationale Egoisten können das Entscheidungsproblem deswegen nicht lösen, weil ihre Klugheitserwägungen kein Zutrauen in die Kooperationsbereitschaft des Anderen miteinschließen. Selbst wenn die Situation dadurch vereinfacht wird, daß die Beteiligten offen ihr Verhalten absprechen können, ändert sich nichts an dem Dilemma, denn der rationale Egoist wird immer die Möglichkeit in Betracht ziehen, in letzter Sekunde die Absprache zum eigenen Vorteil zu brechen.

Das Gefangenendilemma stellt den strategischen Sinn eines allein an eigennützigen Klugheitserwägungen orientierten Egoismus in Frage. In Entscheidungskonflikten, an denen mehrere Personen beteiligt sind, hat der Einzelne nur dann Zugriff auf eine vorteilhafte Handlungsoption, wenn er das Interesse und die Kooperationsbereitschaft von Anderen in

---

[7] Siehe Gauthier 1967 und 1986, S. 79 ff. Vgl. Parfit 1979.
[8] In der Literatur zum Gefangenendilemma werden unterschiedliche Zahlen verwandt. Je nach theoretischer Intention werden die Abstände zwischen Höchststrafe und Mindeststrafe bzw. Freispruch verringert oder erhöht.

Rechnung stellen kann.[9] Dagegen führen Versuche, ausschließlich den Eigennutz zu maximieren, zu einem Verhaltensdefizit, das durch den Mangel an Vertrauen in die Kooperationsbereitschaft anderer Personen hervorgerufen wird. Weil der rationale Egoismus eine selbstzerstörerische
Vorstellung vom persönlichen Eigennutz hat,[10] verstellen seine Klugheits-
strategien bereits vom konstruktiven Ansatz her das, was sie fördern wollen: das Selbstinteresse der Person.

Die Kritik an den Grundpositionen von ethischem und rationalem Egoismus unterscheidet zwischen Eigennutz im engen und Selbstinteresse im
erweiterten Sinne. Vor dem Hintergrund dieser Differenz muß die Frage
beantwortet werden, in welcher Weise eine Person im Verhältnis zu anderen Personen ihr Selbstinteresse auf vernünftige Weise wahren kann. Den
Analysen des vernünftigen Lebensplans [85–T, 86–T, 87–T, 88–T, 89–T]
und der personalen Anerkennungsverhältnisse [90–T, 91–T, 92–T, 93–T]
zufolge wird diese Frage nur im Rahmen des Schritts des Selbst zum Anderen beantwortbar sein. Personen können danach ein vernünftig bestimmtes Selbstinteresse weder kurzfristig noch zu Lasten anderer Personen verwirklichen. Sie müssen vielmehr bereit sein, sowohl dem Standpunkt des späteren Selbst als auch dem Standpunkt der Anderen motivationale Kraft einzuräumen. Das bedeutet lebenspraktisch, daß eine Person
in einer Entscheidungssituation fähig sein muß, davon abzusehen, dem zu
folgen, was sich ihr unmittelbar aufzudrängen scheint. Der Möglichkeit
einer lebenspraktischen Umsetzung derartiger Verhaltensrevisionen widerspricht der psychologische Egoismus, der insofern als radikalste Version der Egoismustheorie angesehen werden muß.

Die starke Version des psychologischen Egoismus geht davon aus, daß
Personen nicht anders als eigennützig handeln können:[11]

[97–S] Die Verhaltensweisen von Personen werden nur vom Eigennutz
bestimmt.

In [97–S] kommt dem Ausdruck ‚nur‘, der bereits in [95–S, 96–S] zu semantischen Verschärfungen geführt hat, eine wichtige Ausgrenzungsfunk-

---

9   Der strategische Vorteil des kooperativen Verhaltens ist in dem Computerprogramm ‚tit
    for tat‘ vorgeführt worden; siehe Axelrod 1981 und 1984.
10 Laurence Thomas zieht aus der egozentrischen Abgeschiedenheit des Egoisten die radika-
    le Konsequenz, daß diese sozial bindungslos seien und deshalb psychopathologische Dis-
    positionen aufwiesen; siehe Thomas 1980, S. 77: „(...) if having a stable character is neces-
    sary for having a healthy personality, then a person who shifts from being favorably dis-
    posed towards a person to being disposed to exploit that person every time he realizes that
    he can do so and get away with it, cannot be one with a healthy personality.“
11 Klassische Definitionen des psychologischen Egoismus finden sich in Hobbes 1983, S. 41
    ff. sowie Mandeville 1924, S. 17 ff. und 41 ff.

tion zu, denn die These, daß Personen zumindest manchmal eigennützig handeln, wird nicht einmal von Vertretern einer starken Altruismustheorie bestritten. Obwohl mit dem Ausdruck ‚nur‘ eine für das menschliche Selbstverständnis schwerwiegende Generalisierung formuliert wird, die als solche immer unter dem Dogmatismusverdacht steht, geht von ihm gleichwohl die suggestive Wirkung psychologischer Unvermeidbarkeit aus. Sie äußert sich darin, daß in begründungstheoretischen Diskursen gegenüber starken Versionen des psychologischen Egoismus von vornherein eine defensive Haltung eingenommen wird, die zur Folge hat, daß die Verteidiger des Altruismus sich zu sehr auf die möglichen Schwächen und Lücken der eigenen Position konzentrieren und kaum dazu kommen, die Stimmigkeit des psychologischen Egoismus in Frage zu stellen.

Das wirksamste Argument, das dem psychologischen Egoismus zur Verfügung steht, ist die Widerlegung der Annahme kontrafaktischen Selbstinteresses. Ihr Kern ist die Feststellung, daß Personen nur das tun können, was sie im jeweiligen Augenblick der Handlung auch wirklich wollen oder wünschen. Dies müsse sogar im Fall von Selbsttäuschungen angenommen werden. Aus diesem Grund könne es für kontrafaktisches Selbstinteresse gar keinen handlungstheoretischen Ort geben. Die kritische Spitze dieses Arguments richtet sich erkennbar gegen altruistische Konzeptionen moralischen Bewußtseins. Wenn jede Handlung nur die Konsequenz eines egozentrischen Wunsches ist, verwandelt sich uneigennütziges Verhalten unversehens in eigennütziges Verhalten. Die vordergründige Plausibilität dieser Folgerung beruht auf dem trivialen Sachverhalt, daß Personen zu ihren eigenen Einstellungen und Handlungen nur ein possessives Verhältnis der ersten Person Singular haben können – sieht man einmal von bewußtseinstheoretischen Sonderfällen wie Erinnerungslücken und psychischen Entfremdungen ab.[12]

Die semantische und psychologische Transformation ursprünglich egoistischer Motive und Handlungen in vorgeblich uneigennützige Einstellungen ist ein zentrales Thema der klassischen Moralitätskritik.[13] Bei der Aufklärung des moralischen Bewußtseins leistet sie den bedeutenden Beitrag, die Hintersinnigkeit scheinbar altruistischer Einstellungen in die moralphilosophischen Analysen miteinzubeziehen. Ein nicht unbeträchtlicher Plausibilitätsgewinn der Moralitätskritik dürfte damit zusammen-

---

[12] Derek Parfit stellt zu Recht heraus, daß Egoismus das Bewußtsein des eigenen Vorrangs vor anderen Personen zur Voraussetzung hat, und es ist die Besonderheit seines ‚Reductionist View‘, daß er diesen Vorrang für korrigierbar hält. Siehe Abschnitt VIII. 3; vgl. Parfit 1979.

[13] Das gilt vor allem für die hohe Zeit der Aufklärung und im besonderen für den sogenannten französischen Materialismus.

hängen, daß Personen an sich selbst und anderen die Vorgeblichkeit altruistischer Einstellungen beobachten können.[14]

Es ist nicht von der Hand zu weisen, daß viele uneigennützige Handlungen, vor allem wenn sie öffentlich beobachtet und als solche anerkannt werden, mit emotivem Gewinn verbunden sind. Was die Moralitätskritik jedoch übersieht, ist der Umstand, daß Schmerzen, Verlust oder andere negative Empfindungen keineswegs Kriterien für altruistische Handlungen sind. Altruismus und angenehme Gefühlszustände schließen sich keineswegs aus. Das Ausschließlichkeitsverhältnis, das in diesem Zusammenhang oft unterstellt wird, dürfte wohl mit eigentümlichen Märtyrervorstellungen zusammenhängen, die das Christentum in die moralische Semantik der Alltagserfahrung eingebracht hat. Es ist aber der Sinn praktischer Vernunft, der altruistische Einstellungen im Unterschied zu empathischen Besetzungen direkt zugerechnet werden müssen, daß über ihre Präsenz gerade nicht nach Maßgabe von Kriterien emotiver Zustände zu entscheiden ist, zumal es sicherlich in hohem Maße unmoralisch wäre, Personen Handlungen abzuverlangen, für die sie kein Motiv haben. Aber daraus kann nicht abgeleitet werden, daß Altruismus derartige Handlungen erfordert. Die Moralitätskritik des psychologischen Egoismus bewegt sich insofern in einem vitiösen Zirkel: Es wird behauptet, daß Personen nur aus Eigennutz handelten, dann wird gesagt, daß Altruismus nur anderen Personen nütze und den Motiven und emotiven Zuständen der agierenden Person zuwiderlaufe, um zu schließen, daß Handlungen niemals altruistisch seien, weil es kein Motiv dafür gäbe.

In dem Maße, in dem der Schein der psychologischen Unvermeidbarkeit des Egoismus schwindet, gewinnen altruistische Verhaltensweisen im sozialen Raum an Kontur. Dabei können die Formen des Altruismus, die durch starke emotionale Bindungen an Personen der unmittelbaren Lebensumgebung zustande kommen, zunächst durchaus außer acht gelassen werden. Die Vielzahl deskriptiver Belege, die Satz [97-S] widersprechen, reichen von der Abwesenheit durchgängiger Mißtrauensvermutungen, über unbefangene Formen der Hilfsbereitschaft bis zum Engagement für gesellschaftliche oder kulturelle Ziele. Moralpsychologisch aufschlußreich ist dabei, daß wir einer Vielzahl von Geboten und Gesetzen bewußt folgen, obwohl es im Sinne des Eigennutzes vorteilhafter für uns wäre, sie zu brechen.

Die Eigenart altruistischer Einstellungen liegt in der erstaunlichen Fähigkeit von Personen begründet, voluntativ zu etwas Stellung nehmen zu können, von dem sie zunächst gar nicht betroffen sind. Wenn jemand sich

---

14 Vgl. Camus 1956.

für die Einhaltung von Menschenrechten einsetzt, ohne durch deren Verletzung konkret gefährdet zu sein, ist er zumindest nicht unmittelbar von den Mißständen betroffen, die er anklagt. Allerdings ist eine Gefährdung in Betracht zu ziehen, die von der Tatsache bestimmt wird, daß überhaupt gegen gesellschaftliche Mißstände protestiert wird. Die Gefährdung durch Protest ist ein Nachteil, der erst durch die altruistischen Aktivitäten hervorgerufen wird und kann deshalb nicht für die Altruismuskritik nutzbar gemacht werden. Nun könnte angenommen werden, daß der Vorteil derartigen Handelns in dem Wunsch begründet sei, eine friedlichere Lebensform herbeizuführen, was schließlich auch der protestierenden Person zunutze käme. Abgesehen davon, daß eine derartige Strategie aus zeitlichen Gründen wenig plausibel ist, wird in diesen Erwägungen die tatsächliche Struktur und Eigentümlichkeit altruistischen Verhaltens übersehen, das nämlich nur dann zustande kommen kann, wenn die handelnde Person den Standpunkt anderer Personen in ihre Verhaltensorientierungen miteinbezieht. In der alltäglichen Lebensführung manifestiert sich dieser Schritt des Selbst zum Anderen in dem Sachverhalt, daß Personen Wünsche zu Weltausschnitten und Ereignisepisoden haben, in denen sie selbst niemals vorkommen werden.

Das entscheidende Problem bei der Bestimmung moralischer Anerkennungsverhältnisse ist die Erklärung des Zustandekommens des Schritts des Selbst zum Anderen. Dabei eröffnet sich zunächst die grundsätzliche Alternative, ob moralische Anerkennungsverhältnisse durch eine kontinuierliche Steigerung der Grade moralischer Allgemeinheit – wie Hume nahelegt – oder durch einen ‚diskontinuierlichen Sprung' von externer Konditionierung zur vernünftigen Selbstbestimmung zustande kommen – wie das von Kant unterstellt wird.[15] Hume kann sich bei seiner Konzeption des Schritts vom Selbst zum Anderen auf den bewußtseinsphilosophisch und moralpsychologisch gleichermaßen auffälligen Sachverhalt berufen, daß Bestimmungen praktischer Vernunft nicht zum identifizierbaren Bestand der faktischen Bewußtseinsverläufe von Personen gehören, und das gilt auch für die negativen Eigenschaften, die als Grundlage moralischer Verurteilung dienen:

„Take any action allow'd to be vicious: Wilful murder, for instance. Examine it in all lights, and see if you can find the matter of fact or real existence, which you call *vice*. In which-ever way you take it, you find only certain passions, motives, volitions and thoughts. There is no other matter of fact in the case. The vice entirely escapes you, as long as you consider the object. You never can find it, till you turn your reflexion into your own breast, and find a sentiment of disapprobation,

---

[15] Vgl. Williams 1973, S. 252 f.

which arises in you, towards this action. Here is a matter of fact; but 'tis the object of feeling, not of reason. It lies in yourself, not in the object."[16]

Hume bringt seine moralpsychologische Beobachtung in einen unmittelbaren Zusammenhang mit seiner grundsätzlichen These, daß Moralität im wesentlichen eine Sache emotiver Zustände und nicht des Urteilens sei. Es ist daher ratsam, moralpsychologische Beobachtung und Schlußfolgerung auseinanderzuhalten: Während Humes Beobachtung als sachlich zutreffend gelten kann, ist seine theoretische Bewertung offensichtlich kurzschlüssig. Die Kurzschlüssigkeit der moralpsychologischen Folgerung wird durch den unterstellten Gegensatz von praktischer Vernunft und emotiven Zuständen förmlich erzwungen. Ein derartiger Gegensatz ist aber weder bewußtseinsphilosophisch noch moralpsychologisch begründbar.[17] Rationale Verhaltensorientierungen sind ohne emotive Kontexte inhaltsleer, während emotive Zustände unbezüglich personaler Bewertungszusammenhänge anonyme Ereignisse bleiben. Obwohl beide Bewußtseinskomponenten intern aufeinander bezogen sind, unterscheiden sie sich in Aufbau und Verhaltenslogik deutlich voneinander.

Es ist für das Zustandekommen praktischer Vernunft unabdingbar, daß sich Personen in reflektierten Verhaltensweisen von ihrer emotiven Kontextualität lösen können. In dieser Hinsicht ist jede vernünftig bestimmte Handlung ein ‚naturalistischer Sprung‘. Die Annahme eines ‚naturalistischen Sprungs‘ widerspricht nicht Humes moralpsychologischen Beobachtungen. Sie können so gedeutet werden, daß rationale Verhaltensorientierungen nur als immanente Korrekturen faktischer Bewußtseinsverläufe aufzufassen und Hypothesen noumenaler Verursachungen zu vermeiden sind. Aus dem Sachverhalt, daß die intentionalen Korrelate moralischen Bewußtseins keine Objektivität im deskriptiv-identifikatorischen Sinne haben, folgt auf jeden Fall keine Festlegung der Person auf emotiven Eigennutz. Bekanntlich ist von Kant herausgearbeitet worden, daß der Subjektivismus des praktischen Bewußtseins sowie die moralischen Interpersonalitäts- und Impersonalitätsgedanken Hand in Hand gehen.[18]

Eine Verteidigung und Weiterführung des Ansatzes von Hume, Moralität in emotiven Zuständen zu verankern und Moralphilosophie in Moralpsychologie zu transformieren, ist von Bernard Williams vorgelegt worden. Williams versucht dem bemerkenswerten Faktum, daß Personen Wünsche in bezug auf Weltzustände haben, in denen sie selbst nicht vor-

---

[16] Hume 1978, S. 468 f. [Book III, Part I, Section 1].
[17] Siehe Kapitel VII.
[18] Siehe Abschnitt VI. 3.

kommen, eine moralpsychologische Ausdeutung zu geben. Der Schritt vom Selbst zum Anderen wird dabei als Übergang von einem ‚I-desire' zu einem ‚non-I desire' interpretiert.[19] Die Intentionen eines Egoisten finden danach ihren Ausdruck in propositionalen Einstellungen der ersten Person Singular. Einstellungen, denen die Selbstreferenz in der Proposition fehlt – ‚non-I desires' –, sollen entsprechend als Kandidaten altruistischer oder zumindest quasi-altruistischer Verhaltensweisen angesehen werden.

Es ist aber nicht einzusehen, warum Wünsche, deren intentionale Korrelate nicht im unmittelbaren Zusammenhang mit dem intendierenden Subjekt stehen, vorrangig als ‚non-I desires' aufzutreten haben. Sätze wie ‚Ich wünsche, daß in Birma keine Menschenrechtsverletzungen mehr begangen werden' sind ersichtlich ‚ich-Sätze' mit impersonalem Gehalt. Der Schritt des Selbst zum Anderen vollzieht sich keineswegs ausschließlich durch den Übergang von einem ‚I-desire' zu einem ‚non-I desire', sondern durch die Erweiterung des interpersonalen und impersonalen Gehalts moralischen Bewußtseins. Ohne derartige Erweiterungen gäbe es überhaupt keine ‚non-I desires', die die Folge, nicht etwa die Ursache altruistischen Verhaltens sind.

Williams hat die kritische Zielsetzung seiner Egoismustheorie dahingehend zusammengefaßt, daß keine auschließlich vernunftbestimmte Überlegung Personen dazu bewegen könne, von einem ‚I-desire' zu einem ‚non-I desire' überzugehen.[20] Dann ist aber zu fragen, wie eine Person überhaupt dazu bewegt werden kann, nicht extern bewegt zu werden. Die spekulative Pointe der sich an Rousseaus und Kants Nicht-Reduktionismus ausrichtenden praktischen Philosophie besteht gerade in der These, daß der moralische Standpunkt als ein solcher entwicklungsgeschichtlich nicht aus Dispositionen hervorgehen könne, die moralisch indifferent sind. Deshalb bleibt nur die Alternative zwischen einem moralitätsskeptischen Reduktionismus und einem Nicht-Reduktionismus, der moralische und nicht-moralische Bestimmungen in einer ‚dual aspect theory' verbindet. Angesichts dieser Ausgangssituation muß eine nicht-reduktionistische Philosophie der Person, die die propädeutische Aufgabe der Reduktionismuskritik bewältigt hat, dazu entschlossen sein, den Schritt des Selbst zum Anderen als Sprung zu bestimmen.

Der diskontinuierliche Übergang des Selbst zum Anderen zeigt verschiedenartige Strukturen der moralpsychologischen Dispositionen von Personen an. Die strukturelle Verschiedenheit ist aber kein Gegensatzver-

---

[19] Siehe Williams 1973, S. 260 ff.

[20] Siehe Williams 1973, S. 265: „No purely rational process can require a man to move from I-desires to non-I desires; nor from particular benevolent non-I desires to more general altruistic dispositions."

hältnis, wie das in vielen reduktionistischen Theorien unterstellt wird. Emotive Zustände und rationale Überlegungen verfügen ersichtlich über unterschiedliche Bedeutungsregeln, sie schließen sich aber keineswegs aus.[21] Praktisch werfen die verschiedenartigen moralpsychologischen Dispositionen die Frage nach dem Fluchtpunkt der Verhaltensweisen auf. Während der psychologische Egoismus [97–S] nicht geeignet ist, personale Existenz phänomengerecht zu beschreiben, stehen normative Zielsetzungen, die sich unmittelbar an kurzschlüssigen Eigennutzvorstellungen orientieren [95–S, 96–S], nicht im Einklang mit vernünftig bestimmten Lebensweisen über die Zeit hinweg [86–T, 87–T, 90–T, 93–T]. Diese theoretische Gegenläufigkeit findet ihre sachliche Entsprechung in dem Spannungsverhältnis zwischen Eigennutz und kurzfristiger Vorteilsnahme auf der einen sowie der Wahrung von vernünftig bestimmten Interessen über die Zeit hinweg auf der anderen Seite. Das Spannungsverhältnis kann semantisch nur durch eine Unterscheidung zwischen Eigennutz und Selbstinteresse aufgelöst werden.

In der Philosophie der Neuzeit ist von Joseph Butler eine überaus aufschlußreiche Kritik an zu eng gefaßten Eigennutzvorstellungen vorgelegt worden. Im Zentrum von Butlers Kritik steht die sprach- und moralkritische Feststellung, daß zwischen vordergründigem Eigennutz und dem eigentlichen Selbstinteresse einer Person unterschieden werden müsse und Eigennutz zwangsläufig auf moralische Selbstzerstörung hinauslaufe. Die semantische und moralphilosophische Differenzierung bestimmt seine Auseinandersetzung mit den traditionellen Egoismustheorien. Butler bezieht sich dabei vor allem auf die Epikureer,[22] Hobbes und La Rochefoucauld, denen er semantische Verwirrungen – insbesondere „the confusion of calling actions interested which are done in contradiction to the most manifest known interest, merely for the gratification of a present passion"[23] – vorwirft.

Die Unterscheidung zwischen unmittelbarem Eigennutz und Selbstinteresse entzieht dem psychologischen Egoismus die semantische Plausibilität. Personen haben die Möglichkeit, zwischen vordergründigem Eigennutz oder einem komplexer und komplizierter angelegten Selbstinteresse zu unterscheiden. Es ist danach keineswegs irrational oder widersprüchlich, wenn eine Person ihrem unmittelbaren Eigennutz nicht folgt. Sie befindet sich dann nicht etwa in der paradoxen Situation, etwas zu wollen,

---

[21] Siehe Abschnitte VII. 3 und 4.
[22] Die Stellung der Epikureer zur Egoismusproblematik ist allerdings komplizierter, als Butler nahelegen will. Zumindest können ihre Ansätze nicht umstandslos auf herkömmliche Theorien des psychologischen oder ethischen Egoismus abgebildet werden.
[23] Butler 1896 II, S. 22.

was sie nicht will, vielmehr will sie nur vermeiden, auf vordergründige
Weise eigennützig zu handeln. Aus dem Umstand, daß einer Person nicht
die widersprüchliche Situation zugemutet werden soll, etwas gegen ihren
Willen zu wollen, folgt nicht eine Festlegung auf einen psychologischen
oder ethischen Egoismus. Damit erweist sich [97–S] unabhängig von weiteren moralpsychologischen Präzisierungsversuchen als semantisch verfehlt. Dieses konstruktive Defizit läßt auch die Sätze [95–S, 96–S] in einem
neuen Licht erscheinen. Die mit dem Ausdruck ‚nur‘ einhergehende Ausschließlichkeit bleibt zwar nach wie vor das entscheidende Hindernis für
moralische Rechtfertigungsversuche, es zeigt sich aber nun, daß das entscheidende Problem nicht etwa das Selbstinteresse einer Person ist, sondern die Unterlassung, den Standpunkt anderer Personen moralisch zu
würdigen.

Nun mag es naheliegen, [97–S] einfach im Sinne der Differenzierung
Butlers umzuschreiben:

[98–S] Die Verhaltensweisen von Personen werden nur vom eigenen
   Selbstinteresse bestimmt.

Der Vorzug von [98–S] scheint in einer deskriptiven Verbesserung der
Egoismustheorie zu liegen. Es hat den Anschein, als könne ein enger Begriff des Eigennutzes umgangen werden, ohne die grundsätzliche Selbstbezüglichkeit personaler Verhaltensweisen in Abrede zu stellen. Doch eine solche Ausdeutung von [97–S] würde das moralpsychologische Potential der Unterscheidung zwischen Eigennutz und Selbstinteresse unterbieten und semantisch sogar in das Gegenteil verkehren. Denn mit der
Unterscheidung soll ja gerade kenntlich gemacht werden, daß Personen
viele vorderhand eigennützige Handlungsweisen völlig zu Unrecht als im
eigenen Interesse liegend ansehen.[24] Satz [98–S] weitet nur das semantische Potential egoistischer Einstellungen im Begriff des Selbstinteresses
aus, Butlers Differenzierung schließt dagegen den vordergründigen Eigennutz aus der Semantik des Selbstinteresses aus.

---

[24] Siehe Butler 1896 II, S. 26: „Men daily, hourly sacrifice the greatest known interest, to fancy, inquisitiveness, love, or hatred, any vagrant inclination. The thing to be lamented is, not
that men have so great regard to their own good or interest in the present world, for they
have not enough; but that they have so little to the good of others. And this seems plainly
owing to their being so much engaged in the gratification of particular passions unfriend-
ly to benevolence, and which happen to be most prevalent in them, much more than to self-
love.“ Der Begriff ‚self-love‘ wird hier als semantisches Äquivalent des Begriffs des Selbstinteresses aufgefaßt, der von Butler in expliziter Form nicht eingeführt wird. ‚Self-love‘
und ‚self-interest‘ decken sich zwar nicht in jeder Hinsicht, der Begriff des Selbstinteresses
ist jedoch in der gegenwärtigen Forschungslandschaft gebräuchlich und gilt zudem als die
moralpsychologisch neutralere Bestimmung.

Dem Versuch, die Beweislast für die Wirklichkeit altruistischen Verhaltens ihren Befürwortern aufzubürden, kann Butler mit dem Hinweis begegnen, daß die Menschen durchgängig moralisch bestimmt sein müßten, wenn [98–S] tatsächlich Geltung haben sollte.[25] Bei kühler Überlegung werde schnell ersichtlich, daß viele Verhaltensoptionen, die der jeweilige Augenblick nahelegt, von großem Nachteil für die handelnde Person seien. Unmoralische Verhaltensweisen erklären sich demnach nicht durch einen psychologischen Egoismus [97–S], sondern durch die Abwesenheit des Selbstinteresses. Aus diesem Sachverhalt kann unschwer der Schluß gezogen werden, daß die Verfolgung des Selbstinteresses eine notwendige Bedingung moralischen Verhaltens ist, nicht etwa dessen Bedrohung:

[99–S] Die Verhaltensweisen von Personen sollen vom eigenen Selbstinteresse bestimmt werden.

An [99–S] zeigt sich, daß Butlers Unterscheidung zwischen Eigennutz und Selbstinteresse auf eine Revision des moralischen Bewußtseins hinausläuft, in der auch der Ausschließlichkeitsausdruck der Sätze [95–S, 96–S, 97–S, 98–S] entfällt, der zumindest suggestiv das Selbstinteresse um die Ausweitung auf das Interesse anderer beschneidet. Um die formale Einheit des vom vordergründigen Eigennutz abgesetzten Selbstinteresses und die moralische Anerkennung des Anderen im personalen Leben etablieren zu können, muß der Standpunkt der praktischen Vernunft bezogen werden, weil sich allein auf diese Weise vereinbare Gründe für Selbstverhältnisse und Externalisierungen über die Zeit hinweg einstellen können. Das sich im Gegenzug zu vordergründigem Eigennutz entwickelnde Selbstinteresse muß um seiner Bedingungen der Möglichkeit willen die Perspektive der praktischen Vernunft miteinschließen:

[100–T] Jede Person soll ihre Handlungen in der Perspektive des vernünftig bestimmten Selbstinteresses vollziehen.

Weil der Begriff des vernünftig bestimmten Selbstinteresses keine Festlegung auf Selbstbeziehungen im Sinne des Eigennutzgedankens enthält, kann mit ihm auf phänomengerechte Weise dem gesamten Spektrum personaler Verhaltensweisen entsprochen werden. Ihm müssen vor allem auch altruistische Einstellungen und Handlungen zugerechnet werden, die kein handlungstheoretischer Glücksfall sind, sondern zum festen Bestand personaler Verhaltensweisen gehören. Nur die an engen Eigennutzgedan-

---

[25] Siehe Butler 1896 II, S. 27: „(...) if self-love were so strong and prevalent, as that they would uniformly pursue this their supposed chief temporal good, without being diverted from it by any particular passion; it would manifestly prevent numberless follies and vices." Zur Egoismuskritik Butlers siehe Penelhum 1985, S. 39 ff.

ken ausgerichteten Theorien sind nicht phänomengerecht zu entwickeln, weil sie einen durchgängigen und expliziten Selbstbezug voraussetzen müssen, der schon wegen der alltäglichen Routine der nicht-reflektierten und von Klugheitserwägungen unbefangenen Einstellungen und Handlungen im sozialen Raum nicht umstandslos unterstellt werden darf.[26]

Der explizite Selbstbezug in den praktischen Einstellungen ist eine Option unter vielen, die zudem moralisch nicht unbedenklich ist. Dieser Sachverhalt ist von Rousseau unter Einbeziehung des entwicklungsgeschichtlichen und sozialphilosophischen Hintergrunds menschlicher Selbstverhältnisse thematisiert worden. Er bestimmt Selbstinteresse – ‚amour de soi-même‘[27] – dabei als eine natürliche Form der Selbstbehauptung. Die Naturbestimmtheit wird von Rousseau so weit gefaßt, daß Selbstbehauptung nicht einmal als Spezifikum menschlicher Existenz erscheint.[28] Sieht man einmal von der überaus problematischen Ausdehnung des Selbstbezugs auf andere Arten ab, bewegt sich die Selbstbehauptungsthese zur moralischen Selbständigkeit der einzelnen Person durchaus noch im allgemeinen Rahmen der Sätze [99–S, 100–T]. Dem natürlichen Selbstinteresse stellt Rousseau die Selbstsucht – ‚amour propre‘ – gegenüber. Sie sei ein künstlicher und ideologisch induzierter Zustand. Während das natürliche Selbstinteresse im Modus von Vernunft und Mitleid Humanität und Tugend hervorbringe, verkehre die Selbstsucht die menschlichen Selbstverhältnisse in ihr Gegenteil, nämlich in Bewußtseinszustände, die durch die Abwesenheit authentischer Moralität gekennzeichnet seien.[29] Mit dieser einfachen Differenzierung im Begriff des Selbstverhältnisses menschlicher Existenz gelingt es Rousseau, den komplexen Sachverhalt zumindest formelhaft zum Ausdruck zu bringen, daß das Leben von Personen im sozialen Raum gleichermaßen von kontextabhängigen wie kontextunabhängigen Selbstverhältnissen konstituiert wird.

---

[26] Vgl. Russell 1910, S. 48: „Thus when we consider human actions and desires apart from preconceived theories, it is obvious that most of them are objective and have no direct reference to self."

[27] Wie im Fall von Butlers Begriff ‚self-love‘ wird das Bedeutungspotential von ‚amour de soi-même‘ mit dem Begriff des Selbstinteresses angesprochen.

[28] Vgl. Schopenhauer 1916, S. 196: „Die Haupt- und Grundtriebfeder im Menschen, wie im Thiere, ist der Egoismus, d. h. der Drang zum Daseyn und Wohlseyn."

[29] Siehe Rousseau 1964, S. 219 [Discours sur l‘origine et les fondements de l‘inégalité parmi les hommes, Notes]: „Il ne faut pas confondre l‘Amour propre et l‘Amour de soi-même; deux passions très différentes par leur nature et par leurs effets. L‘Amour de soi-même est un sentiment naturel qui porte tout animal à veiller à sa propre conversation et qui, dirigé dans l‘homme par la raison et modifié par la pitié, produit l‘humanité et la vertu. L‘Amour propre n‘est qu‘un sentiment rélatif, factice, et né dans la société, qui porte chaque individu à faire plus de cas de soi que de tout autre, qui inspire aux hommes tous les maux qu‘ils se font mutuellement, et qui est la véritable source de l‘honneur."

Der moralphilosophische Gewinn dieser Verfahrensweise liegt darin, daß eine entschiedene Individualismuskritik durchgeführt werden kann, ohne deswegen auf einen bedeutungsvollen Begriff individueller Existenz verzichten zu müssen.

Die individualistische Zurückdrängung altruistischer Einstellungen oder moralischer Externalisierungen hat nicht nur ein moralisches Defizit zur Folge, sondern wirkt sich auch unmittelbar auf die subjektive Perspektive der jeweiligen Person aus, weil sie einer Komponente des Bewußtseins zu Lasten anderer Dispositionen einen extremen Vorrang einräumt. Es ist ein bemerkenswerter moralpsychologischer Sachverhalt, daß eine Überbetonung der Selbstbeziehung der Qualität von Erfahrungen erkennbar abträglich ist.[30] Egoistische Verhaltensweisen mögen ein glückliches Leben verheißen – so wollen es zumindest einige neuere Zeitgeisttendenzen nahelegen –, sie lösen es aber keineswegs ein. Die Einstellungen, die sich hinter derartigen Ausrichtungen personalen Lebens verbergen, sind einer erfüllten Lebensführung eher hinderlich. Wer die moralische Selbständigkeit des Anderen nicht begreift, wird kaum zu einem vollen Verständnis seines eigenen moralischen Potentials gelangen.

Der Fehler der einseitigen egoistischen Ausrichtungen besteht in dem Verkennen des internen Zusammenhangs von praktischen Selbstverhältnissen und moralischen Externalisierungen. Der Egoist hält diesen Zusammenhang für einen Gegensatz. In der Gesamtheit der Einstellungen personalen Bewußtseins treten sie zwar als eigenständige Komponenten praktischer Dispositionen auf, daraus folgt aber kein Gegensatzverhältnis.[31] Wie bei den Analysen zu Person und Zeit sowie zu Rationalität und Emotivität wird in der nicht-reduktionistischen Philosophie der Person bei der Konkretisierung des Verhältnisses von Selbstreferenz und moralischer Externalisierung der epistemologische Hintergrund von einer holistischen Konzeption menschlichen Bewußtseins festgelegt. Das Selbstinteresse einer Person kann dieser Konzeption zufolge nur dann einer phänomengerechten Bestimmung zugeführt werden, wenn der tatsächliche

---

[30] Vgl. Butler 1896 II, S. 191 f.: *„Disengagement is absolutely necessary to enjoyment: and a person may have so steady and fixed an eye upon his own interest, whatever he places it in, as may hinder him from attending to many gratifications within his reach, which others have their minds free and open to. (...) Thus it appears, that private interest is so far from being likely to be promoted in proportion to the degree in which self-love engrosses us, and prevails over all other principles; that the contracted affection may be so prevalent as to disappoint itself, and even contradict its own end, private good."*

[31] Vgl. Butler 1896 II, S. 25 und 196: „(...) self-love and benevolence, virtue and interest, are not to be opposed, but only to be distinguished from each other (...). Thus it appears that there is no peculiar contrariety between self-love and benevolence; no greater competition between these, than between any other particular affections and self-love."

Bestand personaler Einstellungen und Verhaltensweisen über die Zeit hinweg angemessen berücksichtigt wird.

Der systematische Kerngedanke der holistischen Konzeption ist der der Identität über die Zeit hinweg, die sich im Fall personaler Existenz als zeitliche Selbsterweiterung äußert. Dieser Gedanke liegt auch dem Begriff des vernünftigen Selbstinteresses zugrunde. Eigennutz richtet sich in aller Regel auf ein präsentes Objekt, den strategischen Vorteil des Augenblicks oder eine sich in der jeweiligen Gegenwart ergebende Handlungsoption. Längerfristige Optionen werden dabei genauso ausgeblendet wie der Standpunkt anderer Personen. Daher ist Eigennutz gut vereinbar mit der Maxime *carpe diem*, die sich ersichtlich einer individualistischen Perspektive verdankt. Der Begriff des vernünftigen Selbstinteresses über die Zeit hinweg orientiert sich demgegenüber weniger an der unmittelbaren Gegenwart und stärker an dem Einsatz der Gegenwart für das in der Zeit ausgedehnte Leben [74–T, 78–T].

Das Telos des vernünftigen Selbstinteresses ist das Selbstverhältnis einer Person *als* Person:

[101–T] Der Fluchtpunkt des vernünftigen Selbstinteresses ist die Selbsterweiterung der Person als *Person*.

Die Selbsterweiterung als *Person* kann sich nur mit Hilfe des Handlungspotentials des vernünftigen Lebensplans [89–T] vollziehen. Aus diesem Grunde rückt die Perspektive des langfristigen Selbstinteresses in das handlungstheoretische Zentrum praktischer Selbstverhältnisse. Die praktische Problemstellung ist dabei nicht die Alternative zwischen kurzfristigem oder langfristigem Selbstinteresse. Die gegenwartsbezogenen Interessenlagen begleiten eine Person ohnehin zu jedem Zeitpunkt ihrer Existenz. Es kann lediglich darum gehen, die Gegenwart so zu gestalten, daß sie sich für Kontinuitäten über die Zeit hinweg öffnet, die im Interesse der praktischen Identität der Person liegen. Insofern können kurzfristiges und langfristiges Selbstinteresse gut miteinander verbunden werden. Ihr Verhältnis ist kein Gegensatz, sondern bestimmt sich nach Maßgabe einer Wechselbeziehung. Es besteht immer die Möglichkeit, daß kurzfristiges in langfristiges Selbstinteresse übergeht und umgekehrt.

In dem sich aus der Position der Gegenwart entfaltenden langfristigen Selbstinteresse drückt sich das Selbstverhältnis einer Person zum Ganzen ihres Lebens aus. Es kann sicherlich nicht außer acht gelassen werden, daß die Person faktisch immer nur über die Gegenwart verfügen kann. Die Unverfügbarkeit der Zukunft scheint Konzeptionen des langfristigen Selbstinteresses den Anstrich einer praktischen Selbsttäuschung zu geben, die die Bedürfnisse des Augenblicks fragwürdigen Kompensationen in der

Zukunft opfert, um auf diese Weise den Anschein eines Sinns des Lebens zu erwecken. Die Maxime *carpe diem* liefe im Gegenzug auf die Aufforderung hinaus, in Handlungssituationen nicht das Risiko einer unsicheren Zukunft einzugehen. Die Unsicherheit der Zukunft und die existentielle Drohung des immer möglichen Endes des Daseins sind harte Fakten personalen Lebens. Sie sind aber für sich keine Gründe, die dem menschlichen Leben Sinn verleihen oder entziehen. Die Aufgabe der Lebensführung besteht vielmehr darin, mit diesen Fakten sinnvoll umzugehen und nicht etwa darin, sie zu verdrängen oder in tautologischen Wendungen[32] zu wiederholen.

Von größerer Tragweite ist die Problematik, die sich aus dem Umstand ergibt, daß Personen – aus welchen Gründen auch immer – ihre Lebensziele ändern oder ändern müssen. Wenn eine Person x bei dem Versuch, ein bestimmtes Berufsziel L zu verwirklichen, scheitert und infolgedessen den Beruf M ausübt, ist der Schluß nahegelegt, daß die auf L verwandte Lebenszeit letztlich sinnlos vertan worden sei, weil der Wechsel auf die Zukunft niemals eingelöst werden konnte. Es gibt jedoch gewichtige Gründe, dieser Lesart zu widersprechen: Wird M im nachhinein nicht als zweite Wahl, sondern als späte, aber bessere Lösung aufgefaßt, dann ist die frühere Intention L lebenspraktisch konstitutiv für die Intention und Wirklichkeit von M. Wird M dagegen nach wie vor als zweite Wahl angesehen, so hat der vergebliche Versuch, L zu verwirklichen, immerhin noch die lebenspraktische Bedeutung, sich einem tief im eigenen Selbstverständnis verankerten Lebensziel tatsächlich gestellt zu haben, wodurch nicht zuletzt die quälende Situation vermieden worden ist, daß die weitere Lebensführung mit der Lebensreue belastet wird, niemals das versucht zu haben, was man eigentlich immer hat tun wollen. Für den Zeitraum des vergeblichen Versuchs ist x eine Person, die auf dem Weg ist, L zu verwirklichen, das heißt, x entwickelt sich als eine Person, deren Lebensführung sich nicht allein nach der Verwirklichung von sich im Verlaufe des Lebens wandelnden Zielen bemißt. Der gewichtigere Sachverhalt besteht darin, daß x zu jedem Zeitpunkt ihrer Existenz ihr Leben in der Perspektive von Zielen geführt hat, die aus guten Gründen hervorgegangen sind. Solange die Ziele und Gründe im Modus der Ernsthaftigkeit gewählt werden, wird das Leben der Person – unabhängig davon, ob die Verwirklichungsversuche erfolgreich umgesetzt werden – ein eigenständiges Profil gewinnen.

---

[32] Tautologische Wendungen sind typisch für die skeptizistische Kontingenzphilosophie. Die Kontingenz des Daseins wird unterderhand als normative Aussage über Sinn und Sinnlosigkeit des menschlichen Lebens ausgegeben.

In den Selbsterweiterungen des vernünftigen Selbstinteresses findet die Fähigkeit von Personen, sich der ideellen Bestimmung nach als wertende und handelnde Subjekte verhalten zu können, ihre lebenspraktische Ausformung. Der lebenspraktischen Selbsterweiterung ist wesentlich, daß sich in dem ontologischem Gefälle von intendierten, gescheiterten oder verwirklichten Idealen und Lebenszielen ein Reflexionsraum von möglichen Welten auftut, vor dessen Hintergrund das Leben von Personen Eigenständigkeit und existentielle Tiefe gewinnt. Dieser Sachverhalt läßt sich auf die kurze Formel bringen:

[102–T] Personen sollen ihre Handlungen im Bewußtsein möglicher Welten und als Subjekte möglicher Welten vollziehen.

Mit der Formel der personalen Selbsterweiterung stellt sich allerdings auch das Problem der reflexiven Befangenheit ein, das aufgrund exzessiver Reflexionen von Entscheidungsoptionen zu einem Handlungsstillstand führen kann. Diese Gefährdung kann niemals ausgeschlossen werden. In Zeiten wachsenden Konformitätsdrucks, der sich nur schlecht hinter einem offensiven Individualismus verbergen läßt, ist sie für die Person jedoch das geringere Übel.

2

Der Übergang zu personalen Selbsterweiterungen ist im menschlichen Leben nicht zwingend. Die Möglichkeiten, die das Leben als Person *formaliter* enthält, können auf vielfältige Weisen verfehlt und in ihren Verwirklichungen massiv behindert werden. Hier sind vor allem die Ungerechtigkeiten des sozialen Raums zu nennen, die häufig Fragen nach dem Anteil der Selbstbestimmung einzelner Personen als äußerst abstrakt erscheinen lassen. Die Philosophie der Person muß um der Umsetzung der Potentiale personalen Lebens willen sozialer Ungerechtigkeit entschieden entgegenwirken. Sie kann aber nicht auf den Eintritt günstiger sozialer und politischer Rahmenbedingungen warten, zumal Personen ihr Leben ohnehin unter weitgehend vorgefundenen Bedingungen zu führen haben. Die Erwartung, daß die Lebensführung *als* Person auch unter ungünstigen sozialen Bedingungen möglich ist, muß aufgrund der sozialen und kulturellen Entwicklungsgeschichte personaler Existenz nicht zwangsläufig enttäuscht werden. Die Konturen personalen Lebens haben sich unter geschichtlichen Bedingungen entwickelt, die der Ausbildung und Manifestation von Selbstverhältnissen, von Subjektivität und Autonomie, indifferent bis feindlich gegenübergestanden haben. Überdies wird die Würde und Achtung von Personen bis heute oftmals nur abstrakt anerkannt. In ökonomischer und politischer Hinsicht sind Menschenrechte nach wie vor nicht selbstverständlich und müssen, wie zu allen Zeiten ihrer Entwicklungsgeschichte, der gesellschaftlichen Faktizität hartnäckig abgerungen werden. Sowohl in ihrem Zustandekommen als auch in ihrer Selbstbehauptung hängen Menschenrechte und personale Existenz von ihrem Abstand zu den gesellschaftlichen Gegebenheiten ab. Der Umstand, daß sie nicht unmittelbar mit der gesellschaftlichen Realität zusammenfallen, bedroht und erhält sie gleichermaßen.

Die praktische Aufgabe personaler Lebensführung besteht darin, den Gegebenheiten mit einem Eigensinn zu begegnen, der sich über die Zeit hinweg als Spur des eigenen Selbst manifestieren kann. Dieser Eigensinn kann nicht aus den Tiefen des Selbst einfach abgerufen werden, sondern muß sich in Einstellungen und Tendenzen über die Zeit hinweg ausdrücken. Das bedeutet vor allem, daß die formale Egozentrik der Erlebnisperspektive im sozialen Raum qualitativ und inhaltlich ausgefüllt werden muß. Dabei ist die Schwierigkeit auszuräumen, daß die inhaltlichen Angebote des sozialen Raums nicht einfach nach Maßgabe einer bloß Alternativen abwägenden Vernunft übernommen werden können, denn die ideologischen, ökonomischen und sozialpsychologischen Einflußszenarien in den weitgefächerten Bereichen der gegenwärtigen Kulturindustrie *erscheinen* den Einzelnen oftmals nur als Selbstbestimmungsmöglichkeiten und sind tatsächlich die Ursache für tiefgehende Selbstentfremdungen im personalen Leben.

Soll an Selbstbestimmung im prägnanten Wortsinn festgehalten werden, dann müssen Personen den Beeinflussungsszenarien des sozialen Raums mit selbständigen Wertungen über die Zeit hinweg entgegentreten, die Perspektiven anderer möglicher Welten für eine Kritik des eigenen Lebens bereitstellen können. Es ist diese Konstellation von kognitiven, modalen und zeitlichen Differenzierungen, in der der lebenspraktische Beitrag der nicht-reduktionistischen Philosophie der Person zu suchen ist.

Die Vorschläge, die die Philosophie der Person zu den Wertungen praktischer Selbstverhältnisse über die Zeit hinweg zu machen hat, werden von einem philosophischen Standpunkt aus formuliert, der formal und terminologisch nicht zum herkömmlichen Bestand von Selbstverständigungen im sozialen Raum gehört. Die philosophische Perspektive der Lebensführung ist gleichwohl kein elitäres Reservat. Sie thematisiert Reflexionsfiguren und Handlungsmöglichkeiten menschlichen Lebens, die seine kulturellen Ausdruckformen sind, nur tut sie das eben in einer terminologisch künstlichen und semantisch überaus kondensierten Form. Mit dieser Einschränkung kann der philosophische Standpunkt nach wie vor seine Zeit in Gedanken fassen.

Kulturelle Lebensformen sind keine Summe numerisch einfacher Handlungen atomisierter Individuen und enthalten sowohl tatsächliche als auch mögliche Bedeutungsgeschichten, die weit über die jeweils gelebte Faktizität der Existenzweisen und ihrer Entsprechung in den gesellschaftlichen Oberflächenphänomenen hinausgehen. Sie sind wesentlich komplexer, als ihrer performativen Außenseite vorderhand zu entnehmen ist. Für die Erfassung dieses modalen Überschusses bieten die Deutungen des philosophischen Standpunkts überaus vielversprechende Blickwinkel.

Der philosophische Standpunkt ist der kulturellen Lebensform in der Gestalt von Perspektiven und Einstellungen immanent. Daher legt er diejenigen, die ihn lebenspraktisch einzunehmen versuchen, keineswegs auf eine gesellschaftliche Exzentrik fest. Durch die Aufdeckung der Differenz zwischen den Potentialen personalen Lebens und seiner Faktizität erfüllt die philosophische Analyse die Funktion der Kritik des gesellschaftlichen Lebens. Der philosophisch vermittelte Standpunkt der Person ist in diesem Sinne eine Form des erweiterten Verstehens, das über die üblichen kulturellen Orientierungsangebote reflektierend hinausgeht.

Die Konvergenz zwischen der philosophisch vermittelten Perspektive des erweiterten Verstehens und dem Standpunkt der Alltagserfahrung ist keine Sache der bloßen Erhöhung der Verstehensanteile im Leben von Personen. Es ist vielmehr die der Lebensführung zugrunde gelegte Einstellung, auf die es ankommt. Alle anderen Deutungsmodelle liefen ohnehin auf eine einseitige Vorrangstellung eines wie auch immer verfaßten philosophischen Standpunkts hinaus. Unabhängig von Fragen philosophischer Bildung kann eine Formel der Ernsthaftigkeit aufgestellt werden, der zufolge eine Person, die sich selbst ernst nimmt, bestimmte Handlungen nicht tun und bestimmte Lebenssituationen nicht akzeptieren wird. Diese Form der Kritik des eigenen Lebens verbleibt nicht beim subjektiven Standpunkt, sondern schließt Moralität und damit die moralische Anwesenheit anderer Personen immer schon mit ein. Dieser Sachverhalt hat sich schon anläßlich der Analysen verschiedener Formen praktischer Selbstverhältnisse – dem vernünftigen Lebensplan, dem Selbstinteresse über die Zeit hinweg und den moralischen Externalisierungen – abgezeichnet.

Im Rahmen einer knappen Skizze einer Moral der Ernsthaftigkeit hat Ernst Tugendhat die Maxime ausgegeben: „Verhalte dich zu deinem Leben im Modus der Ernsthaftigkeit."[33] Mit dieser Maxime reagiert er auf die grundsätzliche Problematik personalen Lebens, sich den Möglichkei-

---

[33] Tugendhat 1984, S. 173. Vgl. Abschnitt VII. 3.

ten und Anforderungen eines Daseins als Person aussetzen zu können, oder zu versuchen, sich durch Opportunismus und Zerstreuung von Augenblick zu Augenblick zu entlasten.[34] Sein Plädoyer für Ernsthaftigkeit verbleibt darüber hinaus nicht in individualistischen Verkürzungen, die des öfteren bei existenzphilosophischen Ansätzen anzutreffen sind, sondern schließt ausdrücklich die Ausdehnung des Modus der Ernsthaftigkeit auf andere Personen ein.[35]

Tugendhats Ansatz ist allerdings mit der Schwierigkeit belastet, daß seine Skizze der Moral der Ernsthaftigkeit begründungstheoretischen Zielen nachgeht.[36] Ohne den ethischen Ansatz und die begründungstheoretischen Motive von Tugendhat teilen zu müssen, kann die nicht-reduktionistische Philosophie der Person die formale Struktur seiner Konzeption der Ernsthaftigkeit durchaus übernehmen. Sie kommt seinen Intentionen vor allem mit der Voraussetzung entgegen, daß die Potentiale personalen Lebens, insbesondere die Fähigkeit, praktische Selbstverhältnisse über die Zeit hinweg initiieren zu können, weder moralisch noch moralphilosophisch indifferent sind.[37]

Personales Leben verfügt über eine formale Egozentrik und inhaltliche Potentiale, die die praktische Identität einer Person über die Zeit hinweg ermöglichen können. Obwohl dabei an eine Vielzahl von Verwirklichungsperspektiven zu denken ist und restriktive inhaltliche Einschränkungen auf jeden Fall zu vermeiden sind, muß bei der Ausgestaltung des eigenen Lebens keineswegs Beliebigkeit die Folge sein. Dieser Sachverhalt hat sich bei der Analyse zum negativen Ausgrenzungsverfahren des ver-

---

[34] Siehe Tugendhat 1984, S. 171: „Ich kann mich meiner Existenz entweder aussetzen, sie ernst nehmen oder ihr ausweichen und mich in meinen einzelnen Wünschen und Zwecksetzungen, in denen ich mich zufällig vorfinde, ‚verlieren‘.“

[35] Siehe Tugendhat 1984, S. 172: „Wir schätzen Personen in ihrem Personsein (sofern nicht auch höhere Wahrheiten im Spiel sind) dann und nur dann, wenn sie ihre Existenz ernst nehmen. (...) Also müssen wir unterstellen dürfen, daß eine Person, wenn sie sich selbst ernst nimmt – und das ist es, was sie als Person schätzenswert macht –, auch alle anderen ernst nimmt.“

[36] Vgl. Wolf 1984, S. 218 f.: „Tugendhat war davon ausgegangen, daß wir, wenn wir nicht mehr höhere Wahrheiten in Anspruch nehmen können, das wesentliche Selbstsein nur noch an einer empirischen Eigenschaft festmachen können. Diese wesentliche (Quasi-)Eigenschaft war, daß ich existiere in der für Menschen charakteristischen Weise des Sichzusichverhaltens. (...) Daraus, daß wir faktisch so verfaßt sind, daß wir in jedem Augenblick positiv oder negativ zur eigenen Existenz Stellung nehmen können, folgt daher nichts darüber, welches Verhalten zu diesem Faktum besser oder das beste ist. Daß die eigentliche oder ernsthafte Existenz die bessere ist, läßt sich nicht aus unserer faktischen Verfaßtheit ableiten und ist daher nicht eine empirische Aussage, sondern eine Wertaussage“.

[37] Deshalb ist Ursula Wolf vom Standpunkt der Philosophie der Person – bei aller Berechtigung ihrer begründungstheoretischen Vorbehalte – zu widersprechen, wenn sie gerade eine solche Indifferenz gegen die Moral der Ernsthaftigkeit in Anschlag bringt; siehe Anm. 36.

nünftigen Lebensplans deutlich abgezeichnet.[38] Ist aber nicht mehr gewährleistet, die Potentiale personalen Lebens zumindest der Tendenz
nach einzulösen, wird personales Leben in seinen Möglichkeiten eklatant
unterboten. Dieser Umstand muß im Rahmen einer Kritik des eigenen Lebens – unabhängig von weitergehenden begründungstheoretischen Überlegungen – als dramatischer Verlust veranschlagt werden.

Der wesentliche Bezugspunkt der Kritik des eigenen Lebens ist die au-
ßengeleitete Lebensführung: ‚das Leben aus zweiter Hand'. Ein solches
Leben vollzieht sich wesentlich in äußerlich vorgegebenen Entfremdungs-
bahnen. Tugendhats Skizze zur Moral der Ernsthaftigkeit wie die nicht-
reduktionistische Philosophie der Person kritisieren ‚das Leben aus zweiter Hand' in sachlicher Nähe zu dem, was Heidegger mit den Begriffen
der Eigentlichkeit und Entschlossenheit angesprochen hat. Sowohl der
personalitätstheoretische Begriff der Ernsthaftigkeit als auch Heideggers
Begriff der Eigentlichkeit durchbrechen der Intention nach die anonyme
Routine des in seinen Entfremdungen sich selbst nicht mehr transparenten
Alltagslebens mit einem Authentizitätsanspruch.[39] Im Rahmen der Einführungssituation des Begriffs der Entschlossenheit rekurriert Heidegger
zudem auf ein Verhältnis von eigentlichem und uneigentlichem Dasein des
Selbst, das formal dem Verhältnis der Lebensform im Modus von Ernst-
haftigkeit zur allgemeinen Lebensform entspricht: „Das eigentliche
Selbstsein bestimmt sich als eine existentielle Modifikation des Man, die
existenzial zu umgrenzen ist."[40]

Der Begriff der Entschlossenheit als existentielle Modifikation macht
auf negative Weise die Selbstentfremdung des modernen Individuums im
sozialen Raum kenntlich. Der Umstand, daß die selbstentfremdete soziale
Existenz der Abstoßpunkt der Kritik der Uneigentlichkeit ist, kann dahingehend aufgefaßt werden, daß sich aus der Kritik der Uneigentlichkeit
nicht zwangsläufig nur ein Innenraum für einen hermetischen Solipsismus
öffnet, wie vielfach unterstellt wird. Unabhängig von Heideggers engeren
existenzphilosophischen Zielen kann die Tendenz der Kritik so gedeutet
werden, daß die Verzerrungen außengeleiteter Lebensführung offengelegt
werden sollen, um sie in einem weiteren Schritt durch veränderte Einstellungen zum Dasein im sozialen Raum zu korrigieren. Die existentielle
Modifikation personalen Lebens bewegt sich insofern nicht vom Anderen

---

[38] Siehe Abschnitt IX. 2.
[39] Zu den sozial- und kulturphilosophischen Hintergründen des Authentizitätsgedankens
    siehe Taylor 1991. Taylors Rekonstruktionen beziehen sich auf Theoriezusammenhänge,
    die über die engen existenzphilosophischen Ansätze weit hinausgehen und bereits bei
    Rousseaus Konzeption der Selbstbehauptung einsetzen.
[40] Heidegger 1979, S. 267.

weg, sondern auf ihn zu. Der personale Standpunkt der Ernsthaftigkeit ist in genau diesem Sinne eine existentielle Modifikation der kulturellen Lebensform.

Ernsthaftigkeit zielt auf das Verstehen und die praktische Umsetzung der faktischen Möglichkeiten personalen Lebens. Heidegger hat in diesem Zusammenhang von einem existentiellen Entwurf gesprochen, der den ‚Spielraum des Seinkönnens‘ umfaßt. Der Entwurf ist nicht als Lebensplan im buchstäblichen Sinne aufzufassen, sondern als ein modales Selbstverhältnis.[41] Zwar zeigt sich Heidegger eigentümlich uninteressiert an der subjektivitätstheoretischen Aufklärung von Selbstverhältnissen und ihren moralphilosophischen Konsequenzen, an seine Überlegungen zum ‚Spielraum des Seinkönnens‘ kann die nicht-reduktionistische Philosophie der Person gleichwohl anknüpfen. Die modale Differenzierung personaler Existenz eröffnet verschiedenartige Perspektiven der Lebensführung. Existieren im Modus der Ernsthaftigkeit bedeutet, daß Personen entschlossen sind, die modalen Perspektiven ihres Daseins auszuschöpfen. Deshalb werden Antworten auf Fragen nach dem Sinn personalen Lebens aus der Sicht des Begriffs der Ernsthaftigkeit nicht aus propositionalen Einstellungen oder überhaupt aus Aussagen und Sätzen zu bestimmten Sachverhalten bestehen können, sondern in existentiellen Perspektivenerweiterungen und modalen Differenzierungen begründet sein:

[103–T] Ernsthafte Lebensführung wird durch Einstellungen konstituiert, die auf die Einlösung der Potentiale *personaler* Existenz gerichtet sind.

Die in [103–T] enthaltenen normativen Ansprüche und Zielsetzungen sind zugegebenermaßen mit einer Reihe von Belastungen und Zumutungen verbunden. Das gilt in besonderem Maße für moderne Lebensweisen, in denen Formen objektiver Sittlichkeit verschwinden. Doch das spricht nicht gegen die Einstellung der Ernsthaftigkeit, sondern verleiht ihr zusätzliches moralisches Gewicht. Allerdings können Reflexionszustände in diesem Zusammenhang beträchtliche Probleme erzeugen. Angestrengte Reflexionsprozesse nehmen durchaus die Form eines Verhängnisses an, wenn die Steigerung der Reflexivität und die damit einhergehenden Problematisierungstendenzen nicht von komplementären Sinnstiftungen be-

---

[41] Siehe Heidegger 1979, S. 145: „Der Entwurf ist die existenziale Seinsverfassung des Spielraums des faktischen Seinskönnens. Und als geworfenes ist das Dasein in die Seinsart des Entwerfens geworfen. Das Entwerfen hat nichts zu tun mit einem Sichverhalten zu einem ausgedachten Plan, gemäß dem das Dasein sein Sein einrichtet, sondern als Dasein hat es sich je schon entworfen und ist, solange es ist, entwerfend. Dasein versteht sich immer schon und immer noch, solange es ist, aus Möglichkeiten." Vgl. Tugendhat 1979, S. 230.

gleitet werden. Reflexivität ruft in diesem Fall Verstörungsprozesse hervor, auf die allenfalls noch mit Verdrängungen zu reagieren ist. Die Einstellung der Ernsthaftigkeit hat Reflexion als Dimension personalen Lebens zu akzeptieren, sie muß aber theoretische und praktische Verselbständigungen genauso vermeiden wie die alltagspsychologische Gestalt des beständigen Kreises um das, was die Menschen für ihr Selbst halten. Reflexion ist zwar nicht hintergehbar – es sei denn in der Form unbewußter Verdrängungen oder der Verdrängung des Bewußtseins –, aber sie kann und muß im Sinne einer sich den Kontexten der Reflexion öffnenden Einstellung der Ernsthaftigkeit beschränkt werden.

Der nicht-reduktionistischen Philosophie der Person liegt die grundsätzliche Vorentscheidung zugrunde, daß ein unreflektiertes Leben keine Alternative *für* ein reflektiertes Leben ist. Diese Vorentscheidung darf zwar nicht offensiv gegen Lebensführungen gewendet werden, die von Reflexion und erweitertem Verstehen unberührt geblieben sind, sie ist aber in dem Sinne unvermeidlich, daß es Personen unter den Bedingungen der Moderne ohne erweiterte Verstehens- oder Orientierungsperspektiven nicht mehr möglich ist, sie selbst zu sein. Diese Perspektiven müssen nicht notwendigerweise philosophisch formiert sein. Der philosophische Standpunkt ist weder eine notwendige noch eine hinreichende Bedingung autonomer Lebensführung. Dieser Sachverhalt kann unschwer dem Umstand entnommen werden, daß philosophisch gänzlich unbefangene Personen durchaus in der Lage sind, ein Leben im Modus der Ernsthaftigkeit zu führen.

Im sozialen Raum treten häufig religiöse Vorstellungswelten als Katalysatoren von nicht-philosophischen und vorderhand ernsthaften Auseinandersetzungen mit der kulturellen Lebensform auf. Sie sind mit der moralischen Kritik des eigenen Lebens jedoch nicht vereinbar, wenn sie den subjektiven Standpunkt und das vernünftige Selbstinteresse über die Zeit hinweg fundamentalistisch verwerfen und bekämpfen. Es gibt gleichwohl genügend Freiräume für die moralische Kritik des eigenen Lebens, die von religiösem Antiindividualismus nicht mehr erreicht werden und die einen philosophischen Standpunkt entweder noch nicht eingenommen haben oder gar nicht einnehmen wollen. Hier ist an ernsthafte Formen sozialen und politischen Engagements genauso zu denken wie an authentische Verbindungen von Kunst und Alltagswelt, die Lebensführungen ermöglichen, in denen Kunst nicht für egoistische Kompensationen herhalten muß, sondern ästhetische und moralische Erweiterungen der Alltagserfahrung einleitet.[42]

---

[42] Ein Modell der moralischen Kritik des eigenen Lebens durch die unbefangene, aber ernsthafte Aneignung von Kunst, ist in Peter Weiss' Roman ,Die Ästhetik des Widerstands' dar-

Die nicht-reduktionistische Philosophie der Person kann von der Moral der Ernsthaftigkeit die Kritik an dem Leben aus zweiter Hand übernehmen. Sie hat zu beachteten, daß Entfremdungsverhältnisse die Einzelnen zwar zu Opfern machen, ihnen jedoch die Würde genommen wird, wenn sie ausschließlich als Opfer behandelt werden. In diesem Unterschied liegt die tiefe Einsicht von Kants Lehre der selbstverschuldeten Unmündigkeit begründet, die im Bewußtsein der brutalen Wirkungen offener und versteckter Unterdrückung unbeirrt an dem Subjektcharakter der einzelnen Person festhält. Das Festhalten an dem Subjektgedanken ist für die nicht-reduktionistische Philosophie der Person und der sich mit ihr einstellenden Kritik des eigenen Lebens unverzichtbar. Denn bei aller Berechtigung moralischer Skepsis gegenüber ethischen Letztbegründungen ist eine Differenzierung zwischen einer besseren und schlechteren Lebensführung solange möglich, wie an einem Begriff der Person festgehalten werden kann.

Die Nähe zu existenzphilosophischen Thesen darf über die tatsächlichen Argumentationswege der nicht-reduktionistischen Philosophie der Person nicht hinwegtäuschen. Es sind zentrale Bereiche der klassischen Bewußtseins- und Moralphilosophie, mit denen in der Philosophie der Person der Anfang gemacht worden ist. Insbesondere Kant kommt das Verdienst zu, die entscheidenden Voraussetzungen für die Bestimmung einer Konstellation von Selbstbewußtsein und Moralität herausgearbeitet zu haben, mit der schließlich ein Großteil der reflexionstheoretischen Probleme, die mit der Einstellung der Ernsthaftigkeit einhergehen, ausgeräumt werden können.

Die für die moralische Kritik des eigenen Lebens entscheidende Bestimmung ist der Begriff der „Achtung für sich selbst (Selbstschätzung)"[43], mit dem Kant den moralischen Grund für die Einstellung der

---

gestellt worden; siehe Weiss 1983, S. 53: „Unser Studieren war von Anfang an Auflehnung. Wir sammelten Material zu unsrer Verteidigung und zur Vorbereitung einer Eroberung. Selten zufällig, meist weil wir das Begriffne weiterführten, gelangten wir von einem Objekt zum nächsten, kämpften sowohl gegen die Mattigkeit an und die vertrauten Perspektiven, als auch gegen das ständig geführte Argument, daß wir nach dem Arbeitstag zur Anstrengung des Selbstunterrichts nicht fähig sein könnten. Mußten sich die betäubten Gedanken auch oft erst aus einer Leere hinausdrängen und nach der Monotonie Beweglichkeit aufs neue erlernen, so ging es uns doch auch darum, daß die Lohntätigkeit weder abgewertet noch verachtet wurde. Mit unsrer Ablehnung der Ansicht, daß es für unsereinen eine besondre Leistung sei, sich mit künstlerischer, wissenschaftlicher Problematik auseinanderzusetzen, war der Wille verbunden, sich in einer Arbeit, die uns nicht gehörte, selbst zu erhalten." Der Sache nach steht die von Weiss vorgeschlagene Selbsterweiterung dem philosophischen Standpunkt sehr nahe, aber sie kommt ohne ihn aus. Das Exemplarische seines Modells liegt in der Übertragbarkeit auf viele Formen der alltäglichen Lebenswelt und in dem Vorrang der ernsthaften Einstellung vor dem Objekt der Bildung.

[43] Kant VI, S. 399; siehe auch V, S. 36 f. und VI, S. 434 f.

Ernsthaftigkeit benennt. Dieser Konzeption zufolge können Individuen nur dann in moralische Anerkennungsverhältnisse eintreten und ein Leben als Person führen, wenn sie über Selbstachtung verfügen: Nur wer sich selbst achtet, wird auch andere achten können.[44] Kant versteht Selbstachtung als Bewußtsein der eigenen moralischen Persönlichkeit, das sich unabhängig von charakterlichen und intellektuellen Voraussetzungen direkt auf das Subjekt personalen Lebens bezieht. Auf diese Weise stellt sich ein eigentümliches Verhältnis von normativen Komponenten des moralischen Bewußtseins und dem ‚moral sense‘ der Alltagserfahrung ein. Anders als die Moral der Ernsthaftigkeit, die immerhin noch von einer existentiellen Entschlossenheit auszugehen hat, können die mit der Selbstachtung verbundenen Anforderungen an den Einzelnen direkt in den naturalistischen Grundlagen seiner Existenz verankert werden:

„Diese Achtung erweckende Idee der Persönlichkeit, welche uns die Erhabenheit unserer Natur (ihrer Bestimmung nach) vor Augen stellt, indem sie uns zugleich den Mangel der Angemessenheit unseres Verhaltens in Ansehung derselben bemerken läßt und dadurch den Eigendünkel niederschlägt, ist selbst der gemeinsten Menschenvernunft natürlich und leicht bemerklich.“[45]

Die Selbstachtung gilt der Erhabenheit des moralischen Bewußtseins, durch das Personen sich *als* Personen von den empirischen Kontexten ihres Daseins mit vernünftigen Gründen kognitiv und praktisch distanzieren können. Wie immer auch die empirischen Beeinflussungen in die Lebensführung eingreifen und wie ausgeprägt die Kluft zwischen normativen Ansprüchen und faktischen Einlösungen im personalen Leben auch sein mag, einer Person kann Kant zufolge niemals das Bewußtsein der prinzipiellen Distanz gegenüber den externen Einwirkungen der Welt der Ereignisse abgesprochen werden. Für diesen Sachverhalt hat er den Begriff des Bewußtseins der Erhabenheit unserer moralischen Anlagen geprägt.[46]

Kants Konzeption der Selbstachtung ist Ausdruck seines Verständnisses vernünftiger Existenz: „die vernünftige Natur existirt als Zweck an sich selbst.“[47] Dieser Begriff des Selbstzwecks muß konkret auf das Leben von Personen bezogen werden können, das heißt, der Zweck an sich hat sich in einer Fähigkeit oder Eigenschaft zu zeigen, die von heteronomer Beeinflussung frei ist und sich *selbst* bestimmt. Diese Bedingung

---

[44] Vgl. Abschnitt IX. 3.
[45] Kant V, S. 87.
[46] Siehe Kant VI, S. 435.
[47] Kant IV, S. 429. Siehe Kant V, S. 87: „Der Mensch ist zwar unheilig genug, aber die Menschheit in seiner Person muß ihm heilig sein. In der ganzen Schöpfung kann alles, was man will, und worüber man etwas vermag, auch blos als Mittel gebraucht werden; nur der Mensch und mit ihm jedes vernünftige Geschöpf ist Zweck an sich selbst.“

wird allein von der Moralität der Person erfüllt, in der sich der Abstand zu
externen Konditionierungen als Autonomie manifestiert, und die Würde
des vernünftigen Individuums drückt sich entsprechend darin aus, daß es
„keinem Gesetze gehorcht als dem, das es zugleich selbst giebt."[48]

Die These, daß die Person Zweck an sich sei, ist der Kulminationspunkt
der moralischen Leistungen, die in dem kulturgeschichtlichen Weg zur
Moderne vollbracht worden sind.[49] Sie hat zwar einen langen Weg durch
Philosophie und Kulturgeschichte genommen, ihre Geltung kann aber auf
keine weiteren Gründe zurückgeführt werden und wird deshalb kategorisch festgestellt. Das gilt in gleicher Weise für die Menschenrechte, die
nichts anderes als konkrete Ausdeutungen der metaphysischen Dignität
von Personen sind. Die irreduzible Würde moralischer Existenz tritt nicht
als abgehobener Begriff, sondern als die konkrete Aufgabe auf, die
Menschheit sowohl in der eigenen Person als auch in der Person eines jeden anderen jederzeit als Zweck an sich selbst und niemals bloß als Mittel
zu gebrauchen.[50]

Die Konzeption der Selbstachtung wird von jener strukturellen Differenz der Standpunkte der ersten und dritten Person formiert, die die
nicht-reduktionistische Philosophie der Person insgesamt beherrscht. Die
impersonale Bestimmung der Menschheit als Zweck an sich selbst wird im
moralischen Bewußtsein unmittelbar zur moralischen Selbständigkeit des
vernünftigen Individuums in Beziehung gesetzt. Die Formel des Zwecks
an sich gilt sowohl für den Einzelnen als auch für die Menschheit insgesamt, und das Verständnis dieses internen Zusammenhangs ist das Bewußtsein der irreduziblen Humanität der einzelnen Person. Die Präsenz
der Menschheit in der subjektiven Perspektive des in der Welt der Ereignisse sein Leben führenden Individuums ist das, was Kant emphatisch mit
dem Begriff der Persönlichkeit anspricht:

„Es ist nichts anders als die P e r s ö n l i c h k e i t, d. i. die Freiheit und Unabhängigkeit von dem Mechanism der ganzen Natur, doch zugleich als ein Vermögen eines
Wesens betrachtet, welches eigenthümlichen, nämlich von seiner eigenen Vernunft
gegebenen, reinen praktischen Gesetzen, die Person also, als zur Sinnenwelt gehörig, ihrer eigenen Persönlichkeit unterworfen ist, so fern sie zugleich zur intelli-

---

[48] Kant IV, S. 434. Siehe Kant VI, S. 434 f.: „Allein der Mensch, als P e r s o n betrachtet, d. i. als
Subject einer moralisch-praktischen Vernunft, ist über allen Preis erhaben; denn als ein solcher (homo noumenon) ist er nicht blos als Mittel zu anderer ihren, ja selbst seinen eigenen
Zwecken, sondern als Zweck an sich selbst zu schätzen, d. i. er besitzt W ü r d e (einen ab-
soluten innern Werth), wodurch er allen andern vernünftigen Weltwesen A c h t u n g für ihn
abnöthigt, sich mit jedem Anderen dieser Art messen und auf den Fuß der Gleichheit
schätzen kann. Die Menschheit in seiner Person ist das Object der Achtung".

[49] Siehe Abschnitt II. 1.

[50] Siehe Kant IV, S. 429. Vgl. Abschnitt IX. 3.

gibelen Welt gehört; da es denn nicht zu verwundern ist, wenn der Mensch, als zu beiden Welten gehörig, sein eigenes Wesen in Beziehung auf seine zweite und höchste Bestimmung nicht anders als mit Verehrung und die Gesetze derselben mit der höchsten Achtung betrachten muß."[51]

Indem Kant die Idealität der moralischen Persönlichkeit von vornherein in seine Ontologie vernünftiger Existenz einbettet, kann er Vorbehalte hinsichtlich der Phänomenbasis seiner moralphilosophischen Analysen ausräumen. Personen sind in Raum und Zeit existierende Individuen, die sich zu sich selbst und den Kontexten ihrer Existenz als Subjekte verhalten können. Die Zugehörigkeit zu zwei Welten ist als naturalistischer Abstand im Sinne einer ,dual aspect theory' zu verstehen, die an der Differenz zur Eindimensionalität der Ereigniskausalität festhält, ohne die Welt der Ereignisse buchstäblich oder spekulativ verlassen zu müssen. Kant verweist zu Recht darauf, daß nur in Bezug auf das Faktum praktischer Vernunft die konkrete raumzeitliche Existenz von Personen verstanden und phänomengerecht beschrieben werden kann. Dieser Vorbehalt muß bereits auf der Ebene des ,moral sense' der Alltagserfahrung gemacht werden und nicht etwa erst im Rahmen von moralphilosophischen Interpretationen. Personen verhalten sich im sozialen Raum auf wesentlich kompliziertere Weise, als Reduktionismus und Skeptizismus unterstellen. Zwar verfügen die alltäglichen Verständigungsweisen gemeinhin nicht über die terminologische Emphase, die Kant gewählt hat, die moralischen Phänomene, mit denen er umgeht, sind aber in der Alltagserfahrung nicht weniger selbstverständlich als moralindifferentes oder unmoralisches Verhalten.[52]

Kants Konzeption der Selbstachtung ist die gleichermaßen ethisch und lebenspraktisch ausgerichtete Antwort auf die Fragen, die sich mit der Kontingenz des Lebens stellen. Das Bewußtsein der eigenen Existenz wird mit Gegenläufigkeiten von kosmologischen und moralischen Ausmaßen konfrontiert – die objektive Unwichtigkeit sowie die irreduzible existentielle und moralische Wichtigkeit –, die ,größer als es selbst' sind. Für diesen Sachverhalt hat Kant bekanntlich das auffällige philosophische Bild vom bestirnten Himmel über mir und dem moralischen Gesetz in mir gefunden.[53] An dieses Bild kann die Konzeption der Selbstachtung unmittelbar anknüpfen. Sie verbindet sich mit der Würde einer moralischen Welt, die trotz aller Verwicklungen mit der Welt der Ereignisse von reduktionistischen und skeptischen Relativierungen unberührt bleibt.

---

[51] Kant V, S. 87. Vor dem Hintergrund der semantischen Differenzierungen des Dualismuskonzepts fällt Kants Entgegensetzung von Sinnenwelt und intelligibler Welt in dieser und anderen vergleichbaren Passagen zu grob aus; siehe Abschnitt III. 4.
[52] Zum Sachverhalt der Faktizität von Vernunft und Moralität siehe Abschnitt IX. 2.
[53] Vgl. Abschnitt IX. 1.

In folgenreichen Entscheidungssituationen ist Selbstachtung der tiefere moralische und existentielle Grund für die Einsicht, die Grenze der Zumutungen sich selbst gegenüber erreicht zu haben. Personen sind imstande, in der Alltagserfahrung Klarheit darüber zu gewinnen – oftmals ohne die Gründe dafür im einzelnen benennen zu können –, daß bestimmte Handlungen nur unter Verlust des Selbstwertgefühls begangen oder unterlassen werden können. Dieser Bewußtseinszustand, der sowohl von sich selbst als auch von anderen ausgesagt werden kann, wird von Kant auf die Grundlagen menschlicher Existenz zurückgeführt.[54] Selbstachtung erweist sich dabei als Voraussetzung von Ernsthaftigkeit im Sinne der moralischen Kritik des eigenen Lebens:

[104–T] Ernsthafte Lebensführung ist in der Selbstachtung der Person begründet.

Auf der Ebene der Lebensführung setzt [104–T] weder eine Morallehre noch eine expositionale Ausweitung des Reflexionsanteils voraus. Den Intuitionen Rousseaus folgend verlangen Kants Darlegungen lediglich eine Besinnung auf den ursprünglichen Zustand, als *Person* in der Welt der Ereignisse zu existieren. Das Verständnis dieses ursprünglichen Zustands stellt das eigene Leben zwangsläufig in die Fluchtlinie von Selbständigkeit und Autonomie, und diese Tendenz ist in einem unmittelbar lebenspraktischen Sinne zu verstehen: Der Mensch,

„soll sich um seinen Zweck, der an sich selbst Pflicht ist, nicht kriechend, nicht knechtisch (animo servili), gleich als sich um Gunst bewerbend, bewerben, nicht seine Würde verläugnen, sondern immer mit dem Bewußtsein der Erhabenheit seiner moralischen Anlage (welches im Begriff der Tugend schon enthalten ist), und diese Selbstschätzung ist Pflicht des Menschen gegen sich selbst."[55]

Rousseaus kultur- und moralitätskritische Maxime, daß es immer falsch sei, von etwas anderem als von sich selbst abzuhängen, wird von Kant in eine kompliziertere Konzeption der Selbstachtung überführt, die ein differenziertes System menschlicher Selbstverhältnisse aufbietet und deren systematischer Gewinn nicht mit der Entfernung von der faktischen Lebensführung bezahlt wird. Die Person schätzt sich nicht aus egoistischen oder narzißtischen Motiven, sondern aufgrund des Selbstinteresses an den Komponenten ihrer Existenz, die moralisch und kulturell ‚größer als sie selbst' sind.

---

[54] In diesen sachlichen Zusammenhang gehören vor allem auch Kants Überlegungen zum Gewissen und zu den moralischen Einsichten wider Willen; siehe Abschnitt VI. 3.
[55] Kant VI, S. 435.

Die direkte lebenspraktische Wirkung der Selbstachtung liegt in der Mißbilligung und Vermeidung ‚knechtischen Bewußtseins‘, das schon bei Rousseau und Kant die Metapher für ein ‚Leben aus zweiter Hand‘ ist. In den gegenwärtigen gesellschaftlichen Verhältnissen haben die Verfremdungs- und Entfremdungsmöglichkeiten des eigenen Lebens an Subtilität und Komplexität sicherlich zugenommen, grundsätzlich dürfte sich jedoch die moralische Ausgangssituation gegenüber vorhergehenden Epochen der Moderne nicht verändert haben. Es kann sogar vermutet werden, daß mit der Kodifizierung der Menschenrechte in vielen Teilen der politischen Öffentlichkeit die moralische Sensibilität zugenommen hat, trotz vieler Rückschläge und gegenläufiger Abstumpfungsprozesse. Auf jeden Fall muß die von Kant auf den Begriff gebrachte Selbstachtung unabhängig von den vielfältigen Veränderungen in den modernen Lebensformen als Grundlage personalen Lebens begriffen werden. Die sich mit der Selbstachtung einstellende Tendenz zur Kritik des eigenen Lebens ist nicht nur ein moralisches Problem interpersonaler Verständigungs- und Anerkennungsverhältnisse. Sie nimmt von vornherein gesellschafts- und ideologiekritische Züge an. Personen können aufgrund ihrer moralischen Selbständigkeit verlangen, daß ihnen ermöglicht wird, in sozialen Verhältnissen zu leben, die ihrer Selbstachtung nicht zuwiderlaufen. Mit dieser Forderung wird nicht ein sozialer Besitzstand eingeklagt, sondern ein menschenwürdiges Leben beansprucht, das sich nicht ausschließlich über bloße Selbsterhaltung definiert:

[105–T] Ein menschen*würdiges* Leben, das den Ansprüchen der Selbstachtung genügt, kann nur als *Person* geführt werden.

XI. Schluss: Die Grundzüge der nicht-reduktionistischen Philosophie der Person

Die nicht-reduktionistische Philosophie der Person beruht auf einer Reihe von Eingangsvoraussetzungen, die ihr konzeptionelle und sachliche Konturen verleihen. Zu diesen Voraussetzungen gehört die extensionale Differenz von personaler Existenz und menschlichem Leben [G–1] genauso wie die epistemische und epistemologische Irreduzibilität des Begriffs der Person [G–4, G–5]. Die Irreduzibilität des Personbegriffs hat gleichermaßen bewußtseins- wie moralphilosophische Aspekte [G–3]. Er gewinnt sein systematisches Gewicht dadurch, daß er sich auf ein Subjekt im sozialen Raum bezieht, das sich in seinen Selbstverständigungen handelnd verhält. Die personalitätstheoretische Irreduzibilitätsthese hat aber keineswegs eine ethische Vorrangstellung des subjektiven Standpunkts zur Folge. Moralische Anerkennungsverhältnisse sind nicht symmetrisch. Die Verpflichtung zum Respekt gegenüber der moralischen Selbständigkeit anderer Individuen wird nicht durch Gegenseitigkeitsverhältnisse konstituiert, vielmehr wird Personen gerade gegenüber denjenigen, die ihre eigene moralische Selbständigkeit nicht verteidigen können, ein erhöhtes Maß an Rücksicht aufgebürdet [G–2].

Der Begriff der Person ragt in viele Bedeutungskontexte hinein. Er tritt als Grundbestimmung der theoretischen und praktischen Philosophie sowie als zentraler Begriff alltäglicher und philosophischer Verständigungsverhältnisse auf. Er steht dabei im weitesten Sinne für den letzten Bezugspunkt theoretischer Erklärungsmodelle und praktischer Anerkennungsverhältnisse im sozialen Raum. Aufgrund dieser referentiellen Festlegung muß in der Philosophie der Person mit der Reduktionismusproblematik der Anfang gemacht werden. Nur dann kann von einem Individuum gesagt werden, daß es sein Leben als Person führt, wenn es auf selbstbestimmte Weise seinen Abstand zu den Gegebenheiten und Kontexten seines Lebens wahren kann [13–T].

Der Abstand der Person von den Gegebenheiten ihres Lebens darf nicht als extramundane Entfernung aufgefaßt werden, sondern muß als innerweltliche Bestimmung ausweisbar sein [14–T]. Dieser Aufgabenstellung ist mit zwei grundsätzlichen Argumentationsschritten zu begegnen: mit der Darlegung der Unvollständigkeit herkömmlicher reduktionistischer Erklärungsmodelle sowie mit der epistemologischen, bewußtseins- und moralphilosophischen Ausdeutung der subjektiven Perspektive, die in reduktionistischen Ansätzen aus dem Blick gerät.

Im Zentrum der reduktionismuskritischen Analyse steht der Begriff der Erlebnisperspektive, mit dem ein Reflexionsort in der Ontologie raumzeitlicher Gegenstände und Ereignisse kenntlich gemacht werden kann. Die Erlebnisse von Personen sind genauso Bestandteile der Welt der Ereignisse wie Steine oder Wolken, nur können sie nicht nach Maßgabe bloßer Ereignisse erklärt werden. Die Unterschiede in den Erklärungsweisen dürfen aber nicht darüber hinwegtäuschen, daß Erlebnisse und Ereignisse als unterscheidbare Phänomene zu einem einheitlichen ontologischen Raum gerechnet werden müssen [15–T], der Personen als die Welt begegnet, in der alle ihre Erfahrungsprozesse ablaufen. Extramundane Instanzen können dagegen keine Komponenten möglicher Erfahrung sein.

Die Erlebnisperspektive einer Person ist der Ausgangs- und Bezugspunkt ihrer Selbstverhältnisse. Mit dem Einsatz der Erlebnisperspektive in Reflexionszuständen und Handlungsgeschichten tritt die Objektivität des Subjektiven in die Welt der Ereignisse ein [22–T]. Das Subjektive ist nicht ein unbestimmter und öffentlich unzugänglicher Bereich. Die Erlebnisperspektive ist der Bezugspunkt von Reflexionsprozessen, die die Verhaltensweisen von Personen in der raumzeitlichen Welt erkennbar verändern [35–T]. Schon das Selbstbewußtsein, das Bewußtsein, daß ich es bin, der sich in diesem oder jenem Zustand befindet, läßt die Welt in einem anderen Licht erscheinen. Diese Bewußtseinsveränderung ist praktisch bedeutungsvoll. Sie macht die Weltbezüge der Person zu ihrer eigenen Angelegenheit und Aufgabe. Die existentielle Aufmerksamkeit auf sich selbst ist eine praktische Erweiterung individuellen Lebens [36–T].

Mit der Perspektive der praktischen Selbsterweiterung stellt sich das Problemsyndrom der Identität der Person ein. Der Begriff personaler Identität hat die punktuelle Aufmerksamkeit in verstehbare und praktisch umsetzbare Zusammenhänge zu überführen. Das Leben von Personen könnte sich erst gar nicht entfalten, wenn die Differenz zu den Gegebenheiten ihres Daseins keinen Bestand über die Zeit hinweg hätte [40–T].

Personale Identität wird durch eine eigentümliche Konstellation von Kontextualität, Selbstreferenz und Zeit bestimmt. Dabei treten zwei divergierende Perspektiven auf: die Erfahrung, daß das eigene Leben und seine Kontexte gegeben sind, sowie das Bewußtsein, auf das eigene Leben und seine Kontexte Einfluß nehmen zu können [45–T, 46–T]. Wird eine Perspektive zu Lasten der anderen überbetont, werden sich zwangsläufig

reduktionistische oder andere dogmatische Standpunkte einstellen. Das
phänomengerechte Bewußtsein personaler Identität wird keine maxima-
len Forderungen einzulösen versuchen. Es wird die unvermeidlichen
Kontextualitäten des Lebens, denen auch das Faktum der eigenen Existenz zugerechnet werden muß, erkennen, anerkennen und der Möglichkeit nach verstehen, um die Freiräume zur Ausgestaltung praktischer
Identität über die Zeit hinweg angemessen ausfüllen zu können [47–T].
     Weil Erfahrungsprozesse perspektivisch ausgerichtet sind, erscheinen
die Freiräume praktischer Selbstverhältnisse als indexikalisch formiert, als
immer schon auf die innerweltliche Position der Erlebnisperspektive bezogen. Lebenspraktisch geht es deshalb darum, die indexikalischen Gegebenheiten in selbstbestimmter Form zu erweitern. Dabei kommt idealen
Bestimmungen, die die Faktizität der Existenz durch praktische Vernunft
erweitern, entscheidende Bedeutung zu. Die Möglichkeit der Erweiterung
der Faktizität um die Dimension der Idealität und Moralität ist die notwendige Bedingung für die Fähigkeit der Einzelnen, sich in der Welt der
Ereignisse als *Personen* verhalten zu können [49–T].
     Lebensführung und praktische Selbstverhältnisse werden neben der
Kontextualitätsproblematik vor allem mit der Schwierigkeit belastet, daß
die Motive der eigenen Handlungsgeschichten dem Handelnden oftmals
undurchsichtig bleiben. Dieser Unbequemlichkeit kann durch erhöhte
Reflexionsanstrengungen, die überdies die Gefahr der Selbstbefangenheit
mit sich führen, nicht grundsätzlich abgeholfen werden. Die Schwierigkeit
ist aber vornehmlich epistemischer Natur und stellt sich hauptsächlich in
der Gestalt der Undurchsichtigkeit einzelner Motive und Handlungen ein,
der bewußtseins- und moralphilosophische Stellenwert der Person als
Handelnder bleibt davon unberührt [54–T].
     Der Sachverhalt, daß von epistemischen Unsicherheiten nicht die Per-
son, sondern nur ihre Motive und Handlungen betroffen sind, zeichnet
sich anläßlich des Verhältnisses von Unbewußtem und Reflexion bzw. von
Emotivem und Rationalem deutlich ab. Dieses Verhältnis ist vielen Fehldeutungen seitens der skeptischen und skeptizistischen Subjektkritik ausgesetzt. Unbewußtes und Emotives werden in dieser Kritik mehr oder
weniger als die bessere Persönlichkeit ausgegeben, um sie im weiteren gegen unterstellte Disziplinierungen und Repressionen der Reflexion oder
Vernunft zu verteidigen. Derartige Unterstellungen verkennen die wahre
Natur des Verhältnisses von Unbewußtem und Reflexion. Der Bereich des
Unbewußten und Emotiven steht reflektierten Zuständen keineswegs antagonistisch gegenüber. Weil das Unbewußte immer nur als das Unbewußte *des* Bewußtseins und das Emotive immer nur als das Emotive der Person auftreten, müssen sie als eigenständige Komponenten desselben Be-

wußtseinszusammenhangs aufgefaßt werden [65–T]. Infolgedessen sind ihre Verhältnisse nur vor dem Hintergrund von Strukturähnlichkeiten der Elemente und Komponenten personalen Lebens zu begreifen, in denen sich auf formal und inhaltlich unterschiedliche Weise ein und dasselbe Bewußtseinsleben ausdrückt. Allein unter dieser Voraussetzung kann von der bewußten Existenz einer numerisch einfachen Person ausgegangen werden [66–T].

Die Strukturähnlichkeiten der verschiedenartigen Komponenten personalen Bewußtseins verleihen der Person als *Person* objektives Gewicht. In den vielfältigen Ausformungen des Bewußtseinslebens manifestieren sich Verhaltensdispositionen und Handlungstendenzen, die sich über die Zeit hinweg durch Reflexionseinsatz verfestigen und verändern können. Für eine Lebensführung, die sich an begründeten und rechtfertigungsfähigen Handlungsperspektiven orientieren will, ist der objektive Gewinn kaum zu überschätzen, der durch vernünftig bestimmte Verhaltensdispositionen eingebracht wird, die nach und nach zur ,zweiten Natur' werden bzw. geworden sind.

Zwischen Emotivem und Rationalem gibt es vielfältige und wechselseitige Beeinflussungen [67–T]. Die epistemischen und epistemologischen Unsicherheiten hinsichtlich trennscharfer Identifizierungen einzelner Handlungsmotive sind Ausdruck der Nähe der verschiedenartigen Komponenten desselben Bewußtseinslebens und nicht etwa die Manifestation von tiefgehenden Divergenzen. Wer diese Nähe nicht angemessen berücksichtigt oder einzelne Komponenten des Bewußtseins gegeneinander ausspielt, zeichnet ein Bild menschlicher Subjektivität, das verkürzt ist und über keine Phänomenbasis verfügt.

Subjektivitätstheoretisch wird die nicht-reduktionistische Philosophie der Person von einem komplexen und erweiterten Bewußtseinsbegriff formiert. Es sind vor allem die reflektierten und emotiven Bewußtseinserweiterungen, die dem personalen Standpunkt philosophisches und lebenspraktisches Gewicht verleihen. Dieser Sachverhalt tritt in seiner ganzen reduktionismuskritischen Schärfe mit dem Zeitbewußtsein zutage. An dem Bewußtsein und den praktischen Umsetzungen der Übergänge des Vergangenen, Gegenwärtigen und Zukünftigen läßt sich exemplarisch ersehen, inwieweit Personen imstande sind, den Zwangsläufigkeiten der Welt der Ereignisse zumindest partiell zu entgehen und der unbestreitbaren Kontingenz ihres Lebens sinnvolle Kontinuitäten entgegenzustellen.

Weil es Personen unmöglich ist, zu sich selbst eine kontingente Einstellung einzunehmen, gewinnt das Verständnis der jeweiligen Zeitverhältnisse existentielle Züge [81–T]. Personen können sich nicht ernst nehmen, ohne ein Interesse an ihren zukünftigen und vergangenen Zustände zu

entwickeln, das heißt, *personales* Leben kann nicht augenblicklich geführt
werden, obwohl es trivialerweise von Augenblick zu Augenblick verläuft
[74–T]. Es ist die wesentliche Bestimmung personaler Existenz, daß Personen fähig sind, ihre Gegenwart in die Vergangenheit und Zukunft zu erweitern und im Verständnis dieser Erweiterungen ihr Leben praktisch
auszugestalten [77–T]. Auf diese Weise überführen sie die Kontingenz der
Existenz in Kontinuitäten ihres personalen Lebens [70–T, 78–T, 79–T,
80–T].

Die Kontinuitäten personalen Lebens finden in dem vernünftigen Lebensplan ihre sinnfällige Ausprägung [85–T]. Obwohl Personen ihr Leben nicht buchstäblich nach einem Plan führen können, sind sie gleichwohl in der Lage, Bewertungen und Hierarchisierungen ihrer Verhaltensweisen und Handlungsziele vorzunehmen. In dieser Hinsicht erfüllt der
vernünftige Lebensplan die Funktion einer Fluchtlinie für vernünftig bestimmte Selbsterweiterungen [86–T, 87–T]. Indem Personen einer außengeleiteten Lebensführung Widerstand entgegensetzen und innere Kohärenz in ihren Handlungsgründen und Handlungsgeschichten anstreben,
werden sie das zur Verfügung stehende Selbstbestimmungspotential zumindest der Tendenz nach ausschöpfen können [88–T, 89–T].

Die Perspektive der Selbsterweiterung steht semantisch in unmittelbarer Nähe zum Begriff des Selbstinteresses, denn die Festlegung auf selbstreferentielle Kontinuitäten über die Zeit hinweg macht eine selbstbezügliche Ausrichtung des eigenen Lebens unumgänglich [100–T]. Forderungen, bei der Lebensführung von eigenen Interessen abzusehen, müssen
vom personalen Standpunkt aus zurückgewiesen werden, zumal solche
Forderungen im politischen Raum immer als ideologischer Dogmatismus
auftreten. Die selbstbezügliche Lebensführung ist geeignet, kollektivisti-
schen Ideologien Widerstand entgegenzusetzen, sie kann aber ihrerseits
eine ideologische Gestalt annehmen, wenn sie in bloßen Egoismus zu-
rückfällt. Dementsprechend muß das Selbstinteresse, das sich mit Selbsterweiterungen, mit selbstreferentiellen Kontinuitäten über die Zeit hinweg verbindet, von egoistischen Ausrichtungen der Lebensführung abgesetzt werden.

Der Ausgang aus den egoistischen Gefährdungen ist die moralische
Selbsterweiterung, durch die Interessen anderer Personen Eingang in die
eigenen Verhaltensbestimmungen finden [90–T]. Die moralische Externalisierung, das uneigennützige Interesse an dem Wohlergehen anderer Personen, gehört zu den selbstverständlichen Einstellungen der Alltagserfahrung. Sie tritt allerdings in ganz unterschiedlichen Ausprägungen auf, deshalb wird es lebenspraktisch darum gehen müssen, sie in der Weise zu
verstärken, daß die selbstbestimmten Potentiale im eigenen und gesell-

schaftlichen Leben zu Lasten egoistischer Einstellungen ausgeweitet werden können.

Es gibt eine Wechselbeziehung zwischen vernünftig bestimmten Kontinuitäten über die Zeit hinweg, durch die Personen sich als in der Zeit ausgedehnt begreifen, und der moralischen Anerkennung des Anderen. Wer sich gegenüber sich selbst rücksichtslos verhält und sein Selbstinteresse mit von außengeleiteten Beeinflussungen hervorgerufenem Egoismus verwechselt, wird auch anderen Personen nicht rücksichtsvoll entgegentreten können. Weil die vernünftig bestimmte Selbsterweiterung der Potentiale des eigenen Lebens nur unter Einbeziehung moralischer Anerkennungsverhältnisse gedacht werden kann, ist der Selbsterweiterung des personalen Standpunkts das Verständnis seiner selbst vorausgesetzt. Ein wesentlicher Bestandteil dieses Verständnisses ist das Bewußtsein, als Person unter anderen Personen zu existieren, die über die gleiche Perspektive verfügen und deren Anerkennungen in das eigene Selbstverständnis mit eingehen [91–T]. Das Leben, das in vernünftigen Selbstverhältnissen geführt wird, hat den Schritt des Selbst zum Anderen bereits vollzogen und die moralische Würde anderer Personen anerkannt, denn praktische Vernunft und die moralische Anerkennung des Anderen bedingen einander [92–T]. Praktischen Selbstverhältnissen liegt insofern immer schon eine interne Verbindung von Impersonalität, Interpersonalität, moralischer Selbständigkeit und personaler Teleologie zugrunde [93–T].

Die Selbsterweiterung des eigenen Lebens ist die Ausweitung des subjektiven Standpunkts in moralische Externalisierungen, praktische Zeitverhältnisse und das vernünftig bestimmte Selbstinteresse [101–T]. Die Selbsterweiterungen vollziehen sich vor dem Hintergrund des Spannungsverhältnisses von Faktizität und Idealität im Leben einer Person, das seine lebenspraktische Gestalt durch das Bewußtsein möglicher Welten erhält. Personen sind ihrer existentiellen Möglichkeit nach immer mehr, als sie zum jeweiligen Zeitpunkt faktisch zu sein scheinen. Steht dieses Bewußtsein in der Fluchtlinie des vernünftig bestimmten Selbstinteresses, wird es die personale Lebensführung um eine Vielzahl möglicher Welten der Vergangenheit und Zukunft bereichern. Das Verständnis von zukünftigen wie von bereits versäumten Handlungsoptionen verleiht dem personalen Leben eine existentielle Tiefe, mit der die Spuren des Selbst in der Welt der Ereignisse hervortreten [102–T].

Die Spuren des Selbst entspringen aus der internen Verbindung von Kontingenzerfahrung und erweitertem Verstehen. Sie gibt den Blick auf Kontinuitätsperspektiven frei, deren Endpunkte die praktische Vernunft und das moralische Dasein anderer Personen sind. Die nicht-egoistische Anteilnahme am Leben anderer Personen ist eine wesentliche Erweiterung der praktischen Identität der Person. Denn in externalisierenden moralischen Einstellungen wird das Wohlergehen anderer Personen um ihrer selbst willen gewünscht, und dieser Wunsch läßt das eigene Selbstverständnis nicht unberührt. Die sich in Externalisierungen manifestierenden Spuren des moralischen Selbst überdauern seine raumzeitliche Existenz.

Die Ausschöpfung des Potentials personalen Lebens kann sich über verschiedene Erweiterungsschritte vollziehen, die

die epistemische Ferne: das Unbewußte und Emotive,
die praktische Ferne: Selbstverhältnisse über die Zeit hinweg,
die moralische Ferne: die Anerkennung anderer Personen,
die existentielle Ferne: die Kontingenz des eigenen Lebens

in die Bewußtseinszusammenhänge der Selbstverhältnisse personalen Lebens integrieren.

Die Ausschöpfung der Potentiale personaler Existenz hat zur Voraussetzung, daß sich Personen als Subjekte ihres Lebens ernst nehmen [103–T]. Ernsthaftigkeit ist im wesentlichen eine Einstellung der Kritik des eigenen Lebens, die die Zumutungen und Grenzen einer Lebensführung markiert, die noch als moralisch und selbstbestimmt gelten kann. Die Kritik des eigenen Lebens widersetzt sich den vielfältigen Formen des Entfremdungsdrucks und ermöglicht Einstellungen der Ernsthaftigkeit das Verständnis und die Verwirklichung von Potentialen personaler Existenz.

Ernsthaftigkeit beruht auf einer Konstellation von Selbstbewußtsein und Moralität, die in der Selbstachtung der Person begründet ist [104–T]. Selbstachtung ist ein Selbstverhältnis, das unabhängig von charakterlichen und intellektuellen Dispositionen die eigene moralische Präsenz wie die anderer Personen anerkennt. Ohne Selbstachtung kann es Personen nicht gelingen, andere Personen moralisch zu achten, während die Abwesenheit der moralischen Achtung anderer Personen ein vernünftig bestimmtes Selbstwertgefühl ausschließt. Selbstachtung ist in diesem Zusammenhang kein bloßes Ideal, sondern eine naturalistisch verankerte Komponente personalen Lebens. In dieser Konvergenz von deskriptiven und normativen Bestimmungen manifestiert sich die grundsätzliche Voraussetzung personalen Lebens, daß die vernünftige Natur als Zweck an sich gedacht werden muß. Die moralische Selbständigkeit vernünftiger Individuen ist dementsprechend nur dann gegeben, wenn es ihnen möglich ist, sich und andere in ihren Lebensumständen zu achten [105–T].

ANHANG

LISTE DER SÄTZE UND THESEN*

[G–1] Die Grenzen personaler Existenz und die Grenzen menschlichen Lebens fallen nicht zusammen.

[G–2] Die Erfüllung der Kriterien entwickelter Personalität hängt nicht von moralischer Wechselseitigkeit ab: Personen sind auch denjenigen gegenüber zu moralischem Respekt verpflichtet, die über kein Selbstbewußtsein und keinen praktischen Subjektgedanken verfügen.

[G–3] In seiner entwickelten Form impliziert personale Existenz Selbstbewußtsein und einen praktischen Subjektbegriff.

[G–4] Es gibt einen philosophisch bedeutungsvollen Begriff der Person, der über einen irreduziblen Eigensinn verfügt.

[G–5] Die Schwierigkeiten und Gegenläufigkeiten der Semantik des Begriffs der Person sind Ausdruck der epistemologischen Irreduzibilität des personalen Standpunkts.

[1–S] Ereignisse sind alles, was in Raum und Zeit der Fall ist.

[2–S] Erlebnisse sind keine Ereignisse.

[3–S] Erlebnisse und Ereignisse wirken wechselweise aufeinander.

[4–S] Weil Ereignisse alles sind, was in Raum und Zeit der Fall ist und Erlebnisse und Ereignisse wechselseitig aufeinander wirken, müssen Erlebnisse Ereignisse sein.

[5–S] Weil Ereignisse alles sind, was in Raum und Zeit der Fall ist und Erlebnisse keine Ereignisse sind, kann es keine Wechselwirkung zwischen Erlebnissen und Ereignissen geben.

[6–S] Weil Erlebnisse keine Ereignisse sind und Erlebnisse und Ereignisse wechselseitig aufeinander wirken, können Ereignisse nicht alles sein, was in Raum und Zeit der Fall ist.

[7–S] Es kann keinen deskriptiven Befund für Übergänge zwischen Ereignissen und Erlebnissen geben.

[8–S] Es gibt keine Übergänge zwischen Ereignissen und Erlebnissen.

[9–S] Die Eigenschaften von Personen sind Eigenschaften von Ereignissen.

[10–S] Personen werden ausschließlich durch Ereignisse verändert.

[11–S] Die Eigenschaften von Personen und die Eigenschaften von Ereignissen sind in ontologischer Hinsicht verschieden.

---

* Abkürzungen:
   [G–...] = Grundsatz der nicht-reduktionistischen Philosophie der Person.
   [...–S] = Satz, der eine im Text untersuchte Position ausdrückt.
   [...–T] = im Text verteidigte These.

[12–S]   Personen werden nicht durch Ereignisse verändert.

[13–T]   Die Eigenschaften von Personen und die Eigenschaften von Ereignissen sind verschieden.

[14–T]   Personen haben Erlebnisse in der Welt der Ereignisse.

[15–T]   Weil Erlebnisse keine Ereignisse sind und Erlebnisse und Ereignisse wechselseitig aufeinander wirken, sind Erlebnisse und Ereignisse verschiedene Bestandteile eines einheitlichen ontologischen Raums.

[16–T]   Selbstbewußtsein muß nicht erschlossen werden, sondern vollzieht sich im Modus unmittelbarer Selbstvertrautheit.

[17–T]   Im Fall von Selbstbewußtsein ist kein referentieller Irrtum möglich.

[18–T]   Das Subjekt des Selbstbewußtseins ist im Fall von Selbstbewußtsein die ausschließliche epistemische Instanz.

[19–T]   Selbstbewußtsein ist von allen anderen Fällen von Bewußtsein strukturell verschieden.

[20–S]   Sprachliche Selbstverhältnisse sind keine Bezugnahmen auf private Objekte.

[21–S]   Selbstzuschreibungen in der ersten Person Singular vollziehen sich im Verhaltenskontext von Fremdzuschreibungen in der dritten Person.

[22–T]   Subjektive Bestimmungen haben ihre eigene Grammatik und Objektivität.

[23–S]   Ich bin mir bewußt, jetzt zu existieren.

[24–S]   Ich bin mir bewußt zu existieren.

[25–S]   Ich bin mir bewußt, in der Perspektive expliziten Bewußtseins meiner Existenz zu existieren.

[26–S]   P existiert an der Zeitstelle t_x.

[27–S]   Ich existiere an der Zeitstelle t_x.

[28–S]   Ich habe Selbstbewußtsein.

[29–S]   Ich bin mir meiner selbst bewußt.

[30–S]   Ich bin mir bewußt, daß ich den Gegenstand x sehe.

[31–S]   Ich sehe x.

[32–S]   Er sagt, daß er* [er selbst] x sieht.

[33–S]   Ich bin mir bewußt, daß ich mich im Zustand expliziten Existenzbewußtseins an dieser Raumzeitstelle befinde.

[34–S]   Ich bin mir bewußt, mich an dieser Raumzeitstelle so und so zu verhalten.

[35–T]   Personen verändern partiell die Welt der Ereignisse.

[36–T]   Personen verändern sich als Personen in der Welt der Ereignisse.

[37–S]   Die Position einer Entität in Raum und Zeit konstituiert ontologisch ihre Identität.

[38–S]   Dem Bewußtsein der Identität muß die Identität der Person vorhergehen.

[39–S]   Identität über die Zeit hinweg ist kein gradueller Prozeß.

[40–T]   Personale Identität ist ein selbstreferentieller und empirisch nicht identifizierbarer Veränderungsprozeß über die Zeit hinweg.

[41–S]   Personale Identität konstituiert die Kontinuität des Lebens einer Person.

[42–S]   Körperliche Identität ist die notwendige Bedingung personaler Identität.

[43–S]   Weder körperliche noch substantiale Eigenschaften konstituieren personale Identität.

[44–S] Bewußtsein konstituiert personale Identität.

[45–T] Personen beziehen sich auf ihre Identität als eine gegebene und herzustellende Identität.

[46–T] Das reflektierte Leben einer Person schließt das Interesse an den Zuständen ihres ‚späteren Selbst' ein.

[47–T] Die Identität der Person vollzieht sich in ontologischen, epistemologischen, epistemischen und moralischen Kontexten.

[48–S] Personen können wünschen, bestimmte Wünsche zu haben.

[49–T] Praktische Selbstverhältnisse sind die zumindest partielle Erweiterung von Indexikalität in Idealität.

[50–S] Ich soll mich in der Welt der Ereignisse als Person verhalten.

[51–S] Autonomie ist das Gesetz, das sich ein Selbst selbst auferlegt.

[52–T] Autonomie ist das reflexive Verhältnis der subjektiven Perspektive zum impersonalen Standpunkt.

[53–S] Moralische Bewertungen beruhen nicht auf der Willkür von Personen.

[54–T] Der letzte Bezugspunkt moralischer Bewertungen ist nicht die Handlung der Person, sondern die Person als Handelnde.

[55–S] Selbsttäuschung ist die selbstreferentielle Beschränkung oder Aufhebung epistemischen Bewußtseins.

[56–S] A glaubt, daß p und $\neg p$.

[57–S] A glaubt im Zustand eines sich selbst transparenten Bewußtseins, daß p und $\neg p$ der Fall sind.

[58–S] A glaubt, daß p und q der Fall sind, aus q folgt logisch $\neg p$.

[59–S] A glaubt, daß q und r der Fall sind, aus q folgt p und aus r folgt $\neg p$.

[60–S] A glaubt, daß p der Fall ist, obwohl das Wissen, über das A explizit verfügt, erkennbar $\neg p$ nahelegt.

[61–S] Es ist nicht möglich, daß A zum Zeitpunkt t_1 sich in dem expliziten Bewußtseinszustand befindet, sich zum Zeitpunkt t_1 selbst zu täuschen.

[62–S] A war zum Zeitpunkt von Verhaltensweisen, die er jetzt bedauert, imstande einzusehen, daß er so nicht hätte handeln dürfen.

[63–S] Der Bereich des Unbewußten des Bewußtseins ist umfangreicher als der Bereich reflektierter Zustände des Bewußtseins.

[64–S] Die Bereiche des Unbewußten des Bewußtseins und der reflektierten Zustände des Bewußtseins sind einander übergangslos entgegengesetzt.

[65–T] Die Bereiche des Unbewußten des Bewußtseins und der reflektierten Zustände des Bewußtseins gehen entwicklungsgeschichtlich auseinander hervor.

[66–T] Die Bereiche des Unbewußten des Bewußtseins und der reflektierten Zustände des Bewußtseins sind strukturell ähnlich.

[67–T] Im Bereich reflektierter Bewußtseinszustände erscheinen Perspektiven und Tendenzen des Unbewußten in veränderter Form.

[68–S] Personen existieren als kontingente Einzeldinge in Raum und Zeit.

[69–S] Personen sind sich der Kontingenz ihres Daseins in Raum und Zeit bewußt.

[70–T] Personen können sich prinzipiell der Kontingenz ihres Daseins in Raum und Zeit bewußt werden.

[71–S] Die Einsicht in die eigene Kontingenz ist die Einsicht in die eigene Kontextualität.

[72–S] Die Pluralität von Personenbeschreibungen zeigt die Zentrumslosigkeit der Person an.

[73–S] Das Vorliegen von vielfältigen Personenbeschreibungen unter verschiedenen theoretischen Gesichtspunkten ist die adäquate Darstellung personaler Existenz.

[74–T] Das Leben von Personen muß faktisch aus der Perspektive der jeweiligen Gegenwart gelebt werden.

[75–S] Das Leben von Personen soll allein aus der Perspektive der jeweiligen Gegenwart gelebt werden.

[76–S] Die lebenspraktische und moralische Bedeutung von Zeitverhältnissen verliert sich mit ihrem Abstand von der Gegenwart.

[77–T] Zeitbewußtsein durchbricht partiell die Zwangsläufigkeiten der Welt der Ereignisse.

[78–T] Das Bewußtsein der praktischen Identität einer Person ist das Bewußtsein ihrer Extension über die Zeit hinweg.

[79–T] Im Fall *personaler* Existenz gibt es keine Kontingenz ohne Kontinuität.

[80–T] Im Fall *personaler* Existenz gibt es keine Kontinuität ohne Kontingenz.

[81–T] Reflexionserweiterungen erhöhen das Existentialitätspotential im personalen Leben.

[82–T] Personen können keine kontingente Einstellung zu sich selbst einnehmen.

[83–T] Der Lebensplan ist das Ideal eines in Selbstverhältnissen geführten Lebens.

[84–S] Der Lebensplan ist das Ideal eines guten Lebens.

[85–T] Der Lebensplan ist der formale Rahmen vernünftiger Selbstbestimmung über die Zeit hinweg.

[86–T] Der vernünftige Lebensplan ist der Fluchtpunkt einer nach Grundsätzen der praktischen Vernunft rechtfertigungsfähigen Lebensführung.

[87–T] Der vernünftige Lebensplan enthält eine moralische Bewertung und Hierarchisierung von Entscheidungs- und Handlungssituationen über die Zeit hinweg.

[88–T] Der Lebensplan ist eine ideale Perspektive, deren Bedeutung in der Differenz und dem Bezug zu den jeweiligen Lebenskontexten begründet ist.

[89–T] Der Begriff des vernünftigen Lebensplans bezeichnet die Entfaltung von Vernunft und Moralität im Leben einer Person.

[90–T] Moralische Selbsterweiterung schließt moralische Externalisierung ein.

[91–T] Im Fall personaler Existenz ist moralische Erfahrung moralische Selbsterfahrung.

[92–T] Das Bewußtsein der Anwesenheit anderer Personen in der eigenen Erfahrungswelt ist der Schritt vom Selbst zum Anderen.

[93–T] Moralische Selbständigkeit der ersten und moralische Anerkennung der dritten Person bedingen einander.

[94–S] Personen verhalten sich egoistisch, wenn sie ihren Eigennutz zu Lasten des Interesses und Wohlergehens anderer Personen durchsetzen.

[95–S]   Jede Person soll nur in der Weise handeln, die das eigene Wohlergehen und den eigenen Nutzen am besten fördert.

[96–S]   Es ist vernünftig, daß jede Person nur in der Weise handeln soll, die das eigene Wohlergehen und den eigenen Nutzen am besten fördert.

[97–S]   Die Verhaltensweisen von Personen werden nur vom Eigennutz bestimmt.

[98–S]   Die Verhaltensweisen von Personen werden nur vom eigenen Selbstinteresse bestimmt.

[99–S]   Die Verhaltensweisen von Personen sollen vom eigenen Selbstinteresse bestimmt werden.

[100–T] Jede Person soll ihre Handlungen in der Perspektive des vernünftig bestimmten Selbstinteresses vollziehen.

[101–T] Der Fluchtpunkt des vernünftigen Selbstinteresses ist die Selbsterweiterung der Person als *Person*.

[102–T] Personen sollen ihre Handlungen im Bewußtsein möglicher Welten und als Subjekte möglicher Welten vollziehen.

[103–T] Ernsthafte Lebensführung wird durch Einstellungen konstituiert, die auf die Einlösung der Potentiale *personaler* Existenz gerichtet sind.

[104–T] Ernsthafte Lebensführung ist in der Selbstachtung der Person begründet.

[105–T] Ein menschen*würdiges* Leben, das den Ansprüchen der Selbstachtung genügt, kann nur als *Person* geführt werden.

LITERATUR

ADORNO, Theodor W. 1980: Minima Moralia, Gesammelte Schriften Band 4, Frankfurt/M.

ALLISON, Henry E. 1990: Kant's theory of freedom, Cambridge.

ALLPORT, Gordon W. 1955: Becoming: Basic Considerations for a Psychology of Personality, New Haven.

ALSTON, William 1971: Varieties of Privileged Access. In: American Philosophical Quarterly 8.

ALSTON, William P./Bennett, Jonathan 1988: Locke on People and Substances. In: The Philosophical Review 97.

AMERIKS, Karl 1977: Criteria of Personal Identity, in: Canadian Journal of Philosophy 7.

AMERIKS, Karl 1989: Kant on the Good Will, in: Höffe (Hg.).

AMERIKS, Karl 1994: Understanding Apperception Today. In: Paolo Parrini (Hg.), Kant and Contemporary Epistemology, Dordrecht.

AMERIKS, Karl/Sturma, Dieter (Hg.) 1995a: The Modern Subject: Conceptions of the Self in Classical German Philosophy, Albany.

AMERIKS, Karl 1995b: From Kant to Frank – The Ineliminable Subject. In: Ameriks/ Sturma (Hg.).

ANSCOMBE, G. E. M. 1975: The First Person. In: Samuel Guttenplan (Hg.), Mind and Language, Oxford.

ARISTOTELES 1978: Metaphysik. Erster Halbband: Bücher I (A) – VI (E), Hamburg.

ARISTOTELES 1980: Metaphysik. Zweiter Halbband: Bücher VII (Z) – XIV (N), Hamburg.

ARMSTRONG, D.M./Malcolm, Norman 1984: Consciousness and Causality, Oxford.

AUGUSTINUS, Aurelius 1955: Confessiones. Bekenntnisse, München.

AUGUSTINUS, Aurelius 1986: Selbstgespräche. Von der Unsterblichkeit der Seele, lateinisch und deutsch, München.

AUSTIN, John Longshaw 1961: Ifs and Cans. In: ders., Philosophical Papers, Oxford.

AXELROD, Robert 1981: The Emergence of Cooperation Among Egoists, in: American Political Science Review 75.

AXELROD, Robert 1984: The Evolution of Cooperation, New York.

AYER, Alfred J. 1956: The Problem of Knowledge, Harmondsworth.

BIERI, Peter 1972: Zeit und Zeiterfahrung, Frankfurt/M.

BIERI, Peter (Hg.) 1981: Analytische Philosophie des Geistes, Königstein/Ts.

BIERI, Peter 1986: Zeiterfahrung und Personalität. In: Heinz Burger (Hg.), Zeit, Natur, Mensch. Beiträge von Wissenschaftlern zum Thema „Zeit", Berlin.

BITTNER, Rüdiger 1974: Maximen. In: Gerhard Funke (Hg.), Akten des 4. Internationalen Kant-Kongresses, Teil II. 2, Berlin.

BITTNER, Rüdiger 1983: Moralisches Gebot oder Autonomie, Freiburg.

BLUM, Lawrence A. 1980: Friendship, Altruism and Morality, London.

BLUM, Lawrence A. 1994: Moral perception and particularity. In: ders., Moral perception and particularity [Essays], Cambridge.

BLUMENBERG, Hans 1979: Schiffbruch mit Zuschauer. Paradigma einer Daseinsmetapher, Frankfurt/M.

BLUMENBERG, Hans 1981: Die Lesbarkeit der Welt, Frankfurt/M.

BOETHIUS, Anicius Manlius Severinus 1988: Die Theologischen Traktate. Lateinisch – deutsch, Hamburg.

BRANDT, Reinhard 1981: Materialien zur Entstehung der Kritik der reinen Vernunft (John Locke und Johann Schultz). In: Ingeborg Heidemann/Wolfgang Ritzel (Hg.), Beiträge zur Kritik der reinen Vernunft, Berlin.

BUTLER, Joseph 1896 I/II: Works in Two Volumes [hg. von W. E. Gladstone], Oxford.

CAMUS, Albert 1956: La chute, Paris.

CAMUS, Albert 1965: Essais [Bibliothèque de la Pléiade], Paris.

CARNAP, Rudolf 1931: Die physikalische Sprache als Universalsprache der Wissenschaft. In: Erkenntnis 11.

CARRIER, Martin/Mittelstraß, Jürgen 1989: Geist, Gehirn, Verhalten. Das Leib-Seele-Problem und die Philosophie der Psychologie, Berlin.

CARRITHERS, Michael/Collins, Steven/Lukes, Steven (Hg.) 1985: The category of the person. Anthropology, philosophy, history, Cambridge.

CASSIRER, Ernst 1944: An Essay on Man. An Introduction to a Philosophy of Human Culture, New Haven.

CASSIRER, Ernst 1977: Individuum und Kosmos in der Philosophie der Renaissance, Darmstadt.

CASTAÑEDA, Hector-Neri 1966: ‚He': A Study in the Logic of Self-consciousness. In: Ratio 8.

CASTAÑEDA, Hector-Neri 1967: Indicators and Quasi-Indicators. In: American Philosophical Quarterly 4.

CASTAÑEDA, Hector-Neri 1971: The private language argument as a *reductio ad absurdum*. In: O. R. Jones (Hg.), The Private Language Argument, London.

CASTAÑEDA, Hector-Neri 1979: Philosophical Method and Direct Awareness of the Self. In: Grazer Philosophische Studien 7/8.

CASTAÑEDA, Hector-Neri 1987: The Self and the I-Guises, Empirical and Transcendental. In: Cramer/Fulda/Horstmann/Pothast (Hg.).

CHARISIUS, Flavius Sosipater 1964: Ars grammatica [hg. von Karl Barwick], Leipzig.

CHARLTON, William 1988: Weakness of Will. A Philosophical Introduction, Oxford.

CHISHOLM, Roderick M. 1976: Person and Object, London.

CHISHOLM, Roderick M. 1981: The First Person, Brighton.

CICERO, Marcus Tullius 1988: Über die Ziele des menschlichen Handelns. De finibus bonorum et malorum, München.

CICERO, Marcus Tullius 1994: Vom rechten Handeln. De officiis, Zürich.

CRAMER, Konrad/Fulda, Hans-Friedrich/Horstmann, Rolf-Peter/Pothast, Ulrich (Hg.) 1987: Theorie der Subjektivität, Frankfurt/M.

CRAMER, Konrad 1991: Metaphysik und Erfahrung in Kants Grundlegung der Ethik, in: Neue Hefte für Philosophie 30/31.

DARWALL, Stephen L. 1983: Impartial Reason, Ithaca.

DARWALL, Stephen L. 1988: Self-Deception, Autonomy, and Moral Constitution. In: Brian L. McLaughlin/Amélie Oksenberg Rorty (Hg.), Perspectives on Self-Deception, Berkeley.

DAVIDSON, Donald 1980: Essays on Actions and Events, Oxford.

DAVIDSON, Donald 1982: Paradoxes of Irrationality, in: Richard Wollheim/James Hopkins (Hg.), Philosophical Essays on Freud, Cambridge.

DAVIDSON, Donald 1986: Deception and divison, in: Jon Elster (Hg.), The Multiple Self, Cambridge.

DE SOUSA, Ronald 1987: The Rationality of Emotion, Cambridge, Mass.

DENNETT, Daniel C. 1981: Brainstorms. Philosophical Essays on Mind and Psychology, Brighton.

DENNETT, Daniel C. 1984: Elbow Room, Oxford.

DENNETT, Daniel C. 1991: Consciousness Explained, Boston.

DESCARTES, René I ff.: Œuvres de Descartes [publiées par Charles Adam et Paul Tannery], Paris 1887-1913.

DILMAN, Ilham 1984: Freud and the Mind, Oxford.

DWORKIN, Ronald 1978: Taking Rights Seriously. Cambridge, Mass.

DWORKIN, Ronald 1993: Life's Dominion. An Argument about Abortion, Euthanasia, and Individual Freedom, New York.

FEIGL, Herbert 1934: Logical Analysis of the Psychophysical Problem. A Contribution of the New Positivism. In: Philosophy of Science 1.

FEIGL, Herbert 1950: The Mind-Body Problem in the Development of Logical Empiricism. In: Feigl 1981.

FEIGL, Herbert 1960: Mind-Body, Not A Pseudoproblem. In: Feigl 1981.

FEIGL, Herbert 1967: The „Mental" and the „Physical." The Essay and a Postscript, Minneapolis.

FEIGL, Herbert 1981: Inquiries and Provocations. Selected Writings 1929-1974, Dordrecht.

FEYERABEND, Paul K. 1963: Materialism and the Mind-Body Problem. In: The Review of Metaphysics 17.

FICHTE, Johann Gottlieb I ff.: Werke [Nachdruck der von Immanuel Hermann Fichte hg. Sämmtlichen und Nachgelassenen Werke], Berlin 1971.

FINGARETTE, Herbert 1969: Self-Deception, London.

FLEW, Anthony 1968: Locke and the Problem of Personal Identity. In: C. B. Martin/D. M. Armstrong (Hg.), Locke and Berkeley. A Collection of Critical Essays, London, Melbourne.

FLEW, Anthony 1979: Locke and Personal Identity – Again. In: Locke Newsletter 10.

FORSCHNER, Maximilian 1993: Glück als personale Identität. Die stoische Theorie des Endziels. In: ders., Über das Glück des Menschen. Aristoteles, Epikur, Stoa, Thomas von Aquin, Kant, Darmstadt.

FORST, Rainer 1994: Kontexte der Gerechtigkeit. Politische Philosophie jenseits von Liberalismus und Kommunitarismus, Frankfurt/M.

FRANK, Manfred 1986: Die Unhintergehbarkeit von Individualität, Frankfurt/M.

FRANK, Manfred 1991a: Selbstbewußtsein und Selbsterkenntnis. Essays zur analytischen Philosophie der Subjektivität, Stuttgart.

FRANK, Manfred 1991b: Fragmente einer Geschichte der Selbstbewußtseins-Theorie von Kant bis Sartre. In: ders. (Hg.), Selbstbewußtseinstheorien von Fichte bis Sartre, Frankfurt/M.

FRANK, Manfred 1993: Conditio moderna. Essays, Reden, Programm, Leipzig.

FRANK, Manfred 1995: Is Subjectivity An Absurdity? On some Difficulties in Naturalistic Reductions of Self-Consciousness. In: Ameriks/Sturma (Hg.).

FRANKFURT, Harry G. 1988: The importance of what we care about: philosophical essays, Cambridge.

FRASER, J. T. 1978: Time as Conflict. A Scientific and Humanistic Study, Basel.

FRASER, J. T. 1987: Time. The Familiar Stranger, Amherst.

FREUD, Sigmund 1947: Werke aus den Jahren 1917–1920 (Gesammelte Werke, 12. Band), London.

FREUD, Sigmund 1972: Die Traumdeutung (Studienausgabe Band II), Frankfurt/M.

FREUD, Sigmund 1975: Psychologie des Unbewußten (Studienausgabe Band III), Frankfurt/M.

FREUD, Sigmund 1994: Vorlesung zur Einführung in die Psychoanalyse Und Neue Folge (Studienausgabe Band I), Frankfurt/M.

FUHRMANN, Manfred 1979: Persona, ein römischer Rollenbegriff. In: Marquard/Stierle (Hg.).

FUHRMANN, Manfred 1989: Artikel „Person". In: Joachim Ritter/Karlfried Gründer (Hg.), Historisches Wörterbuch der Philosophie, Band 7, Basel, S. 269–283.

GALE, Richard M. 1964: Is It Now Now? In: Mind 73.

GALE, Richard M. 1968: The Language of Time, London.

GAUTHIER, David P. 1967: Morality and Advantage, in: The Philosophical Review 76.

GAUTHIER, David 1986: Morals by Agreement, Oxford.

GEACH, Peter 1957: Mental Acts. Their Content and Their Objects, London.

GERGEN, Kenneth J. 1985: The Ethnopsychology of Self-Deception. In: Martin (Hg.).

GERHARDT, Volker 1988: Selbstbestimmung. Über Ursprung und Ziel moralischen Handelns, in: Dieter Henrich/Rolf-Peter Horstmann (Hg.), Metaphysik nach Kant? Stuttgarter Hegelkongreß 1987, Stuttgart.

GERHARDT, Volker 1989: Selbständigkeit und Selbstbestimmung. Zur Konzeption der Freiheit bei Kant und Schelling. In: Hans-Martin Pawlowski/Stefan Smid /Rainer Specht (Hg.), Die praktische Philosophie Schellings und die gegenwärtige Rechtsphilosophie, Stuttgart-Bad Cannstatt.

GERHARDT, Volker 1990a: Was ist ein vernünftiges Wesen? In: Helmut Girndt (Hg.), Selbstbehauptung und Anerkennung. Spinoza-Kant-Fichte-Hegel, Sankt Augustin.

GERHARDT, Volker 1990b: Politisches Handeln. In: ders. (Hg.), Der Begriff der Politik, Stuttgart.

GOODMAN, Nelson 1954: Fact, Fiction and Forecast, Cambridge, Mass.

GOSEPATH, Stefan 1992: Aufgeklärtes Eigeninteresse. Eine Theorie theoretischer und praktischer Rationalität, Frankfurt/M.

GRÜNBAUM, Adolf 1984: The Foundations of Psychoanalysis. A Philosophical Critique, Berkeley.

HAIGHT, M. R. 1980: A Study of Self-Deception, Brighton.

HAMLYN, D. W. 1984: Metaphysics, Cambridge.

HAMPSHIRE, Stuart 1983: Morality and Conflict. In: ders., Morality and Conflict [Essays], Cambridge, Mass.

HEGEL, Georg Wilhelm Friedrich 1952: Phänomenologie des Geistes, Hamburg.

HEGEL, Georg Wilhelm Friedrich 1969: Enzyklopädie der Philosophischen Wissenschaften (1830), Hamburg.

HEGEL, Georg Wilhelm Friedrich 1975 I/II: Wissenschaft der Logik, Zwei Bände, Hamburg.

HEGEL, Georg Wilhelm Friedrich 1 ff.: Werke in zwanzig Bänden, Frankfurt/M. 1969 ff.

HEIDEGGER, Martin 1979: Sein und Zeit, Tübingen.

HELM, Paul 1977: John Locke's Puzzle Cases about Personal Identity. In: Locke Newsletter 8.

HENRICH, Dieter 1966: Fichtes ursprüngliche Einsicht. In: Dieter Henrich/Hans Wagner (Hg.), Subjektivität und Metaphysik, Frankfurt/M.

HENRICH, Dieter 1970: Selbstbewußtsein. Kritische Einleitung in eine Theorie. In: Rüdiger Bubner/Konrad Cramer/Reiner Wiehl (Hg.), Hermeneutik und Dialektik I, Tübingen.

HENRICH, Dieter 1971: Hegels Theorie über den Zufall, in: ders., Hegel im Kontext, Frankfurt/M.

HENRICH, Dieter 1979a: ‚Identität' – Begriffe, Probleme, Grenzen. In: Marquard/ Stierle (Hg.).

HENRICH, Dieter 1979b: Die Trinität Gottes und der Begriff der Person. In: Marquard/ Stierle (Hg.).

HERMAN, Barbara 1990: Morality as Rationality. A Study of Kant's Ethics, New York.

HERMAN, Barbara 1993: The Practice of Moral Judgment, Cambridge, Mass.

HILL, Jr., Thomas E. 1991: Autonomy and Self-Respect, Cambridge.

HILL, Jr., Thomas E. 1992: Dignity and Practical Reason in Kant's Moral Theory, Ithaca.

HINTIKKA, Jaakko 1967: Cogito Ergo Sum: Inference or Performance?. In: W. Doney (Hg.), Descartes: A Collection of Critical Essays, Garden City.

HOBBES, Thomas 1968: Leviathan, or the Matter, Forme, & Power of a Commonwealth Ecclesiasticall and Civill, Harmondsworth.

HOBBES, Thomas 1983: De Cive. The English Version, Philosophical Works Volume III, Oxford.

HÖFFE, Otfried 1979: Ethik und Politik. Grundmodelle und -probleme der praktischen Philosophie, Frankfurt/M.

HÖFFE, Otfried (Hg.) 1989, Grundlegung zur Metaphysik der Sitten. Ein kooperativer Kommentar, Frankfurt/M.

HÖFFE, Otfried 1990: Kategorische Rechtsprinzipien. Ein Kontrapunkt der Moderne. Frankfurt/M.

HOFMANN, Peter 1984: Analogie und Person. Zur Trinitätsspekulation Richards von St. Viktor. In: Theologie und Philosophie 59.

HOLBACH, Paul-Henri Thiry, Baron d' 1781: Système De La Nature, ou, Des Loix du Monde Physique & du Monde Moral (Par M. Mirabaud), Nouvelle Édition, London.

HOLLIS, Martin 1977: Models of Man. Philosophical thoughts on social action, Cambridge.

HONNETH, Axel 1992: Kampf um Anerkennung. Zur moralischen Grammatik sozialer Konflikte, Frankfurt/M.

HORKHEIMER, Max 1988: Egoismus und Freiheitsbewegung. In: ders., Gesammelte Schriften. Band 4, Frankfurt/M.

HORKHEIMER, Max 1991: Zur Kritik der instrumentellen Vernunft. In: ders., Gesammelte Schriften. Band 6, Frankfurt/M.

HORSTMANN, Rolf-Peter 1987: Gibt es ein philosophisches Problem des Selbstbewußtseins? In: Cramer/Fulda/Horstmann/Pothast (Hg.).

HUME, David 1975: Enquiries concerning Human Understanding and concerning the Principles of Morals [hg. von L. A. Selby-Bigge], Oxford.

HUME, David 1978: A Treatise of Human Nature [hg. von L. A. Selby-Bigge], Oxford.

HUSSERL, Edmund 1969: Zur Phänomenologie des inneren Zeitbewußtseins (1893-1917), Haag.

JAMME, Christoph/Schneider, Helmut (Hg.) 1984: Mythologie der Vernunft. Hegels ‚ältestes Systemprogramm' des deutschen Idealismus, Frankfurt/M.

JOLLEY, Nicholas 1984: Leibniz and Locke. A Study of the New Essays on Human Understanding, Oxford.

KANT, Immanuel I ff.: Gesammelte Schriften, Bände I–XXII hg. von der Preußischen Akademie der Wissenschaften, Berlin 1902 ff., Band XXIII hg. von der Deutschen Akademie der Wissenschaften, Berlin 1956, ab Band XXIV hg. von der Akademie der Wissenschaften zu Göttingen, Berlin 1966 ff.

KANT, Immanuel 1956: Kritik der reinen Vernunft, Hamburg.

KERSTING, Wolfgang 1984: Wohlgeordnete Freiheit. Immanuel Kants Rechts- und Staatsphilosophie, Berlin.

KIBLE, Brigitte 1989: Artikel „Person". In: Joachim Ritter/Karlfried Gründer (Hg.), Historisches Wörterbuch der Philosophie, Band 7, Basel, S. 283 - 300.

KIERKEGAARD, Sören 1962: Gesammelte Schriften: Die Tagebücher, Erster Band, Düsseldorf.

KIM, Jaegwon 1993: Supervenience and Mind. Selected Philosophical Essays, Cambridge.

KONERSMANN, Ralf 1993: Person. Ein bedeutungsgeschichtliches Panorama. In: Internationale Zeitschrift für Philosophie 2.

KORSGAARD, Christine M. 1989: Morality as Freedom. In: Yirmiyahu Yovel (Hg.), Kant's Practical Philosophy Reconsidered, Dordrecht.

KORSGAARD, Christine M. 1990: The Standpoint of Practical Reason, New York.

KORSGAARD, Christine M. 1993: The Reasons We Can Share: An Attack on the Distinction between Agent-Relative and Agent-Neutral Values. In: Paul/Miller, Jr./Paul (Hg.).

KRIPKE, Saul A. 1972: Naming and Necessity. In: Donald Davidson/Gilbert Harman (Hg.), Semantics of Natural Language, Dordrecht.

KRIPKE, Saul A. 1982: Wittgenstein on Rules and Private Language. An Elementary Exposition, Oxford.

KYMLICKA, Will 1989: Liberalism, Community and Culture, Oxford.

LA METTRIE, Julien Offray de 1990: L'homme machine. Die Maschine Mensch, Hamburg.

LAPLACE, Pierre Simon 1814: Essai philosophique sur les probabilités, Paris.

LEAR, Jonathan 1990: Love and Its Place in Nature. A Philosophical Interpretation of Freudian Psychoanalysis, New York.

LEIBNIZ, Gottfried Wilhelm I–VII: Die philosophischen Schriften [hg. von C. J. Gerhardt], 7 Bände, Nachdruck Hildesheim 1978.

LEROI-GOURHAN, André 1964: Le geste et la parole. Bd. I: Technique et langage, Paris.

LEROI-GOURHAN, André 1965: Le geste et la parole. Bd. II: La mémoire et les rythmes, Paris.

LÉVINAS, Emmanuel 1961: Totalité et infini. Essai sur l'extériorité, Den Haag.

LÉVINAS, Emmanuel 1982: En découvrant l'existence avec Husserl et Heidegger. 4. Auflage, Paris.

LEWIS, David 1979: Attitudes De Dicto and De Se. In: Philosophical Review 87.

LOCKE, Don 1968: Myself and Others. A Study in Our Knowledge of Minds, Oxford.

LOCKE, John I ff.: Works in Ten Volumes, Nachdruck Aalen 1963.

LOCKE, John 1975: An Essay concerning Human Understanding, Oxford.

LÖW-BEER, Martin 1990: Selbsttäuschung. Philosophische Analyse eines psychischen Phänomens, Freiburg.

MACKIE, J. L. 1976: Problems from Locke, Oxford.

MACINTYRE, Alasdair C. 1958: The Unconscious. A Conceptual Analysis, London.

MACINTYRE, Alasdair C. 1981: After Virtue. A Study in Moral Theory, London.

MANDEVILLE, Bernard 1924: The Fable of the Bees or Private Vices, Publick Benefits, Two Volumes, Oxford.

MARQUARD, Odo/Stierle, Karlheinz (Hg.) 1979: Identität. Poetik und Hermeneutik VIII, München.

MARTIN, Mike W. (Hg.) 1985: Self-Deception and Self-Understanding. New Essays in Philosophy and Psychology, Lawrence.

MARTIN, Mike W. 1986: Self-Deception and Morality, Lawrence.

MCDOWELL, John 1994: Mind and World, Cambridge, Mass.

MCGINN, Colin 1991: The Problem of Consciousness. Essays Towards a Resolution, Oxford.

MCTAGGART, John M. E. 1927: The Nature of Existence, Cambridge.

MEAD, George Herbert 1932: The Philosophy of the Present, Chicago.

MERKER, Barbara 1988: Selbsttäuschung und Selbsterkenntnis. Zu Heideggers Transformation der Phänomenologie Husserls, Frankfurt/M.

METZINGER, Thomas (Hg.) 1995: Bewußtsein. Beiträge aus der Gegenwartsphilosophie, Paderborn.

MOHR, Georg 1988: Vom Ich zur Person. Die Identität des Subjekts bei Peter F. Strawson. In: Manfred Frank/Gérard Raulet/Willem van Reijen (Hg.), Die Frage nach dem Subjekt, Frankfurt/M.

MOHR, Georg 1991: Das sinnliche Ich. Innerer Sinn und Bewußtsein bei Kant, Würzburg.

MONTAIGNE, Michel de 1962: Essais, in: ders.: Œuvres complètes, Paris.

MOORE, G. E., 1947: Ethics, London.

MOSER, Paul K./Trout, J. D. (Hg.) 1995: Contemporary Materialism. A Reader, London.

MURDOCH, Iris 1970: The Sovereignty of Good, London.

NAGEL, Thomas 1965: Physicalism. In: The Philosophical Review 74.

NAGEL, Thomas 1970: The Possibility of Altruism, Oxford.

NAGEL, Thomas 1979: Mortal Questions, Cambridge.

NAGEL, Thomas 1980: The Limits of Objectivity. In: Sterling M. McMurrin (Hg.), The Tanner Lectures on Human Values, Vol. I, Salt Lake City.

NAGEL, Thomas 1986: The View from Nowhere, Cambridge.

NAGEL, Thomas 1991: Equality and Partiality, Oxford.

NÉDONCELLE, Maurice 1984: Variationen über das Thema ‚Person‘ bei Boethius. In: Manfred Fuhrmann/Joachim Gruber (Hg.), Boethius, Darmstadt.

NOONAN, Harold W. 1989: Personal Identity, London.

NOWELL-SMITH, P. H. 1954: Ethics, Harmondsworth.

NOZICK, Robert 1981: Philosophical Explanations, Oxford.

NUSSBAUM, Martha C. 1986: The fragility of goodness. Luck and ethics in Greek tragedy and philosophy, Cambridge.

NUSSBAUM, Martha C. 1990: Love's Knowledge. Essays on Philosophy and Literature, Oxford.

NUSSBAUM, Martha 1993: Non-Relative Virtues: An Aristotelian Approach. In: Martha Nussbaum/Amartya Sen (Hg.), The Quality of Life, Oxford.

NUSSBAUM, Martha C. 1994: The Therapy of Desire. Theory and Practice in Helle-
nistic Ethics, Princeton.

O'NEILL, Onora 1989: Constructions of Reason. Explorations of Kant's Practical
Philosophy, Cambridge.
ORIGENES 1976: Vier Bücher von den Prinzipien, Darmstadt.
ÖSTERBERG, Jan 1988: Self and Others. A Study of Ethical Egoism, Dordrecht.

PANNENBERG, Wolfhart 1979: Person und Subjekt. In: Marquard/Stierle (Hg.).
PARFIT, Derek 1979: Prudence, Morality, and the Prisoner's Dilemma, in: Procee-
dings of the British Academy 65.
PARFIT, Derek 1984: Reasons and Persons, Oxford.
PAUL, Ellen Frankel/Miller, Jr., Fred D./Paul, Jeffrey (Hg.) 1993: Altruism, Cam-
bridge.
PENELHUM, Terence 1985: Butler, London.
PERRY, John (Hg.) 1975: Personal Identity, Berkeley.
PERRY, John 1979: The Problem of the Essential Indexical. In: Noûs 13.
PIEPER, Annemarie 1989a: Handlung, Freiheit und Entscheidung. Zur Dialektik
der praktischen Urteilskraft, in: Herbert Stachowiak (Hg.), Pragmatik. Hand-
buch des pragmatischen Denkens, Band III: Allgemeine philosophische Pragma-
tik, Hamburg.
PIEPER, Annemarie 1989b: Wie ist ein kategorischer Imperativ möglich? In: Otfried
Höffe (Hg.).
PIEPER, Annemarie 1991: Praktische Urteilskraft. Zur Frage der Anwendung mo-
ralischer Normen. In: Thomas M. Seebohm (Hg.), Prinzip und Applikation in
der praktischen Philosophie, Stuttgart.
PIPPIN, Robert B. 1989: Hegel's Idealism. The Satisfaction of Self-Consciousness,
Cambridge.
PIPPIN, Robert B. 1995: Hegel's Ethical Rationalism. In: Ameriks/Sturma (Hg.).
PLACE, U. T. 1956: Is Consciousness A Brain Process? In: The British Journal of
Psychology 47.
PLESSNER, Helmut 1981: Die Stufen des Organischen und der Mensch. Gesammel-
te Schriften IV, Frankfurt/M.
POTHAST, Ulrich 1971: Über einige Fragen der Selbstbeziehung, Frankfurt/M.
POTHAST, Ulrich 1980: Die Unzulänglichkeit der Freiheitsbeweise. Zu einigen Lehr-
stücken aus der neueren Geschichte von Philosophie und Recht, Frankfurt/M.
POTHAST, Ulrich 1988: Philosophisches Buch. Schrift unter der aus der Entfernung
leitenden Frage, was es heißt, auf menschliche Weise lebendig zu sein, Frank-
furt/M.

QUINE, Willard Van Orman 1960: Word and Object, Cambridge, Mass.
QUINE, Willard Van Orman 1969: Ontological Relativity and Other Essays, New
York.

RAWLS, John 1971: A Theory of Justice, Cambridge, Mass.
RAWLS, John 1993: Political Liberalism, New York.

REID, Thomas 1983: Philosophical Works. With notes and supplementary dissertation by Sir William Hamilton, Nachdruck, Hildesheim.

RESCHER, Nicholas 1987: Ethical Idealism, Berkeley.

RESCHER, Nicholas 1989: Moral Absolutes, New York.

RHEINFELDER, H. 1928: Das Wort ‚Persona'. In: Zeitschrift für romanische Philologie, Beiheft 77.

RICHARD de Saint-Victor 1958: De Trinitate, Paris.

RIEFF, Philip 1961: Freud: The Mind of the Moralist, New York.

RIEFF, Philip 1966: The Triumph of the Therapeutic. Uses of Faith after Freud, New York.

RIEFF, Philip 1990: Reflections on Psychological Man in America, in: ders., The Feeling Intellect. Selected Writings, Chicago.

RORTY, Amélie Oksenberg (Hg.) 1976: The Identities of Persons, Berkeley.

RORTY, Richard 1965: Mind-Body Identity, Privacy, and Categories. In: The Review of Metaphysics 19.

RORTY, Richard 1989: Contingency, irony, and solidarity, Cambridge.

RORTY, Richard 1991: Freud and moral reflection, in: ders., Essays on Heidegger and others, Cambridge.

ROUSSEAU, Jean-Jacques 1959: Œuvres complètes. Vol. I: Les Confessions. Autres Textes autobiographiques, Paris.

ROUSSEAU, Jean-Jacques 1964: Œuvres complètes. Vol. III: Du Contrat social. Ecrits politiques, Paris.

ROUSSEAU, Jean-Jacques 1969: Œuvres complètes. Vol. IV: Émile. Éducation – Morale – Botanique, Paris.

RUSSELL, Bertrand 1910: The Elements of Ethics, in: ders., Philosophical Essays, London.

RUSSELL, Bertrand 1956: Logic and Knowledge. Essays 1901–1950, London.

SARTRE, Jean-Paul 1943: L´être et le néant. Essai d‘ontologie phénoménologique, Paris.

SCHEFFLER, Samuel 1992: Human Morality, Oxford.

SCHEFFLER, Samuel 1994: The Rejection of Consequentialism, Oxford.

SCHELLING, Friedrich Wilhelm Joseph I ff.: Sämtliche Werke, Stuttgart 1856-1861.

SCHERNER, Maximilian 1983: Die sprachliche Kategorie ‚Person' in begriffsgeschichtlicher Sicht. In: Archiv für Begriffsgeschichte 27.

SCHMITZ, Hermann 1980: System der Philosophie, Vierter Band. Die Person, Bonn.

SCHOPENHAUER, Arthur 1916: Preisschrift über die Grundlage der Moral. In: ders., Sämmtliche Werke, Vierter Band (Zweite Auflage. Neue Ausgabe), Leipzig.

SEARLE, John R. 1992: The Rediscovery of the Mind, Cambridge, Mass.

SEEL, Martin 1994: Wie ist rationale Lebensführung möglich? In: Hans Friedrich Fulda/Rolf-Peter Horstmann (Hg.): Vernunftbegriffe in der Moderne, Stuttgart.

SEEL, Martin 1995: Versuch über die Form des Glücks, Frankfurt/M.

SHOEMAKER, Sydney 1963: Self-Knowledge and Self-Identity, Ithaca.

SHOEMAKER, Sydney 1968: Self-Reference and Self-Awareness. In: The Journal of Philosophy 65.

SHOEMAKER, Sidney/Swinburne, Richard 1984: Personal Identity, Oxford.

SIEP, Ludwig 1979: Anerkennung als Prinzip der praktischen Philosophie. Untersuchungen zu Hegels Jenaer Philosophie des Geistes, Freiburg.

SIEP, Ludwig (Hg.) 1983: Identität der Person. Aufsätze aus der nordamerikanischen Gegenwartsphilosophie, Basel.

SIEP, Ludwig 1992a: Personbegriff und praktische Philosophie bei Locke, Kant und Hegel. In: ders., Praktische Philosophie im Deutschen Idealismus, Frankfurt/M.

SIEP, Ludwig 1992b: Leiblichkeit, Selbstgefühl und Personalität in Hegels Philosophie des Geistes. In: ders., Praktische Philosophie im Deutschen Idealismus, Frankfurt/M.

SMART, J. J. C. 1959: Sensations and Brain Processes. In: The Philosophical Review 68.

STATMAN, Daniel (Hg.) 1993: Moral Luck, Albany.

STEGMÜLLER, Wolfgang 1969: Probleme und Resultate der Wissenschaftstheorie und Analytischen Philosophie, Band 1, Berlin.

STRAWSON, Peter F. 1959: Individuals. An Essay in Descriptive Metaphysics, London.

STRAWSON, Peter F. 1966: The Bounds of Sense. An Essay on Kant's Critique of Pure Reason, London.

STRAWSON, Peter F. 1974: ,Freedom and Resentment' and other essays, London.

STRAWSON, Peter F. 1985: Skepticism and Naturalism: Some Varieties. The Woodbridge Lectures 1983, London.

STRAWSON, Peter F. 1992: Analysis and Metaphysics. An Introduction to Philosophy, Oxford.

STURMA, Dieter 1985: Kant über Selbstbewußtsein. Zum Zusammenhang von Erkenntniskritik und Theorie des Selbstbewußtseins, Hildesheim.

STURMA, Dieter 1989: ,Das doppelte Ich im Bewußtsein meiner selbst'. Zur Struktur von Kants Begriff des Selbstbewußtseins. In: Gerhard Funke/Thomas M. Seebohm (Hg.), Proceedings of the Sixth International Kant Congress, Band II/1, Washington.

STURMA, Dieter 1990a: Hegels Theorie des Unbewußten. Zum Zusammenhang von Naturphilosophie und philosophischer Psychologie, in: Hegel-Jahrbuch.

STURMA, Dieter 1990b: Analytische Philosophie des personalen Lebens. In: Allgemeine Zeitschrift für Philosophie 15.

STURMA, Dieter 1991a: Autonomie und Kontingenz. Kants nicht-reduktionistische Theorie des moralischen Selbst. In: Gerhard Funke (Hg.), Akten des Siebenten Internationalen Kant-Kongresses, Band II. 1, Bonn.

STURMA, Dieter 1991b: Logik der Subjektivität und Natur der Vernunft. Die Seelenkonzeptionen der klassischen deutschen Philosophie. In: Gerd Jüttemann/Michael Sonntag/Christoph Wulf (Hg.), Die Seele. Ihre Geschichte im Abendland, Weinheim.

STURMA, Dieter 1992a: Person und Zeit. In: Forum für Philosophie Bad Homburg (Hg.), Zeiterfahrung und Personalität, Frankfurt/M.

STURMA, Dieter 1992b: Perspektiven der Person. Der Zusammenhang von Reduktionismuskritik und Epistemologie der Freiheit. In: Volker Gerhardt/Norbert Herold (Hg.), Perspektiven des Perspektivismus, Würzburg.

STURMA, Dieter 1992c: Gerechtigkeitsethik, in: Annemarie Pieper (Hg.), Geschichte der neueren Ethik. Band 2: Gegenwart, Tübingen.

STURMA, Dieter 1993: Odyssee des Geistes. Schellings Projekt einer naturphilosophischen Geschichte des Selbstbewußtseins, in: Hans Michael Baumgartner/Wilhelm G. Jacobs (Hg.), Philosophie der Subjektivität? Zur Bestimmung des neuzeitlichen Philosophierens, Band 2, Stuttgart-Bad Cannstatt.

STURMA, Dieter 1995b: Self and Reason: A Non-Reductionist Approach to the Reflective and Practical Transitions of Self-Consciousness. In: Ameriks/Sturma (Hg.) 1995a.

STURMA, Dieter 1995c: Präreflexive Freiheit und menschliche Selbstbestimmung. In: Otfried Höffe/Annemarie Pieper (Hg.), F. W. J. Schelling. Über das Wesen der menschlichen Freiheit, Berlin.

STURMA, Dieter 1995d: Self-Consciousness and the Philosophy of Mind: A Kantian Reconsideration. In: Hoke Robinson (Hg.), Proceedings of the Eighth International Kant Congress, Memphis 1995, Volume I.

SWINBURNE, Richard 1974: Personal Identity. In: Proceedings of the Aristotelian Society 74.

SWINBURNE 1984, siehe Shoemaker/Swinburne 1984.

SWINBURNE, Richard 1986: The Evolution of the Soul, Oxford.

TAYLOR, Charles 1985a: Human Agency and Language. Philosophical Papers 1, Cambridge.

TAYLOR, Charles 1985b: Philosophy and The Human Sciences. Philosophical Papers 2, Cambridge.

TAYLOR, Charles 1989: Sources of the Self. The Making of the Modern Identity, Cambridge.

TAYLOR, Charles 1991: The Ethics of Authenticity, Cambridge, Mass.

TAYLOR, Charles 1992: Multiculturalism and „The Politics of Recognition", Princeton.

THIEL, Udo 1983: Lockes Theorie personaler Identität, Bonn.

THOMAS, Laurence 1980: Ethical Egoism and Psychological Dispositions, in: American Philosophical Quarterly 17.

THOMAS von Aquin 1939: Summa theologica, 3. Band (I 27–43), Salzburg.

TRENDELENBURG, Alfred 1908: Zur Geschichte des Wortes Person. In: Kant-Studien 13.

TUGENDHAT, Ernst 1976: Vorlesungen zur Einführung in die sprachanalytische Philosophie, Frankfurt/M.

TUGENDHAT, Ernst 1979: Selbstbewußtsein und Selbstbestimmung. Sprachanalytische Interpretationen, Frankfurt/M.

TUGENDHAT, Ernst 1984: Probleme der Ethik, Stuttgart.

TUGENDHAT, Ernst 1992: Philosophische Aufsätze, Frankfurt/M.

TUGENDHAT, Ernst 1993: Vorlesungen über Ethik, Frankfurt/M.

WARNER, Richard/Szubka, Tadeusz (Hg.) 1994: The Mind-Body Problem. A Guide to the Current Debate, Oxford.

WEINBERG, Steven 1977: The First Three Minutes. A Modern View of the Origin of the Universe, New York.

WEISS, Peter 1983: Die Ästhetik des Widerstands, Frankfurt/M.

WENZEL, Uwe Justus 1992: Anthroponomie. Kants Archäologie der Autonomie, Berlin.

WIGGINS, David 1967: Identity and Spatio-Temporal Continuity, Oxford.

WIGGINS, David 1980: Sameness and Substance, Oxford.

WILKES, Kathleen V. 1988: Real People. Personal Identity without Thought Experiments, Oxford.

WILLIAMS, Bernard 1973: Problems of the Self. Philosophical Papers 1956–1972, London.

WILLIAMS, Bernard 1981: Moral Luck. Philosophical Papers 1973–1980, Cambridge.

WILLIAMS, Bernard 1985: Ethics and the Limits of Philosophy, London.

WILSON, Margaret Dauler 1978: Descartes, London.

WITTGENSTEIN, Ludwig 1965: A Lecture on Ethics. In: The Philosophical Review 74.

WITTGENSTEIN, Ludwig I ff.: Werkausgabe, Frankfurt/M. 1984.

WOLF, Susan 1990: Freedom within Reason, Oxford.

WOLF, Ursula 1984: Das Problem des moralischen Sollens, Berlin.

WOLLHEIM, Richard 1984: The Thread of Life, Cambridge.

PERSONENVERZEICHNIS